The Last Stand of Chinese Conservatism

Mary Clabaugh Wright

同治中兴

The T'ung-Chih Restoration 1862-1874

中国保守主义的最后抵抗

1862
1874

[美] 芮玛丽 著　吴军 译

重庆出版集团 重庆出版社

图书在版编目（CIP）数据

同治中兴：中国保守主义的最后抵抗：1862—1874 /（美）芮玛丽著；吴军译. -- 重庆：重庆出版社，2025.3. -- ISBN 978-7-229-19127-6
Ⅰ. K252
中国国家版本馆CIP数据核字第2024Z7F983号

同治中兴：中国保守主义的最后抵抗（1862—1874）
TONGZHI ZHONGXING: ZHONGGUO BAOSHOU ZHUYI DE ZUIHOU DIKANG
（1862-1874）

[美] 芮玛丽 著 吴军 译

出　品：华章同人
出版监制：徐宪江　连　果
责任编辑：徐宪江　史青苗
特约编辑：穆　爽
责任校对：陈　丽
营销编辑：史青苗　刘晓艳
责任印制：梁善池
书籍设计：潘振宇 774038217@qq.com

重庆出版集团
重庆出版社 出版

（重庆市南岸区南滨路 162 号 1 幢）
三河市嘉科万达彩色印刷有限公司　印刷
重庆出版集团图书发行公司　发行
邮购电话：010-85869375
全国新华书店经销

开本：889mm×1194mm　1/32　印张：21.75　字数：432千
2025年3月第1版　2025年3月第1次印刷
定价：98.00元

如有印装问题，请致电023-68706683
版权所有　侵权必究

献给

阿瑟·弗雷德里克·赖特

INTRODUCTORY NOTES OF THE BOOK

出版说明

美国著名汉学家芮玛丽女士的《同治中兴：中国保守主义的最后抵抗(1862—1874)》于1957年在美国斯坦福大学出版社出版，1962年又出修订版，此次中译本根据修订版翻译而来。

由于英文原文注释很多，既有脚注，第一版书后又附有备注，第二版书后还增添了补注，中译本对此予以全面保留。现对全文的注释作简单说明。

脚注（如无特殊说明）和书后注均为作者添加，其中脚注和第二版补注的内容主要是作者对某个观点的辅助说明，中译本的注释形式均与英文原文保持一致，统一放在每页的页下。

书后注是文献出处和引用的相关附件，旨在为研究者提供指南，便于就某个问题进行深入了解和研究。

本书重译出版，并不意味着出版者完全赞同作者的观点，仅是借此向广大读者展示外国学者独特的治学方法、研究视角，希望引起广大读者的关注与思考，去其糟粕，取其精华，择善而从，而不是基于"外来的和尚会念经"的盲从、跟风与仿效。北京师范大学历史系教授、博士生导师王开玺先生细心审读了中文译稿，并撰写了导读。在此谨致谢忱！

编者
2024年12月

INTRODUCTION
导读

美国历史学家芮玛丽，本名玛丽·克莱博·赖特。1917年出生，1938年毕业于瓦萨学院，1951年获博士学位。后在美国耶鲁大学历史系任教，研究方向为中国近现代史。先后出版有《同治中兴：中国保守主义的最后抵抗（1862—1874）》《中国历史和历史职业》《中国重新评估它的过去》《革命中的中国：第一阶段，1900—1913》等。

《同治中兴》初版于1957年，再版于1962年，曾引起学界的争论和批评。苏联《历史问题》杂志批评该书作者将"对中兴时期领导人的钦佩之情，转嫁到国民党身上"；但也有人将本书誉为美国学者对中国近代史研究的经典之作，被指定为美国大学习修中国历史专业的大学生和研究生的必读参考书。

芮玛丽本人对此书颇为自信。在1962年的再版序言中，她虽表示本书出版后的几年之中史学界涌现出几十种有关清代历史的重要研究成果，她通过研读这些成果以及读者对她这部著作所提出的评论使她自己受益匪浅，但她同时却也指出，"当斯坦福大学出版社要我修订本书并为再版作序时，我最初设想着通过这篇序言，至少可在一定程度上提醒读者对我在书中发现的肤浅或欠妥的观点加以注意。然而，当我再次阅读这本书时，连我自己都感到惊叹的是，书中的主要观点至今看起来仍然有效"。

《同治中兴》出版后，不但引起国外汉学家和历史学家的瞩目，而且引起了中国学界的广泛关注。2002年，中国社会科学出版社出版过名为《同治中兴：中国保守主义的最后抵抗(1862—1874)》的译本。二十多年后，重庆出版社再次重译出版，于此，可见该书在中国学界的深刻影响、价值与地位。

初译本和重译本，都是根据1962年版本翻译的。初译本计约32万字，重译本近50万字。两个译本出现十余万字的差异，除翻译文字详略有异，主要原因是，初译本删除了许多为研究者提供指导的注释；重译本则完全保留了原书的结构与内容，仅最后的注释部分即多达13.5万字。就译本的结构内容而言，重译本保留了芮玛丽给老师费正清的"致谢"，更接近于原书原貌。初译本和重译本的文句表述虽有所不同，但文意却相同或相近。两个译本文笔各具特色，各有优长。

以往的中国近代史教材，大多侧重于讲述中国人民反帝反封建的几大历史事件，这是中国近代历史发展的主线，从根本上说是正确而必要的，但是远远不够。因为这一历史描述，并不能向人们展现那个时代丰富多彩的历史内容，仅仅讲到了历史矛盾的一个方面，而很少涉及矛盾的另一方面，即清朝统治阶级方面，是如何应对"数千年未有之变局"和"数千年未有之强敌"的。

《同治中兴》一书，详细叙述了清政府中央和地方督抚大员在政治、经济、军事、外交、文化、教育等各方面进行的改革，从而引导清王朝摆脱了政治统治的危机，出现了同治中兴的政治局面。所有这些，对当时的中国学界有着重要的启示作用，以至一些学者赞此书弥补了我们历史知识的空白，读来受益匪浅。

日本学者稻叶君山所著《清朝全史》（最早的中译本可能是1914年），中国学者萧一山的《清代通史》（初版于1931年），虽曾论及同治中兴，但却并未对其成功或最终失败的原因进行分析。美国学者芮玛丽，没有或很少受到中国传统史学理论、立场观点、叙事方法等的影响，有可能比较客观超脱，提出自己独到的分析与见解。作为中国人，不可妄自尊大，应该从中有所借鉴。"他山之石"，或"可以攻玉"是也。

此即重庆出版社重译再版此书的原因与价值之所在。

中外学者对同一历史问题的研究与分析，未必一定存在水平或层次的高低上下之分，但却可能存在认识与思考问题的指导理论、研究视角与维度之别。芮玛丽的个人独特见解，在各章节中皆有所表述，但更集中体现于第一章"引言"及第十二章"中兴的遗产"之中，读者可特别注意研读。

"中国保守主义"，既是一个与"激进主义"对应的政治概念，又是一个松散无形的政治派别，有着大致相同的政治价值取向。面对西方资本主义国家的军事侵略，特别是对其政治思想、政治制度的冲击，一些封建官员与士大夫，不能提出有效的应对之策。他们试图进行抵抗的依据与武器，就是中国传统的儒家思想与文化。他们相信，"儒家的社会秩序、政治体制和伦理道德都具有永恒价值……它们是稍加调整就能适应所有新情况的基本原则,永远有效,一成不变"。

芮氏还强调指出了真正的儒家保守派与机会主义的区别。"前者因尊崇儒教的内在本质而珍视儒家秩序;后者却把儒家遗产要么当作刺激中国人产生民族主义情绪的工具,要么当作遮掩法西斯主义的面纱。"这一分析,不但有意思,而且有启示意义。

作者认为,国民党在其统治时期,极力称赞清代同治中兴的前贤,力图仿效中兴的理论和政策。然而,两者不可同日而语。芮氏认为,"国民党发动的这场新派中兴运动,完全就是一个凄惨的败局,其悲惨程度远甚于它所努力效仿的同治中兴"。"中国保守主义完成它的最后抵抗的真实事件经过,发生于19世纪60年代",而将国民党的效仿称为中国保守主义的最后抵抗,不但"将会辱没一个美丽动人的传说",而且是在"歪曲历史"。

本书有关历史研究方法与研究路径的两个问题,亦值得关注和思考。

芮玛丽表示,在社会学研究领域中,需要警惕、摒弃两种错误的倾向或研究方法。

一是"要防止开展'搬砖式'研究。这是一种缺乏想象力的研究方法,将会误导我们产生'一切社会现象都值得注意、任何课题的深入研究都有助于积累知识'的主观设想;等所有的砖都搬运到位了(几个世纪过去了),它们就会自动形成一个设计精美的建筑物,而不会是一个瓦砾堆"。也就是说,她认为那种只注重各个历史细节的研究，然后可升华为对历史整体研究的方法与途径，错误而不可行。

二是"要防止开展'魔法式'研究"。意即反对那些试图发明或发现一种放之四海而皆准的理论，并以此解释、说明所有历史事实的研究方法。颇有些类似于人们常说的"以论带史"的方法。

芮玛丽对当时"中国问题的学术著作不是走了这个极端，就是走到了另一个极端"的倾向表示不满。"有的是针对某个历史时期的某个微小侧面所做的带有预测性的评论，有的是针对中国政权运行的内部机制所做的震古烁今的一揽子解释……运用这两种方法都不会取得成效。"她认为自己对同治中兴这一个案的研究，摒弃了上述两种错误的研究方法，因而"对于从整体上解释中国现代史具有重大意义"。

芮玛丽上述说法的价值，不在于正确与否，而在于向我们展示了外国学者的学术思维视野，可为我之镜鉴。

本书最突出的学术价值、最独特的学术贡献，是作者并未以传统的中外政治关系、国家关系，而是从民族文化的角度，以中国保守主义的最后抵抗，作为思考中国19世纪六七十年代历史变化、评价历史功过的思维逻辑理路。

作者认为，清王朝同治中兴的"这种奇迹距离成功实现，似乎已经近在咫尺了"。其成功的内部机制、内在机理，在于儒家文化，而导致其最后失败的原因，也在于此。贯穿于全书的一条核心主线，是详细叙述和分析儒家文化如何影响和决定着中国社会的基本走向。

芮玛丽多次强调,"即使处在最有利的国际国内环境之中,也无法把一个现代化的高效政权嫁接到一个儒教社会的根基之上。""同治中兴既要求建设一个现代国家,又要求恢复儒家秩序,而事实证明,这两个要求完全是一对南辕北辙的矛盾,因此导致了同治中兴的失败。"

芮玛丽摒弃了中国史学界的传统思维定式和价值判断,对儒家文化如何直接影响并严重阻碍着中国步入近现代社会的分析,视角是独特的,论析是深刻的。对此,人们可以乐山乐水,可以见仁见智,但无疑开拓了人们认识历史的另一视野。

我以为,中国根深蒂固的儒家文化,固然在相当大的程度上影响或制约着中国顺利步入近代社会,但其只是起到某种密切的关联作用,但不一定构成必然的,更不是唯一的因果关系,二者不可混淆。同治中兴的失败,以及近代中国未能顺利步入现代国家的原因是多方面的。芮玛丽力图从同治中兴这一历史事件中寻找中国未能步入现代社会的自身原因,这当然是一个研究与解释历史的视角,但将其原因全部归结为"儒家制度自身固有的本质",则值得商榷斟酌。

通观全书,作者不但明确断言"一个已经出现崩溃迹象的王朝和文明,在19世纪60年代通过非凡人物的非凡努力而得以复兴……中华帝国在1870年后的痛苦历史非但没有证明'所谓的同治中兴从未出现',反而映衬出中兴十年来所取得的巨大成功",而且明确以"同治中兴"标示书名。据此,可以理解为作者认为清王朝出现过同治中兴,实属无疑。

但在另一处,作者又说,"同治中兴是上述努力中第一次最接近于成功的一次"。显然又认为同治中兴没有取得成功。

究为矛耶?盾耶?抑或矛盾一体耶?芮玛丽上述认知的矛盾,是中国近代复杂而混沌历史状况横看成岭、侧看成峰的反映。

19世纪60年代以后,清王朝度过了统治集团内部的皇位争夺危机;镇压了以太平天国起义为代表的各地起义,恢复了在全国的政治统治;掀起了洋务运动,国力有所增强,清王朝的政治统治相对稳固下来。就此而言,似乎可说清王朝出现了同治中兴。

但清王朝所面临的外国侵略的危机始终未能解除。

1871—1900年,先后发生了沙俄侵占伊犁、日本侵略台湾、英国入侵云南等事件。爆发了中法战争、英军第一次侵藏战争、中日甲午战争、八国联军侵华战争等。外国对中国每发动一次战争,中国就会丧失部分国家权利,同治、光绪两朝,是中国半殖民地日渐加深、逐渐向下沉沦的时期,何中兴之有?

就此而言,在清代实际上并未出现过同治中兴。

其实,清王朝未能实现真正的中兴最根本、最重要的原因是,1840年第一次鸦片战争以后,中国闭关自守的大门已被打开,西方资本主义国家的政治、军事、经济、思想、文化等，均开始渐入中国社会，清王朝所面临的，已不再是历史上强悍的北方游牧民族，或是周边落后的蛮夷之国。面对社会制度更为先进、社会经济更为发达、军事力量更为强大的西方资本主义国家，清王朝不可能如同中国历史上的某一王朝那样，凭借自身的力量战而胜之，转危为安，实现王朝的中兴。西方资本主义国家的不断侵略，使清政府陷入了回天乏术、万劫不复的深渊。面对西方近代工业文明的崛起与挑战，清王朝将永无王朝的中兴、复兴之日。

另外，19世纪70年代以后，中国代表着社会发展方向的新兴的资产阶级已经诞生，且日渐壮大，开始走上历史的舞台。他们迫切希望以君主立宪或民主立宪的资产阶级共和政体取代封建君主专制政体。这就从根本上，或政治方向上，遏止了封建王朝再次中兴的可能。

　　许多历史问题，不可能一次穷尽、发现最终的绝对真理。人们只能根据个人的知识积累与储备，运用不同的理论和方法，从不同的视角进行各自的分析。这是历史学不断发展进步以更接近历史真实的必要途径，也是历史学研究的魅力所在。愿与各位读者共习、共思、共勉焉。

王开玺

北京师范大学历史系教授、博士生导师

2024年12月

ACKNOWLEDGEMENT
致谢

为了鼓励我开展本书的课题研究，哈佛大学历史系教授费正清先生毫无保留地投入了他的大量时间与精力。对此，我深感歉疚！众所周知，费教授既是一名优秀教师，也是学界同行中最负盛名的专家，他的帮助，使我获益良多。即使把整个这一本书都献给他，也不足以表达我对他的感激之情！

其他学者也以不同方式鼎力相助。芮沃寿教授和房兆楹先生仔细阅读了最终送审稿，针对本书的主要观点及其大量历史细节，提出了宝贵的修改意见；我还荣幸地邀请房先生为本书亲笔题写了书名。斯坦福大学出版社的小杰西·G.拜尔先生，不仅全面细致地完成了书稿编辑工作，还帮助我们校对并指出了史料中存在的一些基本问题。

本书的研究撰写历时多年，在此期间，我与国内外的众多学者广泛开展了交流探讨，这使我受益匪浅。拿到初稿以后，他们当中的许多人都饱含热情友善之心，在通篇审读的基础上，严谨细致地发表了个人见解。上述学者中，既有坂野正高教授、毕乃德教授、杜联喆女士，也有市古宙三教授、约瑟夫·列文森教授、马里纳斯·J.梅耶尔教授、费朗茨·迈克尔教授，还有本杰明·施瓦兹教授、赫尔穆特·威廉教授和杨联陞教授。在此，我尤其需要对天野元之助教授、亚历山大·埃克斯坦教授和伯特·F.霍斯利茨教授致以谢意！是他们，就本书第八章列举的经济史问题，发表了修改意见。我也应该对那些供职于胡佛图书馆中日陈列室的学界同行们致以谢意！因为在本书的撰写过程中，无论我何时需要查阅资料，他们都能热心地予以帮助。最后，我需要着重向玛丽安娜·奥姆斯特德女士表示感谢！正是得益于她耐心细致地帮助，书稿经过漫长而又烦琐的修改整理，才最终得以付印出版。

目录

第一章 引言 / 026

I INTRODUCTION

第二章 新纪元 / 044

1859—1861年的危机 / 045
《天津条约》的批准 / 050
恭亲王摄政 / 052
镇压载垣阴谋集团与巩固恭亲王的地位 / 054
外国对于新秩序的反应 / 058

II THE NEW ERA

第三章　合作政策 / 062

世界政治与中国内部发展的关系 / 063
英国的作用 / 068
其他列强的对华政策 / 088
驻华外交官的中国化 / 095
中国人对合作政策的反应 / 103
结论 / 104

III

THE COOPERATIVE POLICY

第四章　中兴的思想 / 106

朝代循环中的中兴阶段 / 107
中国历史上在同治之前出现过的中兴时期 / 112
"中兴"一词在同治时期的适用性 / 117
皇帝的角色 / 119
满人的利益与汉人的利益 / 121
地方分治主义与中央集权制 / 132
中兴思想的哲学基础 / 136
社会稳定的思想观念 / 138
社会变化的观念 / 143
中兴的总体计划 / 148

IV

THE IDEA OF A RESTORATION

第五章　文官政府的恢复 / 152

人员的使用 / 153
中兴官僚体制的总体特征 / 154
中兴时期的杰出京官 / 156
中兴时期最杰出的地方官 / 160
求才 / 169
科举制的复兴 / 173
限制卖官鬻爵 / 182
惩戒官僚机构 / 186
打击腐败 / 189
回避制度 / 192
专才与全才 / 195
衙门胥吏 / 198
结论 / 200

V

THE RESTORATION OF CIVIL GOVERNMENT

VI

THE SUPPRESSION OF REBELLION

第六章　平乱 / 202

一个带有普遍性的问题 / 203
镇压太平天国 / 206
镇压捻军 / 212
平定西北 / 224
平定云南 / 235
平定地方暴动 / 243
迈向中兴的第一步 / 247

第七章 地方行政的重建 / 258

传统平衡的根源 / 259
为恢复士绅作用所作的努力 / 262
恢复儒教和办学 / 266
争取民众——社会福利政策 / 272
共同责任网 / 277
法律的作用 / 281
地方管理体系的基石——地方官 / 286
西方列强对中国地方统治施加的影响 / 294

VII
THE
RE-ESTABLISHMENT
OF LOCAL CONTROL

第八章 中国经济的复苏 / 298

传统政治经济 / 299
咸丰年间的经济崩溃 / 305
中兴时期的总体经济计划 / 308
土地政策 / 317
中兴时期对于传统商业的态度 / 335
经济发展政策 / 349
公共财政机构 / 368
经济停滞问题 / 379

VIII
THE
REHABILITATION
OF THE
CHINESE
ECONOMY

第九章 自强运动 /390

问题的范围 /391
中兴之前清朝的军事制度 /392
新组建地方部队的国家化 /394
新型军事领导 /397
胜任中层领导岗位的军官数量不足 /399
军队士气与民众拥护 /403
复兴绿营的失败 /407
团练 /409
中央的军事管理 /411
削减军队规模 /414
武器的现代化 /417
中国人对外国军事援助的态度 /425
结论 /436

IX THE SELF-STRENGTHENING MOVEMENT

X THE MODERNIZATION OF CHINA'S SYSTEM OF FOREIGN RELATIONS

第十章 中国对外关系的现代化 /440

中国对于外交政策的传统看法 /441
总理衙门 /446
中兴时期在处理国际事务方面的外交专家 /452
中国对条约体系的接受程度 /458
对俄关系条约中的失策 /461
国际法的引进 /467
西学的进步 /471
同文馆与中国教育的现代化 /476
结论 /488

第十一章 功败垂成 / 492

为达成一份平等条约的初次努力 / 493

三个利益相关方 / 497

外国人眼里的问题 / 499

外国对于"中国复兴事业"的建议：威妥玛－赫德条陈 / 516

英国为修约所做的准备 / 525

中国为修约所做的准备 / 530

中国人眼里的谈判问题 / 534

蒲安臣使团 / 542

修约谈判 / 546

《阿礼国协定》的具体条款 / 559

《阿礼国协定》遭到否决 / 566

天津教案 / 578

中兴的终结 / 585

第十二章 中兴的遗产 / 586

XI
NEAR
VICTORY
AND
DISASTER

XII
THE
HERITAGE
OF THE
RESTORATION

全书注释 / 610
COMMENTARY
OF THE WHOLE
BOOK

I INTRODUCTION

第一章 引言

拥有几千年历史的中国是一个极其稳定且保守的国家，没有人会对此提出疑问，冠以"中国保守主义"的这种很随意的提法充斥于近期召开的大多数现当代中国事务问题研讨会上。有的说，由于"保守势力"过于强大，导致这次改革、那场变法宣告失败；也有的说，"保守分子"为了维持旧秩序，通过获取外国列强提供的援助，与外国列强联手阻碍了社会的进步，加剧了局势的动荡；还有的认为，表面现象与实际情况大相径庭，当代中国仍存在着"潜在的保守主义"，如果遇到适当的社会激励因素，它们就会卷土重来。上述提法，众说纷纭，不一而足。

"中国保守主义"这个提法很重要，无论是对于中国近代史研究，还是开展比较政治学研究，都是一个无法回避的重要概念。但是，如果不能正确理解这一概念，研究者就会"张冠李戴"、轻易地给研究领域贴上一个错误的概念标签，从而使研究工作误入歧途。其中，关于"保守"的含义，如果被理解为"保持安全状态，使之免受伤害、腐烂或损失"[注1]，那么，我们可以确信：在19世纪乃至20世纪的旧中国，那些封建官员和士大夫们为维持儒家秩序而秉持的一整套观点立场，都属于保守主义。然而，需要指出的是，中国的保守主义不同于我们常说的西方现代保守主义，二者不可混淆。认识到这一点，将会对我们的研究工作大有裨益。

西方政治术语中的"保守主义"，创立于法国大革命之初。当时，伯克的追随者为了寻求维持欧洲社会启蒙运动之前的包括基督教、反理性主义和贵族政治在内的封建世袭体制而采取了保守主义。而中国的保守主义则是在西方提出保守主义数十年之后的太平天国运动期间独立形成的,其目的在于维持太平天国和鸦片战争之前中国社会中包括儒教、伦理纲常、士绅阶层等要素在内的非封建世系。与中国的激进派不同,中国的保守派从不关心西方政治和哲学思想,[1]当他们终于对西方世界产生兴趣时,也仅仅是遵循"中学为体,西学为用"[2]这一著名准则。他们并没有读过伯克的书。

19世纪及20世纪西方保守主义的显著特征是:相信神的意志可以创造历史;相信原罪论的观念;怀疑理性的推断,却笃信"世俗惯例和固有偏见";相信私有财产具有神圣不可侵犯的特质;喜爱独居封闭的生存方式,不相信世界大同、四海一家的观点。[注2]与之相反,中国的保守主义却在捍卫一种合乎理性、世界大同的社会秩序,就很大程度而言,他们所捍卫的社会秩序,是被西方保守主义者百般诅咒的"根本性的错觉",[注3]即:认为人类历史是和谐而又理性的社会自然发展规律中的一部分;愿意让私有财产从属于集体利益;相信"人之初,性本善",并且认为通过道德教化可以实现尽善尽美;崇尚社会习俗,使之成为理性的载体而不是理性的阻碍;执念于"大一

---

[1] 自1912年以来,中国保守派在极端紧迫的时局重压之下,偶尔会从西方权威著作中寻找依据,以便证明儒家学说的正确性,此情况属实。然而,这种既可悲又荒谬的做法根本不能说明他们对西方保守主义的学说本身感兴趣。

[2] 19世纪90年代,张之洞所著《劝学篇》使这条准则首次得以推广,直至20世纪,每当中国人探讨本国未来前途时,其观点也大多聚焦于此。关于这条准则的思想起源和意义,参见赫尔穆特·威廉所著《内部和外部的问题:儒家融合各派学说的尝试》,出自《思想史杂志》第XII期,1951年1月出版,第48—60页。

统"国家的理想信仰。

如此看来，欧洲的保守主义与中国的保守主义相比，二者之间的最大共同点，仅在于保守的意愿。这两种制度都推崇沿袭固有的为人处世方式；都阻挠彻底变革而提倡在充分权衡风俗习惯因素的前提下推行规模小、进度慢的社会改良。对中国的保守主义分子来说，儒家的社会秩序、政治体制和伦理道德具有永恒价值，其真实性和正确性适用于不同年龄段的所有人。[1]它们是稍加调整就能适应所有新情况的基本原则，永远有效，一成不变。（注4）

现代中国的保守主义肇始于19世纪中叶。当时，儒家学说总是以一种形式或别的某种体制主导着清代早期的政治思想，就像它在中国历史上的大多数时期所表现的那样。但儒家学说的支持者起初并不能称之为"保守派"，只有在他们为维护其社会地位而与太平天国及西方势力展开斗争之后，才获得了"保守派"这个恰如其分的头衔。因为从那时起，他们关于人类生活及社会本质的基本命题再也不能被视为不证自明的真理，社会局势迫使他们越来越多地参与到关于儒家理论可行性的争论中来，探索新的途径去证明儒家学说在解决政府实际事务中的优越价值。最终，在真正的儒家保守派与一众投机分子之间出现了严重分歧，前者因尊崇儒教的内在本质而珍视儒家秩序；

---

1 从历史上看，儒家学说包括一些观点不同、有时甚至是相互对立的门派。对于本书中所提到的儒家学说，笔者指的是以折中主义为特征的新宋学复兴中的儒学，该学说自19世纪中叶以来，一直在思想界占据主导地位。

后者却把儒家遗产要么当作刺激中国人产生民族主义情绪的工具，要么当作掩盖其法西斯主义本质的面纱。在投机分子手中，儒家学说就是一个无效的刺激工具、一张薄薄的面纱，最终只能沦为一个笑柄。他们的观点立场与真正的儒家保守派相比，两者之间的差距判若云泥。[1]

中国近代儒家学说的理论基础是礼教，所谓的"礼"，指的是"社会习俗的准则"。[2]在儒家的行为规范体制下，对于如何评判一个人的言谈举止是否得体，礼教提供了宗法和世俗的标准。儒家的行为规范体制是一种既稳固又灵活的等级秩序，每个人在思想观念上都理解自己的职责和权利，并将其视为充满理性和普遍性的自然规律中的一部分来予以承认。在中国为期先后三代人的历史进程中，中国保守势力始终都把维护礼教当作首要目标，而中国激进派势力却把废除礼教视为其首要目标。陈独秀终其一生都把礼教看作自己的头号敌人：从他早年成长为一名思想启蒙运动的自由主义者时起，乃至他担任中国共产党领导人的那些年，到他生命中的最后十年，他反对礼教的立场从未动摇。

一个以儒教思想为主导的社会，必然是一个农业社会：在工商业及经济领域内出现的任何形式的发展，都会使整个社

---

[1] 人们常常把包括从曾国藩到陈立夫在内的反对西方自由主义和马克思主义的所有人不加区别地归为一类，这种做法导致目前关于现代中国政治思想的讨论出现混乱。对于中国的现代化这个问题，其反对者中的差异与支持者中的差异同等重要。

[2] 见第四章。

会如临大敌。[1]人们认为，儒教社会在总体稳定的社会秩序中通过不断更新和调整，而使其历史呈现为一个循环往复的发展过程，在这种僵化的社会秩序中，不可能产生基础性的矛盾冲突。而小规模的矛盾冲突，可以通过妥协和让步来解决，借此便可实现完美和谐的发展目标。在儒教社会中，士大夫阶层是整个社会的精英，他们不尚武力、不事农耕、不求创新，却能引领民众参与社会生活并使全社会维持其固有的自然发展进程。他们既不是狂热的鼓动家或政治运动的组织者，也不是贵族、神父、有钱人，更不是各行各业的专家，他们被统称为君子，也就是这些道德高尚、饱读诗书、注重修养、深谙世故、思想保守的精英人士。对此，中国的一位著名人类学家曾专门作过一段论述：

> 一个眼里只有人与人关系的人不免是保守的，因为人与人的关系的最终结果常常是互相协调。调整的均衡只能建立在人与自然稳定不变的关系基础上。另一方面，单从技术的角度出发，人类对自然的控制几乎没有限制。在强调技术进步的同时，人对自然的控制也随之不断改变，变得更为有效。然而技术的变化也许会导致人与人之间的冲突。中国的知识分子从人和人的关系看待世界，由于缺乏技术知识，他们就不会赞赏技术进步，看不出任何意图改变人与人关系的理由来。(注5)

1　见第八章。

就农民的社会地位而言，如果在中国的保守派与欧洲的保守派之间作个比较，则中国农民的社会地位要远比欧洲农民高。首先，中国保守派的领袖们知道"农业是国家的基础"这句话究竟意味着什么。农业方面的一些具体问题——既有经济方面的，也有技术方面的——所有负责治理国家的人都会对此高度重视。而且，尽管他们都是一些只顾自身利益的地主，但经过治国理政方面的多年历练，他们会把农民的事情也当成自身利益中的一部分。儒家社会的国家治理者不可能像西方社会的许多官员那样，一边沉溺于专注工业商贸及国际事务的都市生活，一边自我陶醉于歌颂田园生活福祉和农民拥有古老智慧的伤感论调。其次，根据中国保守派所遵循的儒家教义，农民都是明事理的人，并且通过教化可以实现尽善尽美。地主所享有的特权都建立在理性原则的基础之上，他们按照公认的准则去指导农民的行为，他们告诫农民的话，都是理性的训令。农民如果表达出不满情绪，外界可以感知——军官通常会受到警告，不得不时刻注意自己的言行，唯恐农民士兵得到嘲笑或非议他们的口实；地方官员也要定期依据上级命令对自己的玩忽职守行为进行检查和整改，以便平息民众的负面舆论。

中国保守派认为农民天性纯良，绝非西方保守派所认为的那样，人一生下来就背负着原罪。[1]或许正是出于这个原因，中

---

[1] 然而，中国的农民不同于欧洲浪漫主义时期的农民，他们未受到世风日下的文化影响，因而可以成为民族复兴的源泉。他们和所有人一样，天生是好人，这既有助于解释普遍适用的儒家思想，也有助于解释放之四海而皆准的儒家文化和儒家学说。如果从根本上说，他们不比别人更坏，那么同样，他们也不会比别人更好。

国的保守派几乎从不害怕对民众开展那种令西方保守派倍感困扰的普及教育。儒家社会在开展教育时，主要依据经济条件对民众设限：农家子弟很难从田间劳作中抽出时间去学习。人们无法想象那种认为农民一旦学会读书便会误入歧途的观点，人们更愿意相信，如果农民学会了读书，他就可以更好地理解儒家的说教，而且这也有助于儒家学说的宣扬。如果他能力出众，人们都会满怀信心地期待他能成为一名官吏，而不是一个数典忘祖的人。从理论上说，如果他刚好具备从政所需的个人能力，他就完全有可能当上仅次于皇帝的高官；如果皇帝在位期间违背了确立皇权合法性的理性道德原则的话，皇帝就会丧失其统治权，在这种情况下，这个农民还有可能登基做皇帝。[1]

关于对待私有财产的看法，西方保守派持有的基本原则，是认为私有财产从某种意义上说是神圣不可侵犯的。对此，中国保守派的看法与西方保守派之间似乎毫无相通之处。诚然，中国的绅士阶层攫取了土地方面的既得利益，并且积累了数量可观的财富；与欧洲的情况相同，中国保守派也认为财产私有化和随之而来的权力分散是阻止皇帝产生独裁专制思想的重要手段，因为如果皇帝手中的权力过大，他就有可能拿来滥用。但是，按照中国保守派的观点，私有财产与社会上的万事万物一样，都属于社会责任体系的一部分，它并不能给财产的所有者授予"天赋权利"；如果私有财产引发了民众失业，导致了物

---

1 见第四章。

价上涨，造成了食品短缺，或者引起了民众不满，就会威胁到社会稳定，那么在这种情况下，朝廷籍没私有财产的做法就是恰当且合理的。

当然，在这动荡不安的一百年里，中国保守主义的基本特征不可能一成不变，尽管中国保守派曾经竭尽全力地想要维持、调整，乃至恢复儒家生活方式的本质属性，却仍无法遏止这种改变。第一代保守派静观时局，安之若素；他们坚信儒家学说是普遍真理，不仅会在中国持续传承，还会逐步在全世界范围内得到推广传播并发扬光大。国内发生的叛乱和外敌的入侵，迫使他们以在太平天国之前的儒家著述中极为罕见的敏锐视角，去审视和重新论述他们的儒家观点，即便如此，他们仍不会质疑自己所持有的儒家立场。他们虽然在如何更好地实现共同目标这个问题上存在意见分歧，却都受到大一统的儒家社会传统价值观的激励，都把儒家学说视为人类共同的遗产和共同努力实现的未来。

关于这个问题，约瑟夫·列文森的论述令人拍案叫绝，他认为第二代保守派不像第一代那样安于现状，[注6]他们遭遇了时局困顿和现实疑惑的双重考验，对于欧洲思想，他们虽然从情感上完全排斥，而现实又迫使他们不得不对其高效运转的执政理念甘拜下风，于是，他们只能付出长期而又艰辛的努力，为的是探索一条可实现儒家准则向欧洲思想相妥协的发展之路。第三代保守派上台后，统治阵营之间出现的裂痕进一步扩大，如果说早年间第二代保守派对儒家思想的坚信已经被怀疑所取代,那么如今,随着中国持续衰败、即将亡国灭种,这种怀疑已经演变为恐慌。选择哪一条正确的路线才能建设一个强大的新的中国?激进派——人数很少——主张彻底抛弃儒家思想的理论体系;保守派则坚持他们复兴儒家学说的理想。(注7)

中国的第一代保守派对自己的儒家思想原则怀有高度自信,其自信程度超过了欧洲历史上任何一个时期的保守派,他们可以结合执政实践,充分而彻底地检验其儒家原则;而在西方世界,欧洲保守派即使尽最大可能去检验其思想原则,也没有中国第一代保守派做得那样充分和彻底。然而,中国的第三代保守派在执政表现上,却比欧洲历史上任何一个时期的保守派都显得更加惊恐万状、失魂落魄。其原因在于,历史上没有哪一个政治集团能够像中国第三代保守派那样,曾经在为期一代人的时间内,被迫去面对生存状况的恶化、自我尊严的受损,以及一切道德和社会价值的沦丧。由于他们曾认为无所不能的儒家准则并不是那种可以让信仰者谨记于心的宗教原则,而是只有通过社会实践运用才能得以留存的社会原则,一旦被锁进保险箱或沦为流亡者的珍藏品,这些儒家准则就会失去活力、无人问津。

在一切社会学研究领域,需要时刻保持对两种错误倾向的警觉:一方面,要防止开展"搬砖式"研究。这是一种缺乏想象力的研究方法,将会误导我们产生"一切社会现象都值得注意、任何课题的深入研究都有助于积累知识"的主观设想;等所有的砖都搬运到位了(几个世纪过去了),它们就会自动形成一个设计精美的建筑物，而不会是一个瓦砾堆。另一方面，要防止开展"魔法式"研究，亦即反对那些试图发明或发现一种放之四海而皆准的理论，并以此解释、说明所有历史事实的研究方法。这颇有些类似于人们常说的"以论带史"的方法。

在中国问题相关的研究领域，尤其需要保持这种学术警觉。一方面，这个领域的研究虽然让人感到既艰难晦涩，却又引人入胜。由于我们对这个领域知之甚少，以致把研究过程中偶然接触到的任何细枝末节都当作值得注意的问题。另一方面，这个领域的研究内容十分广泛，所列举出的问题无论在理论还是在实践层面，都具有重要意义，因此看起来似乎有必要迅速把时间和精力投入对该领域核心问题的研究中去，开展针对中国农民、中国思想、中国商业阶层等课题的研讨，从总体上探讨中国保守主义、中国革命、中国现代化以及中国社会问题。

总体而言，关于中国问题的学术著作不是走了这个极端，就是走了另一个极端。有的是针对某个历史时期的某个微小侧面所作的带有预测性的评论，有的是针对中国政权运行的内部机制所作的震古烁今的一揽子解释。对这两种研究方法，哪个都不能轻视，但对于分布在广阔领域内的最有研究价值的问题而言，运用这两种方法都不会取得成效。单纯使用一般术语去探讨现代中国的保守主义，对于研究工作毫无裨益，因为我们将不可避免、不厌其烦地查明谁是保守派的领导人，谁是保守派的幕后支持者，保守派想建立一个什么类型的社会，保守派在政府各个部门都采取或提出了哪些措施,以及保守派的结局怎样等问题。这些问题或许看起来都有限定性,也都很具体,但是,将其与任何一个历史瞬间相对应,会发现这些问题的答案会分别从不同角度构成当时整个中国社会的一个横断面。如果想从整体上对近代中国的保守主义作出解释,我们在试图把握不同历史瞬间中国保守主义特征的过程中,将会遇到纷繁复杂的各种困难。基于这些原因,我选择了将19世纪60年代的同治中兴[1]作为一项个案研究,因为开展这方面的研究,或多或少带有可操作性的成分,而且其研究领域比较广泛,足以阐释那些一般意义上的问题。

1860年,中华帝国及其传统体制似乎已经走到崩溃的边缘。在国内起义军和外国侵略军面前,帝国政府显得孤立无援、士气涣散。面对着国内革命和外国侵略,帝国政府表现得毫无斗志、陷入绝望。已持续了10年之久的声势浩大的太平天国起义彻底打破了中国经济最富庶、人口最稠密的几个省份的生活秩序。这一年,太平天国运动正处于后期实力复苏阶段,起义军横扫华北平原,直接威胁帝国首都。与此同时,英法海军突破了曾让中国人自鸣得意的大沽口防御工事,一支小规模外国军队竟然击败了由当时中华帝国名气最大的将领、蒙古亲王僧

---

[1] 官方认为,同治皇帝统治时期(1862—1874)是清王朝历史上的一个国力恢复期(即中兴时期)。笔者采纳了这个习惯上的提法,而不准备采用确切的传统日期,因为同治皇帝登基与驾崩的日期并不能准确界定中兴时期这个历史阶段的起止日期。标志中兴时期始起的历史事件有:1860年《北京条约》的签署、1861年恭亲王的掌权及总理衙门的建立、同年晚些时候随着安庆被攻陷而发生的镇压太平天国起义形势的逆转,以及中央和地方新一代军政领导人的涌现;标志中兴时期截止的历史事件有:1870年天津教案的发生和《阿礼国协定》的被否决、此后几年间曾国藩和文祥的相继去世、首次向日本割让领土,以及慈禧太后势力的逐渐增长。

格林沁率领的帝国最精锐的部队。野蛮的外国兵在京城的大街小巷横冲直撞，把宏伟壮丽的避暑行宫——圆明园化为灰烬。咸丰皇帝公开承认彻底战败，而后便带着文武大臣、后宫嫔妃逃到热河。翌年，他病死在那里，从而给中国历史上若干个最令人伤感的一个十年画上了一个恰当的句号。

当时，社会上普遍认为清王朝大厦将倾，一个混乱年代即将到来。按照一些中国人持有的一种观点，清王朝的悲惨命运不仅在劫难逃，而且理应如此，除非清朝整合各方力量，创造出一个奇迹来，这个奇迹指的就是：镇压革命、抵挡外来侵略和恢复国内秩序。要想创造这样的奇迹，不仅需要统治者按照传统路线，在这最后的紧要关头恢复对国家的高效统治，还需要创立一套新政，从而能够化解现代条件下来自国内外的各种威胁，同时还能维护儒家社会及其意识形态。

19世纪60年代，这种奇迹距离成功实现似乎已经近在咫尺。19世纪50年代发生于咸丰年间的衰败与19世纪60年代出现的同治中兴，二者之间存在鲜明反差。满汉上等阶层高度一致地团结在不久前刚刚遭受重创、现已威风扫地的朝廷周围，由才能出众的大臣来掌管政府主要职位。朝廷于1864年收复了太平天国的都城南京，这标志着唯一可以给国家生存带来威胁的太平天国运动以彻底失败告终。捻军、回民起义及其他不太严重的叛乱也都逐渐被镇压了下去。军队规模逐渐精简，军队的战斗力得以提高。政府降低了土地税率，财政总收入却得到了增加。经过艰辛的努力，新的土地即将得到开垦，昔日因遭受战火而废弃的地区得以恢复重建。重新确立了行政部门的工作标准，教育学术系统再度出现繁荣景象。在处理日益增长的对外贸易的竞争中，与外国商人相比，中国商人的表现丝毫不落下风，甚至在沿海贸易的竞争中完胜外国商人。外国军队撤走了，放眼鸦片战争以来中国的整个对外关系史，这一时期是外国施压和干预最少的时期。中兴时期的政治家把一个名为"总理衙门"的现代外交机构成功地移植到中国古老的官僚体制之中，总理衙门设立仅数月，其成员就通过熟练运用条约款项和国际法与外国势力巧妙周旋，为中国争取到了利益，这标志着他们已经成长为出色的外交家。他们意识到，从今往后，中国既不能闭关锁国、拒绝同西方国家发展外交，也不能再以"中央王国"自居、吸引它们加入以统一道德体系为基础的朝贡附属国行列中来。他们开始读外国书，了解世界消息，还创办学校以便传授西方语言和科学知识。与此同时，中国开启中兴事业的这十年，正值西方国家的社会反帝运动达到历史高潮期。由于对中国发生的各种意外事件深感忧虑，以前曾经侵略中国的西方国家，现在却开始愿意为中国政府提供支持和保护，从而为重建中国的保守主义提供重要的帮助。

之所以要对同治中兴问题展开个案研究，主要基于以下三点原因：[1]

---

1 此外，还将有助于充分合理地实现传统历史学术研究：对一个鲜为人知的历史年代的档案资料进行考证，以便对历史事件及其发生原因作出一个更充分、更准确的解释；对曾遭遇到或污辱或崇拜的政治集团的历史地位，作出一个更为公正的评价。

（1）这项研究对于从整体上解释中国近代史具有重大意义。纵观中国历史上曾经出现过的几次伟大的中兴时期，同治中兴既是其中的最后一次，同时也是中国人为了改革国家体制使其有效适应近代世界，在无需发动革命彻底改变中国传统价值观，或推翻体现这些价值观的社会制度的前提下，所作出的一系列努力中第一次最接近成功的一次。关于如何看待同治中兴这一历史时期，这个问题曾经成为中国史学界的一个争论热点，然而在西方史学界，大家实际上却对此一无所知。

（2）这项研究对于围绕这一时期开展政治及社会方面的比较性研究，具有潜在学术价值。同治中兴有可能是中国历史上组织最严密、推进最持久、记载最完善的一次保守派改革运动，无论从哪个方面讲，都可与欧洲保守派的运动和意识形态相媲美。

（3）这项研究有助于理解这一时期的历史，进而阐明20世纪的许多问题。历史不会重蹈覆辙，我并不想把这本书写成供政策制定者阅读的工作简报。但是，正如拉尔夫·林顿所指出的那样，历史的河流总是在两条堤坝之间流淌，它有可能会改变河道，却不可能恣意泛滥。(注8) 每当引进一个新生事物时，所有文化都会表现出持续不断的分化和重组，但在多数情况下，所有文化都只能吸收那些看起来与之相似的外来事物，而不是那些看起来与之存在差异的事物，而后沿着符合它们长久利益的路线，继续发展下去。(注9) 那种认为中国不受新生事物影响的说法纯属无稽之谈，而那种认为新生事物对国家发展毫无作用的说法，同样也是错误的。

近期，相当多的美国人都把注意力一直聚焦在中国政坛出现的新事物上，然而，直到最近，他们仍既不重视限制中国历史之河近期流向的堤坝的构造，也不重视研究中国政治行为的固有模式。本书并不打算为东西方对峙的危机提供解决方案，但是，如果本书所取得的研究成果均属正确，那么这些成果似乎可以为解决一些高度相关且尚未提出的问题提供理论依据。

还是通过一个案例来证明我的观点吧。人们常说，中国的儒教社会从根本上说就是稳如泰山的，然而这个社会却在19世纪出现了明显的土崩瓦解迹象，究其原因，在于清政府无法应对西方列强从外交、军事、商业领域发起的全面挑战，彻底吃了败仗；那么，接下来应该承担罪责的，就是清政府及大清帝国统治阶层，因为他们阻碍了国家在上述领域取得发展。如果说这种解释可以站得住脚，那么要想纠正清政府在19世纪所犯下的错误，进而建立一个自强自立的新中国，就应该从以下三点入手：一是倾力打造一支装备精良的本国军队，二是对已经西化了的中国商业阶层实施鼓励扶持，三是积极争取国际力量为中国保守主义政府提供友好援助。基于这种解释，中国奉行的民族主义路线尽管也很重要，但是，仅凭社会革命不仅无助于实现现代化和国家"自强"，而且显然会阻碍发展。

然而，值得怀疑的是，以上关于中国19世纪近代史的解释究竟能否成立？当前形成的个案研究成果提出了一系列与上述解释截然相反的概括性结论。

（1）在处理与现代国家的外交、军事及商业问题中，清政府最初的表现是相对成功的。这三大领域，是同治时期的中国政府大获全胜的地方，而不是获利最小的地方。[1]

（2）中兴事业之所以会失败，其原因在于，儒家社会对于稳定的要求与实现国家现代化的要求背道而驰。

（3）现代中国的保守势力曾在一个极其有利的条件下完成了对实现中兴事业的尝试；尝试过程中的表现堪称精彩，而最终结果却是惨败；导致中国不能成功适应现代世界的障碍，既不是帝国主义的侵略、清政府的统治、清廷官吏的愚蠢，也不是历史进程的偶然，而是儒家体制自身固有的本质。

19世纪60年代，西方列强并不敢确信他们所支持的中兴保守主义一定会取得成功，因为他们认为，当太平天国起义被镇压后，"中国被阻挡在通往革新和突变的道路途中，许多国家只有在内战和革命的帮助下才能实现革新和突变"(注10)。为了实现中兴事业，一切努力都是值得的，因为如果中兴事业不能成功，中国将面临的，要么是一场规模空前的革命，要么就会逐

---

[1] 见第八至第十一章。

渐虚弱、衰败，直至屈服于外国侵略者。利益攸关的问题不仅牵涉中国的未来，也牵涉享有在华利益的列强的未来安全。英国公使报告说：

> 关于改变中国现状以及引进大规模、全方位改革的这个问题，西方列强既满怀希望又深感恐惧。提到这个问题，无疑也会牵涉中华帝国的未来命运，以及她那占全人类三分之一的人口……现在必须作出决定的是，这个塞满破旧物品的老迈的政治系统，能否有望获得再生的机会？能否获得一个适应现代要求及外国文明的新生？或者说这个政治系统是否会在经历逐步解体、退化、取得或多或少的进步以及消除帝国内外一切影响的阶段后，实现彻底的消亡？^(注11)

本书后续内容将涉及中国在1860—1870年对于这个问题所作出的解答。

II THE NEW ERA

第二章 新纪元

1859—1861年的危机

自18世纪末以来,清政府日益衰败、无能和腐朽。晚清的历史,主要就是一部镇压国内起义、抵抗国外侵略的战争史,尤其是在1850年以前,这个国家几乎看不到任何恢复强大的希望和迹象。进入19世纪50年代,国家分崩离析的趋势加速呈现,旧制度终结的那一天似乎指日可待了。

1850年咸丰皇帝登基仅数月之后,太平天国运动[1]便在广西爆发,政府软弱无能,根本无法采取有效措施予以镇压。截至1853年,太平军攻占了华南及华中的大部地区,还夺取了重点城市南京,随即在该城建都长达11年。而此时的清朝军队,几乎找不到能堪重任的将领,大批缺粮断饷、士气低落的官军士兵逃离部队开小差,甚至经常临阵倒戈、加入太平军行列。清帝国行将土崩瓦解的严峻形势发展到了无以复加的地步。(注1)

到了1859—1861年间,已处于风雨飘摇之中的清政府面临着内忧外患,看起来清朝气数已尽、无力回天了。与此同时,太平天国为夺取全国政权而与清朝军队之间展开的殊死较量,也已进入关键之年。清军高级将领胡林翼率部与太平军将领陈玉成部展开激战,双方在安徽以西地区僵持不下;曾国藩的部队在安徽祁门遭到太平军最杰出战略家李秀成的

---

1 见第四章。

重兵围堵，直到最后一刻，才被左宗棠的部队及时解救。(注2)
实际上，在当时中外政客关于中国时局的评论中，到处弥漫着一种清廷必败的情绪。1860年1月，上海出版《北华捷报》中的一篇社论，就反映了这种普遍的观点：

> 这场声势浩大的起义，就像一个自诩强壮的躯体患上了顽固发作的真菌感染，至今仍未痊愈（此处把太平天国起义比作真菌感染，清帝国则被比作自诩强壮的躯体）。如果可以把传言拿来当作分析事件的线索，那么实际情况可能恰恰相反，清帝国局势雪上加霜，已经不可能像医治真菌感染那样有望得以痊愈了……谈及清帝国境况，额尔金勋爵的话是这样说的，"他们那个日渐衰败的文明如今已是破烂不堪、腐败透顶"。对此，一些老好人听不惯，认为他的这句话既尖刻又放肆。虽然这句话或许有些不妥，但它确实反映了真实情况。清政府古老的执政基础已经彻底烂掉了，等级制度遭到破坏；朝廷华丽的威仪已经被撕成了碎片。正在吞噬这个国家的政治肌体的并非东方人想象中的鬼，如今，灾祸横行、年复一年、与日俱增，没人能告诉大家，清帝国所遭遇到的这些灾难何时才能结束，其结局又将怎样。(注3)

这一时期也是外国列强对中国实施侵略扩张的关键之

年。1856年因"亚罗号"事件而引发的战争,随着1858年《天津条约》的签订而暂时平息,该条约极大地增加了外国人在华享有的特权。在随后的第二年,朝廷拒绝批准条约生效,并且,在这种因无知和傲慢而滋生出的盲目自信的情绪作用之下,清政府决定不惜以国家生死存亡为代价,与英国开战。尽管英军在1859年的大沽口之战中因遭到清军伏击而吃了败仗,但英国人仅仅把这次败仗当成一次偶然事件,并不打算就此大动干戈,而是准备同清政府中的那些在他们看来不那么强硬的派系官员进行谈判。(注4)然而,反观此时的清帝国,大政方针掌握在所谓的"主战派"手中,该派以咸丰皇帝为首,成员均为强硬分子,由满族亲王载垣及端华、肃顺等大臣组成,他们于1860年夏末再次出动军队与英国决一死战,结果在这次战斗中,清军完败。虽然僧格林沁曾于1859年通过设伏击败了英法两国为逼迫清政府签订《天津条约》而登陆大沽口的小股部队,但到了1860年,他再也无法抵挡得到增援后的英法远征军的进攻。天津港沦陷了,僧格林沁只好率部撤退至北京郊外的通州。(注5)

随之而来的是清政府陷入一蹶不振的状态。对此,文祥曾发表评论,由于这位满族官员不久之后成为中兴时期外交新政的主要倡导者,所以他的评论具有特殊参考价值。早在两年前,英法联军于1858年进攻大沽口之际,北京就曾经宣布过戒严令,虽然由此引发的民众恐慌因外国军队的撤退而得到平息,但1860年的恐慌程度远胜于1858年。(注6)

有一段著名的描述，反映了当时朝廷内部的派系斗争已经昭然若揭。文祥这样写道：

> 京师又戒严，人心震动，任高职者纷纷走避，较癸丑年尤甚。[1]……
>
> 事愈急，有请上巡木兰者。予恐摇动人心，有碍大局，且塞外无险可扼。
>
> 我能往，彼亦能往，力持不可，冒死扣留。
>
> 上颇悟。退，复与同人递奏片，详细开陈利害，以坚上意。始奉谕旨，砺军剿敌，宣示中外，朝野相庆。未几，敌烽相逼近，言者遽仓皇入，以危言耸听，遂于八月初八日请上启銮。留予署步军统领（俗称九门提督），另派王大臣办理留京守城各事宜。
>
> 谕令予随同恭亲王在城外办理抚局，毋庸驻城内。然斯时人心惶惑，实任提督及右翼总兵均随扈行，予一人兼提督总兵之职，责任地方，不能不入城以定人心。
>
> 送驾后，与恭邸布置稍定，酉刻赶即入城。登朝阳门阅视，始知守城兵已数日未领口粮，且守具毫不足恃，势将瓦解。事急不及奏请，只好开仓库、散放钱米（嗣补行奏明）。（注7）

1　此处指的是1853年太平军夺占南京后，在朝野引起的巨大恐慌。

直到午夜时分，发生在偏僻街巷里的骚乱和抢劫事件才得以平息，老百姓此刻的情绪也比较稳定了，这才回到各自家中。(注8)文祥所述内容的准确性得到了董恂的证实，董恂就是后来出任军机大臣、大学士及总理衙门大臣的一位重量级官员，也是竭力劝阻皇帝逃往热河的那一派大臣之一。(注9)

根据美国公使华若翰所述，由于北京城内四处游荡着八万六千余名既领不到军饷又纪律涣散的清军，该城已濒于爆发一场革命的边缘。华若翰据此判断，假如外国军队进攻北京，几乎可以肯定的是，随后必将出现大清帝国的全面动乱。

> 目前可以令人满意的扭转困境的希望只有一个——中国人应该在大沽口炮台被攻陷后即刻主动作出让步。我相信，一旦英法联军进入中国境内，必然会给各方利益带来灾难性后果。(注10)

中国方面拒不投降，联军远征部队向北京逼近。已经进入中国境内的外国军队和落荒而逃的朝廷，严重地扰乱了直隶沿海地区百姓的日常生活，(注11)然而，人们所担心的全面崩溃却并没有随之出现。衰败的朝廷和强硬的"主战派"逃往热河的仓皇之举，标志着中国在处理对外关系的行动方针方面必然会发生转折。此前一直主张采取温和及合作策略的一众官员现在脱颖而出，在国家实际掌权者恭亲王的领导下，试图为国家制定一套新政。

按照中国的传统政治理论，任何灾难，无论是战败还是旱灾，都会被视为一种征兆，借此昭示政府因执政失误而破坏了自然和谐。因此，每逢灾难降临，皇帝及全体官员都要反躬自省，必须查找自身存在的错误并加以改正。之前因工作失职而被弹劾的官员，会被新上任的官员取而代之，继任者通常都要按照上级命令，通过纠正前任施政过程中出现的错误来恢复社会稳定。所以，像1860年10月发生的北京城被占领这样的重大灾难，势必极大地促使清政府采取全新的思维方式来处理外交事务。就目前这起事件而言，朝廷作出的反应既果断又冷静，非常有助于政局的稳定。

恭亲王在1858—1859年还曾一度认为朝廷制定的针对西方的政策无须做任何修改。1860年发生的事件，给他和他的核心助手文祥提供了两条重要教训：一是外国势力很强大，朝廷根本没有能力战胜他们；二是前来谈判的外国人都按照正式条约中的条款办事。于是，身居京城的恭亲王、文祥，以及在地方主政的曾国藩、左宗棠和李鸿章，这五位领导者通过外交途径并且主要依靠推行"自强"新政，领导中国第一次采取实际行动，努力适应现代世界局势。[注12]

《天津条约》的批准

1860年9月21日，僧格林沁的部队在英法联军进攻之下一败涂地，朝廷"主战派"彻底失去了谈判筹码。(注13)于是，恭亲王受皇帝之命前去替换名誉扫地的谈判代表载垣和穆荫。在9月23日和27日致全权特使额尔金勋爵的外交照会中，恭亲王答应了英国方面提出的许多要求。据报道，他的言辞既谦恭又妥协。

9月26日，一名由恭亲王指派的新任谈判代表恒祺前去拜访巴夏礼。巴夏礼曾担任额尔金的副官兼翻译，当时作为一名英法联军的战俘，尚处于被中国人关押期间。据巴夏礼讲述，恒祺告诉他，军机处过去一直认为与外国人谈判毫无用处，因为这只会招致外国人不断提出额外要求，联军进攻北京实际上是帮了朝廷内部极端派的忙。但是，据恒祺说，恭亲王急切期待着尝试推行新政。[1]

9月28日，恭亲王给巴夏礼捎口信说：朝廷已经抛弃了"主战派"[2]的策略，今后外国人将会受到礼遇和平等的对待。随后不久，到了9月30日，巴夏礼果然收到了朝廷送来的成筐的水果。(注14)

---

1 巴夏礼写给额尔金的信，见英国《1859—1860年间关于中国事务的往来信件》，第236页。当恭亲王主张朝着缓和局势的方向调整策略时，其他人却强烈要求朝着扩大交战规模的方向调整策略；还有人主张把曾国藩、胡林翼的部队由南方调到北方来，或是将首都迁往西部地区，等等。（见刘法曾所著《清史纂要》，上海，1914年，第116页。）关于恭亲王不随朝廷一起逃跑这个事实的重要意义，详见科迪尔所著《1860—1900年中国与西方列强关系史》第1卷，第43页。

2 日本方面有研究成果显示，西方外交官把僧格林沁与"主战派"联系在一起的看法是错误的。根据东京京都大学教授坂野正高的观点，他准备了一篇关于这一时期中国外交方针的专题论文，他认为僧格林沁并不属于这一时期反对谈判的强硬分子之一。尽管他不曾与恭亲王的"主和派"取得联系，但他对时局的看法完全不同于载垣集团；他最好应被刻画成一个严格意义上的军事人物，虽然按照西方的观点，他是一个好战分子，但他却对西方军队实力以及清军弱点有着现实的考量。对此，宫崎市定教授也提出了观点与之相似的解释，集中体现在他撰写的论文《从中文史料看英法联军入侵北京事件——特别是主战论和主和论》中，该论文载于《东亚研究所报》第24号，1943年10月出版，第852—854页。

10月24日，中英《天津条约》最终得到批准，还签署了带有补充条款性质的《北京条约》。[注15]对于次日签署《中法北京条约》以及相互批准1858年《中法天津条约》时的现场情况，法国公使葛罗男爵曾做过一段生动的描述。由于法国人对英国特使额尔金持有相当大的误解，认为他冷漠蛮横，所以法国方面为了刻意避免采取这种态度，在签字仪式现场表现得极其热情友好。成群结队、心存好奇的中国民众到现场去围观英法联军庆祝胜利的阅兵队伍，签字仪式现场设在礼部，各方代表都发表了发人深省的现场演讲。[注16]

11月5日，外国军队从北京撤往天津，此后不久，就离开了中国。

恭亲王摄政

咸丰皇帝北逃热河期间，清政府遭遇了一场前所未有的危机，其严峻程度超过中国历史上的任何一届政府。由于恭亲王临危受命、坐镇京城，成为这一时期实际意义上的国家领导人，他通过谈判成功地化解了危机，最终使这个古老帝国转危为安。恭亲王便由此在朝廷中获得了无可撼动的政治地位。不久之后，随着咸丰皇帝的驾崩，恭亲王成为摄政王。为了巩固其摄政地位，他必须首先向朝廷证明自己所制定的外交问题解决方案是行之有效的，其次还要运用智谋去战胜国内反对其路线方针的位高权重的政敌。他之所以要首先处理外交问题，是因为国家危在旦夕，而政敌由于跟随皇帝逃到了热河，无法参与外交事务，他有必要赶在与政敌进行最后摊牌之前，向朝廷证明他的外交策略是切实可行的。因此，在这个节骨眼上，国内基础设施的重建工作只能再等一等。

同治时期中兴事业的运气真是不错。恭亲王几乎不费吹灰之力就争取到了西方列强的全力配合；法、英、美、俄等国争先恐后地向清政府展现自己的真诚友善。英国毕竟在远东地区拥有最大的势力范围，事实证明，英国方面的合作意愿对清政府来说才是真正至关重要的。只有凭借英国人的支持，恭亲王才能尽可能多地得到他所需要的一切，也才能确保他牢牢掌控住国内的政治地位。

英国人从一开始就很欣赏恭亲王。他们错误地把僧格林沁当作整起事件的替罪羊，还认为包括穆荫、载垣在内的所有政府高官都基本怀有和平意愿，从而在判断上同样出现了错误。(注17) 幸运的是，实践证明，他们对恭亲王的判断是准确的。作为咸丰皇帝的胞弟、同治皇帝的亲叔，恭亲王享有崇高威望，在同外国人的历次交往中都展现出优雅的风度和敏捷的思维，并且能采取现实的态度去接受新条约赋予中国的义务（1860年以前，恭亲王在任何方面都不那么显山露水；然而，在1860年之后的几十年间，他所表现出的才能足以使他永载史册。恭亲王实现由一位传统满族亲王到一名中国杰出政治家的转变，这是危机时刻有助于释放潜能和造就人才的鲜明实例）。

恭亲王亲自处理新条约的颁布施行，以简洁高效的工作方式消除了额尔金的顾虑。条约全文不仅刊登在《京报》上，还大张旗鼓地在遍布京城、到处张贴的布告中加以宣传，供人们聚拢在一起，集体阅读。额尔金满怀希望地认为，只要恭亲王一直掌权，英中之间的良好关系就会延续下去。(注18)法国公使葛罗同样对恭亲王充满信心，他认为中国与西方之间的谈判气氛发生了迅速转变，这种转变是"在外交史上从未有过的"。(注19)甚至那些工作在各通商口岸的"中国通"，也对这种崭新的喜人局面深有感触。[1]

镇压载垣阴谋集团与巩固恭亲王的地位

1861年8月22日，还在热河避难的咸丰皇帝突然驾崩。这件事使恭亲王推行的新政第一次遭受了考验。为了辅佐即将登基的同治皇帝，必须推选摄政人员，于是，朝廷中迅速形成两派，以两宫皇太后和恭亲王为一派，以载垣、端华、穆荫、肃顺为首的反对恭亲王且势力最大的官员团伙为

---

[1] "新纪元"开启之后不久，素来以私人身份反映寓华外国人观点的《北华捷报》，继续像以前那样宣称中国政府的末日即将来临："关于这个鞑靼王朝即将毁灭的观点，并不是一个比喻。英法联军正在致力于尽快实现它的灭亡，这可能在很大程度上出乎高级将领们的意料……放眼这个帝国的每个角落，尝试着想在它的政府或是精神层面发现一处亮点，唯一的亮点就是，它没有被黑暗吞没，还没有彻底衰败……但是，变化正在发生……任何协定或其他补救措施也不能使中国政府出现任何好转迹象——它的倒台仅仅是一个时间问题——迟早一定会发生。"（见《北华捷报》，1860年10月6日、11月3日）
1860年12月1日，过了不到一个月，甚至是《北华捷报》都开始不得不承认，已经出现的变化迥然不同于外国社会长期以来预测的那样："北京的政局已经发生了喜人的转变，恭亲王摆脱了他于10月24日参加条约批准书交换及签字仪式时所表现出的一脸闷闷不乐的样子，看起来渴望与我们保持友好关系……（恭亲王与外国大使实现互访，国际关系的大环境已经发生变化）"

另一派，两派之间为了攫取摄政王的权力，爆发了一场颇有戏剧性的争斗。[20]

载垣集团成功炮制了一份所谓的咸丰皇帝的临终上谕，其大意是要组建一个由载垣集团的成员们构成的摄政集团。[21]咸丰皇帝临终前召集御前大臣载垣、端华、景寿、肃顺和军机大臣穆荫、匡源、杜翰、焦祐瀛，任命其为赞襄政务大臣；第二天，咸丰皇帝驾崩。8月23日，咸丰皇后慈安及新皇之母慈禧被尊称为皇太后。[22]

与此同时，在热河、北京两地的朝廷政治舞台上，一场围绕着摄政权力之争的错综复杂的宫廷内斗正在上演。作为小皇帝的生母，年轻的慈禧太后成功得到了玉玺，如果没有玉玺，新的摄政王就不能发布合法有效的上谕。在反对载垣的政治势力支持下，慈禧和慈安太后火速赶往北京，把新的摄政集团远远甩在后面，而载垣、肃顺他们只能被迫按照清朝律例跟随在缓慢行进的皇帝灵柩之后，眼睁睁地看着慈禧太后一派抢先控制朝廷。

恭亲王和两宫皇太后的支持者迅速采取行动，纷纷递交奏折乞求两位皇太后在恭亲王的辅佐下垂帘听政。一些高级官员力劝恭亲王及两宫皇太后实施这个方案，其中有大学士贾桢和周祖培，御史董元醇及豫皖督军胜保。[23]至此，采取果断行动的时机已经成熟。1861年11月2日，根据两宫皇太后向内阁下达的敕令，中国政坛上的载垣集团从此被彻底铲除。肃顺、载垣和端华均被革职，他们的支持者中有五

人被逐出军机处。敕令还要求对上述人员的阴谋做进一步调查。(注24)

11月8日,肃顺被斩首,身为亲王的端华和载垣被赐死。(注25)于是,他们后代的世袭爵位被显著降低。(注26)他们的罪名是"谋危社稷"(大逆),在宣布判决的上谕中还包括一项关于错误办理外交事务的有罪裁定。(注27)依据清朝法典,"谋危社稷"是"十恶"之一,仅次于"造反",是一项危害家庭、国家、社会关系及良知的罪行——历来为天地良心所不齿,一旦犯了这种罪,既不可饶恕,也无法赦免。(注28)

虽然11月9日的上谕宣布罢免了6名以上朝廷高官,但同时又下令中止对参与阴谋人员的进一步检举弹劾,要求案件侦破工作于近期内叫停,并且不再调查追究以往罪行。(注29)这种体现仁政的决定具有极其鲜明的政治意义,因为中兴的成功将取决于整个满汉官僚阶层能否化解彼此在总体利益方面存在的分歧。既然首犯已经被惩办,其追随者就可以通过接受再教育而实现弃恶从善。

与此同时,新任命的官员即刻取代阴谋政变者。领班大臣于11月2日提议组成一个由一名亲王辅佐两宫皇太后的摄政集团。恭亲王很快就被任命为"政府行政顾问"(议政王),同时,他和另外四名新成员被任命为军机处大臣。最初宣布的新年号是通常用来表示幸福的"祺祥",后又改元为"同治"[1]（"回归秩序"），翌年生效。政府各个部门依据命令各司其职，随着同治皇帝在太和殿登基并颁布大赦令，中兴事业由此正式启动。(注30)

大众舆论不会在一夜之间由悲观失望转变到信心满满，尤其是在传统的旧中国，这种转变往往可能会很慢。然而，到1862年，中央和地方政府无论是解决内政问题还是处理外交事务，都取得了显著的成功，时局的大气候已然明显不同于1860年。[2]随着外国军队的撤离和1861年1月总理衙门的成立，中国看起来已经与外国建立了稳定的外交关系；(注31) 1861年9月，政府军收复安庆，这标志着太平天国起义由此转入低潮；1861年11月，推行新政、不负众望的新政府取代了声名狼藉的残余官僚机构。善于见风使舵的地方官员一听说皇权发生了更迭，立马就意识到这在政策上意味着什么。罗伯特·赫德记载了湖广总督官文的反应：当赫德告诉他恭亲王这一派已经在北京取代了肃顺集团时，官文的态度当即

---

[1] 根据威妥玛（爵士）的说法，文祥告诉他，年号之所以叫做同治，是用来暗指经典历史中具体反映"同归于治"这句格言的一段时期。用在此处，意指当前这个时期"随着中国各个省份都经受了战争的破坏，都提出了恢复良好秩序和重建的迫切需求，这个国家的所有官员和百姓都一样，都渴望实现'同归于治'，共同返回（或者，看到恢复）到一个秩序井然的状态。这就是'同治'这两个字的意义所在，通过学习过去的历史，找到与当前相对应的某些历史时期，所以决定选择这个年号"。1861年11月25日卜鲁斯致拉塞尔的信函附件。英国外交部17/357，第173号档案。还可详见芮玛丽：《一个统治者的名字里面有什么含义》，载于《亚洲研究期刊》，1958年第153期第1版，第103—106页。

[2] 情绪和语调上的转变，无论是从皇帝下达的谕令，还是从大臣呈递的奏折中，均可得到鲜明的体现，包括在一些可以公开记载的书信和日记中，也有所体现。

发生转变。(注32)

在社会生活的各个领域，新政府都在按照这个众所周知的"中兴"模式有序运转——这是一个遏止王朝衰败并使之暂时得以复兴的历史时期。[1]当时的种种迹象表明，无论是通过政治分析，还是通过夜观天象，[2]人们都有充分理由去相信，这个由满族统治并且正处于中兴时期的儒教国家将很可能再次承担起政府职责。

外国对于新秩序的反应

即使是在两宫皇太后垂帘听政制度建立以前，大多数在华定居的外国人也是在不大情愿的情况下逐渐认识到，他们的切身利益已经与这个饱受非议的中央政府深度绑定了。正如《北华捷报》所述：

> 虽然就事实而言，这个由鞑靼人建立的王朝并不是一个好政府，但它是目前我们所遇到的最有能力发挥管理职能的政权。如果外国政府明智的话，就必须容忍清王朝的不足，并帮助它纠正自己的缺

---

1 见第四章。

2 由于中国社会是建立在对宇宙和谐以及对自然界与社会现象之间存在着内在因果关联的信仰基础之上的，因此关于1861年秋出现预兆吉祥的自然景观的官方记载（见《皇朝续文献通考》，第10489页），说明上天认可了清政府所取得的政治成就。关于19世纪60年代期间自然界与政治活动之间关系的阐述，详见第十章中同文馆内部发生的讨论。

点,直到出现一个更好的政府取代它。(注33)

随着载垣阴谋集团被镇压以及同治新时代的开启,外国人对这个从表面上看已经建立起新秩序的政府所采取的态度,由原来极不情愿的容忍,迅速转变为满怀热忱的支持。他们称赞皇太后慈安容颜美丽、有胆有识、才能出众、对外亲善,对恭亲王的评价之高甚至超过了以往。[1]中国过往的历史变成了值得夸赞的事情,[2]中国的未来更是一片光明。截至1862年5月,《北华捷报》的评论是这样写的:

---

1 上海方面所使用的称呼,加剧了那些熟悉洋租界社区最近数十年来对华看法的人对当前时局的怀疑:"在这样一个由亲王及皇太后构成的摄政集团的领导下,那个年轻皇帝的统治或许可以达到他们所谓的'团结在法律和秩序的事业之中',因为在这块动乱不安的土地上,这些是最急需的。"(见《北华捷报》,1861年11月30日)

那些以前在清政府与叛乱者之间举棋不定、因双方都属于中国人而难以作出投机选择的人,如今,他们选择了获胜的一方,他们把这个摄政集团形容为"既位高权重又充满活力的";他们还敦促:"因此,外国人应该避开那些慵懒的家伙(指太平天国),去支持摄政王……"(见《北华捷报》,1861年12月7日)。他们强烈要求"在这个特殊的关键时期,我们与中国之间联系的密切程度,超过了其他任何一个时期,我们必定要去支持这个帝国的现存政府。在这个国家的首都北京,刚刚发生了一场革命,就突然性、猛烈性和决定性而言,与1848年巴黎发生的那场震惊欧洲的革命别无二致,这场革命通过付出更大的努力,已经使外国人消除了顾虑,并迫使他们相信自从他们被许可进入中国领土以来,中国政府为了维护他们的利益,表现出了超过以前任何一个时期的真诚……"(见《北华捷报》,1861年12月21日,1861年12月28日)

关于他们对1861年重大事件所作的评论,《北华捷报》的编辑侧重报道中国在这一年期间所发生的巨大变化。这一年以皇帝在热河驾崩为开局,反动的阴谋家们企图在那里篡夺皇位。《天津条约》"就像此前与中国签订的所有条约一样……感觉是一场没有实际意义的休战,直到敌人重新积蓄力量,以便把我们这些'外国的野蛮人'从他们古老的都城以及重要的港口赶出去。我们确实信任恭亲王,可是,他的和平策略却被主战派否决……可喜的是,这一年终于以最令人满意的和平友善的前景收场了。"(见《北华捷报》,1862年1月4日,1862年3月22日)

2 例如:"尽管前者(指清政府)对这个国家古老的保守主义政策采取了实质性的变革,却并没有做出任何破坏民众生活中现存风俗习惯的事情;而且,虽然他们榨取外国侨民的工业利润,还以一种令人憎恶的方式同样对国内民众征税(按照欧洲人的观点,这么做既是违反宪法的,而且在许多情况下也是不公正的),但是,他们仍然关心民众的福利事业,鼓励开展艺术活动,鼓励农业生产,促进商业活动,而且最重要的一点是,他们对于那些承认其合法统治地位的人,提供了相当多的生命财产方面的安全保障。"(见《北华捷报》,1862年1月4日)

目前的中国正经受着由内政及外交事务处理方针的转变所带来的改革阵痛,这将很有可能成为这个国家改变其未来世世代代发展命运的转折点……有如此丰富的物产和如此勤劳的人民,这个强大的国家只要有一套统治秩序,就不可能像现在这样,到那时,中国就会像惩治不守规矩的人那样,同样有能力维护和平。(注34)

即便置身于这样一种普遍亲华的历史时期,在华居住的外国人在满怀热情、翘首以盼清政府开启中兴事业的同时,却仍然持有一个并不乐观的总体看法,他们大多认为,中国政府重获新生的中兴步伐大小,将取决于其接受外国指导并接纳19世纪自由思想的程度的大小。[1]然而,时隔不久,就有显露出来的证据表明:一个儒教国家实现中兴后,不会去鼓励发展西方的政治经济制度;相反,这个国家注定要遵循其自身的基本发展目标,将任何西化倾向都扼杀在摇篮里。同样清楚的是,即使外国人给予再多的温情指导,一个儒教国家也不可能以渐进的方式过渡为一个现代化的主

---

1 例如:"外国影响力正在缓慢却持续不断地努力进入中国民众及其政府的日常生活之中……从各方面的情况来看,很明显,东方的偏见与排外已经给西方文明让了路,通过外国影响力的持续作用,中国目前的行政管理机构已经做好了改善社会秩序的一切准备。"(见《北华捷报》,1862年3月1日)

权国家，因为根本就不存在这样的道路。即便中国式的革命运动真能创造出由儒教世界向现代世界的转化条件，但是，自太平天国运动以后的半个世纪里，中国根本没有发生过任何企图夺取政权的革命；外国势力虽然可以推动一场革命，却不能那样做。

最初的革命热情消退之后，局势变得更加明朗。许多外国商人和传教士得出结论：如果中国人的所有中兴事业都不能满足西方提出的条件，那么西方列强终将不得不去实现对中国的征服与统治。重点是19世纪60年代的外国政府对此持有一种完全不同的看法：无论是中国人自己实现革命，还是西方人主动征服中国，这些都会引起世人的反感，需要想尽一切办法加以避免。因此，他们只能寄希望于中兴事业取得成功，这样，中国的保守主义才可以起死回生，才可以制定出令西方世界感到满意的政策，这些政策才可以持续发展。即使在最悲观的历史时刻，他们也只能把策略建立在中国社会经过长久运行，最终有望重新证明其具有自我修复能力的基础之上。虽然这种可能性非常渺茫，但毕竟是避免走征服和革命这两条路的唯一备选方案。

III THE COOPERATIVE POLICY
第三章 合作政策

西方列强在19世纪60年代所制定的对华政策当然不属于同治中兴的组成部分。但正是因为有这些政策，19世纪60年代的中国政府才得以在不受外来胁迫的情况下自主决定本国的命运。在这十年间，外国列强采取围观而不介入的方式掌控着外部局势，让中国历史上的命运问题在中国内部得以解决。就对外部局势的影响力而言，西方的"合作政策"对于这段历史至关重要。因此，在探讨中兴事业本身的各方面问题之前，我们需要更加深入地考察西方对华政策。

世界政治与中国内部发展的关系

持有各种政治观点的20世纪中国学者，都倾向于认为中国之所以未能适应现代世界，西方帝国主义是罪魁祸首。他们当中的真正保守派认为，由于外国人憎恨他们所不能理解的东西，于是就无情地摧毁了能够为近代中国提供一个坚实基础的中国古代文明。来自新兴的商业及其他职业阶层的民族主义者和马克思主义者从另一个角度指责西方。在他们看来，西方应该从一个不同的方面对中国未能适应现代世界这件事负责。他们的论点是，从传统社会内部衍生的中国资本主义，仅仅发展到萌芽阶段，就被帝国主义列强彻底粉碎了。因为帝国主义列强决心不惜一切代价去阻止中国实现经济强大，一旦中国经济变得强大，就可以在商业和工业领域与西方平起平坐、展开竞争。

任何企图洗白西方在华特权可耻记录的努力都是徒劳的。历史上某些时期的某些外国政府以及各个时期的一些私人集团，当然都希望把中国变成一个既软弱又听话的国家。然而，在19世纪60年代这个关键转型期的若干事实表明，英国政府所采取的并要求其他列强遵守的，是一项以不干涉中国内政和适度与中国合作为宗旨的基本政策；同时，英国政府还对外国的非政府组织施以有效控制，防止其利用中国的动荡局势趁火打劫、过度开发和掠夺。

关于帝国主义对中国国内发展所起的作用，左、右两派争论不休，从中兴十年的历史档案中可以看出，这两派的观点都值得怀疑。后续几章将会呈现，古老的清帝国在这十年间的实际表现已经证明，这个国家甚至连最低限度的适应能力都不具备，根本无法起死回生；中国内部不可能出现任何有能力改造旧制度的现代资产阶级。假如能把帝国主义这个幽灵的实力缩小到一个适当的规模，古老的清帝国才有可能把注意力放在查找保守派屡次改革失利的真实原因上，也才有可能去认真分析儒家传统体制内无法实现近代化的现实原因。（这句话的潜台词是：由于帝国主义列强与古老的清帝国二者之间的实力对比过于悬殊，清帝国还没来得及完成保守主义的改革和近代化，就被帝国主义列强打垮了，根本没有机会适应近代世界，也根本没有可能在帝国主义列强的环伺之下起死回生。）

"合作政策"这个术语最初有两层含义：一是指享有在华利益的西方列强相互之间开展合作；二是指西方列强与中国政府开展合作。可是，到了1864年，这个术语所体现的可普遍接受的含义只有一个，那就是：为确保和平解决争端以及逐步实现中国的近代化，由英、美、法、俄这四个国家与中国开展合作。1864年6月5日，美国公使蒲安臣在给美国驻华领事下达的指示中提出了一项政策，该政策包含四项原则：（1）在西方列强之间展开合作；（2）与中国官员展开合作；（3）承认中国的合法权益；（4）公平公正地贯彻条约中的各项条款。"你们要有这种认识，我们正在努力以公平的外交行动来代替武力。"[注1]对于这项政策，各国驻华代表及其所属国家政府都公开表示了支持。[注2]

截至1867年底，合作政策似乎已经取得成功。《北华捷报》在回顾这段历史时这样写道：事实证明，外国的各种权益非但是一致的，而且确切无疑地实现了利益最优化，"之所以能做到这一点，凭借的是谈判与沟通，而不是军队和暴力。后者只能使中国人最初看待外国人时所持有的恐惧和仇恨永远延续下去。前者则会慢慢地消弭那些偏见……"[注3]

就在通商口岸外国侨民的对华态度持续变化并最终出现180度反转之际，英国政府在其他西方列强的普遍支持下，遵循了一项旨在与中国政府开展合作的长期稳定政策。应当注意的是，此时西方列强在这个问题上所达成的一致，并不意味着所有西方列强都认为中国是个殖民地，就像后来出现的情况那样。相反，19世纪60年代的合作政策，不仅给中国提供了一个使其免遭侵略和压迫的坚实的国际保证，而且给中国提供了国际援助，以便其恢复国力，强化中央集权。

英法两国早在克里米亚战争期间就达成了彼此利益的广泛认同,后来,为确保《天津条约》得到批准,英法两国还相互配合、从中斡旋,在这个过程中发挥了主要作用。在美、英、法、俄这四大列强中,虽然美国和沙俄这两个国家曾寻求走独立发展的外交路线,但四大列强相互之间从一开始就存在着某些带有普遍性的理解和共识。[注4]在1860年的谈判期间,尽管英法之间曾经互不相让,[注5]但在随后的几年中,两国联手对付太平天国起义,再次印证了两国之间存在的共同利益。在合作政策的贯彻执行过程中,英国政府始终充当主角,而美国则逐渐取代法国,成为合作政策的第二大支持者,并且恰恰是美国正式发表了这项政策法案。

合作政策建立在外国政府与中国政府之间存在共同利益的基础之上。19世纪60年代,这种敞开大门似的开放路线似乎给中国保守主义提供了一个可以东山再起的真正有利时机。英国早在十年前就一直寻求一项政策,[注6]但是,只要清政府令人失望地表现出衰弱和无能,英国的政策顾问就会发生意见分歧:一些人主张找太平天国起义军首领进行谈判;另一些人却宁愿以武力为后盾,找实际掌控指定地区的地方官进行谈判。在19世纪60年代一直担任英国驻华公使的阿礼国力排众议,坚决捍卫合作政策,对于上述两种意见,均表示了反对。[注7]就在中国国内局势发生逆转、新政府着手推进一项旨在实现中兴及有限现代化的方案之际,阿礼国爵士及英国政府终于找到了一项既切实可行又能令双方感到满意的可替代性政策。

合作政策虽然有时不那么奏效，但英国的对华政策却始终保持坚定不移。正如1867年，阿礼国正遭遇一个极其困难的时期，他在这种情况下写道：

> 尽管从事态的总体形势上看，合作政策的现状非常不能令人满意，毫无前景可言，但我相信，即使不在皇室成员内部，也会在统治阶层中间，尤其是在外交部这里，有一种潜移默化的因素在起作用，正是这个因素使我们摆脱了失望和沮丧。只要能找到使中国人避免一切外来干涉和控制企图的方法，那么，我们还是有理由对未来充满希望的。但是，这些方法激起了强烈的抵抗本能和民族自豪感，给倒退的盲目排外分子提供了新的力量。与此同时，由于担心一个或更多的外国列强乘机找到对中国采取行动的借口，以至于在某种程度上干涉中国的内部事务，从而影响到中国作为一个独立国家的主权。于是，这种局面使一切能给有益于进步的事业带来希望的努力化为乌有……我相信，在不久的将来，局势会发生巨大变化，至于说到这个曾反复出现的障碍——这是中国人所面临的真正的大麻烦……但是，哪个民族都不喜欢看到外国列强干涉其内部事务，不管这种干涉是否出于好意，对此，中国也不例外。相反，他们的民族自豪感以及他们自以为在文化方面所拥有的超越所有外族的真正的优越感，将会使

他们在外部冲击的刺激下变得极度焦躁、难以驾驭。如果放手让他们自主发展，他们将会发展得更快更好，我对此满怀信心。(注8)

英国的作用

一、英国政府的对华政策

英国政府的对华政策曾经遭到许多轻率而又错误的解读，因此有必要在这里回顾一下当年确立英国对华政策的基石。按照英国政府在19世纪60年代所持有的观点，对华贸易对于英国的重要性，还没有达到需要英国冒着帝国衰落的风险在中国发动一场耗资巨大的战争的程度。[1]因此，正当中兴时期开启之际，英国方面做好了准备，要支持清政府反对其所有敌人，这些敌人包括：国内起义军、地方民众中的反叛者，以及外国的驻华商人和传教士。这项政策既是英国官方连续多年保持对中国特殊国情开展仔细研究的结果，也反映了英国政治思想的普遍倾向。

---

1 南森·A.佩尔科维茨在他撰写的《中国通与英国外交部》（纽约，1948年出版）一书中的前言及第一章，非常深刻地描述了长期存在于英国政府对华政策同英国商人、传教士的主观愿望之间的主要区别。然而，19世纪60年代中国的国际国内局势预示着，佩尔科维茨所描述的基本状况将出现如下两处修改：（1）他宣称英国政府与商人、传教士，双方一致赞同英国的在华利益是纯粹商业性质的，却在对于那些利益的重要性的认识上存在分歧。诚然，从外交部在60年代制定的对华政策来看，英国已经几乎不再对中国贸易的前景抱有幻想，因此不愿着手推进一项耗资巨大的前进政策。但是，由于英国政治家们痴迷于中国可能在中兴事业框架内，从高层机构开始逐渐实现现代化的巨大历史意义，所以，英国外交部的政策也是在英国驻华外交代表们发来的精彩政治分析报告的影响和作用下而拟制定型的。（2）19世纪60年代，"中国通"也偶尔受到当时普遍盛行的对中国恢复社会旧秩序的复原能力所持有的乐观态度的影响。

1850—1870年，竭力鼓吹英国殖民地赢得自治权的分裂主义运动达到高潮。这种分裂主义观念，迫使英国政府不得不一而再、再而三地作出让步，"大约在1869—1870年前后……人们普遍认为，格莱斯顿政府即将切断殖民地与英国本土之间的联系，让殖民地漂流出去"。（注9）虽然分裂主义者只是一个以曼彻斯特学派为中心的小型激进团体，却得到了一大群人的支持，直到1870年前后帝国主义发展出现转机之际，这些人还认为殖民地的解放运动是不可避免的。格莱斯顿本人并不是一个分裂主义者，但他提倡实施收缩战略。

　　一些人认为英帝国主义的手伸得太长，过度干涉了那些在政治方面比中国安全得多的地区，他们宁愿选择任何可替代的其他地区加以干涉，不管这个地区多么软弱，他们也不愿看到大英帝国继续在海外地区为了显示"家长作风"而背负天价负担的不利前景。曾于1865—1870年担任英国外交大臣的克拉兰敦，长期以来坚持反对大英帝国向海外扩展承担义务范围，因此，对于那些有亲华倾向的英国公使发来的实地考察报告，他给予了最深切的同情，公使们谴责了那些经营通商口岸的顽固帝国主义分子所持有的立场。（注10）

　　这并不是英国政治生活中最新出现的观点。自从鸦片战争时起，就一直存在着反对"激进政策"的观点。1847年，格雷和惠灵顿都同意，如果得不到女王的明确授权，任何时候都不准对中国动武，他们还压缩了军队规模，以免将来出现擅自远征的情况。[注11]1857年，反对巴麦尊对华激进政策的势力日趋强大，足以迫使这届政府倒台。按照英国政府的观点，1856—1857年爆发的亚罗号事件是为了维护国家尊严而必须采取的军事行动，因为当时中国人登上了一艘由英国注册的船，还扯下了英国国旗。对此，在英国国会辩论中获胜的反对派的答复是，以这种名义发动战争，与其说是为了国家尊严，不如说是对国家的侮辱，这种做法比征服印度还不光彩。[注12]

需要着重注意的是，作为英国保守党领导人，于1866—1868年出任英国首相的德尔比勋爵，是对曾经引发亚罗号事件的激进政策持最强烈反对意见的政客之一。记者兼撰稿人卡尔·马克思对中国知之甚少，却对英国了如指掌，令他倍感震惊的是，英国政坛居然发生了以下现象：

> 作为英国世袭贵族的首领……和征服者的后裔……德尔比勋爵用"一系列可悲的事件""不光彩的战斗"等词汇来谴责英国海军（在中国）所采取的作战行动……纵观英国国会的全部历史，或许还从未上演过这样一场贵族从理智上战胜暴发户的辩论。[注13]

相似的现象还有，继1860年英国出兵远征之后，格雷在回顾检讨激进政策所犯下的罪恶时断言，这项政策使中国愈加贫困，除了能导致战争和叛乱以外，别无他用。[注14]

合作政策的反对者坚称这项政策是对克拉兰敦政策的一项

临时性改革；直到蒲安臣当着克拉兰敦的面诋毁英国驻华代表、劝他改变英国对华基本策略之前，一项非常明智的武力征服政策一直收效良好。(注15)实事求是地说，这项政策深深根植于英国政治思想之中，首先把这项政策准确应用于19世纪60年代中国的，并不是美国人，而是英国人，例如：卜鲁斯、阿礼国、赫德等人，美国人只不过是做了对这项政策的原则进行全面阐述的工作。

当传教士问题在19世纪60年代末演变为一场危机，并成为中国问题相关辩论的焦点时，反对帝国主义的人士运用他们所持有的反对教会干预政治的思想，来强化他们的政治观点。(注16)反帝国主义的政客们利用反教权主义来支持其政治观点。按照克拉兰敦的观点，"传教士要求得到保护，这是在害他们自己"；说得更直白些，他们是英国利益的长期威胁。(注17)最近退休的英国海军大臣萨默塞特公爵，针对被指控的传教士辱骂中国民众这件事，用逻辑缜密、语锋犀利的言辞，向国会提出质问："我们有什么权利跑到中国人自己的国家里去试图改变人家的信仰？"(注18)格雷也意识到武力解决不了宗教问题，他支持克拉兰敦关于削减在中国海域执行任务的炮舰数量的观点，其理由如下：

> 这就是英国对中国施压带来的后果，如果手头有一支强大的海军，那么它就很可能被拿来一用；然而，从另一方面来看，如果我们没有那么多可以用来霸凌

中国人的炮舰，我们的商人也好、传教士也罢，就都会规规矩矩的，比他们看到自己身后有一支强大军队时表现得更加审慎克制、平等相待。(注19)

外交部发言人在下议院对形成政府立场的总体考量进行了概括总结。他断言，中国政府衰弱的原因，部分在于对外战争；通过避免使用武力的方法使中国政府变强，而不是通过进攻中国而使其变得更弱，这是维系英国利益的根本。克拉兰敦在制定对华政策时，曾一直把中国当作一个文明国家来看待，并且由于中国正在致力于实现国防现代化，所以英国也应该尽快作出在任何情况下都停止使用武力的决定。关于开放内地的问题，他指出，如果享有治外法权的外国人被准许获得更多的行动自由，那么中华帝国将会分崩离析；假如他们放弃治外法权并遵守中国的法律和风俗，那么他们也完全可以想住哪儿就住哪儿。依照外交部的观点，关于中国人坚持认为经济现代化尤其是引进铁路项目，应以非常慢的进度着手推进的观点是正确的，因为这些项目将会给中国复杂的经济环境带来影响。而且中国人在与外国人打交道时不论使用什么样的措辞，英国政府都不应该过于看重这些。(注20)

支持外交部立场的人并不限于高层人士。就大众的群体情感而言，英国国内民众也对政府出台的政策表示赞同，反对那些"中国通"所鼓吹的扩张主义政策。即使是那些居住在通商口岸的人也承认，英国国内民众的意见是一个必须加以考虑的

因素。《北华捷报》在回顾1860年的历史事件时写道:

> 那种事先不尽一切努力避免战争、事后就把大英帝国置于对华战争窘境的做法,必将首先极易导致我军同鞑靼军队(指清朝军队)开战,其次,还将被迫面对群情激愤的英国民众。大英帝国再也不能容忍此类无休无止一再挑起的对华战争了!对于那些负责处理英国在华利益的官员来说,通过尝试采取一种同样坚决但比以往更妥协的对华策略,在对国内民众呼声作出承诺的同时,也向事发当地的中国民众情绪作出让步,这种做法从任何角度来看,都将会是一个明智之策。(注21)

八年后,这家报纸承认,国内公众舆论日益强烈地支持在中国推行安抚调和政策:

> 不论我们喜欢与否,欧洲民众舆论是一支无须征得我们同意即可决定我们命运的强大力量,只要稍微留意一下,就会清楚地发现,最近几年在处理外国事务过程中,英国民众反对出兵征服、出兵占领和出兵干预的政治情绪持续高涨……从目前英国公众情绪的倾向来看,可以设想,一旦出现对外战争,民众就会对此表达强烈不满,任何企图吞并他国领土的政策都会引起严重恐慌……所以说,我们的公使和领事很可能将会在民众舆

论的引导下,采纳一项越来越小心谨慎的政策。[注22]

在当时的这种形势下,唯一有可能实现英国目标的政策就是:对中国人为实现中兴所做的努力提供支持。

二、支持中国中央政府的决定

早在1860年,英国驻华公使卜鲁斯就曾坚持认为,英国应当只与中国中央政府打交道。他指出,对中国某一局部地区施加的压力能否有效,唯独取决于这种压力激起该地区发生叛乱的程度如何,而一旦清政府垮台了,这将给英国不以侵略领土为目标的利益带来灾难。卜鲁斯分析了中国中央政府与地方政府之间的关系,进而得出结论:英国在中国某一地区采取的行动或与中国某一地区政府所举行的谈判,这最多也只不过是临时采取的权宜之计;英国的利益取决于中国中央政府的存在,因为中国中央政府所行使的管辖权适用于中国全境,从而有能力承担外交事务之责。对中国某一地区采取行动,将削弱中国中央政府的权力,使英国利益受损。[注23]

即使在"中兴"开启之前,英国政府已经认识到迫使清政府签署《天津条约》将有可能削弱中国中央政府的权力,并因此危及英国的长期在华利益。[1]1860年,英、法两国政府分别派

---

1 人们把英国的对华政策形容为"努力完成一项针对中国政府的精密操作,如果把中国政府比作一根蜡烛,英国的操作方法是,既要剪掉烛花,又不能使蜡烛熄灭"(《北华捷报》1860年3月3日),以及试图给予中国"一次虽然目标在其头部,却不会给其身体构成伤害的打击"(见《北华捷报》,1861年2月16日)。

遣额尔金勋爵和葛罗男爵前往中国，希望能在不引起清政府垮台的情况下达到他们的最低要求。外交大臣罗素在其指示中写道：

> 在对中国的华北地区执行作战行动过程中，对国际形势保持敏锐感知的女王陛下政府将面临一种危险……（中国皇帝可能拒绝接受和平条约而选择逃之夭夭）。如果中国皇帝面对欧洲军队的进攻放弃他的首都而逃跑，那么在舆论的谴责之下，他将被迫承认外国列强凌驾于中国之上，而昏庸愚昧的中国朝廷迄今为止还以蔑视的态度看待外国，在这种情况下，皇帝的名誉声望必将极大受损。
>
> 而造反的起义军将会重拾信心。此时，中华帝国的高级军官可能会发现很难维持中央政权的统治，各省的总督或许在平息叛乱时感到无能为力。总之一句话，整个中华帝国都可能面临分崩离析的危险。
>
> 女王陛下看到中国的事态如此发展，必将感到极大的担忧。这甚至可能引发一场重大灾难。而且，以彼此忠诚为纽带缔结的条约关系一旦出现松动迹象，也许就再也不能紧密地团结起来了。[注24]

英、法两国公使与罗素所见略同，都表达了对事态的担忧。葛罗向法国政府报告说：

当前局势在我看来，只有一种可能是我最担心的，就是我在此报告的中国皇帝逃往鞑靼地区这件事。为此，我和额尔金爵士都认为，如果我军能像我预想的那样进抵天津，那么我们就应该驻扎在那里，从那里威胁北京，而不是进攻它。(注25)

皇帝确实逃走了，可是，令人担心的后果却并没有随之出现。相反，一个新朝廷带着一项新政策返回北京，从此开启了一个新时代。

1860年以前，西方列强都做好了对中国使用武力的准备，以维护他们自认为属于自己的权益。1860年以后，情况几乎发生了彻底的反转：只要中国政府提出请求，外国政府甘愿动用自己的部队为了中国政府的利益而出兵，[1]可若一旦让他们出兵为本国利益而战，他们如今却变得极其勉为其难。

三、商人与外交官

从短期情况看，中兴事业的前景如此光明，以至于英国商人和传教士都赞同政府的决策。但是他们为了实现眼前利益，总是寻求收获立竿见影式的回报。只要回报没兑现，他们就怒不可遏，强烈要求政府转变对华政策，使用暴力手段对付中国，并提出既不考虑英国更广泛的国家利益，甚至也不顾及自身长

1　关于外国列强对中国提供的军事援助，见第九章。

远利益的短视要求。[1]直至中兴时期出现危机乃至最终失败的年代，绝大部分在华的英国商人和许多英国传教士重新捡起以前的老观点，认为中国政府本质上是一个随时准备犯下各种暴行的敌人，只有对其实施残暴的武力威慑，它才会热情地欢迎我们。(注26)而英国外交官们却坚持奉行耐心安抚的政策，在极少数情况下，当他们被中国方面挑起的事端彻底激怒，以至于考虑动用炮舰外交手段时，来自英国本土的政府指令就会及时扑灭他们的胸中怒火。19世纪60年代末，中国人爆发的排外浪潮达到顶峰，当时甚至阿礼国都对谈判不抱任何希望了，外交大臣克拉兰敦却坚持认为，军队只能用来保护直接遭受威胁的生命和财产，绝不能用于惩罚或报复。在中国境内，凡不能以友善方式得到解决的问题，都应交由大英帝国国内政府裁决。(注27)

1864年，一名英国士兵被中国人杀死。这起案件的办理过程非常平静，差不多就像例行公事一样，充分体现了英国新政策的显著效果。正如《北华捷报》指出的：

> 此类事件如果放在短短几年前，无论解释与否，都会激起民愤。在义愤填膺的民众眼中，正在着手的调查工作很可能是在蒙蔽视听，企图把人们的视线从事件

---

1 有的观点甚至认为，事实已经证明，商人们由于根本不了解中国国情，因此即使是遇到最切身的利益问题，他们也会是非不明、缺乏判断力。详见1868年7月19日的一封寄给《北华捷报》编辑部的未署名来信，其中包含对该问题的敏锐分析。

真凶身上引开。如果拿出事件调查结果，民众也根本不会予以理睬，随后产生的各种事件都将酝酿着一场战争的最终爆发。^(注28)

关于英国政府不替本国在华侨民说话反而充当中国政府辩护人的这个奇怪角色，**1**我们可以找到一个早期的例证：修订版的长江贸易规则。当英国商人们抗议卜鲁斯"同意中国政府出台的限制英国商人活动的政策"时^(注29)，英国外交部严厉地警告上海商会：经修订后的长江贸易规则体现了中国政府已经作出更大的让步；商人们认为被收回的权利，实际上中国政府从未给予；而且英国政府的政策是支持中国政府抵制外部势力对其主权的侵犯。^(注30)更早些时候，卜鲁斯不顾当地民愤，支持中国政府享有对居住在上海租界内的中国臣民征税的权力。^(注31)

英国商人只不过是在短期内接受了这项政策。^(注32)截至1865年底，英国政府所期待的黄金时代终于没能降临，对这项政策表示反对的呼声变得越发尖锐和激烈。在许多地区，被激怒了的"中国通"以强有力的方式表达了他们的观点。一位愤怒的《北华捷报》读者写给编辑的信，内容如下：

---

1 关于此类做法，阿礼国在他于19世纪50年代初期在上海当领事时，就有过先例。当时，他对一些未能申报货物的英国商人实施了罚款，还曾试图帮着中国从英国商人手中收缴海关税款，而当时中国自己都做不到这一点。见[英]魏尔特所著《赫德与中国海关》，第81、93页；[美]费正清所著《中国沿海的贸易与外交》，坎布里奇市，马萨诸塞州，1953年，第Ⅰ卷，第432页。

> 人们现在已经习惯于相信中国人没有能力对外国人做出任何敌对行动或者是任何坏事。正如英国女王所说，中国人不会犯错。如果我们真的被中国人捉住并被斩首，或者是被中国人杀害了，那么，编辑先生，您的报纸还是不想用文字来捍卫我们这些在这片乐土上长期饱受苦难的人，而且这个世界还将用"保障我们的权益"这样的字眼来作出心照不宣的裁定……(注33)

报社编辑在认真回顾1865年发生的事件时，心情并不像回顾1864年时那样愉悦：

> 自从今年年初以来，我们就对中国政府能否最终重获新生这个问题不再抱有那些乐观的期待了，早在太平天国运动期间乃至这场运动被平息之后的一段时期内，我们还曾确实怀有那种期待……不论产生什么样的发展趋势，都已经进行了展示……展示是由外国代表们所作，他们显然是怀着最迫切的心情，力图使本国政府深刻地认识到启动西方武力这个动机的纯粹性。(注34)

越来越多表达愤怒情绪的信件寄到《北华捷报》报社，都在抱怨英国当局没有保护好本国侨民的利益，从而使其遭受了中国人的侵害。

>如今，施行有利于中国的外交新政似乎超出了一位英国公使的职权范围……目前英国公使在维护本国利益方面存在着长期以来形成的玩忽职守现象，所以当务之急是，应该把这件事恰如其分地载入史册。^(注35)

报社编辑们表示赞同：

>以往曾经打败中国的极限施压政策产生如此强烈的反应，我们面临着退回老路重新施行极端软弱政策的危险。^(注36)

尽管国内民声鼎沸，但英国政府却并没有因此调整外交政策。外交部继续要求其驻华公使根据中方处理意见尽可能地作出让步，要劝说和解，而不能诉诸武力^(注37)。于是，阿礼国不折不扣地落实了外交部提出的要求。英国商人利用中国人的软弱可欺，借此向中方提出各种施压要求，而英国官员则把中国人的软弱可欺看作自己对英国商人所提要求加以限制的理由，因为他们"对中国官员不得不去面临的困境感同身受……在推行中兴变法政策的过程中……遭到了这个世界上最排外国度所盛行的保守主义情绪的大肆污蔑……"^(注38)在阿礼国向恭亲王递交的外交照会中，他就中国当前所面对的一些问题发表了自己的见解，强调中国必须主动，不应盲目听从外国人的看法和要求，而应当按照适合自己的时间表稳步推进。[1]

四、结束炮舰外交的努力 [注39]

中国人举行的一系列排外主义游行示威活动，全部发生于1868—1869年间，而这期间的英国政策却几乎从未因此出现过动摇。英国商人和传教士不断地向英国政府提出使用炮舰的要求，但这一要求只是偶尔得到英国领事的支持，得到阿礼国支持的情况非常罕见，[注40] 更不要说外交部或海军部了，这两个政府部门从未支持过这一要求。[2]

针对外国人的游行示威活动，始现于长江流域下游地区的九江 [注41]、扬州 [注42] 和镇江 [注43]。在谈判失败的情况下就地使用武力，这种办法可以暂时解决问题。那些鼓吹"强硬政策"的人自鸣得意地指出：

> (他们已经)预见到清朝官吏面对英国政府最近颇为温

---

[1] 从这些外交照会中拿出一份，进行英语原文与汉语译本之间的对照，通过对照，就会凸显中英两国之间真正实现相互理解的困难程度，即使是在最有利的国际环境下，也难以达成互信。照会的英语原文传达的含义，正如阿礼国明确指出的那样，意即英国确实是在迫不及待地想要帮助清政府按照自己的方式实现自强。而按照汉语翻译版本，照会却传达了如下含义：阿礼国煞费苦心地否认了任何干涉中国事务的企图，而更像是在含蓄地暗示，如果外国列强愿意，他们便可以很容易地干涉中国事务，这令中国官员们感到很担心。照会的英语原文，见《英国国会档案·中国卷》第5号档案（1871年），第93—100页；汉语译本，见《筹办夷务始末——同治时期》，第63卷，第10—22页。

[2] 在汉口发生的一起偶然事件，充分说明了英国政策在内部执行过程中依据层级的不同而存在着差异性。英国驻汉口领事盖恩要求英国海军派一艘军舰，永久性地驻泊在汉口；而阿礼国则愿意在整个长江流域只驻泊两艘军舰；英国海军大臣则反对派遣军舰进驻长江流域，除非是遇到必须采取临时性措施的情况（见《英国国会档案·中国卷》第8号档案，1869年，第1页，第3页）。

和的对华政策,傲慢和阻挠的心态必将甚嚣尘上,(他们)还预见到,通过展示武力,可以使这些清朝官吏立刻清醒过来。在北方及南方地区发生的事件,已经充分证明了他们的判断是准确的。(注44)

事实上,这些事件并不能证明他们的判断是否准确。至于说到英国政府为鼓励中国实现中兴而推行的"颇为温和的对华政策"(该项政策目前确实尚未终止),通过给中国人留出足够时间用于周密思考,以便想出破解新问题的解决办法,这些解决办法反过来一定可以减少因局部地区民众的怨恨情绪而零星爆发的盲目排外游行事件。所以说,该项政策的目的不是挑起暴动,而是防止暴动。由此可见,英国的官方政策是继续寄希望于中兴事业能够最终取得成功。克拉兰敦以官方形式正式谴责了支持在扬州使用武力的阿礼国及领事W.H.梅德赫斯特,并声称他对恭亲王那种颇有政治家风范的处事态度深表钦佩。(注45)

1868—1869年间的台湾事件,清晰地呈现出构成英国政策的多元化成分。(注46)随着一则谣言的广泛传播,台南附近地区民众中的暴徒砸毁了当地的天主教堂和新教教堂,因为这则谣言的内容是:英国人正在使用一种神秘药品,企图将中国人转变为基督徒。代理领事约翰·吉布森和一位下级海军军官为了得到英国商人和传教士的欢呼喝彩,当场使用武力对中国民众中的暴徒实施了镇压。阿礼国采取相对克制的态度,请求总理衙门将负责管辖当地的道台予以革职。(注47)克拉兰敦对此事的看法则更为强硬,他于1869年2月23日下令把吉布森降职,将索要的赔款归还给中国民众,还正式否决了英国方面已经采取的行动,他的理由是:

> 显而易见,这两个下属机构(涉事的当地英国领事馆和海军司令部)无论如何也不应该采取任何敌对行动,由此产生的对当地生命和财产所构成的威胁,至少是在事发当时就已经被中止了,而且这种中止状态已经持续了多个星期,这两个下属机构在承担适当赔偿的过程中如有任何疏漏之处,应当交由女王陛下的公使与位于北京的中国政府,由双方讨论决定……(注48)

1869年1月,发生在福州附近地区的一件事,也表明了克拉兰敦相同的观点。当时一名英国领事为了支持传教士提出的要求而动用海军部队提供军事援助。对此,克拉兰敦再次重申了英国的政策:

> 英国领事在没有充分理由的情况下就采取这种武力措施,直接导致英国政府挑起与中国政府及其民众之间的冲突;我不得不坚决命令你,要严厉斥责辛克莱尔的所作所为。(注49)

1869年1—2月,在汕头附近发生的柯克查夫事件,非常清晰地表明英国只有在得到中国中央政府许可的情况下,才愿意干预中国事务。在这起事件中,海军中将亨利·凯帕尔与两广总督瑞麟经过协商后,派英国海军帮助一个中国官方的传教团去汕头附近获取当地因前期参加排外活动而缴纳的赔款。但是,没等两广总督的特使抵达现场,当地的领事和柯克查夫号战舰司令就直接采取了行动。凯帕尔将军非常清楚,特使被瑞麟指派到这里来,"是为了给我们在中国领土上的行动提供支持的"。在当时主流气氛的影响下,通过瑞麟与凯帕尔之间举行的一场会晤,这起事件轻而易举地得到了澄清:

> 这位总督说,军官们偶尔都会犯一些错误,他发现自身也会犯这样的错误,但由于双方上级之间保持着完全的彼此相互信任,就像亨利·凯帕尔先生和他本人之间所达成的这种互信,而且无论是行动还是动机,双方都能以彼此宽大包容的建设性合作原则来加以对待,类似这种事件就会很容易地得到解决,甚至可以使两国之间保持相互信赖与尊重的纽带变得更为牢固。(注50)

然而,在英国国内,海军部赞成外交部的观点,指出,由于英国采取的是一次单边行动,将会造成如下后果:

> 整起事件的性质因此发生变化;不再是由清政府当局自发组织的赔款行动,反倒成了英国军队单方面

实施的与清政府当局无关的行动……(注51)

很显然，这些五花八门的意外事件的起因，都源于中国的中央政府没有足够能力全面掌控国家局势。即使是身受英国政府频繁施压的阿礼国也感到"在缺少一个强有力的中央政府的情况下"，(注52) 外国势力可能不得不偶尔在中国的某个局部地区使用一下武力，尽管他也希望不通过实际战斗，只是通过向对方展示一下自己具有压倒性优势的武力就可以奏效。但是，英国政府仍然坚定地认为，如果外国势力充分做到自我克制，不去使用武力，中国中央政府才有能力维持其统治权威。

有关中国发生的这几起事件的新闻在英国国会引发了一系列辩论，通过辩论，政府阐明了对华政策的基本立场。1869年4月5日，倍感震惊的萨默塞特公爵提到一份关于当地英国领事违反英国政府的命令在台湾使用武力的报告。克拉兰敦在答复中指出："这些军事行动是根本不应该发生的"，他严厉斥责了当地领事的这种违令行为。他希望全体驻华领事机构都应吸取教训，引以为戒。(注53)

一周之后，英国政府对华政策的反对派搬出李泰国关于需要使用武力的观点，[1] 为自己寻找出兵借口。对此，外交部发言人在下议院给出答复，尽管英国采取了调和政策，但中国出现了各种各样的排外暴动，其根源并不在于调和政策本身。他宣

---

1 详见第九章。

称今后如再发生意外事件，英国公使应向中国的中央政府提出救助申请；只有在北京，才能得到相关赔偿和补救措施；如有哪个英国领事在当地使用武力，那么英国政府将不会承认其行动的合法性，并拒绝为其行动承担责任。(注54)

第二年，反对派又批评阿礼国，因为他在处置另一起发生于1869年4月的安庆民众针对英国传教士的暴动时手段过于忍让和克制。外交部发言人的答复是，这些传教士在安庆不享有居留权，还称赞了清政府当局积极给予协助的态度。(注55)正如克拉兰敦对于此事的总体评价：

> 英国传教士在中国做出的不理智举动、由此所引发的清政府当局及其民众的暴力抗争，以及英国领事和按照传教士要求去诉诸武力的海军部门所共同采取的未经授权的过激行为，确实足以使女王陛下的政府充满焦虑地等待每一封接踵而至的邮件可能带来的不利消息……英国的意图是应以友好方式来维持同中国的交往，而不应由于英国臣民方面所作出的不理智和莽撞的行为而中断这种交往。(注56)

即使是发生了1870年的天津教案之后，英国政府仍然坚持奉行这项对华政策。[1]1871年3月24日，萨默塞特和格雷重申：反

1 　详见第十一章。

对英国传教士的暴动之所以会发生，是因为英国传教士伤害了中国人民的感情，必须制止英国海军军官们的莽撞行为。(注57)

五、英国对于中国主权的概念

1857年，就在英国国会围绕亚罗号事件争论不休的时候，帕默斯顿政府发现，如果再用国际法为本国行动的合法性进行辩护已经变得不可能了，于是便否认中国是一个拥有合法权益的主权国家。(注58)如果这种观点曾经存在，那么等到《天津条约》被批准之后，它就再也站不住脚了。既然这些外国列强都坚称自己拥有向中国派驻公使的权利，就说明它们实际上都已经审慎地把中国当作一个主权国家来看待了。

1865年发生的关于冲积土地所有权归属问题的雷诺兹和霍尔特案，给人留下深刻印象。此案向人们展示了英国是怎样运用西方法律理论来保护中国主权利益的。为了表达自己对上海外国团体的愤慨，英国女王以中国皇帝的名义，着手起诉英国的臣民。英国商人急忙申辩，称英国女王不是涉及此案的利益方，因而无权干预此案的审理。上海租界最高法庭的英国法官答复说：

> 依我之见，目前的情况很清楚，女王陛下依据条约，经中国皇帝同意，获取了对居住在中国领土上的本国臣民保留行使独立司法的权力，女王陛下这么做的言外之意是试图迫使她的臣民既要尊重祖国的法律，

也要尊重中国的法律。而且，通过采用这种程序，不应使国家主权(指中国的)受到来自本国所属领土(指位于上海的英国租界)上出现的民众愤怒情绪的侮辱，她的臣民将以一个被起诉人的身份出现在外国法庭上，从而迫使英国人怀有对中国法律的尊重。(注59)

其他列强的对华政策

19世纪60年代，无论从实力还是从威望上看，英国都是远东地区的主宰者，因此，对于它制定的对华合作政策，即使其他国家没有给予明确有力的支持也能取得成功。英国需要其他国家做的，仅仅是形式上的赞同并表达一下美好愿望就够了。结果，其他国家对合作政策提供了相当充分的支持，其中，美国的支持慷慨无私，法国的支持小心翼翼，沙俄的支持含蓄隐晦。

一、法国

就在中国面对西方世界保持开放状态的整个历史时期，法国在政策制定的过程中，主要存在着两条思想路线之争。其中的一条思想路线占据主流和统治地位，走这条思想路线的政策制定者，在中国开放时期的绝大部分阶段，既不相信中国政府，也不相信与中国利益攸关的其他西方列强，所以，他们极力主张设立专属租界、给领事授予殖民地的最高行政权，以及给天主教会和法国在华公民权益提供强有力的支持。但是，也有人倾向于推行一种体现自我克制且与其他列强及中国保持合作的政策。回顾中兴时期，这种倾向表现得尤为引人注意。[注60] 支持合作政策的法国政客认为，法国在远东地区所享有的有限权益与英国所享有的保持一致，应当避免承担过多的额外义务；既然依据《中法天津条约》天主教会已经享有充分的权益，无须为其提供进一步的特殊援助；而且，还应当对领事的权力加以约束。反对合作政策的人则认为，中欧文明相互之间和平调整的时机已经随着伏尔泰时代消失了，再也没有任何理由去期待北京方面能实行亲欧政策了。于是，他们呼吁要为天主教会的工作提供强有力的支持，还要以对中国实施文化演变为目标，推行一项"坚定的政策"。[注61]

虽然法国政策在制定过程中存在的两条思想路线之间的分歧，甚至一直持续到中国的中兴事业达到顶点之际也仍未能得到化解，但从总体情况看，19世纪60年代的法国政府及其外交代表们都支持合作政策。1860年，对于中国现状一旦被打破可能产生的后果，法国甚至比英国更担心。[注62] 截至1867年，法国政府认为新制定的对华政策正在收到良好效果，"双方由来已久的偏见，正逐渐被双方对于彼此共同利益更准确的互信所取代……"[注63] 直到天津教案的发生，以及阿礼国协定遭到否决，世界各国对合作政策的态度不再乐观，法国政府仍强调其享有的条约权益，同时命令外交代表要注意克制自己的语言表达方式，并充分估计到中国可能出现的意外情况。[注64]

19世纪60年代，法国政府在制定政策的过程中，也保持了强化与其他西方列强密切合作的政策导向。尽管位于上海的法租界独立于国际公共租界，巴黎方面却宣称法国反对"寻求独霸一方影响力的胜利"，并坚持要求法国领事在整顿法租界时，做到与其他外国领事保持合作。法国曾公开发表声明，放弃自己在中国地区采取单边行动的权力。（注65）

二、沙俄（注66）

要想简明扼要地概括沙俄在中国的中兴时期所采取的政策并不容易。1860年以后，为了贯彻执行对华政策，西方列强中的其他国家纷纷在北京开设公使馆，用于取代早些时候建立的外事机构，或是成为其附属机构。而沙俄任命的公使仅作为沙俄处理中俄关系的一条辅助渠道。中俄两国之间陆地接壤，通过长期交往，沙俄在中国设立的军事、商业和宗教机构得以成长壮大，（注67）它们在某些程度上仍然可以独立于外交公使的职权范围之外。所以，在19世纪60年代，尽管从表面上看，驻在北京的沙俄公使基本同意他的外交伙伴制定的合作政策，而且在一定程度上也确实采取了阻止侵略西伯利亚的外交行动，但是，沙俄仍继续以牺牲中国利益的方式，通过采取从表面上看似乎不受本国驻华公使控制的武力和欺诈行为扩张其领土面积，拓展其专属特权。[1]

---

1 见第十章。

当东西伯利亚总督尼古拉·穆拉维约夫伯爵及其爪牙掠夺了中国东北地区的广袤领土,并以1858年^(注68)签订的《中俄瑷珲条约》作为其掠夺行为的巅峰之作时,俄国公使兼水师提督叶夫菲米·普提雅廷伯爵也从中国与西方国家之间存在的敌对状态中渔利,并按照"居间调停"的思路为沙俄攫取利益,从而把沙俄塑造成一个左右逢源、兼顾中西方的"朋友"。1857年,普提雅廷提出议案,请求对深陷广州事件困境的中国施以"援助",但该提议遭到中国拒绝。《天津条约》谈判期间,普提雅廷继续把自己扮演成所有党派团体的朋友,尽管外国联军和中国人都已对他失去了信任,^(注69)他却仍然设法把自己装扮成似乎是双方都想争取拉拢的关键人物。

1859—1860年,中国与西方列强之间围绕《天津条约》的签署爆发了一系列的战争与谈判。在这些战争与谈判期间,新到任的沙俄公使、陆军上将尼古拉·伊格那季耶夫遵照普提雅廷制定的策略,取得了比他前任更大的成功。[1]他经常往返于交战双方阵营之间,以承诺提供优厚职位为诱饵,拉拢一方反对另一方。尽管参战双方都怀疑他居心叵测,却还是给他提供了一些特许并做出了一些让步。他利用参战双方对彼此意图的茫然无知大做文章,经常拿一些自己根本决定不了的行动向参战

---

1 从那时起,伊格那季耶夫的伪善与奸诈,便成为中国学者及政治家们热衷于研究探讨的话题。蒋廷黻博士在联合国安全理事会上相当详尽地提到这个话题,他强调指出,伊格那季耶夫通过假意充当中国防范英美帝国主义势力的保护人,从中获取了利益(1950年8月17日召开的安理会会议,逐字记录,见《纽约时报》,1950年8月18日,第8页)。

双方邀功请赏。[1]他最大的成就是劝说中国把乌苏里江对岸的领土割让给沙俄，以此作为对他的报答。因为据说，英国在《北京条约》签署之后所采取的撤军行动，是在他的劝说之下完成的。而后，他组织了一次穿越多个省份的"真实可信的胜利进军"。据报道，他在那些省份收获了"令人心醉的欢乐"。(注70)显然，恭亲王并不信任伊格那季耶夫，只是想利用他，因为在当时情况下，恭亲王根本无法获取到真实情况。而实际上，英国已经作出"只要那些省份的中国人宣布签署条约，英国就撤军"的决定。

沙俄政策的某些其他方面同样不值一提。早在1860年以前，沙俄就已经明白无误地得出结论：支持中国的现政府比支持太平天国起义军更有助于促进沙俄实现其国家利益的最大化。因此，沙俄外交官在整个19世纪60年代一直都在采取支持清政府的行动。沙俄在执行政策的过程中，对于扫清中西方之间正常开展现代贸易及外交关系之路的障碍也起到了一定的作用。(注71)然而，正如前文所述，沙俄安插在远东地区的地方官和军队领导在整个19世纪60年代始终通过回避这些新开启的外交途径来掠夺中国的领土，并迫使其向沙俄作出让步。

---

1 例如，根据一名观察员的报道，1860年夏，伊格那季耶夫鉴于中国的防御力量，曾向法国人表达了他们在开展行动时所面临的安全方面的担忧（见米特雷西所著《远征中国记》，第Ⅰ卷，第320页）。在中国被英法联军打败以后，他勤勤恳恳地帮助法国人解决某些复杂的教会财产问题。他声称，只有他一个人能说服恭亲王前去谈判（见米特雷西所著《远征中国记》，第Ⅱ卷，第46—47页）。

三、美国

美国国务卿西华德和驻华公使蒲安臣从最一开始就相信中兴政府会"善待进步事业",而且,外国势力必须谨慎从事,避免采取任何可能导致本国"排外"政党污蔑清政府的举动。(注72)出于这个原因,美国政府与英国政府一样,也反对"炮舰外交"。例如,1866年美国驻烟台领事桑福德为了报复中国人冒犯公墓的行为而出动海军炫耀武力,但他当即遭到了西华德的严厉斥责,因为他没有事先请示北京的公使馆。西华德认为索赔应该通过中国的中央政府才能实现。(注73)

相比于英国,华盛顿方面更乐于同中国展开合作。根据西华德所作的指示可以判断,他认为与古老中国的政府打交道比较让人放心,不像古老英国的政府那样值得怀疑。(注74)有一次,约翰逊总统在对中国政府派来的蒲安臣代表团致欢迎辞时,[1]提到了一些在贯彻合作政策过程中享有特殊声望的人,他们是恭亲王、文祥、蒲安臣、卜鲁斯、柏尔德密、巴留捷克和倭朗嘎哩。(注75)颇有意味的是,在这份名单中,沙俄公使名列其中,而阿礼国、威妥玛、赫德等大名鼎鼎的人竟被忽略了。

可蒲安臣本人却很享受他与各国外交官同行们和谐共事的那段时光,每逢出席北京的外交场合,他都能与各国外交官保持着最真诚的合作关系,就连华盛顿方面也承认他国的那些特使个个"思想开明"。如果翻阅那段时期美国方面的历史档案,

---

[1] 见第十一章。

会发现美方在提及英国对华政策时语气略显尖刻,对此,我们不应小题大做、过度解读。在这些文献记载中,找不到任何可以证明美英之间在对华政策上存在矛盾的直接证据。相反,有证据表明,美英两国在处理诸如管理通商口岸外国租界一类的具体问题时,与平时发表的政策声明相比,都体现了相同贯彻程度的合作政策。(注76)蒲安臣所做的外交让步,即使在合作政策最坚定的支持者看来,也被认为是幼稚而荒谬的。然而,如果按照政策术语的表述,美国人的对华政策与欧洲人之间几乎没有区别。欧洲人之所以会既小心翼翼又偶尔陷入绝望地支持中国政府,是因为除此之外不存在更有希望的备用选项;而那些狂热的美国人则相信,通过不顾一切地迁就中国,西方就能从中国得到一切。

1868年,J.劳斯·布朗接替蒲安臣成为美国驻华公使,这在某种程度上改变了当时的外交局面。(注77)与蒲安臣相比,布朗走向了另一个极端,虽然他也会口口声声地说要确保中国的稳定和独立,但显而易见,他正在考虑让外国势力对中国实施监管。与此同时,国务院仍然公开宣布放弃对中国使用武力或施加压力,并且显然还对中国政府抱有信心,认为只要给中国政府提供充足的时间和行动上的自由,它就会自觉地制定并执行有利于保障西方列强全部合法权益的政策。[1]

---

1 正如克拉兰敦在中国问题上支持合作政策,完全是因为他从总体上相信帝国紧缩和殖民分裂主义,格兰特总统的国务卿汉密尔顿·菲什采取与克拉兰敦相似的对华政策,也是因为他从总体上接受自由贸易准则以及在世界各地区之间实行劳动分工的原则(见菲什写给蒲安臣的信,1869年12月24日,载于《美国国务院档案文献·中国卷》,对此处引文的注释,见第9—11页)。

驻华外交官的中国化

英、法、俄、美等几大列强的驻华公使在办理外交事务的过程中，展现出了一种对中华文化富有同情心的共同利益关系，这在很大程度上确保了合作政策的成功推广。据当时的一位在外交及史学领域均有建树的传教士说，"既然有像卜鲁斯、倭朗嘎哩、柏尔德密和蒲安臣这样如此友善可敬的人担任这四个最主要的驻华使领馆的掌门人，这真是荣幸之至，怎么赞美都不为过！"(注78) 虽然当初是为了维护中国的利益才酝酿构思了合作政策，但是，如果没有这些驻华公使的远见卓识，合作政策就根本不可能得到具体化的制定与出台，或者说，如果没有这些驻华公使的支持，合作政策就根本无法贯彻执行下去。

在19世纪之前的数百年间，到访这个中央王国（即中国）的欧洲人曾经表现得诚惶诚恐、毕恭毕敬，如同任何一支朝贡使团。对他们来说，中国在物质文明、社会制度、政治体制以及文化艺术遗产等方面，有太多的东西值得学习和模仿。进入19世纪，随着工业革命的兴起，陌生而又崭新的欧洲横空出世，没等西方文明发动攻势，亚洲社会就已经开始崩溃，这一切都改变了西方人对中国的总体看法。[1] 在19世纪定居中国的外国侨民中，绝大部分由西方商人和传教士组成，在他们当中的大多数人眼

---

1 同时代的人察觉到西方对中国的评价已经发生了变化，他们指出，尽管18世纪的历史学家杜哈德及其他耶稣会学者都钦佩中国，但由于欧洲在19世纪取得了进步，导致那些于19世纪60年代侨居在华的西方人对中国的落后状况横加指责（见《北华捷报》，1866年8月11日）。

里，中国是一个野蛮、落后、原始的国家，它所拥有的各种制度，根本无须认真对待。[1]

即使是《北华捷报》这样一家经常向着上海商人说话而不愿维护北京外交官利益的报社，在目睹了外商试图横行霸道地闯入这个"拥有比地球上任何其他国家都更加古老的法律和风俗"的"现存古代国家遗迹的心脏地带"之后，也感到了震惊。"只有同时熟悉东西方两种思维方式的人"才有能力消除误解，这种误解产生于任何一方在"理解另一方在头脑中对于任何问题形成的不同观点"时的无能。(注79)

> 即使是最不热衷于探索这一领域的人，也必须承认，如果我们能更深入地去了解中国人的思维方式，我们的有利条件就会自然而然地与日俱增。因为只有通过调查研究一个国家的思维方式，我们才能够掌握指导这个国家行动的基本原则。(注80)

19世纪60年代，西方主要国家派到中国的公使，既是深谙西方传统的人，又是怀着热切心情、钦佩"中国思维方式"的学者。这对于中兴政府来说，是一个巨大的福祉。早在1855年，阿

---

[1] 用他们当中的一位主要辩护者的话来说，英国商人们的政治态度，基于以下三点考虑："……事实情况是这样的，中国……是一个半野蛮的民族，外国人的生命财产不能委托给这个国家的法律和司法行政；从历史经验上看，中国政府是靠不住的，甚至其最高级别的官员，也是谎话连篇、奸诈成性；而且，这个中华帝国还拥有一个非常特殊的国家体制。"（见方根拔所著《蒲安臣使团》，上海等地，1872年出版，第303页）

礼国就曾写道:

> 一个人如何考虑问题?他在观察问题时习惯采取怎样的视角?他平时的行为方式以及由此形成的基本处世原则是什么?同这些外交伙伴打交道时,如果我们想给他们施加影响,弄清以上三个问题尤为重要。如果回答不了这三个问题,我们就如同在没有海图、罗盘的情况下贸然出海航行,既不知如何规划航线,又面临着暗礁和浅滩,我们或许正在一边对抗着足以致命的自然伟力,一边驾驶着我们的船去经历一段必死无疑的航程。回答以上三个问题所需要的知识对于中国事务的发展具有巨大的影响力。更加特殊的情况是,由于我们的思维习惯、行事风格与我们的邻居之间存在着某些较大差异,如果把我们自认为存在于欧洲的这种思维习惯及行事风格整体照搬过来,这将是一个危险的做法。[注81]

在中兴期间,外交使团大多专注于对中国的学习研究,这方面的情况,可以从官方信件中得到广泛体现。例如,阿礼国在开始分析中国问题时,他采取的前提预设立场刚好与商会的截然相反:

> 刚才大家的一席话通篇都在指责中国的政府、制

度及其臣民——在华居住的外国人会自然而然地受到舆论引导,他们吃过中国制度缺陷上的苦头,就会对此耿耿于怀。而对那些没有给他们带来直接好处的中国的各种优点,他们却往往熟视无睹——中国已经向我们精彩诠释了政府全体工作人员所要实现的终极目标。中国是在一个统治者的领导之下,把占世界人口总数将近三分之一的民众紧密团结起来的国家;经历了绵延不绝的众多朝代,这些民众都已经被教化成一个热爱和平、遵守秩序、吃苦耐劳的民族。凭借这样的制度,中华帝国的赓续时间超过了世界历史上的任何其他帝国,而且如今,中华帝国正以其巨大的人口数量和广袤的领土疆域,令其他国家相形见绌;有句名言是这样说的:"对于各国统治者而言,中华帝国向人们诠释了长达四千年屹立于世界民族之林的伟大实践经验总结。"也许这句话存在夸张的成分,但有一点不可否认,那就是他们已经达到了一个较高的文明程度,这是他们所特有的文明……他们有太多值得自豪的东西了!如今,面对他们至今尚未学会承认其并非蛮夷的西方列强突然提出的种种要求,如果他们仍不愿与那些曾被他们引以为豪的东西说再见,那么在这种情况下,我们也应该对他们给予充分的谅解。(注82)

外交官们研究了中国人的社会文化背景之后,就会被其中蕴含的魅力深深吸引，无论是从个人还是从官方角度，他们都对中国产生了强烈的认同感。在外国政府看来，外国在华利益与中国中央政府的命运紧密联系在一起，因此，外国外交官所发挥的职能作用，几乎就等于在充当中国外交代表的角色。蒲安臣被任命为中国面向西方列强开展外交活动时的公使[1]，这件事竟然未引起任何异常反应：外国的驻华外交官都认为他们自己是代表本国政府与中国政府之间共同利益的使者。在批评者看来，威妥玛、卫三畏、赫德以及蒲安臣等四人构成了一个"防御效果优于大沽口炮台的坚固的四角堡垒，保护中国人傲慢、自大及排外的思想观念免于遭到西方文明的侵袭"。[注83]

英国的在华侨民认为，额尔金和卜鲁斯缺少足够的魄力，无法迫使中国政府答应英国提出的要求。[注84]阿礼国则使他们甚至感到相当恼火。他们指责阿礼国实际上是中国利益的代表，[注85]并且在英国商人与清政府当局之间的每一轮争执中，阿礼国都在按部就班地偏袒中国。[注86]英国在华侨民认为，阿礼国在支持恭亲王反对开通铁路及内河轮船时所发表的讲话，比恭亲王本人的观点更有说服力。[注87]

……中国外交部和卢瑟福·阿礼国爵士为了驳斥外国商人赞成开通铁路、电报及内地自由通讯的观点，

---

[1] 见第十一章。

用尽了一切辩论逻辑。(注88)

总理衙门中能力最强的成员,是中国人当中最令人钦佩的诡辩家,即便如此,他也未能给本国政府的观点立场作出一番更有力的辩护(与阿礼国关于这起中国事件的声明相比)。(注89)

这个案子将移交给北京方面——需要指出的是——阿礼国爵士却决定反其道而行之,将案子移交给国外的原告索赔方。(注90)

西方外交官将中英两国政府看作一个利益共同体,这种做法并非偶然。阿礼国曾经很坦率地承认存在这种利益上的统一,还把英国侨民所提的要求定义为"商人对他们本国政府和中国政府提起的诉讼"。(注91)

由于工作性质使然,在通商口岸任职的外国领事理应比北京方面的外交官更偏袒外国商人,可在实际工作中,这些外国领事却往往表现出对中国人的支持,甚至与中国人联手制裁外国人的商贸活动。英国领事P.J.休斯作出裁决,认定在九江加征的某些商品税完全合法,此举却使他遭到英国商人的恶毒攻击,商人们声称采取一些反制措施是"绝对有必要的,这将使他们免于遭受由女王陛下外交代表指使的当地清朝官吏对他们施加的进一步羞辱"。(注92)英国驻上海领事查尔斯·A.温彻斯特宣布他决意去阻止任何"有可能冒犯清政府当局的行为",甚至包括外国剧院的停业时间和标有"英国""美国"字样的布告板的使用时机,都不允许对清政府当局产生冒犯。当外国侨民社团提到"向中国政府施压"这个话题时,温彻斯特的答复是:他拒绝充当"向清政府当局兴师问罪的工具"。(注93)

对于各国外交官来说,由于他们被隔离于通商口岸之外,因此在处理中国事务时,更容易把全国通用的政策作为处理依据。正如上海总商会向位于英国本土的商会解释工作时所说:"由于被剥夺了与外国商人间的任何联系,又不受公众舆论的影响,外国公使在某种程度上已成为中国排外主义的鼓吹者,而不是扩大对外贸易的呼吁者。"(注94)

而且,居住在北京的外交官,要比那些散居各地的领事更容易被这个中央王国由来已久的古文化魅力所影响。引用一位观察员的观点:"北京方面给这些外国代表们施展了一种邪恶的魔法。他们已经彻底着魔。一些人为此神魂颠倒,虔诚地拜倒在中国的学术和历史传统面前;另一些人把这座伟大的城市当成一件巨大的'古董',享乐思想已经毒害了这里的一切。"(注95)

居住在上海的外国人则认为:"长期定居中国并与当地百姓亲密交往,这绝对会产生一种致使欧洲人盲目模仿中国人坏习惯的不良影响。"阿礼国"就像每一个冒险生活在深受北京内阁魔法影响之中的外国人。他已经逐渐相信中国人是居住在地球上的所有人类当中最正直、最善良、最有教养的一群人"。(注96)

威妥玛"凭借着他那超越中国人天朝上国思想的激进观念和价值取向",(注97)几乎成为全体外交官中最著名的亲华人士。他自称当初之所以把海关作为其职业生涯的起点,主要是为了继续研究中华文明。(注98)关于威妥玛所从事的学业对其制定海关政策的影响,一位精明的英国评论员对此进行了探讨:

> 透过这片泛着光芒的古典历史迷雾,中国呈现在人们陷入沉思的头脑中的印象,不同于其他任何现存国家,而是一个令人尊崇的目标……如此庞大且古老的大一统帝国,对有志于研究中华文明的人来说,是一个沉重的负担,足以使那些仅仅满足于从政的人感到不堪重负,为了把注意力集中于当前暂时发生的紧急事件,他需要在某种程度上既要减少对文化艺术的关注,又要限制发表观点看法。(注99)

香港出版的一幅漫画以一种略显粗俗的方式,对此提出了批评,漫画描绘了威妥玛与恭亲王正在亲切交谈,而另一边的曾国藩却在一面英国国旗上跳着角笛舞。(注100)

外交官秉持的亲华立场,较之于友好国家政府使节之间的热诚态度,以及职业外交官彼此之间通常可见的同僚友情,这种亲华立场承载了更多的意义。它强化了制定政策时的考量,为中国政府提供了额外的保护,使其免于遭受外部势力的过度干涉。

中国人对合作政策的反应

回顾整个中兴时期，中国的各级官员们从始至终都未能确切感知合作政策背后究竟隐含着怎样的风险与机遇。虽然从表面上看，他们已经在一定程度上信任赫德、阿礼国、威妥玛和蒲安臣，但是，当新的外交环境给这些中国官员提供了某些机会，他们就会迅速抓住这些机会，对局势进行谋划部署。**1** 由于中国官员对于外国人的根本意图始终心存疑虑，一旦危机爆发，这种潜在的不信任就会迅速浮出水面，返回至公开化。

对于中国的国内改革，英国人满怀善意地提出意见和建议，结果却得到中国人褒贬不一的回应。比如，在那些开始向西方学习并重新审视中国问题的中国学者当中，威妥玛和赫德直言相谏地写给中国政府的备忘录**2** 引起了大家热烈的讨论。(注101) 中国的高级官员虽然也研究这些备忘录，却认为其中的某些内容根本不符合中国的实际。一些大臣认为外国人提出的这些意见和建议并非出于善意，而是为了通过引起国际纠纷来削弱中国的实力。(注102)

1　见第十章及第十一章。
2　见第十一章。

结论

合作政策并没有对同治时期的中兴事业起到积极的进步作用。它只是让中国处于一个国际环境保持和平安全的历史时期，而在这个历史时期，中兴事业最终取得成功还是走向失败，则几乎完全取决于中国人对国内正面临的问题的思考。

范文澜认为，西方列强从来没有真正打算过要去加强中国中央政府的权力，一旦"地方上的傀儡"李鸿章和曾国藩干出为外国人效劳的事，西方列强就立马对恭亲王施与冷遇。[注103]

与之相反，胡绳尖锐地批驳了认为清政府以一种可怜巴巴的形象出现在外国人面前并经常遭到帝国主义列强虐待的说法，他认为这种说法"往往源于纯粹的民族主义情结"。他相当详细地描述了19世纪60年代帝国主义列强为了援助中国政府实现自强所付出的努力，并得出结论：外国势力真心诚意地帮助了清政府，他们这么做实际上也是为了满足一己私利。但他坚持认为，西方国家的根本目的是从政治上控制中国。[注104]

从证据材料上看，历史却展现了另外一种情况。一连串的英国外交大臣——罗素、斯丹莱及克拉兰敦——和一连串的英国驻华公使——额尔金、卜鲁斯、阿礼国及威妥玛——也许有时曾经怀疑过中国政府没有能力摆脱困境并让中国重现繁荣，但他们所秉持的必须让中国政府充分享有自由的坚定信念，却从未发生动摇。这种自由，不仅包括摆脱外国军事力量的干预，还包括摆脱外国以提出意见建议、提出商业请求和组织传教活动等手段向中国过分施压。为了实现这个目标，英国政府准备牺牲掉眼前利益，甚至期待中国政府可以按照自己的步骤，依据自己的条件，为解决现代问题而进行必要的调整。

历史文献档案从总体上证实了阿礼国对于中兴时期英国对华政策所做的评论：

> 英国政府既不希望也不打算给中国施加不友好的压力，以便诱使其政府在与外国交往过程中采取违背国家安全策略、不尊重中国人民感受的过于冒进的发展步骤……通过缓解北京政府的种种担忧，即担心在改革中外国列强想通过干预让中国人知道什么该做、什么不该做，或是把变革进程强加到超越中国人自认为安全或可行的前进道路上。他们可能会在英国政策的引导下，更乐意听取那些关于支持开启合作政策的观点。(注105)

IV THE IDEA OF A RESTORATION
第四章
中兴的思想

朝代循环中的中兴阶段

在对制度变化的抵制方面，中华文明始终拥有举世无双、独一无二的历史地位。在她那卷帙浩繁的历史档案中，记载了大量的战争、叛乱、王朝更迭等历史事件，这些历史事件看起来似乎都是在一个经久不息的社会里循环往复地上演，而不是持续变化的社会在其发展进程中耸立的一座座里程碑。通过翻阅这些历经千年搜集整理的档案证据材料，中国的多位史学家和政治家们得出结论：在与人相关的历史事件中，存在着一个由兴盛与衰亡构成的自然循环的过程，在这一过程中，起支配作用的力量是人的才能（即人才）。从哲学角度分析，这个学说是19世纪统治中国思想的宋代新儒家学说中的一部分。根据19世纪中叶一位著名哲学家兼史官倭仁搜集整理并呈送皇帝的文献可以发现，中国古人经常把历史事件的循环进程，类比为阴阳两极交替发展的过程。每个极在发展的同时，都承载着另一个极的缘起；当一个极到达其顶点时，另一个极则已经处在即将取代它的发展过程中。照此进程发展下去，"由于思想主宰世间万事万物，所以官员的才能必将决定帝国的命运。"（注1）

如果采用尽量避免形而上学的术语来表述，这个关于盛衰恒久循环的概念，起因于人类天才无所不能，以及万事万物皆可通过人的努力加以改变的理论，这个概念广泛渗透于19世纪全体中国人对于政治及社会事务的思考过程中，不论他属于哪个学术流派。梅曾亮（卒于1856年）曾在文中写道，灾难时刻的降临,并不是发生于事件偏离正轨之时,也不是国家灭亡之际,而是出现在官员不参与公共事务治理的时候。(注2) 大臣左宗棠写道,尽管一个国家会循环不断地出现守序与叛乱、安全与危险等时期,但是,叛乱的平息以及安全的保证,都取决于人的行动。(注3)

正是这些深受此种天道观念灌输的人,创立了朝代循环理论。[1] 简而言之,这个理论的含义是:一个新朝代首先要经历一段拥有巨大能量的强盛期,一群朝气蓬勃、才华横溢的新任官员会把这个帝国的内政及军务都管理得井然有序。在世代赓续的历史进程中,继一个充满活力的新阶段之后,紧接着就会迎来一个黄金时代。虽可以守住先前继承的版图,却没有继续开疆拓土。学术活动和艺术事业在一个气息优雅的氛围中得以繁荣发展。政府通过维持安全环境、关注公共事业及限制税收标准等措施,为农业生产和人民群众的福利事业提供了支持。然而,这个黄金时代却孕育着走向衰亡的种子。统治阶级先是会失去建设高标准儒教政府的愿望,而后会丧失这方面的能力。日渐增长的骄奢淫逸之风,造成国库负担加重,财政形势逐渐紧张。计划用于农业灌溉、控制洪灾、公粮储备、通信交通以及

---

[1] 对此,最著名的表述出自世界历史上最广为流传的书籍之一《三国演义》的开篇:"天下大势,分久必合;合久必分。"人们通常认为是司马迁(公元前145—公元前86年)首次提出了这样的理论观点。然而,司马迁仅仅讲述了汉朝早期的辉煌,以及后来随着皇室得到越来越多的利益而导致其他派系集团的起兵反叛。[见爱德华·查瓦内斯(译文如此)所著《这是历史的记忆》,巴黎,1897—1905年,第Ⅱ卷,第509—510页]

关于中国历史上的文人士子通过运用循环思想来治理社会危机的带有启发性的回顾,见徐平昌所著《我国的循环论哲学》,载于《哲学评论》,1943年第8卷第2期,第72—79页。还可见杨联陞所著《国史诸朝兴衰刍论》,历史及社会学,第17章,1954年4月出版,第3次印刷,第329—345页。

军饷开支的经费，被挪作他用，以致流入个人腰包。由于道德水准已遭到彻底破坏，贪污腐败积弊丛生。

针对这种衰败进程，组织官员及民众接受儒家社会哲学方面的强化训练，虽然有可能起到延缓衰败的作用，却无法改变事物发展的基本方向。统治阶级漠然无视那些唯一可以挽救其命运的改革，迟早都会向农民征收超出其承受极限的赋税，并且迟早会抛弃公共福利事业。各地零星出现的叛乱，将会导致统治阶级采取加征额外赋税、从不满情绪日益加剧的民众中征召兵员等必要措施。一旦统治阶级把维系现存秩序的统治资本全部输光，人民就会以一场大规模起义来表达他们的不满。[1]如果起义取得成功，则按照历史学的观点，"聚众匪帮"就成了"正义之师"。

大规模起义往往都会成功。作为一名起义军首领，要想逐渐巩固其权力，只需把握住以下三点：（1）军事上的优势；（2）文人的支持——通过给文人提供一个将由他们来管辖的复兴儒教的根据地来换取他们的支持；（3）来自农民的支持（即使农民不愿支持，至少也要让农民保持沉默）——通过给农民提供和平、土地、减税及一套保护农业经济的公共事业计划来换取他们的支持。于是，新的朝代就这样从前朝开始的地方起步，它的命运也将与前朝如出一辙。

---

[1] 虽然这种"国内的动荡局势"（内乱）通常与"外国人带来的祸端"（外患）伴随出现，但是，外国人带来的战争威胁，往往只是被当作中国政府未能通过充分履行职能以维持万物和谐的一个征兆，却从不会当作导致国内局势失败的原因。直到进入 20 世纪，中国的保守主义者无论有多么排外，都没有试图把中国国内灾难的责任推卸给外国人。

然而也有例外情况。因起义纲领无法实现，大规模起义遭到镇压，旧的王朝得以在有限时间内恢复其统治地位。有关大规模起义成功与否的问题，导致起义结局发生变化的原因，在于同时具备以下两种情况：(1)起义首领未能采取对于起义成功至关重要的上述三个要点；(2)现政府活力再生，通过展现军事优势、重新赢得文人的支持并稳定农村经济，以此来支持其暂时延续天命的企图。

这种朝代被续命延期的例外情况，被称为中兴时期（中兴）。[1] 它既不是一起军事政变，也不是一场革命或一个新时代，而是一种末日迟来的兴旺期。[2] 在此期间，整个士绅官僚阶层施展其才华、付出其努力，将历史上原本不可避免的衰败进程暂停一段时间。自然界与社会秩序之间的和谐关系，暂时得到重建。重建的办法，并非通过掀起社会基本变革，而是通过将重要因素紧急投入构建和谐关系的过程，而这个重要因素，指的就是：深受儒家思想教化的官员为了恪尽职守而展现出的牺牲奉献精神。

这场中兴确切发生的时间是在1860年之后的数年间，因

---

[1] "中兴"的概念，与"维新"及其他十几个短语都存在着显著区别，这个概念往往也会被翻译成复兴。"维新"（按照日本人理解的意思）是一个用于指代日本明治时代出现国力复兴的术语；在历史记载中，它指的是在秦始皇（公元前221——公元前210年）统治之下的一种新的政府形式。对近代中国作者来说，这个短语代表着明治模式下的全面改革和现代化。这个词在同治时期的中国历史文献中极为罕见。[见《皇朝续文献通考》，1862（同治元年）年，第9874页]
上述所有这些词，都可以被恰当地用来指代同治时期的各种具体的政策措施，却都不能描述那个由中兴所定义的特定历史进程的整个阶段。

[2] 按照汤因比提出的远东文化循环理论，康熙和乾隆执政时期构成了这个末日迟来的兴旺期；可是，在中国人看来，每个朝代如果能完整地度过其盛衰循环的整个周期，则这些朝代就可被视为鼎盛时期；因此，中国人认为，这个末日迟来的兴旺期应当属于同治中兴时期。

此，当时那个年代的人认为同治皇帝在位统治时期是历史上中兴现象的一个罕见特例。薛福成在他所著的《中兴叙事》中一针见血地指出："帝国的实力在几年之内得到强化，并恢复到与原来一样的水平。这难道不是人们努力(人事)的结果吗？《传统》一书中指出：'得到人才就能奔向繁荣富强。'我们为什么不能相信这句话呢？"(注4)

需要强调的是，中兴的概念是一个晚景繁荣的概念。按照中国人的看法，这是一个暂时的稳定期，随之而来的将是一个"内有灾难、外有祸端"的时期。中兴时期的官员当然会循规蹈矩地说，中兴必将永恒，人们将保证享有长久和平与万世荣耀。然而，这只不过是官方维护体面的说辞。忠诚的士大夫们显然不会在他们的奏折中说，甚至或许都不会对他们自己说"王朝注定灭亡"这样的话。重要的是，他们将自己所处的这个时代定义为中兴时期，从而明白无误地把这个时代与中国历史上的伟大开创时期相区别，而将其归入成功克服危机与最终遭遇灾难之间的这个时期之类。

纵观中国历史，每逢遇到相类似的时局环境，就会有相似的思想观念一再出现。这种引人注目的思想观念再生现象，其成因应归咎于中国思想的社会及政治导向问题。(注5)同治时期的士大夫专注于历史研究，当他们把自己所处时代与周宣王、汉光武帝、唐肃宗统治时期作对比，当然就会领悟其中的内涵。因此，对这些在中国历史上发生过的中兴时期进行一次回顾，将有助于我们更好地理解同治中兴的基本目标，并对当时的政治家们所付出的努力进行评价。

中国历史上在同治之前出现过的中兴时期

一、公元前827—前782年周宣王的中兴

关于"中兴"这一术语,史上有明确记载的首次使用,出现在《诗经》当中,用以指代周宣王统治时期。(注6)19世纪的学者曾把同治时期与中国历史上的另外三次伟大中兴相提并论,而周宣王统治时期就是这三次伟大中兴中的第一次。(注7)西周的衰败始于周穆王统治时期(按照传统纪年,应是公元前1001—前947年)的西北地区叛乱,此后由于穆王的继任者统治无方,朝廷持续衰败。然而,周宣王却是一位才能出众的统治者,他继位后,采取军事行动,赶跑了与周朝作对的条戎、奔戎等部落,通过研究前朝皇帝犯过的错误并采纳有经验的官员所提出的指导建议,从而改善了国家的内部环境:国民经济取得了一定程度的发展,王朝疆域向南最远拓展至长江一线。然而,到了宣王执政后期,条戎、奔戎部落卷土重来,劫掠山西、陕西两省,西周王朝便在宣王死后不久彻底崩塌了。(注8)

奥托·弗兰克在对中国历史上所有中兴时期的特点进行归纳的基础上,描述了周宣王的执政表现:"周王朝新取得的胜利持续时间很短;宣王留给他儿子和继任者的,是一个衰败趋势无法遏制的王国,再也无法拥有与内外威胁相匹敌的国家实力。"(注9)

二、公元25—27年汉光武帝的中兴

作为东汉王朝的创立者，光武帝领导的中兴事业或许是中国历史上的四次伟大中兴中最震古烁今的一次。在此期间，大汉帝国在伴随着王莽篡位之后形成的战火废墟中得以重建，[注10]这次汉代末期迟来的繁荣一直持续到公元184年黄巾起义的爆发。

光武帝于公元24年定都洛阳，彼时，赤眉军及其他派系的叛军首领仍在长安乃至全国别的地方忙着称王称帝。光武帝稳扎稳打地击败了赤眉军，并把叛军中能力最强、精力最旺盛的人收编到自己的军队中。而后，他着手推进军队削减，以优厚的薪金补贴为保障，将军队中的许多老兵遣散回乡务农，还制订了一整套休养生息计划。凭借以上措施，光武帝在三年之内将全国赋税额度降低三分之二。光武帝采取的以上措施，就是历史上中国在平息叛乱之后清除叛乱影响的经典模式，从古到今，仍在沿用。

国内叛乱被镇压和平定以后，接下来要做的就是重新确立中国作为宗主国对边远地区的藩属国的领导权。安南地区的反叛势力于公元42年被马援出兵镇压了下去。兴安地区已经被收复回来，置于朝廷直接掌控之下。鄂尔浑地区则加入了由中国牵头缔结的盟约。直至光武帝统治时期的末年，中国恢复了对远东地区行使统治权，曾经失去的领土不仅被重新夺回，而且对当地居民实施了汉化。

汉代中兴最重要的一个方面，就是对儒家制度及观念的巩

固和强化。该朝代自身的政治活力在此前的数年间曾表现得极其引人注目,结果却在公元25年之后,迅速衰败下去。但是,伴随着中央政权在奢靡腐化、宦官揽政、太子无能等因素的作用下日渐衰弱,文人士子阶层的势力随之成长壮大;他们坚定地确立儒家学说在政治上的正统地位,借此延缓朝廷不可避免的衰败趋势。直至20世纪,这种儒家思想的正统观念,始终都是中国保守主义巨大的力量源泉。

黄巾起义终结了东汉王朝,更准确地说,是公元184年的太平道起义,宣告了东汉王朝的覆灭。凭借着一支强大的军事组织、一种团结互助公社式的生活氛围和一套以公开检讨罪责为手段的严明纪律,黄巾军向广大民众发出了承诺实现平等的战斗宣言。这场叛乱本身虽然被贵族阶层和文人阶层联手镇压了下去,但这一天毕竟来得太迟,这场叛乱给国家带来了巨大的破坏。这有利于军阀势力的增长,却不利于儒家政府的复兴。(注11)

汉光武帝的中兴,在恢复军事力量、重塑官僚政府、重现艺术繁荣等方面取得了显著成功。尽管如此,它却只是一次晚年的繁荣,是一个衰败趋势被暂缓的时期,而不是一个伟大的新时代。王符(约公元90~165年)在他所著的《潜夫论》里,对东汉的灭亡深感痛惜,写下一段关于"前朝强大后世衰弱、前辈富裕后代贫穷"这种社会现象的经典描述,揭示了中兴时期在朝代循环过程中的永恒命运。他谴责了极尽奢华、讲究排场以及过度使用稀有珍品等社会不良风气。随着商业及手工业社会地位的提高，农业日渐式微。朝廷在中兴时期所表现出的行动迟缓、欺骗民众的做法，证明政府缺乏善行，需要实施严格的法治。(注12)

这一时期被《后汉书》的编纂者正式界定为一次中兴时期，(注13)对于历史上的某个朝代在先失败后成功的两次叛乱之间的短暂时期内能否实现中兴这个问题，汉光武帝的中兴，始终为后世中国人回答这个问题提供了成功范例。

三、公元756—762年唐肃宗的中兴

唐肃宗时期的中兴，是19世纪以前中国历史上出现的三次中兴时期当中，与同治中兴关联度最大的一次。时值安史之乱（公元755—763年）之前的饥荒之年，民间叛乱活动在全国各地广泛蔓延。赋税、徭役和兵役所带来的沉重负担已经使黎民百姓难以承受，同时越来越多的农民为了还债而变卖耕地。驻守边防的要塞部队经常招募少数民族来充当士兵，东北地区多省（当时的直隶与山西）的分裂情绪与日俱增。

随着安禄山起兵反叛，实力已经遭到削弱的唐朝财政体系彻底崩溃。偏巧赶在国家出现全面战乱、急需增加军费时，公共财政国库却已经耗尽。由于赋税额度上涨，占全国人口总量1/3以上的人通过与官府勾结捐购头衔，或采用到寺庙里当和尚的办法，从而获得免除赋税的待遇。如此一来，其余人口所面临的缴税负担变得更加难以承受。

唐肃宗在世期间，曾被叛军攻占的大部分城市均被朝廷收

复,在他去世之后的第二年,叛军最终被打败。然而,唐帝国所取得的这次军事上的胜利,是由于叛军发生了内讧以及唐朝从回纥那里搬来了救兵,并非由于国家实力得到了根本性的恢复。从外部环境看,中国丢掉了除安南及东京湾地区的所有属国领土。就内部环境而言,地租仍然要价过高——至少占农民全年收成的一半——自耕农的生存状况也没有得到改善。国家财富及人口数量锐减,而且佃农实际上已经消失。在持续了整整一代人的内战中,物价上涨3倍,加之连年干旱、粮食歉收,国内局势恶化到了顶点,终于酿成公元785—786年的大灾难。

截至8世纪末,土地拥有者的数量仅占全国人口总数的5%。政府觉察到了这种不利趋向,在公元806年举行的殿试考场上,对科举考生发出提问,要求他们就"怎样才能遏止衰败趋势并使国家恢复往日繁荣"这个问题提出建议。在众多考生中,后来成为伟大诗人的白居易的建议尤为中肯,他的话语即使穿越到19世纪末,仍可以让国人深有振聋发聩之感:

> 老百姓的生活贫困应归咎于沉重的赋税,沉重的赋税应归咎于军队兵员的增加,军队兵员的增加应归咎于叛乱数量的增多,而叛乱数量的增多则应归咎于政府的弊端。(注14)

另一位名叫元稹的诗人兼贡生,在他那段更有独到见解的回答中，预先说出了19世纪从冯桂芬到康有为等一众伟大改革家的观点：建议改革科举制度，以便能从社会各界征召更具有实际管理才能的人。(注15)但是，这些建议仍未能阻止国家的衰败形势。作为这个传统国家的基石，地主及自耕农已经沦为农业上的无产者，唐朝终于被公元874年的一次成功的起义推翻。(注16)

"中兴"一词在同治时期的适用性

在19世纪60年代的政治家们看来，清代镇压太平天国和捻军的历史功绩，似乎完全可以与汉代推翻王莽统治并平定各地叛乱以及唐代平定安史之乱相媲美。清政府借用欧洲人的援军，与唐朝借用回纥的援军如出一辙，而且这样的先例已经有所引用。左宗棠平定西北回变，使人联想到周宣王对条戎、奔戎发动的那场战役。胡林翼的成就，同样也可以与周朝中兴的业绩相媲美。(注17)曾国藩指出，唐朝在实现中兴期间，势力范围从未扩展到黄河以北；宋朝在实现中兴期间（公元1127—1161年），势力范围从未到达长江以北；而同治中兴时期的势力范围却包括了整个中华帝国。(注18)

随着同治皇帝的统治接近尾声，历史档案文献为这一时期做了这样一个判定：同治统治时期是全部中国历史仅有的四次伟大中兴之一。"中兴"一词，并不是政府在办理日常公文时随意使用的术语，而是用来指代同治皇帝在位统治的这段时期。

从最初使用时,就本着很谨慎的态度。然而,到了1869年,两江总督马新贻竟然能够提出"中兴精神"一词。他还曾三度拔高中兴的高贵品质,这象征着"中兴"一词被罩上了一层令人敬畏的光环。[注19]1872年,马新贻的继任者李宗羲在其文章中写道,"中兴"仍然是一个没有被完全实现的理想,再次拔高了这个词的高贵内涵。[注20]江苏巡抚写道,由于同治时期国家局势的混乱程度已经超过唐、宋两朝的中兴时期,所以他们能够控制这种局势,说明这就是一次更伟大的成功。[注21]这一时期的奏折,经搜集整理后,被冠以《中兴奏议》之名出版发行;经搜集整理的传记,被冠以《中兴名臣传记》;[注22]作为编纂者之一的陈弢,曾于1875年把同治时期比作周宣王统治时期。[注23]

1921年,帝国大百科全书最后一部的编纂者,从当时中国特定局势的有利视角回溯同治时期,不免有些沾沾自喜,他认为同治时期是一个"内部动乱与外部威胁均已被逐渐消除"的历史阶段。按照透视历史的研究方法,清穆宗同治皇帝——似乎追随着清朝创立者清世祖的脚步——很像汉代中兴时期的光武帝,"洞察力和领导才能可与汉高祖相媲美",因为无论是在汉朝还是清朝,都是中兴皇帝效仿开国皇帝,"一个时代是创立,另一个时代是中兴"。[注24]

后续各章将论述同治时期的各个方面,这对于同代人而言,论述同治时期会使他们联想到历史上更早期的中兴。关于艺术和文学这两个领域,本书并没有进行对比研究。因为同治时期没有提出过像东汉中兴时期那样的关于艺术复兴方面的建议；在文学方面，同治时期也没有提出过像唐代中兴时期那样的关于壮丽的散文与诗歌方面的相关建议。[1]同治统治时期所取得的历史成就，主要体现在政治和社会方面。与汉代的中兴时期一样，这些成就伴随着构建社会基础的传统学问的复兴，而不是创造性天赋的复兴。

既有天赋又多才多艺的郭嵩焘早在1854年前后就不再写诗的事实，使人想到同治时期的社会思潮。正如他本人在1862年所解释的那样，诗人目前正在创造一些既无益于个人又无益于社会的玩意儿；上等阶层的人不应该参加这样的活动。(注25)

皇帝的角色

从理论上说，一次中兴应该是一位手握重权、才能出众且品德高尚的统治者的杰作，而且事实上，中国的政治系统往往需要的是一个高效的中央执行力，从而保证其在适当的状态下持续运转。因此，乍一看来，如果把同治皇帝的执政时期称为一次中兴，似乎很荒谬。因为这个皇帝既是一个孩子，又是一个虚弱、怯懦的人，而年轻的皇太后慈禧善于玩弄政治权术，她在这方面的名气要远比在实现国家复兴过程中所展现的实际

---

1 胡适指出，同治时期创作的反映太平天国运动给民众所带来的苦难的诗歌很少；这场大屠杀几乎没有对古老的诗歌形式及主题产生任何影响。[见《五十年来中国之文学》，载于《申报馆成立五十周年纪念日出版作品集》，第2卷，《五十年来之中国》，上海，1922年，第3—5页。也可见王必江所著《近代诗派与地域消遣》，载于《中国学报（重庆）》，第1卷，1943年第1期，第45—54页]。然而，当时也出现了值得称赞的按照传统风格创作的诗歌作品。见任萧所著《同光诗人李芋仙》，载于《逸经》，1936年第8号，第26—31页。

政治才能更著称于世。然而，不应忘记的是，皇帝存在的意义，往往更在于他代表着一种功能，而不是一个具有突出个性的人。一个国家，只要同时具备一位能在仪式惯例上被接受的皇帝和一群有能力的官员，这就够了。在世代沿袭的正规礼仪约束之下，官员们小心谨慎地把他们的个人政绩全部归功于皇帝^{（注26）}，从而能够实现皇帝保持社会秩序和谐的功能。这种由皇帝和官员构成的组合体，从它全部的实际用途来看，就相当于有了一位手握重权、才能出众且品德高尚的统治者。

当然，与真正有能力的皇帝比起来，"合成的"皇帝毕竟不够稳定。假如康熙在位，他可能已经冒险尝试了更多的改革，这是毫无疑问的。但是，这毕竟是一次事实上康熙或汉光武帝都不在场的中兴，就所涉及的皇帝角色而言，这种解释就在于恭亲王的威望和能力。[1] 恭亲王提供了一条使中兴时期大臣们的政见得到皇帝的批准并予以实施的渠道，这也就体现了皇帝角色的本质。

慈禧太后在皇宫中的地位由兰贵人到懿贵妃逐渐攀升，直到1865年，才凭借垂帘听政的手段接触到国家的最高权力，而她攫取了独裁者的权力地位，则是十年之后的事情了。^{（注27）}中兴事业的实际缔造者是同治时期的政府高级官员和军队高级将领。东汉时期的官僚阶层左右国家政局，直到皇帝日渐软弱无能之后很久，还维持着中兴事业的果实；相比之下，晚清时期

---

1 见第二章。

的官僚阶层做得更好：他们是在皇帝原本软弱无能的情况下，亲手开创了一个中兴局面。**1**

满人的利益与汉人的利益

几十年来，在中国史学界，谴责满人为了维持王朝延续而卖国求荣的观点一直都很流行。借用这种思维策略，保守派得以有能力去鼓吹实施一次不需要社会革命力量参与的国家革命运动，还坚持认为只有通过重新确立中国传统价值观的主体地位，才能解决现代中国所遇到的各种问题。据他们宣称，是满族统治者搞乱了中国传统价值观。**2**

一些历史学者发现，通过研究满人的历史角色，能够给自己的近代史研究带来便利。因为如果刻意放大满人与帝国主义者[3]相互勾结的恶劣影响，就可以解释中国在19世纪的发展轨迹如此"怪异"的原因。目前，史学界出现了一个研究结论，认为非但中国近代社会不属于封建社会，甚至直到最近，中国社会也仍未进入资本主义阶段。中国很多历史学家都把满人的历

---

1 一位从事清史问题研究的日本裔历史学家，曾经对这个观点作了进一步的阐述，并且指出，皇帝软弱无能的这种现状，对于同治中兴来说，反而是一个积极因素。在他看来，唐代的中兴是建立在皇帝能力很强的基础之上，而这次中兴终究因为皇帝的决策失误而导致中途夭折；同治中兴，则更加稳固地建立在高级官员的执政能力和新型军事力量的效率的基础之上。（见［日］矢野吉一所著《近代支那史》，东京，1940年，第21章，第2111页）

2 章炳麟是早期革命者的一个很好的例证，他对中国未来的计划仅仅是消灭满族人。他非但没有去攻击传统社会，反而去崇敬它。在他与康有为之间展开的一次辩论中，他坚持认为19世纪中国政府所犯过的错误，并不是传统的汉人犯下的错误，而是手中一直握有实权的满族人的错误。（见《驳康有为论革命书》，原著于1903年完成，是为了答复康有为的《南海先生最近政见书》，经国民党再版重印，收录于《党史史料丛刊》，第1号档案，第11—17页）

3 见第三章。

史角色作为其研究重点，这一方面是由于中国近代社会发展史的分析要素本就很少；更主要的是，由于清朝是中国历史上的四次中兴之中唯一的一个由外族执政的朝代，深入研究并理解把握同治中兴时期满人的历史角色，将有助于澄清我们对魏特夫"合作共生原理"的错误认识。在这个历史进程中，汉人与外族部落正是依据这个原理，通过不同程度的相互磨合，才实现了持续共存、共同发展。

即使将清朝作为所有外族王朝中实现汉化最彻底的一个朝代，其文化互渗也没有达到文化单一化或彻底同化的地步。正如魏特夫所指出的那样，"直到这个王朝宣告终结，政治上的诸多因素仍然呈现出阻挠实现彻底融合的迹象"。[注28] 融合从未彻底完成，这是显而易见的。然而，更接近于彻底的融合的确存在，其融合程度超过了人们的普遍认知，而且这种融合趋势的发展方向，可能对于本课题的研究具有重大意义。就在1860—1890年，满汉之间的民族差异界限逐渐消失。直到1898年改革失败之后，彼此间的怀疑和仇恨才再度萌发。[注29] 满汉之间的冲突，具体体现在中兴之前的历史时期以及清朝灭亡前的那一年。而中兴时期，则恰恰见证了满汉冲突倾向的逆转。

按照魏特夫的看法，阻碍满汉之间实现彻底融合的因素主要有：(1) 一种被称作"八旗"的早期军事组织的存在，使大多数满人可以超然于汉人的正常司法管辖范围之外；(2) 清王朝的继承法，没有对长子继承权作出规定；(3) 满人在官僚阶层中占据统治地位，尤其是垄断了绝大多数高级职位；(4) 全面禁止满汉通婚，这条禁令直到1904年才宣布废止。^(注30)然而，正如下文将要进一步指出的，八旗制度到了中兴时期，已经不再拥有它曾经作为满汉之间界线的绝大部分实际意义，而且满人迅速失去了他们在官僚体制中的特殊地位。关于全面禁止满汉通婚，虽然这条禁令还保留在法典里，但鉴于各种有关对满人实施特别保护的立法都注定会被废止的形势，这条禁令已经失去了大部分效力。长子继承权的问题也将不再具有现实意义。

清代早期确实曾经试图阻止或至少是限制满汉之间的相互接纳和适应。在经历了最初的鼓励汉人向东北移民的阶段之后，政策发生了转变，康熙即位之后不久，便开始禁止汉人迁入东北。为了努力保持满族发源地的完好无损，清政府逐步收紧移民政策，直到雍正年间，东北地区实际上已经被封禁了。^(注31)

然而，这项旨在保持东北区别于中国其他地区的政策，在18世纪逐渐发生了反转。实践证明，无论把栅栏修建得多么坚固，也阻挡不住民族融合的脚步，加之汉族在东北地区的人口数量稳步增长。况且，清初制定的把东北的土地专门留给旗人的政策已经宣告失败，因为旗人都是贫穷的农民，不需要那么多的土地。在这种情况下，逐渐被汉族同化的满族统治者，对维持满族文化实体地位这件事失去了兴趣，于是，从18世纪末以来，东北地区开始逐步被同化。吉林省按部就班地实现了开放，在长春成立了一个汉族风格的地方政府，汉族形式的行政机构全面取代了满人政府。按照《天津条约》，随着牛庄码头的开埠，动员汉人向东北地区移民已经作为一种保卫领土安全的措施，从而加速了移民的进程。截至同治时期的开端之际，虽然仍能找到某些明文的特殊规定，(注32)但东北地区已经不再处于隔离状态。

截至19世纪中叶，满人已经赢得了汉人中的士绅和官僚阶层的支持，(注33)而且太平天国运动也已使人充分理解满汉两个集团在利益上的同一性。满汉之间再也没有出现因民族界限而引发的矛盾摩擦。恰恰是身为一个满人的肃顺（甚至就是咸丰皇帝本人）认为有必要给曾国藩和左宗棠赋予更大的权力，而且也恰恰是一位名叫祁寯藻的汉人向咸丰皇帝呈递了一份奏折，奏折内容经常为后世引用，即：就曾国藩及其地方武装湘军对朝廷的潜在威胁发出警告。(注34)

截至1860年，中国的统治权已经被掌控在一个满汉上流阶层联合体手中，他们怀着一个共同的伟大目标，那就是要保护中华文化遗产，(注35)使之免遭国内叛军的劫掠和西方统治者的威胁。中国的社会革命者虽然已经正确地认清了他们历史上的敌人，却错误地给那个敌人贴上了外族的标签：(注36)满人是中国革命的敌人，其原因不在于他们拥有满族血统，而在于他们在文化上已经实现了如此完美的汉化。正如改革家康有为的观点，如果说清政府有错，那么他们犯的也是古代人的错，从汉、唐、宋乃至明朝，一直延续下来的错——"清政府并不是一个专门由满人执政的系统"。(注37)

关于后来被广泛断言的满汉官员存在政策分歧这个问题，从中兴期间的档案文献中几乎找不到什么带有实质性的证据材料。对于一些容易引起争论的问题，可以发现，争论的双方都是既有满人也有汉人，找不到任何意义重大的观点模式。例如，中国的民族主义者，尤其是广东商会，他们经常把厘金[1]称作满人欺压汉人的工具。可是，厘金的发明者，却是一位名叫雷以诚的汉人，并得到了包括骆秉章在内的许多汉族高级官员的支持；而且，厘金制度还经常遭到许多满人的极力反对，其中就有全庆。厘金问题，还牵扯到各种各样的利益冲突：增加财政收入的需求与反对增加赋税的矛盾；国家控制财政收入与地方控制财政收入的矛盾；在纳税负担的分派上，农业集团利益与商业集团利益的矛盾；特殊的外贸利益集团与不愿他们扩大或长期存在的汉人之间的矛盾。但是，这些并不涉及满汉问题。

　　当然，官员彼此之间的猜忌还会存在，却并不(明显地)以种族划线。一些宗派的组成，以个人忠诚为基础，其他宗派则是建立在持有相同政策观点的基础上。但是，每个宗派似乎都是既包括满人，也包括汉人。确实，曾有一位满人试图弹劾曾国藩，理由是他恃才傲物，但另一位满人恭亲王却拒绝听取这个指控，满人皇帝还发布上谕，宣布对这些指控不予理会，认为弹劾是彻头彻尾的查无实据。(注38)

1　　见第八章。

截至中兴时期，说话用满语，甚至将其作为官方辅助用语的现象几乎也已经消失了——就连满人自己都不再通晓这门语言。在1862年1月发布的一道上谕，承认了这一既成事实，当时科举考试免除了满人考生把古汉语译成满文。到1871年，使用满语已成为一种非常例外的情况，甚至在边防部队的军官中也已很少有人使用满语了，以至于朝廷提出要求，规定只有在颁布特别法令的时候，才可以用满语写报告。[注39]

最后仅存的旨在将满人区别于汉人的限制性政策，[注40]其中的绝大部分，于1865年宣布废止。旗人自身的悲惨困境，为朝廷改变政策提供了理由，朝廷不得不切实采取一些调整旗人正式社会地位的措施，以便使他们适应当前的社会处境。早在道光年间，就一直有人建议放宽满汉限制，及至中兴早期，一批汉族官员针对这个问题向皇帝呈递奏折。蒋琦龄于1861年上奏，不过朝廷并没有采取行动。后来，御史杜瑞联再次提出这个问题，并要求户部制定放宽限制的细则。[注41]直隶总督刘长佑上奏的大意与此相类似，旨在通过构思一些程式化的建议，查明旗人的自有耕地如需变卖，应按规定缴税。[注42]最后，时任山西巡抚、后为中兴时期京官要员的沈桂芬呈递了一份内容相似的奏折，终于带来了实质性的效果。

沈桂芬建议，应当允许那些生活贫困的旗人自谋生计，与普通民众融为一体。[注43]皇帝的答复是指示八旗副都统及其他人员与户部等部门协商解决，并将调查结果回奏朝廷。八旗副都统和户部等部门都作出回应，表示赞同沈桂芬的建议。他们还提出了具体建议，要求八旗各部旗人在征得各旗都统批准的情况下，可以进入他们选择的任意一个省；要求取消旗人所享有的法律特权："如涉及各类诉讼案件，他们都应当处于州府县令的司法管辖之下。如有人不务正业、寻衅滋事，他们将依照与普通民众相同的法律，受到当地官员的处罚。"他们还建议，应该准许旗人登记加入汉人村庄的户籍，与汉人一样参加内容相同的科举考试，可以应征加入汉人的常备军（绿营），可以耕种土地，还可以参与经商。皇帝表示同意——"各项建议内容都非常令人满意"，皇帝在敕令中如是说——于是，八旗副都统按照命令去执行这项新规。（注44）

当时的外国人将这项新规的重要意义记录了下来。《北华捷报》的编辑们注意到，汉人其实早就已经展开了对满人的同化。

> 但对于中国政府出台的这项关于清除满汉限制的新规法令，我们还没有做好相关准备，所以现在才出版译文。在这篇译文中，你们将看到，鞑靼人心中最珍视的所有特权都一下子被清除了。（注45）

另一位观察员评论道：

皇帝颁布了一道法令……废除了旗人的世袭职务和这些军队(八旗)的特别指挥机构,允许个人随心所欲地从事任何职业,并要求他们无论遇到什么事情,都必须服从这个国家的普通法庭的裁决,因此取缔了存在于征服者和被征服者之间的最后一部分明显标志,这道法令并没有在围观者当中激起多大兴趣,它的意义相当于展示这两个民族之间产生彼此同化的彻底程度,随口评论一下就够了。(注46)

因此,尽管魏特夫正确地指出,关于在普遍民众之间实现满汉通婚的禁令,以及八旗制度的残留痕迹"阻碍了彻底融合",但朝着实现融合方向发展的坚定趋势可能具有更大的现实意义。

人们普遍坚持这样一个观点,直到清朝行将灭亡的最后关头,满人的势力仍在官僚机构中占据统治地位,特别是顶层机构,因此,当末日来临时,满人独揽朝纲的意愿会更加强烈。(注47)当然,这个末日情形是真实的——有人曾目击了1911年的满人内阁会议——但是,这种趋势看起来并没有在历史上连续发生。正如这个目击证据至今仍然站得住脚,中兴期间摆脱满人主导地位并朝着满汉融合方向发展的趋势,与早期满人占主导地位时残留下来的任何痕迹相比,显然前者具有更重要的历史意义。

关于晚清官僚体制构成成分的最详尽的研究,仍然是那些早在75年前就已准备就绪的基于19世纪六七十年代期间档案资料的研究成果。根据一项关于中央及地方官员顶层领导体制构成的研究成果中，班得瑞得出结论：

> 对于那些认为中国是生活在外族枷锁之下的人来说，这似乎是一个很奇怪的现象，在构成国家最高行政机构的144名官员大名单中，只有32人是满族。可这就是事实。当我们注意到在军机处的6位大臣和23位巡抚及总督中，只有6人是满族，满人在政府行政机构中所占比重很小，这种情况从一个更强有力的角度说明了这个问题。仅以两江（江苏、江西和安徽）地区为例，那里的官僚代表中，汉人官吏的数量超过了满人——前者为47名，后者为32名。(注48)

上述成果得到了一份出自19世纪70年代末的历史横断面研究的证实，这份研究报告显示，当时所有的总督均为汉人，18位巡抚中有15位是汉人，18省的布政使中有14位是汉人，18省的按察使中有15位汉人。在较低级别的官僚机构中，汉人也同样数量占优。在道台以下官阶的所有官吏中，汉人占90%，满人占7%，蒙古人只占1%多一点儿，而汉八旗仅占不到2%。另一组数字，则排除了这样一种假设，即：认为满人可能已经把持着更重要的府、州、县的管辖权，而只是把许多不重要的地区留给汉人管理。(注49)这些数字与中兴之

前（注50）乃至整个清代时期的相关数字形成了尖锐的对比。¹

诚然，这些研究没有考虑到诸如指定职位的任期长短，以及满人将领在地方政府中的权力等因素。尽管如此，即使把每一处错误都计算在内，真实情况依然很清楚，同治中兴时期的满汉统治阶层确确实实已经联合成一个致力于维持儒教国家秩序的、以汉人为主导的单一统治阶层。日本史学家稻叶岩吉把这一时期的满人称为"汉人的傀儡"，这种看法过于偏激。（注51）他们不是汉人的傀儡，他们实际上就是中国人。

所以，尽管同治中兴不是一场由汉人发起的民族主义运动，但也肯定不是一次效忠于外族皇帝的叛徒对于民族运动的背叛。同治中兴绝不仅限于实现了满汉社会的共存，它非常近似于"满汉共同体"，是一个真正和谐融洽的联盟，这个联盟标志着作为传统文化象征的非国民主义儒教君主政体已经进入了一个新的发展阶段。

围绕满人问题而展开的右派与左派之间的辩论，都未能把

---

1 如果从整体上考察清王朝统治时期，其各级官员职位的民族构成情况，统计如下：

1. 大学士和协办大学士：	2. 六部、理藩院和都察院：
满人……99	满人……328
蒙古人……18	蒙古人……18
汉八旗……18	汉八旗……77
汉人……128	汉人……262

3. 总督：	4. 巡抚：
满人……209	满人……171
蒙古人……18	蒙古人……18
汉八旗……77	汉八旗……10
汉人……288	汉人……573

（潘光旦：《清代苏州的人才》，载于《社会科学》，第1卷，第1期（1935年），第49—98页）

握住问题的核心。关于右派方面,蒋介石写道:清代的政治制度与汉、唐两代的政治制度同样伟大,要不是满人在制定政策方面犯了错误,中国可能已经取得像欧洲一样的发展进步了。(注52)可事实上,满人所犯的错误,恰恰是在近代时期努力维护了那些让蒋介石深信不疑的政治制度。关于左派方面,范文澜更加准确地写道,中兴时期的满汉官员已经做好了如有必要就与西方达成妥协的准备,因为他们知道清帝国与西方之间仅仅是在贸易问题上存在利害关系,但是,清帝国的死敌却是中国的叛乱者,因为他们知道孔庙危在旦夕。(注53)范文澜觉察到满人把自己作为统治者的利益寄托在儒教遗产上,而蒋介石却没有认识到这一点。但是,如果给守护这种遗产的行为贴上"背叛"的标签,却是对中国历史的歪曲。

对于19世纪中叶的汉人而言,清王朝已成为汉民族信仰的保卫者,而且,欧洲公使馆也充分注意到这个带有政治意义的事实:

> 既有士绅和受过教育的文人阶层,也有大批老百姓,他们都对圣人怀着深切的崇敬之情,而他们祖祖辈辈的品行及社会教育都一直寄托在这些圣人权威的基础之上。根据一位近代无名氏的考证,宣讲这些新奇的教义时,必须不仅倾向于使民间叛乱不再具有反鞑靼人统治的民族起义特征,而且还必须实实在在地把坚持民族传统和原则并抵挡少数派政治团体进攻的荣耀

和声望，从民族主义者那里转移到鞑靼人及其拥护者的头上。^(注54)

正如孙中山先生怀着遗憾的心情注意到的那样，大多数汉人都支持满人，而且其中许多人还是在积极主动地支持，因为通过科举考试制度，满人已经赢得了"差不多所有聪明睿智的饱学之士"的心。^(注55)

地方分治主义与中央集权制

从19世纪末的清帝国直至旧中国被共产党推翻，在这长达半个多世纪的历史进程中，"强地方、弱中央"的势力格局始终存在。二者之间的对比反差如此鲜明，以至于许多研究领域都形成了一个共同的观点，即：地方分治主义的持续发展，始于太平天国时期。

毫无疑问，中央政府权力的瓦解确实出现在太平天国运动时期。按照中国人的理论，精明强干且已经实现区域半自治的地方官，一定会趁这个机会做大做强，而从历史事实上看，他们也的确是这样做的。从理论上说，中央政府在这种情况下，必定要通过重新确立儒家社会控制体系的办法，竭力克服这些异己分子的分裂倾向，而从历史事实上看，中央政府也是这么做的。第一个层面，即这个历史进程中的离心阶段，其中的有关问题已经得到了广泛讨论；第二个层面，即向心阶段的相关问题，却在很大程度上一直被忽视。

叛乱与中兴，是传统中国在发展变化的历史进程中必经的互为补充的两个阶段。太平天国运动初期就已崭露头角，之后遭到了正在持续壮大的地方分治势力的暂时阻遏，在儒家思想如同布施魔法一般的教化之下，叛乱时期所形成的离心力，被转化为中兴时期的向心力。

地方势力在中国一直存在——只是一个程度轻重的问题罢了。根据中兴时期的一位著名理论家冯桂芬的观点，对于治理国家来说，权力集中与权力下放都是至关重要的。没有中央集权，幅员辽阔的疆域就不能被统合成一个单一的整体，帝国就有可能分裂为类似于战国时期的数个小国；没有权力下放，统一的政府就无法将统治权尽可能远地扩展到覆盖众多人口的偏远地区，于是国家就会发生叛乱。(注56)道台、知府和知县等地方官，代表着国家的中央权力；士绅及士绅控制的当地组织，则代表着国家的地方权力。[1]

1861年以后，中央及地方军队在一段时期之内经过频繁的沟通联系，实现了相互之间的支援配合。几乎与此同时，整个统治阶级，无论中央的还是地方的，对于国内叛军及国外列强带来的军事威胁深感震惊之余，只能龟缩不前、畏首畏尾，苏

---

[1] 根据弗朗茨·迈克尔的观点："然而，即便是在朝廷中央集权最强大的时期，地方自治也不可能被完全消除，而且朝廷也根本不会产生这样的想法；因为，由于这些地方团体，特别是士绅阶层，他们是由官僚体制派生出来的阶层，是朝廷实施社会管理时必不可少的组织机构，问题不在于去如何镇压他们，而在于如何约束他们。"（见《太平天国叛乱期间中国军事组织及权力架构》，载于《太平洋历史评论》，第18卷，1949年第4期，第470页）

醒过来之后他们发现，只有国民普遍接受的儒家学说才是逆境求生的希望。按照最佳的解释方式，科举制度为增强中央及地方对于共同利益的认知提供了一种表达方式。(注57)

曾国藩常被后世视为清代后期拥兵自重的地方实权派的领袖，他在地方事务上握有巨大的实权，这是毋庸置疑的。批评观点认为：他行使那些权力时，究竟代表了谁的利益？又为了实现一个怎样的目的？大量证据表明，在曾国藩眼中，效忠于国家与效忠于地方并不矛盾，而且他运用自己的才能、权力和威望去实现中央儒教国家的中兴事业，而这个中央儒教国家，又是牢固地建立在当地儒教社会的基础之上的。[1]在这个由底层向顶层延伸的社会习俗压力链条中，士绅作为维持儒教秩序的中流砥柱，时刻保持严阵以待的状态，曾国藩及其同僚作为贯穿其中的链条，使他们能够有效地为中央政府提供支持。而在这个由顶层向底层拓展的领导指挥链条中，中央权力通过曾国藩及其同僚实现了对地方事务的有效管理。虽然曾国藩是地方领导人当中权力最大的一位，但在为中兴政府提供支持这件事上，他又代表了所有人的利益。

反过来说，身居京城的中央高级官员拥有与地方官员一致的目标，也使用与地方官员一致的方法。事实上，他们当中的许多人都有过在中央和地方交替任职的经历。[2]例如，如同曾国

1　见第五章及第九章。

2　任何一份由中兴时期有代表性的官员群体连续担任的职位清单，都可以说明这一点。长期担任地方官或者长期担任京官的人，确实很少。可以对比一下班德瑞的表格：《构成中国中央及地方政府高级官吏历史年表》，载于《中国评论》，第7卷，第5期（1878—1879年），第324页。

藩是中兴时期地方官员中的典型代表一样，沈桂芬也常被认为是中兴时期中央官员的典范，而实际上，他对制定中兴政策所做的主要贡献，是在他作为地方官担任山西巡抚时完成的。与沈桂芬的成长路径正好相反，曾国藩在他成为一名封疆大吏之前所拥有的一部分权势，也来源于自己长期担任京官时的积累。

因此，从同治时期的历史档案记载中，找不到相关资料可以说明中央权力集团企图从北京直接攫取整个帝国管辖权，与一大群羽翼渐丰的军阀密谋为自己创建总督领地之间存在着裂痕。恰恰相反，档案记载表明，在同治时期的一段时间之内，中央政权与地方政权之间重新建立起传统意义上的平衡。曾国藩或许可以去反对一个忘记了儒家遗产祖训的政府，但绝不会去反对作为儒家遗产唯一守护者的政府，无论它是多么的软弱。

一种观念认为，中兴时期的士绅及文人与太平天国做斗争，并不是出于对清政府的忠诚，因此他们拒绝接受朝廷赏赐的官职，这种观念似乎纯属虚构。如果没有关于拒不接受政府任命的著名人物的例证做支撑，[注58]就往往会出现这种泛泛而谈的观念。关于彭玉麟这个事例，有时在进行一般性论述时，会以证据的形式加以引用，实际上，这个说法并不成立。彭玉麟有很长一段职业生涯是在为皇帝而战。他曾于1862年接受了兵部右侍郎的任命，并于1863年被朝廷任命为长江水师提督，还曾经于1864年被授太子少保衔。虽然1865年以后他宁愿待在家中著书立说，但他几乎一直都在充当着政府的顾问，而且他还于1883年重返现职岗位，就任兵部尚书。[注59]彭玉麟的职业生涯，远远谈不上对清政府不忠，而是一个与之相反的鲜明例证，它说明即使是一位有强烈隐居生活意愿的学者，也有可能被吸引到支持中兴时期中央政府的行列中。

至19世纪末，中兴事业早已失败多年，中央政权与地方政权之间的裂痕逐渐加大。地方大员的势力已经发展到越来越不受中央控制的地步，而中央政府则试图以书面立法的形式推行极端化的中央集权政策。原本完整统一的儒教国家分崩离析——从国家支离破碎到变成一系列过度地方化或过度中央化的政治派别的分裂。虽然国家分裂始于太平天国运动，但这个过程并非持续不断。就在中兴这十年期间，分裂过程出现逆转，中央与地方政府之间的传统平衡再度得到确立。

中兴思想的哲学基础 (注60)

恰恰是儒家思想使满人与汉人团结了起来，使中央官员与地方士绅形成一个利益共同体；也正是儒家思想，为统治阶级提供了控制农民的主要工具，为实现有限的近代化提供了思想框架。

占据19世纪思想统治地位的儒家思想学派，是唯一适用于这个时期政治任务的学派。就在国内战乱、国外威胁甚嚣尘上之际，汉学学派的学者著作却表现得越来越迂腐和不切实际。尤其是在鸦片战争之后，复兴之后的宋代新儒学，特别是经桐城学派解读的宋代新儒学，不仅给人们以生活上的慰藉，也为人们提供了行动上的指南。（注61）那种把道德价值与物质条件相分离的思维方法，使困境中的人们得到心灵上的安慰，而且那种清晰、简洁，以及强调意义而不侧重突出注释的古文风格的行文方式，为当时获取各种重要的道德著述提供了媒介。¹

新儒家学说起源于朱熹哲学，它的复兴引出了这样的思想：尽管用于组建国家和社会的"原则"是客观存在的，且不可能遭到破坏，但它采取的形式，只有在人们遵守它时才能有所展现。与这种客观原则保持一致，是政府取得成功的关键。（注62）

18世纪以来，随着对宋学思想的研究逐渐深入，对汉学的探讨黯然失色。乾隆末年，众多信徒开始成群结队地前往安徽北部的桐城。姚鼐、刘大櫆和方苞在那里创建了一个学派。桐城学派从一开始就不太重视研究，而更侧重于德育教化。后来，在曾国藩的影响下，该学派才逐渐把注意力投向公共事务。（注63）

在"落后的"湖南，曾国藩、罗泽南、胡林翼、左宗棠及其他许多人都拜师于桐城学派，（注64）当汉学学派在传统学问形式正处于流行期间，湖南却避开了汉学学术的发展潮流。（注65）于是，在曾国藩的鼓励之下，桐城学派的影响力急剧扩大，其学说甚至被人称为中兴的理论依据。尽管曾国藩本人深受杰出汉学家顾炎武的影响，致力于实现一种更广泛的兼收并蓄，以便能为学子提供一种融合所有学派的教育，但他却更推崇孔夫子、周

---

1 关于探讨宋学中所包含的治国才能方面的论文集，与汉学中对于经典历史篇章的研究，形成了鲜明的对比。关于论述这方面例证的优秀论文集，可在《晚清文选》中找到出处，该《文选》由郑振铎编纂，1937年在上海出版。

公和姚鼐三位一体的观点,并把他的统治哲学建立在桐城学派学说的基础之上。[注66]

作为一个积极从事政论文章写作的学术机构,桐城学派后来逐渐落寞了。19世纪末,一批展现了独到见解的政治思想家,如严复、康有为、梁启超、谭嗣同等人,在早年求学阶段都曾追随过桐城学派,后来却都沿着其他学术思想路线继续深造。[注67]然而,在19世纪中叶,桐城学派集政治思想之大成,无论是道德还是文学都以它为鉴定依据。它是中兴时期所有关于公共事务治理思想的发源地。[注68]

社会稳定的思想观念

在同治时期的新式儒家思想体系中,最著名的当数一对互为补充的思想观念:其一是建立在礼(关于社会习俗的原则)[1]的基础之上的社会稳定观念;其二是社会内部调整变化(变通)的观念。从这两个观念中,可以提炼出这一时代的价值观:一是实现国内和国际上的和平;二是以节俭的方式确保经济安全,而不是通过扩大物质福利的手段来发展经济;三是追求以儒家社会原则为基础的社会和谐与个人安逸;四是对中国人独有的生活方式保持文化上的自豪感和忠诚度,却对中华民族这个概念缺乏认同。[注69]

来中国进行实地考察的外国人总会惊奇地发现,规模如

---

[1] 笔者采用的这种译法,是受到了赫尔穆特·威廉所著的《中国十九世纪政治思想》的启发。该书于1949年发表于西雅图(油印版本)。

此庞大的人口能够显而易见地以一种和平、有序、礼貌的生活方式和谐共生，在历经足以使其他社会灭亡的严重危机的情况下，尚能保持其社会制度的完整性。

> 究竟是什么力量把中华帝国团结成一个整体？……每年都预测它会灭亡……(可是)，在麦基洗德时代就充满活力的帝国竟然还可以比所有更年轻的国家都延续得更长，并且，当所有欧洲王国和皇权领地都被打败并摧毁时，这个帝国却依然保持着一种绵延不绝的活力。如今，把这些互有纷争的众多实权领地团结在一起的纽带是什么？(注70)

答案就是关于"礼"的观念，它根植于中国社会思想的沃土之中，[1] 并再度萌发，成为主宰中兴时期社会思想的基本准则。

---

1 中国人从传统观念上对于"礼"的理解，与"规范"的含义非常接近，按照当代社会科学家对于"规范"的理解，他们认为："一条规范，就是当时一群人中的每名成员在头脑里所共享的一个观念，一个可以采用一种论断的形式具体规定每名成员或其他人，在当时特定情况下需要做什么、应当做什么以及期待做什么的观念……毫无疑问，被一群人所共同接受的这些规范，在某人与他人之间、以及在这群人中的某个团体与另一个团体之间，肯定会存在这样或那样的区别，而且，这群人里面的每名成员虽然在公开表现上各有不同，却很可能各自遵循着相似的规范。如果以一种直白的方式来阐述这个问题，可以这样认为，他们更容易说一套、做一套，在谈论应该做什么的时候，会表现得更为相似，而在实际做这件事的时候，却往往各行其是。"（见美国社会学家乔治·卡斯珀·霍曼斯所著《人类群体》，纽约，1950年，第123、126页。）传统社会被这些经过精心发展起来的规范打下鲜明的烙印，规范如此之多，以至于美国人类学家克拉克洪把"儒教国家"的传统社会，定义为一种要做不得不去做的事、不得不去做应该做的事的社会状态。

所有对中国的传统社会生活进行深入观察的人们，都会对社会中有关礼仪问题及违反礼仪问题的无休无止的流言蜚语感到震惊，这很重要，因为依据克拉克洪的观点："哪里的流言蜚语传播得最频繁，哪里的社会文化所背负的价值观念就最沉重。对价值观念的讨论，是他们这个社会最必不可少的财富之一，尽管这种讨论可能不够光明正大，也可能有些遮遮掩掩——没有贴上思考价值观念的标签。"［见塔尔科特·帕森斯与爱德华·A.希尔斯（参与编辑）所著《行为理论中的价值观及价值取向》，载于《关于一般行动理论》，坎布里奇，马萨诸塞州，1951年，第404页］

使儒教国家结成一体的纽带，是这个自上而下谨慎遵循的社会等级秩序，给社会中的每个人及每个团体都明确规定了权利和义务。当这些权利都得到了承认，必然需要那些应承担的义务也都得到了履行，并且作为仲裁者的国家也同样履行这些义务时，国家就会呈现出一个总体上的和谐氛围。在数千年的历史发展过程中，这种和谐已成为在中国社会占主导地位，且具有激励作用的价值观。（注71）

这种纽带所产生的约束力的大小，取决于这个国家对儒家思想观念的维护以及中国社会各阶层对儒家思想观念的普遍接受程度。然而，尽管思想观念问题是第一位的，可是，为了复兴正统教义所进行的斗争，却不是按照西方人理解的那种有关信仰的战争：斗争的对象不是那些起初就被虚假教义引入歧途的民众，而是对正统教义的弱化，由此破坏了政府的执政根基，进而间接地引导老百姓走上叛乱之路并成为虚假教义的追随者。所以，从总体上说，努力恢复正统教义，这件事具有积极的进步意义——这是促使政府恢复执政能力并消除群众产生错误信仰源头的有力措施。直接对虚假教义发起进攻，显然是次要的，因为人们认为叛乱者的思想观念是外在症状，而非内在动因。中兴时期的官僚机构狂热地痴迷于一个使命和一本教义，却不是西方意义上的那种狂热信徒。

中兴时期的政策，以宇宙和谐、人性本善这个观念为基础；此外，这个观念还包括：控制社会的主要手段不是法律，而是以惩罚（刑）为补充的社会规范（礼）。恭亲王奕䜣在一篇题为《礼可以为国论》的文章中论述道:"那些想破坏国家的人,必定会首先清除这些社会习俗准则。"(注72)和平美好的生活,依赖于社会等级制度,而社会等级制度,又是适当注意遵守社会习俗准则的结果。用恭亲王奕䜣的话说,社会等级制度或许应该包括满汉统治阶级中的任何成员,当道德权威从顶层着手推进等级制度并从底层接受等级制度时,则可以确保国家基础的安全。(注73)相反,上下、长幼、尊卑之间的次序出现的混乱,是产生所有不安定局面的基本原因。恭亲王奕䜣接下来又论述道:"如果我们寻求找到控制帝国的方法,却无法获得这种控制方法,原因是什么?因为民众的志向不固定。如果民众的志向不固定,原因是什么?因为上与下、长与幼、尊与卑之间的区别不清楚。"[1]

对等级制度的认可,不论是在基本哲学术语中,还是在日常实际用语中,都来源于礼教的道德权威,通过礼的约束,人们可以得到教化和改造。甚至正如《北华捷报》所承认的那样,"这种制度作为一个系统,拥有与生俱来的力量,可以把万事万物都维持在它们自己的位置上"。(注74)借助于国家有形的权力去执行法律,这是一种次要手段。无论是从理论角度,还是从实践角度上看,政府基本上都是一个"德治政府",它的力量的发

---

1 见恭亲王奕䜣:《君子辨上下定民志论》,载于《乐道堂文钞》,第2卷,第25—26页。
恭亲王奕䜣显然是一位公平的社会学家,因为根据霍曼斯(见《人类群体》,第366—367页)的说法,当没有好的观念可以失去的时候,社会往往就会失控,由于社会等级次序得不到界定,等级次序就会名存实亡,任何违反等级次序的行为也损害不到任何规范。当一个社会的规范不起作用时,这个社会就会分崩离析,因此,它既不能惩罚坏人,也不能奖励好人。

挥，依靠各级官吏的道德权威，以及全体民众对于礼的接受。

在这种思想结构的影响之下，中兴时期政治家们的首要任务就是要重新确立儒家社会准则的主导地位，使之切实得到文人士子和普通百姓的接受。与复兴后至今仍具有强大吸引力的儒家学说相对比，太平天国运动教义思想中的那些异端邪说对受教育群体几乎没有任何吸引力，但由于他们所钟爱的生活方式被太平天国运动的现实击得粉碎，因此感到震惊，文人士子便指望着北京方面能为他们提供精神上的引领，哪怕仅仅是提供微不足道的帮助，也会使他们在一段时间之内感到心满意足；如果得不到北京方面的精神引领，而只能选择太平天国的那些异端邪说，文人士子必然对此感到极度憎恶。事实上，北京方面提供的帮助并不微薄，中兴时期的政治家们以强烈的热情与活力，向民众宣传推广了一门经过复兴和修订了的新式儒学思想教义。

中兴事业旨在实现中国社会的重新整合，这种整合将致力于实现包括"老百姓"与士绅在内的统一。按照孟子学说规定的劳动分工，老百姓为了表达对上流阶层贵人的拥戴，只能用他们的双手辛勤劳作，而实际上老百姓和上流阶层的贵人们同属于一个社会。为了强化老百姓甘于劳作的忠诚信念，清政府制订了一项计划，该计划可以描述为两条令人肃然起敬的标语：确保老百姓的生计有保障（安民生）和稳定民众情绪（固民心），这两条标语充斥于当时的各种政治作品之中。按照这种假定，如果老百姓的生计得到了保障，再加上"上流阶层"的道德领导力得到了恢复，那么，老百姓就不应该再起来造反了。

然而，需要注意的是，统治者从来也没有公开宣布过要放弃使用强制手段（刑）。如果劝说无效，老百姓不去充当孟子学说规定给他们的温顺角色，那么他所受到的刑罚，将不只是必要手段，还是合理措施。那两条标语不过是一种教化。作为那个时代最伟大的哲学家和政治家，曾国藩同时还是一位最严厉的信奉刑法的法纪执行者，这种情况并非偶然。

社会变化的观念

同治中兴的伟大目标，是实现儒家价值观及其制度的复兴，但这些观念和制度必须经过一番调整或修改，才有可能永世流传、经久不息。在目前公认的传统中，包含有数量众多、门类各异的关于如何达成传统目标的思想，如果在遵循前例的基础上，并坚持做到不逾越正统思想的边界，那么，依据传统思想改革政府工作方法，还是有可能办到的。

这种有关变通的学说，起源于中国文化（注75）的形成时期，在中国历史的全部过程中，凡遇到批准改革这样的时机，就会很便利地运用到变通学说。在同治中兴时期，这门学说以其取自《易经》的经典表达方式被反复引用，出现在倡导改革的奏折中。原文通常是："穷则变，变则通，通则久。"（注76）

同治时期，中兴事业的所有中外支持者，都将希望聚焦于变通这个传统概念上，因为儒家学说的思想及其制度，再加上可以带来灵活性的变通学说，经过2000年的历史检验，已被证明是有助于实现稳定的，从而给人们提供了"一些足以相信中国复兴大业必将实现的证据，就像被掺入酵母的食物虽然会发酵却不会胀破容器的试验操作一样"。(注77)关键问题是，这种变通能否包括19世纪60年代期间中国迫切需要实施的那种变通？就像中国人按照传统思维设想的那样。

如今，我们通过回顾历史可以发现，中兴时期的政治家所构想的变通观念，远比他们的前辈强烈得多。太平天国前期出现的论证治国理政才能（经世）的作品，相比中兴时期的相同题材作品，在观点上形成了鲜明反差。(注78)可是，如果转而把中兴时期的作品与19世纪90年代的作品作比较，就会发现中兴时期的历史资料已经表明，当时观念的变通尺度非常有限。(注79)中兴时期的政治家并不想去开创一个新社会。他们想要的，是恢复一个社会，一个令他们满怀信心地认为建立在永恒不变真理上的社会，一个经过调整便可以永世繁荣的社会。

《北华捷报》的编辑们对《易经》中的观点很感兴趣，(注80)并受邀对这些观点发表评论，他们承认自己所持有的关于中国应该怎样变的观点，与中国人的传统思想格格不入。(注81)一位经历过此事且受过挫折的名叫格里菲斯·约翰的传教士赞同这种说法，即中国人的变革思想不包含任何进步成分。他说：

> 为世间万物创建一个新秩序的观念，应当是一次针对这个旧社会的改良运动，可这个观念却从未进入

任何人的头脑……如此一场变革，老百姓既不期待也不向往。他们指望的一切，无非就是消除因统治者的弊政而引发的某些愤懑情绪，纠正腐败行为，改善滥用职权，以及彻底恢复原始秩序。他们的希望和抱负从未到达过比这个观点更深远的领域，尝试更多事物的政治领袖或叛军首领，却有可能遭到差不多全天下人的咒骂。（注82）

尽管阿礼国知道在中国人的传统思想观念中，朝代循环中的变革思想具有局限性，但他仍然认为中国有可能推动一场突破大多数限制条件的变革。在与恭亲王探讨中国改革问题时，他援引了《易经》中的观点，以便围绕逐步实现中国现代化这个目标，努力寻找双方都可接受的条件，他所援引的书中名言的大意是："法穷则变，变则通，通则久。"（注83）

赫德不仅从一个中国人的视角看到了教义变革的可能性，还从一个西方人的视角看到了变革所具有的局限性：

当被问到中国官方当局是否愿意走上改革之路，以及如果是这样，那么改革的方向是什么、确定在哪段时期进行改革时，如果明确回答是肯定的，那么对西方公众就是不公正的，就像如果回答是否定的，对中国本身又是不公正的一样。对于中国的大批官员来说，改革一词不会传递出符合西方人头脑中有关改革一词相对

应的含义。(注84)

威妥玛对中兴时期的官员们指出,作为传统变通理论之基础的假定并不适用于近代时期。他对一种观点表示赞同,即中国的大部分历史问题都可以用朝代循环理论来加以解释,而且他能够很好地理解为什么中国人看来,变革总是意味着回到老路上去。尽管如此,他还在说明一个道理:如果采用朝代循环式的变革思想解释原来那一套制度,是不足以解决问题的;目前将要实施的变革是中国历史上第一次积极迈向前方的发展,这场变革的前提是要求维持中国的独立。(注85)

情况似乎已经很清楚了,甚至是中兴时期最"开明的"政治家也没有预想到中国会发生一场被后来事实证明对中国的生存问题至关重要的那种根本性变革。出于对所有公平正义的考虑,必须把极力扩展传统思想影响力的成就归功于他们,在确保儒家制度在新形势下有效运转的努力中,他们做到了这一点。至于那些边界以外的领域,他们不可能抵达,除非他们放弃自己矢志维护的那些价值观。他们既不愚昧也不盲目,甚至还具备一定的灵活变通能力。他们仅仅是一群执念于伟大传统的真正的保守派,却生活在一个革命性的制度变革已被实践证明不可避免的年代里。

同治时期,可以轻而易举地发现在教义修订方面出现的变化,但这些变化主要体现在方法上,而非目标。冯桂芬早在大约30年之前,就已经预料到张之洞的"中学为体,西学为用"这句格言将会应验于中国。冯桂芬没有接受这个天真的看法,即认为中国仅仅通过借用西方的技术就能够应对西方的挑战。恰恰相反,由于已经知晓了技术对于19世纪西方社会内在实力的贡献价值,他竭力主张重新审视中国的本土文化,并从一个强大的近代中国内部去发掘物质资源,从而实现一次创造。虽然这确实是一次向西方学习的过程,却不是在模仿西方,除了在有限的技术领域需要适当模仿。19世纪的中国显然无法与当时的欧洲相提并论。争取在儒家秩序的范围内消除中欧之间的不平等现象,这就是改革的目标。

> ……人又奚不如?则非天赋人以不如也,人自不如耳。天赋人以不如,可耻也,可耻而无可为也。人自不如,尤可耻也,然可耻而有可为也。如耻之,莫如自强。无所谓不如,实不如也,忌妒之无益,文饰之不能,勉强之毋庸。何时中国积习长技,俱无所施,道在实知其不如之所在,彼何以小而强,我何以大而弱,必求所以如之,仍亦存乎人而已矣。
>
> 以今论之,约有数端,人无弃材不如夷,地无遗利不如夷,君民不隔不如夷,名实必符不如夷。四者道在反求。[注86]

与19世纪90年代相比,19世纪60年代的中国人接触和学习西方文明的机会较少。对日本发展模式的那种或吸引或排斥的现象，也很少出现，明显没有遭受那种30年以后所经历的思潮的冲击。因此，中国人的反应基本上局限于挑战的措施，即方法，这不足为奇。正如19世纪60年代的中国人所观察到的那样，与中国的传统价值观相比，西方的价值观是野蛮的、狭隘的，也是不成熟的。

中兴的目标，就是要恢复他们在古代社会时期建立最完美的社会制度时所拥有的创新活力；他们不会不加区分地任意恢复一个过时了的制度形式。下面，将再次引用冯桂芬的话：

> 古法者有易复，有难复；有复之而善，有复之而不善。复之不善者不必论，复之善而难复，即不得以其难而不复，况复之善而又易复，更无解于不复。去其不当复者，用其当复者，所有望于先圣。(注87)

中兴的总体计划

清帝国在国际政治舞台上的艰难处境使中兴时期的政治家们不得不接受这样一个事实：刚刚过去的十年，国家错过了宝贵的发展机遇，因而无法在世界格局中占据其应有的国际地位。在严峻形势的逼迫之下，他们感到，当务之急是重新检验每项制度、每条惯例的可行性，使其再度形成一个可以有效运转的平衡和谐的内部机制。(注88)虽然中兴时期制订的工作计划既考虑到宏观的伦理道德问题，又注意解决了细节问题，但它却并不显得过于琐碎。

曾国藩被同时代的人视为当时最杰出的政治思想家，时至今日，他仍然被看作近代中国最有才干的保守主义代表人物。他承认在财政、公务、法律以及重建项目等领域实施具体改革的重要性，但是他强调要重视选拔和培养有才能的人（人才），以及要保护农业经济。曾国藩反复使用"老百姓的福利"（民生）这个短语，并且用极具说服力的语言，一再重申"农业乃国家之根本"这个传统观点。（注89）

冯桂芬的观点尽管不如曾国藩的那样有名，（注90）但也在19世纪下半叶的中国产生了广泛的影响力，且具有巨大的内在利益。按照冯桂芬的观点，中国目前的顽疾，应归咎于三大弊端：三个"li"——吏（官僚主义），例（官员的"繁文缛节"），和利（利益）；国家之所以陷入混乱，是因为各级官僚运用官场上的繁文缛节为他们自己牟取利益。正如在中国古代，产生叛乱的原因是官吏不能真正做到体察民情。（注91）冯桂芬以其才华横溢的笔触著书立说，论著涉及教育、技术现代化、财政改革、地方行政、军事组织、有选择性地借鉴西方——包括中国社会的方方面面。

诸如此类的基础政治分析，并不仅限于像冯桂芬这样的杰出知识分子。这一时期经搜集整理的各种政治作品文集——具体有奏折、文章、信函等作品种类——涉及关于复兴儒教国家及拯救中国的数百篇书面形式的"总体规划"。下面将举一些例子，从中可以看出他们的研究范围和整体水平。

御史杜瑞联写道："在国家的基本计划中，应该把老百姓的吃饭问题摆在第一位,把军队补给问题摆在第二位。"需要采取一些带有根本性的社会措施,他还提出了具体建议。(注92)根据浙江省的一位因治水工作表现突出而闻名的道台刘汝璆所述:

> 治民之道农事为先,而治民于大乱之后尤以养民为急。官不能养民,要在使民自养。(注93)

前任知县蒋琦龄提出供参考的"十二项政策",(注94)论述范围从进一步提高儒学研究水平到抑制腐败、改善军事组织等内容。福建巡抚王凯泰提倡要增加生员配额,限制举荐制任命官员,废除捐官制,严格复审候任官员,以及提高军队战斗力。(注95)

上述政治作品基本上都赞同改革地方政府的重要意义。按照真正的儒家政治理论观点,如果想通过信口开河的辩解就可以把叛乱归因于外部因素,并使当地官员免除罪责,这是不可能办到的。如果老百姓造反了,政府就一定有过错,尤其是那

些与当地老百姓联系最密切的地方官,更是难逃罪责。[注96]

　　总之,同治时期的大多数中国官员都能够正视中国所面临的诸多艰巨问题,并高度关注基础改革。他们并未设想过自己正在改革的对象,是好政府所遵循的历久传承的原则。他们探索追寻的目标,仅仅是调整他们的工作方法,以便在新形势下实现自己的初衷。摆在他们面前的,是两个最现实紧迫的问题:镇压叛乱和稳定对外关系。然而,要想解决这两个问题,需要付出长期的努力,其中牵涉的问题要比掌握外交技巧和现代武器技术艰巨复杂得多。除此之外,解决这两个问题还需要把握以下环节,正如后续各章即将呈现的内容,具体包括:恢复由高级内政官员管理的政府系统;重建控制地方事务所依赖的复杂网络;在兼顾国家及百姓利益的基础上恢复经济;基本实现军队的重组;对外交事务作出新的展望。而且,还要在上述的每一个领域开展教育和学术研究,旨在重新确立儒家思想的主导地位。

V THE RESTORATION OF CIVIL GOVERNMENT

第五章

文官政府的恢复[1]

---

[1] 中国人想要努力恢复的政府类型,是一种以儒家伦理道德为制度观念,由一群等级森严且深受儒家思想灌输并经过科举考试选拔的官吏负责掌控的政府。究其本意,"文官"政府(吏治)虽然意味着这是一个非军事化和不受教会干预的政府,但还有许多更深层次的含义。与其他任何高度复杂的行政系统一样,吏治也会最终堕落为"官僚主义",但是,在其最佳状态下,吏治还是能够重视官员个体的经验、学识和人文理解能力的,通过包罗万象的儒家格言训诫对这些官员施加指导,而不是凭借严厉可靠的法律和规章。中兴时期,文官政府在现实中受到了严重的官僚主义繁文缛节的严重阻碍,人们都愿意把它当作口诛笔伐的主要目标。例如,冯桂芬就主张简化规章制度和公文写作的格式体裁,以便依据常识的要求,简便而又公正地运用规章制度和政策文件(见《复同避议》,出自《校邠庐抗议》,第1卷,第6—7页)。

人员的使用

按照儒家观点,实现政府稳定与社会和谐的首要必备条件,是拥有一批既才能出众又廉洁清正的官员,这个观点在格言、俗谚以及正式作品中均有所反映。(注1)要争取得到最具天赋才能的人才,训练他们的思维,塑造他们的人格,基于他们的优点把他们任用到合适的岗位上,并根据他们的行政表现有效实施奖惩——这是中兴时期的首要任务。(注2)一位从不纸上谈兵的学者左宗棠写道:

> 天下之乱,由于吏治不修;吏治不修,由于人才不出;人才不出,由于人心不正,此则学术之不讲也。(注3)

人们认为,官吏的才能与其道德品质密切相关。如果有人说道德高尚的人有可能政绩平庸,或者说道德败坏的人却有可能才能出众,那么他肯定会遭到斥责。耆英在咸丰皇帝登基之际,向他提建议时说道:"如果一个人被委任某个职位,而他的才能有限并不称职,在这种情况下,虽然他是个'好人'(君子),却很有可能辱没交给他的使命;相反,如果委任一个'卑劣的人'(小人)去干他力所能及的事,他可能仍有机会取得业绩。"皇帝谕旨在答复时,谴责耆英观点的罪恶程度简直无法用语言来形容,并有力支持了倭仁所提出的传统观点,即道德价值是凌驾于任何活动之上的最高标准。(注4)

中兴时期的政治家们肯定会热衷于探讨"人才"观念。[注5]"军事活动的组织实施取决于人员,而不是工具手段"(兴军在人不在器)这句格言所代表的观点,甚至广泛存在于技术性最强的军事讨论中。与之相似的是,同治时期降低田赋所取得的成效被认为是依靠胡林翼、曾国藩和左宗棠此三者个人才能的结果,而随后的失败,却又被归因于缺乏人才。用《中庸》里面的话说:"得人者昌,而失人者衰。"[注6]

中兴时期的改革很少涉及行政架构和组织程序,在这些为数不多的改革中,只有总理衙门的创建和海关总署的发展属于重要的改革项目。[注7]曾国藩反对重新绘制并合理规划行政区划图,以便把长江设立为省界的观点,经过对当时主流观点的总结,他说:"臣愚以为,疆吏尚贤,则虽跨江、跨淮而无损于军事、吏事之兴;疆吏苟不贤,虽划江分治而无补于军事、吏治之废。"[注8]

中兴时期的一位低等官员也发声表达了相同的思想观点:"自来非常之事必赖非常之人,而非常之人乃建非常之事。"[注9]

中兴官僚体制的总体特征

按照西方人的看法,在19世纪60年代完成镇压叛乱并实现清帝国复兴的,并不是职业军人。他们基本上都是文官,是科举制度的产物,他们之所以能升至高位,是因为他们在处理地方行政及军队事务的过程中,个人能力得到了证明。他们在文学及学术方面所取得的成就，令他们声名显赫，而且从步入仕途的第一天起，他们就要经常从事书法和写作。(注10)甚至对于纯粹的军事问题，他们的侧重点也集中在人文及社会方面：比如教化、道德，以及通过性格培养塑造领导艺术。很显然，军事技术能力只是他们获得权力晋升的次要因素。[1]

整个清朝时期的绝大部分官员都是通过科举考试才获得身份地位的升迁机会的，[2]而产生官员数量最多的省份也产生了数量最多的学者。(注11)例如：曾在都察院担任职务的3087人中，大约有2168人的入仕是通过"正确的道路"——科举考试制度——他们中的大多数都是京官学位（进士）的获得者，这是他们在一场要求用半生时间去准备的全国性比赛中，通过战胜众多选手才有机会获得的。(注12)

在后太平天国时代，清朝的官僚阶层仍旧由学者型官吏构成；甚至像湘军这样一个新型军事组织，也掌握在出身于科举制度的人的手中。[3]事实上，中兴时期的杰出领导者均为士大夫，正如一份关于他们职业生平的回顾所显示的那样。

"中兴时期有历史功绩的官员"（中兴功臣）已成为所有中国人评论19世纪的一个常用语。这个常用语如果从保守派的口里说

---

[1] 见第九章。

[2] 这一比例与宋朝时期的比例相当。根据K.A.魏特夫的说法，在宋朝制度下，通过科举考试获得职务的官员人数最多不超过通过推荐任命的人数（见K.A.魏特夫所著《辽代的公职》，载于《哈佛亚洲研究杂志》，第10卷，1947年第1期，第31页）。根据柯睿格的说法，在12世纪，尽管大多数高级官员都是科举制度的产物，但是，在获得职位的全体官员中，能够通过科举考试的仅占其中的1/3～1/2（见E.A.柯睿格所著《中国科举制的家庭与功绩》，载于《哈佛亚洲研究杂志》，第10卷，1947年第2期，第103—123页）。

[3] 见第九章。

出，通常就会以一种颂扬的语气；如果从马克思主义者的口里说出，通常会以一种嘲讽的语气；如果从比较缺乏激情的史学家口里说出，则会采用一种描述事实的语气。然而，所有人都会赞同一个基本观点：在中央和地方形成了一个由"有功绩的官员"组成的小集团，这个小集团恢复并延长了清帝国在传统秩序下的寿命。

实质上，相同的名字在出处各不相同的所有名单上都赫然在列。京官里面的中兴功臣有：恭亲王奕䜣、文祥、沈桂芬和李棠阶；地方官里面的中兴功臣有：曾国藩、左宗棠、李鸿章、胡林翼和骆秉章。他们中的大多数有既当过京官，又当过地方官的复合任职经历，在任职经历上不存在明显的区分界线。

中兴时期的杰出京官

中兴伊始，中央政府在人员构成上发生了显著变化。资格老的政治家重返领导岗位，取代了名誉扫地的载垣集团成员，(注13) 实际控制权移交到恭亲王奕䜣和文祥手中。[1]虽然1865年恭亲王奕䜣曾受到皇帝的严厉斥责，但这次短暂的贬谪遭遇看起来并未对他在中兴期间剩余阶段的权力地位产生多么严重的影响。他没有变成傀儡，慈禧太后也没有变成独裁者，直到同治时期之后，他才变成一个傀儡，慈禧太后也才变成一个独裁者。(注14)

---

1 见第二章。

虽说都是满人，恭亲王奕䜣和文祥却都没有表现出任何满人特有的目标及思维方式。他们写出的作品、制定的政策，都是人们对于那些彻底沉浸于儒家传统的人所期待的那样。作为学者，他们与曾国藩不在一个档次；作为政治家，他们却是京官中可与曾国藩在地方官里面的地位形成相互对等关系的人物。

虽然文祥现存于世的作品带给人们的反响没有恭亲王的那样强烈，但他那直抒胸臆的自传，以及他对自己所担负的特殊使命的描述，都展示出他具有远见卓识的洞察力、克己奉公的责任感和坚强有力的道德信仰。[注15]在有机会跟随他一同参加外事活动的外国人眼中，他是"政府里面最进步、最爱国的人"；[注16]"或许是中华帝国里面最能干、最开明的官员"；[注17]"是众所周知的北京政府最有能力的成员"；[注18]"被外国使馆认为是总理衙门的大臣里面最具领导思维且最精明强干的人"。[注19]

一些最资深的观察家都众口一词地称赞文祥。在阿礼国看来，文祥是"迄今为止在总理衙门和内阁大学士的众多领班大臣中思想最进步的一位"。[注20]卜鲁斯认为除文祥以外"从未遇到过比他更有权有势的知识分子"。[注21]按照蒲安臣的观点："在中国的政府里面，有一位伟大的人物，他就是文祥，他掌控着局势并且洞悉朝廷事务的严峻形势，满怀热忱、拒腐防变，努力保持着政府的清正廉洁。"[注22]根据卫三畏的观点，文祥是"一个行为举止具有非凡魅力的人，也许是与外国公使馆保持接触的所有中国官员中最受人尊敬的一位……一位最富有敏锐洞察力和高效执行力的政府顾问。他的离世（卒于1876年），使中国政府从此失去了一位无私的爱国者、一位致力于实现国家利益最大化的敏锐观察家"。(注23)赫德称文祥为"我所认识的最聪明睿智、心胸豁达的中国人之一"。(注24)丁韪良着重强调了文祥的"开明见解"，以及他虽身居高位却仍保持艰苦朴素的个人生活作风。(注25)

文祥也同样受到汉人同僚的高度景仰。翁同龢赞扬他的忠诚、勤奋，以及他在制定国家对内对外政策中所做的贡献。金梁写道，文祥的个人历史地位相当于"中兴事业的主要支柱"，这得益于他的勇气，以及他为这个国家所制定出的一系列富有远见的战略规划。(注26)

在恭亲王奕䜣和文祥的保护之下，有才干的汉族官员得以升至高位，不仅是在地方上的官僚体系中，在中央的官僚体系中，也同样可以崭露头角。恭亲王奕䜣、文祥、沈桂芬和李棠阶被认为是中央政府统治权威的复兴者，正如曾国藩、李鸿章和左宗棠是地方行政机构统治权威的复兴者一样。(注27)按照梁启超的观点，19世纪60年代是"属于文祥和沈桂芬的时代"。(注28)

沈桂芬于1847年考中进士，在升任军机大臣及内阁大学士之前，他拥有典型的既当过地方官又当过京官的任职经历：先后当过山东巡抚、山西巡抚、兵部尚书。(注29)虽然中国人普遍认为他是一位中兴时期的领导者，却对他的情况了解得相对较少。(注30)他是一位精明强干的官员[1]——尤其是在他1867年升

---

[1] 关于他在解除旗人限制规定这一方面所发挥的作用，见第四章。

任军机大臣之后——但相关的历史记载支离破碎,用来证明他地位显赫这个事实是可以的,却无法证明其成就如此显赫的原因是什么。

作为中兴时期京官队伍里面的第四位重量级人物,李棠阶主要是一位新儒家学派的理论家。他于1822年考中进士,从那时起直至1860年,他变换过不同的职业岗位,既担任过地方官里面的职位,也曾赋闲隐居钻研学问,还曾在曾国藩领导下的团练里供过职。尽管他曾于1850年拒绝了北京方面对他的任命,却于1862年响应了朝廷的征召。(注31)到北京后不久,他就拜访了倭仁,二人围绕"全局事务"进行了一番彻夜长谈。倭仁仔细审阅过李棠阶写的那篇曾闻名于世的题为《论条陈时政之要疏》的奏折草稿。(注32)其内容着重强调皇帝教育、京城道德氛围、复兴国内政府等问题的重大意义。摘录其中部分原文如下:"臣窃谓:欲平贼必先安民;欲安民必先择廉干之督抚。"(注33)作为一名地方官,同时也是一名宋代儒学主要拥护者的吴廷栋(号竹如)写道,由于朝廷已经把李棠阶和倭仁放到能为政府基本方针及总体规划建言献策的岗位上,政府的前景确实是一片光明。(注34)

在中兴政府的编制架构下,李棠阶迅速擢升,很快就进入了政府高官行列,先后担任礼部侍郎、都察院御史,直至军机大臣。他放弃了写作但与人们保持书信联络,所以他的名气比他的同僚沈桂芬更大,但是,关于他如何利用书信来施加对人们的影响力,这个问题无论如何也找不到清晰明了的答案。他亲笔写的奏折相当少，尽管他那些为数不多的奏折影响广泛。他在进京赴任之前的那些年间写的日记披露——在国难当头之际，他尤其专注于研究汲取历史教训——但在时间进入1862年及之后，他在日记中对历史事件的记载，变成了平铺直叙的"流水账"，不能给《清实录》增添任何有价值的线索。[注35] 根据目前掌握的历史档案信息，李棠阶的职业生涯主要揭示了新儒家哲学思想在中兴时期政治活动中的重要作用，以及中央与地方政府之间利益融合的方式方法。虽然他在1862年以前的职业生涯中所做的每一件事，都带有"地方主义"的色彩，但他最终是以京城中兴事业支柱的形象，被载入史册的。

有些中国的历史学家曾经撰文说，同治时期的中兴事业之所以失败，是因为它影响所及主要是地方上的高级官员，而没有得到朝廷中"除了文祥以外的尊敬曾国藩、李鸿章的人"的支持。[注36] 问题在于"像文祥这样的人"确实控制着朝廷，而且与京官一样，地方官中有能力的汉人领导者的升迁，都取决于北京方面做出的决定。朝廷里面确实存在着各种派系集团，却没有哪一个集团有能力去挑战恭亲王奕䜣及其同党的权威。

中兴时期最杰出的地方官

人们对于中兴时期地方官中一些卓越领导者能力的关注，要远胜于对京官能力的关注。曾国藩、左宗棠和李鸿章，都被列入英雄人物的名单——或者在另一种观点看来，他们已被列入帝国主义帮凶的名单——实际上，对于中兴时期的每个历史阶段，以及对于他们生平的评价，仍然是中国政治领域内需要长期面对的问题。

一、曾国藩(注37)

曾国藩是他所处的那个时代的主宰者，以至于对他这个人的评价，变成了对整个中兴事业的评价，而且甚至变成了对中国近代为实现保守派的重建大业所付出的全部努力的评价。由于社会革命问题已经逐渐占据中国政治领域的主导地位，对曾国藩本人的评价已经发生了变化，与对以他为代表人物的儒家社会的评价一样，这两种评价的变化幅度相同。(注38)但是，曾国藩在属于他自己的那个时代，是一位受到全社会普遍尊崇的无与伦比的人物，假定按照儒教国家的标准，他所受到的赞誉也是当之无愧的。虽然布兰德和巴克豪斯在伪善的儒家学说名誉代表的背后很快就发现了欺骗和诡计，但对于曾国藩，他们写道："曾国藩是哲学家里面的一位继承了英雄血统的人，这是带有各种缺陷的儒家体系曾经屡屡缔造并将为中国人民的巨大利益缔造的产物，他名列中国所有杰出人物排行榜中的上游，他的名字是一个家喻户晓的词汇，专门用来指代忠诚睿智的爱国主义。"(注39)

曾国藩去世时，朝廷为其举办的传统纪念仪式的隆重程度，远远超过正式葬礼规格；朝廷还为他赐予"文正公"的谥号，凭借着这个谥号，他被后世人推崇为圣贤，这是一种特殊荣耀，是所有谥号中荣誉规格最高的一种。(注40)悼词着重强调了他具有清正廉洁、勤俭节约的个人品格，这种品格赋予了他生生不息、充满磁性的榜样感召力；悼词还颂扬他每次待人接物都体现了他的勇气、智慧、真诚、正直，以及他不计较个人利益得失、恪尽职守、克己奉公的精神。(注41)他在军事生涯中的紧要关头执意返回出生地去悼念母亲的行为，被证明为他对儒家伦理的忠诚超越了他自己在政治及军事上的野心。[1]

曾国藩的全部日记通篇都流露出严格自律与厉行勤俭。当他还是一个年轻人的时候，就沾染上了"鸦片、女色和言语不成体统"等不良嗜好；不过，到了三十岁出头的时候，他彻底戒掉了鸦片，检讨并谴责自己在另外两项不良嗜好方面所犯的过错。(注42)曾国藩从来都没有轻易产生自满情绪。在他看来，真理与谎言必须像黑与白那样分辨得一清二楚。一个人必须理解事物的发展过程以及自己在这个过程中所应发挥的作用，尔后将毕生精力投入其中，这样才能更好地发挥自己的作用，而唯一的出路就是勤奋工作、有自知之明和严格自律；在个人事业发展过程中，虽然成功与卓越不一定会降临到每个人的头上，但通过个人努力，每个人都能获取聪明才智。(注43)

曾国藩本人终其一生都信奉这些准则，对此，从未有人提

---

[1] 儒家学者认为，曾国藩之所以受到"统治阶级"的推崇，部分原因在于他成功地镇压了叛乱，对于这个观点，马克思主义者在表示赞同的同时，还认为"但其中最重要的原因是，他有能力保护和维持儒家学说"。显而易见，中共早期党员朱其华，在认真研究曾国藩著作及事迹的基础上得出这样一个结论，即，认为曾国藩的一生及其思想始终追随儒家学说；他凭借着儒家教义的训诫去探索自己的灵魂，去教育自己的子女，去修身齐家治国平天下。对朱其华来说，恰恰是因为曾国藩扮演着复兴儒教的角色，所以他才成了一个"卖国贼"。（见《中国近代社会史解剖》，上海，1933年，第111—115页、第131页）

出过质疑,而他却从不自满,时常批评自己有所松懈。他写信给自己的弟弟,说他担心自己有可能因把太多的时间用于练习书法和学习,而耽误了自己更直接的职责:写奏折与考察下级官吏。(注44)他最感到忧虑的一件事,是他的子女和他本人有可能产生居功自傲的情绪。(注45)曾国藩的个人花销少得惊人,(注46)一位外国人在他的作品中这样描述:"他穿着最低劣的衣服,完全配不上他的身份地位。"(注47)

这种坚韧不拔的品质,是曾国藩在公共事务中取得惊人成就的基石,因为他的家庭背景并不显赫,他的天赋显然也不是第一流的。他凭借着坚如磐石的决心,坚持走自己的路,并动员其他人一路同行。(注48)毫无疑问,他是一位伟大的将军。(注49)他的每一位战友实际上都在反复不停地评论他作为一名士兵领袖所具有的非凡指挥才能,而且他们的看法也得到了太平天国杰出将领石达开的证实。他着眼经济问题所从事的工作令人瞩目。(注50)他逐字逐句地撰写文章,研究内容涉及公共福利方面的每个课题,比如军队改革、恢复农业、民众德育、外交事务、工业化、教育、税收,以及各种各样的行政问题。他的奏折总是那样思路清晰、论证有力,而且还相当简洁,既关注到了细节,也不放过特殊难题所牵涉的基本问题。(注51)

历数曾国藩受到的批评,只有三个:镇压叛乱的手段过于残酷、(注52)屈服于外国人针对天津教案所提的要求,[1]以及提拔

1　见第十一章。

岗位候选时优先照顾自己的湖南老乡。(注53)关于对其镇压手段过于残酷的指责，这不可否认。[1]然而，这种残酷并不是由一个残暴的人或是由一个狂热分子所施加的，在他看来，这种残酷是一种针对人性的弱点及邪恶而采用的精心安排且带有致命性的非人道行为。关于对其屈服于外国人的指责，这很不公正。他当时正在一边与西方周旋，以便调整外交策略，一边还要保护中国的传统秩序。当天津教案已经显著地暴露出中国人对外国人潜在持有的敌意之深时，他为了找到某些可以实现的体面的妥协姿态，而遭到谈判双方的嘲笑。关于曾国藩过于倚重与自己长期保持联系的湖南人，此举虽然使他遭到指责，但并没有产生太大的危害，因为被他倚重的湖南人都是有能力的官员。没有证据表明曾国藩倚重的湖南人，是曾国藩以牺牲国家利益为代价而去培植的地方利益集团，也找不到关于出身于其他省份的有能力者升官无门这样的证据。

无论言语过激到何种程度，没有任何一个批评人士说过曾国藩能力不强、工作不勤勉、为官不廉洁、缺乏影响力、不受人尊敬，以及他没有献身精神等类似的话。来自条约口岸的那些与太平天国起义军首领一样反对曾国藩政策的外国人，也都承认曾国藩享有遍及全中国的非凡威望，他"所承受的赞颂与荣誉，数量之多，史无前例"，"他拥有无穷无尽的影响力"；他们把曾国藩与李鸿章相提并论，认为二者的

---

[1] 见第六章。

部队同样难以战胜，前者是道义士气方面，后者则是武器装备方面。虽然他们把曾国藩归入"排外且反对进步之列的一员"，但他们也不得不承认曾国藩"能力出众，才智过人，政治忠诚"，而且在现实较量中，他们感到曾国藩"首先是一个诡计多端的人"。(注54)

外国商人们可能已经有充分理由去嘲讽那种异想天开地认为曾国藩是其工具的想法。实际上，曾国藩是他们最难以对付的敌人，而且他的威望建立在其个人品质基础之上，无论他们情愿或不情愿，都无法不钦佩这种品质。外国商人们深知支持曾国藩的力量之源不是来自外方，而是来自中国人。当他于1868年卸任两江总督时，《北华捷报》发表评论说："如此壮观的官员列队欢送场面可谓盛况空前，以往历任总督在离任时都未曾有过，看到众官员依依不舍的表情，估计他们至少要将曾国藩送到扬州，即使过了扬州也难以话别。他的总督府杜绝了清朝官场律例中的诸多弊端，因此他一直都深受下级拥戴。他虽然对部属要求很严厉，但大家都能理解他的良苦用心，于是在他的麾下，仕途失意、结局悲惨的官员要比清朝官场经常出现的失败者少得多。"(注55)

曾在曾国藩的总体指导下工作的马格里，对中外人士关于曾国藩个人品格的普遍看法表示赞同。他证实，就在曾国藩去世前八天，当这场夺走其生命的疾病第一次袭来之际，即使在如此病重的情况下，曾国藩仍然坚持拒绝放松其工作计划。(注56)

二、左宗棠、李鸿章及其他地方领导人

虽然作为一名思想者左宗棠的名气并不大，但作为一名杰出的儒家社会哲学实践者，左宗棠在这方面的名气丝毫不逊色于曾国藩。他在建立福州船政局、平定西北回变以及恢复并努力实现西北经济近代化等方面所做的工作，尽人皆知。但他也取得过一些并不为大众所知的成就——在恢复科举考试制度、宣传推广儒家学说以及保护传统农业经济等方面——这些都属于重要程度并不低的工作。值得称赞的是，他主持推进的许多重建工作，完全可以与在此之后发生的中国人自身努力及中外合作努力相媲美，上述努力都需要掌握比前人丰富得多的科技知识及物质资源。

和曾国藩一样，左宗棠也深得认识他的外国人的尊敬。更有甚者，他那种热情洋溢、率性而为的性格，使他比曾国藩更受外国人喜欢。与曾国藩相似的是，他也是一位清正廉洁、淡泊名利的好官。他对自己的家庭财产毫不在意，还为社会公共事业捐献了大量的家产。他自己的家庭经济状况由此变得异常拮据，以至于他劝诫自己的后代要把种田和读书作为唯一的家庭遗产传承下去。[注57]

作为中兴时期地方领导者"三杰"中的第三号人物，李鸿章是在中兴结束之后才获得最崇高的名望和权威的。他参与中兴改革的程度，不像曾国藩和左宗棠那样深入，而且他的声望也较少建立在儒家思想政治才能的基础之上。中兴时期，李鸿章是一个年轻、有冲劲儿的军事天才，在职业生涯中曾得到

曾国藩的大力提携。他将曾国藩的思想及方法运用于工作实践中，从一开始就在处理外交事务和军队建设方面，展现了自己的特殊才能。(注58)作为李鸿章的顾问，善于洞悉时局的儒家理论家冯桂芬对李鸿章的影响极大，李鸿章从这位顾问那里受益匪浅，因而心存感激。(注59)然而，在冯桂芬去世之后，李鸿章选了不同的顾问，因而其思想观念也与儒家的正统思想渐行渐远。

按照中国人列出的中兴时期三个最伟大的地方领导人名单，胡林翼和骆秉章常常可以取代左宗棠和李鸿章，从而使名单发生变化。(注60)当时，李鸿章整日忙于处理因中国与西方国家联系增多而引发的各种问题，左宗棠也在一定程度上参与其中，而胡林翼和骆秉章则更多地处理传统的国内问题。曾国藩曾把其事业成就归功于胡林翼。就事业高度相比较而言，胡林翼是最接近曾国藩的一位，无论是他在世期间还是去世后，他都受到了同等规格的尊敬。(注61)胡林翼既是一名杰出的学者和巡抚，也是一位雷厉风行的儒家将领。或许只是出于他在1861年就过早离世的原因，否则，他的声望必将与曾国藩齐名。

骆秉章具有与曾国藩、胡林翼相同的品质，但他从未取得像曾、胡二人那样在全国范围内所享有的卓越地位。他的声望建立在他当巡抚期间所创造的各方面非凡业绩的基础之上，同时也源于他的清正廉洁，这种优秀品质在他退出政治舞台之后，迅速在中国地方行政机构丧失殆尽。[1]

---

1 "他被四川人看作是涉足该省政坛的最后一位正直的官员。"(见《备忘与查询》，载于《中国评论》，第10卷，1881年第1期，第71页)

整个中兴时期，还有一些知名度不高的贤能之臣充任了地方官职位中的大多数主要岗位。初为闽浙总督、后任两江总督的马新贻，在恢复公共工程、赈济饥荒、战争损毁地区重建、传播传统知识以及裁汰军队等方面成绩斐然、著称于世。外国人认为他保守且排外，[1]却也不得不承认他执法公平、为官廉正。19世纪60年代担任广东代理巡抚的郭嵩焘，终日忙于安抚该省民众、理顺行政关系，之所以闻名于世，得益于他后来在外交职业生涯方面取得的成就。郭嵩焘的继任者是蒋益澧。蒋益澧的工作表现赢得了广泛的赞誉，后来却受到了降职处分，或许这个处分并不能证明其能力不够。(注62)另一位士大夫丁宝桢，创造出了一份典型的中兴时期的工作业绩：恢复了山东省经济民生，治理了黄河及大运河流域的洪灾，提高了当地民团的战斗力，巩固了海防，以及改革了盐政，等等。与他的大多数同僚一样，他也在勤政、廉政以及献身公共福利事业等方面，享有极高的声望。(注63)

尽管我们对于中兴时期官僚体系的了解还很不完整，但情况似乎很清楚，政府里面只要有几个献身使命、才能出众且受人尊敬的儒家官员，就一定也会与之对应地出现几个像吴棠、官文这样的善于投机钻营的官员。似乎很清楚的情况还有，中兴时期在政府高级领导层集中涌现的天才人物，其数量要高于中兴之前或之后的时期。从理论上说，这种天才人物的聚集涌

---

1 按照中国民众当中的一些观点，马新贻被认为是一个对外亲善的人；在天津教案席卷多地的骚乱愈演愈烈之际，他于1870年7月遇刺身亡。

现,是成就中兴事业的决定性因素,而从事实上看,同治时期恰恰具备了这个决定性因素。

求才

咸丰年间,道德败坏,社会混乱,选拔官吏的传统制度——科举考试制度——已经丧失其大部分功能。结果,官僚体系的下级官吏中有许多人都达不到传统的官员任职标准。中兴时期的一些既有能力又有资历的官员发现,除非提高年轻官员的素质,并且立即遏制官员腐败现象,否则的话,他们制定的政策将无法得到有效落实,而且未来的高级官僚阶层也就只能从如今这些不仅数量较少而且表现平庸的官吏中选拔晋升对象了。因此,当前势在必行的措施是淘汰那些通过非正规渠道谋取职位的官吏,并再次提高科举考试的选拔作用,使之成为晋升高位的正途。

尽管中兴时期的政治家们事实上都众口一词地赞同科举考试制度,认为只要管理得当,科举制就能够为官吏选拔工作提供带有最佳可能性的基础,(注64)可是,如果把官吏选拔工作完全机械地仅仅建立在客观考试这个单一形式的基础上,显然是不可能的。因此,施行由一名高级官员担保襄助一名有前途的年轻人入仕为官的举荐制,便成为落实科举制的一个必不可少的配套选官方式。

理想状态下,举荐制与科举制二者之间在运行过程中并无冲突,最热心地支持一种制度的人,也会极力鼓吹另一种制度。曾国藩、胡林翼和左宗棠都投入大量时间和精力,用于寻访天资聪慧的新人,并与之保持广泛联系。对于那些在这个问题上攻击他们的批评者,曾国藩、胡林翼、左宗棠均认为自己的做法无可指摘,不仅无须向对方解释,反而以极具说服力的语言,滔滔不绝地为自己的做法辩护。(注65) 王闿运轻率地评论道,胡林翼能找到人才,却不会辨识人才;曾国藩会使用人才,却不去寻找人才;而左宗棠会辨识人才,却不能容忍人才的缺点。(注66) 像大多数俏皮话一样,这种评论对于人才这个话题来说有失公允,但它却阐明了寻找人才的重要意义。

曾国藩建立了系统的名单,把有能力的人都登记在册,并通过写信的方式鼓励他们上进,还定期探访他们,讲学授课。(注67) 他对人才的指导原则是广泛招募、谨慎任用、勤勉指导和严格管理。(注68) 第一步是要广泛地结识人才,[1] 第二步是记下不同人的长处和弱点以及他们不同类型的能力。曾国藩对人才的评价既精明又现实。(注69) 虽然他相信所有人才的成长最终都有赖于道德修养,(注70) 但他承认每个人的特定才能都各不相同,需要通过长期不懈的努力,才能使这些潜在的特殊人才涌现出来,而且还要对他们加以合理使用。正如他对此论述的那样:"三代人培养一个丁,如果让他去耕地,他还没有犁的作用大。"(注71)

---

1 据曾国藩的一位心腹幕僚的日记记载,曾国藩说,尽管可以"发现"二三流的人才,并把他们登记在册、加以储备,但"一流人才或许可以遇到;却难以被发现。"(见陈乃乾所著《曾文正公语录》,载于《古今》杂志,1944年第41期,第27~31页,其内容取材于赵惠甫的日记。)

中兴时期的所有其他领导人都遵循与之相近的选才办法,(注72)也都赞成曾国藩"人尽其才,才尽其用"的观点。(注73)镇压捻军起义刚一取得胜利,山东巡抚丁宝桢就开启了他的寻访人才之旅,并汇报了其调查结果。(注74)郭嵩焘呈递了一份长篇奏折,汇报了他遇见的有能力的地方学者——其中就包括后来担任同文馆教习的数学家李善兰[1]——并敦促朝廷应该像当年平定三藩之乱后康熙皇帝那样,通过邀请地方学者进京讲学,发起一场大规模的学术复兴运动。(注75)

冯桂芬就是在一次寻访人才的过程中被发现的众多能人中的一位。1832年,冯桂芬被时任江苏巡抚的林则徐带到了南京,并被推荐担任一所学会的负责人,在这个岗位上,他曾一直潜心研究学问。不久,冯桂芬就通过撰写关于航道治理、盐税征收以及军队组织等问题的研究文章,展露出他对时政事务及经济问题的领悟。结果,在咸丰初年(1851年)得到了"举荐"。(注76)冯桂芬的这个案例,说明了科举制与举荐制是如何在选拔人才的过程中相互补充并发挥作用的。

然而,科举制与举荐制二者之间发生冲突的可能性却是经常存在的。左宗棠写道:"关于我国实现自强的正确途径,最重要的是要摒弃我们在纸面上和法律上强调的那些条条框框,任用有真正才能的人,委托这些圣贤之人去负责选拔高级地方官,委托高级地方官去负责选拔当地官吏。"(注77)这种程序步

---

1 见第十章。

骤，与科举考试制度那种笨重缓慢的操作过程相比较，可以更快更好地把正确的人安排到正确的岗位上，而且，只要预定任用的人员通过了符合选拔资格的考核，这种程序步骤就不会给儒家制度带来损害。在一个亟须采取有力行动的年代里，举荐制这种选人办法，将会得到像左宗棠这种精力充沛、进取心十足的行政管理者的特殊青睐。如果发生道德风气败坏的社会现象，或者是不再将举荐制作为科举制的补充，那么，与此同时，在选人用人环节上的滥用职权现象必将层出不穷。

作为一项预防措施，朝廷要求高级官员拿出事实依据，以便支持他们的举荐理由，并且，这些举荐他人的高级官员还要对他们的门徒将来出现的任何失职行为承担责任。(注78)即便如此，御史胡家玉仍于1873年呈递奏折说，目前举荐任职的限制条件还是太低，由此导致考中进士的人几乎找不到晋升的机会。胡家玉还用特别强调的语气，抱怨朝廷给了总理衙门过度的举荐任免权——军机处对本部门大臣的任命，拥有三次举荐权，胡家玉的这种抱怨没有任何意义。(注79)事实很清楚，尽管国人付出了艰苦的努力，把西方知识引入中国的传统制度之中，但科举制仍不能培养出足够数量的有能力处理新问题的人才。[1]

虽然没有人提议废除举荐制，但有许多深谋远虑的官员筹划着准备继续保留举荐制，使之成为从属于科举制的辅助选拔手段。(注80)

1　见第十章。

科举制的复兴[注81]

虽然中国神话故事中关于社会阶层具有高度流动性以及德才兼备者管理政府等内容的描写，从未与历史现实完全一致，但科举考试制度如能得到严密组织，在其最佳运行状态下，可以成为把理想变成现实的卓越制度。[注82]神话故事的真实再现，以及科举制度得到的极大复兴，标志着同治中兴时代的到来。

科举制度拥有庞大的分支体系，主要通过以下三种途径服务于这个儒教国家：（1）科举制度可以培养出一批被彻底灌输儒家伦理规范并且富有聪明才智的官员，它无疑会遏制那些不受约束的创造性思维。它并不像经常被人们指责的那样，往官僚机构里塞满一些无能的诗歌写作者；（2）科举制度可以使士绅阶层的注意力集中于正统思想，并且给人才和有雄心抱负的人提供一条遵循正统思想的发展道路；（3）科举制度可以赢得百姓的支持，方法是给他们官职，并且这些官职的权力和行为都是建立在普遍接受的社会规范的基础之上，而不是建立在财富、出身、军权或皇权恣意妄为的基础之上。

太平天国运动时期，科举制度遭到彻底破坏。荣誉官阶的授予，以及许可不必首先通过低级考试就可以直接参加高级考试，都取决于战功或捐款，而且在主考官当中出现了越来越多的已被证实了的腐败案件。结果，中兴伊始，官僚机构塞满了商人和军人这两种类型的"暴发户"，他们的存在，日益瓦解着政府全部传统制度的执政基础。那些商人实际上是通过花钱买来的官位，他们对辖区百姓的统治，依据的是"商业办法"，而不是慈父般的善行；那些凭借战功混入官场的军人官吏，寻求通过强制或惩罚手段来对百姓实施管理，而不是通过道德榜样的示范引领。(注83)

由于战乱地区已经多年未曾举办过科举考试了，(注84)因此，每当收复一地之后，负责接管该地的官员首先采取的行动之一，就是宣布按计划重启科举考试。1864年10月22日，也就是从太平天国手中收复南京两个月之后，曾国藩请求北京方面派遣必要的官员，来南京监考计划于当年冬季举办的江苏省选拔举人的乡试。(注85)从1855年至1865年这十年间，贵州省一直都无法举办科举考试。时值1866年，正当和平在即之际，张亮基请示皇帝批准该省不仅要举办当时正在按计划着手进行的1866年的科举考试，还要一并举办已经耽搁多年的1855年及1858年的科举考试。(注86)广东的瑞麟和蒋益澧，在结束了爆发于该省的客家战争[1]并将客家人安置定居后，他们也像该省"当地人"一样，享受到了可推荐一名年仅二十岁的门生参加科举考试的特权。(注87)西北的左宗棠，刚一平定了陕甘的内乱，便立即宣布将举办已经被迫延期的该省科举考试。(注88)

既然全国各地的秩序都已经恢复，举办科举考试便成了当时最引人瞩目的新闻。1867年，蒋益澧在广州筹办了多场感人至深的庆典活动(注89)，两万多名秀才参加了在南京举行的乡

1　见第六章。

试。(注90)准备参加1867年湖北省乡试的一万余名来自社会各界的考生聚集于汉口，这个场面令《汉口时报》的编辑们大为吃惊，遂将科举考试称为"一项最值得称赞并且最造福于民众的计划……为国家和民众提供了一种可以超越所有世俗观念的凝聚力"。(注91)接下来，那些在乡试中取胜的举人们，再一次簇拥着行走在通往北京的路上，为了能在会试中收获最高学位，他们将在京城会试中展开竞争。(注92)

估计当时每年都有200万考生参加一个级别或另一级别的科举考试，[1]其中只有1%或2%的人最后胜出。在每年举办一届的地区岁考中，平均每个地区约有2000人[2]参加考试，从中选拔出20多名生员。在每三年举办一届的省级考试中，平均每个省约有10000人参加考试，或许能从中选拔出大约100名举人。这些举人将参加每三年举办一届的北京会试，其中约有1/3的人能够考取贡生学位。总数在两三百人的贡生，将参加正常情况下在皇宫里举办的殿试，胜者将获得包括帝国第一学衔（状元）在内的最高荣誉。(注93)

朝廷可以通过持续增加拨给不同省份的科举配额数量，(注94)找到一种既可获取军事或财政上的捐款，又不至于损害科举制度的办法。拨给某个地区的配额越大，捐款者得到官位的机会

---

1 根据张仲礼的说法，200万这个估计数字过低，如果把统计范围扩大至所有各个级别考试的全部考生，则数字将会大得多（见《中国绅士》，西雅图，1955年出版，第92—98页）。

2 按照张仲礼的观点，这一定是过高估计了该地区的考生人数（出自沿海省份的统计数字）；据张仲礼的统计，这一数字在1000人至1500人之间（见《中国绅士》，西雅图，1955年出版，第92—98页）。

就越多，但必须通过正规途径。举个例子，1865年，根据李鸿章提出的议案，朝廷为了嘉奖当地人忠于朝廷，决定拨给上海及宝山地区更多的候补学衔名额。(注95)相似的情况还有，1867年，朝廷决定给江西省兴国县增加十名科举配额，作为对该县民众给军队财政捐款的奖励。(注96)同时，还给湖南的衡州府和衡阳县分别增加5个和3个科举配额，以此奖励他们为江南水师捐资的善举。(注97)1872年，丁宝桢请示朝廷增加浙江、广东两省的科举配额，用以奖励这两个地区的商人及士绅为镇压叛乱而进行的捐款。(注98)

很显然，这种为了提高某一地区军事及财政实力而下拨的额外补偿会产生诸多弊端，其中之一就是为了适应平庸生员的整体水平，只能降低考试标准，从而给科举制度选拔人才的质量埋下隐患。1868年，张之洞上疏汇报了许多生员考试成绩极差的情况，于是皇帝下谕，命令各级考官要更加严格地保持考核合格标准。(注99)然而，当时最关心提高官员选拔质量的人，却普遍鼓吹要有所限制地增加科举配额。

熟悉近代中国许多政府曾经产生的裙带关系及腐败现象的人，会发现很难本着公平公正的原则去管理科举考试制度。然而，从目前掌握的证据来看，清政府官员的公正程度可以比肩当时西欧官员的公正程度。1858年举办的会试被人发现存在违规现象，从而引发了一场巨大的震动，导致军机大臣柏葰及其他三名考官被处决，此事件表明，科举考场上的舞弊行为属于例外情况。虽然此后朝廷下达了一连串的法令，都在劝诫官员要谨慎小心地遵守考场规则,^(注100)这预示着担负监考任务的官员需要时刻保持警惕,但这不应被反过来解读为官员在实际监考过程中一直都是疏忽大意的。**1**

复兴科举制度的目的,不仅仅在于提升科举考试的重要性,使之成为通向威望与权力的唯一道路,还在于通过修改考试内容来提高实用性。那个时期的政治家面对变革,经常会貌似言之凿凿地争论,从表面上看是在推行变革,实际上是在回望被遗忘了的古代美德。向"古代"美德体系回归,成为复兴科举制度的主要目标,那个时期的政治家们坚称,这种回归意味着考试内容应着重强调解决历史及社会中的现实问题。

给事中吴焯抨击了日渐颓废的那种强调书法及预先指定文体的"近代"考试风格,并提倡举办基于解决政府基本问题的考试。1862年4月13日,皇帝在答复的上谕中,对他的观点表示了赞同,并且对即将到来的三场考试专门指定了应当采用的基本命题:第一场,校正言行,以"四书"为依据;第二场,基本道德真理,以"五经"为依据;第三场,政策,根据建议,以发生于古代及近代历史上的教训为依据。^(注101)有鉴于此,年轻的张之洞在1863年殿试现场,因其对太平天国及其他时政问题所做的精彩评论,而得到军机大臣宝鋆及其他人的高度赞扬。^(注102)

---

1 在经过细致研究的基础上,张仲礼得出结论:"尽管制定了用于防范舞弊现象的强硬制度,并且对一些舞弊人员也实施了严厉的惩罚,但是,科举系统内的腐化堕落现象仍然层出不穷。"(见《中国绅士》,第 197 页)由于张仲礼列举的这些事例,与引自西欧且观点相反的其他事例相互契合,所以正如他指出的那样,就目前认识程度而言,任何学者所能得出的结论,都只是一个总体判断的问题,他们的看法都是建立在带有某些隐含成分的中西方对比基础之上的。

1862年颁布的上谕命令，要围绕吴焯提出的考试原则进行广泛讨论（而且要把这些原则应用于科举考试制度中）。1864年，一份出自低级官员桂文灿¹的奏折格外值得注意。根据他的观点，过去五十年来开始出现的过分强调形式的考试风格，已经导致学子们几乎没有时间去阅读经典史籍、分析时政事务，乃至去努力掌握可以拯救这个时代的真正的智慧。因此需要将整个教育系统的强调重点，转移到纠正形势问题及聚焦公共事务上。针对与自己处于同一时代的官员状况，桂文灿的评价是"他们既不运用自己学过的知识，也不去学习自己需要运用的本领"。(注103)于是，这句产生于科举制度内部、带有建设性的自我批评式的嘲讽，后来经常得以被国内外批评家引用，成为他们抨击科举考试制度的依据。那种认为在19世纪的科举考试中，内容不涉及历史、政府及哲学方面的所有现实问题的看法，对于中兴时期的实际情况来说，是相当不正确的，下面，将进行举例说明。(注104)

1867年和1870年，在武昌每三年举办一届的乡试中，提问的考题涉及中兴时期的初级培训计划，这是一个足以驳斥科举考试不涉及现实问题的很好的例子。考生运用了来自经书、史书、地理等方面的知识，论述了当前的行政管理问题。然而，在考场上，能够获得额外奖赏的，是那些掌握实际知识的考生，

1　桂文灿，生于广东省南海县，他不仅是一位著述颇丰的学者，还就任过多个低等官阶的职位。他曾经是清朝官员兼经学家阮元的门徒之一，也曾对惠东等地的汉学机构推崇备至。然而，对于文人士子所承担的社会责任，他显然更为支持与自己共处同一时代的新式宋代理学的传承者（见《清史列传》，第69卷，第67—67b页）。

而不是那些只会分析判断的考生。(注105)

较高级别的科举考试,要求考生具备比乡试高得多的思考和理解能力。在1868年举办的殿试中,第一第二道题要求考生解释特定引用古文中某个汉字的用法。第三道题列出某些书名目录,提问上述书籍是否适用于皇帝的教育。第四第五道题要求撰写关于《大学》的评论文章。第六道题,是提问为什么汉学和宋学在评价"经史子集"某些章节的意义时存在分歧。第七道题要求对历代统治者当中的勤俭美德作出历史解析。除了好皇帝与坏皇帝之间勤俭程度各有不同之外,历代统治者的勤俭美德还存在着哪些区别?并且结合不同事例说明某些统治者的勤俭美德究竟是真实存在的,还是纯粹的名不副实。第八道题提问怎样才能杜绝奢侈浪费。第九道题要求举例分析周朝及汉朝实行的军事训练方法。第十道题,提问唐朝实施的男子一个服役期当兵、两个服役期当农民、轮流服役的征兵制度为什么能够取得成功。第十一题是针对宋朝时期重兵集结于都城,却把弱小部队驻扎于各省要塞的情况,要求对宋朝的军队部署问题作出评价。第十二题要求简要列举出在某一部关于军事训练史的著作中所命名的六种方法的各自名称。第十三题,提问军队怎样才能用最少的钱实现战斗力最大幅度的提升。第十四题、第十五题及第十六题,是论述中国刑法的历史起源及发展。第十七题,提问怎样做才能实现皇帝关于没有重罪发生,从而无须实施秋季问斩的愿望。(注106)

1867年四五月间,时任江苏布政使的丁日昌为了从那些在苏州等候任命的众多捐官者当中剔除不合格的人员，精心设计并举办了一场特别考试，考题全部涉及时下常见的行政管理问题。第一场考试的考题无从查证。在第二场考试中，提出了以下两道考题：(1) 为预防衙门下级官吏中出现违规现象，你将提出何种计划？(2) 在政府不再需要"兵勇"继续服役的情况下，你会提出何种方法来确保他们得到安置并成为安分守己的臣民？在第三场考试中，提问的两道考题是：(1) 目前候任官员为数众多，而可以委任给他们的官位却很少，你打算怎么办才能克服这个困难？(2) 小官越权审理本该交由县官审理的案件，你认为怎么办才能纠治这种恶行？根据外国播出的新闻报道，在考生书写答题的过程中，丁日昌亲临考场，严格控制考场纪律，捐官者极少能通过考试。[注107]

针对全国普遍存在的政府官员教育问题，单凭这些考试，当然给不出任何可以实现一劳永逸的解决办法。甚至在最佳状态下，这些考试也只能充斥着各种关于先例的考题。但是，如能得到最好的组织与实施，这些考试所选拔出来的官员，的确远远不同于、并且极大优于后来讽刺漫画中出现的那些手无缚鸡之力且留着长指甲的书呆子。

1865年，赫德在写给清政府的《旁观者的备忘录》中，指出科举制度的弊病。他承认以前的科举制度起过作用，但由于它过分强调读书，从而妨碍了地方官员去学习需要去了解的东西。[注108]对此，时任江西巡抚的刘坤一提出反驳意见，成为体现中兴时期思想观点的杰出典范。在刘坤一看来，读经典史籍并不妨碍了解公共事务。相反,真正的悲剧是,近代官员平时偏爱诗歌、散文,而不愿意去研究古代及近代的统治方法。因此,刘坤一主张以恢复科举制度在古时候的功能与活力为指针,改革科举制。(注109)

科举制度的衰败趋势显然不可能在为期短暂的同治中兴过程中全部得到遏制。国内叛乱虽然被平息了,但它给科举制度所带来的创伤却不可能在一夜之间得到修复。与此同时,随着与西方联系和接触的持续加深,人们开始对传统学问用于解决新问题的关联性产生了怀疑。据报道,1866年,在包括上海在内的一些地区,参加报考初级学衔的候补生员竟然一个也没有,而且从其他城市也传来相似的报道。一个崭新的混合型社会正在条约通商口岸及沿海地区"浮出水面",这是一个权力地位从此不再掌握在文人士子手中的社会。《北华捷报》对此作出了恰如其分的评论:"就我们已经拓展的影响力而言,我们就这样瓦解了中国政治体系最底层的基础。"(注110)

基于此类证据,人们有时会说,自打19世纪初以前,科举制就和它所服务的这个国家一样,持续地衰败下去了。对此,问题的关键是,中兴时期所做的一系列旨在延缓衰败趋势、重振传统制度生机活力的努力,其规模之显著、效果之成功,超出了人们的普遍预期。

让人感到自相矛盾的是,妨碍这些努力取得圆满成功的最大阻力,竟然来自坚守保守主义的文人阶层。曾国藩最初对那种过分强调诗词及文体的迂腐风气给予过猛烈抨击,但随着自

己步入事业巅峰,他似乎已然对此失去了信心,开始不那么心甘情愿地要求实施那些令这么多学者普遍反对的变革。(注111)

限制卖官鬻爵[1]

所谓"卖官鬻爵",指的就是给那些为公共基金提供资金的捐款者授予官职爵位。虽然这种现象一直存在于自秦朝以后的历朝历代,但制定出最完善的捐官制度(捐纳或捐输)并使之充分运行的,还是出现在清朝时期。1673年,为了给平定三藩之乱的军事行动提供资金,朝廷将官员职位连同官衔爵位拿来出售,在此之前,一般情况下通常都只出售官衔。尽管进入18世纪末期以后,国家已经发展得繁荣富强,但每逢危机爆发,政府仍然需要得到额外的资金支持。于是,在嘉庆年间,"捐官"现象开始逐渐增多,及至道光、咸丰年间,"捐官"已成为一种带有标志性意义的社会现象。(注112)

过去一直认为,鼓励捐官这种做法是在军费拨款、河道治理或赈灾等情况下采取的一种紧急措施,(注113)况且,官职并非明码实价直接用于出售。然而,购买了官衔的人就具备了充任对应官职的资格,于是,在实际操作中,越来越多的捐官者被委派到行政部门的低级职位上。

对卖官鬻爵现象保持严阵以待的官僚阶层,自道光中期开

---

[1] 关于卖官鬻爵对财政方面的影响,见第八章。

始向朝廷提出反对意见(注114)，及至19世纪60年代，身处领导层的官员考虑到卖官鬻爵现象很可能导致儒教国家自身陷入险境，遂大声疾呼、公然反对。虽然这些官员出于争论的目的有可能会夸大卖官鬻爵的危害程度，[1]但其涉案收入从数额上看似乎微乎其微，根本不足以证明它可以对整个制度构成威胁。北京有一个说法，认为通过科举制度获得晋升的，一半是"优等人"，一半是"低等生物"，然而，那些通过捐官获得晋升的，却全是"低等生物"。(注115)

有鉴于此，时常有人这样争论，要想实现中兴事业，首先需要的是废除卖官鬻爵。对此，冯桂芬这样写道：

> 近十年来，捐途多而吏治益坏；吏治坏而世变益亟；世变亟而度之益蹙；度之蹙而捐途益多。是以乱召乱之道也。居今日而论治，诚以停止捐输为第一义。(注116)

1862年发生的一件事，表明清政府已经在这个问题上陷入了两难境地，当时，一位御史指出，有捐官者即将被委派到实职岗位上做官。皇帝在答复的上谕中命令，从此以后再也不要把实际岗位授予这些"通过商业手段获得晋升的阶层"。然而，

---

1 "表格里列举的144个官员名单中，只有13名官员（包括军机处、内阁大学士、总理衙门以及各省所属道台以上官员）是通过捐纳这种途径，获得了首次任命的官职，其中仅有4人达到提刑按察使司以上的官职。"〔[英]班德瑞：《构成中国中央及地方政府高级官吏历史年表》，《中国评论》，第7卷，第5期（1878—1879年），第315页〕

当户部上奏说这种做法将导致岁入出现损失时，[1]皇帝就下达了第二道谕令，要求"老规矩"继续生效。随后，另一位御史刘毓楠上奏说，这两道谕令前后矛盾。皇帝答复，第一道谕令关乎原则，而第二道谕令则是面对军事上的需要而被迫作出的让步。[注117]

山东巡抚阎敬铭分别就卖官鬻爵的后果、卖官鬻爵对国内政府的影响，以及在不降低国家岁入的前提下限制其危害可能采取的办法等几个问题，进行了长篇累牍的分析。在阎敬铭看来，只要以高价出售仅仅一小部分官衔，就可以降低卖官鬻爵的危害，因为这样一来，一个家庭就只能把有限的投资花费到最有能力的儿子身上。可是，在同治时期，大量的官衔却都是以低价卖出的。阎敬铭写道，由此引发的后果是，出身于有钱有势家庭的低能儿大声嚷嚷着讨要权力地位，而其他人则由于相信自己能很快还上借款，就四处借钱购买官位。[注118]结果，官员无法心平气和地工作，学者无法平心静气地学习，而老百姓就会造反。"法定的制度本无害，降低官衔的售价才是真正的危害。"

阎敬铭指出，70%的捐官者买到的都是名誉上的虚职官衔，只有30%的捐官者买到的是有资格执掌官位的实职。后者中仅有1/3的人（或占总数的10%），将会前往道、府、州、县等衙门中担任实职。在后面这四级岗位上担任职务的官员，其素质对于国家

1　政府部门内的职员所承受的损失，或许比该部门的自身损失更大。见当前这一章节的下文。

的重要意义,要远远大于出售这些职位所换来的少量岁入。即便如此,阎敬铭也没有呼吁朝廷今后禁止出售充任上述四级岗位所需的官衔,而是仅仅要求按官方售价足额收取捐官费用,并直接上缴国库。(注119)

给事中郭祥瑞汇报,实际担任地方政府中某些职位的官员,均出身于商人及二道贩子,甚至还有市井不法之徒,从而引起老百姓的强烈不满。皇帝回复的谕令宣称,虽然卖官鬻爵难以废除,但郭祥瑞在汇报中提到的民众怨恨问题似乎可以表明,这项制度危害极大,不应该继续存在下去。左宗棠和沈葆桢认为,这种混乱局势可以得到纠治,方法是,一俟捐官者上任履职,就对他们实施严格的考核;皇帝签署命令,要求将这条建议当作有望在不减少岁入的前提下保护国内政府执政能力的折中措施。(注120)

诸如此类的一些折中式解决方案得到普遍支持。没有人赞成让现存的卖官鬻爵制度持续存在下去,极少数人(其中有福建巡抚王凯泰)竭力主张彻底废除卖官鬻爵制度。[1]如上文所述,江苏布政使丁日昌通过精心设计并举办考试,在南京剔除了一些有望获得委任的捐官者。都运使于凌晨采用一种不同的表达方式提出了相同的观点,即官衔只能卖给那些配得上担任公职的

---

[1] 王凯泰建议通过考试,从已在各类衙门以候任官员身份等待任命的捐纳者中淘汰70%~80%的人(见《同治中兴京外奏议约编》,第1章,第36—42b页)。关于王凯泰的这份奏折,以及皇帝发布谕令予以支持的事件总体概况,见《清史稿》,《选举志》,第5部分,第14页,落款日期是1873年(同治十二年)。一份关于奏折的摘要,以及皇帝的这份谕令,载于《北京公报译文(1873年)》,第38、41页。

人。^(注121)御史袁方城提出了另一种不同的观点,即所有钦定的朝廷命官都应该参加一场严格考试;只有那些有才学者,才能被当作合格官员来看待,而其余人员则应被送回原籍。^(注122)大学士祁寯藻、湖南巡抚恽世临、顺天府府尹蒋琦龄以及其余众多官员也都极力主张废除这种制度,或者建设改革程序步骤,以便从事实上杜绝捐官者考试不合格却能得到官职的现象。^(注123)

惩戒官僚机构

尽管传统政治理论认为良好政府的主要保障,首先在于能够正确培养选拔官吏,但是人们却认识到,无论经过怎样精心的选拔,要使官吏长期保持清正廉洁,必须靠一套奖惩制度。在职官吏每隔一段时间都要接受考核,而且他们的日常活动还要受到同僚们不断的审查和频繁的告发。虽然都察院掌管着针对官员的监督网,^(注124)但在整个官僚行政机构的每个角落,还存在着内部审核机制。^(注125)通过观察,《北华捷报》的编辑们发现,差不多每天都有针对官员个人能力的调查报告,朝廷每隔三年都能收到关于整个官僚机构所有官吏优缺点的报告,《北华捷报》对此发表评论:

> 中国政府各项原则的贯彻执行,都是通过这样一种整齐有序且排列精确的官衔等级来实现的,每名公务员都完全处于其上级官员的掌控之下,因而违法乱

纪者难以不被察觉。(尽管有时滥用)这种机制,可以为统治者谋取到相当多的利益,因此具有强大的保守主义力量……它就像一张延伸至社会各个层面的网络,每个个体都被孤立隔离在属于他自己的网格内,而后各负其责地与他周围的人保持联系。(注126)

频繁颁发的皇帝谕旨,一再敦促高级官员要把更多的注意力投向他们的下级官员,要经常调查并汇报这些下级官员的活动情况。(注127)1864年收复南京后,重新履职两江总督的曾国藩于12月14日刚一到任,就立即对众多官吏的日常活动展开了一场"严厉的考察"。朝廷依据他随后公布的考察结果,决定官员的晋升及降职。(注128)

一般说来,总督或巡抚要以一份奏折的形式向朝廷上报其推荐人选;如果吏部同意了这些人选,皇帝就会下达谕旨,批准上述推荐人选任命生效。(注129)吏部有时也会从技术层面专挑巡抚推荐的人选的毛病,在这种情况下,皇帝要么会支持吏部的看法,要么会同意巡抚的推荐。如果巡抚的推荐得到了皇帝的支持,那么皇帝就会在谕旨中强调,此乃特例,并非一个有可能影响到文官法规有效性的先例。(注130)

小官遭到降职或罢免的最常见理由通常包括:对犯法者疏于防范,年老体弱,智力低下,耳聋或其他生理缺陷,举止轻浮,言语失当以及脾气暴躁。(注131)大官遭到弹劾指控时的罪名很可能会比小官更为严重,但这类案件在同治时期很少发生。

1862年，主管上海地区外交事务的薛焕被指控，罪名是忽视军队事务、参与经营一家书局及一家钱庄，以及激起民众愤怒情绪等。(注132)经过对这些指控调查核实后，薛焕遭到降职处分，并被贬谪到异地任职。但是，行政部门这么做的主要动机，可能是为了给李鸿章腾出官位。

作为控制官僚阶层的手段，降职和从现职岗位上罢免这两种处分，在能够确保实现官复原职的各种辅助手段的限制下，效果大打折扣，正如作为选拔官员的科举考试一样，最终的选拔效果，同样也受到能够实现首先获得官位的各种辅助手段的限制。无论是科举考试，还是惩戒官吏，任何一种手段都不可能完全消除金钱、战功和权贵朋友相助等外界因素的影响，但是，为了降低这些外界因素给国内政府构成危害，朝廷为此付出的艰苦努力，还是取得了一定的成效。比如，地方官被禁止推荐"永远"被免职的官员再度得到委任。(注133)一位被免职的官员请求以捐资方式得到官复原职的机会——实际上是把免职处罚转换成罚款——他的请求须经皇上复审。如果出现了被免职官员由于捐款或军功而被恢复官职的情况，他们就一定会被重新指派到边远地区，从这里可以看出政府为了消除外界因素给国内带来危害而付出的努力。因为这些被恢复职位的官员全部被指派到边远地区赴任，在那里，他们犯过的罪行不为人所知，从而不会动摇官僚机构在民众心目中的公信力。(注134)

有必要指出的是，中兴时期清政府加强了对太监的惩戒。虽然太监历来都不属于官僚体制内成员，但由于其身份上具有与皇宫联系密切的特殊性，因而往往可以扮演一些政治角色。尽管在中兴时期也能听到一些关于太监的非议^(注135)，但是，客观地说，这十年来，太监既没有得到可以擅自行动的权力，也没有以皇权代理人的身份取代朝廷命官进而越权干政的机会。太监安德海曾借出游山东之机冒充文官的名头、行使文官的职能，当安德海因此遭到指控时，尽管他曾得到慈禧太后的宠信，但终于还是被恭亲王和丁宝桢在济南执行了斩立决。^(注136)

打击腐败

腐败——侵吞公共基金及国家供给，以及为了牟取私利而使用公权力——必须与卖官鬻爵制度清楚地加以区分。凭借着朝廷准许售卖官衔制度的存在而进入官吏体制的人，虽然有可能成为腐败分子，但售卖官衔制度本身并不是一个腐败的实际操作。

按照西方人的观点，中国人在所有公私交易过程中赠予及接收佣金的习惯都是不规范的，因为中国人的这种习惯完全是依据已有惯例来执行的，而不是按照成文法规或合同契约的规定来执行。迄今为止，在和平繁荣、政府充满活力的年代，受人尊崇的社会习俗和"社会行为准则"可以对滥用职权行为发挥一个施加完美抑制的作用。然而，在社会混乱、民众理想幻灭的年代里，社会制度对于难以遏制的腐败行为所能提供的预防措施，比起西方法律体系要少得多。

以18世纪末和珅大肆鲸吞国库为始，^(注137)腐败之风气迅速在全国蔓延。和珅的死刑判决并未能阻止其他人损公肥私的恶行。面对"内有灾荒、外有祸端"的紧要关头，咸丰皇帝却恰在此时病入膏肓，这引发了社会的混乱局面和民众的理想幻灭，对儒教社会的基础稳固构成了严重威胁。伴随着各式各样官员腐败现象的与日俱增，以及因此导致的民众期盼破灭，也在这个恶性循环的过程中持续加剧。

在经历了道德败坏、世风日下的八十年之后，这种社会危机似乎已不可能得到纠治，然而，就在为期短暂的同治中兴时期，许多职权滥用现象竟然得到了清除或抑制。在传统的中国政府体制内，如不经历一次传统道德的复兴，腐败现象就不可能得到清除，或者说，腐败现象甚至会在社会习惯的范围内持续下去。因此，在当时看来，中兴时期关于通过道德训练来清除腐败的普遍原则，已经成为他们那个年代对于这个基本问题的"现实"讨论内容。^(注138)

特定的几类腐败案件都遭到了有力的打击。据那个时期的档案文献记述，有关部门对贿赂案件进行了持续不断的调查与有力的惩罚。虽然在某些案件中，接受贿赂的官员投案自首[1]，但在通常情况下，贿赂案件的破获都是得益于御史、翰林院成员、各省巡抚以及仓库巡视官提起指控。所有这些指控都遵循详尽的步骤，进行充分的调查核实。如果被证明是无中生有，

---

[1] 比如，1862年，朝廷曾颁布一道谕令，作为对恭亲王上疏奏折的回应，该谕令要求处罚向恭亲王行贿的兵部尚书（见《北京公报》，其译文刊登于1862年2月22日出版的《北华捷报》）。

则提出指控的人将受到惩罚。更经常出现的情况是，指控事实清楚、证据确凿，被指控的官员都受到了处罚。(注139)

虽然供职于中央及地方的大小官吏因被发现犯有腐败罪而受到指控，并且在一般情况下都会受到处罚，但是，与涉案人员存在裙带关系的高层官员无疑会习惯于先发制人阻止调查行动，或者想办法减轻对涉案人员的处罚力度。他们轻易就会把涉案人员曾经为这个国家所做的贡献拿来当作展现皇恩仁慈的理由。比如，1867年，位高权重的湖广总督官文被指控私吞挪用厘金，这个案子被移交到吏部，将施以"严厉的调查与惩罚"。吏部建议剥夺官文享有的大部分头衔、官衔及俸禄。然而，1867年2月15日下达的一道谕令却宣布，由于官文近十年来为平息叛乱立下汗马功劳，如果拿他立下的功劳与他犯下的罪行相比，功劳是巨大的，罪行是微小的，因此决定对他减轻处罚。到了5月10日，官文的头衔再度变成了"军机大臣官文"，并且随后还被任命为刑部尚书。最后，官文于11月20日被任命为直隶总督。(注140)

显而易见，行政管理系统确实是采取了一些制止腐败的措施，甚至是对最高级别的官员也不放过[1]，可是，处罚手段却往往失之于软。

导致腐败的一个基本原因，是中国的官员们在现实生活中

---

[1] 在整个清王朝统治时期，由都察院提起检举的弹劾案件，大部分都是针对正三品以上位高权重的高级官员（见李雄飞所著《中国满清王朝（1616—1911）的审查制度》，巴黎，1936年，表格见第128页页下注）。

俸禄极其微薄,在得不到某些合法的补充性收入的情况下,无法使自己全心全意地投入以诚实正直为本的行政管理事务。[1]当一位名叫赫德的外国人指出[注141]上述腐败原因时,两广总督瑞麟和广东巡抚蒋益澧对此予以反驳,他们认为,一名官员究竟是防微杜渐,还是贪污腐化,这取决于他的品格。一笔小数目的俸禄对于一个俭朴的人来说已经足矣,可对于一个奢侈腐化的人来说,无论多大数目的俸禄都不会令他满足。然而,这两位官员在皇帝面前,却表达了只要军费开支有所下调,就可以恢复以前那种较高水平俸禄的愿望。这样一来,诚实正直的官员就可以领到足以过上舒适生活的俸禄,而贪污腐败的官员则会失去其逃避受到依法处罚的借口。[注142]19世纪60年代,官员们普遍认识到推行一种与现实生活水平相称的俸禄标准的重要性,[注143]可是,政府并没有拿出务实的解决办法,腐败问题依然困扰着中国此后几代改革者。

回避制度

根据清政府制定的行政管理规则,官员既不应供职于家乡所在省份,也不可以长期、连续地在任何一个省份担任职务。按照支持"回避(本地人)地区"规定的看法,有人认为,只有作为

---

[1] 这种补充性收入的官方说法,是一种用于"培养官员清正廉洁品行"(养廉)的津贴,关于其重要性,可以通过一个事实得到证明:清朝一名总督的养廉津贴合计高达每年15000～25000两,而其每年的俸禄却只有180～200两(见[美]卫三畏:《中国总论》,第1卷,第294页,此处引用了清政府的红皮书)。

一个外人，由于可以摆脱来自家庭及朋友关系的种种压力，才能够公平公正地裁决当地事务。按照中央政府的观点，由于外人不大可能在当地引起意见纠纷，这也很明显地意味着，外人相对"更安全"。另一方面，尽管外人既公正又安全，但显然会不可避免地忽视当地的风土人情，[1]因此只能过度依赖永久不变的衙门胥吏。[2]

中兴时期，官员们针对这个问题提出了许多解决办法。骆秉章指出，回避制度不仅应该得到更为严格的贯彻执行，而且还应将其重新定义为，防止某人在他被抚养成人期间所实际居住的省份当官掌权，而不应考虑这里是不是官方登记的关于他家庭籍贯的"出生地"省份。[注144] 江西巡抚刘坤一也赞成继续保留这项规章制度，但他对于此事的看法不那么极端。他勉强承认如果指派军官回到他们的原籍所在地省份做官，可能会具备一些有利条件，但是，结合文官的具体情况来说，"难以确定他们是否真的可以把自己对于亲朋好友的所有偏心全部予以清除"。然而，刘坤一并不赞同经常调动官员到异地任职的做法；他认为如果实践证明一名官员的工作能力已经胜任某个指定地区的管理，那么，他就应该在那里继续留任，长期工作下去。[注145] 瑞麟和蒋益澧持有相同观点，他们引用了东汉时期尚

---

1 例如，左宗棠在西北地区执行平叛作战任务时，发现自己的部队亟须招募一批西北人（见王之平所著《曾左胡兵学纲要》，第84—85页）。

2 可以这样认为，回避制度起到了事与愿违的效果：它避免了各级官员陷入地方的利益纷争，却导致他们完全依赖当地的衙门胥吏，如此一来，官员得不到的"分封奖赏"，却被衙门胥吏得到了（见[日]稻叶岩吉所著《中国社会之本质及其作用》，载于《东方杂志》，第19卷，1922年第17期，第43页）。

书令左雄的话:"在官员经常变换工作岗位的情况下,他们的下级人员就会焦躁不安;当官员们长期保持在任职岗位上时,当地百姓就会自觉服从于他们的说教及影响。"瑞麟和蒋益澧认为坚持频繁调动官员赴异地任职,这不是在遵守回避制度,反而是对这项制度的滥用。(注146)

关于该问题的另一个极端,是冯桂芬极力主张将回避制度本身予以废除,而且官员就应该被委任到他的原籍所在地省份,无论何时,只要这样的任命看起来是可取的,那么就应该这样做。冯桂芬说,这项规章制度并非古时惯例,而是明朝政府采用的一种做法,[1]"我从未听说过明朝政府能比古时候的政府好到哪里去"。(注147)

"回避原籍省份"制度和频繁调动官员异地任职原则,是中央集权制总体理论中的两个必不可少的组成部分,而中央集权制总体理论,在中国政治思想领域中曾经长期占据主导地位。管辖某个区域的长官及当地的地方官吏,从来都不是以区域为基础建立起来的官僚机构中的顶级官员。准确地说,他们只不过是由中央政府派出的、代表中央政府去调查当地情况的监督官。从赫德开始,(注148)外国人对中国的近代化事业建言献策,他们都竭力主张修改回避制度,而中国的改革家也经常勉强同意从原则上接受这个观点。然而,尽管晚清政府及民国政府的政治纲领宣言中都有"地方自治政府"这一条,但中央集权制

---

[1] 按照稻叶岩吉的说法(出自前文引用过的同一著作),这项制度的形式不那么严格,它起源于公元7世纪的隋文帝。

的思想观念仍顽固地坚持了下来，晚清政府及民国政府都从总体上尽最大努力，小心翼翼地将各省及地方的行政管理权交到直接对中央政府负责的"外人"手中。

专才与全才

按照中国人的理论，好官是面面俱到的"通才"。如果他需要得到专门的帮助，他就可以从一个特殊阶层的人群中获取这种帮助，这个特殊阶层的人群会从底层讨好官僚机构，他们在国内政府的体制内没有地位，因此对于政府的思想控制无动于衷。儒教国家的官员自以为是地认为他们是能力出众的涉及全部事务的政策评判者，无论这些事务多么复杂，他们都能作出正确评判，因为政府已经被想象成了一门对人类关系进行排序的艺术，而不是依法实施行政管理的科学。

随着19世纪遇到的问题成倍增加，政府隐藏在人本主义体制内的潜在的弱点被放大。从军机大臣到地方行政官员，每位官员面对的现实问题都比他的前任们更复杂，而人们却仍然期待着他们能就所有这些问题拿出英明的解决方案。外交事务绝不是唯一的新问题。清政府强调精准地依照先例来处理问题的工作方法，产生了复杂的法律问题。越来越多的由强制劳役转为缴纳税银的减刑案例，提高了处理财政问题的技术难度。无论是士大夫，还是捐官者，他们的能力都无法胜任处理这些问题。然而，在清朝时期，人们要想当官，可供选择的道路比不上明朝时期那样多，而且随着每名官员须承担职责的增加，官员在官僚机构内能够得到的下属人员就更少了。

关于专业人才问题，坚持儒家思想的改革者从根本上面临一个进退两难的处境。他可以去鼓吹微调实施政策，却不可能去鼓吹在不破坏政府通过君子道德说教方式维持统治这个核心观念的前提下，实现劳动力分工与专业化调整。

在中国政府的传统体制内，幕僚制度为实现专业化问题提供了部分解答。幕僚指的就是这样一种人：他拥有传统学问以及法律、军事或财政等方面的复合型能力，却不享有官员的社会地位。他不被认为是那种在公开场合抛头露面的人，却经常代替官员出面解决问题。因为他不是官员的下属，所以政府期待他能够畅所欲言地对官员提出批评性意见，并且还能够减轻在士大夫和富有实践经验的胥吏之间的长期矛盾。

中兴时期，幕僚制度盛极一时，在没有给官员任职制度带来压力的前提下，增大了官员任职制度的灵活性。幕僚中有相当多的人都来自文化发达地区绍兴。然而，当地人也经常会被聘用为幕僚，因为他们熟悉当地的风土人情，会熟练使用当地方言。比如，湖南人左宗棠曾在湖南先后供职于张亮基和骆秉章手下，据说他当时非常出色地充当了他俩的幕僚，以至于有人认为骆秉章的成就是由左宗棠创造的。[注149]

然而，对于许多目的来说，根本找不到在技术能力方面可以胜任的幕僚，因为他就像官员一样，要想有效发挥职能，就必须成为儒教传统体制里的一部分。中兴时期的政治家们在处理人员专业化问题时所做的努力，表明当时的官员能够针对他们作出选择的技术领域非常熟练地掌握新技术，但是，他们既想要自由作出这种选择，又想要保持儒家改革者身份的可能性，实在是太小了。

其他国家的政府也出现过缺少专业人才的情况——彼得大帝时期的沙俄、奥斯曼帝国、16世纪后期的英国——它们有时会去雇佣外国人。中国政府只能在一个非常有限的范围内做到这一点，因为能够做到使自己主动适应儒家价值体系的外国人少之又少。

中兴时期清政府任用外国专门人才的杰出范例，就是由赫德设计并管理的中国海关总税务司[1]，而它的影响范围，仅仅是19世纪中国经济领域中的一小部分。后来，厘金及盐业管理部门曾经雇用了一些外国人，但是，在这个国家的基本行政机构中，却从未出现过外国雇员的身影。外国雇员对这个国家的不友好态度往往加剧了清政府对国外专门人才的招聘难度，但这种情况并不会发生，即使外国人拿出百倍的真诚和友好来投身于这个国家的近代化建设，他们也无法胜任这个国家给全体官员设计得如此精妙复杂的社会角色。

1　见第八章。

衙门胥吏

按照中兴时期官员们的观点,对中国儒教政府有效行使统治的最大威胁,是衙门胥吏所把持的影响力巨大的实权地位。(注150)这虽然是一个存在已久的老问题,但其严重性却随着政府构成成分的日趋复杂而持续增加。每个地方的儒教文官都会发现自己正身处于这些胥吏的包围之中,要熟悉归他管理的这个地区,掌握相关技术问题的知识和经验,都需要依靠这些胥吏。由于专业文官雇员很少能够在一个岗位上工作足够长的时间,从而形成与他们的胥吏所掌握的知识经验相持平的认识能力,而这些知识经验又是衙门胥吏发挥其职能、处理地区问题的法宝,所以,这些衙门胥吏凭借着熟悉本土的知识和经验,通常会把自己摆在一个对上蓄意破坏官员制定的政策、对下敲诈勒索百姓的实权地位上。改革家汪康年后来曾断言,在中国,真正掌握实权的,既不是皇帝、高级官员,也不是老百姓,而是这帮衙门胥吏。(注151)

衙门胥吏手里掌握的这种实权,证明了作为儒家政府全部理论之基的前提条件存在错误。任何志在学术、统治或对名望有进取心的能者,都会想方设法进入官僚体制,这应当被视为理所当然,在他进入官僚体制的过程中,将聚集着除了个人直接收益的所有激励因素。与之相对应的是,衙门胥吏则被认为是精明世故、寡廉鲜耻的趋炎附势之徒,他们的职业生涯,可以否定任何一种儒家价值观。

中兴时期，全国约有119万名胥吏。据冯桂芬所说，每个部都至少编有1000名胥吏，(注152)而且各部门的胥吏都在利用他们的地位干着损公肥私的勾当。(注153)例如，户部里面的胥吏对前来领取俸禄的每名官员逐一收取折扣银两。户部的法定编制官员名额为六人，而户部胥吏中的一人因征收折扣银两而变得相当富有，以至于这名胥吏被人们戏称为"户部第七号大员"。(注154)

胥吏因贪腐而被告发的案件在清代层出不穷，尤其是在三次重大变革时期：17世纪末、19世纪60年代，以及19世纪90年代。(注155)虽然人们都十分清楚胥吏贪腐问题带来的危害，并且持续不断地针对此类问题展开讨论，但是，批评人士却几乎都看不到这样一个事实，即随着书面文案工作量的增大，胥吏的地位和作用注定应该得到提升。因此，在这种情况下，儒教国家只需通过授予他们儒教官僚体制中的相应地位，就能够对他们实施控制，从而使他们服从于儒教国家的教化与控制。

冯桂芬像对待传统问题一样，提出一项激进的解决方案。他建议对真正的儒家行政管理原则作出重新解释，并扩展其适用范围，以便适应新情况。他敦促那些由地方推荐并准备充任胥吏的年轻人，要先从学徒之类的岗位干起，随着个人经验的积累，从而晋升为职业性公务人员。(注156)

如果冯桂芬的解决方案真能被证明是切实可行的，那么，衙门胥吏早就变成了经过扩充后的官僚阶层的一部分，而且，其人员构成也与官僚阶层别无二致。针对冯桂芬的建议，所有政府下设的办事机构,均模仿军机处的架构,并且内部成员均使用"大臣"(有社会地位)这个称谓,而不是胥吏。李棠阶的看法是,既得利益者的势力十分强大,要想彻底解决胥吏问题,就需要采取一场全国范围内的彻底行动。(注157)中兴时期并不是一个能够采取彻底行动的年代。能够对胥吏采取的唯一一项限制措施,仍然是继续保持他们所享有的模糊不清状态下的底层社会地位。[1]

结论

儒家理论中关于贤能之人掌管国内政府的观点,在中兴时期的实践中经受了严格的检验。这是一个久负盛名的年代,与此前及此后的年代都形成了鲜明的对比。通览中国历史,出现过许多有"贤能之人取得非凡功绩"的时期,而这个时期往往

1　"在中国的权力架构中,这些最容易滥用权力的人应该被置于如此低的地位,这是很重要的一点。如不采取社会歧视和剥夺其体面的社会地位等手段,来对他们施以压制的话,他们可能就会变得像狼一样可怕。但是,由于他们的社会地位等级升迁无望,即便任由他们滥用手中权力,也不会形成一股难以对付的势力集团。"(费孝通,《中国绅士》,第80页)

存续时间很短。(注158) 尽管与其他朝代相比，清代关于这种现象的历史记录并不落下风,尽管中兴时期无疑是那些偶然出现的短暂历史时期中的一次，而且在此期间贤能之人集体涌现，但是，其结局却是短命的。儒家社会制度即便是在其最佳状态下，也仍然存在其缺陷。正如康有为评论的那样，这种制度导致了过度依赖特殊官员的特殊才能的错误倾向：如果巡抚精通文学，则全省都会写作；如果他对财政领域感兴趣，则全省都会沉溺于币制改革。(注159)

一部通俗易懂的长篇清代历史，其目的在于供人们大声朗读，同时反映出一个普遍都能接受的观点——清政府的倒台，是因为存在着难以忍受的人才匮乏局面。中兴事业，展现了处在最佳状态下的传统国内政府。(注160) 中兴时期国内政府的执政表现，给人们留下了深刻的印象，但由于新问题接踵而至，政府在应对策略的把握上，暴露出明显的不足。

VI THE SUPPRESSION OF REBELLION

第六章 平乱

一个带有普遍性的问题

　　同治统治时期是中国历史上国内局势最为动荡不安的时期之一。几乎同时出现的四场大规模反抗清廷运动和各省爆发的农民骚乱事件，构成了这一时期的鲜明特征。可是，因循守旧的中国史官却按照惯例，把这一时期定义为"同治和平时期"，这从某种意义上说也是正确的。因为，出乎所有人预料的是，四场战乱均被平定，战后重建工作也已启动，而且已经着手采取一系列朝着消除地区反叛因素根源方向去努力的措施。鉴于这一时期所面临问题的艰巨程度，同治时期所取得的历史成就无疑是惊人的，这些成就，将在后续章节中加以呈现。

　　尽管对于这个新政府来说，当前最迫切的任务是应对外国占领者对国家构成的威胁，但是，尽早平定国内战乱这项任务的紧迫程度却丝毫不亚于前者，而且从根本上说尤为重要，主要有以下几点原因：

　　（1）平乱战役行动所产生的直接消耗数额惊人，[注1]导致国家财政出现亏空，这不仅阻碍了军队自强基本计划的实现，而且会干扰中兴时期国内重建事业的全盘计划。

　　（2）依据实际破坏情况，战争从总体上给这个国家带来的间接消耗更加巨大。即便是像儒教制度下的中国这样一个如此稳定的农业帝国，在这种巨大消耗的重压之下，也会难以为继。

　　（3）中兴时期的政治家们已经充分注意到，国家的混乱局面招致外国势力的干预。按总理衙门的话说，"外国人的侵略行

动通常紧随我们的失败,其目的是平定国内叛乱"。(注2)

(4)镇压反抗的重要程度高于其他一切应考虑的因素,恰恰是因为清帝国的存在基础受到了显而易见的威胁。太平天国运动向清帝国提出拥有全部主权和建立中央政权的直接要求。虽然捻军及西北回民反清没提出这么多精心设计的理念,但他们全都是最凶悍的战士,而且他们的地方首领已经控制了关键地区的大片领土。

清政府最担心的是,上述军事力量有可能实现部分或全部的联合,而事实上,他们已经在有限的范围内实现了局部的联合。1864年以后,捻军的主要领导人全部是太平天国运动前期的首领。虽然这两场起义的起因各不相同,但他们自1856年以后就一直保持着密切联系。(注3)太平天国和捻军都曾与反清的西北回部取得过联系,(注4)而且贵州的混乱局势,在太平天国首领石达开的部队进入该省实施的两次袭扰之下,(注5)变得异常恶化,加之邻省云南全面爆发的回民起义,同样加剧了混乱局势。"地方匪徒"的老巢,滋生了遍布这个国家的——"教匪""会匪""土匪""盐匪""赌徒""马匪""火药贩子"等,乃至纯粹的"当地流氓"——这些人当然不会给国家安全构成直接威胁,但是,正如清政府承认的那样,通过从这些心怀不满、惹是生非的人之中吸收人力,大规模起义的力量得以进一步壮大。(注6)

这些反清运动在爆发地点、社会原因、首领特点、士兵性格等方面都存在着较大区别。他们信奉的教义也各不相同,从太平天国受基督教强烈影响的地方自治主义,到回民反政府武装所推崇的狂热的新教,再到捻军的简单秘密结社,它们都有自己的政治纲领和军事战略。只有太平天国企图通过发动大规模进攻战役最终夺取全国最高权力,其他几场运动都在很大程度上把自己的军事行动限定在只进攻当地执政能力有问题的清政府地方政权上,并且只限于保卫及巩固他们的根据地。

然而,这些各式各样的起义或暴动,却存在着某种相似之处——它们都发端于地方民众心中长期郁积的不满情绪。虽然清政府已经察觉到造反苗头,却因为没有采取适当的补救措施,最终致使起义或暴动发生。在每起民众造反事件中,都有"压垮骆驼的最后一根稻草"——19世纪50年代安徽地区持续不断的洪涝灾害;19世纪60年代初陕西地方官在安抚民众时的拙劣表现——随之而来的就是,造反民众提出一个定义更加明确的宗旨、纲领、组织原则和策略,其势力范围向全国主要地区迅速扩张。在每次暴动的最初几年,清政府军队在举棋不定、自相矛盾的镇压策略的错误指导下,往往都会出现连续多年的持续败退。

等到每场反清运动达到高潮之际,清政府才会彻底警醒过来,运动所造成的军事威胁迫使清政府必须本着现实的眼光,重新评估当前局势,重新调整军事及政治策略,并且起用了一批具有全新战略眼光的领导者,由他们来执掌中兴时期的军队指挥和地方政权。正是这一批伟大中兴事业的核心骨干领导集体(或许还包括一位指挥云南平乱行动的直系门徒),悉数平定了遍及全国的大规模战乱以及绝大多数的小型骚乱。反观清政府在贵州的平乱行动之所以会失败，就是因为缺少这样的领导集体。

根据清政府的评估，"暴民"每次起事的动机、实力和弱点都各不相同，于是清政府相应制定不同的平乱策略。但是，每次平乱战役行动在指导思想上都是依据了这样一个基本观念，按照左宗棠的措辞，就是"只有在具备可同时对叛军实施消灭与安抚的条件下，才可以对其实施平定战略"。（注7）在每次战役中，中兴时期最新制定的平乱策略持续引发了一系列军事胜利，清政府军积小胜为大胜，直至到达了平乱行动的战略转折点——安庆大捷或金积堡大捷——此后，清政府就可以着手启动重建工作的初步计划了。虽然在战略转折点来临之际，所有反政府武装均未遭到瓦解，民众恐慌和社会危机仍在加剧，但是，反清军事力量之源已经遭到破坏，距离平乱大业的终结已经为期不远了。实现了国内局势的和平稳定之后，摆在中兴事业诸位领导者面前的一个根本问题，就是保持胜利果实。本章主要涉及清政府发起的一系列着眼于粉碎反清军队的战役行动——既有政治上的也有军事上的——从而使清政府为了从根本上维持和平局面所做的一切努力成为可能。

镇压太平天国（注8）

爆发于1851—1864年间的太平天国运动，是中国历史上发生的重大社会革命运动之一。它爆发于中国南方省份广东和广西，那里，与西方势力紧密联系的不安定因素长期存在，而且客家人与其他少数族群之间仍然不能实现完全融合。随着第一次鸦片战争的失利，清政府对边远地区的统治权威急剧衰败，就在命运多舛的咸丰皇帝继位之后不久，著名的金田起义就爆发了，由此催生了这场声势浩大的太平天国运动。

太平军仅用了三年时间，就从广西出发，横扫南方诸省，直至定都南京。在1853—1856年，太平军主力于南京上游的长江流域连战连捷。在1857—1860年，战事主要集中在安徽、湖北两省，太平军气势正盛，实力继续得到壮大。在湖北，太平军虽然败在了胡林翼及其他新型地方武装领袖的手下，但他们在安徽与传统类型的大清国军队的较量中取得了震惊全国的胜利，这场胜利可以弥补他们在湖北的损失。鼎盛时期的太平军，占领着华中绝大部分地区，曾多次对上海构成威胁，甚至能够派出一支先头部队直插北京城郊。在这十几年间，太平军转战16省，攻陷600多座城池。[注9]

太平天国的行动纲领，要求平分土地、发展不受传统垄断制约的小型贸易、建立一个名为"太平天国"的新型普世君主政体。它的教义是一个糅合了儒家学说、中国帮会教义、原始共产主义、反满民族主义和基督教思想的奇怪的混合体。[注10] 其他任何一场起义，都没有如此精心炮制的教义或如此壮观的假冒帝国主义的行政机构。而且，太平天国是唯一一次能够留下大量关于自身史料记载的武装起义。[注11]

在太平天国起义期间，夜郎自大的清政府遭受的第一次沉重打击，是太平军于1853年攻占南京。虽然过了长达七年之久中央政府才想起采取必要的果敢行动,可是,中兴时期的地方领导者却已经着手组建明确适应形势所需的新型军队。[1]他们还研究评估了这次起义的原因和太平军的弱点,(注12)这项评估最终确立了清政府的平叛对策。太平天国的领导人缺乏行政管理经验,尤其不善于管理农村地区的行政事务,因此,清政府为广大农村地区的民众提供了一项减轻农民负担、恢复农业生产的总体计划。[2]太平天国的另一个可能会决定其失败的愚蠢做法,是疏远文人士子,该问题曾作为导致太平天国起义失败的一个主要教训,为中国共产党的多位历史学家所指出。(注13)

太平天国制定的这份存在严重缺陷的"纲领",使清政府不仅能够争取到文人士子的支持,还能赢得其他阶层的拥护。曾国藩在为他这一代人辩护时曾指出,在被太平天国控制的地区,农民不能自由耕种和缴纳地租,因为他们的土地归天王所有;商人不能开展贸易活动并获取利润,因为他们的商品归天王所有;学者不能阅读经典儒家学说,因为太平天国坚持接纳《新约》。(注14)马克思主义者在批评清政府的政策时,使用相反的语言,承认了这个观点,即,统治阶级虽然受到了震动,"仍然掌握着历经数千年继承下来的心理控制手段——包括人际关系、名正言顺,以及关于封建美德的所有旧的思想观念及习惯做法"。(注15)

---

1 见第九章。

2 见第七章和第八章。

然而，太平天国的失误绝不是完全的心理层面发生的问题。即使在他们连战连捷时期，太平军也未能攻占湖南，而湖南恰恰是他们的死敌湘军长期盘踞并取得后期发展壮大的根据地。他们经常把自己夺占的城市洗劫一空，而后却又主动放弃，包括像武汉这样的战略要点。结果是，他们的都城南京，只能经常处在清政府军队的进攻压力之下。而且，他们夺占上海的企图遭到挫败，于是也就无法控制整个江苏，其中的失败原因不一定体现在军事方面。

尽管如此，进攻上海失利的太平军依然不好对付，清军遭受的第二场惨败，迫使清政府必须彻底采取新的进攻策略。这场惨败发生于1860—1861年。重新组建的清政府军队在长江流域下游地区被打得溃不成军，太平天国最有才干的年轻将领李秀成凭借着这场胜利乘胜追击，连续攻克这一关键地区包括杭州、苏州、常州在内的所有重点城市。在遭受了一连串的战场失利之后，北京方面再也没有派遣钦差大臣赴前线指挥旧式大清军队与太平军作战。

与此同时，英法联军在北方取得的胜利，正在引导中国的政治家们采用一种远比以往更有发展前景的新思维来处理外交事务。太平军在长江下游沿线地区所取得的胜利，也迫使清政府着手制定解决国内叛乱问题的新方案——组建一个新的处理内政及军事问题的领导集体，以及创建一支新型军队。曾国藩率领的湘军证明了其自身存在的价值，于是，朝廷采取了一项尚无先例的人员调整措施，把曾国藩委任到统领江苏、安徽、江西及浙江等四省所有军队的指挥岗位上,成为集军事、内政大权于一身的前线总指挥及封疆大吏。

自从夺回安庆后,清军在与太平军的作战中开始占据明显优势。有人注意到,当时经常会出现带有吉兆的天文现象:日全食和五星连珠。出现这种景象,说明总体形势发生了积极的变化。对那些为取得安庆胜利做出贡献的有功之臣,清政府授予了他们高规格的奖赏,从中可以看出收复安庆的重大意义。(注16)

曾国藩领导下的清军在此后的三年中,取得了一个又一个胜利。首先,平定了江西,继而,在收复位于浙江、安徽的多个战略要地的同时,曾国荃率军包围了太平天国的都城南京。李鸿章、左宗棠及其他将领则率军夺回了长江流域的下游地区。战至1863年年底至1864年初,随着苏州和常州这两座城市相继被攻陷,太平天国的末日已经显现。其土崩瓦解的速度如同当初发展壮大时一样迅疾——仅仅就在三年以前,太平军还控制着浙江、江苏两省的全境及江西、安徽两省的大部分地区,兵锋直逼上海,甚至还有能力向长江以北地区派遣远征军。(注17)

1864年,《北京公报》连续刊登关于朝廷将举行平叛胜利之后颁奖的消息,相关报道持续了整个春季。(注18)由于收复南京的战役已经胜利在望,所以,皇帝在当年春季及初夏时节下达的谕旨一再强调要把各项决定全部推迟至"收复南京之后"。1864年8月1日,《京报》大张旗鼓地宣布了关于收复南京这一企盼已久的胜利消息。曾国藩被授予皇帝能够赐予的最高荣誉,其余的几乎每位高官都受到了褒奖,包括许多没有直接参与平叛军事行动的官员。全国各地均举办了庆祝活动，朝廷举办的庄严隆重的系列庆典仪式，自南京明太祖庙的修缮工程开始拉开了帷幕。[注19]

历史文献以一种自豪的语调指出，由于太平天国运动是中国历史上最具毁灭性的"暴动"之一，因此，对于它的剿灭，必然是中国历史上最辉煌的大捷。[注20]随着清政府成功避免了太平天国所带来的可怕军事威胁，官员们庆祝的热烈程度与以往被克服的危机的严峻程度成正比，人们重拾了对于中华帝国未来的信心。当时最流行的座右铭是"持久的统治与永恒的和平"（长治久安）。人们编纂整理并学习研究关于这场"叛乱"的相关记载，将其视为与以后承平日久的幸福生活形成对比的一面"镜子"，以便吸取教训。[注21]南京陷落后，虽然太平军的残余势力继续与朝廷作战数年，太平天国的残部也加入了捻军及其他反清势力集团，但清帝国曾经面临的巨大威胁毕竟已经烟消云散，一个新纪元从此绽放出旭日的曙光。

关于太平天国失利的原因，我们在这里涉及的，仅仅是有可能阐明中兴事业成功原因的内容。哪个方面是中兴事业的最强大之处，哪个方面就是太平天国的最薄弱之处，比如，在领导方面、在行政管理方面，以及在意识形态和士气方面。假如太平天国这边每出现一个李秀成，中兴事业的阵营里就会同时涌现出五十个贤能之人。太平军所到之处，仅仅满足于夺占几座城市，而清政府则致力于建立与领土紧密依存的政府。太平天国所采用的将民族主义与宗教思想混为一谈的教义，根本不能打动大多数中国人的心；而曾国藩力主宣传推广经过复兴的儒家学说，在老百姓中间建立起稳固的受众群体。太平天国的一些领导者已经觉察起义军在意识形态领域存在危机，试图针对他们所采用学说中的反儒家部分内容作出修改，[注22]可是，他们此举分明就是在投机取巧，方法过于拙劣，时机过于延误。另一方的清政府领导者对他们为之战斗的目标怀有真正的信仰，他们一旦参加了战斗，就会焕发出远远高于对手的军心士气。[注23]

尽管外国人总是把他们向中方提供的各类援助吹嘘成清政府获胜的主要原因，但事实一清二楚，外国援助只是其中的一个次要因素。[1]外国援助或许在长江流域下游地区战斗的最后阶段促进了决战时刻的到来，但是，它并没有而且也不可能起到决定性作用。[注24]

镇压捻军[注25]

发端于白莲教起义的捻军，其早期历史已经鲜为人知。[注26]起义的原因可能与太平天国如出一辙，在太平军带来的混乱局势和山东、江苏及皖北地区发生的自然灾害等因素的助推之下，"声势浩大"的捻军起义以上述地区为心脏地带，于1853年正式拉开了帷幕。

---

1 见第九章。

关于"捻"这个词的具体含义[1]，到底是搓捻，还是揉捏，人们长期以来一直对此存有争论。当时的官员从"反叛者把戴在头上的被搓捻成一绺一绺的油腻腻的头巾作为其独特标志"的这种习惯做法，引申出捻军这个特定称谓。[注27]

1853年以后，捻军由其位于安徽北部地区的根据地，迅速向山东、河南、江苏及湖北等地扩张势力范围。[注28] 虽然担负平叛任务的清军向朝廷报告自己取得多场有限胜利的情形并不少见，[注29] 但战至1862年时的局势已经很清楚，清政府对于整个淮河流域的影响力几乎已经荡然无存，该地区的控制权已经被捻军首领张乐行和反复无常的苗沛霖彻底瓜分了。[注30]

1863年春，大清国平捻军队的统帅僧格林沁成功将张乐行俘获，并将其处决，但是，此举对整个战役局势影响不大。张乐行还有一个才能出众的侄子张宗禹，张宗禹继承了捻军的指挥权。战至1864年，僧格林沁的部队彻底丧失了战场主动权。张宗禹和赖文光率领捻军于1865年在山东曹州以西地区彻底粉碎了清军的围剿，就连令人敬畏的帝国亲王僧格林沁本人也在这场战斗中被捻军击毙。此时的捻军，已经达到其军事实力的鼎盛时期。[注31]

从组织结构上看，捻军只不过是一支靠东拼西凑组成的

---

1 在河南和安徽的淮北地区，早在嘉庆年间农村里就有一种秘密组织。人们认为它是起义失败了的白莲教的遗党。当地农村中迎神赛会时要搓纸燃油，所谓"捻"即由此得名。胡绳：《从鸦片战争到五四运动》，人民出版社2010年版，第17页。——编者注

队伍,[1]而不是一个可以实现中央集权的机构。这支队伍为了表现其自身特点,抄袭了宗教社会普遍习俗中的一些旗帜标语作为其行动标志。捻军实施军事扩张的主要手段是渗透并掌握当地民团的指挥权;他们通常把圩寨作为其实施有限进攻的目标,这是一种最初得到了清政府提供的赞助而构筑起来的防御工事,作为一种抵御土匪的防御设施。[注32]如果与清军形成对峙,捻军最初会把他们的军事策略建立在阵地战的基础之上。后来,通过从太平天国的作战经验中获取教益,他们把策略转换为在一个广阔区域内实施具有高度机动性的运动战。[注33]捻军作战的机动性异乎寻常,观察家们断定,他们所取得的多场胜利,都是广泛分布在各个区域的当地农民的功劳。[注34]然而,捻军却不属于四处游荡的土匪。虽然他们早期干过流窜劫掠的勾当,但到了1858年,他们盘踞的核心区域已经得到了巩固,而且他们的组织形式尽管有些松散,却已能实现高效运转了。1863年以后,虽然他们被迫采取流窜作战方式,却从未放弃重返根据地的努力。[注35]

　　捻军领导层是由杰出人才构成的。李鸿章可以证实,赖文光、任化邦(任柱)、张宗禹及其他捻军首领都是有勇有谋、能力出众的将领。据说,他们在战斗能力方面可以碾压太平军的首领。[注36]然而,为他们提供强大力量的源泉,最主要的却是他们

---

[1] 当时人记载谈:"每一股谓之一捻。小捻数人、数十人,大捻二三百人。自嘉庆甲戌年(嘉庆十九年,1814年)起,至今不绝,年丰则少清,岁歉则横行。"……可见这是饥寒交迫的农民的求生挣扎的一种组织。胡绳:《从鸦片战争到五四运动》,人民出版社2010年版,第171页。——编者注

精明敏锐的洞察力和善于及时满足老百姓的需求及愿望。每接管一座城镇之前，他们总是想方设法地利诱并赢得老百姓族群里面的"天然"领导者的支持。而后，他们会谨慎从事，尽量不去干扰平民的日常生活。他们会打开监狱、释放犯人，当众羞辱那些令老百姓憎恨的地方官。一旦控制了某个地区，他们就会高度重视保持食品供应，劫掠护送力量不足的政府车队。他们强调粮食生产，秋收时节，他们会从前线派遣小分队到后方协助警戒及收割粮食。(注37)

人们长期以来一直认为捻军与太平天国相比存在的一个鲜明反差，就是捻军没有自己的行动纲领和教义。[1]中国的马克思主义者始终坚持这个观念，即一次群起响应的起义，如果没有一份纲领作为理论指导，就会不可避免地走向失败。(注38)然而，最近的研究成果却表明，捻军不仅有政治行动纲领（如上文所述），而且还有一份语义清晰明确的思想体系和理论教义。"鉴于捻军所继承的白莲教的社会遗产为其提供了一种与众不同的觉悟，使捻军区别于任何普通土匪，而士绅的加入又给处于初期煽动阶段的捻军平添了一种更广泛的政治觉悟和组织能力，从而使其成为一种真正意义上的起义。"(注39)遗憾的是，由于捻军这边完全缺乏相关的历史文献，还远远没有形成足以证明这个观点的确凿证据。

清政府于1865年以前所采取的所有针对捻军的镇压行动，

---

1 例如，"这伙叛军既没有明确具体的政治诉求，也没有始终如一的政治信仰。他们饥不择食，喧嚣吵闹地寻找食物"。（摘自1868年3月14日出版的《北华捷报》）

无论是政治层面的,还是军事层面的,都完全以失败告终。据官员们报告,当地村民宁可支持捻军也不欢迎清政府,而这些官员似乎无法弄清其中的确切原因。^(注40)即便是在清军凭借着偶然打的一场胜仗得以进入捻军核心腹地的情况下,他们仍然在民众敌视行动的打击之下,遭到惨败。

僧格林沁的死在给朝廷带来震惊之余,也引发了清政府制定一项新策略的动因。如今,北京方面的领导者第一次感到惊恐万分,转而去采用当年打垮太平天国的那一套策略。1865年5月27日,曾国藩奉朝廷之命,亲自挂帅指挥驻扎于山东、河南、直隶三省的全部清军,他以前担任的两江总督一职暂由李鸿章代理。御林军中的精锐部队(神机营)被调动部署至京城外围,以备警戒捻军向北京进逼。在此之前,假如捻军有能力渡过黄河,那么他们通往京城的道路几乎将畅通无阻。与此同时,令人惊恐万状的关于捻军一路取胜的消息,从江苏北部地区、山东以及直隶南部地区陆续传来。^(注41)

时值1865年夏季,适逢对捻作战的紧要关头,曾国藩制定了一套旨在消灭捻军的新的基本策略。后来,这套新策略得到了曾国藩的继任者李鸿章的遵照执行,值得关注的是,该策略在此后若干年的中国剿匪作战中发挥了重要作用。

就其本质而言,曾国藩制定的这个作战计划是一种战略防御,可以概括为一句口号,即"依河划界,包围有限区域"(划河圈地)。^(注42)曾国藩的观点是,如果让清军试图像捻军那样也采取"四处游荡"式的作战方式,无异于自杀,因为捻军在游荡过程中可以得到粮食补给，而清军则不能。于是，曾国藩建立了四个主要的战略基地，分别设在安徽临淮、山东济宁、河南周家口，以及江苏徐州。起初，清军所做的努力是，按照传统作战方式去使用这四个基地，当一地受到威胁，则其余三个基地向该地派出援军。这种战略对于灵活机动的捻军毫无用处，只能被残酷无情的、以划河圈地为要旨的包围战略取代。三年之后，包围战略成功地限制了捻军的行动区域，使其较强的机动性无处发挥。

清政府为了镇压捻军，调集了归自己掌握的各种力量，把九支用于支援作战的卫戍部队驻扎到四个省境内，沿着大运河及黄河构筑起堤坝、围墙及堑壕。但是，在所有力量中，最重要的当数中兴时期国家领导层的政治远见。

曾国藩完全懂得，当前的根本问题是要重新赢得捻军占领地区老百姓对朝廷的效忠。当他由南京的两江总督府向北行进，准备接手新的指挥岗位时，他仔细考察了捻军的势力范围，这也是他对捻军势力范围所进行的多次实地考察中的第一次。由于已经认清有许多出身贫困的"良民"跟随了捻军，他便开始去努力查明这些"良民"的真实身份，争取使他们回心转意，并通过建立功劳奖励及身份证制度，确保他们对朝廷忠贞不贰。(注43) 遗憾的是，捻军活动区域"百姓"与"叛匪"鱼龙混杂的生存现状，给清政府"剿抚并重"基本策略的执行带来了极大的困难。因此，曾国藩制定了"坚壁清野"策略，比他在太平军活动区域所采取的相似策略在执行手段上更为严酷。但是，曾国藩毕竟有能力切断村民与捻军首领之间的联系，并且重新确立起清政府地方官员在当地的权威。于是，当地民众得到了清政府提供的紧急救济，土地垦荒事业得以迅速启动。当地民众应征入伍，参加了淮军，部队给他们提供了优厚的军饷，同时，部队处于朝廷的严密控制之下。(注44)截至1867年，士绅及平民集合起来与清政府站到了同一个战壕，重新构筑起地表工事，以防范捻军的袭扰。

当然，清政府新制订的策略并未在几年之内就在政治或军事层面大获全胜。自1865年末至1866年末，捻军继续在运动战方面赢得多场胜利。(注45)曾国藩在这几年确实是个"失败者"，到了1867年初，显然是出于他自己提出的个人请求，朝廷命令他重返两江总督的工作岗位。接替曾国藩负责对捻作战的李鸿章，继续执行与之总体相同的策略。(注46)

在从1866年底至1867年初的这个冬天，捻军以其在东西两路取得的进一步胜利，为这段时间留下了深刻的历史印记。[1]西路捻军在西安附近的十字坡战役中，仅用一天时间，就将陕西省驻扎的大清军队全部击溃，使其彻底丧失了战斗能力。东路捻军在湖北发起的罗家集战役，以俘获清军主要统帅郭松林告终。在这场战役中，捻军有能力切断郭松林的退路，对其实施包围封锁，并在关键时刻发动攻击。(注47)

1　1866年秋，当时仍由多支小股部队构成的捻军化零为整，组建为两支主力部队。以张宗禹为首的西路捻军向陕西挺进，与正在起兵反清的回民武装取得了联系。赖文光和任化邦则执掌东路捻军的领导权，其作战行动主要波及河南、湖北、山东及江苏四省（摘自吴曾祺所著《清史纲要》，第12卷，第17b页；以及罗尔纲所著《捻军的运动战》，第18页）。

1867年初，捻军采取钳形攻势向京城发起进攻，这使得清政府首次面对真正的威胁。东路捻军已经越过大运河干涸的河床，击败了奉朝廷之命前来抵抗的大清军队，从南面威胁北京。如果位于湖北、陕西两省的捻军推进至山西，那么他们又能从西面对北京构成威胁。进入二月份，朝廷连续多日下达一系列谕令，宣告了陕西、湖北、河南等地出现的严峻"匪患"，给京城拉响了警报；任命李鸿章为湖广总督，并要求他将捻军阻于湖北境内；命令曾国藩及河南巡抚李鹤年火速赶往徐州设防；命令左宗棠即刻动身接管陕西防务。以上经朝廷选择并予以委任的指挥人选，均为久负盛名的将领，由此可以看出当时清政府所面临的严峻形势。(注48)

1867年6月，东路捻军主力向战略要地徐州挺进，而后进入山东境内，在那里，他们将有望得到长期在山东蛰伏的捻军的支援。此时，平定捻军的战争已经进入决战阶段。1867年6月14日，朝廷下达谕旨，命令全军坚守山东防线，但捻军还是突破了大运河防线，从那里进入了山东。

如今的山东已成为维系全局成败的关键地区。丁宝桢制订了一份同时从南、北两个方向进攻捻军的作战计划，而奉命紧急赶到山东的李鸿章，则计划先把捻军驱逐至山东半岛东端，而后再彻底打败他们。

时值1867年的7月间，前来增援的清政府军队源源不断地涌入山东及江苏北部地区，包围计划终于得以付诸实现。为阻止捻军沿河床地带往返穿越，清军将黄河及大运河流域分割成数个地段，分兵把守。李鸿章在距山东海岸40里处建立起一道警戒地带，派人从南京调来炮艇前往山东海岸地区，对驻扎在那里的捻军宿营地实施炮击。芝罘地区爆发了一系列战乱灾荒，从农村地区逃出来的灾民述说村庄被烧毁的惨象。李鸿章担当起对山东境内所有军队实施指挥的大任，于是，便开始从山东传来胜利的消息。

1867年8月初，从战场情况上看，清政府的军队终于控制住了局势。李鸿章在莱州至牟平之间挖掘了一条长约160公里的壕沟，并配置兵力沿沟据守，从而将捻军限制在山东半岛的绝境地带。清军在黄河、胶莱河及大运河沿岸构筑的防御工程，看起来也已经准备就绪。李鸿章此时有充分的自信，可以将部分来自直隶的部队调回直隶，去支援镇压当地捻军的行动，而他自己则亲临一线坐镇指挥。捻军似乎已是插翅难逃，除非他们走海路外逃，于是，李鸿章警告当地官员绝不允许有任何船只在海边逗留。

然而，接下来，在8月28日那天，竟然发生了一场令人称奇的部队行动，有三万捻军"毫发无损地穿过了大清军队构筑的防线"。很明显，在此之前关于捻军一再获胜的消息已经传到了京城，于是，8月27日，李鸿章遭到了皇上的训斥，且被予以降职处理，丁宝桢被剥夺官衔和爵位，而且，至少还有一位前线将领被当场处决。[注49]

此后三个月，东路捻军似乎已有能力随心所欲地在战场上大范围活动。如果李鸿章从南边追击他们，他们就会同时向北和向西运动。然而,当一支从东北地区赶来增援的重装骑兵部队加入战斗之后,清政府的基本态势逐渐发生了改观,大运河防线得到了加强,战场补给系统也重新建立了起来。

实力得到补充之后的清政府军队开始取得了一些胜利,关于这些胜利消息的最初报道,皇帝一开始拒不相信,但到了1867年12月,皇帝对此已经不再心存疑虑了。清军在潍县附近地区取得了一场重大胜利,一支三四千人的捻军部队被歼灭,残敌向东北方向逃窜。在随后展开的几场战斗中,一支拥有三万兵力的捻军被击败,包括首领赖文光本人在内,均被俘获并被斩首。事实上,清政府就是通过上述作战行动,彻底消灭了东路捻军中的精锐部队。(注50)

随着东路捻军自1867年秋冬两季以来对朝廷威胁的持续减弱,北京方面开始把注意力转向西路捻军,因为他们已经在陕北创建了根据地,并且正在对山西构成直接威胁。山西对朝廷来说,不仅是粮食及财富的重要来源,还是阻止敌人进犯北京的外围防线。通过突袭包头,捻军成功地把清政府军队由黄河要塞吸引至包头地区。随后,西路捻军在张宗禹的指挥下突破了实力已被削弱的黄河防线,从而进入山西境内,迫使大清国的主要防线回缩至山西、直隶之间的两省交界处。

当前,必须尽一切努力守住直隶。负责从西面追击捻军的清军已被远远地甩在后面,早在数月之前就被委任去指挥这部分清军的左宗棠在赴任途中接到朝廷的命令,立即前往直隶就任,准备指挥那里的清军从东面阻止捻军向北京推进。左宗棠奉命指挥直隶境内的清军，而恭亲王及御林军则奉命负责京城防务。

1868年1月下旬，就在西路捻军继续推进的过程中，曾于1867年12月被"镇压"并于1868年1月初被"肃清"的东路捻军，竟然再度以部队的形式出现，并且从山东攻入直隶。对于捻军发动的第二次直逼京城的钳形攻势，李鸿章负有主要责任，因此被剥夺黄马褂、双眼孔雀翎及其他多项荣誉。左宗棠、官文及其余官员也依据朝廷2月3日及5日颁布的谕令，均受到了相应处罚。(注51)

目前，京城的防御形势刻不容缓。根据文祥的描述，京城早在1868年初就拉响了警报。当时，张宗禹率领捻军从山西沿着太行山脉进入直隶，并且抵达了卢沟桥，恰在此时，山东的捻军也已经从南面渗透至保定，其进犯的深度已达数公里。(注52)虽然与1853年或1860年的情形相比京城尚未出现恐慌局面，但必须采取严厉措施加强防范。恭亲王制订了针对北京的城防计划，命令守城部队对进城及出城人员实施严格盘查。尽管清政府对作战获胜的消息与作战失利的消息一样，均有所报道，但现实情况是，捻军直逼京城的脚步确实是越来越近了。

可是，到了3月初，事态却出现了转机，清政府的军队似乎已在直隶战事中取得进展，而且截至3月底，东、西两路捻军均由京畿腹地，向山西、河南及山东撤退。

然而，捻军依旧可以四处游荡、进退自如，而且其先头部队似乎仍将兵临城下。朝廷下令将于4月27日，对李鸿章、李鹤年以及左宗棠等人分别采取处罚措施。5月1日，李、左二人均受到朝廷警告，意思是说即便有朝廷的恩准，他们也不可能免除严厉惩罚。然后，到了5月9日，朝廷给李鸿章宽限了一个月的时间，要求他务必彻底歼灭捻军。

不管有没有回光返照这一说，实实在在地讲，捻军实力的根基从1865年起就不断遭受损失，所以，自1868年7月中旬起，清军所取得的胜利逐渐多了起来。当最后一股捻军的最后一位首领张宗禹试图从河里游向安全地带时溺水身亡，至此，捻军的末日终于来到了。[注53]

1868年8月27日，朝廷正式宣布，危害巨大的捻军叛乱至此终结。朝廷给所有前线将领及诸位军机大臣都颁发了较高规格的荣誉，全国每名官员均被授予一份功劳纪念证章，皇上还派遣一位亲王前往清东陵，将胜利的消息祭告给已故的咸丰帝。[注54]

虽然捻军从未掌握任何能够推翻清政府统治的真正机会，但是，若没有中兴时期领导层制定的新策略，他们将充分发挥熟悉地形、灵活机动的能力以及战斗技巧等方面的优势条件，继续在华北地区四处游荡。捻军败于清政府的原因，一方面在于他们没有争取到比清政府更广泛的民众支持；另一方面，在于当他们向西部地区撤退的通路被最终阻断以后，他们灵活游荡的斗争策略便彻底失去了作用。[注55]这是曾国藩于1865年制定的两项策略经过1868年的实战检验被证明已取得成功的结果。清政府自1866年以后便掌握了火力优势，这是因为清政府从外国人那里得到了一部分火器，这也是平定叛乱期间外国向清政府提供援助的唯一一种形式，火力优势虽然是清政府取得对捻作战胜利的重要因素之一，但不是最重要的关键因素。(注56)

平定西北(注57)

导致19世纪中叶西北地区爆发大规模回变的根本原因，从表面上看主要有两个：(1)清政府的地方官对当地回民存在歧视态度；(2)发端于18世纪末某些回民聚居区的新式传教(新教)的狂热影响。其中，第一个原因尤为重要。(注58)按照清政府的官方政策，通常都要求平等对待汉民与回民，但随着最初清王朝的日益汉化，[1]清政府在处理汉、回这两个文化群体之间出现的争端时，变得越发难以保持中立态度了。

中国内地的回民汉化程度很深。虽然他们信奉伊斯兰教和宗教婚俗，憎恶猪肉、饮酒及不洁净之物，但他们在许多方面都与汉人保持着更为密切的联系，而与玉门关外的那些与他们信奉同一宗教者之间的联系，则要相对疏远一些。(注59)他们曾在历史上留下一段长期反抗当地汉人政权的记载，连同那些广为流传的关于反清英雄们的传说，其中的许多英雄都是参加了明末李自成起义的回民。(注60)然而，由于回民中可能还有一部

---

[1] 见第四章。

分人并非新教的信奉者，所以发生于19世纪中叶的这场大规模起义，与其说是一场反抗儒教国家的叛乱，不如说是一次回民对于当地政府歧视性政策所产生的抗议情绪的累积与爆发。

时至今日，人们还是没有完全理解新教的教义。一个无可争议的事实是，无论它传播到哪儿，总能与当地民众的不妥协心理及叛乱事件产生因果联系。新教最早发源于甘肃河州以西的十二个与世隔绝的撒拉族村庄，这些村庄地处黄河右岸，被喻为"中国的麦加"，在整个清政府统治时期的历次武装对抗中发挥了重要作用。(注61)西方学者对于新教看法各执一词，有的认为新教与苏非教派（Sufism）及卡迪尔教派（Kaderism）有关，传到中国以后，之所以修改了教义，是因为它的支持者不能充分理解伊斯兰教的神秘主义；(注62)反对的看法认为，新教属于正统的逊尼教派（Sunni），只不过免除了与中亚逊尼派团体相关的神秘冥想；(注63)还有的认为，新教属于瓦哈比教派（Wahabi）。(注64)日本方面对于该问题的研究(注65)，直到最近仍没有得出明确的结论，当他们从清代历史文献中获取了进一步的证据，他们便通过引用这些文献，来支持一个认为新教领袖是苏非派教徒的观点。(注66)显而易见，无论是中东地区的专家(注67)，还是中国的学者，他们的研究视野都没有触及新教问题。对当时真实情况了解甚深的兰州地方行政长官，发表评论认为旧教与新教之间的矛盾冲突，是产生一切麻烦的根源，但他也无法解释这两个教派之间的区别究竟何在。(注68)

新教第一次引起人们的关注是在1762年。当时，新教与旧教的领袖在西宁附近的撒拉族聚居地,当着中国地方官员的面互相控告对方。结果,新旧两派领袖均被判定有罪,并被驱逐出该地区。1769年,两派之间的控告卷土重来,而这一次,清政府对新教一方的处罚更重一些。

撒拉族聚居区内部郁积已久的动乱因素持续升温,终于在1781年酿成变乱。其组织者是一个名叫马明心的撒拉族宗教改革家,此人早年时期曾游历中亚,回国后在传播布道他的所谓真信仰(即新教)的过程中,领导了这场与旧教的争斗。清政府闻讯后即派人到该地区进行巡视。在巡视期间,一名在附近河州供职的地方官由于向巡视人员举报了新教的罪行,结果他当晚就被绑架并杀害了。而且兰州城内的旧教信徒也遭到了暗杀,一场反抗清政府统治的武装骚乱由此爆发。为了平息这场骚乱,清政府发动了一场大规模军事行动,并且对骚乱参与者实施了凶狠的报复。1783年爆发的第二场规模更大的骚乱,同样也被清政府平息了下去。清政府加强了对该地区的驻军和警戒,并要求驻军与当地民众保持密切协同,共同维护当地治安,同时,清政府还下令禁止传播新教。(注69)

可是,新教仍继续培植反抗清政府的势力,并且在19世纪六七十年代的大规模武装斗争中充当了主力军。关于当前日益紧迫的平乱行动,左宗棠深知,自己在军事方面的最大问题是如何瓦解新教教徒的狂热抵抗;而在政治方面的最大问题,是如何实施战乱地区的战后重建。

根据清代遗存的历史文献,据说有一个名叫马二的人继承了新教领袖穆大阿訇的"白帽子"[1]和"红袍子"[2]，穆大阿訇在弥留之际，要求他的子嗣及所有信徒都必须支持马二。后来，马二被官府抓住并判处凌迟极刑，而他的儿子，就是马化龙，后来成为与左宗棠作对的众多回民军事首领中最难对付的一个。(注70)

导致19世纪这场大规模变乱爆发的直接背景，完全是由一系列微不足道的小事件构成的。在1858年陕西的一个汉人集市，卖水果的回民儿童在交易中与当地汉人发生争吵。当地的汉人官员拒绝出面调停此事，当回民代表第三次向他提出请愿时，汉人官员失去了耐心，命令手下把回民代表殴打了一顿。结果，数千名回民气势汹汹地洗劫了一个汉人村庄，回汉双方在这起事件中均有人员伤亡。后来，这名汉人官员被召回西安，清政府派军队介入，恢复了当地秩序，但是，所有回民却都认为清政府在整起事件的处理上并没有做到公正中立。(注71)

在1861—1862年间，反清的回民在陕西、甘肃两省的不同区域间歇不断地挑起事端，(注72)当太平军的一支部队于1862年在行军途中经过西安附近的陕南地区时，回民借当地受到太平军袭扰之机发动了一场大规模武装暴动，但很快遭到了镇压，

---

[1] 史料记载中提到的头巾或帽子的颜色，对于确定或描述新教并没有什么帮助。据亨利·奥龙的报道，新教的教徒有时会头戴蓝色的帽子，而正统教派则会头戴白色、绿色或浅蓝色的帽子。但是，穆大阿訇的帽子却是白色的。在1783年的事件中，人们都戴着红色的帽子，但红色可能是反叛的象征，而不是代表某一个教派（见亨利·奥龙所著《亨利·奥龙使团（1906—1909）》；《中国穆斯林研究》，巴黎，1911年，第17页、第247页、第311—314页）。如果帽子的颜色真的可以代表教派，那么它们很可能只是局部的、短暂的。那些希望这种宗教混乱局面加剧的读者，可以参考马歇尔·布鲁姆霍尔（海思波）所著《清真教》（伦敦，1910年出版，第9章）。

[2] 根据马丁·哈特曼的观点（见《中国》，载于《伊斯兰百科全书》，荷兰莱顿，1913年，第1卷，第839—854页），在中国，每个穆斯林社区都是独立的，伊玛目拥有巨大的权力，哈里发甚至不为人所知；麦加的谢里夫是众所周知的，但他的权威没有得到承认。

河南巡抚将一支约有六百人的回民队伍遣散回乡，准备让他们返回甘肃老家。结果在途经陕西华州的过程中，这伙回民闯入一户汉人村舍的花园，在未经房主同意的情况下，砍了花园里的一些竹子。汉人房主召集了一群人，就连民团乡勇也被动员了起来。回民方面宣称，有两名回民被殴打致死，附近的回民住宅也于当晚被付之一炬。而官方对这起事件的报道是，这是政府掌握的关于回民企图发动大规模叛乱阴谋的第一手证据，政府将派出军队去协助当地的民团乡勇。(注73)

回汉之间的战事沿着渭河迅速蔓延扩散，一支由回民普遍参与的军队迅速组织起来。回民军队杀死了民团首领，并且包围了西安。白彦虎及其他骨干很快就成长了起来，他们脱颖而出，一跃成为回民首领，战至1862年秋，他们还与太平军取得了联系。(注74)

不久之后，整个西北地区的全体回民群起响应，纷纷加入反清行动之中，陕西巡抚瑛棨向朝廷请求增援。他最初的首选是，援军主帅由多隆阿担任，而朝廷也是这么认为的，但由于多隆阿忙于镇压太平军，无法脱身，故朝廷只能任命胜保去全权负责指挥那些最近在陕西集结完毕的清军。经过实战检验，胜保根本不能胜任指挥，于是，在1863年初，他的指挥位子被年富力强的清廷名将多隆阿取代(注75)。多隆阿到任之后，发动了一场迅猛有力的战役，收复了多处据点，击毙了两名前来援助回民的太平军将领，余众均被俘获，并且彻底击溃了盘踞在陕南地区的回民军队。据说，就在白彦虎及其他首领率领回民

残部向甘肃撤退的过程中，清军对回民根据地展开了扫荡，方圆二公里范围之内皆被洗劫一空。(注76)

然而，清军取得的首场胜利是暂时的。多隆阿在1864年的一场战斗中阵亡，回民军队的势力范围迅速壮大。作为新教的主要倡导者，马化龙开始实际控制从宁夏到秦安，包括平凉和他的老家金积堡在内的这一片广阔区域。目光移往西部，马占鳌控制了河州地区，马桂源盘踞在西宁，而马如龙则占领着肃州以西地区。在此后的几年中，回民武装相继攻占了宁夏府、肃州、兰州，以及多座规模较小的城市，局势日趋恶化。(注77)

1866年的局势非常明朗，清政府必须刻不容缓地对作战策略进行根本性的调整，但是，正如直到1864年太平天国被镇压下去之后，清政府才能把全部注意力投入平定捻军的战争之中一样，在捻军被平定之前，清政府也无法做到全力以赴地集中精力用兵西北。1866年底，作为中兴事业的主要领导人物之一，左宗棠被任命为陕甘总督，并且肩负着一项特殊使命，就是平定回变，但是，这项任命计划直到1868年9月才得到皇上的批准，(注78)一直等到这一年的11月份，他才抵达西安赴任。

左宗棠及其他清政府的领导者都充分认清了当前形势，对战乱地区民众发动政治攻势必须遵循这样一句传统格言，即"不论汉回，只辨良莠"——当然，在他们眼中新教追随者都是坏人。因此，当前的迫切任务是，修订那些不适当的税款征收条例，公平地听取所有民众发出的不满声音，以及从快惩治那些在民众当中引起骚乱的军纪不严的部队及士兵。因为，按照

左宗棠的话说,那就是"执行一项基本的平叛计划,不能仅仅依赖军事策略"。（注79）

然而,左宗棠却不得不优先考虑军事方面的问题,而且他还面临着一项特别棘手的任务——漫长的补给线需要穿越土地贫瘠、人烟稀少、敌对势力嚣张的地区。沿线地区几乎找不到任何可供调集的资源。而他的对手,不仅是驾轻就熟的游击队首领,而且还是拥有一群狂热追随者的宗教领袖,他们处在一个能够充分利用汉回之间由来已久的种族、文化及宗教仇恨的有利位置上。从1864年至1871年,他们持续不断地进攻这唯一的一条在历史上维系着新疆与内地之间联系的交通线。沿着这条穿越蒙古与西藏之间众多沙漠、山脉的狭窄的交通走廊,爆发了最惨烈的战斗。（注80）

按照左宗棠的预期,清军有能力在五年之内平定陕、甘两省,而结果是,他的预期成功实现了。（注81）他于1868年11月抵达西安,上任伊始,便集中全部兵力,对反清的回民军队发动三路围攻。北路军由刘松山统领,从陕北出发,穿越黄河,直取绥德,最终目标是马化龙的要塞金积堡。南路军由周开锡统领,沿泾州向河州方向发起攻击。中路军由左宗棠本人及刘典负责指挥,沿官道向前开进,从陕西出发,直取甘肃。

实践证明,北路军的进攻行动起到了决定性作用。刘松山的第一项任务,是彻底铲除董福祥领导的"地方"回民军,这股力量正在持续骚扰陕西、甘肃、绥远三省交界地区。董福祥这个人后来曾在义和团运动中颇有名望。当刘松山率军进抵绥德后,他发现董福祥把他的据点分散配置在延安与榆林之间的中途地带上。刘松山发起攻击并取得完胜,随后,对逃跑的残敌实施追击,一直追到敌军的老巢——位于鄂尔多斯以南的陈井堡。董福祥的父亲请求投降,后来董福祥也加入了投降行列。从那时起,他们都变成了对朝廷忠心耿耿的清军将领。董福祥的队伍是一支独立性很强且很少固定驻防的游击武装。刘松山打了胜仗之后,为了表示对董福祥拥护清军行为的奖赏,搜刮了这一地区所有与朝廷顽抗到底的回民的家庭财产,将其中的大部分都赏赐给了董福祥。这也就奠定了董福祥在此后数十年间所拥有的雄厚家产。(注82)仍在顽抗的陕西回民军向西转移进入甘肃,战至1869年秋,陕西从表面局势上看已经基本实现了平定。接下来,左宗棠便着手将其注意力全部投向甘肃和宁夏。

1870年初,刘松山对反清回民军队的主要根据地发动了第一次进攻,该根据地位于宁夏的金积堡——这里被喻为"新教的摇篮""革命的堡垒""中国伊斯兰教的麦地那",而且还是马化龙的大本营。清军在这次进攻中所取得的胜利,加之对战斗幸存者所实施的残酷无情的斩草除根行为,成为平定西北整场战役的转折点。

这是一场残酷而又血腥的战役。刘松山对金积堡发动的首轮攻击以失败告终,且损失惨重,包括刘松山本人都成为众多阵亡者中的一员。马化龙得以改善其防御阵地,而且能派部队进入陕西去偷袭左宗棠的交通线。当白彦龙赶去增援马化龙时，北京方面的领导层顿时感到惊恐万状，命令李鸿章亲赴一线指挥反击行动。然而，左宗棠还是成功地夺回战场主动权。他任命刘松山之侄刘锦棠去指挥金积堡前线攻击部队。刘锦棠采取凶狠残酷的战术，决意要为叔父报仇，他迅速切断了黄河大堤，借助水攻之力，对该镇实施了严密包围。最终，金积堡于1871年初被清军攻陷。马化龙的投降到底是不是为了拯救那些留在金积堡内忍饥挨饿的灾民？个中原因尚不清楚。无论如何，清军都不可能对守城人员实行大赦。马化龙全家都被以"凌迟处死"的方式施以极刑，他的家宅被夷为平地，并且从此以后，清政府不准回民到金积堡定居。在首先查明黑龙江不存在新教的蛛丝马迹之后，清政府将马化龙的远房亲属流放到黑龙江，这实际上等于是宣判了某种死刑。(注83)

金积堡的收复是西北平定战役取得的首场重大胜利。左宗棠用栩栩如生、扬扬得意的语言，向朝廷汇报该镇已被彻底摧毁、匪首已被悉数处决。崇高荣誉和赞美之词纷至沓来，全部涌向左宗棠，朝廷还给所有在这场战役中有立功表现的人员颁发了奖赏。(注84)

很明显，自从收复金积堡之后，清军已在西北地区全面掌握了主动权，北京方面急不可耐地期待平定战役取得最终胜利。左宗棠向朝廷报告，部队已朝甘肃通贵堡方向先期展开侦察搜索作战，他目前正在努力将至今仍未放弃抵抗且不甚强大的对手争取过来。朝廷对此一再下达谕令，反复警告他不要在招降这件事上浪费时间，不要只考虑用抚慰手段实现统治，而

要抓住天赐良机，夺取军事上的全面胜利。(注85)

如果都能从这一地区的地形条件着眼，那么，朝廷就不应该指责左宗棠在那里闲逛、磨洋工。1871年4月22日，当获悉通贵堡已被收复之后，朝廷此刻发出了一份措辞相当温和的上谕。虽然朝廷已经掌握当时有一些回民首领跑到附近层层设防的回民定居点里找到了藏身之所，却并没有采取大规模的劫掠及屠杀行动，而是发布了一个公告，敦促那些"品行良好的回民"把他们正在提供庇护的"顽固不化的叛乱分子"交给朝廷。(注86)

一系列新的胜利接踵而至，(注87) 河州成为左宗棠的下一个主要目标。几年来，关于以谈判方式解决河州地区被围回民的争论一直存在。(注88) 那里的回民首领马占鳌，虽然成功地抵挡住了清军将领周开锡的进攻，但他已经不再相信回民能够取得最后的胜利。朝廷方面，左宗棠也想避免再次出现像金积堡那样的惨烈围攻。他开出了大赦条件，于是马占鳌接受了投降。朝廷对待投降的回民虽然也采取了一些惩罚措施，但在河州，毕竟没有出现像金积堡那样的处决、放逐，以及大规模的人口迁移。部分河州回民领袖接受了清政府赏赐的头衔和官职。马占鳌全家后来成了甘肃回民社会中最显赫的家族。(注89) 西宁的马桂源甚至没等刘锦棠的部队于1872年12月抵达西宁，就开始仓皇撤退。留在西宁没来得及逃跑的回民一部分被处决，一部分主动投降。(注90) 马桂源及其剩余支持者逃到了马燕戎格城，后被清军俘获，马桂源被俘的消息于1873年4月7日公布。(注91)

平定中国领土西北诸省的战役最后阶段，始于进军收复肃州，该地自从1865年起就一直被马文禄占领。按照推测，乌鲁木齐提督成禄的部队这么多年以来一直都在朝着肃州开进，可事实上，朝廷每次针对回民叛乱问题下达谕令时，总是要指派一名骑手去给成禄传达命令，要求他拿下该城。最终，成禄被朝廷召回并被宣判死刑。为了夺回肃州，左宗棠于1872年夏发动了一场新的战役。1873年秋，他亲自来到城墙边进行指挥，肃州城终于在11月被攻陷。清军入城以后，放火焚烧，对回民执行死刑，还实施了大规模屠杀，其凶残程度甚至超过了清军当年在金积堡的行径。(注92)肃州城内的少数回民包括白彦虎在内纷纷逃往新疆，尔后进入沙俄境内。(注93)

在中兴时期发生的这几场最惊心动魄的战役中，俄国想提供援助，但都被清政府拒绝了，除了由左宗棠谈判的某些贷款，[1]清政府并不需要西方国家提供任何援助。

肃州的收复，不仅标志着朝廷完成了对西北地区的平定，还标志着全国领土均已实现了平定。太平军、捻军、西南回民以及各种形式的地方反清行动，[2]都早已被镇压了下去，这个中央帝国终于迎来了和平。

---

1 见第八章。
2 关于同治时期中国最后的两次反清运动，见本书后续章节的论述。由于左宗棠在新疆实施的平乱战役直至1877年才结束，因此超出了当前研究的历史时期。

平定云南^(注94)

从清政府的角度,在西南地区的回民造反,似乎离得很远。曾国藩曾经这样宣称,尽管云南是全国最偏远的省份,而贵州是最贫穷的省份,但是,皇上会保护国家的每一个臣民及每一寸土地。然而,从提出的计划来看,他并没有掌握云南、贵州或回民的实际情况。^(注95)

早在19世纪50年代杜文秀起兵反清之前,云南的反清形势就已经闹得沸沸扬扬了。官员分布疏远,管理力量薄弱,这里的村庄看起来距离县政府都很远,就像县政府距离省政府或者省政府距离北京一样遥远。通常情况下,土匪的活动都很猖獗,特别是因为靠近边境,在官府面前更加显得恃无恐。土地税额及军需费用异常高昂,而在全省范围之内,压在回民头上的苛捐杂税负担,甚至要比压在汉人头上的沉重得多。由于存在着管理路途遥远、官吏腐败横行等方面的原因,加之省内官僚体制因慵懒无能而臭名昭著,该省在行政管理手段上不可能适当地体现司法公正。回民抱怨最多的,就是地方官在裁决回汉争端时存在偏袒汉人的倾向。^(注96)

云南发生的骚乱,绝大多数都是源于当地各种矿山频繁出现的暴力事件。19世纪中叶,随着该省人口暴增,汉人开采的矿井日益枯竭,于是他们便转场到更偏远、储量更大的矿井,以便持续开采,而这些矿井已经有回民矿工在那里开采,且这些回民矿工都是他们早些年从老矿井赶走的。矛盾由此产生,

1845年，一家银矿发生多起暴乱；1855—1856年的冬季，一家金矿发生了一场大规模暴动。尽管关于这些暴乱事件确切情况的相关史料记载存在着差异，但不管怎么说，在地方行政官员采取行动之前，事态就已经失控了。1856年2月，多处回民村庄被烧毁，造成了相当多的人员伤亡。就在当地汉人呼吁昆明方面(云南府)提供援助之际，回民实施了报复行动，随后他们当中的多数头目纷纷跑路。这种情况导致许多汉人都相信一场即将全面爆发的武装冲突已经迫在眉睫，于是他们决定先下手为强，通过省里的下属官员下达命令，准备于1856年5月19日对当地回民发动一场预防性的大屠杀。云贵总督显然没有能力去阻止他的下属官员下达屠杀令，无奈选择了自杀，而他的继任者却没有这么好的运气。汉人在当地官员的支持下胡作非为、疯狂杀戮，而回民与其他非汉族裔人口则揭竿而起，纷纷加入大规模反抗行动。(注97)

回民反抗军的势力迅速发展壮大。马如龙的部队于1857年进攻云南首府昆明，并切断了官府军队的粮草供应通道。翌年，杜文秀攻占了西面的大理，并在那里建都，其政权存续了长达15年。

19世纪50年代末供职于云南的地方官，全都是拙劣无能的渎职者，非但不能平定战乱，反倒加剧了事态的恶化程度。1856年回民暴动之后，云南全省陷入道德沦丧、世风日下的颓废局面，即使是那些本应忠于政府的地方辖区行政官吏，竟然也擅离职守、逃往昆明。昆明的各级官员，即便在最好的状态下，也是怯懦无能、玩忽职守、相互猜忌。根据史料记载，如果把云南官员中被暗杀的、自杀的，以及在任内突然被解职的情况加以统计，可以列出一份令人震惊的名单。在这一时期担任过总督及巡抚的官员中，一人被杀，一人自杀，一人精神失常，一人拒绝到省里就职，还有几人因完全不能胜任本职而被召回。北京方面命令团练大臣黄琮按照曾国藩组建湘军的模式，在云南组建新型地方武装，结果组建工作彻底失败，黄琮自杀。(注98)

当时，回民军队"大主教"马德新(字复初)(注99)和他的两个部下马如龙(也被称作马恒)(注100)及杜文秀，统一指挥军事行动，马如龙和杜文秀从一开始就从马德新的手中接管了指挥权：其中，马如龙的势力范围在滇东及滇南，而杜文秀则在滇西活动。(注101)云南回民军首领与西北回民首领之间存在着某些相似之处：杜文秀就像金积堡的马化龙一样战斗到底；而马如龙就像陕北的董福祥一样，被清政府争取过去，后来又在清政府这一边表现活跃。马德新是一位杰出的宗教领袖，在处理宗教及军队内部矛盾问题时，成功地保持着一种不偏不倚的领导方式。他的父亲是大理地区的一个商人，他从小先后接受过汉文化及伊斯兰教育。马德新参加过麦加朝圣，去过埃及，还在君士坦丁堡度过了两年时光，而后，于1846年返回云南。马如龙出生于一个家境优渥的回民家庭，曾师从马德新学习过阿拉伯语(他俩或许存在着亲属关系)，还曾通过了武举人考试。回民反清运动爆发时，他正在一处矿山担任管理者，而他哥哥则在汉人组织的第一场大屠杀中惨遭杀害。根据大家的说法，他是一个作战能力极其强悍的战士。杜文秀在太平天国运动精神的感召之下，胸怀一个更加远大的梦想，他创立了自己的王国——平南国，还把大理建设成平南国的首都，使用精致的镇国玉玺，还建造了一个紫禁城，里面的人全部穿着明朝的服装。(注102)

作为穆斯林民众领袖的马德新、马如龙和杜文秀，尽管这三人早有联系，但他们的学说之间却存在着重要区别，以马德新、马如龙为一派，以杜文秀为另一派。博学而又虔诚的马德新认为，虽然要保持伊斯兰教信仰的纯洁性，使之不能与中国社会普遍的人生观混为一谈，但是，伊斯兰教的信仰与儒家学说之间并不存在任何矛盾冲突。主管云南省教育、身兼翰林院编修头衔的云南提督，于1859年（咸丰九年）写道，马德新绝非等闲之辈。他在自己的著作《四典要会》中提倡的生活方式，确切地说，就是儒家所强调的五种人伦关系和传统美德。云南巡抚与之看法相似。马德新领导的回民信徒曾经写道，马德新不仅教他们懂得信仰的真正意义，还通过指出伊斯兰教义与《易经》、孔子、孟子、新儒学、著名汉族诗人之间的相似之处，以及与墨子学说、杨朱学说乃至其他尚无定论学说的区别之处，向儒家学者展示伊斯兰教的真实特征。(注103)马如龙是马德新的亲密追随者，同时也是中兴时期领导人眼中"品质优良的回民"中的完美典范，只要施以仁慈、给予安抚，并且做到公平对待，就能够争取过来。

杜文秀的情况有些不同。他在1860年以前一直都承认马德新的权威，并且直到他死之前，都始终对马德新的宗教地位给予应有的尊敬。但是，他并不会去追随马德新。多奥隆猜测杜文秀有可能是皈依了新教；他在大理曾经采访了一些回民，从这些回民奇怪的答语中，他开始相信新教已经在大理得到了繁荣发展，但对于大屠杀的回忆历历在目，又使得每个人都不愿承认自己信奉过新教。(注104)

1860年的云南与全国情况大体一致，都在经历一个危机之年，清政府的各项事业看起来都显得毫无希望。回民军队可以在占全省总面积2/3的地区实现自由行动，而且包围了该省首府昆明。可是，就在这万分危急的最后时刻，云南巡抚张亮基成功地与义军首领马如龙举行了谈判，并达成协议。1861年，马如龙以一名清军将领的身份接管昆明时，他率领的回民军队在入城仪式上表现得秩序井然。(注105)

尽管整个云南的乱局需要再经过十二年才能彻底得到平定，但马如龙的投降起到了扭转局势的作用。由于他在降清的过程中并没有表现出自己是被收买的，所以他的投降动机很值得猜测。或许他已经意识到即便是自己的势力达到巅峰状态，到头来回民也不可能战胜清军，而旷日持久的战争只会破坏全省人民的生存条件。除了具有这种远见，马如龙以前享有的武举人身份可以使他在清政府体制内获得官衔、享有权威，加之清政府采取的"不论汉回，只辨良莠"的策略本身对于马如龙也具有很强的吸引力。最后一个原因，就是马如龙可能与杜文秀在对待新教问题上发生了分歧。

不管他的投降动机究竟是什么，马如龙终究还是加入了清军的阵营,并且一直都是一位卓有成效的清军将领。而马德新尽管拒不接受清廷赏赐的头衔,却还与马如龙保持着正常的交往。(注106)

尽管收降了马如龙,清军最初的战役行动仍然进展缓慢。1862年又爆发了几场新的起义,加之云贵总督潘铎于1863年遇刺身亡,(注107)清政府很难挑选出有能力收降其他回民首领的官员,而在著名的清军反回将领岑毓英与马如龙及其部下之间,还存在着强烈的敌意。(注108)虽然马如龙依旧忠于朝廷,可岑、马之间的敌视情绪却在持续恶化。最终,朝廷任命了一位杰出的中兴名臣劳崇光赴昆明接替潘铎的云贵总督之职,马德新同意赴大理劝降杜文秀,理由是宁当一名朝廷命官,也不在一个虽然宣布了独立却被战火摧毁的地区当巨头。杜文秀虽然接见了马德新,却并未接受其劝降条件。(注109)他的部队向昆明进发,而劳崇光恰在云南首府被围之际病亡。

北京方面现在才充分认识到云南形势的严峻程度,责令由内阁、军机处、六部九卿统一负责云贵总督的任命事宜。由于骆秉章已经就任四川总督,不能抽调他去兼管云南的事,权力部门经研究讨论,决定任命一位年轻的湖南湘乡籍官员刘岳昭为云贵总督,刘是曾国藩的得意门生。(注110)

1868年从夏至秋,昆明战局持续危急。攻守双方像展开了拉锯战一样持续缠斗,而杜文秀的围城部队却由于伤病增多、食品短缺等原因,战斗力遭到了削弱,马如龙利用杜文秀围城部队内部的不同成分来实施分化瓦解,从而削弱了敌军士气。

1869年秋，杜文秀终于被迫解除了对昆明的包围，从此以后，他的回民武装一路败退，直至1873年彻底失败。(注111)

此后四年，云南战局的总体特征是，由岑毓英率领部队对回民军队发动残酷无情的军事进攻，由马如龙开展的外交攻势为岑毓英提供支援，而刘岳昭则一方面在有必要的情况下对岑毓英加以限制，另一方面按照马如龙给回民作出的投降承诺，为其提供物质条件。(注112)清军一座接一座地攻克了杜文秀修建的从四川至贵州省界横亘云南全境的53座筑有坚固城墙的城池。最后，他们终于兵临大理城下。大理城于1873年1月被清军攻破，杜文秀随即自杀，经过历时三天的烧杀抢掠，全城五万人口或死亡或失踪，几乎无一幸免。(注113)据说，仅有一部分人逃到了中缅边境地区的崇山峻岭之中，他们的后代至今仍在那里生活。(注114)

正如清政府在早些时候取得的胜利一样，成功平定云南从根本上说是一次政治上的胜利。对清政府来说，可以肯定的是，当其他地方的反抗都被镇压下去了之后，当然就会有更多的部队增援云南，而且马如龙和岑毓英又都以他们各自不同的作战方式而成为杰出的战将。然而，不可否认的事实是，清政府拥有像劳崇光、刘岳昭这样的人才是更根本的原因，他们善于通过提供和平、公正、重建等条件，把回民领袖争取过来，并笼络住他们对于朝廷的忠心。就这一点来说，杜文秀身上的弱点，恰好极大地帮助了中兴事业。虽然杜文秀在起兵之时靠的就是强化汉回联合、共同反对清政府，可是，他从来没有真正相信过任何一个汉人,即使是对手下那些最效忠于他的汉人将领,他也不敢把权力交给他们。随着时间的推移,他的宗派主义思想日趋严重,甚至试图在饮食、服装以及崇拜等方面强推伊斯兰教的风俗习惯。他这样做的代价是,绝大多数的汉人追随者以及相当多的回民追随者都与他离心离德。随着派系纷争在他的地盘甚嚣尘上,包括绝大多数回民士绅在内的整个士绅阶层都开始站在清政府这一边,愿意采纳清政府的改革方案,以便纠正地方官滥用职权现象,确保全体臣民享有平等的社会地位,从而不必再走造反这条路。(注115)

目前还没有找到充分的史料信息可以证明清政府在平定云南的过程中,曾有外国人提供援助、参与其中并发挥了作用。据称,法国人向岑毓英出售了军火,还在昆明帮助他制造武器、训练部队,[1] 法国人帮助岑毓英制造的武器,其性能优于杜文秀在缅甸从英国人手里买到的欧洲制造的武器。但是,也有证据表明,杜文秀购买军火的提议基本上被英国人拒绝了,因为英国人认为在云南和在中国的其他地方一样,英国的利益与清政府的利益保持一致。(注116) 唯一可以确信的说法是,虽然英法两国完全或主要地支持了清政府这一边,但决定结果的不是这种援助,而是一种复杂的内部力量,其中云南回民对中兴时期平

---

[1] 有个叫让·迪普伊的人,后来在1873年法国人占领河内的行动中发挥了重要作用,他于1868年出现在昆明,成了云贵总督及其他官员的密友,并于1870年受命去镇压安南边境的叛乱。这一事件的主要意义似乎是迪普伊利用他作为"中国皇帝"(安南的宗主国)代表的身份,以牺牲中国利益为代价去扩大法国的势力范围(见V. 霍斯基尔:《云南的贸易路线》,巴黎,1883年出版,载于丹麦皇家地理学会的《地理杂志》,第6—7页)。

乱将领出于公心提出的和平建议所做出的反应，才是关键因素。如果说，是外界提供的物资援助拯救了云南，那么，这种援助只能来自四川省。

平定地方暴动

事实上，中兴政府除了要平定以上这四起主要反清运动，还必须采取措施去对付各省频繁出现的地方性暴动，就连"可靠的"四川省也不能完全排除发生暴动的可能性。然而，除了贵州，那里长期存在的一系列彼此之间不进行协调的暴动事件，或者是多起暴动之间的相互协调不够紧密，这些暴动事件持续累积，最终酿成一场大规模起义。这些在当地频发的骚乱事件极具危险性，主要原因在于：(1)它们给国内总体重建计划带来了更大的困难；(2)"地痞流氓"经常会被大规模叛乱的组织者收编，并成为其中的骨干力量。

自从道光末年时起，贵州省内的骚乱局势就长期处于持续发酵的状态。[注117]当时所有的动荡不安，都源于普遍存在的民怨及不满情绪，再加上排斥汉人的苗族部落对清政府怀有的特殊怨恨，以及附近太平天国运动及云南回民反清事件所带来的不利影响。零星散发的暴乱事件自1854年至1858年时有发生，而自1858年至1867年，暴乱事件开始向全省蔓延，合计共发生了54起。在这一过程中，贵州6/7的城镇出现过先被暴民夺占后被政府收复的情况，其中的一些城镇还曾被数易其手。

制造上述这些事件的反清者，既有苗民，也有汉人，以及一些回民。（注118）

早在19世纪50年代初，当时的胡林翼还是贵州省内的一个年轻有为的知府，[1]他列举了导致贵州出现骚乱事件的三条原因：行政管理不当，军队实力不足以及歧视苗民。有些看法认为，胡林翼有可能成为贵州的拯救者，可他后来却被朝廷任命为湖北巡抚，在动乱频发的关键几年离开了贵州，把贵州交到了一个在"正确管理准则"方面未经过充分历练的巡抚手中，从而导致了施政弊端在贵州持续存在。（注119）

只要大规模起义风起云涌，北京方面就会忽视贵州省内出现的地方性骚乱。直到1867年，清政府才开始对该省给予一定程度的关注。贵州巡抚曾璧光向朝廷汇报，该省叛乱者缺乏严密组织，只要朝廷下拨用于组建该省团练的经费，并指派一名有能力的将领到该省担任团练首领，则贵州省内的骚乱必将轻而易举地得到平定。（注120）经费和将领均已到位后，从表面情况看，该省由汉人发起的暴动于1868年被平息，由苗民及回民发起的暴动于1872—1873年得到了平息。（注121）

在华北平原上连年不绝、频繁上演的盐匪在前面逃窜、官府军队在后面紧追的滑稽场面，给大规模叛乱时期的严酷历史，平添了一种喜剧穿插效果。官府军队有时报告，盐匪只有"几百人"，随后却又报告，有几十乃至几百名盐匪被占有绝对

---

1 见第五章。

优势的官府军队剿杀，接下来，盐匪的具体数量可能又会被报告成"一千人"。虽然关于官府军队获胜的消息一直都在报道，可盐匪却总是反复出现。(注122)官员们会把形成这种荒唐局面的直接原因归结为匪首作战的能力与清军将领不相上下，但清军部队缺乏训练、缺少骑兵，无法对运动中的盐匪实施进攻等。(注123)根据1868年1月1日颁发的一道谕令，关于盐匪屡剿不绝的一个更根本的原因，就是盐匪显然可以几乎无所顾忌地从普通民众中招募到稳定的替补兵员。如果情况果真如此，单靠军队是不可能把这些盐匪镇压下去的。(注124)

中兴时期的官员极其关注盐匪问题，部分原因在于盐匪夺走了政府急需的税收来源，[1]还有一部分原因，是中兴时期的官员唯恐盐匪加入捻军。[2]在崇厚这样的最直接参与镇压盐匪行动的官员看来，最佳对策是要取决于争取当地士绅的援助。(注125)

很明显，根据东北地区发来的报告，那里爆发的骚乱在整个中兴时期都是很零星琐碎的。对此，在朝廷谕令中经常会提到一些盗马贼、木材劫匪，以及一些非正统的宗教派别。(注126)匪帮数量持续增加，据说，到了1866年，东北地区共计有30000多名土匪，有组织的土匪团伙多达20个；但是，这些土匪在文祥发起的平叛攻势下很快就被成功地镇压了下去。(注127)东北局势迅速好转，完全处于朝廷掌控之中，以至于

---

1 见第八章。

2 当时人们都相信，捻军首领张乐行就是出身于富裕的食盐走私贩子家庭（见《剿平捻匪方略》第3卷，第4b页）。

朝廷在直隶地区的骚乱形势达到了鼎盛的情况下，朝廷命令盛京将军都兴阿移师直隶，用其麾下最精锐的骑兵部队去镇压直隶的骚乱。(注128)

随着太平天国运动愈演愈烈，据报道，华中地区也出现了与其他地区相类似的地方性骚乱事件。偶尔有村庄被烧毁，一些帮会牵涉其中，但是，根据当地人的描述，这些暴力事件其中的绝大多数，都更带有地痞流氓犯罪性质，而不属于叛乱。(注129)

对于遥远偏僻的广西所出现的土匪，北京方面的表现显得尤为不重视，虽然也采取了一些措施准备去镇压这些土匪，为此，还专门组建了冯子材的部队，可是，这支部队却在后来发生的中法战争中发挥了重要作用。一般说来，中兴时期的官员较少关注安南边境地区的冲突，而把注意力几乎全部聚焦到中国北部边疆。在清政府发起的平叛战争中得以逃脱的土匪，包括后来由刘永福率领的太平军残部，都发现只要进入安南地区，便可轻易找到藏身之所。(注130)

广东省发生的骚乱事件，大部分起因都是源于在该省的客家人与原住民之间爆发的冲突，[1]清政府之所以对此高度关注，是因为客家人曾在领导太平天国运动方面发挥了主要作

---

1 早在东晋时期以前，客家人曾经居住在山西、河南、安徽的部分地区。后来，历经5次迁徙，最终定居在广东、广西两省腹地，以及海南岛、台湾岛等地。他们仍保留着一些独特的、可以与定居地原住民的汉人区别开来的特征：保持着大家族联合代表共有财产、土地共同拥有且不准分割的传统；富于冒险精神，积极勇敢，有时甚至有些虚张声势；采取有限的阶级界限；妇女享有较高的社会及经济地位；对所有问题都倾向于采取极端和不可妥协的立场（见罗香林：《客家研究导论》，广东兴宁，1933年出版，第63—64页，以及第7卷的全部内容）。

用。^(注131)当地爆发的战事,主要发生于1856—1867年,由于清政府官员认定冲突的错误一方经常都是原住民,于是就把安抚客家人作为平定该省骚乱的重点策略。广东巡抚蒋益澧以宽宏大度的眼界与胸怀于1866年宣布大赦。^(注132)尽管客家人在半个多世纪之后的国民党统治时期依然很活跃,但中兴时期制定的平叛计划从实际表现来看,确实曾经在一定时期之内取得了成功,涉及的官员也受到了相应的褒奖。^(注133)

迈向中兴的第一步

中兴时期的领导者主要关注的问题,并不是哪次造反有可能夺取政权(情况明摆着,自从太平天国运动于1861年开始由盛转衰之后,全国范围内,就再也不存在有能力夺取政权的力量了),而是怎样才能在清政府实现军事控制并重申拥有主权的地区真正完成平定工作。按照左宗棠的话说,就是目标在于规划几个世纪的和平幸福生活,而不仅仅在于获取军事胜利所带来的暂时利益。^(注134)

首先要解决的问题,就是如何处理那些主动投降了的造反者。按照传统理论观点,造反军队中的普通士兵不是罪犯,他们原本都是普通老百姓,在受到当地弊政迫害而导致生活困窘的情况下,由于被邪恶首领"引诱"而加入了造反者的行列。^(注135)因此,对造反事件的清算,要求残酷无情地铲除那些在造反军队中担任领导职务的首恶分子,而应该对那些普通士兵实施大赦。[1]

难点在于如何甄别造反者中哪些人是可以被改造过来的良民（包括一些起义军首领），哪些人是冥顽不化的死硬分子，他们当初选择投降只不过是为了逃避惩罚。对于一个肆意处决战俘劳工以及悔过士兵的将领，朝廷将会对他实施严厉的处罚。可是，对于那些误判敌军真实企图且在造反者未完成思想改造的情况下接受其投降的将领，甚至会更有可能引起北京方面的震怒，因为按照甄别制度，他必须对他所饶恕的这些造反者的未来表现负责。(注136)

对于那些太平军首领，清政府根本不考虑是否对他们施以仁政的问题，他们被认为是违背了天道和人伦。[2]但就一般情况而言，对于为数众多的胁从造反者以及那些已经承认自己曾与敌人取得勾结的平民，清政府会对他们实施特赦。那些曾经为造反军队服务的文人士子，通常可以得到宽恕，其理由是，他们在家园被长期占领的情况下，除了合作，别无选择。对于那些与敌人合作过的被俘士兵，清政府采取措施去努力甄别其中哪些是自愿合作、哪些是属于非自愿

---

1 关于这一点，卜鲁斯报告说："我从文祥阁下的谈话中得知，总督（李鸿章）在对待叛乱分子中的主体民众和对待作为叛乱发动者的广东人、广西人时，所采取的态度存在着很大的区别。后者被李鸿章视为危险人物，他们的投降纯粹是一种有名无实的投机行为，一旦遇到合适的机会，他们就会重操旧业、弃善从恶……而前者则主要由中央各省的本地人构成，他们被认为是被迫造反的，正如文祥在他的信函中所引述的那样，一旦投降就会得到赦免和救济。据我所知，中国的公众舆论都赞成这种区别对待。"（见卜鲁斯写给拉塞尔的信，1864年2月12日，《英国议会档案·中国卷》第7号，1864年，第3页）

2 关于对在苏州投降的太平军首领处以极刑这件事，见第九章。曾国藩曾经发问，对于这些曾经造成了如此惨重灾难的罪人，谁还能表现出宽容之心？他们早就应该在多年以前被斩首了！（见《曾文正公学案》，上海，1925年出版，第379—380页）

的。(注137)在那些"非自愿合作者"中,包括当年在僧格林沁阵亡时因后路被切断而被迫参加捻军的骑兵部队,他们也得到了宽恕。(注138)

而且,对于造反团伙的地方组织者,清政府在早些年间曾给他们提供了相当宽松的赦免条件。当初,一些主动向清军第一位执行对捻作战的将领胜保投降的捻军首领,至今仍保持着对朝廷的忠诚,但也有一些人投降后又历经多次叛变,尤其引人注意的是反复无常的变节者苗沛霖。由于后期清政府对变节者的惩办政策日趋强硬,苗沛霖被执行了死刑,胜保也因其对降将的变节行为缺乏预先判断而受到处罚。(注139)当平乱战役进入后期阶段,清政府对于投降的捻军首领实行了严厉的责任追究,但也有一位清军将领,或许是在很谨慎的情况下,于1868年8月宣布赦免了一批捻军普通士兵。(注140)

处理回民造反会牵涉到某些与汉人造反颇为不同的因素。如果汉人官员因与造反者相勾结,那么这名汉人官员将会被执行死刑,(注141)可是,如果把汉人官员换作回民领袖,清政府却不能对其采取相同的处理方式。在中部省份,如果清政府可以把士绅阶层团结起来,此举将极大地削弱反清军队领导层的权威。在回民地区,恰恰是这些当地首领才能重新对该地行使主权,而他们自己,又很可能充当了反清军队的领导者。因此,为了争取回民领袖及当地乡绅的支持,清政府就必须采取一项大胆的策略。加之士绅阶层当中的大多数都是在与当地官吏的滥用职权行为做斗争,而不是与清王朝的国家及社会作对,因而这些回民领袖与清政府往往可以达成利益和解。西北的董福祥、马占鳌和西南的马如龙、马德新,都曾在清政府收复这些地区的过程中发挥了重要作用。为数众多的较低级别回民首领也相继步他们的后尘,主动向清政府投降,在以实际行动证明自身的忠诚之后,他们也都得到了清政府赏赐的财富与官职。

对投降的造反者施行的赦免政策并非没有风险,对于那些请求投降的回民造反者,北京方面持续三令五申,要求更加仔细地将其真实意图调查清楚。[注142] 然而,除了像金积堡、大理这样死硬到底的堡垒要塞,赦免政策一直都被证明是对回民造反者采取军事行动之后的一项切实有效而又必不可少的策略。

在对地方性骚乱事件的处理过程中,只要骚乱者主动提出投降,清政府都会欣然接受。只是在处理贵州的骚乱事件时,清政府很难查明那些造反者的悔过行为是否出于"真诚",尤其是对于苗民更加怀疑。[注143]

然而,仅靠处决首恶分子和赦免大批胁从者这两项措施,绝不可能抵消一场大规模动乱给某些地区及整个国家带来的巨大影响。只有先把大批无家可归的遣返人员安置完毕,并且以恢复井然有序的政治、经济及社会生活为目的完成总体计划,那些发生过战乱的地区才能真正实现社会稳定。要想完成以上这些任务,在任何情况下都是极其困难的,因为曾经发生的战乱造成的惊人的破坏程度,必将导致任务的完成过程变得异常复杂。

在那些曾被太平军占领、后被清军收复的地区,中兴时期的清政府究竟面对的是一个怎样的社会景象?对此,国外目击者曾提供了一段生动逼真的证词:

> (这场战争)甚至改变了这个国家的面貌:交通被破坏,河流被改道,海防被摧毁。在叛乱持续期间,昔日充满欢笑的田地变成了孤寂的荒野,"围墙林立的城市变成了堆积如山的废墟"。江南平原、江西平原以及浙江平原到处都散落着骸骼;他们的河水已经被河面上漂浮的尸体所污染;野兽从太平军在山里修建的堡垒中跑出来,下山来到大地上自由自在地漫步,还在废弃城镇的废墟中寻觅它们的巢穴;野鸡的尖锐嘶鸣取代了往日里忙碌中的人群所发出的喧嚣;种地的人一个也没有,曾经的那片人们用耐心与勤劳去耕耘的土地,现在却铺着一层有毒的杂草。(注144)

> 当他们从上海被驱赶回来的时候,媒体揭露了这一幕幕悲惨毁灭的景象,其悲惨程度超过以往关于战争恐怖景象的任何报道。后来被戈登夺回来的这片区域里居住的那些可怜的居民,为了满足对于充饥的渴望,竟然被迫上演人吃人的惨剧。(注145)

南京城已经被毁了:

> 这座鞑靼人建造的城市看起来更像是一片危机四伏的稠密丛林,而不像是一座城市。房屋、墙壁,均已被夷为平地。就这一点而言,这片土地可以给猎物提供一处绝佳的隐蔽和栖身之所,因此很可能会引得冒险家们前来打猎;在目前这种危急时刻,看到此情此景,没人会想到这竟然是座城市。(注146)

在一些地区,死难及失踪人口数量占人口总数的2/3。(注147)遭到破坏的地区绝不仅限于长江流域。当捻军、苗变及回变最终被平定时,华北平原的部分地区及西北地区都变成了一片废墟。这些俯首称臣的民众,受到战乱的沉重打击,在此后两代人的时期内都始终一蹶不振。据估计,陕西及甘肃的回民人口中,分别有9/10及2/3的人在战乱期间失踪;没失踪的剩余民众被举家迁移、重新安置。死难者总数可能超过300万人。40年后,当游客们看到一座座巨大的只剩下断壁残垣的空城,也会被惊吓得战栗不已。(注148)据估计,云南有30万回民被当场杀害。(注149)该省人口总数似乎锐减了400万~500万,或者超过一半。(注150)全省除3个县以外,其余均受到不同程度的财产损失。(注151)贵州的死亡人数几乎达到500万,若统计财产损失,将是一个天文数字。其中,地方官吏的伤亡人数尤其巨大。(注152)苗民被迫流离失所,或者当了佃农，或者逃到深山老林里。60年后，当提到过去发生的这场变乱时，他们仍然会被吓得面色苍白。(注153)即便是在广东当地爆发的客家人暴动中，死亡人数估计也将达到50万～60万。(注154)

在如此巨大的破坏面前，清政府必须尽快遣返部队，把幸存者安置到曾被遗弃的土地上，查明地契，重振士气，以及提供紧急救济，上述措施都十分重要、缺一不可。挽救任何一个损失，都近乎创造了一个人间奇迹，然而，清政府却在较短时间内完成了重建措施中的大量工作。

中兴时期的农业振兴计划，主要在那些曾被太平军占领、后被清政府收复的地区实施。[1]在捻军活动地区，曾国藩从一开始就着手迅速恢复经济生活的正常秩序。(注155)早在1868年秋，就免除了上述地区的赋税并且展开重建工作。崇厚在直隶东部地区开展的救济工作，取得了显著的成效。(注156)一名外国观察员进行了如下报道：

> 大约两个星期之前，崇厚视察了前不久曾被叛匪占领过的地区，而后返回。他让不同职位的官吏都官复原职，回到他们各自的领导岗位，还成功处理了一批关于特定财产所有权方面的纠纷，确保国家主权在每一个地方都能恢复行使，对土地所有者

---

1 见第八章。

免于征税,释放他们的劳动积极性。(注157)

山东的丁宝桢也推行了与之相似的重建计划。(注158)

西北的左宗棠面对的首要问题,就是重新安置那些真正的赤贫人员。自1871年初完成对金积堡的清剿之后,左宗棠立即采取行动,去救济那些流离失所、无家可归的妇女、老人和病患。左宗棠采取的典型做法,是将皇帝的圣谕重新印发,而后分别拿到当地的汉族及回族聚居地进行大声宣读。他把从军队查封的银两中留出一部分,用来给投降的回民购置食物、种子、耕地和拉犁的牲畜,他还上奏朝廷,请求进一步满足此类供应。(注159)

这些措施不单只是为了恢复平民的正常生活,在确保左宗棠的后方安全上,这些措施都体现了一部分军事方面的考量。为了确保这些措施得到落实,在具体方法上,左宗棠的部队通常都很严厉,有时甚至是无情的,因为他们认为,如果方法过于仁慈,只会鼓励那些死不悔改的造反者以假投降的方式溜进遣返安置区,进而在那里组织起新的叛乱。(注160)

对于西北战乱地区采取的重建政策,即便是在政策导向最温和的时候,左宗棠也根本没有考虑过实行回民文化自治的问题。他终其一生都在致力于实现回民汉化的统治理念。他分化瓦解了当地回民首领的权威,逐步收回他们手里的权力,最终汇集于清政府委任的地方官手中,并且,他专心致志地在回民地区推行儒家的道德规范。但是,尽管清政府在这些地区的统治措施很严厉，却并不是一种崇尚血腥杀戮的统治。根据儒家观点，由于回民宗教领袖误导了普通民众，所以才爆发了叛乱事件。一旦平叛战事告一段落，补救措施就会倾向于——像中国的其他地区一样——选拔清正廉洁的地方官吏，实施公正合理的行政管理，关心老百姓的生活福祉，以及最主要的，指导民众去遵守儒家社会的习俗和准则。(注161)

云南在重建方面做出的努力，始于收复大理之前的1872年。尽管经常会遇到因档案文件在战乱中丢失而导致财产契据不全的困难，但战后恢复工作还是取得了显著进展。废弃的城镇重新迎来居民入住，商业、矿业和农业都迅速地得到了恢复。(注162) 云南重现繁荣，在此后的几十年，吸引了中国其他地区的民众迁移过来定居。云南虽然不是一个典型的中国行省，但是，清政府当局不得不承认，清廷一贯推行的分离主义政策基础再次遭到了破坏。

贵州的形势不够令人满意。无论是分析叛乱起因，还是制订重建计划，清政府在这两个方面都不存在大的闪失。根本原因在于人们都认可的那个事实，即"贵州的苗族群众根本不理解儒家道德规范"，(注163) "要想终结苗民的恶行，就必须先把苗民转化为汉人"。(注164) 因此，清政府制订的所有针对贵州苗族地区的重建计划，都强调要密切官员与苗民的联系，增设行政分支机构、兴办私塾、兴建集体粮仓、实施救济和税制改革、强化为承担公共责任而设立的保甲制度，以及削减军队员额，尤其要削减那些驻扎在贵州的外省军队。[注165]可是，在重建计划执行过程中，清政府为了给重新安置的汉人提供定居点，竟然没收了苗民的土地。之所以这样做，源于清政府认为发生叛乱即使没有苗民的责任，也是他们坚持不接受汉化的个性使然，因此必须让他们对自己的造反行为承担责任。在汉人定居点，混乱不安的局势依然持续。[注166]为了消除战乱造成的严重后果，中兴事业制定的指导原则是，假定重建计划能在一批拥有杰出能力和远大视野的官员的齐心努力之下得以管理和执行，而且这批官员或者能够在当地实现根深蒂固的儒家社会模式的诉求，或者能够在少数民族地区亲手创建儒家模式。然而，现实很令人遗憾，在贵州找不到能与左宗棠相提并论的官员。

在其他发生过地方性反清运动的地区开展重建工作时，所遇到的问题处理起来相对容易一些。广东在推行总体复兴计划时，发起了一项运动，准备将分散各地的客家人居民点进一步化整为零，以便为客家人提供更充足的生活供应。[注167]战乱时期，东北地区只遭受了程度很小的破坏——比如，田地被践踏了，马车被征用了，等等。简单地说，重建工作不过是依据损失大小合理确定免税比例的过程。[注168]

放眼全国各地，从被战火彻底损毁的地区，到仅发生过轻微骚乱的地区，为了使当地百姓重拾信心、重返务农，清政府采取了一切紧急措施。这一系列措施，奏响了清政府从公共事业到私人生活的各个领域全方位推进长期重建计划的序曲，此项内容将在后续章节中进行具体呈现。

VII | THE RE-ESTABLISHMENT OF LOCAL CONTROL

第七章
地方行政的重建^(注1)

传统平衡的根源

中兴事业的成败，取决于在不损害清政府推进军事及外交领域有限现代化之新计划的情况下，传统社会能在多大程度上实现地方层面的重新整合。鉴于传统中国在地方行政管理上的特殊性，企图实现妥协的折中方案所面临的体制性困难终将难以克服。

有组织的地方管理机构确实存在，但它们行政效率的实现，主要是通过劝解民众，而且对劝解的依赖达到了非比寻常的程度。国内行政官僚机构编制员额有限，经常人手不够，如果没有民众的默认和盲从，社会秩序难以维持，[1]而军队也仅仅驻扎在相对少量且过于分散的战略要地上。况且，正是这种对民众实施直接管理的理念，与中国传统政治理论相悖。[2]一名地方文官维持对某地实施管理的传统办法，靠的是充分利用当地的社会力量，具体来说，就是通过运用当地士绅的力量，使之架起一座沟通官员与他所管辖的区域内广大民众之间联系的桥梁。中国社会各界普遍接受这种充分依赖士绅的统治理念，认

---

[1] 根据卫三畏的观点，在清代中国拥有几亿人口的18个省中，职位在从七品以上的地方官只有不到2000名（见《中国总论》，第1卷，第438页）。按照张仲礼的说法："分布在京城和各省的地方文官和部队军官的合计总数约为27000人。其中，地方文官的数量约为20000，部队军官的数量约为7000。在地方文官中，主要负责地区行政管理的地方数量约为2000人，而主要负责教育的官员数量约为1500人。"（见《中国士绅》，第116页）。因此，清政府的地方行政管理之责，主要取决于这2000人左右的负责地区管理的地方官。

[2] "朝廷的独裁主义在某些情况下，有时是真正的专制，但这个政权从理论上讲，是基于道德权威而不是武力；儒家的教义一再强调这一点；儒家理念而不是专制主义的存在影响着这些事实，正如在美国，社会上人人平等的理念也影响着这些事实一样。"（摘自罗伯特·雷德菲尔德为费孝通所著《中国士绅》一书题写的序言，见该书第11—12页）

为这不仅是必不可少的方法，而且是正确、适当的手段。置身于这样的社会环境下，中国的地方官吏既不能挑拨士绅与老百姓之间的对立情绪，也不能怂恿老百姓去挑战士绅的权威。

早在清朝统治的前200年，这种通过士绅来管理地方事务的制度就已经完全成熟。19世纪中叶，几乎每一名来过中国的观察员都会震惊于当地社会所具有的独特稳定性，这些地方显然是在不以任何方式损害中央权威的情况下完成了自我管理。曾在中兴时期担任英国驻华公使的阿礼国特别提到，这个"儒家帝国"不同于历史上的所有帝国，是唯一一个没有把政权建立在军事实力或宗教迷信基础之上的帝国。（注2）另一位英国官员在刚刚完成一次深入中国内地的考察之旅后撰写报告说，虽然这个帝国可能有些衰弱，但是，"随处可见精妙绝伦的组织体制与机构设置尤其引人注目"。（注3）这"精妙绝伦的组织体制与机构设置"就是建立在全国民众对儒家思想的普遍接受的基础之上。每个人（包括皇帝）和每个群体（包括中央政府）都努力在这个儒家社会中扮演一个适当的角色。按照胡林翼的话说就是"国家的内部局势要么井然有序，要么混乱不堪，问题的关键不外乎'利润'（利）和'道德'（义）。当人人都在心中渴求利润，国内局势就会混乱不堪；当人人都在心中向往道德，则国内局势就会井然有序。"（注4）尽管有时需要动用武力，但这只能治标，要想治本，就必须通过国内政府在当地运用儒家准则。

这庄严、和谐、温和，却又带有独裁主义色彩的社会本位思想观念，几乎可以完美地适合于在这个幅员辽阔因而只能实行分散管理的国家维持一种彻底的中央集权。当这种社会制度得以有效运转时，士绅就会承担起他们的社会角色，享有随之而来的特权和职责。他们"不想为了获取自己的利益而设法去掌控政权，而是宁愿努力提出一套可以约束政权效力的道德准则"。农民也在这种道德准则的灌输之下，只能认可自己在整个社会体制内所处的地位。(注5)

国家不仅加强对老百姓的教化与思想灌输，而且一方面通过确保士绅享有法律及经济上的特权，另一方面支持旨在缓解农民压力的社会福利措施，从而赢得各地老百姓对政府的默认和顺从。国家向士绅和农民这两个阶层宣称，将会为他们提供一个和平安宁、秩序井然的社会，使所有人都能找到属于自己的社会分工，并依据公认的标准为他们提供财富与公正；还将通过劝解民众，辅之以集体责任网络和高度发达的法律体系这两种手段，达到对社会的管控。在各种形式的管控手段中，地方官的品行素质发挥着头等重要的作用。他不仅必须是一位能胜任各个领域工作的管理者，还必须以身作则，充分体现作为权力最高仲裁者的儒家思想。

19世纪中叶，儒家社会行政部门的执政能力遭到国内战乱和外国侵略的彻底破坏，士绅阶层的既得利益也受到了严重威胁，由此产生了广泛蔓延的民众怀疑，首先是质疑国家的诚信和良知，其次是质疑传统理想本身的合法性。然而，儒家的传统社会制度拥有强大的惯性，强大到即使是在国家处境最艰难的年代，某些传统观念仍然被保存了下来。中兴时期的政治家认为,他们的任务就是在现存基础上重建原有的社会。

为恢复士绅作用所作的努力 (注6)

传统观点认为,士绅[1]对于政府来说是有用的,因为他们可以对民众施加其影响力;同时,士绅对于民众来说也有其用处,因为他们的意见可以影响政府。如果说士绅为国尽忠对这个国家来说是必不可少的,那么,他们要想维持自身在经济、社会及法律方面所享有的一系列特权,也必然只能依靠这个国家。

由于士绅阶层的核心群体是文人及知识分子,士绅家庭都鼓励他们家中天赋较好的晚辈成员去读书,以备参加科举考试。如此一来,整个阶层便很容易获得儒家思想的持续灌输。[2]士绅阶层虽然只占社会的一小部分,[3]但由于他们相当均衡地分布在全国

---

1 关于"士绅"(绅士)这个词的概念界定,一直存在相当大的争议。我在这里使用这个词,主要是出于这个含义,即这个词主要用于指代19世纪中国史料和20世纪的中国专著中提到的这个整体的社会阶层,他们凭借着对土地所有权的占有,得以抽出空闲时间用于接受教育,从而有资格担任公职。由于这是一个开放的阶层,决定其阶层内部成员身份的因素多种多样,因此,对于当前这个目的,一个简单的定义似乎就足够了。张仲礼把士绅严格地定义为科举功名的持有者,他的这一观点存在着某些认识上的缺陷,对此,M.弗里德曼在对其著作《中国绅士》发表评论时,对上述缺陷进行了概括。(见《太平洋事务》,第29卷,1956年第1期,第78—80页。)

2 关于科举考试制度何以使士绅阶层的每名成员终其一生都在学习儒家正统学说,见张仲礼所著《中国绅士》,第165—182页;周仲铮所著《清代中国(贤者)的省考》,巴黎,1935年出版。

3 至于整个士绅阶层的数量规模,我们无从估计,而对于19世纪下半叶中国考取功名的人口占总人口的比例,这个估计也只能算是一个粗略统计。根据F.S.A.伯恩(《历史年表》,出处同前文引用)的数据统计,在任何一个历史时期,其数字构成都会发生变化:

在殿试中考取头等功名(状元)的人数…………………14
在会试中考取功名(进士)的人数……………………4900
在乡试中考取功名(举人)的人数……………………21698
根据张仲礼的统计数字(见其所著《中国绅士》,第102页、第122页和第125页):
在会试中考取功名的人数…………………………………2600
考中举人后未进一步参加会试的人数……………………10000
通过童试并考取科举初级资格(生员)的人数…………910597
由于当时中国的总人口数量约为4亿,通过科举考取功名者在中国无疑是一个少数群体。

各地，因而有能力将自己的影响力施加到几乎每个村庄。

士绅构成了一个开放的阶层。在农民看来，按照士绅的生活方式生活就是走正道。他们最高的理想抱负，就是尽一切努力，使他们全家朝着士绅家庭地位前进。成功商人为了设法得到士绅地位，或者用钱财购置土地，或者投入时间用于读书，以便考取功名。**[1]** 那些已经在其他阶层出人头地的能人，会被逐渐吸收并加入士绅阶层，然后就会失去其原有阶层的属性，变成一个中立者。**[2]** 这条道路相当具有公开性，可以作为例证的是著名的"武训办学"这件事。武训是生活在19世纪末的一个贫苦农民，通过经商发家致富，而后进入士绅行列，最终通过创办私塾弘扬传统学问，还协助清政府处理当地的国家安全问题。

士绅积极参加公共事务活动，在这方面留下了相当令人瞩目的文献记录。他们坚持不懈地忙于为修路、架桥、筑坝等基建工程募集资金；积极组织地方民团展开自卫行动；积极参与道德教化与指导；充当调停争端时的仲裁人员，以及参与筹建慈善事业。[注7] 尽管这些活动都与生产有关，但哪一项都不是自然而然就可以在短期内产生收益和回报的。况且，他们还都拥有一份政治上的属性；他们高效地履行自己的使命，靠的不是专业技术知识，而是一种需要在处理人际关系时体现出的机警

---

1 见第八章。
2 根据费孝通的观点，"士绅阶层实际上是社会变革中的一个安全阀。保守主义成为中国社会的主宰，中国作为一种文化，其稳定性和永续性在人类历史上是独一无二的"。（见《中国士绅》，第12页）

圆滑。^(注8)士绅在上述这些活动中的领导作用,以及他们与政府之间保持着的稳定联系,使他们对农民阶层拥有相当大的影响力。农民"支持士绅阶层虽然属于迫不得已,但他所支持的这个阶层中的士大夫,对他来说却是有用处的,因为士大夫可以与代表国家权力的官员之间开展协商谈判,以此避免国家对农民阶层施加极端苦难的惩罚"。^(注9)

在一些情况下,地方官员如果得不到士绅的支持,便无法履行其职责。^(注10)《牧令书辑要》指出,对于官府下达的命令,老百姓要么是不理解,要么是不接受,除非通过当地乡绅把这些命令解释给他们听,因为他们只相信当地乡绅的话。^(注11)正如19世纪的一位资深观察家所说:

> 中国的文人阶层兼具贵族和牧师的双重职能,这是一个永恒的联盟,在这样一个没有新生事物出现的永恒的国度,凭借手里掌握着的左右公众舆论与法律的权力,便可以维持其职能的发挥。民众因地理分布而相互隔绝,语言沟通方面也存在障碍,加之拥有领地的贵族的缺失,为文人阶层管理地方事务这项制度增添了有效性。如果考虑到中国人在性格方面的独特性,以及在塑造这种性格的过程中厥功至伟的儒家经典著作的特质,除了文人阶层管理地方事务这项制度,不可能设计出可以确保政府永恒存在或民众在政府统治之下可以获得满意生活的更好的计划。^(注12)

发生于中兴之前的连年叛乱,使身份等级制度发生整体动摇,显著地降低了士绅阶层对国家所怀有的责任感。对于清政府来说,幸运的是,太平天国未能给士绅阶层提供任何一个可以取代儒家制度的切实可行的备选制度。于是,中央政府依然有机会通过争取士绅阶层的支持而恢复其主权。

曾国藩敦促朝廷采用赏赐和表彰的手段,鼓励士绅重新承担起他们的传统责任。(注13) 皇帝下达谕令,以最崇高的措辞赞美士绅阶层;对于那些在叛乱时期依旧保持对朝廷忠诚的士绅,朝廷公开出版了写给他们的悼词,并为他们树碑立传。(注14)

作为巩固士绅地位和牢固树立其忠诚信念的第二项措施,国家严谨细致地重视并保障所有士绅在法律及经济上所享有的特权。(注15) 恢复原有地契,主要依据地主的需求减免土地税。[1] 朝廷批准了士绅享有向北京方面提起上诉、状告当地及省级官员的权力。例如,山西的一位年迈童生认为自己承担了过重的赋税,当他把诉状递到了知县那里,结果被驳回 (据他称,是因为官吏歪曲了事实),于是,他又告到了知州那里,接下来又告到了巡抚那里,最终一路告到了皇帝那里。(注16) 相似的情况还有,一位士绅的财产被捻军掳走,叛乱平定之后这位士绅却无法要回原属于自己的那部分财产。这位士绅在当地官员那里得不到满意答复,一位御史把他的案子反映到了皇帝那里,于是,皇帝指派专人成立了一个调查委员会,专门督办此事。(注17)

1　见第八章。

士绅提出的要求虽不一定总能得到满足，却从未被忽视。江苏的一位举人曾向都察院发出一份信函，请求提高当地水闸的水位标志，这项请求此前遭到了拒绝，仅仅就在都察院代表这位举人向朝廷呈递了奏折之后，皇帝把举人反映的这件事专门交代给全国职位最高的三位官员，命令他们酌情办理。[注18]

事实上，对于士绅阶层来说，实现儒家社会秩序的总体恢复并使儒家学说重现勃勃生机，这比其他任何特定举措都重要。与政治权力相比，士绅更感兴趣的是次序和地位。一直以来，士绅一面与儒家君主联手共同反对无法无天的农民，一面与儒家农民联手，共同反对为所欲为的君主。今后，他们将继续这样做，这不仅是一种信仰，而且是一种完全合理的担当，因为儒家制度虽然产生于古老的封建中国，但是，它在历经两千年的发展过程中，已经成为一个"承载着士大夫利益诉求、理想抱负和思想观念的完美的制度"。[注19]儒家制度将崇高的社会地位授予士绅阶层，使其合法化，并使其永久持续下去。除了宣传推广儒家制度，他们别无所求。因此，弘扬儒家学业和鼓励办学，是中兴时期的主要政治策略之一。

恢复儒教和办学

恢复儒教和办学的目的，在于强化清政府在以下几个方面的地方管理。首先，如前文所述，士绅的忠诚不会献给如今这个刚刚从战乱中走出的国家，而是会献给能够保护儒家制度和价值观的国家，而儒家制度和价值观恰恰是维系士绅自身所享有的社会地位的基础。而清朝作为一个非汉人统治的外族王朝，尤其需要表现出对儒家制度及价值观的尊崇。其次，士绅阶层对于农民阶层的影响力，部分取决于农民接受儒家学说灌输的深入和普及程度。如果农民愿意响应国家对他们的意识形态控制，他们就必然会继续相信所继承的社会遗产的价值。再次，在面临内忧外患的年代，必须对少数民族及边疆民众施加更为严密的管控。清代的政治家们相信，灌输儒家思想，是一个可以使他们保持团结一致的绝佳手段。(注20) 最后，中兴时期的政治家们敏锐地意识到政府急需更多的"人才"，他们所接受的儒学教养，将确保自己拥有德才兼备的影响力。

太平天国运动之前，半官方的私塾、书院、藏书阁和地方的学社遍布全国。尽管这些教育机构均由当地的文人士子负责创办和经营，但都离不开官方赞助。(注21) 战乱年间，国家被迫将财力和物力投入其他方面。规模宏大的藏书阁被洗劫一空，读书人大多被迫投笔从戎，国家也几乎不会把公共基金投入教育方面。为了改善这种状况，清政府所要采取的措施比虔诚的宗教仪式还要烦琐复杂，却都具有现实而又紧迫的重要意义。

关于中兴时期重建这些学校和书院的文献记载感人至深。当时对高级官员具有强大影响力的冯桂芬，持续不断地敦促朝廷不仅要重建遭到毁坏的书院，而且要建设新的书院，尤其是免费的书院。(注22) 中兴之初，朝廷命令各省官员重建书院并按照不同地区被收复的时间节点，尽快返还书院捐献的土地。

1864年，时任苏松太（包括苏州、松江、太仓三个州的环形区域）道台的丁日昌在上海创办龙门书院。1865年，曾国藩、李鸿章奉命恢复南京、常州两地的几乎所有被毁的书院。1867年，闽浙总督吴棠提交了一份关于恢复两省书院的计划。湖北学政张之洞创立了经心书院，随后，王凯泰创办了致用书院。(注23)

对汉化不彻底的少数民族地区进行文化灌输，这个特殊问题引起了高度关注。19世纪60年代末，随着左宗棠逐步完成对陕西、甘肃这两个省的收复及控制，他上奏朝廷指出，为了在甘肃创造持久和平的基础，必须重视在这个迄今为止一直被忽视的省份发展教育机构。经他亲手创建或恢复的书院，院名可以排出一长串。为努力把少数民族纳入汉文化的意识形态轨道，左宗棠还为蒙古族及回族的教育机构专门设置了教学内容。(注24)陕甘学政列出了一份关于当地问题的详细清单，指出为了提高社会公德，需要大批人才；为了培养人才，则需要兴办学校。(注25)贵州苗族地区和广东客家人地区在恢复办学方面，也采取了与陕甘地区相似的努力。[1]尽管满族人在大多数方面与其他非汉人的少数民族几乎没有可比性，但仍采取了特殊措施来改善旗人子女的教育。直隶总督崇厚上奏朝廷，提出创办国立学校的请求，原因是旧的私立学校已经衰败不堪。(注26)御史杜瑞联表示赞同，并指出，尽管旗人面对许多困难，但读书仍然比吃、穿更重要。(注27)

1　见第六章。

各级政府不仅把关注的重点聚焦于在形式上创办学校，还十分重视学校在教学管理方面的效益问题，(注28)而且，首当其冲的是教学内容问题。当时所有位高权重的士大夫，包括著名的曾国藩、倭仁、李棠阶以及郭嵩焘等人，都针对这个关键问题发表了大篇幅经过了深思熟虑的个人见解。李棠阶的言论代表了所有这些士大夫的观点，当时，他论及办学问题，谈到仅仅做出学习的样子是不够的，文人士子的教育问题是改革固有习惯做法的基础，因此，文人士子必须按照正确的方式、学习正确的书籍。(注29)张之洞为了鼓励文人士子都来学习他眼中的真正的学问，创建了经心书院，他所说的真正的学问，是一门介绍张之洞本人大量思想观点的学科。

儒教的恢复，还要求重建藏书阁。清朝时期，全国共有五百多家大型私立藏书阁，其中有一多半坐落于江浙一带，正处在太平天国运动中反儒家传统势力活动最猖獗的地区。随着中兴时期的到来，官员和士绅携起手来形成合力，重新找回散落各地的书卷，并重新安排藏书地点。丁丙和丁申兄弟俩经过艰苦努力，重新收集了相当大的一部分原属于文澜阁的书籍，文澜阁曾于太平军攻陷杭州时被毁。丁氏兄弟抢救收集的这批书籍，后来成为江苏省图书馆的核心馆藏。另一位出自浙江省的士大夫孙诒让，于19世纪60年代（西方文化在日本盛极一时之际），从日本收购一批由中国流失到日本的中国书籍副本（这也从一个侧面说明了日本明治维新与中国同治中兴之间的区别）。(注30)

经典史籍得以再版重印，有关政府方面的新书也得以出版发行。1864年，曾国藩在他位于安庆的指挥部开设了印刷所，雇用一批即将被遣返回乡的部队军官担任校对人员，在杰出学者的指导下开展工作。(注31)另外还有一些印刷所也相继在南京、苏州、扬州、杭州和武昌等地开设完毕。

作为江苏巡抚，丁日昌捐资印刷可用于指导当地行政管理的著作，(注32)还向皇帝呈递了关于历史教训的专题摘要，因此受到皇帝嘉奖。(注33)西北地区的左宗棠，主要在兰州捐资出版了一批重点书籍，这也是他执行地区重建计划的部分内容。他强调儒家经典的重要性，认为其作用主要体现在以下三点：(1)提供个人行为标准；(2)讲授关于社会公共生活方面的知识；(3)使老百姓的思想趋于规范和一致。(注34)

随着社会秩序从战乱中恢复，御史们敦促应从速展开儒家经典书籍的重印工作。在那些曾经发生过激烈战斗的地区，由于印版本身已经遭到损毁，重印工作一度延误。可是，就在需要时间准备新版之际，高级官员正好可以有机会为那些穷困潦倒的当地学者提供适当的岗位。(注35)清政府利用每一次机会，给这部分文人群体提供鼓励和帮助。[1]

清政府期待通过实施恢复儒教和办学这一方案，不仅能影响到士绅阶层，还可以带动老百姓。打个比方，可以设想一下，对于一部分骚乱的民众，如果给他们重新发行一批关于符合体

---

[1] 关于清政府对兴办西学方面提供的资助，见第十章。

统的行为规范的书籍，则骚乱的心态就会被平息。[1]之所以要鼓励文人士子坚守他们的学业，部分原因在于，他们可以给农民提供道德教化。[注36]彼时文人士子依然生活在广阔的农村。人才还没有被吸纳进城市。[注37]每个地方的读书人都会用倾尽一生的时间从事治学和讲学，[注38]还为穷人开办了"冬三月"学堂。[注39]儒家学说无疑已经渗入社会最底层民众的日常生活之中。可以这样说，"关于古代圣贤的学说，通过这些读书人的传播和对农民与士绅所共有的道德观念的一再重新定义，从而进入了农民的思想"。[2]

既然清政府已经认为推广儒家教育是地方管理的基本手段，那么，轻浮或异教学说的传播就被视为破坏安定的主要诱因。与丁日昌捐资出版有用著作这件事形成对比的是，他发起了一项反对小说的运动。他发布公告，禁止《红楼梦》《水浒传》及其他一百多部文学作品的传播，他宣称："风俗与人心，相为表里。近来兵戈浩劫，未尝非此等逾闲荡检之说，默酿其殃。"[注40]很显然，从政府频繁劝诫民众抵制小说、戏剧、赌博、男女混居等异端事物的措施中可以看出，任何轻浮之举都可以被认为是与严谨朴素的儒家规范彻底相悖的。[注41]政治讽刺类

---

1 例如，在天津地区，由于当地民众喜好争吵、易生口角，清政府在当地重新出版了关于社会习俗准则的书籍，并给他们提供儒家讲学（见《津门杂记》，第1卷，第41—42页）。

2 此处摘自罗伯特·雷德菲尔德为费孝通所著《中国士绅》一书题写的序言，见该书第11页。这一观点，令当时的外国观察家们都感到印象深刻。例如，阿礼国提及"广为流传的孔子和孟子的著作"，并且评论道："在中国各阶层中普遍流行的，……是大量的有关各种实际职责和生活关系方面的知识。"（见《中华帝国的对外关系》，载于《孟买评论季刊》，1856年第6期，第228页）

的文学作品,同样也很具有危险性。1867年,一部讽刺诗集的面世令清政府惶恐不安,高级官员匆忙行动起来,试图找到诗集作者,结果却一无所获。(注42)

与之相类似的情况是,民间宗教信仰和某些习俗也引起了清政府的怀疑。虽然对当地神灵鬼魂的某种"忠诚"比较符合儒家体制内的某些要求,[1]但国家还是煞费苦心地阻止民众在体制之外开展运动。后来闻名于世的哥老会在全国所有省份均遭到了镇压。(注43)对于在叛乱期间遭到毁坏的庙宇,御史王书瑞提出建议,只对其中供奉土地神的庙宇实施重建。(注44)当时《北华捷报》对此作出评论:"值得注意的是,强烈要求采取这一措施的背后原因,完全是出于政治方面的考量,也就是说,就是为了防止出现大规模民众聚集。"(注45)甚至一个宣称自己是儒教下属分支的小派别——山东的黄崖教——也于1866年被铲除,理由是怀疑其为异端邪说。(注46)

争取民众——社会福利政策

这个国家在对老百姓实施控制时,采取的最具有说服力的手段,是推行社会福利及救济计划。(注47)几乎没有哪个国家的政府,能够做到像中华帝国的专制政府这样,把"热爱百姓"当

---

[1] 当作为清廷代表的官员们在当地参拜一处神庙时,《北华捷报》发表评论:"政府通过这种参拜所获得的政治利益也是非常明显的。街道两旁的老百姓都称赞皇帝,因为他们的父母官关心他们的福祉。他们希望通过天子这样的高贵人物对当地神灵的服务,来增加当地的繁荣程度,并且变得对他们的统治者更加感到心满意足。"(见1867年9月28日出版的《北华捷报》)

作一种奉若神明的儒家教义。传统观念认为,国家能否稳定,取决于民众是否幸福。民众是国家的基础;"君主应该像一个人爱护自己的生命那样去爱护他的臣民。"(注48)恭亲王写道,"天生民,而树之君,使司牧之","天子代天而治","故为民上者,抚有四海,统一寰夏,不以天下奉一人,而以一人养天下"。(注49)

曾国藩写道:"……国贫不足患,惟民心涣散则为患甚大。自古莫富于隋文之季,而忽致乱亡,民心去也;莫贫于汉昭之初,而渐致人安,能抚民也。"曾国藩着重强调了康熙执政时期的前十六年(1662—1677年)留给后人的启迪:"我朝康熙元年至六十年中间,唯一年无河患,其余岁岁河决,而新庄、高堰各案为患极巨,其时又有三藩之变,骚动九省,天下财赋去其大半,府藏之空虚殆有甚于今日,卒能金瓯无缺,寰宇清溢,盖圣祖爱民如命,民心固结而不可解也。"(注50)他认为官员必须倾听百姓呼声,政府实质上是百姓的政府,上述观念充斥于这一时期的所有政治作品。(注51)

正如御史朱潮指出的那样,"今之时务尤必以爱民为急务,非敢骋虚词而陈言也"。(注52)传统上的"爱民"主要通过制定可以实现确保国内局势长治久安及保护农业的措施来加以体现,其次才表现在对社会福利及公共救济等问题所实施的国家干预上。正常情况下,家庭及社会有能力采取一种显著有效的方法,去关心照顾它们内部出现的不幸者。(注53)

然而,即使在局势稳定时期,人们也认为国家有责任在紧急状态下为民众提供特别救济,而且由于民众的正常生活标准不过是勉强糊口,这就使得需要救济的状况时有发生。19世纪

60年代，当自然灾害与战争、叛乱等事件相互叠加，其后果似乎已经使提供数量更多、规模更大的特殊救济措施成为必需，一些大臣似乎已经隐隐约约地察觉到，人们肯定还没有充分理解旧社会出现的那些混乱，可能要求国家制定出更为系统的且具有长效机制的公共福利政策。

尽管大规模自然灾害的发生有规律可循，[注54]而且受灾地区也有规律地需要政府提供特别救济，但是，在1867—1868年的华北地区由于已经承受了支援平定捻军起义所带来的巨大压力，[注55]在旱灾和随之而来的洪涝灾害的肆虐之下，所有现存福利机构都经受了严峻考验。1867年初夏时节，旱灾在导致农作物普遍减产的同时，也导致了许多水陆运输通道干涸断流，进一步恶化了灾害后果，而且损失了大量可用于燃料的小麦秸秆。[注56]当地制定的各种关于灾害救济的总体规划纷纷呈报给北京方面，[注57]而且由于粮价一路飙升，正常情况下只在冬季对米粥的免费供应，一直持续到夏季结束。[注58]

朝廷命令直隶总督和顺天府尹直接负责开展救灾具体行动，同时汇编统计灾害数据，为灾民寻找就业岗位，把灾民转移并安置到其他地区，以及开设更多的孤儿院；从南方引进的稻米有时会按照户部的建议免费供应给灾民，其他时候会投入有限供应，通过正常商业渠道用于市场销售，以便平抑粮价；[注59]采取特别措施，遏制挪用救灾资金、侵吞供应物资的行为；[注60]政府号召民众踊跃开展私人募捐，这项举措虽然成效显著，却也导致了诈骗案件的时有发生。由于民众响应号召、积极捐款捐物,"地痞流氓"感到有机可乘,便把自己伪装成募捐活动的组织者,从而诈骗敛财。[注61] 设立了新的粥铺及其他免费食物供应中心,派遣负责调查灾民需求的委员到灾区实地了解情况,从没有受到灾害损失的地区调运储备粮到饥荒地区赈济灾民……公立及私人救灾机构在整个华北地区遍地开花、蓬勃涌现。[注62] 随着危机持续至1867—1868年的冬季,政府按照当地调拨的稻米谷物数量,为灾民供应熟米饭,还依据当地人口数量给特定地区拨款。[注63]

如此大规模的救灾行动,具体实施起来十分复杂。当务之急是拯救生者,但是,要实现良好愿望,要做到慷慨解囊,离不开周密细致的计划安排。免费粥铺不能随处设立,因为害怕那些贫困灾民蜂拥而至包围粥铺,抢光供应给他们的粮食,甚至会爆发骚乱。如果赈济粮从华北地区采购,则显然会导致粮价进一步上涨,因为粮食短缺的现状在灾区是真实存在的,其原因并不能归咎于少数人的囤积居奇。因此,必须从南方采购稻米。这要求采取措施确保更有效的运输和价格控制,防止粮食流入粮价最高的地区。

首要问题是,确保把救济物资切实送给政府指定的特困群体。[注64] 在这方面可以提供佐证的相关史料虽然不够充分,但仅凭已掌握的历史记载就能推断,当时清政府为了发展全社会的公共福利事业确实付出了巨大的努力,而且这种广施救济的理念也确实得到了举国上下的普遍认可和赞誉。一位现场目击者看到,路上挤满了驮运粮食的马车,它们都是由中央政府派

来用于免费供应灾民的，于是，这位目击者用热情洋溢的语句，记录下官员和士绅为赈济灾民所付出的努力。(注65)

除了提供紧急救济，官员们还本着"用工程建设代替慈善救济"(以工代赈)的原则，提出了一系列公共建设项目。有人指出，这种做法既帮助了受灾民众，也注意到了对战争期间遭到毁坏的各种水利设施、城镇围墙以及公共建筑的重建问题。(注66)

中兴时期，还发生过其他许多由政府及私人组织的社会福利活动。曾国藩极力倡导兴建谷仓，他的倡导得到了当地大户人家的支持。(注67)一位英国领事注意到，中国人的乐善好施与其财产收入成正比，中国人慷慨大方的程度与英国人完全一样。(注68)上海道台为那些无家可归的赤贫者建造了一处收容所。(注69)人们普遍认为，为了避免弃养女婴被人为溺死事件的频繁发生，政府应承担起提供数量充足的育婴堂的公共责任。(注70)才能出众的官员能在危机来临之际迅速采取行动。例如，1867年，汉口兵工厂发生爆炸，据报道，当场炸死800余人，湖广总督亲临现场坐镇指挥，亲自负责展开救援行动。(注71)

公共健康问题并未受到忽视。当接到某地暴发瘟疫的报告后，朝廷就会下令派人到现场进行调查和诊断。(注72)尽管诸如生孩子、娶媳妇、办丧事等此类事情均由所在家庭完全负责，(注73)但国家仍试图避免出现某户人家办丧事后耽搁埋葬的情况。南京、苏州和上海的地方官严密组织民众免费接种疫苗，为了劝导非常贫困的家庭让他们的孩子前来接种疫苗，上海道台甚至还在接种现场准备了水果和鱼肉。(注74)

笔者之所以在此处着重强调这些细节，是因为有一个广泛流传的认识，认为在传统中国，每个家庭都只关心自身成员的福利问题，[1]而国家则把诸如灾害救济、救助贫困、公共健康以及儿童福利等公共福利问题看作超出其应有关注范围的分外之事。真实情况并非如此。个体民众和政府都关心公共福利问题。正常情况下，地方机构可以妥善处理福利事宜，但是，在危机爆发时，国家通常可以因其平素充分的准备而快速反应（而且按照民众所期待的那样）。中兴事业失败后，公共福利事业受到忽视，这不是因为观念的缺失，而是因为能够表达这种观念的旧的机构，作为旧的社会秩序的重要组成部分，已经无法适应新的情况了。

共同责任网

一系列精心设计的组织机构，强化了儒家社会以劝解民众为主要手段的管理制度的有效性。这些组织机构的作用，主要体现在两个方面：(1) 确保各管理层级的一致性；(2) 建立一条直接联结国家与乡村的渠道，通过这条渠道，国家可以直接从乡村获取粮食及人力资源。这些机构最重要的意义，在于形成了可以承担公共责任的保甲制度，以及与之相配套的专司税收的里甲制度。每个行政辖区都能坚持开展公设登记簿制度，把

---

1 在有关这个问题的传统著作中，中国社会所特有的亲缘关系拓展的大家族内部团结和村庄自给自足的排他性，似乎都被夸大了。（见[日]福武直：《中国农村社会结构》（增补版），东京，1951年出版）

各地的人口统计数据登记在册。清政府把每十户家庭编成一个排,每一百户家庭编成一个甲,每一千户家庭编成一个保,各个保、甲、排的内部所有成员都为各自的行动负责。尽管这些由众多家庭构成的组织首领由这些家庭提名选出,但他们的提名结果须经地方官批准同意,而且保甲首领的职能作用也完全取决于地方官满不满意。(注75)

关于保甲制的起源,以及它与宗族、家庭体系之间的关系问题,一直存在较大争议。保甲制起初并没有得到儒家学说的支持,因为儒家主张通过家庭来实现行政管理。(注76)然而,从宋朝时起,随着大家族谱系的衰败以及中国士绅阶层内部结构的变化,由邻里关系而形成的组织对于增强产生于家庭单位的社会凝聚力,起到了越来越重要的补充作用。

王安石(公元1021—1086年)曾鼓励发展保甲制,并使之成为一种在保障中央集权和在无须维持大规模现役部队的前提下,为社会提供公共安全的重要手段。王安石推行保甲制的努力,在农民的强烈抵制之下最终失败了,王安石也被以司马光为代表的保守派所取代。明朝时期,保甲制再度繁荣起来,而且由于从组织原理上讲,保甲制与清朝的八旗制之间存在相似之处,所以清政府也通常支持这项制度。(注77)可是,进入19世纪以后,保甲制受到冷落,沦为一种失效的地方管理手段。如今,恢复保甲制已成为中兴事业的主要目标之一。

不管在中兴以前的中国历史上家庭制与保甲制之间究竟存在何种联系,到了中兴时期,这两种制度已经不再被视为一种可以被替代的措施,而是一种实施地方管理的必然手段。致力于恢复保甲制的最杰出的人物,当数这一时期杰出的儒家文人士子。李棠阶写道,保甲制对于维系官民之间的和谐关系至关重要。(注78)曾国藩或许是从这项制度中获益最大的领导者,他把保甲制赞颂为一种渐进式疗法,一种可以使民众按照政府命令及坚定指导迅速平静下来的"治疗"方案,就像一种抚慰一个刚从久病中恢复过来的孩子的制度。(注79)

冯桂芬强烈要求重新建立宗族制和保甲制。他认为这两项制度都是有用的,因为它们可以把国家权力行使到政府无法触及的领域。按照冯桂芬的观点,保甲制和古老的宗族制(宗法),就是构成中国社会的经纬线。在夏商周时期,中国社会曾经充满凝聚力,可后来却变得四分五裂。在冯桂芬看来,宗族家法可用来恢复宗族内部的联合;保甲制可用来恢复国家内部的联合。只要实现了这两种形式的联合,中国社会就可以恢复到以前那种充满凝聚力的历史高度。(注80)

冯桂芬提出的关于保甲制的观点非常具有代表性。(注81)一旦哪个地方出现了土匪,国家就可以命令推行保甲制,使之成为一种拆散土匪与普通老百姓之间联系进而剥夺他们食物及住所的有力手段。(注82)御史王书瑞写道,如果当初实行了保甲制,太平天国和捻军叛乱就不会爆发了。(注83)御史朱庆澜在谈到嘉庆年间爆发的各种小规模叛乱时,也提出了与王书瑞相同的观点,他还做了补充,认为保甲制可能有助于限制土匪亲属的活动。(注84)

民兵制度与地方组织之间存在着密切的联系,都通过相同的动员渠道开展行动。民兵制度的设计用来保卫某一地区,防止坏人从外部对这一地区造成破坏,而保甲制则是用来铲除某一地区内部的违法犯罪者。然而,中兴时期的官员总是对民兵制度持怀疑态度(注85),因为它一方面耗费资金,另一方面容易激起不同地区之间的敌对冲突。这一时期对于保甲制的普遍看法,似乎可以被概括为曾国藩在各种时机反复说过的一句话:"重在团,不在练。"

人们在19世纪形成的对于保甲制的评价,被彻底淹没在20世纪的辩论中而变得模糊不清。[1]尽管它不属于地方自治政府的一种形式,(注86)但是,保甲的首领都是当地的老百姓,或是当地老百姓的邻居及亲戚,处在一个可对地方政权实施干预的社会地位上。而且,这项制度似乎已经为农业繁荣所依赖的公共秩序及安全稳定作出了贡献。(注87)

在这个中央集权的农业国家中,推行保甲制等诸如此类的制度,显然对于行政管理至关重要。它为依托士绅阶层实施地方管理的统治方法提供了一种有效且廉价的辅助手段,[2]而且,这项制度在其最佳运行状态下,是一项国家对地方实施监督时所采用的相对温和的制度。然而,随着中兴事业的终结,这项制度也进入了分裂时期,其自身所固有的最严酷的一面开始显

---

1 当今的中国学者经常把整个19世纪的保甲制度描述为"只不过是一种威吓民众的无效企图,而且没有社会效用"。撇开对保甲制度的不同解释所产生的政治影响,他们有可能在不经意间,把19世纪末、20世纪初的那些突出的社会特点归因于早期的保甲制度。

2 一位博学的共产党作家带着一种钦佩的心情,提到这种依靠士绅建立起来的保甲制度,并将士绅比作曾国藩常说的"骨干"(干部)。(见朱其华所著《中国农村经济的透视》,上海,1936年出版,第469—470页)

著呈现。如不对它加以控制，这些制度就会激起民众的反抗情绪，最终在国家试图实现基本改革的压力之下迎来末日。

法律的作用

儒家的思想观念和制度控制理论，与理论上的法律至上原则，或凌驾于特殊情况之上的绝对人权及财产权等观念之间，存在着相当明显的不相容之处。然而，如果凭借这些就形成类似于西方人普遍认为的那种推断，认为中国的传统法律仅限于刑法，或认为中国的传统法律几乎与维持社会秩序毫不相干，这是完全错误的。

按照罗马法的观点，中国的法律体系混淆了法律和道德。(注88)社会习俗准则、自然法（礼）和实在法（法），都被认为是相同的万物和谐的不同方面。能否维持这种和谐，首先取决于道德教化、中庸及折中。但是如有必要，国家也会强制民众遵从全部法典，以确保其言行符合礼法。(注89)

设计司法制度的目的，不是用于维护绝对或抽象的国家权力或公民权利，而是用于避免或解决现实中存在着的矛盾冲突。至于说到"公正"，一名中国地方官所理解的公正，指的是基于一个指定案件的全部具体因素推断出的具体的公正，绝不是依据逻辑范畴而形成的公正：

> 尽管法官声称自己是在特定司法原则的指导之下实

施的审理,可是,判决却在很大程度上受到了当地习俗的影响,甚至会更多地受到案件特定情况的影响。因此,这样的判决完全是在自说自话。这就与欧洲的情况有所不同,欧洲的法官会申明基于一部分和谐体系实施审判。(注90)

"中国的法律并不会去作出抽象上的对与错的推断。"(注91)当时的法律往往采用非常巧妙的定义与区分的方法,努力使法律在具体情况下等同于司法,于是就会形成一部法典和一套司法程序制度。在这个稳定的传统社会中,这种做法已经成为一种广受赞誉的管理手段。与此同时,这种过分专注于把法律当作具体司法程序的做法,会在很大程度上阻碍法律朝着广泛应用的方向发展,这种类型的法律即使在传统社会发生崩溃的情况下,也会持续发挥其作用。(注92)

大清帝国的法典是一部可适用于各种可能情况的详细法律条款之集大成者,既不需要通过口口相传来实际执行,也无须通过积累案例司法意见来补充完善。法律的全部,包括衡平法在内,都存在于这部法典之中。法典还包括依据政治或道德原则调节量刑标准的相关条款。中国的司法体系中,既没有专职法官,也没有与西方民事法官相对应的司法工作者,西方民事法官之所以能创造法律,靠的不是运用具体法规,而是通过向民众解读大家普遍接受的法律学说。中国的司法体系只有一名作为行政官员的地方官。他在断案时不得不去权衡各种各样的具体因素,而这些具体因素都是个案中所包含的特定情况,不

是与案情相关的抽象法律关系。这种司法职位，需要的是一位"出类拔萃的人"，而不是一位独立的法官。(注93)

中国的法典刑民不分。从形式上看，这部法典就是一部刑法法典，它的适用范围仅仅覆盖那些被认为是对国家安全构成犯罪的行为，却没有针对私人的纠纷案件制定专门法律条款，因此也就出现了中国没有民法的错误观念。事实上，对于所有各种类型的纠纷案件，中国政府无不关心，所以说，中国"刑"法的实际适用范围覆盖了西方"民"法适用的全部犯罪行为，包括指定继承人、管理孤儿院、抵押出售被抵押财产、土地转让，甚至为贞节烈女修建牌坊等诸如此类的涉法事项。(注94)对于民事诉讼，政府会简简单单地按照与刑法犯罪相关的法律条款来进行裁定。例如，如果诉讼提出要求归还一匹马或一块地，地方官就会以盗窃罪或侵害财产罪为名，对被告提起控告。(注95)政府对所有民事纠纷从来都不会置之不理。

一位来自法国的法学权威曾把民法定义为"基于共同利益这个主题，给全体公民制定的行为规则……依据这个行为规则，它以具体赏罚条款的形式，规定他们应该做什么、不应该做什么以及允许做什么，而提出这些规定的目的，就是为了实现社会的共同利益"。(注96)如果我们认可这个定义，则中国的法典无疑将会被描述为一部高度发达的民事法典。如果民法是被用来表示大陆法的含义，就像律师所说的不成文法，那么，中国的法律带有鲜明的民法特征，根本不属于不成文法。(注97)它还可以被描述成一部公法，从而与私法形成对比。(注98)作为一种实施地方管理的手段,中国法律的适用范围包括了所有的人际关系。它没有过多地强调什么是重罪、什么是轻罪。它是一部具有约束力的成文法典,可被强制执行且已经强加给每个人,而且它所实施的刑罚,不是为了让某一个人受到惩罚,而是为了保护整个社会。

中兴时期的政治家们从来都没有想过要对法典内容做出根本性的修订。清政府从顺治皇帝在位时期就开始打算对传统法典进行重新修订,以便形成一部新的法典,结果这项工作一直持续到义和团运动之后的宪政改革时期。同治时期颁布的新版法典,并未表现出任何革新之处。(注99)

像所有保守派那样,同治时期的官员们同样也不信任立法活动,他们把注意力集中于改善行政管理。他们忙于解决司法管理环节中的一些具体问题,忙于解决滥用司法系统的问题,(注100)而不是解决司法系统中存在的缺陷。引起民众抱怨的最常见原因,是案件在移交判决过程中的耽搁、衙门胥吏在司法程序上的干预、地方治安权力的滥用,以及刑罚手段的严苛。

人们普遍认为,办事中司法手续上的拖沓,是导致民众不满的主要原因之一,而且这一问题也经常受到有能力的行政官员的持续谴责。(注101)1866年,朝廷下达谕令,指出百姓生活艰难的原因在于司法拖沓。(注102)顺天府尹认为,司法拖沓是破坏地方安宁局势的一个主要威胁。(注103)

第二个主要问题是关于衙门胥吏的地位问题。[1]按照国外的

---

1 见第五章。

一些资深观察家的观点，中国官员在审理案件时通常都能做到公正，难的是案件在审理之前能否交到他手里："法官是多么愿意使案件得到公正裁决啊！可他的下属，那些衙门胥吏却不这么想，而他们恰恰是办案的渠道，只有通过他们，待审理的案件才有可能被呈送上去。"(注104)经过一代人的努力，作为中兴时期最有前途的年轻官员以及改革时期的资深政治家，张之洞和刘坤一在一份关于法律改革的奏折中仍然这样写道："非常有必要清除这些胥吏，只有这样，才能杜绝此类枉法事件的发生。"(注105)御史的努力对于治理胥吏干预司法程序的混乱局面起到了一些缓解作用，在胥吏阻挠案件通过正常渠道上诉时，御史提供了一条可将案件直接上诉至中央政府的渠道。(注106)

第三个问题是执法混乱的问题。按照常理，中国的司法制度在正常情况下还是有效的；[1]然而，在动乱频仍的19世纪中叶，中国的司法领域出现了相当多的放纵执法以及基层官吏滥用治安权力的现象。(注107)根据御史的调查结果，有的捕役抢劫老百姓的财物，有的衙门胥吏收受贿赂、篡改案情报告，等等。(注108)尽管这样，依然没有任何证据可以说明当时中国的社会治安已经陷入了全面瘫痪。如果有一份案件报告反映出当地存在治安行政手段使用不当的问题，这一不良影响马上就会被

---

[1] "这是一个可以把罪犯或嫌疑犯关进任何衙门或监舍的制度，如果被关进去的人既有可能是一名头戴顶戴花翎的官吏，或者有可能是一个身背重担、步履蹒跚的苦力，那么，这个制度就必然会引起人们的畏惧。但这并不是生活在宗教法庭的土地上的人们所具有的那种奴性的畏惧。这种畏惧，源于一种相信法律总体上代表公正和美好的坚定信念。"（见1868年8月14日出版的《北华捷报》）

另一份反映当地官员极其胜任治安管理的案件报告抵消。在公正执法方面,丁日昌在其担任上海道台时享有崇高声誉。[注109]

第四个问题,就是饱受争议的重刑问题。[注110] 随着叛乱的发生,即使是最相信通过示范、劝说和集体施压就能实现统治的人,也开始竭力主张采取严格且严厉的刑罚手段。然而,中国的司法制度并没有忽视对被告的保护。法典虽然是严厉的,却可以根据衡平法、政治以及道德等方面的原则,对违法犯罪者施以仁政。[注111] 御史似乎继续行使了他们的传统职能,拿起宣传武器,通过揭露执法者的暴行,限制滥用司法权力现象的发生,而罪犯在被关押期间的人权也得到了承认。[注112]

总而言之,尽管存在所有这些明显缺陷,中国的法律制度依然是一套在中兴时期令人赞赏的地方管理手段。国外的一些资深观察家对此表示赞同,他们认为:"在中国的大多数城镇和乡村,民众的生命财产可以得到远远超过我们首都的安全保障。"[注113] 事实证明,很简单,最终导致这一制度发生崩溃的难题,就在于:"中国人的观念,无论它可能具有怎样丰富的内在价值,都无法充分适应现代世界的经济和社会组织。"[注114]

地方管理体系的基石——地方官

> 窃维封建之天下,其治乱在诸侯;郡县之天下,其治乱在牧令。
>
> ——左宗棠[注115]

> 官是苦人，做官是苦差事，以官为乐，必不能做好官也。
>
> ——倭仁[注116]

两千多年来，中国一直都不是一个采邑制封建帝国，而是一个被划分为数个行政辖区的统一帝国。在每个辖区中，政府的全部权力系于一人，该人由中央政府委派并直接对中央政府负责。他保持着同士绅之间的联系，鼓励开展儒家教育并积极办学，负责组织开展赈济灾民的具体行动，控制保甲组织的日常活动，负责执行法律并向民众提供法律解释。在中国人看来，如果地方官是个能人，当地各种各样的管理机构就都能高效运转；如果地方官不称职，则这些管理机构就会形同虚设——士绅得不到重用，读书人受到嘲笑，救济行动组织不力，保甲制激起民变，而法律也无法得到贯彻执行。丁日昌关于选拔地方官重在选对人的奏折，非常具有代表性：

> 得其人则治，失其人则乱，自古为然，于今尤急。
> 天下者，各省之所积，各省者，州县之所积，各省之大吏得人，则州县得人，州县皆治，则天下治矣。[注117]

与丁日昌的看法相同，山东巡抚阎敬铭也上奏陈述："自古未有不慎选牧令而能治天下者也。"[注118]

强调提高地方官的素质，当然不是中兴时期的创新。道光年间《牧令书辑要》指出了一个令后人推崇备至的政治信条:"天下事,莫不起于州县,州县理,则天下无不理。"(注119)然而,在中兴时期,提高地方官素质,成为国家面临的一个新的迫切需求。《牧令书辑要》经过了一番大张旗鼓的宣传之后,得以再版发行,李鸿章在新版前言中指出,历经多年动乱之后,地方官肩负的责任甚至比往常更加重大了。(注120)倭仁在写给一位即将赴任的地方官的信中,提到长江流域所遭受的巨大破坏,以及由此将转嫁给地方官的众多责任。对于恢复稳定工作,他写道,地方官必须鼓励读书人学习,求贤若渴地寻找、发现新的人才,在进行赏罚时,要严格遵守公平、公正原则。在这最后一点上出现的松懈现象,往往会增加地方的工作压力,这也是近些年来地方政府存在的主要问题之一。(注121)

几乎所有上奏的官员都竭力主张把科举考试作为选拔地方官的唯一手段。尽管恢复科举制[1]对于各级政府来说都很重要,但在实际工作中,它在任何情况下,都不可能比地方行政管理更重要。地方官为数众多,其数量远远超过他们的上级官员,地方官在处理公务时,需要更直接地与更多的老百姓打交道。有人说,如果地方官不整日专注于儒家传统的学习,则无论士绅还是普通老百姓,都不会接受他的管理,这是一句官

---

1 见第五章。

场上的陈词滥调。[1] 正如曾国藩所说，地方官如果不是一个"出类拔萃的人"，士绅和老百姓就不会安定，其结果就是当地秩序混乱。(注122)

一位外国传教士证实，不论何时，一旦放弃了将"最贤明、最称职"的人选拔至地方官岗位的传统制度，随之而来的后果必将是局面失控：

> 虽然官场贿赂案件与日俱增，但官员的文学才能依旧是决定其能否升官的现实依据。这个规则稍有偏离，民众就会把怒火发泄到失职官员的头上；而任何偏离传统规矩习俗的做法，也必将导致民众对朝廷的不忠。回顾近十年来给清王朝带来覆灭之灾的那些动乱，从许多实际案例中可以看出，是钱财，而不是文学才能，铺就了升官的阶梯。(注123)

中兴时期，官员们完全承认官场中确实存在不具备当官条件的人却得到官职的现象，为了表彰他们立下的战功或贡献的捐输，只能授予他们官职，这也是朝廷的无奈之举。但官员们建议朝廷必须对这些"外行"实施最严格的补充考核，否则坚决不能让他们当地方官。(注124) 提出上奏的官员列举了充

---

1 一般来说，任何群体领袖的道德权威对他的权力来说都是必不可少的，尽管他的地位意味着他的命令会被服从，但这些命令必须符合群体的规范。如果这些命令不符合规范，它们就不会被人们服从，领导者的地位就会下降。（见乔治·霍曼斯所著《人类群体》，纽约，1950年出版，第187页）

分的证据，借此说明不称职的地方官会引起地方骚乱局势的蔓延。李棠阶作出评论：只有那些深受儒家教化的地方官才能营造出官府与百姓之间的和谐氛围，而这种和谐氛围，可以消除骚乱事件中潜藏的带有煽动性的因素。[注125] 1867年夏，广东、广西两地的土匪刚刚被镇压下去，两广总督瑞麟奉命严密督导地方官的选拔与任命工作。[注126] 甚至一位严格说来属于军事人物的、类似于僧格林沁这样的官员，也向朝廷报告说，骚乱是由不称职的地方官造成的，由此产生的后果，给他的军事行动带来了损害。[注127] 吏部会定期给皇上准备一份关于全国各县地方官的人员名单，并以注释的形式指出哪些岗位尤其需要配备能力强的地方官。随后皇上会在下达的谕令中，对吏部上报的名单作出修改和完善，这表明朝廷对于选拔地方官给予了较高的重视。[注128]

官员们一而再再而三地上奏指出，地方官制定的政策直接关系到全国的稳定。冯桂芬写道："人性无不善……天下之乱民，非生而为乱民，不养不教有以致之。"饥寒交迫的生活致使老百姓起来造反，所以，地方政府可以通过给老百姓提供足够的食物、衣服、住所以及道德上的教化，阻止造反事件的发生。[注129] 倭仁写道，历史上从未有过忍饥挨饿的老百姓尚能保持稳定的这种情况，只有遇到一位有能力的官员，才能耐心细致地做好为老百姓供应食物的工作。[注130]

御史王道墉认为，地方官在工作上的失职，将会导致高层文官及军事将领在平定叛乱时所付出的努力失去其应有的效果,从而给国家带来各种灾难。他在一份奏折中说：

……治世莫要于安民,安民必先察吏,察吏之方,自州县始,州县之贤否,天下治乱之基也。

他还相当详细地描述了某些错误政策的制定,是由于"城市里的老滑头"(市井之徒)和军人被委任为地方官,由于这种失当的委任,"由是吏治日坏……臣愚以为方今时务如久病然,剿贼以治其标,尤以安民以培其民本",按照王道塘的说法,只有把科举考试成绩作为任命地方官的唯一依据,民众才能得到安抚,其原因并不在于科举考试成绩可以确保这位胜出的地方官候选人才智贤明(他也承认科举考试成绩确保不了),但是,这样做有助于根据传统规则澄清与稳定社会结构。(注131)

按照中国人的理论,显然不可能存在任何可用于实现成功管理的精确公式,而且《牧令书辑要》的出版目的,也不是为了提供这种公式。官员们宁愿去接受关于其职位取之于民、用之于民的劝告；去接受关于除非老百姓获得实际利益否则就会不接受管理的劝告；以及去接受关于地方官所做决策牵涉管理全过程、涵盖大大小小诸多问题的劝告。如果地方官能够坚持不懈、满怀热情地关注自己辖区内的所有事务,同时按照经过长期积累并为其详尽总结出来的中国人的经验世故灵活行事,则管理将会取得成功,统治也将会得以维持。(注132)

由于地方官的行政管理范围包罗万象,(注133)《牧令书辑要》

详尽列举了一个地方官应该事先有所考虑的一切实际事务，它们包括：办公流程、经费预算以及人事安排；农业及桑蚕问题，包括水利治理、林业种植、耕地施肥、土地使用权以及地租问题；社会福利及救济问题；对年轻人包括孤儿的看护、教育以及道德教化问题；控制犯罪及刑罚问题；地方防卫问题；等等。

对于上述所有这些涉及不同领域的各项工作，地方官正在做什么，以及应该做什么，成为政府高级官员持续讨论、公开辩论的主题。地方政府经常处于上级官员的持续审查之下，特别是要经常接受御史的审查，御史通过开展审查，给他们提出了一些具有广泛影响力的忠告。比如，御史游百川完全正确地指出，地方管理体制的重建，要求加速落实救济措施，强化保甲制度，更加谨慎地听从省里的高级官员对在其管辖范围内的地方官的指导。(注134) 御史马元瑞敦促地方官，要想方设法解决以下四个问题：(1)"薄赋税以厚民生也"；(2)"慎讼狱以平民怨也"；(3)"善抚循而使民得所也"；(4)"勤晓谕使民咸劝也"。(注135)

一个拥有乡绅背景和儒学素养的地方官，显然会比一个因战功或捐纳而得到委任的地方官更易于胜任这些工作。[1] 在如此之多的领域都要求一个儒家出身的官员掌握技术操作能

---

1 举个例子，正如御史袁方城所指出，那个时代的根本问题是农业和桑蚕的复兴，这些问题对于那些靠捐纳而走上官位的人来说，根本不知为何物（见《同治中兴京口奏议约编》，第 2 卷，第 14—15 页；《皇朝道咸同光奏议》，第 20 卷，第 4—5 页）。袁方城，四川江津县人，于 1853 年（咸丰三年）考中进士。

力,这是一回事;在地方官法定任期很短的情况下,地方官怎样才能在短暂任期内做到非常熟悉当地状况,这是另一回事。[1]国内政府体系的全部制度的设计初衷,就是为了把当地所有权力都交到单独一个人手中,这个人应当超脱于地方压力之外,具有凌驾于技术专业狭窄眼光之上的宽广视野,这个人还应当是一个小型的哲学王,具备横向上包括整个国家、纵深上覆盖整个社会的人文视野。

如前所述,这种政府体系的组织制度,把巨大的不由官员行使的权力交给了那些"常设技术型人员",也就是衙门胥吏,尤其是那些负责"跑腿"的人,因为他们熟悉当地状况和操作细节。衙门胥吏被认为是特别有损于地方政府形象的人,他们最容易滥用其所处职位赋予他们的手中权力——例如,由于地方官几乎都不了解地方缴税登记制度中的复杂环节,他们便通过对前来缴税人员进行勒索的特别付款的方式滥用职权。此类案件可能会被并且已经被报告给了皇帝,(注136)可是,衙门胥吏滥用职权的案件依旧频繁发生。[2]结果,随着地方政府所遇到的技术问题越来越复杂、越来越繁多,以及越来越重要,朝廷不得不把更多的权力委托给这些既不具备儒学素养又完全陷于地方压力及世俗偏见之中的衙门胥吏,以致这些衙门胥吏从

---

1 见第五章。

2 在描述衙门胥吏中普遍存在的腐败现象之后,御史游百川写道:"这还仅仅反映了在京城供职的政府官员的基本概况;但衙门胥吏在各省所构成的危害,甚至更加难以言表。"(《同治中兴京外奏议约编》,第 8 卷,第 14—15b 页。)捻军竟然能贿赂胥吏和负责跑腿的衙役,给那些努力恢复秩序的地方官送去假情报,甚至还混成了衙役(见邓嗣禹:《捻匪》,第 2 章)。

地方官手中篡夺了更大的权力。[1]

中兴时期的政治家普遍认为，一旦地方政府及当地社会局势沿着传统路线实现稳定，衙门胥吏的手中权力就会被再度限制在一定范围之内。他们几乎想不到这样一个带有革命性的方法，即，可以把专业技术方面的权力，委托给那些掌握专业技术才能的下属来专门负责。可是，如果他们果真能够想到这个主意，也会被大多数人拒之千里，因为这个主意与他们试图恢复的社会传统格格不入。

西方列强对中国地方统治施加的影响

中国与西方世界之间持续加深的联系，注定会给中国的地方统治体系带来整体上的威胁。一则，用中国人制定的法律去约束外国人及其日益扩展的活动，这既不"合法"，也不合逻辑。因此，地方官在执行某些条约规定时，只能去被迫违反传统地方管理的基本准则。二则，中国人如果受雇于外国人，尤其是在外国租界内受雇于外国人，中国人就可以获得一次逃避共同责任网约束的机会。随着时代的进步，儒家学说在中国社会思想中的统治地位日益受到新的思想观念的威胁。经过长期艰苦的儒家教养最终获得的官位，是否应该成为一个人渴望追求的

---

[1] 这恰恰正是赫德给清政府提出的警告。对于清政府不准官员回其原籍省份任职或者要求官员在某地长期任职以便熟悉当地情况的制度和做法，赫德指出："这项寻求预防腐败的制度，却恰恰滋生了腐败，因此，全世界最听话的老百姓最终变成了违令不遵、企图造反的人。"（摘自《赫德于1865年递交清政府的备忘录》，载于《筹办夷务始末——同治时期》，第40卷，第15页）

最高目标，青年才俊对此越发产生疑惑。最重要的是，士绅阶层及文人士子的整体社会地位，都受到了威胁。

商贸城镇，尤其是通商口岸的司法管理机构均已瘫痪。外国人不仅不满足于自己游离于中国人的司法管辖之外，还试图让他们的商务雇员以及那些改变宗教信仰的人都享有治外法权。[注137]加之在这些城镇中迅速激增的人口都是外国人从全国各地吸引过来的，这些背井离乡的民众感受不到像过去那样强烈的来自熟人社会世俗压力所构成的约束。商贸城镇及通商口岸的地方官从此失去了自己行使管辖权所依赖的渠道，因为民众的家庭已经四分五裂，邻里之间互不相识，最有影响力的人不是士绅，而是那些没有确切背景、最近才出名的买办。[注138]

由于中国与西方列强之间签署的一系列条约重点关注中方按照外国传教士和商人的要求、保证外方在中国当地享有适宜条件的问题，所以中国在这一时期所遇到的绝大多数国际问题，实质上都是属于中国地方管理方面的问题。负责管理商贸城镇及通商口岸的地方官，处在既要为辖区负责，又要对朝廷尽忠的尴尬处境之中，左右为难。他们一方面要坚持遵守条约中的相关规定；另一方面要按照儒家制度履行他们对于民众所应当承担的职责。地方官所面临的许多情况，都迫使他必须通过发布既疏远士绅又违背民俗的命令，从而损害了他自己作为一名行政官员的威望。

中兴时期的清政府在维持地方统治的过程中，所面临的最严重的问题是当地士绅蓄积已久的仇外情绪。由于士绅阶层的忠诚对于清政府来说是至关重要的，所以朝廷在处理外交工作中谨慎地采取每一项步骤，以便改善其外交地位，免于导致士绅群体疏远中央政府。在那些给外国人留下能熟练掌握维多利亚时代商业需求的印象的地方官中，很少有人能够保护士绅阶层的经济利益。恰恰是他所接受的担任地方官的任命，将会对士绅阶层的社会地位构成威胁。而一个在外国人看来对基督教福音传道及西方政治思想持开明包容态度的人，也不能引领儒家思想实现复兴。

传教士们习惯于挑起一些旨在公开展示文人士子"愚昧无知"的辩论。其结果是一种不可调和且与日俱增的敌视，这种敌视，不仅针对传教士和所有外国人，还针对中国的"现代主义者"，这些人被当地的文人士子们成功地贴上了叛徒的标签。当地还形成了一股阻止年轻人参加同文馆招生考试的社会压力。[1] 郭嵩焘前往中国驻欧洲大使馆赴任前夕返回老家湖南，刚刚参加了一次当地举办的孔庙集会之后不久，就遭到了一伙人的指责和围攻，连他乘坐的船也被烧毁了。(注139) 曾纪泽也遭遇到与之相似的对待。每逢科举考试举办期间，哪里有文人士子们的集会，哪里往往就会出现显著增多的排外事件。(注140) 民间发出的要求全面驱逐外国人的公告，明确无误地传递出一个信号，那就是，这些公告的始作俑者均为文人士子。(注141)

中兴时期的清政府不可能去试图化解士绅阶层的儒家立

---

1 见第十章。

场，因为这个传统国家获得延续，靠的就是这些思想观念的复活。与此同时，任何国家能够幸存下来，似乎都是靠着与外国人达成的妥协。在这种情况下，政府努力确保自己忠实遵守条约，无论在任何领域，只要能够做到这一点，政府就会这样去做，全然不顾及义愤填膺的士绅阶层的感受。曾有一段时间——直到天津教案发生——政府看起来已经在劝说文人士子接受有限的体制变革，以及在需要考虑外交事务时与北京方面保持一致等方面都取得了一些进展。[1]但是，这绝对只是一个劝说的问题。中兴时期的领导者深知，要想有效地统治某个地区，只有得到被统治地区民众的认可才行。而文人士子抵制变革的力量源泉，牢固地建立在文人士子在儒教社会中拥有对民众的影响力的基础之上。

中央政府、省级高官以及文人士子中的精英，能够从总体上去构想一条渐进式的保守主义发展之路，并且对于那些在中国人的生活方式的外在形式而不是本质核心上出现的变革，都能予以接受。然而，文人士子中的普通成员却深陷琐碎事务的泥淖之中。由于他们的目光仅仅局限于当地局势和现实问题，不能透过千年积累的细枝末节去认清维系儒家体制持续存在的基础。他们坚持整体保留现存秩序，这样做却只会导致它的全部丧失。

1　见第十一章。

VIII THE REHABILITATION OF THE CHINESE ECONOMY

第八章 中国经济的复苏

传统政治经济

中国的各级政府都把经济问题视为重点关注的主要方向，并将其纳入培养政治家的必修课。然而，他们学习的具体内容却更贴近重商主义时代的"政治经济学"范畴，而区别于我们今天所研究的"经济学"问题。[1]在中国，经济问题与政治及道德方面的所有重大问题紧密交织在一起。中国的政治家们相信他们有能力控制经济的发展，并使其从属于政治目标。总而言之，要把经济变成服务于政治的工具，却不能反其道而行之。中国人认为，传统经济只需通过明智地采纳中国传统的政治经济原则，就能够实现再度繁荣，中兴时期的经济政策就建立在这个假定的基础之上，而且从政策模式上说，中兴时期的经济政策遵循了当时政府在其他领域采取举措时的政策模式。在这样一个几乎全部人口都必须直接从土地获取收入，以及土地税一直为政府提供了绝大多数资金收入的国家，保护农业生产者的安全就成为国家确定政治经济方略的首要目标。在中国的经典史籍中，"重农"以及由此必然导致的"抑商"原则，曾被反复强调，而且现如今，农业不仅仍被认为是中国经济的唯一可靠基础，而且也是这个国家唯一合适的基础。(注1)

---

1 本章是对中兴时期清政府所采取的经济政策的概览，其目的不是研究晚清经济的结构和功能。读者如果认为本章针对这些经济政策的起因和结果而提供的史料数据不够准确的话，最好应该回忆一下，这个研究领域几乎从未有人探索过，今天的学者至今仍在使用着卫三畏在很久以前就发表过的相同的数据，"所有这些计算结果都是粗枝大叶的，虽然易于拼凑，却禁不起推敲"（见《中国总论》，第 1 卷，第 290—292 页）。

可是，清政府既没有扩大农业生产、提高农业税收的概念，也没有西方现代观念上的那种"繁荣"农村经济的想法。中兴的目标，就是要建立一个俭朴而又稳定的农业社会，在这里，被强烈灌输的节约俭省的思想观念，能够抑制政府的经费开支、遏制士绅的奢靡之风、消减农民的物质欲望。(注2)

中国人认为，凡是能够做到勤俭节约与精明管理相结合的地方，就不可能爆发经济危机。正如一位经验丰富、才华横溢的政治经济学家王庆云于1850年所述：

> 时下，朝野上下皆惶恐不安，惊呼贫困。臣窃以为断无惊恐之理。毋庸另寻致富之途，只需严肃纲纪，治理得当，何有贫困之苦？(注3)

就主体架构而言，清朝沿用了明朝时期的财政机构，如果按照近代标准来衡量，清朝的财政机构可谓臃肿不堪，然而在清初年间，这套机构却得到了较高程度的发展，并被证明是行之有效的。当政府能够维持国内和平局面，并提供有助于高效农业实践的外部条件时，这套机构便可以在不给老百姓施加难以承受的生活压力的前提下，为政府筹集到国家财政所需要的资金。[1]然而，户部及其他相关机构却由于人员

---

[1] 在清王朝执政的最初数十年，国家财政曾经连年出现赤字，但从17世纪末到19世纪中叶，国库常规储备通过经济繁荣年代的积累，逐渐充盈了起来（见罗玉东所著《中国厘金史》，上海，1936年出版，第1卷，第2—3页）。

配备不力，无法处理国家危难时期税收下降与财政支出增长之间的矛盾问题。

咸丰时期(1851—1861年)之前，维系清政府财政税收的四大主要来源分别是土地税、漕粮、国内商业税和盐业专营。那些自明代就有的且被清政府保留的名目繁多的杂税，几乎毫无经济意义可言。单凭土地税这一项，就为清政府提供了占财税总收入2/3的经济利益。政府规定，土地税的征收额度永远保持恒定：清政府曾于1712—1745年间，以皇帝颁发一系列谕令的形式，向全国民众作出土地税税率永不上调的庄严承诺。[注4]对于漕粮的税率，清政府同样也要求保持恒定，至于关税和盐业专营，清政府也轻易不会作出上调税率的决定。在这种情况下，如遇规模不大的紧急事件，清政府可以靠动用丰年时期积攒下来的储备金，以及卖官鬻爵和偶尔出售低级职位所换来的钱款渡过难关。[注5]进入19世纪，清政府面临的国内及国外问题日益增多，需要增设新的财政支出项目。虽然新增支出给陈旧的税收制度提出了现实挑战，但直到进入光绪时期，清政府仍不承认有必要设立新的永久税缴税项目及拓宽征税来源。[注6]

发展商业并使之成为重要的税收来源的想法，在当时是不可思议的。文人士子历来把那些所有不直接从事粮食生产的人统称为寄生虫，当然他们自己不包括在内；而且由于唯恐出现一个富裕的并且可与之相抗衡的社会阶层，他们采取持久有效的措施，阻挠工商业的一切发展活动。[注7]国家垄断通过开设常备平准仓[1]、经常打击高利贷行为、推行惩罚性的税收政策以及塑造思想模范等措施,成功地调节了粮价,使他们的国家垄断行为得到高效运转。对比中国的商人阶层,如果可以把明治维新以前的日本商人阶层称作强者,则中世纪末期的欧洲商人阶层,就可以被称为巨人。

除了国家采取重农抑商的政策措施以外,中国特有的高度自给自足的地方型经济也不利于商业发展。虽然政府很久以前就已经通过使用诸如"丝绸特区""棉花特区"[2]等术语来表明自己对农业领域内专业化发展的认可,但政府仍希望每个村庄都能生产出本村所需的几乎全部商品,每户家庭都能从事多种手工业生产。无论士绅家庭,还是农户人家,家家可以纺纱织布,比如,曾国藩就曾在其家信中详细询问过其儿媳的织布数量。只有在蚕丝主产区那里,才会有相对较小的一个专业化手工业者群体,他们除了纺纱织布,不从事其他任何劳动。其他行业的"专业人员"——如制陶工、泥瓦匠、木匠、金属工匠等——大多数为农民,基本上只在农闲时节制作手工制品,以满足自己及邻居的使用需要。其中虽然也存在着金钱交易,但这并不是一种货币经济,虽然集市贸易自明朝末年以来得到了广泛发展,却也并没有达到市场经济的高度。由于民众对节俭理念的

---

[1] 在丰收之年以低价买进粮食,储存在这些谷仓,在粮食歉收之年以较高的固定价格售出,以便在饥荒时期平抑粮价。关于这个问题的详细论述,见陆廉钦所著《清代的公共粮仓》,巴黎,1932年出版。

[2] 此类术语在徐光启所著的《农政全书》和其他相似的史料来源中均有出现,天野元之助教授曾提醒我注意此类术语的运用,对于天野教授的提醒,我深表感谢。

一致推崇、对无欲无求理想的共同追捧、对农民与士绅在现实经济上的相互依存状态的共同维护，以及对这一制度赋予这两个阶层的相对安全保证的一致追求，自然经济所具有的稳定性得到了进一步的强化。

从古至今，国外贸易比国内贸易受到了更大的限制。中国人认为，任何进口商品都弥补不了真金白银以及像茶叶、丝绸这样有用物品的外流所造成的损失。采矿业虽然古已有之，但其重要性直至19世纪仍被低估，一方面，因为采矿容易引发社会秩序混乱；另一方面，采矿有违道德观念，因为既然矿产资源无人"播种"，自然也就无人有资格去开采、收获这一财富。(注8)

可以这么说，要不是由于清政府及反对社会变革的思想观念对手工业商业活动的严酷施压，(注9) 要不是由于当时打败中国的西方列强所掌握的"前近代"科技实力已经发展到了一个非同凡响的程度，中国老百姓所具备并且已经得到证实了的手工技艺天赋，可能已经把中国带进了工业时代。19世纪的观察家们注意到，正如此前来到中国的耶稣会所掌握的情况那样，中国人"开采矿山，冶炼金属，运用各种方法从事加工制造——在某些情况下，中国人的加工制作工艺令欧洲最发达的国家都无法企及"。(注10) 例如，他们能够将切割后的银锭完美地重新焊接到一起，能够在玛瑙上雕刻图案，能够修补铸铁上出现的孔洞，还能够在仅仅借助于楔子、杠杆、滑轮等简易设备的情况下，完成对拥有惊人尺寸及重量的零部件的加工制作。他们在印刷术以及在生产加工丝绸、茶叶、瓷器、纸张时所运用的工艺手法，充分展现出他们在手工实践方面所拥有的发明天赋。对此，费孝通言简意赅地指出：

> 自然界中蕴含的科学知识，是用于生产制作的知识，它属于农民、手艺人和其他以此作为谋生手段的人。而从另一方面来说，伦理道德方面的知识，则是一种统治工具，归那些靠使用自己的头脑去统治老百姓的人所有。[注11]

清政府重农抑商的政策，非但没有背离久负盛名的中国传统政治经济原则，反而将这些原则的内涵拔高到了一个新的历史高度。当西方商人纠缠不休地想与中国开展贸易，清政府却采取孤注一掷的努力，抢先阻止具有真正重要意义的对外贸易的发展。而且从国内形势看，在清朝统治的整个历史时期，[1]政府鼓励小农经济的发展，采取相对严格的控制手段，对大地主及其雇佣政策实施管理约束。由于"不符合儒家原则"，为数众多的近代特权被废止，按照传统的政治经济原则，佃农完全成为自由的土地所有者，这是一个鲜明的发展趋势。[注12]

---

1 虽然在清王朝建立之初，清政府为了保障满族人的利益，将明朝遗留下来的一些大宗田产全部没收了（见朱伯康、祝慈寿所著《中国经济史纲》，上海，1946年出版，第12卷），但是，清政府在制定土地政策时，并没有过于关注满族人的特权。

咸丰年间的经济崩溃[1]

回顾清朝统治的前一个半世纪，其显著特征可被概括为：经济局势保持稳定——如果按照传统标准来衡量，则可称之为经济繁荣；这个繁荣稳定的经济局势并没有随着咸丰帝的继位而突然终止。早在18世纪末（即乾隆驾崩之后），在这个国家的几乎所有领域，衰败迹象就已经渐趋显现。(注13)经济上的周期性变化，是随着朝代循环更迭的一般格局而表现出来的。[2]康熙及乾隆年间，清帝国度过了经济繁荣时期，随之而来的是，嘉庆及道光年间出现的民间生活窘困和公共财政赤字。随着起义、叛乱的增多，可用于耕种的土地日渐减少，百姓养家糊口所需的粮食也随之锐减。国家无法募集到足额的土地税，然而，为了拿出更多的钱来保证日益增长的军费开支，国家却又必须一再提高征收税款的额度。为了镇压叛乱，不得不忽视水利工程建设，同时还要招募农民加入官军，于是，可耕种土地的面积进一步锐减，以致某些地区开始出现饥荒。

面对因对外贸易量的增长而产生的额外经济问题，清政府只能更加依靠那些腐败无能的官吏。农民赖以提供维持生计必不可少的补充性收入的家庭手工作坊，很大程度上受到了进口的西方棉织布匹的冲击和干扰。自1800年以来，由于进口货物

---

1 关于咸丰年间清帝国所面临的全面危机，见第二章。
2 见第四章。

量增加，加之必须以白银作为支付方式，因此，银价无论如何都会出现上涨，而以白银作为出口结算方式下的黄铜价格，则出现下跌情况。因为各项税款及其他纳贡均须换算成白银价格，于是，随之出现的后果就是，白银被大量囤积以及银价被迫一路走高。[注14]

太平天国运动给正处于衰败之中的大清帝国的经济带来致命一击。已耕种土地面积急剧减少，根据当时做过的一些估算，人口数量减少了一半[注15]："中国内地的那些曾一度坐落着富庶城市和庄稼地的繁华热土，如今已是一片荒芜。"[注16]例如，安徽全境未遭到战火毁坏的地区，仅剩下一个府、两个州和三个县。[注17]以往曾经以土地肥沃、人口众多著称的江苏、浙江两省最终被清军收复时，西方观察员们看到一望无垠的荒地，以及那些处在困境之中的地主和农民，他们震惊道："他们的耕地只能任由其荒芜，他们既没有犁地的工具，也没有播种的条件……许多区域都面向外地移民开放，差不多就像新发现的国土一样。"[注18]

在军费开支激增的同时，土地税和漕粮——作为税收的两大支柱——却无法在华中的许多最富庶地区得到征收。比如，根据威妥玛的观点：

> 依据大清律例，江苏省每年应该向国家缴纳漕粮将近150万担，即9万吨。今年(1859年)，国家仍然要求该省上缴漕粮，却仅仅要求缴纳40万担，省里的藩台大臣

自称其最多只能承诺缴纳25万担。即便是这个数字，江苏也依然无法兑现其承诺。几乎在全省每个地区，都存在着拖欠土地税的现象，按照当地发布的公告显示，靠卖官鬻爵得到的款项远远低于政府当局预期的实际金额。(注19)

根据估算，19世纪50年代，北京方面实际入库的漕粮数量从未超过应缴纳数的1/3，而到了1857年，实际入库的漕粮数量仅仅达到应缴纳数的1/10。(注20)

在这种情况下，处境艰难的清政府在多数情况下都不能履行其正常义务。(注21)社会公共事业被普遍忽视。(注22)随着国际国内局势的不断恶化，军队甚至无饷可付。(注23)

试图采取的补救措施，是处于危急时刻的清政府在仓促之间制订的，没有经过仔细考虑，且各项措施相互抵触、自相矛盾。虽然也曾试图大幅提高征税额度，(注24)但是，清政府却不愿放弃自己曾经作出的永不增加土地税的承诺，并把它当成一件备感荣耀的事情，并且，清政府还继续贯彻对贫困地区实施税收减免的传统政策。[1] 尽管引进了一种叫作厘金的新型商业税征收渠道，并且加速推广卖官鬻爵的做法，然而，上述措施所取得的成效却令人失望。

与白银价格息息相关的铜币持续贬值，加之铸造铜币需

---

1 卡尔·马克思曾把清政府在1853年实行的税收减免政策，与奥地利在1848年实施的减税政策进行了一次对比分析（见《中国和欧洲的革命》，载于《纽约论坛报》，1853年6月14日出版，该文被转载于《马克思在中国》，伦敦，1951年出版，第3页）。

要用到云南出产的黄铜，而黄铜的供应渠道又被回民起义军切断，[1]由此导致铜币贬值，与铜币相关的粮食价格同样开始下跌。为了获取以铜币作为交易方式的正常收入，农民不得不卖掉数量更多的粮食。由于农民出售自己种的粮食为的是换取铜币，而缴税时仍要按照银价的标准进行结算，如此一来，导致农民的实际缴纳税款陡增。[注25]而且，清政府自1853年开始，被迫借助于推行一项稳健的通货膨胀政策——引进那种不能提供任何信用额度的纸币，将铜币重新改铸成面值更大的硬币。随着铁币的铸造及发行，伪造钱币的行为开始大行其道，在全国蔓延开来，在北京以外的全国所有地区，除了银币，其他所有钱币都逐渐变得一文不值。截至1861年，国家发行的纸币的实际价值已经跌至票面价值的3%，而各省发行的纸币价值则跌至票面价值的4%。全国民众普遍对国家经济形势缺乏信心，这种信心的缺乏，具体体现在国家商业活动的停滞不前，以及高利贷行为的日益盛行。[注26]

中兴时期的总体经济计划

中兴时期无论是在中国近代经济史上，还是在中国政治史上，都是一个关键的历史阶段。随着传统经济体制出现了明显的崩溃，加之掌权的新任国家领导人多少了解一些西方工业[注27]

1　见第六章。

革命取得成功的消息，中国实施一场经济变革的时机似乎已经成熟了(对于前文提到的那些寓居中国的欧洲人来说，情况看起来也是如此)。然而，尽管新任政府是一个"开明的政府"，并且关心民众的福祉，(注28)可是，这个政府却并不打算建立一个近代经济体制的基础，也没有制订一套可与日本明治维新相比拟的经济计划。(注29)

这并不意味着中兴时期的领导者对经济问题有所忽视。恰恰相反，曾国藩、李鸿章、左宗棠、胡林翼及其同僚当中的一些人，都曾在中国经济思想史上占有一席之地(注30)，而且他们从不拘泥于离奇古怪的空想，而是努力克服生产及分配环节中存在的现实问题。然而，他们感兴趣的问题，是如何恢复传统经济的"实力及财富"，而不是以牺牲传统制度为代价，去提高这个国家的实力和财富水平。(注31)

评价国家在经济领域内所采取的每一项举措的实际效果，主要依据其对实现传统政治经济两大目标——国计与民生的贡献程度。这虽然不是一个新思想，却给中兴时期总体经济计划的制订工作确立了一个新的重点发展方向。着眼于保障国计民生，崇厚主张在直隶东部地区兴修水利灌溉工程，本着相同的着眼点，苏廷魁则主张在黄河旧河床上开垦耕地。如果按照相同的国计民生这个着眼点，增加财政支出用于治理黄河，同样也是一个正当合理的举措：一次洪灾将会摧毁一大片区域内百姓的所有生计，百姓没有了生计，就有可能沦为土匪，所以，洪灾将导致土匪的出现，而后将引发叛乱，最终，国家将发动平叛战役，这对国家来说，所耗费的资金要大于兴建水利工程。

对于那些刚刚收复的地区，尤其应当强调同时兼顾国计与民生这两个方面的重点工作。(注32)

胡林翼减免湖北省土地税的做法，引发了税款征收办法的变革，由此树立了一个典范，这种做法当然是正确的，理应成为典范。变革后的缴税办法看来似乎既提高了国家的经济实力，也改善了百姓的福利事业。基于相同的原因，沈葆桢也受到了表彰，当时，他在江西省改革了当地的土地税征收办法。(注33)在随后展开的对江苏省土地税实行减免的过程中，出现了一些比较棘手的问题，争执的焦点在于如何统筹实现国计和民生这两大目标。处在当前这种时局条件下，即便亚当·斯密在世，他也会称赞儒家的公共财政原则是非常合理的。

有两点原因可以解释为什么要强调中兴时期官员所认为的国计与民生在筹划一切经济政策过程中相互依赖、同等重要的背后含义。首先，在近代以前的专制国家中，像清帝国这样坚持国计民生等此类信条的现象十分罕见；其次，国计民生这个词的现代含义[1]具有迷惑性。中兴时期关于国计民生的概念解释，与西方资本主义和社会主义的相关概念之间，几乎没有任何共通之处。

中兴事业的领导者，就像他们的前辈一样，把农业视为可以为国计民生提供保障的唯一基础。他们从未质疑过优先实现农村地区恢复重建的必要性。在一封由曾国藩写给地方官的信

---

1 这个含义无论是对于中国人还是对于西方人来说，听起来都具有现代意义。作为孙逸仙所提出"三民主义"中的第三条，民生这个词后来被广泛应用于国民党和早期共产党制定的经济纲领中。

中，为了给地方官的实际工作提供指导，曾国藩这样写道：

> 军兴以来，士与商生计或未尽绝，惟农夫则无一人不苦，无一处不苦。农夫受苦太久，则必荒田不耕。军无粮则必扰民，民无粮则必从贼，贼无粮而必变流贼而大乱无了日矣。故今日之州县，以重农为第一要务。(注34)

然而，"发展农业"的含义是给老百姓提供一个通过辛勤种地获得生存的机会。虽然不管怎么说，提高劳动生产率、使农民拥有更多的闲暇时间，以及提高农民的生活标准，这些做法都是可取的，但是，清政府所说的"发展农业"，根本没有这方面的任何概念。继提出"如不给百姓提供生存机会，政府就无法生存"这个观点之后，恭亲王接下来又开始赞美俭朴、谴责贪婪："要教育老百姓学会勤俭持家，只有这样，他们才会对自己的收入感到满足。"(注35)

值得注意的是，这种无欲无求的理想，更适用于士绅阶层。在曾国藩的日记及家书中，充斥着诸如"对官员来说，购置家产是一种令人憎恶的行为"等此类论述；他还谴责那种努力为子孙积累财富的做法。针对自己的儿子如何规范孙儿媳妇的适当言行的问题，曾国藩提出了严厉的教导：新过门的儿媳妇必须早早地起来做饭，把闲暇时间用于纺纱织布；绝不能让她以为自己嫁入豪门就可以逃避艰苦劳动。(注36)

这当然完全不能等同于平均主义。关于这种无欲无求的理想，按照儒家的说法，是告诫一个人，俭朴不仅适合于他所在的阶层，而且适合于他所处的环境；它并非反对特权或地位，而是反对采取那种容易引发社会动乱的方式去创造财富的做法。在大大小小的家庭中——无论其社会地位是读书人、农民、手艺人，或是商人——如果能勤俭持家，就一定会家族兴旺，如果奢侈浪费，就一定会家道中落。(注37)

不仅士绅及老百姓应该勤俭持家，人们也期待政府应制止奢靡之风，避免出现大肆掠夺新的财富来源的现象。尽管帝国的都城北京是如此富丽堂皇，但清政府自身仍然认可这条祖训，即奢侈浪费令人讨厌，寻求新的财富来源的做法应当受到道德上的谴责，而且这种做法无疑会破坏儒家的政治经济体制。从古至今，中兴政府比以往政府更远离这种观念，即提高产能、增加税收和扩大消费是国家繁荣的象征。

中兴时期关于经济问题奏折中的绝大多数，都是从论述进一步厉行节约的必要性入手展开建言献策的。例如，倭仁在其奏折中作出如下阐述：国家的岁入是固定的，如果把更多的财政预算用于筹办铺张浪费的皇帝大婚庆典，那么，当国家面临严峻事态考验时，政府就只能拿出较少的钱用于应对。(注38)宫廷的巨大开支一直是众多奏折不断予以批评的焦点，在这个问题上，无论事实上采取了怎样的措施，皇室成员总是处在被批评的位置上，其结局也总是以皇帝被迫下达谕令的形式收场，而谕令的内容无非要求杜绝不必要的奢侈行为。皇室成员既能接受批评又能作出改正错误的姿态，这种做法对于在全国范围

内树立俭朴之风，具有一定的重要意义。(注39)

关于政府提倡俭朴之风的真正的重要意义，在德泰事件中得到了具体体现，该起事件曾被所有史官及史书作者列举为中兴时期六起重大历史事件之一，并把它与平定太平天国和设立总理衙门等史事相提并论。1868年，御史德泰向皇帝呈递了一份由内务府大臣贵祥草拟的皇宫花园修缮计划，通过这项计划，可以在不动用财政资金的情况下，将圆明园修复至原貌。就在这份提议按照例行程序经内阁大学士向上递交的过程中，突然遭到军机处义愤填膺的谴责。根据军机处在奏折中所表达的观点，这项计划已被证实涉嫌以田亩税、村庄税、户头税的形式，巧立名目增加北京城外地区土地税征收额度。最终，皇帝下达谕旨，决定免去德泰的官职，将贵祥流放至黑龙江，宣布这项计划是一起泯灭良知、不"爱惜民众"反而欺压百姓的极端案例。谕令继续指出，朝廷已经汲取了明朝因增加赋税而灭亡的历史教训，并将遵守先帝颁布的永不加赋的承诺。

皇室内部的奢靡之风或许仍在继续，却从来也不可能在没有遭到任何抗议的情况下得以倒行逆施。1872年(同治十一年)，两江总督李宗羲极力敦促朝廷暂停对曾于1860年毁于英法联军之手的圆明园进行施工修缮的工作，以便有可能解决中国当前仍面临的严峻问题，最终实现恢复重建(中兴)大业。(注40)

"抑商"原则的提出，是中兴时期推崇农业、鄙视趋利动机、赞美节俭等原则的自然而然的必然结果。曾以抗击太平军的英勇行为闻名于世的历史学家和地方官徐鼐，直截了当地道出了"抑商"原则背后的基本原理:"只有在经商无利可图的时候,才会有更多的人从事耕织。"徐鼐发现,经商不像种田那样辛苦,且更容易获利;在商业发达的地区,老百姓往往会告别他们的织布机和犁耙,纷纷涌向城镇去经商。在徐鼐和他这一代人看来,这种社会现象充分证明了自古以来久负盛名的经商禁令,对于保护儒家的农耕社会秩序是至关重要的。[注41]

对外贸易被清政府视为洪水猛兽。在对外贸易的过程中,甚至都不会遇到由新鲜的、质量上乘的消费品引发的诱惑,因为从欧洲进口过来的商品,无论是就美观性还是就耐用性来说,都无法与中国长期拥有的产品相比。欧洲的进口商品的确比较便宜,但是,如果这种较低的价格意味着将导致中国的家庭手工业倒闭,则欧洲的便宜货在当时的中国政治家们看来,肯定不是一次可以利用的商机。

最令清政府感到憎恨的,是那些用于改善加工技术和交通状况的机器。中兴时期的领导者不应受到指责,说他们像原始人见到可怕的怪物一样去躲避那些机器。对一些乡下人来说,那些新型机器设备看起来无疑如同恶魔一般,但是,官员之所以要抵制它们,主要原因在于官员坚持以下两条理由:(1)扩大机器的使用规模,将会导致外国列强把中国控制得更紧。(2)凭借着由机器带来的新的致富手段,那些与外国列强保持联系的中国商人,将会很容易实现个人发家致富,这种现象将破坏中国稳定而又俭朴的传统社会秩序。

与这些抵制西方机器的中国人一样,那些迫切要求实现经济现代化的欧洲人，也承认对彼此利害攸关的是同一件事，即无外乎整个传统文明。对于这个问题的根本原因，《北华捷报》赞成清朝官吏的看法："历史经验已向他们证明，向中国逼近的西方文明有多么阴险狡猾，他们国家传统制度的稳定性就将受到多么致命的威胁。"（注42）一位致力于促进经济现代化的欧洲人，这样写道：

> 我们还需要继续伪装自己的真实面目吗？……我们的目标是朝着消灭所谓的中国哲学思想、根除"文人士子"影响力的方向而努力，为了实现彼此之间的人类共同利益，我们必须全力以赴，赶在这个占全球总面积四分之一的最优质的自然财富被公之于世之前，充分利用它。（注43）

半个世纪过去了，当保守派发起的一系列改革均宣告失败，现代化的机器和现代社会的思想观念，在摧毁这个儒教社会的同时，却没有给民众提供一个社会及民族生活的新架构，这引发了中兴时期围绕是否保留传统文化的问题，展开了一场争论，要求坚定地反对经济现代化这个论点遭到了中国共产党的早期创始人之一李大钊的看似支持、实则反对的批驳。1920年，李大钊用嘲讽的语气，对儒教复兴事业的领导者评论道：

> 你们若是能够把现代的世界经济关系完全打破，再

复古代闭关自守的生活，把欧洲的物质文明、动态文明完全清除，再复古代静止的生活，新思想自然不会发生。(注44)

在1920年的时候，有人还把中国挡在工业时代的大门之外，并使其免于受到工业时代发展成果的影响，这种做法是愚蠢的。在1860年的时候，同样的做法或许是徒劳无益的，却并非愚蠢。

中兴时期的经济计划，旨在通过采取一系列措施，努力将农业经济恢复至能够继续充当国计民生主要支柱的水平。正如后续章节即将展现的情况那样，战乱期间满目疮痍的土地得以恢复耕种，新开发的土地也开始插秧播种，部分耕地还通过兴建水利工程控制了洪涝灾害的发生。为了提高粮食的亩产量，当地政府及民众都付出了一些努力。同时，为了寄希望于设计一套既能减轻农民负担又能足额保证税收的更加公平的缴税制度，清政府对土地税的征收办法进行了改革。

清政府通过引进厘金、盐税以及贷款和捐纳等办法，使传统经济中的非农经济领域贡献了相当于商品经济所能承担的税收份额，这么做的目的，一部分是增加岁入，一部分是抑制商业。清政府对中国新兴的对外贸易领域征税较轻，其原因只有一个，那就是曾经签署的外交协定已经对关税的金额作出了具体规定。虽然关税收入被证明对中兴时期的清政府意义非凡，但清政府当时却并没有想到可以通过促进对外贸易来增加税收。

在货币及财政政策领域，清政府勉强保持着货币稳定，努力收紧对国家财政收支环节的调控。但是，尽管政府开支持续上涨，却从来没有人能够意识到，这种开支上涨标志着政府即将进入一个长期负担高额支出的时代。新的支出主要用于应付突发事件，如能遵守节俭原则，老百姓的生活质量就会回归正常状况。一个比较稳定的农业生产社会，承受着既能保持税额恒定又相对较轻的赋税负担，这种生存状况，将会再度让老百姓感到心满意足。

土地政策

一、耕地面积的增加

19世纪60年代，中国官员主要关注增加耕地总面积，处在这样一个大面积可开垦土地遭到遗弃、大规模人口流动正在发生的历史时刻，这项政策显然是一项切中时弊的明智之策。由于采用精耕细作的传统耕种方法，他们几乎不关心每亩产量的增加；而且，他们也根本不关心人均产量的增加，因为他们不得不去利用更多的土地，为数以百万计的难民、投降了的叛军以及被遣散的士兵提供务农的就业机会。

虽然叛乱势头日益减弱，中兴时期清政府所面临问题的严峻程度却依然令人震惊。美国驻华公使卫三畏这样写道：

中国在1865年时的面貌，或许就像当年刚签署完威斯特伐利亚和约时的中欧那样悲惨。其被破坏的程度是一般人难以想象的。尽管如此，中国迅速展开恢复重建，不仅让居民尽快重返家园、重操旧业，而且还为他们重建了住房，重新恢复了贸易秩序，看到这些，即使是那些惯于诽谤中国的人也会感到大吃一惊，转而开始赞美中国，为这个备受轻视的中华文明所具有的不可思议的恢复能力做证。[注45]

在整个长江流域及其他所有被战乱摧毁的广袤地区，军事上的收复战役甫一结束，随即展开的就是对当地民众的重新安置工作。[注46] 来自欧洲目击者的说法证实了中国官方报道的真实性："最近受到叛军干扰的灾民安置工作，于年内继续进行。根据从苏州、杭州以及浙江、安徽、江西等省传来的报道获悉，这些地区均已重现繁荣……"[注47] 例如，据统计，江西九江的人口数量在1862年初时不足8000人，结果仅在第二年9月份就达到了40000人。苏州地区的农业重建工作，于1864年春季基本完成，当时农民仍然居住在用草席编织成的棚屋里。河道里的障碍物已被清除，桥梁也已得到修缮，据报道，还没等到戒严令宣布解除，周边地区的农产品就已经涌入了城市。[注48] 截至1866年底，闽浙总督马新贻可以这样向朝廷报告：移民现已涌入浙江，全省除受破坏最严重的地区以外，农业及养蚕业均已恢复至令人满意的状况。[注49]

尽管从某种程度上看，这种向已恢复地区的人口流动，几乎属于自发行为，但是，清政府的官吏们推行了一系列鼓励百姓实现重新安置的"宅地法"受到广泛的赞誉。放眼江南全境，战乱年间遭废弃的土地均已被政府没收充公，并以合理的价格重新出售。土地优先卖给那些资金充足、能做到即买即付并能立即开始耕种的人，而对于其他灾民，政府则通过先给他们提供土地、种子和农具，后以贷款形式规定他们在三年之内还清的措施，实现对灾民的重新安置。经调查采访了多户从湖北移民至江南地区的灾民家庭之后，大为吃惊的欧洲人不得不承认这项措施"展现出了一种如此巧妙的政治经济学常识，这是我们在与处理日常公务时的中国政府打交道的过程中感到很不适应的地方"。显而易见，在某些情况下，土地都是无偿提供给那些有能力承担耕种劳作的农户。[注50]其余情况下，政府允许被安置下来的灾民将他们当年粮食收成的70%留作自己生活所需。[注51]政府还开设了农业安置部门（招耕处），专门负责鼓励成立农业合作组织，分发种粮和农具，为赤贫者逐月供应定额口粮，直至头茬庄稼收割。[注52]清政府还给各省官员普遍下达了命令，要求他们积极主动地招募无家可归的难民从事土地耕种，在全国范围内张贴告示，鼓励那些没有土地的农民迁往急需农业劳动力的地区。[注53]

尽管从名义上看，上述举措的主要发起人都是诸如两江总督李鸿章、闽浙总督左宗棠这样的封疆大吏，但实际上，那些杰出的地方领导者之间的密切配合，才是安置计划得以成功实现的主要原因。[1]

对废弃土地实施回收和开垦，必然会给以往的土地占有制度带来影响。随着农村地区逐渐完成了战后恢复重建，那些曾于战乱年间逃到偏远地区的许多地主和农民，如今陆续返回他们的故土。例如，曾经哀鸿遍野的安徽，土地的原始所有者大批重返家乡，战后恢复重建工作得以通过移民勤劳的双手顺利进行。随着许多原来的土地拥有者回到家乡，围绕土地的争端不可避免地发生着，司法诉讼对此也无能为力。由此引发的诉讼尤为复杂，因为实际情况是，地主往往只保留田底权，而把永佃权和田面权留给农民所有。[注54]

承担重新安置灾民任务的所有地区，都存在着土地所有权方面的纠纷，一方面原因在于地契上面的条款界定不够明晰，另一方面原因在于曾被叛军占领过的地区，一些黑市暗中操纵土地交易。[注55]由于当地政府必须尽可能地谨慎遵守地契，在这种情况下，难以通过执行政府宣布的政策把土地占有关系恢复到发生战乱以前的局面。虽然说，建立一个让农民自由持有土地的农本社会仍然是清政府的既定目标，[注56]但是有些地主似乎已经接管了已失踪亲属、朋友及邻居的土地所有权。比这更严重的是，"土地企业家"（业户）已经成为一种趋势，他们用大

---

1 例如，曾于 1840 年（道光二十年）考中状元的李承霖，由于他在其原籍镇江的工作政绩突出，经李鸿章请示朝廷，他去翰林院赴任的计划推迟，直到镇江彻底完成农业安置计划（见 1865 年 7 月 3 日的《北华捷报》，转载于 1865 年 9 月 16 日出版的《北华捷报》）。

笔资金购置废弃土地，使自己成为不受约束的土地所有者，通过把土地转租给没有永佃权的佃农耕种，从而借机牟利。(注57)

一心想着要使土地重新恢复产粮的清政府官员未能认识到，这些从渴望得到土地的地区涌入战后重建地区的佃农非常愿意再次成为地主的雇农或佃户，他们由此在无意之中给地主提供了一个扩大田产占有量的机会。可见，清政府制定的各种各样的宅地法，实际上催生了一个与中兴目标背道而驰的土地制度。

中兴时期清政府出台的沿着从东北到新疆的边境地区开放新的土地用于耕种的政策，是清政府在内地推行的遗弃土地开垦政策的必然结果。东北地区的政策走向发生了180度的大反转，清朝早年间制定的政策是为了保护满族故乡免于受到农业化及汉化的影响，同时也是为了保护蒙古游牧部落的利益，因为清朝早期统治者认为，蒙古部落曾经帮助满族人共同对付汉人，这对满族人统一全国发挥了至关重要的作用。然而，进入中兴时期以后，满汉如继续保持分离，这种做法基本没有任何好处可言。[1]虽然清政府也偶尔要求继续执行旧的禁令，但是，清政府所做的主要努力，是使用人烟稀少的边疆地区重新安置灾民并提高粮食产量，以及通过土地税的形式提高财政收入。在那些发现"被封禁"土地被非法耕种的地区，中兴时期的清政府采取的惯用做法是，宣布耕种土地为合法行为，并对其征

1　见第四章。

收土地税。(注58)

为鼓励难民重返新疆，恢复以前的农耕生活并扩大其耕种面积，清政府向新疆提供了大量种子、牲畜和农业器具。(注59) 对蒙古的农业殖民，是在北京方面授权蒙古亲王具体领导的情况下迅速展开的。1863年，瑞麟依据朝廷的授权，招募农民开始对热河文昌附近册封预留的旗人土地实施耕种，耕种面积超过8000公顷（约合121040亩）。由于这批土地是以赊账形式出售的，耕种面积迅速扩大，很快就超出了清政府最初做计划时的界限。于是，清政府试图制止这种未经授权便开始耕种土地（尤其是临时扩大耕地面积）的行为，然而，清政府却并没有采取任何具体措施来扭转当时这种向边疆地区安置移民的显著趋势。(注60)

对于东北地区的农垦移民，清政府在该地区虽然设置了比蒙古或新疆都更多的禁止开发的预留地，但最终结果却如出一辙。非法耕种现象屡禁不止，既开展了调查，也向朝廷作了禀告，可是，经朝廷特批允许耕种的例外情况却越来越多。允许扩大耕种面积的理由与其他地区一样，无外乎以下几种：增加粮食供给，提高税收，以及安置难民、流窜的淘金工和其他不给安置就可能给政府制造麻烦的人。虽然树木被砍倒了，野兽也消失了，清政府却并不怎么关心清朝先皇提出的维持狩猎保护区的祖训，反而尤其关注对现行土地税及滞纳金的收缴问题。(注61)

目前存世不多的几份关于清朝时期增大可耕种土地面积的研究成果，均未单独列举涉及19世纪60年代的相关数据。根据历史记载，户部曾于1869年向朝廷做了一份报告，这份报告也仅仅提到虽然耕地面积的增加令人满意，但仍有一些值得改进的地方。[注62] 总之，可以令人确信地说，由叛乱导致的可耕种土地面积的减少，在短期之内迅速得到了弥补，而且在清政府的持续努力之下，这种耕地面积的长期增长趋势仍在继续。[注63]

二、亩产量

中兴时期，清政府在推出增加可耕种土地面积计划的同时，还实施了一项与之相配套的重要程度不及前者的辅助计划，旨在提高每亩地的粮食及纺织纤维制品的产量。尽管中国的传统农业技术早已实现了精耕细作，而且从总体上看，中国农业劳动力富足，但是，当农耕方法上的技术革新能适应现行农村经济时，这些技术革新仍然可以迅速激起人们的广泛兴趣。针对中国东南地区在经历过战火摧毁之后"人烟稀少、土地荒芜"的现状，冯桂芬强烈要求在该地区引进外国生产的农业机械。[注64] 当人们看到一幅关于蒸汽机牵引犁耙的画作后，至少有一名中国人从国外订购了一台蒸汽犁。[注65] 左宗棠致力于改进浙江、福建两省的棉花种植及蚕丝培育方法，对于陕西、甘肃两省的棉花种植、牲畜饲养、羊毛加工及植树造林等方面的技术方法，左宗棠也集中精力进行革新与改进。[注66]

在福建布政使的具体指导之下，福建在全省范围内系统推广了科学养蚕技术方法。备感震惊的外国观察家们进行了如下报道：

缫丝机和其他与养蚕相关的设备等,均已准备就绪,目前摆在那里,供公众使用。来自城里及乡下的各阶层民众,只要有种棉花、栽桑树或养蚕这方面的意愿,就可以按照他们提出的要求,从布政使领导的委员会那里获取到种子、蚕幼虫及其他必需的养殖器具。(注67)

当然没有机会通过引进国外经过改良的农耕方法对中国的农业技术实施变革,因为中国农业的集约化程度已经很高了,根本没有引进的必要。但值得注意的是,对于国外的那些切实可行的农业技术革新,则引进时很少遇到抵制。

三、水利治理

通过开展水利治理,人们既可对干旱土壤进行播种,也可对遭受洪涝灾害的土地实施耕作,(注68)还可以大幅提高贫瘠土壤的粮食产量。由于在发生叛乱之前的数年间,清政府长期忽视水利工程建设,以致叛乱年间,中国每条河流、每个湖泊的堤坝事实上都曾经出现过溃堤决口事件。(注69)因此,修复旧的水利工程、建造新的水利设施,以及改善水利系统,便成为中兴时期水利治理计划的基本着眼点。

"每完成一亩地的开垦,就要确保获得一亩地的收成",这是直隶总督完颜崇厚在看到直隶东部地区废弃土地后作出的反应,当地规模浩大的水利工程早在18世纪就已经逐渐破损失修。(注70)顺天府尹卞宝第经实地调查后,作出汇报并指出,位于天津与宁河之间的水利工程可以满足当地15000亩产粮区的耕种需要，而这片区域至今找不到任何人类居住的迹象。[注71] 于是，关于兴建水利工程以便在直隶周边另外两个地区进一步开垦60000亩土地，以及在直隶其他地区开垦水稻灌溉栽培试验田的计划，得到了朝廷的批准。[注72] 山东、陕西、四川及其他省份，也采取了与此相似的水利开垦计划。[注73]

中兴时期修建的水利工程种类繁多。修建的水库通常都耗资巨大，因为所需的石头要从很远的地方运来。[注74] 沿海省份必须修建防波堤，以防范海水灌入农田，引起洪涝灾害。[注75] 可是，福建的一处防波堤，其建造目的却不是保护农田，而是保护福州船政局里的库存原材料。[注76] 为了避免皇宫及皇陵附近地区发生的洪水对皇族利益构成威胁，清政府不得不把水利工程建设项目扩展到皇宫及皇陵周边的小型防洪设施上，并为此付出了与工程规模不成比例的大量人力物力。[注77]

然而，必须集中精力采取措施以防范连年爆发的淮河及黄河洪涝灾害。1866年（同治五年），一本主张将淮河迁回故道的书的出版，引起政府及民众的强烈兴趣。第二年，该书作者之一丁显力劝负责管辖淮河流域的官员[1]设立一个总揽全局的水利治理机构，专司负责淮河水利工程建设。[注78]

与中国历史上的所有时期一样，中兴时期在水利治理方面遇到的艰巨困难，仍然是治理黄河。[注79] 19世纪初，黄河流经河

---

1 管辖淮河流域的官员，主要由以下三人构成：两江总督曾国藩、漕运总督张之万、江苏巡抚郭柏荫。

道与此前数百年间一样,都是沿着南部河道从山东半岛南端流入渤海的。[注80]其间人们注意到,黄河河床出现了一次严重的抬升现象,却没有加以重视,结果在1851—1855年,黄河向北部河道方向发生了一系列灾难性的流向偏移。大面积的肥沃良田被黄河淹没,军事交通线被黄河冲毁,京杭大运河危在旦夕,甚至许多河段都不能通航。[注81]

中兴伊始,为治理黄河,省里的官员花了很大力气降低河床,重新构筑河堤。[注82]1864年,河东河道总督谭廷襄和御史胡家玉联名上奏,直陈不惜一切代价扩大黄河水利工程的重要性。[注83]1866年,在经受了黄河进一步泛滥的洪灾之后,山东巡抚阎敬铭通过动员黄泛区灾民充当劳工,启动了一项雄心勃勃的公共水利工程建设计划。[注84]该计划后来由丁宝桢继续推进。

通过那些年公布的提案和报告可以看出,人们对于黄河治理问题的重要性和相互配合开展大规模建设计划的必要性的认识程度正在逐步提高。[注85]1867年初,直隶总督提出了一项多省配合共同治理计划,[注86]同年底,曾国藩提出了一项旨在将黄河引流至返回其南部河道的总体计划。当时的外国观察家们认为曾国藩的计划既敢于冒险又技术可行,并且发现这个计划体现出"与以往在刻画中国政府及其下属人员时普遍表现出来的冷漠截然相反的新面貌"。[注87]

曾国藩凭借其在中央最高职权部门及省里担任督抚大员期间积累的丰富经验,以及自己对各种政治集团的影响力,正在探索一种新型协作机制,将中央对基层实施的直接到底的控制指导与地方官主动负责精神协调起来。采取中央集权领导体制的早期清政府,给黄河河道总督一职赋予了更大的权限,以期建立起可以掌管各省统一行动并担负多用途水利工程建设职能的切实可行的领导机制;^(注88)然而,河道总督一职的实际权威却在中兴之前的数十年间逐渐衰落了,当时,直隶、山东、河南等地的省政府实际接管了许多原本属于河道总督的职权。随着中兴时代的到来,由于"目前黄河上的全部水利工程均属于为老百姓种田而修建的堤坝,以政府名义修建的水利工程实际上已经荡然无存",主张废除河道总督一职的呼声一时甚嚣尘上。^(注89)

曾国藩企图实现中央与地方之间相互妥协的解决方案最终宣告失败。当1867—1868年[1]的重大洪灾泛滥之际,政府未及时采取任何措施加以治理,曾国藩所提出的关于黄河引流的总体计划也仅仅昙花一现,便再也没有任何下文了。从表面上看,这套总体计划似乎从未遭到过否决,可它确实没有得到执行,究其原因,可能是由于平捻战役所需军费持续增加,政府没有多余的经费用于兴修水利工程。统揽淮河水利治理的领导机构也没有能力与军队争夺资金,只能暂停工程建设活动,淮河水利治理工程始终以一种零敲碎打的方式缓慢推进。^(注90)

四、土地税改革

由于土地税和漕粮对于保障国计民生具有重大意义,因此

---

1 见第七章。

在中兴时期的所有经济政策中，土地税和漕粮征收制度改革政策的重要性仅次于恢复及扩大耕地面积的相关政策。本书这一部分主要涉及土地税，但由于相同历史文献往往都会提到有关漕粮的相同问题，所以本书在这一部分内容中也将涉及漕粮的相关问题。在中国的许多地区，漕粮的征收限额与土地税一样，往往都定得过高，当地民众迫切要求调低限额。其实，在漕粮及土地税征收领域，超额征收已成为普遍现象，势力强大的地主、大户人家往往仗势欺人，擅自提高征收额度。无论是征收土地税还是征收漕粮，其具体征收办法不仅效率低下，而且耗资巨大，对其实施调查与监管的难度也比较大。(注91)尤其是对于漕粮的征收，一部分资金取决于从各省到中央的船只运输环节，由此将额外引发一系列特殊问题。(注92)

在中国的多部史学专著中，总是把发生于江苏的土地税降税事件列为中兴时期六大重点事件之一。然而，这起事件绝非有关土地税降税的唯一案例。根据估算，全国土地税的征收额度下调了30%。[1]中兴时期，清政府流行一句话——只有减轻农民的土地税负担并且做到更加务实的公平分配，政府才能有效

---

1 在这些对全国税收情况的估算中，税率和配额的减少与其他原因造成的收入减少之间的区别并不总是很清楚。由于对比的是大规模叛乱爆发之前和叛乱得到镇压之后的时期，在叛乱地区无法征税，这不应算作错误的根源。在某些情况下，配额的下调等于是产量下降以及救济灾民造成的。然而，很明显，在这些估算数据中，存在着大量的人为故意的减少，而这种有意为之的减少，是同治时期的一个独有特征：请参阅清代所有分类档案文献中关于同治时期土地税的史料记载文集（见罗玉东所著《光绪朝补救财政之方策》，载于《中国社会经济史集刊》，第1卷，1933年第2期，第189页及其后续各页；吴廷燮所著《清财政考略》，1914年出版，第18b页）。

地重新赢得民众对其政治统治上的拥护。[1]

土地税和人头税于1723年被政府合二为一，合并成一个单一税种，被称作地丁银。(注93) 如前文所述，此后不久，这项税种的征收额度又被清政府以国家法令的形式固定下来，规定永不加赋。然而几乎与此同时，清政府开始对民众征收关于土地方面的"特别"税款，并且于咸丰初年启动了关于土地方面的臭名昭著的附加税(田赋附加税)征收方案。田赋附加税违背了清廷早年间颁布的关于"永不加赋"的自我约束法令。[2]

随着太平天国及其他武装暴动日益席卷全国，清政府控制的国土面积损失严重，加之中央与地方的联系中断，导致了清政府土地税征收总金额锐减。例如，贵州藩台就曾奏报朝廷，该省自从1854年起，税收逐年递减，直到最后，奏报的内容是："全省库银已空，犹如遭到洗劫。"(注94) 在这种大环境的影响下，清政府实际控制地区，只能陷入孤注一掷和无原则的临时征税的税收状况。(注95)

刚刚执政不久的中兴时期政府，对当前局势潜藏的危机保持警觉，对地方政府面临的压力积极作出回应，广泛采取紧急情况下减免税收的办法。朝廷日复一日、年复一年地下达谕令，

---

1 例如，御史丁寿昌在奏折中说："依微臣之见，如果我们想要让今天这些土匪丧失勇气、胆战心惊，我们就必须首先重新赢得当今世上百姓的民心；而我们要赢得当今世上百姓的民心，我们就必须首先把最沉重的税赋配额降下来。"(摘自《江苏减赋全案（1866年）》，第2卷，第4b页) 还可参阅御史王道塘的奏折，载于《同治中兴京外奏议约编》，第3卷，第7—8b页。

2 根据各地奏报，在1724—1812年，可耕种土地面积大约增加了15%，而土地税的收益大约增长了24%（笔者的估算是基于王庆云提供的数据表，见《熙朝纪政》，第3卷，第20—22页）。遗憾的是，从史料记载中无法得到1850年以后的相关数据。还可参阅由行政院农村建设委员会提供的《田赋附加税调查》，上海，刊印于1935年，第19—24页。

反复要求地方政府对那些遭受洪水、干旱、战乱等灾害的地区实行税收方面的特许减免。(注96)虽然有关减税方面的请求往往由受灾地区提出，但北京方面有时也采取主动姿态，主动让地方政府提出此类请求，(注97)或是拒绝由贫困地区官员经深思熟虑后提出的征税提案。(注98)

更重要的是，某些地区所采用的通用土地税率开始逐渐降低。(注99)胡林翼率先降低了湖北的土地税，为其他地区树立了榜样。(注100)1864年春，山东巡抚阎敬铭全面废止了在山东的土地附加税。(注101)浙江巡抚马新贻特许金华府实行了土地税的减免；(注102)闽浙总督左宗棠在绍兴、宁波以及杭嘉湖道(注103)(包括杭州、嘉兴和湖州)特许减免了土地税；两广总督瑞麟、广东巡抚蒋益澧也降低了广东的土地税率；(注104)等等。

中兴时期的农业政策，以及实际上关于近代中国保守的农业改革可行性的普遍问题，集中体现在江苏土地税的减税问题上。该省各县的土地税征收额度几乎均逐步减轻。(注105)其中，可以永载史册的典型事例是苏松太道的土地税减税事件。清政府认为该地区的减税工作如此重要，以至于派人以日行500里的速度向该地区专门下达了关于朝廷批准其减税的法令——通常情况下，只有在给战场上的军队下达命令时才使用这种加急速度——清政府对这一事件进行了大张旗鼓的宣传，将相关文件公之于众。(注106)

数百年来，长江流域(尤其是苏松太地区)的土地特别税以不按比例的征收额度逐年递增，(注107)可是，直到1820年以前，这里却听不到任何对此表示公开反对的呼声。兴旺发达的丝绸产业，带动了这一地区在经济上的总体繁荣。此外，附近的朝廷驻军在当时仍然能够有效维持社会稳定。[注108] 然而，自进入道光年间以后，随着农村经济的日益萧条，加之朝廷驻军战斗力的明显下降，苏松太地区出现了带有普遍性的暴力抗税事件，政府足额征缴税款的难度日益加大。由于这一地区恰恰是遭受太平天国破坏程度最严重的地区，中兴时期的清政府支持对这一地区专门采取迅速的拯救措施。

减轻苏松太道土地税的建议是由光禄寺卿潘祖荫和福建道监察御史丁寿昌联名正式提出的。[注109] 他们采用中兴时期典型的措辞敦促朝廷采纳他们的建议，使新的土地税征缴条例顺应时代变革，切实造福于政府和百姓。[注110] 李鸿章和曾国藩也递上奏折表示支持，他们在奏折中列举了苏松太地区极不正常的沉重赋税和满目疮痍的现状。在该地区所辖的全部耕地中，政府用地占有较大比例，且呈现出逐年递增趋势，由于政府用地无须缴税，这意味着以个人形式持有土地的地主或佃户必将承担更重的缴税负担，因此，政府用地的增多，加大了私营土地所有者的缴税难度。[注111] 1863年7月7日，朝廷发布谕令，原则上批准了苏松太道的减税建议，并且成立了一个部门，分工负责制订和出台具体计划。[注112]

在处理江苏土地税减税过程中，无论是在政治方面还是在经济方面，清政府都表现出显而易见的远见卓识，而其中的绝大部分成绩应归功于冯桂芬。恰恰是在他的坚持之下，土地税的基本征缴额度才出现了实实在在的大幅降低，约占总额度的2/3，也只有他才能在乐观的总体改革法令和具体有效的程序步骤之间，做出最谨慎的区别判断，从而使减税措施切实可行。(注113)

已经批准的减税法令有可能并未得到有效执行，中央政府长期对此保持着恰如其分的怀疑。北京方面断言，实际减轻百姓承担的税款总额，要比从法律上降低缴税额度重要得多。在某些情况下，有些土地不需要缴税，¹而另一些土地却需缴纳远超法定额度的税款，超出额度的这部分税款，就会被那些负责催缴税款的官吏中饱私囊了。(注114)有一次，江苏布政使丁日昌曾发现衙门胥吏存在着谎报法定缴税额度的情况，为了同这种现象作斗争，他张榜公布政府规定的缴税额度，扩大了老百姓的知情范围。(注115)

土地税征收环节中存在的滥用职权现象，既难以发现，也难以纠正，因为负责收税的人不是代表国家的朝廷命官，而是里甲制度下的官员。在里甲制度中，大地主拥有至高无上的权威。(注116)然而，里甲制度下的这些官员并不敢独断专行；他们必须按照地方官及省里官员的授权实施缴税，而这些官员也都依据上级命令，努力防止较为富裕

---

1 不值得信任的里甲官吏应该为缴税登记中存在着的疏漏负责。尽管大部因未登记在册而无须缴税的土地都位于边境省份，但在中国版图范围内，这样的土地仍为数众多。根据户部1872年（同治十一年）呈递奏折的回顾，自1854年（咸丰四年）起，仅在顺天府的辖区内就发现了两万多亩未予登记的"黑田"，遂将这些地块进行了登记造册（见《皇朝续文献通考》，第7528页）。关于这方面更详尽的史料文献，见《皇朝续文献通考》，第7519页、第7521页。关于一起特殊案例的处理程序，见1868年8月2日的谕令，载于《大清历朝实录——同治时期》，第235卷，第29b—30页。

的家庭逃税漏税。在这个历史进程中，没有改革家站出来主动揭露征税环节中存在的问题，却只有清政府自己勇于指责"地主大家族对税收的垄断"。(注117)

如果只是考虑到近代中国保守主义势力在土地改革方面出现的失败，人们就会很容易去低估中兴时期历史成就所具备的带有标志性的重要意义。位于长江流域地区的六个省，土地税纳税总额每年减轻了1000多万两白银，(注118)这不仅给老百姓的福利事业带来了巨大的实惠，也有助于实现土地恢复计划。(注119)与此同时，由于政府加速推进反腐败斗争，有力确保了国家在该地区税收工作的正常开展。这无论是对于国家的财政收入还是对于百姓的福利事业，都显然是获益匪浅。(注120)

可是，很明显，中兴时期的改革未能提供一个对于近代中国来说切实可行的土地制度，因为在经历了二三十年的持续繁荣稳定期之后，旧的弊端又变本加厉、卷土重来。导致改革失败的原因，似乎可以归咎于改革计划中存在的以下缺点——按照重要性由低到高的顺序，这些缺点依次为：

（1）立法环节存在缺陷。不合理地规定了各种饱受诟病的杂税，以及作为税款最终缴纳方式的白银价格的持续上涨，使相当一部分改革成果化为乌有。(注121)

（2）冯桂芬极力主张的系统丈量全国土地并分级确定征税幅度的建议——这条建议也曾被罗伯特·赫德单独提起过——结果却被忽视了。(注122)

（3）如同这一时期的所有其他领域改革计划一样，中兴时期的土地改革计划的效果依赖有能力的官员。由于中兴时期的领导者念念不忘地想要实现一个由"人才"治理政府的理念，根本不打算建立一套即使不考虑配备哪些人员也能合理有效运行的客观制度体系。中兴初期，这些拥有强大的个人权威的领导者可以将他们的命令，通过各级官员满怀热情的支持和拥护，沿着从朝廷到各省再到州县的整个统治体制，一直贯彻到县官那里，(注123)当时的统治体制运转良好。然而，遗憾的是，与中国历史上的其他时期一样，中兴时期人才集中涌现的局面也是短暂的。随后在官僚体制中接班的继任者均为平庸之辈，他们下达的那些蹩脚的指令，极易将土地改革计划搁浅在中国行政审批手续的繁文缛节之中。

（4）对于日渐增多的土地租赁关系问题，以及地主大户人家仗势欺人的恶习，清政府均未能有效地加以解决和克服，这是导致中兴时期土地改革计划最终失败的致命弱点。事实上，所有官员都关心征收土地所有者税款的具体办法，使之遵循一个公平一致的缴税标准，(注124)却只有冯桂芬意识到，在注意征税办法的同时，必须刻不容缓地降低土地租金。在有关1863年苏松太道土地税减税事件的历史文献中，并未涉及佃户问题。1868年，在冯桂芬的坚持之下，清政府终于下令在一定限度之内减轻了江苏省三个县的地租，但很明显，这样的减租事件，全国仅此三例。(注125)

中兴时期对于传统商业的态度

尽管存在着局限性,但是,中兴时期的土地改革计划仍不失为一个总体行动纲领,其内容囊括生产与分配、农民收入与国家税收、长期规则与短期目标等各个环节。对于经济领域内的非农业群体来说,他们历来都被当作社会的寄生虫、群众的赘生物,从经济角度看无足轻重,从社会政治角度看,不利于国家稳定——清政府根本就没有制订过关于商业的总体计划。[1]那些投身于商业领域的老百姓,仍然是皇帝的子民,就凭这一点,他们仍然有资格享受到朝廷的同情与怜悯。可是,被一部分老百姓当作事业追求的商业领域本身,却没有资格得到朝廷施与的任何鼓励或保护。如果国家能从商业领域发掘并索取一些财富、利益及好处的话,就可以为农业领域减轻很大一部分纳税负担。如果这种对于商业领域的发掘及索取行为彻底摧毁了财富来源,那就更好了。凡是给农业繁荣带来不利影响的新情况、新问题,都会成为清政府认真考虑的合适议题;而那些有可能制约商业及手工业发展的新情况、新问题,却从来也不会被清政府当作一个问题来看待。按照中兴时期的观点,厘金、捐官、贷款,以及在一定程度上的盐业监管,不过是清政府临时攫取私人财富的便利手段罢了。

---

1 除了关于食盐专营计划的部分例外情况以外,清政府没有制订过关于商业工作的任何总体计划。见本章以下内容。

一、厘金和其他商业税

清朝的商业税，起初施加给民众的负担很重，但自从康熙执政以来，为了努力巩固外族臣民对清廷的忠诚，商业税连同农业税一道逐渐减轻。可是，进入19世纪以后，随着清政府各项开支的逐年攀升，提高商业税的征收额度便明显成为填补财政缺口的补救措施。(注126)

迄至中兴时期，最重要的商业税当属饱受非议的厘金，该项税种于1853年，由扬州附近的一支负责镇压太平天国的清军地方部队首领雷以诚设立。经清政府批准，江苏从1854年开始在全省范围内征收厘金，截至1857年，厘金制度便开始在全国大部分地区生效施行。据统计，清政府用于镇压太平天国所需军费开支的1/3左右均出自厘金方面的收入。(注127)

厘金名义上是一种商品销售税。由于在绝大多数情况下，厘金都是在商品处于运输环节或在已交付销售环节且尚未售出的情况下被征收的，所以，对相同商品征收多种税款的现象，成为一种司空见惯的常态。而且，与传统税种不同的是，厘金采取自收自支的运作方式，即对厘金的使用和征收均由税收当地的地方官及各省的官员负责，因此，朝廷基本没有必要去努力建立一套系统的财税申报制度。(注128)

几乎是从开始征收厘金的第一天起，对这项制度的批评便不绝于耳，主要理由是朝廷对厘金缺乏监管，从而助长了腐败风气。为了在全国范围内建立一套由中央实施集中统一管理的厘金征收监管系统，户部于1861年首次进行了这方面的探索，并于同年付出了最后一次努力。结果，户部推行的厘金征收方法步骤并没有得到全国各地的遵照执行，只有一两个省向中央申报了厘金征收情况。(注129) 厘金制度改革从此失去了最初的动力。

南京的收复似乎预示着清政府从此不再需要加大军费开支，于是，从这时起，要求废除厘金的呼声便开始与日俱增。反对厘金制度的首席发言人是左都御史全庆。他向朝廷进言，由于所有战时设立的特别税都会引发徇私舞弊，中央政府无法对其实施有效监管，因此没有必要保留厘金制度；既然已经重返和平时代，传统税制就可以为朝廷提供足够的财政收入。他还表达了自己对广东等地关于取消厘金方面日益高涨的民众意愿的关切，这些地区均属商业效益突出省份。(注130)

对于这些暴露出的营私舞弊现象，厘金制度的辩护者并不予以否认，他们也从不认为厘金是一种比临时税更先进的税制，只要厘金提供的这部分财政收入能被其他种类的税款取代，它就应该被废止。他们为厘金辩解的论点，仅仅在于他们认为厘金仍是朝廷必不可少的一项税收，当前需要做的是努力革除那些最严重的营私舞弊行为。

最难于监管的是各省厘金总局下属的分支机构，所以，各级官员一致同意应把工作重点放在对厘金分局、分卡数量规模的控制上，防止出现小的厘金局、卡数量激增的情况。四川总督骆秉章和左都御史毛昶熙主张，如果把厘金的征税权仅限于省里，收回县一级的厘金征税权，则营私舞弊情况定能得到控制。^(注131)作为对这一观点的回应,清廷于1864年8月31日颁发谕令,命令取缔各省厘金局下设的所有分支局、卡,对于各省的厘金总局,在军事形势允许将其取缔之前,将对其采取更为严格的监管。^(注132)

事实证明,这道谕令已初见成效,此时朝廷继续颁布法令,宣布如有地方官收取厘金,将以违法论处。^(注133)为数众多的税卡事实上已经在同治末期被关停,留存下来的厘金总局的管理状况颇为改观。^(注134)依照毕尔所言,中兴时期看到了"清朝历史上最接近成功取缔厘金制度的一线曙光"。^(注135)这是中兴时期清政府取得的一项具有代表性意义的历史成就:虽然没有激起社会巨变,却创造了比此后数十年间执政成果都更为丰硕的历史功绩。最恶劣的营私舞弊行径得到了全面遏制,重返无须征收厘金的和平年代的脚步声似乎越来越近了。

厘金制度之所以经常遭到谴责,其原因有以下几点:一是给地方军阀提供了财政独立的物质条件;二是扼杀了中国资本主义的发展空间,事实上,整个国民经济体系的发展都遭到了扼杀;三是成为中国官僚腐败无能的主要根源;四是设计了一套可以有效对付外国人的制度。一个容易被忽视的事实是,厘金制度得到了中国当时的一批最杰出政治家的支持,支持的理由是,就中兴目标而言,施行厘金制度远非不切实际之举。厘金制度的支持者——其中包括曾国藩、骆秉章、毛鸿宾、郭嵩焘和刘坤一——参与朝廷辩论的论点是,农业负担过重,而比较容易牟取利润的商业却没有为支付日益增长的军费开支做出它应有的一份贡献；尽管征收厘金或许招致商人们的怨声载道，可老百姓却是欢迎这项制度的。(注136)这些支持厘金的政府高官还主张，要想取消厘金，唯一的备选方案就是增加土地税，而这种做法又是不可想象的。历史证明，他们的主张是正确的，经过了历时75年的动荡不安之后，当厘金制度于1931年最终被取缔时，商业虽然"获得了自由"，可随之而来的是，须由农民承担的土地附加税却骤然激增。(注137)

厘金绝不是清政府在商业领域内征收的唯一赋税。(注138)根据都察院御史王宪成所述，特别船运税和特别家用商品税给江苏民众所带来的缴税负担，比厘金更重。(注139)这些名目繁多的商业税，以及这种把所有看得见的商品都视为缴税对象的认识倾向，[1]最终导致了商业税的税种不断花样翻新、成倍增加，因为同一件商品不仅要同时接受多种商业税的盘剥，还要始终面临同一种商业税的反复盘剥。[2]

中国民众之所以对商业税怨声载道，其原因并不在于它给中国商业的总体发展所带来的负面影响，而是因为清政府在征税时不遵守任何规章制度。只有那些持有不同观察视角的外国人才会从商业税影响中国商业发展的角度来思考这个问题，而

---

[1] "清政府一方面通过强制发行贷款和捐纳等途径攫取利润，另一方面还想像美国人那样，认为提高课税额度是应对政府额外开支的好办法，而且老百姓也会一致认为政府对民众日常生活非必需消费品征收间接税，可以减轻他们的缴税负担。"（摘自1868年7月31日出版的《北华捷报》）

[2] 据说，长江水师提督彭玉麟为了证实这一情况，曾隐姓埋名地乘坐一艘不装载任何货物的小船沿江旅行，即使这样也要缴税（摘自柴萼所著的《梵天庐丛录》，第5卷，第24—25页）。关于在北京崇文门发生的相似事件的报道，见《大清历朝实录——同治时期》，第217卷，第11b—12页。

且他们会发表一些模棱两可的见解。(注140)一方面，他们坚称中国的商业税不仅阻碍了他们外国人的企业和公司的发展，[1]而且也制约了中国商业的发展。另一方面，他们通过列举大量事实来证明，尽管存在着这些商业税制度，中国的商业命脉却正在起死回生。(注141)根据外媒的一篇反映享有治外法权的上海出现土地及商品价格下跌的报道，"成千上万的当地人簇拥着行走在上海外租界的大街上，他们将租界施行的关于市容整洁的规范条例及市政法令完全抛在脑后，急匆匆地返回他们那个虽然肮脏却很自由的苏州老家"。(注142)这些报道与那种认为危害严重的商业税使中国商业无利可图的观点自相矛盾。从中国人的新闻报道中几乎察觉不到任何关于中国商业起死回生的消息，如果你认为这不可思议，别忘了，在当时的旧中国，商业领域根本就不是新闻报道的采访话题。

中兴时期，清政府根本不想出台任何旨在促进商业复苏的政策，而且只要能损害商业利益，清政府就会毫不犹豫地采取其他任何可以达成这一目标的措施。但显而易见的是，清政府并没有去着手制订一份可用来遏制中国商业的总体计划。首先，任何如此极端的措施都将会引起麻烦，尤其会给外国人及中国的子民带来麻烦，而中兴时期的清政府不希望再遇到新的麻烦。其次，作为中兴时期的领导者，他们所接受的儒家教化，除了可以使他们掌握最基本的工作方法之外，根本不可能教会

---

1 见第十一章。

他们如何处理商业事务。第三点，同时也是最重要的一点，中兴时期的领导者不会花费太多的时间用于思考商业问题，甚至是对于商业的种种弊端，他们也毫不理会。往往是在发表一通贬损商业的言论、下达一些惩治商贩的命令之后，便把注意力转回到农业领域了。对他们来说，商业可有可无，甚至将其彻底铲除，他们也绝不感到可惜。

二、盐业专营[1]

与厘金制度不同的是，盐业专营被认为是清朝经济的一个永久特征，有关其运作及中兴时期为改革其弊端所做努力的文件可谓浩如烟海。然而，当时关于盐业的改革计划似乎缺少指导原则，不像土地改革计划制定得那样有章可循。当时土地改革的报告和建议中包含的所有经过精心设计的细节内容，都是围绕着一些主体思想和目标谋篇布局的。这些报告、建议的撰写者做到了有的放矢、言之有物。与之形成鲜明对比的是，有关盐业方面的历史文献，简直就是一堆杂乱无章的材料堆砌，无非是一些反映滥用职权、物价过高、税款流失、牟取暴利以及市场倒闭等方面的具体细节。(注143)其中，难得一见符合公认

---

1 除了农业和小型零售贸易，中国的传统经济由垄断专营主导。人们普遍认为，从事任何大型企业的权利都应得到国家的许可，而且相当一部分收入都应归国家所有，作为回报，企业主也应该专门享有实施剥削的权利。在中兴时期的总体经济政策中，只有盐业专营参与其中，而其他专营则是一种普遍的增税方式，其中一些专营——尤其是台湾的樟脑专营——曾在国际上引起了商业纠纷。

的政治经济原理的鲜明论点，[1]因为盐业专营虽然被清政府当作一项例行的合理措施，却始终不能成为一项值得称道的儒家制度。相反，盐业专营的反对者在整个这一历史时期，却总是要求诉诸儒家原则。

早在19世纪以前，在中国的每个地区，政府都指定一小部分盐商专门负责食盐在本地区的垄断运输权及垄断经营权，这些盐商因此得以与官府紧密勾结，他们虽被课以重税，却在当地颇具影响力。例如，淮南地区的八个获得经营许可的大盐商完全操纵了当地的商业及金融业。就整个清朝历史而言，清政府通过盐业专营所获取的利润约占国家全部岁入的1/4，仅淮南地区就占其中40%。(注144)盐业专营制度的腐化衰败进程，始自明代中期，实际上，直到1830年，这项制度才最终土崩瓦解。

著名盐业改革家陶澍[2]于1832年引进了食盐凭票经营制度(票盐制)，按照这种制度，任何人只要买到了食盐经营票据(票)，就可以从事食盐(盐)运输及贩卖。(注145)采用食盐凭票经营制度的目的，是打破盐商的世袭垄断，增加销售额，从而可以在国家税收不受损失的情况下降低盐业税及食盐价格。(注146)

根据新出台的票盐制，食盐生产者须先支付其生产用地的特别租金或税款，而后将其在这块地上生产的食盐储存到政府

---

1 例如，想要改革四川盐业经营制度的人，仅仅诉诸1651年颁布的一项法令，该法令要求严格公正地征收盐业税，并通过都察院为民众提供一项上诉的权利(见《四川盐法志》，卷首部分，第1—1b页)。这与围绕土地税进行讨论的政治经济学的广泛原则形成了鲜明反差。

2 陶澍被认为是整个中国历史上最著名的三位盐务改革家之一，另外两位分别生活在春秋及唐代(见曾仰丰的著作《中国盐政之动向》，载于《东方杂志》，第34卷，1937年第7期，第77—78页)。

仓库中，接下来，盐商与食盐生产者在政府仓库中完成交易。盐商随身持有大量不同面值的盐票，每张盐票都可购买100—500斤价格不等的食盐。他卖掉这些盐，然后就可以到指定地区，按照指定汇率，继续购买盐票。(注147)

尽管票盐制推广迅速，却未能在全国范围内得到统一执行。在一些地区，部分由历史沿袭下来的五花八门的旧有制度仍然有效；而在其他地区，还存在着谁能买到盐票谁就能成为小型盐业垄断者的倾向；还有其他地区的一些地方政府，至今还在由政府出面亲自贩卖食盐。(注148)由清朝盐业制度一脉相承的任何遗留下来的现行做法，都在太平天国运动中被摧毁了。一些地区的盐业生产活动遭到破坏，机器设备被捣毁，或者被拆得七零八落；其余地区，盐业生产虽然从表面上看很繁荣，却同样面临着灾难，因为没有办法将生产的食盐运到获得销售许可的地方出售。(注149)时值中兴前夕，盐商纷纷破产，税收连年欠缴，消费者得不到充足的食盐供应。(注150)

呈现在人们面前的关于中兴时期盐业制度改革的奏折，完全就是令人迷惑的一团糟，里面充斥着只适用于特定案例的具体建议。究其原因，正如左宗棠所说，"其中的弊端，既不是在一天之内就形成的，也不是出自同一个根源"。它们都曾于不同历史阶段、在不同地区盛极一时，是各种五花八门的旧制度的历史残余。甚至就连其中滥用职权的具体行径也都各不相同。(注151)

从原则上讲，贯彻执行票盐制是中兴时期的既定目标。(注152)正准备取道京杭大运河访问西方国家的总理衙门志刚，在陪同美国驻华公使蒲安臣沿大运河乘船顺流而下游玩之后，曾针对民众最广为接受的观点，发表了一番深刻的阐述。[1]志刚说，在票盐制的规范指导之下，食盐易于买到，老百姓受益匪浅，且盐税也能进入政府国库，而在早期的垄断经营制度（引盐制）下，负责盐业专营的官员日进斗金、富可敌国，但由于盐价居高不下，助长了食盐走私活动的日益猖獗，国家获利甚微。（注153）

可是，在实际操作的过程中，为了适应具体形势而被迫对制度原则作出调整的情况比比皆是，以至于经多次调整之后的制度原则最终变得面目全非。例如，曾国藩虽然曾经准予左宗棠打破旧有的垄断经营体制，在福建、浙江两省推行票盐制，却认为票盐制已经失去了其最初的指导思想，因为在战乱年间，只有大型商户才有实力获得盐票，并有能力参与到盐业贸易之中。（注154）

曾国藩始终秉持兼收并蓄的处事风格，尝试着推行一种折中的所谓许可证与盐票相结合的制度（引票制或票贩制），在这种制度的运行过程中，政府发行的盐票可以在相对长的期限之内有效，并且可以在政府严格限定的区域内充当多笔盐业交易的媒介及凭据。曾国藩似乎更倾向于扩大盐业许可范围。经他批准，获得盐业经营许可的盐商数量，超过了以往政府执行盐业专营制度时的许可数量，这样做的目的，是可以或多或少地确保利益均沾。但是，根据曾国藩基于折中考虑的引票制，其盐商许

1　见第十一章。

可数量却少于清政府最初推行票盐制时的许可数量，为的是更严格地控制盐业走私犯罪行为。他所设计这项制度的初衷，是想通过采取确保一个相对更高的食盐售价，由政府提供运输援助，以及减少市场交易环节的资金需求量等措施，来保护盐商的利益，但与此同时，还要防止盐商过于富有或做大做强。(注155)

遗憾的是，曾国藩发行的具有较长使用期限的盐票，很快就被人们当作永久许可证，持有者终生有效，甚至还可以由其后代继承。于是，当盐票收益下滑时，李鸿章便尝试了另一项调整措施——增加采购盐票的需求时机并加大监管力度。(注156)显然，上述领导者中只有冯桂芬提出了从根本上改革整个盐业制度的措施，他主张尽量减少政府干预，以便通过降低盐价来扩大食盐销量。(注157)

说起同治年间盐业专营的实际执行情况，这是一个比盐业改革建议更加令人迷惑的话题。大规模、有组织的食盐走私活动，在清政府发起的打击"盐匪"[1]行动中被认定为违法行为。据推测，小规模的食盐走私活动无处不在，因为法律规定，只要是年龄在15岁以下或60岁以上的"穷人"，就可以每天贩运40斤食盐而免于受到处罚。(注158)

政府与盐商之间摩擦不断、年复一年。有些情况是政府要求盐商支付额外的款项；其他情况是盐商拒绝按照政府规定的价格出售食盐。盐商有时甚至会拒不参加盐业贸易，迫使政府

---

[1] 见第六章。

直接出面处理食盐运输及销售业务。(注159)

政府与食盐生产者之间偶尔也会产生纠纷。比如，直隶的一个产盐区产量锐减，当地的食盐生产者听到传闻说政府将在中兴时期重新强制推行由中央主导的税收和监管，他们担心这是政府即将没收其盐田的第一步。(注160)在长江流域下游的产盐区，因缴纳盐业税问题而爆发了多起骚乱。其中一起骚乱中，一名官员被一群举着"官逼民反"旗帜的人杀死。(注161)

清政府的盐业专营制度除了要面对所有这些来自国内的难题，还要面对外国人企图进口廉价外盐所引发的来自国外的难题，从而导致这项制度执行起来难上加难。英国驻华公使阿礼国认为，如果取消盐业专营，国内盐价将会降低；如果加大国外廉价食盐的进口贸易量，对其征收的进口关税将会产生更多的财政收入，其税收收益也必将超过目前对产量较小、价格昂贵的国产食盐所征收的税款；从事盐业经营的中国人，将会寻找到一些更稳妥可靠、更易于获利的谋生方式。他指出，自从英属印度取消了该国对于进口国外食盐的种种限制以后，上述所有这些好处便开始在该国随之显现。

恭亲王对于阿礼国所提建议的答复，充分体现了中兴时期的一些基本经济观点。他坚持认为税收必然会降低，因为条约规定的进口食盐关税低于国内盐业专营制度下的税率。但恭亲王未能理解阿礼国所指出的关于加大食盐进口贸易量所产生的重要意义。针对加大食盐进口贸易量将会给中国盐业生产者及盐商带来更多可供选择，且更易于获利的谋生方式这个问题，恭亲王写道：

> 中国的老百姓想法单纯，他们必定不会像英国公使在信中所建议的那样，放弃这些能给自己的未来生计带来报酬的谋生手段，却把自己变成黄麻种植者，况且这里也没有足够的空地，供他们去种植黄麻。(注162)

在外国列强施加的取消盐业垄断经营、扩大食盐海外进口等压力面前，[1]总理衙门成功地维持了盐业专营制度，这是清政府在中兴时期外交政策方面取得的一次胜利，但不能说是一次经济政策方面的胜利。虽然盐业税收或多或少地有所增加，却从未实现足额征缴。食盐生产者、盐商以及买盐的人仍然怨声载道。政府尝试了多项改革方案，有时优先考虑税收的足额征缴，有时会集中精力解决个别地区食盐生产者、盐商或买盐者的切身困境。(注163)然而，由于这些具体措施都没有明确的政策可供参考，导致政府实施的监管往往会出现南辕北辙、自相矛盾的情况。[2]

三、卖官鬻爵

政府面向公众抛售官职爵位和特权，这在中国历史上并不

---

1 见第十章及第十一章。

2 清政府仍不情愿彻底改革盐业监管机构。直到辛亥革命前夕，民众的呼声仍然是"盐政早该改革了"（见《国风报》，第1卷，1910年第5期，第15页）。

是什么新生事物。自从中华帝国实现大一统以来，官僚体制内便设置了一套通过支付补偿以换取优越条件或免受处罚的制度。然而，清代政府通过设立捐纳或捐输[1]以实现攫取商业财富的目的，[2]却是中国历史上设计最为复杂的卖官鬻爵制度。(注164)虽然早在康熙年间，政府曾经对外抛售过官职，但这只是为了给平定三藩军事行动募集资金而采取的短期行为。直到乾隆年间，卖官鬻爵这一构思精巧、设计复杂的制度，才由清政府以规范系统的捐输形式全面推行。

19世纪初，随着叛乱活动逐渐波及全国，政府开始对外出售官职和爵位，以便为国家财政提供补贴，尽管其金额相对较小，但对国家来说却是必不可少的。随着越来越多的官职被拿来出售，很快就达到了市场饱和状态，于是，官职及爵位的售价便开始下跌。官爵虽越卖越多，可是，政府获得的总收入却在持续下降。(注165)卖官鬻爵收入的减少，是清政府后期引进厘金制度的主要因素之一。

虽然从理论上说，卖官鬻爵并不会给科举制构成破坏，因为清政府不会把买官者放到实权岗位上任职，只不过是让他们得以绕过科举考试竞争过程中的一些初级资格认证。但就实际而言，卖官鬻爵极易损害官僚阶层在公众眼中的形象，从而降

---

1 确切地说，捐输属于捐纳的类型之一，但通常情况下，这两个术语可以混用（见罗玉东所著《中国厘金史》，第1卷，第3页）。
2 雄心勃勃的士绅子弟通常都接受正统教育，通过科举考试出人头地，他们当中很少有人能够拿出可供使用的大笔现金，并且蔑视那些花钱购买官职的人。而商人子弟的情况则恰恰相反。然而，也有例外。我很感谢房兆楹教授曾给我提供了这样一个情况：李子明为了购买他早期的官爵，曾经卖掉了他家的田产。

低政府的执法公信力。[1]中兴时期的政治家大声疾呼,由卖官鬻爵这种广受争议的做法而获取的财政收入并无多大意义,[2]而对那种试图对外抛售更多官爵的做法必须加以杜绝。然而,政治家发出的疾呼并不是为了全面取缔卖官鬻爵制度,而是主张以更高的价格出售更少的官爵。(注166)在他们看来,对那些怀有传统爱国心的富商,通过给他们提供荣誉名头而不是实际权力的做法,借机从他们手中哄骗钱财,这种做法无可厚非,但有一点很清楚,就是这种做法既不能充当政府募集资金的重要来源,也不能充当政府调动商业财富的主要手段。

经济发展政策

中兴时期的领导者对于实现中国经济的近代化进程兴味索然,这与他们在促进传统经济中的商业因素方面毫无建树的表现如出一辙。他们的目标,是要实现旧的社会秩序的复兴,同时,他们也十分睿智地发现,西方国家用于加速生产、分配及扩大消费的绝大部分新技术,必然会扰乱中国的旧有社会秩序,从而影响社会稳定。

---

1 关于卖官鬻爵在政治方面的表现,见第五章及第七章。

2 这些政治家们的观点或许是正确的,但实际情况是,卖官鬻爵案例并没有得到充分的调查取证(摘自埃德温·G.比尔:《厘金的起源》,芮玛丽女士经作者同意将其观点加以引用,出自该书第44—47页)。汤象龙:《道光朝捐监之统计》,载于《社会科学杂志》,第2卷,1931年第4期,第432—444页,该书虽然提供了大量的统计图表,却并未清晰地反映不同时期及地区的捐纳收入与该时期及地区的总收入之间的关系。

一、改善交通

由于缺少近代化的交通设施，中国幅员辽阔的领土面积和崎岖不平的山区地形，使经济领域的改革者们面临着严峻的难题。然而，19世纪60年代的官员们之所以会对改善交通这件事感兴趣，仅仅是因为交通不便可能会给国家的海上防御以及京城的食品供应带来不利影响。[注167]为了实现这些目标，重新开通大运河、在沿海水域使用蒸汽动力轮船等措施，对于确保京城食品供应以及巩固海防似乎是至关重要的。另外，铁路线和电报线的铺设，即便是对于那些注重务实考虑的人来说，似乎也会被当作危险事物来看待，因为他们知道，西方国家正是凭借着在印度开通的铁路和电报，[注168]从而加速实施了对这个国家的军事入侵和经济渗透。

外国人认为，快捷的交通是市场自由运转的必要条件，中国人却对此置若罔闻。举个例子，宁波和金华同属于一个省，宁波附近稻田里产出的大米价格，竟然是金华大米价格的10倍，这种现象在当时的西方人士看来绝对是不可思议的。[注169]如果有了铁路，满目疮痍的金华地区无论是保障劳动力供应，还是打开市场销路，都将不再是件难事。中国官员们的想法与西方截然相反，虽然他们竭尽所能地致力于战乱人口的重新安置，却没有任何意愿去尽可能地促进浙江人口的自由流动，以便适应市场需求的转换。在他们眼中，按照供求关系市场准则行事的商人，都是"唯利是图的小人"。[注170]

外国人认为，近代化的交通设施是实现经济全面发展的不可或缺的组成部分，在彼此之间保持紧密联系的近代经济体系中，一个组成部分的变化，势必会引起另一个组成部分的变化，这句话却被中国人理解为外国人在说反话。中兴时期的领导者把这句话当作一个警告，认为清政府如果作出一次让步，就会导致其继续作出另一次让步，直至中国传统经济的整个组织体系最终被彻底破坏。

全体中国官员一致认为，最重要的是要重新开通京杭大运河以及东南地区的小型运河。这些运河是中国富庶地区向京城运送稻米、铜币及其他朝贡物资的传统意义上的安全通道；这些运河也给沿途数十万中国人提供了既传统又安全的谋生手段。然而，尽管在整个中兴时期运河疏浚工程一直都在稳步推进，尽管清政府着眼于保护运河，以及防止因洪水泛滥而对运河构成损毁，因此为治理黄河付出了很大的努力，(注171)但事实证明，要想把运河系统工程恢复到1853年以前的那种能够发挥关键功能的建设水平，这是不可能办到的事情。于是，清政府就把讨论的重点转移到发展沿海运输业、保障北京及华北地区物资供应的问题上。

反对开发利用海上通道的人提出异议，认为由于中国缺少适于出海作战的舰船，沿海运输业容易遭到外国人的攻击，一旦放弃发展运河，经过多年长期经营确立起来的运河沿线经济利益将会在市场竞争中遭到国外进口商品的威胁，而且随着船工失业人数的增加，骚乱事件也会随之发生。支持开发利用海上通道的人指出，运河航运速度慢、危险性大，且耗资巨大，在目前对黄河缺乏有效治理手段的情况下，容易因洪水泛滥而导致运河航运的彻底中断。而且，既然外国人已经在中国沿海开通并利用了海上航道，那么他们似乎没有理由拒绝中国人使用这些原本属于中国的航道。（注172）围绕这个问题的争论，于1867—1868年因华北地区干旱及洪涝灾害的到来而达到了尖锐化的程度。当务之急是必须利用现有的最快捷、最廉价的运输手段，将大批粮食运到灾区。省里的官员接到命令，出动船只经海路运送贡米至灾区，（注173）即使是个体私营的稻米商人，也有权使用免税的海上航道运送救济粮。（注174）

支持扩大沿海水域轮船使用量的观点，轻而易举地在争论中取得最终胜利。（注175）外国商人的轮船很久以前就已经在这片海域上航行了，而中国海军的轮船也正在这片海域投入使用。[1] 虽然清政府曾在一段时期内明令禁止中国商人使用轮船从事货物运输，但纸面上的禁令很快也就放宽了限制条件。（注176）由于在沿海水域木帆船与轮船相比毫无竞争力，如果轮船可以被完全应用于沿海水域，它们就必然会被运用得更广泛。[2] 沿海地区上上下下的所有大型木帆船由于被轮船抢了饭碗，只能卖掉换钱，其售价只占其实际造价的1/10，甚至1/20。（注177）清政府为了努力遏止这种竞相卖掉木帆船换钱的趋势，以出高价雇用木

---

1 见第九章。

2 根据领事吉布森关于天津贸易问题的报告："更加开明的中国商人已经不再光顾这些木帆船了……因此，外国轮船的竞争，加上保险公司的经营，正迅速把这些垃圾从海面上赶走。"（见《英国议会档案·中国卷》，1864年第4号档案，第25页。）还可参阅领事凯恩于1863年6月20日发出的关于汕头木帆船贸易量持续下降的报告（见《英国议会档案·中国卷》，1864年第4号档案，第55页）。

帆船运输稻米（注178）的形式，为木帆船的船主提供补贴，可是，这项措施却是短暂的，因为就在这项措施刚刚生效之际，轮船应用于沿海水域航运的巨大优势已经得到了广泛认可。到了1867年，即便是这些恪守传统的文人士子，也开始乘坐轮船经海路北上，去北京参加科举考试。（注179）

外方提出的在内河航道使用轮船的建议，遭到了中方极其强烈的抵制。[1]因为航行在中国河流、运河以及湖泊上的外国轮船，不仅摆出了一副对中国实施军事威胁的架势，而且对中国的国内经济同样构成了威胁，对中国人来说，这似乎给他们带不来任何好处。（注180）

那些控股权和运营权均归中国人所有的商用船舶公司发展缓慢，原因在于它们不仅会遭到清政府的抵制，而且从表面上看，中国人几乎不肯出钱为它们投资，用于投资船舶事业的资金，基本掌握在位于港口城市的中国富商手中，而他们却宁愿出钱投资外国人的船舶公司。（注181）成立于1862年的上海蒸汽动力航运公司，其运营历史上记载着多起意外事故和不幸灾难，而这些事故和灾难的始作俑者，则是英美两国的商业扩张。（注182）对于中国经济的复兴事业，它们几乎无所作为。

中国商用蒸汽动力航运公司是中方在商业航运领域开办的第一家企业，自从1872年成立之日起，该公司就一直惨淡经营、亏损严重，这说明中兴时期的领导者虽然是在勉为其难地鼓励

1　见第十一章。

中国商业航运事业的发展，却也没有错过任何可以把宝押在这项事业上的机会。（注183）

关于引进铁路的建议一经提出，便引发了比沿海轮船航运甚至是比内河水域航运都更为激烈的争论。最富有商业头脑的中国人遇到了基于各方面前景考虑的严峻警告，有的认为铁路将会导致失业人口数量增加，有的认为铁路会扰乱皇家陵寝的庄严肃穆，有的认为老百姓手中宝贵的耕地将会在外国人争夺路权的过程中被国家没收，还有的认为铁路会激起文人士子和农民阶层的强烈反对，还会扩大外国人的势力范围。尽管外国人往往也会承认这些观点并非毫无依据，[1]却认为铁路的危害微不足道，铁路终将引领一条通往进步、繁荣之路。据美国驻华公使蒲安臣的继任者劳罗斯说："单单一英里铁路，便可在十年之内为中国的进步事业作出巨大贡献，而那些政治理论家和民族主义者的全部学说，在一百年之内所能够取得的所有成就，都无法与之相比。"（注184）《北华捷报》将彼此发生抵触的观点总结如下："对我们来说，铁路意味着自由交往、走向开明、商业发展和财富聚集；对满清官员来说，铁路意味着西方列强即将凭借着这种交通工具，对中国发动侵略暴行，推翻久负盛名的

---

1 "在一个已经呈现出民众不满和混乱局势的国家里，摄政王对引进蒸汽动力这样的巨变而担忧，这是很容易理解的；他的幕僚成员们为此感到忧心忡忡，担心在他们这个时代出现洪水滔天的乱世。"（摘自1867年3月23日出版的《北华捷报》，该文主要是就阿礼国的一封信而引发的评论，这封信的内容是阿礼国回顾自己与恭亲王围绕同一问题的谈话。）

"即使交通运输状况变得更加便利了，但成千上万被迫离开土地的农民却不可能凭借着人们对农产品的更大需求而找到工作，因为中国的每一寸土地都已经有人在耕种，甚至连牧场都没有了。"（见《北华捷报》，1864年9月3日）

传统制度和封建习俗，扰乱社会秩序并毁灭中华文明。"（注185）

当时的中国官员知道铁路的用途是什么，对这些新鲜奇特的机械装置，也并非一点儿都不感兴趣。一位英国驻华使馆随员在拜访了兵部某位大臣的住所后写报告说，这间住所的主人"杨老爷"是一位酷爱摄影的业余摄影师，他喜欢收藏枪支、望远镜和温度计，还用柑桂酒来招待客人，看起来他也支持发展铁路事业，但是，他之所以对铁路事业产生兴趣，其原因却很是耐人寻味："他确实和我说过，关于铺设一条通往他位于山东的老家宅院的轨道及电报线路，这样做，可以方便他与佃户以及他在老家的代理人取得联系。"（注186）

铁路对于中兴时期的官员来说，一点儿用处也没有。他们的噩梦是一幅可以在朦朦胧胧之中察觉到的新中国发展图景，其社会组织体系被外国人手中掌握和控制的钢铁轨道网络切割得四分五裂。一些像沈葆桢、郭嵩焘（注187）、李鸿章这样的政府要员认为，中国最好的防御手段就是修筑铁路并把铁路控制在自己手中，然而，他们的大多数同僚却认为，铁路具有爆炸性的威力，它太过于危险，根本无法掌控。[1]整个大清国，找不出一个能够勇于承担责任的官员，能够把引进铁路这件事当作实现中国经济近代化及发展事业总体计划的组成部分。随后发生的历史事件，证明了中兴时期的这场争论并非无稽之谈。于1882年启动的中国第一个重大铁路工程项目遇到的困难程度，

---

1 见第十一章。

远远超过此前日本或印度铁路工程项目所遇到的困难。[注188]

关于引进电报通信系统的建议，实际上引发了与引进铁路时遇到的相同的问题，只不过在表现形式上不那么尖锐和激烈。中国官员喜欢观看电报装置的模型演示，可是，一旦外国人把真正的电报通信线杆架设起来了，它们就会被推倒。[注189] 1869年，总理衙门拒绝了英国驻华公使阿礼国提出的关于铺设一条沿海电报线路的授权请求。当英国驻华代理公使威妥玛翌年再次提出这个请求并申明这条电报线仅仅用于沟通港口之间的联络，不会给中国带来任何不利影响时，清廷颁布了一道用于答复的谕令，其中明确规定，所有电报线路都必须铺设于水下，且通信终端必须位于船上。[注190]

中国官员深刻理解高效通信对于实现管理目标的重要意义，竭尽全力地维持传统驿站在办理信息传递业务时的速度。他们可能认为没有必要去采用比传统驿站更快的通信手段。[注191] 正如他们所指出的那样，外国人之所以会抱怨中国的通信速度慢，其原因基于一个事实，那就是外国人把商贸活动看成头等大事。[注192] 外国人想要马上从他们的代理人那里接收到商业方面的消息，而后根据国际市场上的最新变化，向内部企业下达买或卖的指令。他们希望商品流通得越多越好、越快越好。

其中的任何一部分，都不是中兴时期的清政府所意愿达成的目标。一旦传统的陆地及水面通信设施得以恢复，并辅之以用于传递情报的沿海轮船，则一切在中国官员眼中看似重要的活动，都能够得到相当充分的实施。

二、对外贸易及相关税收

中兴事业开启之后没过多久,中国官员就把对外贸易当作国民经济的一个重要方面。(注193)而在鸦片战争以前,清政府曾认为对外贸易无足轻重。曾于16世纪来中国传教的中国天主教开拓者、意大利人利玛窦发现:"民众在精神追求和维持生计等方面所需要的各种东西,无论它是食物,还是衣服,甚至无论它是美味佳肴,还是奢侈品,在这个王国的边界之内,都能以充足的产量保障供应,不需要从外国进口。"(注194)对此,阿礼国于1856年予以证实,他认为:

> 中国或许是当今世界上唯一一个可被称为天生不依赖一切外来供应,不需要同其他国家进行产品交换,完美诠释自给自足这个词的全部含义的帝国……那么,从商业角度来说,我们不能寄希望于通过充分地施以引诱、诱使她假装看不见对外交往过程中密切联系的任何危险或偏见。(注195)

就像乾隆皇帝写给英国女王的那封著名的信中所表述的那样,外面的世界能够提供给中国的,仅仅是一些华而不实的小玩意,中国人对它们感兴趣,只是因为它们的新奇,它们对社会毫无用处。中国现存的这种对外贸易,只能被看作是一种中国施舍给外国的高贵仁慈的特许。(注196)

随着鸦片战争的爆发,中国人除了对外国产品依旧报以嘲讽态度以外，还增加了一种对于国内动乱以及从表面上看是由贸易引发的国外战争的畏惧心理。早在康熙年间，中国官员就已经获悉西方列强征服了世界上的其他部分国家。19世纪前50年所发生的重大事件，在他们看来，似乎正在预示着中国即将成为下一个被西方列强征服的国家。

纵观整个中兴时期，中国人在对外贸易问题上的看法，坚持寄希望于努力实现条约的修订，关于这一点，我们将结合后续内容进行阐述。英国的商业活动肯定不会比法国对天主教传教团的支持以及沙俄对中国领土的野心更让中国人感到忧心忡忡，而合作政策的签署则或多或少地缓解了中国人的担忧。但所有这一切都没有产生积极的效果。那些位高权重的中国人无一赞同外国人广泛认可的观点，即扩大对外贸易将会给中国带来实现经济繁荣的美好前景。按照江西巡抚刘坤一的话说，"对外贸易给我们国家最优秀的手工业构成了极大的危害"。[注197] 只有当对外贸易与其他各项经济活动一样，因其给老百姓的民生福祉和国家的财政税收带来积极影响而得到公正评价之后，中国的官员们才会发现它是急需的。

关于对外贸易，中国人的看法之所以会如此复杂，是因为人们无法准确区分两派国人在对外贸易问题上的立场观点：一派是中国官员、文人士子及地主乡绅；另一派则是一小撮中国商人——俗称"买办"——他们通常都居住在通商口岸及港口城市。这些人放弃了他们的社会地位，[注198] 以精明狡诈、能力出众的商人形象崭露头角，为了追逐对外贸易中的商业利润，他们迅速掌握并轻而易举地具备了同外国人开展竞争的能力。正如《北华捷报》上发表的一篇语调冷淡的评论文章所说：

> 如果说保护本国利益的动机是驱使中国政府继续关闭每一扇有可能导致外国商品流入内地的大门，那么，在近期外贸活动经验中发现的启示将会使他们确信，他们的臣民完全有能力保护好自己。所有通商口岸发出的关于反映贸易过程完全被中国人所掌控的抗议呼声，将会消除关于中国商人在外贸竞争中利益受损的全部担忧。(注199)

中国商人按照自己的经营方式，既稳又快地努力壮大自己的产业，不仅拓展了沿海贸易市场业务，而且广泛参与直接进口贸易。他们开始租赁轮船来运送自己的货物，还通过申领海上保险保护自己的商业利益。他们很快就掌握了与外国人一样多的参与国外市场竞争的所需知识，他们对于中国国内市场的了解程度更是无可匹敌。在内陆地区的市场竞争中，他们充分发挥自己运输及经营成本较低的有利条件，指导行业组织、形成集团竞争优势，使外国竞争者纷纷破产。截至19世纪60年代中期，各种渠道的媒体报道都认为，所有港口的绝大部分外贸业务都掌握在中国人的手中。外商只能继续依赖他们的买办，而这些买办商人却再也不需要外国人了。(注200)

这种发展趋势似乎是要"把外商的身份地位降低到差不多

相当于一个在本地经销商手下工作的代理人一样"。(注201)

显而易见的是，我们必须开创一套崭新的贸易秩序——既然我们已经不得不去面对中国商人发起的如此激烈的竞争。他们已经垄断了天津港贸易，正逐渐把我们赶出长江流域市场。甚至从香港进口鸦片，也需要在大多数情况下看中国人的脸色行事。一段时期以来，外商在与本地商人之间展开的市场竞争中只能甘拜下风，商品交易活动仅限于在牛庄或烟台，以及厦门或汕头的港口之间继续开展。(注202)

随着中国人全面接管了贸易业务，英国在华居住的侨民数量有望减少，英国外交部不得不本着对英国总体外交政策的长远考虑出发，想方设法去证明在中国维持领事机构的合理性。(注203)

由于参与在华对外贸易的中国商人对利润份额的要求越来越高，对外贸易的自身规模随之显著增大。[1]这种贸易规模的增

1

年度	净进口金额	净出口金额	贸易总额
1864	51293578	54006509	105300087
1865	61844158	60054634	121898792
1866	74563674	56161807	130725481
1867	69329741	57895713	127225454
1868	71121213	69114733	140235946
1869	74923201	67143988	142067189
1870	69290722	61682121	130972843

摘自庄素曦：《中国的对外贸易》，纽约，1919年，附录2；以及《英国议会档案·中国卷》，1869年第11号档案。数值以海关银为计价单位，1864年，1两海关银对1英镑的比价是6∶8；1867年，1两海关银对1英镑的比价是6∶3。

大，究竟能给中国经济带来多大的好处？这是一个值得商榷的问题，原因有以下四点：(1) 中国人通过采取有限开放市场的手段同外国人展开竞争，把外国商品的进口数量控制在有限的规模范围之内；(注204) 虽然这种做法令外国人很失望，但这些进口的外国商品仍然足以对农民自给自足的家庭手工作坊构成威胁。(注205) (2) 出口贸易额相对于进口贸易额的比值持续下降，自1864年以来，中国的对外贸易逐年呈现逆差的不利局面。(注206) (3) 虽然根据推测，出口贸易会促进产量提高，但是，"大多数老百姓……却在抱怨，出口贸易的结果是导致了物价提高"。(注207) (4) 虽然来自海关的税收对国家用处很大，其中的大部分都用于支付军事准备、战争以及赔款所需费用，对此，中国人认为，这些费用恰恰是开展对外贸易的后果。[1] 总理衙门大臣文祥非常敬重总税务司赫德，在文祥与赫德之间的一次谈话中，文祥或许道出了实情："如果你们外国人返回你们自己的国家，使我们重新回到你们来中国以前的和平生活中去，我们将非常乐意把你们带给我们的那些税收增加值，全部奉还给你们。"[2]

1　1860年，粤海关监督恒祺断言，国家通过对外贸易每年赚得的400多万两白银，与国家必须承担的战争赔款相比，如同杯水车薪。而这些战争赔款，正是外国人通过发动打开中国通商大门的战争而获得的：1842年的战争赔款是2100万两；1858年的战争赔款是600万两；1860年的战争赔款是1000万两（见巴夏礼于1860年10月20日写给额尔金的信，出自《英国国会关于在华事务的往来信函（1859—1860）》，第236页）。

2　根据[英]裴丽珠的看法，文祥所言的确切含义是，可以将"海关成立数年之后的税收增加值返还给英国"。见[英]裴丽珠所著《赫德爵士传奇》，纽约，1919年出版，第221页。使馆武官[英]密福特从其他人那里得到相同的观感："无论如何，这些满族官员都宁愿回到旧的生存状态，与我们及我们的条约毫无关系，牺牲他们从海关中获得的收入。"（写于1865年8月7日，见《驻华使馆武官在北京》，第118页）

当然不会有任何一个中国人能够赞同一位负责对华贸易的发言人在英国国会上发表以下这番讲话："大清帝国的中央政府实际上就是一个华丽的笑柄,可以把它比作一尊以黄金制成的尼布甲尼撒二世雕像,而它的双脚却是由黏土捏成的,要不是我们英国贡献给北京中央政府财政部的每年高达300多万英镑的进口关税,它可能明天就会倒掉。"(注208)

中华帝国海关总署(注209)的前身,是1854年三合会乱党占据上海期间由外国领事馆出面,以代表中国征收关税为名义而设立的临时缴税机构。1858年签订的《天津条约》规定,要在全国范围内成立一个统一的帝国海关行政机构,部分职员由外国人充任,统一接受一名对中国中央政府负责的外籍总监的直接领导。截至1864年,中国海关总署已招募了400多名外籍职员,他们不仅负责征收关税,还积极从事整理统计数据、海岸灯光照明、改善港口设施、巡逻打击海盗以及各种行政制度改革等具体业务。总税务司赫德从中脱颖而出,成为19世纪中外关系发展进程中的一个重要人物。

可以有把握地说,清政府的海关税务司能够撇清其"充当维护外国利益工具"的罪名。(注210)19世纪60年代的外国商人一直激烈地抨击赫德及其领导下的海关总署,对赫德的批评是"他屈服于中国人在交往过程中对他施展的致命诱惑,完全像中国人对待自己人那样,献出他的同情心";(注211)对工作在各个港口的全体海关职员的批评是,他们贯彻执行了中国人的规章制度。(注212)

中国官员从他们的切身利益出发，很快就对海关总署的行政效率表示了认可。**1** 在处理商人与领事间爆发的多起争执的过程中，赫德为中国人提供了帮助，而且他能够按照一种完全取悦于中国政府的工作方式来管理海关总署。赫德因此一再获得大清国授予他的荣誉头衔。1866年，鉴于关税收入显著增长，在李鸿章提出的动议之下，海关总署列出了长长的一串官员名单，这些海关官员都受到了清政府的荣誉奖赏。(注213)

由于关税收入显著增长，**2** 加之此后几年外国人并没有把进一步的战争强加到中国人的头上，中国官员开始逐渐认清这种新型税收来源究竟将会产生多大的作用。比如1862年赫德指出，关税可用来支付政府采购外国军火时的所需费用，不需要政府向外国申请贷款或赠送礼物。为达成此目的，他帮助总理衙门拟制计划，并将计划呈送给皇帝审阅。(注214) 上海海关的税收款项对于清政府来说非常重要，以至于这一点被视为清政府为什么要奋力抵抗、防止该城落入太平军之手的一条重要原因。(注215) 1866年以后，当《北京条约》强加给清政府的各项赔款均已被清政府制定的40%关税法案（四成洋税）所得收入偿清，这项法案仍在继续执行，从那时起，清政府便获得了一笔数量可观且可以自由支配的款项。(注216)

---

1 例如，湖南巡抚毛鸿宾惊喜地发现，外国人制定的反走私条例"甚至"比中国人的更为严格，于是他建议扩大外国反走私条例的适用范围，使其适用于所有中国贸易（请参阅毛鸿宾于1862年3月5日呈递的奏折，载于《筹办夷务始末——同治时期》，第4卷，第29b—31页）。

2 1864年的关税总收入是7845365两; 1868年的关税总收入是9425656两（见《英国议会档案·中国卷》，1869年第11号档案，第2页）。数据出自《中国的对外贸易》之附录5，稍作改动。

在中国人眼里，对外贸易所产生的关税收入的最大用途，是用来支付国家在紧急状态下所耗费的军费开支。主要的税收来源须作另行分配，而申请贷款的想法却为人所憎恶，因为清政府要为贷款偿还利息。即便是改良派人士——例如沈葆桢——也从未幻想过用借来的资金扩大生产，以便用产生的利润去偿还贷款。[注217]中兴时期的早年间出现的几笔小额短期贷款，都是清政府在面临军事危机、万般无奈之下想到的最终解决办法。而且，借方都是涉及的官员本人，而不是清政府；贷方也是相关的外国私人代表，而不是中国公众或外国政府。[注218]

即使是办理一些金额适度的贷款，也会引起清政府相当严重的忧虑。[注219]1867年，需要给自己的部队在西北地区的军事行动[1]提供军费开支，而西北地区是一个即便正常年景也会处于赤贫状态的地区，在这种情况下，当左宗棠与外方展开谈判、准备首次申请一系列金额较大的长期贷款时，[注220]清政府备感惊慌。清政府虽然同意了左宗棠的贷款申请，却采取一切措施试图把贷款金额控制在最低限度，因为历史已经表明，接受贷款往往意味着迈出了接受外国干涉及控制的第一步。因此，在这种情况下，40%关税法案的施行，对于害怕贷款的清政府来说，具有极其重要的意义。[注221]

由于政府迫不及待地需要将关税收入的资金派上用场，于

---

1 见第六章。

是颁布了一项国家法令，目的是采取措施，避免在关税支票的传递及结算环节出现延误。(注222)然而，我们找遍任何地方，也看不到一份关于主张采取刺激外贸扩大规模的措施来增加税收的相关奏折，而这些税收的增加值，显然是作用很大的。就目前所掌握的文献记载情况来看，清政府在整个中兴时期，自始至终都把关税问题当作一项行政管理问题，把全部注意力都放在关税的征缴环节上，却没有把它当成一个经济问题，从而集中精力发展对外贸易。赫德和他的同事们有效地"压榨了"对外贸易中的利润，其效率超出了中国官员曾经梦想过的任何可能预期，而且他们还能将获得的全部利润收益足额上缴清政府国库。因为做到了这一点，他们收获了荣誉，他们从技术角度出发提的许多建议，也被中国官员们满怀敬意地听取并采纳。(注223)而他们提出的更带有普遍性的关于着眼扩大商业规模、全面改进中华帝国经济结构的建议，却遭到了冷遇。[1]

三、矿业和工业

究竟矿业对中国经济有用，还是外贸对中国经济有用，这两种看法中国人都不认同，只不过前者更容易接受一些。因为矿业在中国的产生年代非常久远，关于矿业对社会的利弊问题，在历史上一直争论不休，明末年间终于达成结论，认为矿业对社会有害。随后，在17世纪末（康熙二十二年），朝廷颁布了一道谕令，

1　见第十一章。

对于矿业的利弊定性并作出了一份直截了当的声明:"采矿无益地方,嗣后有请开采者,均不准行。"(注224)

然而,例外情况还是有的。开采盐矿当然是必不可少,清政府也鼓励民众在云南开采国家急需的黄铜、在蒙古及新疆开采黄金。早在道光年间,社会上出现了一些经济理论,强调矿业总体上对于国民经济所具有的重要意义。(注225)

可是,对于采矿导致社会分裂后果的担心,(注226)一直萦绕在政府官员及社会民众的心头,直到光绪年间,这种担心才被社会各界广泛予以否定。(注227)1868年夏秋之际,烟台地区兴起一场淘金热,据当地官员报告,在山东其他地区也发现了一些中外矿工以小型团体的形式开采金矿,据总理衙门宣称,(注228)这些矿工都是广东人。清政府命令中国官员前去阻止中国人的采矿行为,也要求外国领事前去制止本国人员参与到这些非法企业之中。(注229)最后,军队奉命进驻上述相关地区,可在必要情况下以武力制止采矿行为。(注230)

但是,总的来说,与中兴时期内出现的其他任何形式的经济发展活动相比,矿业活动遇到的抵制较小。据报道,天津附近地区的地方官鼓励当地发展私人煤矿。京西地区的中国老百姓在外国技术顾问提供的帮助之下,积极主动地开采煤矿。《北华捷报》的中国读者写信给该报中文版《本地新闻志》栏目,反映了中国民众在看待矿业活动的相对优缺点问题上存在着激烈争议。(注231)倘若可以雇用外国人充当技术人员并将其置于中国人的领导之下,曾国藩、李鸿章和其他一些朝廷大员很快就会乐于尝试发展现代矿业。[1]正如冯桂芬所指出的，如果选用合适的人员去发展矿业，居民日常生活就不可能被扰乱。在外国，采矿是一项常规劳动程序，不会引起社会动乱，根据外国书籍中反映的内容，假如中国人自己不去开采矿藏，外国人就会跑到中国来开矿。(注232)

中国人面对的困难是，不能寻找到一种有效组织矿产企业运行的方法。在这种情况下，矿石即使被开采出来，也不会带来利润，除非实施大规模开采，并运用近代化的开采技术。或许可以掌握国外的技术，但那些随处可见的国外资金也能掌握吗？中国人占有的资金极其有限——无论是国有的还是私人的——可用于投资矿业的资金似乎很少，(注233)而且还缺少高素质的管理者及技术人员。直到中兴时期的末尾阶段，清政府试图重新恢复云南铜矿的企业活力时，才开始采用一套以商业管理为主、以政府监督为辅(官督商办)的企业制度，结果却招致彻底失败。[2]从官督商办制度的运行表现来看，无论是从私人利益出发，还是从国家利益出发，抑或是从二者相结合的复合利益出

---

1 见第十一章。阿礼国注意到，对于外国人竭力劝说的大多数革新措施，中国人都不乐意采纳，"如果我把煤矿排除在外，那么他们还是愿意在外国人提供设备和指导的条件下去自力更生的"（见《英国议会档案·中国卷》，1869年第12号档案文件，第9页）；他认为中国人反对外国投资矿业的做法是正确的，除非外国能提供不干涉中国内部事务的保证（见《英国议会档案·中国卷》，1871年第5号档案文件，第112—113、123—124页）。

2 云南的铜业生产，在旧的国有矿山制度下，由于管理不善，自18世纪中叶开始产量逐渐下降。加之受到战乱的影响，近20年来，连一斤矿石都没开采出来过。当这一地区终于得到平定，新制度的建立之路也就敞开了大门，但是，之前尝试过的制度却遇到了各种想象中的困难：资金匮乏、管理力量薄弱、矿工劳动力不足；与政府签订合同的矿山所获利润极低；资金又很短缺，甚至连维修经费都严重不足；还时不时地受到腐败官吏的盘剥干扰。见严中平所著《清代云南铜政考》，上海，1948年出版，第26—48页；《评论和质询》，载于《中国评论》，第12卷，1883年第2期，第135页；陈灿：《宦滇存稿》，第1卷，第18页。

发，都无法募集到近代矿业高效运转所需的资本、组织起近代矿业高效运转所需的企业人才队伍。

中兴时期的政治家表示出了一些对于发展矿业的志趣，对商业的发展也表示出了必要的容忍，可是，他们对于矿业和商业的关注也不过是仅限于此。连同工业一起，都被他们忽视。虽然按照传统观点，同治时期被认为是中国近代工业发展的第一个阶段，但当时却并没有闪现出工业化应当超越造船、造枪水平的思想火花。即使是思想家冯桂芬，当他力劝朝廷发展国外的装备制造业时，他的含义也仅仅指的是军火装备。(注234)中国军火工业起步阶段的表现，虽给人留下深刻印象，却也只是昙花一现。中兴时期的那些负责筹办兵工厂、造船厂的人，没有一个人曾经设想过，要利用机器和工厂系统去提高总体产量。[1]

公共财政机构

一、中央财政管理问题

清朝精心设置的财政机构从来都没有完全接受过朝廷的集中统一领导。缴税权已经被分包转让了出去，中央政府虽然也知道不论规定限额的税款能否上缴北京，自己都没有可靠的办

---

[1] 见第九章。中兴时期的领导者普遍热衷于从事军火工业，如果认为左宗棠是其中的一个例外，那是因为其职业生涯的"工业"部分应该从中兴以后算起。对此，笔者倾向于持怀疑态度。关于左宗棠在西北地区赞助开办一家毛纺厂、一家糖厂和多座铁矿的事件经过，见陈其田所著《左宗棠》，第57—78页；以及陈其田的另一部著作《左宗棠：湘商的农民》，第219—225页。

法去获悉限额以外究竟还有多少税款被过度征缴和中饱私囊。国家财政资金的分配与划拨虽然归中央政府直接掌控,可当时的会计核算方法却使得统计误差成为可能,至少在实际支出环节留有余地。[1]任何熟悉国家税收来源情况的人,都会同意中华帝国最后一部政府大百科全书编纂者的观点,即认为中国的公共财政事业管理混乱,形同乱麻。(注235)

与所有中央政府直属部门一样,户部也被细分为一系列复杂的官僚机构,其中的每个机构都兼具地区性和职能性的责任分工。(注236)在国家稳定时期,这套臃肿的官僚系统尚且可以有效运转,但是,一旦进入必须把有限的税收来源全部用于支持农业复兴及推进军事和外交近代化发展计划的年代,对财税系统实施更为严格的中央管控就一定会成为清政府的必要举措。

起初,中兴时期的清政府甚至就连对财政系统实施中央管控的传统方法都没有掌握。税收系统极其复杂,[2]加之政府对财政支出的监管又处于混乱无序的状态,于是,在太平天国运动期间,中央集权的削弱导致了国家财税系统的整体混乱。中兴时期致力于恢复中央管控基本框架的努力取得了一些成功,清政府已经有能力暂时遏制公共财政系统中出现的地方主义倾

---

1 一份关于清朝财政的详尽的南满铁路研究报告指出了经济史学家面临的学术陷阱,并警告说,虽然可以全面研究清朝财政制度的结构,却无法编纂出可靠的关于实际支出数额的统计([日]松井义夫:《关于清朝经费的研究》,载于《满洲调查月报》,1935年,见序言部分)。

2 除了前文探讨过的这些征收环节复杂的主要税种,还有一大批更为复杂的次要税种。比如,名目繁多的茶叶税、酒税、采矿税、药税、竹税等(见《皇朝续文献通考》,第7955页、第7964页、第7983页;[美]詹姆斯·T.K.吴:《太平天国叛乱对满清政府财政体制的影响》,载于《太平洋历史评论》,第19卷,1950年第3期,第265—275页; [美]山嘉利:《中国的财政问题(1852~1908)》,载于《中国论文集》,1949年第3期,第1—23页)。

向。可是，就总体特点而言，中兴时期的财政改革计划仍然聚焦于重建旧的清朝时期财税制度，而不是建立一个能促进中国经济发展的新的财政机关。

首要的措施是改进税款征收办法。没有人提出由国家政府的代理人去直接缴税的建议，也没有人主张让经济领域内的其他部门去效仿海关系统所取得的成功经验。中兴时期的财税改革计划，仅限于依据传统税收制度公布合法限额，(注237)要求各省更加全面详尽地申报缴税情况，并提高地方官的能力素质。[1]至于厘金制度，由于没有关于厘金收缴限额及传统申报制度等方面的规定，户部只能寄希望于通过减少厘金税卡的数量最终能够建立起对剩余税卡的监管体系。尽管须呈送北京方面的许多缴税报告及税款仍存在着漏报、迟报等现象(注238)，但清政府所推进的这次改革毕竟还是取得了一定意义上的成功。清政府的税款总收入，与太平天国运动爆发之前的道光年间相比有所增加，其中的部分原因在于其改进了税款征收办法。(注239)

无论在何种情况下，清政府都会尽可能地把清正廉洁的好官委任到财税系统，并努力采取措施去完善会计核算程序。(注240)政府机关制订的日常事务经费预算常会遭到上级官员的盘问、调查及讨论。尽管如此，侵吞资金的现象仍时有发生。虽然资金往往不能按照政府的意愿被实际投入本应拨款的项目上，但从总体上说，中兴时期的财税改革还是卓有成效的。在中兴时

---

[1] 见第七章。

期的财税领域,没有出现过类似于乾隆年间或慈禧第二、第三次垂帘听政时发生的重大丑闻。

中兴时期的官员们再一次满足于对旧的公共财政机构实施修修补补式的改革,他们从未想过全面改革财税制度。只有思想家冯桂芬能够看到深化改革的必要性,并提出以下建议:对全部公共资金开展一次公开式的清算核查;要求每一个政府部门公布其收入及支出账目;鼓励民众积极举报他们所发现的任何存在收支不符现象的可疑单位及个人;统一度量衡;获得政府资金支持的机构,包括皇帝宗室及朝廷,要按照固定的预算指标有序运转。(注241)虽然上述这些措施都是在不干扰传统道德、社会及经济秩序的前提下,有望增加中央政府财富及权威的有效办法,但未能引起清政府的高度重视,这不能不说是中兴时期出现的一次重大失误。

二、货币和银行

中兴时期,在货币及金融领域内采取的多项措施也是一次修修补补式的改革。传统的货币制度能否稳定,既取决于银币与铜币之间汇率比价的稳定性,也取决于这两种金属的供应是否充足。[1]在1850年以前的半个世纪时间内,由于白银大量外

---

[1] 在清代中国,虽然银币和铜币都是不受限制的法定货币,但由于银币在主要经济部门的支配地位,财政体制并非采用真正的双金属货币流通方式。大部分的银币都是进口的,而从18世纪开始,大部分的铜,都是在云南开采的(见张德昌所著《近代中国的货币》,载于《人文科学学报》,第1卷,1942年第1期,第72—73页)。关于清代货币制度的总体情况,见王庆云:《熙朝纪政》,第5卷,第1—25页。

流，加之黄铜产量下跌，导致银币与铜币之间比价的稳定性遭到破坏；到1850年，银币价格的通货膨胀率甚至超过了铜币。正如前文所述，咸丰年间，清政府审慎地采取了铜币贬值策略，同时发行了不可兑换的纸币、铁币，结果导致了币制混乱。只有在一定程度上恢复币制稳定，中兴事业才有可能实现。

主要问题是稳定铜币价格。曾国藩建议中央政府每年规定适用于全国的银币与铜币之间汇率比价，并在全国范围内颁布执行，要通过扩大主要经济体对铜币的需求量来维持铜币与银价的比值：部分军费开支将以铜币作为其支付方式，部分税款在收缴过程中将主要接收铜币，等等。冯桂芬还建议要明确扩大铜币的使用范围。(注242)

很遗憾，事实证明，在条块分割、各自为政的中国经济体制内，采用逐年规定银币与铜币固定汇率比价的做法是不可能得到贯彻执行的。无论怎样规定其比价，总会出现经济利益受损的现象，某些地方的正常经济秩序也会受到干扰。例如，虽然传统比价(而且使用的是官方核算方法)是1∶1000，可是，据河南巡抚张之万所说，该省绝大部分地区的市场比价为1∶2500或1∶2600。倘若这个市场比价真的经过了官方正式宣布，则河南全省的实际税款总值将比现有总值的两倍还多。而且，尽管当时的奏折中均未述及此事，但是，这种以官方比价买入银币，而后以市场比价卖出的原本有利可图的商品交易活动，必将受到损害。另外，除非严格规定银币与铜币之间保持固定的汇率比价并强制执行，否则的话，平民百姓仍然不得不按照黑市价格去购买银币，而后却假定其按照官方价格购买的银币，并在此基础上计算其应缴纳税款。鉴于河南出现的这种情况，御史吕序程建议将汇率比价稳定在1∶3000，他认为老百姓将会成为这个统一比价的受益者，而且官方比价与市场比价之间存在的原有差额将会产生收入盈余，能够得到这部分盈余利润的，是政府而不是负责收税的人。结果，这条建议遭到了否决，朝廷指责其为"既有害又不切实际"，而巡抚张之万以书面形式维持原有官方比价不变的建议则被采纳，朝廷认为这种做法不会产生扰乱经济秩序的风险。（注243）

按照中兴时期众多官员的观点，政府在试图保持铜币参考银价相对稳定方面所采取的一系列努力，不仅受到了银价持续上涨所带来的阻碍，或许还受到来自黄铜持续短缺所形成的甚至更为严重的影响，因为如果没有足够的黄铜，就不可能铸造出面额与内在价值相当的、可以满足市场流通供应的大量铜币。1867年（同治六年），朝廷颁布谕令宣称，当前黄铜供应形势的紧迫程度已经超过了漕粮，于是，为了把更多的黄铜运往北京，清政府近乎疯狂地采取了一些基本不切实际的措施——清政府固执己见地要求预先囤积巨量的黄铜，根本没有注意到云南铜矿已经全面停产的现状，仍一再向各个矿区明确规定年产量指标。为了从四川、湖南两地就近采购云南的黄铜，清政府实施了一系列复杂的行政干预手段。（注244）

接下来，中兴时期的清政府委派省里的督抚大员赴日本执行进口黄铜的采购任务。早在17世纪末云南开发铜矿以前，从日本进口的黄铜曾经满足了中国的大部分黄铜需求，但是，从目前可以得到的史料证据来看，这次赴日采购所获甚微。(注245)清政府派去的官员虽然在这个国家容易到达的地区发现了一些小型铜矿，可是，开采量却极其有限。最后，清政府只得命令沿海及长江流域省份的各省巡抚四处购买铜币，而后装船运到北京，以此代替各省需缴纳的一部分海关税银，而这些买来的铜币将用于政府重新铸币。[1]

尽管这些举措显然都不能提供长效解决方案，但这已经是中兴时期的清政府所能采用的全部办法了。即使是等到云南战乱结束，清政府终于有可能在1874年组织铜矿开工复产的时候，第一年的产量也才只有18世纪铜矿运营状态良好时年产量的1/12。清政府随后也采取了一些提高铜矿产量的措施，但均收效甚微。(注246)

在这种严峻的形势下，货币的情况反而有所改观，这个事实并不能说明政府实施的任何具体计划收获了成功，只能证明在中国的传统经济制度下，货币的作用极其有限。在流通领域，伪造的银币和假钞似乎有了某种程度的减少。以银价为参考比价的铜币价格逐渐看涨。(注247)这种趋势维持了数

---

[1] 朝廷告诫官员们不要向公众透露这一消息。这项措施还带有消除流通领域内假币之目的，仅限于那些可以利用海路运输以便送达大量硬币的省份（见清廷于1867年11月30日发布的关于答复户部奏折的谕令，载于《大清历朝实录——同治时期》，第215卷，第17—18b页）。浙江巡抚马新贻从浙江运出10万吊铜币，朝廷命令他去调查一下此举是否扰乱了浙江经济，如果未扰乱，则须运出更多的铜币（见1868年5月1日谕令，载于《大清历朝实录——同治时期》，第228卷，第31—32页）。湖广总督李瀚章从湖北、湖南两省运出20万吊铜币，并着手采取措施去保护位于湖北石宜煤矿内的铜矿矿井（见1868年4月12日谕令，载于《大清历朝实录——同治时期》，第227卷，第13b—14页）。

十年，货币的投机倒把行为助长了当地币值的价格波动[注248]，但是，找不出任何证据来说明通胀率或将持续走高。纯银与银两的比价维持在大约6∶5。自中兴时期开启后，这一比价开始逐渐下跌，到1895年时跌至3∶3。[注249]

与当时清政府采取的货币政策一样，中兴时期的金融系统同样不能适应近代化的经济制度。自从中兴时期的早年间开始，山西钱庄就一直作为清政府的代理国库；尽管这些钱庄并不原始简陋，还曾博得一些海外国家的钦佩赞许，但是，它们的汇款系统却无法满足为左宗棠平叛大军供应军饷的需求，因为它们不得不把数额巨大的金条、银锭运送到西北前线去。中兴时期的金融系统既没有一个全国通用的汇兑机构，又没有票据交易所，不同的各家钱庄只能依靠相互之间的互惠信贷需求来取得彼此间的协助。此外，整个金融系统管理松散，其功能运转取决于人员，而不是方法和制度。一旦人员被证明为不可靠，就会殃及金融系统的功能运转。[注250]

负责主管金融系统的官员任期通常都很短。他们从不考虑发展长期信贷业务，也不考虑利用贷款业务去扩大生产规模。他们只知道利用钱庄去满足政府的需求，以及他们自己的私利。由于钱庄与中国其他传统的各行各业一样，只有通过维持与官吏之间的友好交往与合作关系才能经营下去，所以，它们就必须向这些官吏提供没有任何信用保障的低门槛贷款。[注251]虽然香港及上海银行公司引进了近代银行业务制

度，但这两家公司的业务活动仅限于通商口岸城市，对整个中国经济几乎没产生过什么影响。（注252）

没有任何迹象可以表明，在这样一个资本匮乏、财富分散的国度，曾经出现过能为实现经济近代化提供贷款的本土银行。在政府里面的众多官员中间，既不会有人对此感兴趣，也不会有人认识到这个问题的重要性。

三、军费开支[1]

中兴时期财政制度的基本界限，在军费开支领域得到了最直接的体现。由中央政府掌控的传统来源税收，只负责保障八旗军和绿营兵的军费开支，对于那些充当了中兴时期作战部队主力的由地方势力组建的新型军队，清政府并没有规定标准的财政审批程序。这些军队已经不再仅仅充当地方武装，经常远离家乡、出省作战，他们在很大程度上得到来自厘金及其他由省里掌控的税收所构成的资金支持。然而，单靠一个省往往没有财力支持本省军队的军费开支，即使在朝廷允许该省把本应上缴中央政府的税款截留下来并全部用于负担军费开支的情况下，也往往是无济于事。由于朝廷对新的税收来源无法采取有效的集中监管，除了勉强应付一下不同省份上报的税收数据以外，根本控制不了税款的实际流向。

---

[1] 关于中央军事集权问题背景下的军队财经制度，见第九章。

为了筹集完成一次单一的军事行动所需要的军费开支，清政府不得不广开渠道，挖掘各方面的财政潜力。如果东北需要一大笔款项，其资金可能来自户部存款、省里的盐业税、山东的到期未付土地税、河南的到期未付税款，以及山海关的关税。(注253)如果甘肃战事吃紧、亟须军费拨款，这笔资金可能一半由山西、山东、河南三省提供，另一半以湖南、江西两省出钱、四川出大米的方式共同承担。(注254)对于蒙古及新疆驻军的军费支持，或将由山西、山东、河南、直隶四省，按照朝廷的统一号令共同提供资金。(注255)这种拨款手续不仅适用于边境地区的军费开支，而且同样适用于国家核心地带的军费开支。有一次，朝廷给江西、浙江、湖南、湖北下达统一指令，要求这四个省共同承担江苏北部地区驻军的军饷供应。(注256)

户部只有在罕见的情况下才能为亟须得到军费供应的军队提供预拨资金，而且随后，军队还要自己努力从各省筹集资金。(注257)总的来看，没有比各省更直接、更快捷的资金来源了，即使是在贵州的军队无饷可供、饥寒交迫、拒绝发起进攻的情况下，以及在新疆驻军炊粮已断之时，还有甘肃甚至京郊的军队因不堪饥饿威胁哗变的情况下，都没有任何更快捷的应急拨款程序来为军队提供经费保障。(注258)

当户部正试图把哪些省份能拿得出钱的情况禀告朝廷，或正准备统计各省相互援助的拨款金额时，(注259)它发现自己掌握的这些情况信息都是并不清晰的，有时候只是命令某省把它有能力承担的拨款金额统计上来。[1]显然，户部给各省下达的许多命令更多的是出于希望，所需金额也超出了实际预期，因此其中的大多数命令都不得不一再重复下达。(注260)由于资金往往都是从拨款机构直接到达接收机构，而且金条和银锭在船运过程中很容易发生物理性损耗，户部没有具体办法可以确切查明发出了多少以及收到了多少。(注261)在各省相互拨款支援的过程中，彼此钩心斗角的情况普遍存在，认为贷款不必偿还的想法更是理所当然。况且，一支处境艰难的部队，很容易会在诱惑的驱使下不把接收到的资金交给另一支部队，而是把它据为己有。(注262)

对于这些以很随意的方式征缴上来并分配使用的资金，显然不可能控制其支出情况。户部可能听说过一些尤其可耻的贪污行为，并向朝廷作了禀告，朝廷却并没有采取切实可行的措施对军费支出情况实施严密监督。在这种情况下，针对各种叛乱的战役却取得了令人瞩目的胜利。大笔资金不知道通过何种手段得以征收、拨付，并足额地投放到清政府意图实现的目标行动上。

随着国内恢复了和平生活，清政府终于度过了现时的危机，军队开始逐步地遣散一些兵员退伍返乡，或者缩减了规模员额。然而，中兴时期在军费开支方面的实践表明，国家对于

---

1 例如，1867年3月16日的一道谕令，要求各省给左宗棠拨款提供军费，规定各省依据自身所受战乱影响程度的轻重确定拨款金额，受战乱影响越轻，则拨款越多，反之亦然，但每个省份的款项金额均应由本省总督确定(见《大清历朝实录——同治时期》，第196卷，第26b—28页)。

紧急事件缺乏应对措施和资金储备。清政府的财经改革成果似乎乏善可陈，同时，它既没有看到扩大税收来源的重要性，也未能认识到建立一套归中央政府系统领导下的财税制度的重大意义。

经济停滞问题

正如中国近代史是历史学术中的一个有待深入研究的领域一样，经济增长问题也是经济学中的一个有待深入研究的课题。既然如此，如果妄加评论19世纪中国经济毫无增长，那将冒着双重风险。我们甚至都无法对国民生产总值作一个粗略的估计，更不必说如何查清国民生产总值的资金使用去向了。我们不仅对劳动力雇佣关系调整情况知之甚少，还实际上并不掌握关于人口总数的可靠数据，(注263)迄今为止，我们找不到任何一部能反映除了人口规模以外的其他任何情况的中国人口历史著作。我们既不清楚来自不同税收渠道以及不同地区的总收入金额是多少，也不掌握不同政府机构的总体开支情况。我们不仅缺少统计性的证据材料，也缺少描述性的历史资料，我们不能确切地了解众多政府机构究竟是如何运作的，我们也不清楚历史档案文献中所用到的许多术语的确切含义。

另外，经济学家告诫我们，对经济增长问题的研究，不应受到西欧研究模式的局限；尽管相对缺少数据支撑，但对年代久远的历史时期和地区展开研究，仍是很有必要的；对经济增长问题的任何研究，最终都需要进行社会学及意识形态等方面因素的分析对比，这并不完全适用于量化研究，即便是在当代西方也是如此。(注264)

回溯历史，事实很清楚，同治中兴并没有为中国的后续发展奠定一个近代化的经济基础，举个例子，它没有像同时期的日本明治维新那样，促进国家直接走上近代工业化道路。通过探究那些既与日本及其他国家经济发展密切相关又恰好是中国所缺少的环境因素，或许我们就可以实现课题研究的最优化。

（1）自然资源因素似乎对经济增长影响不大，因为在物资供应方面，中国远远优于日本及其他许多拥有可耕种土地和必不可少的矿产资源的近代化经济体。

（2）虽然构成可支配国民收入中能够用于投资的财富成分更为复杂，但是可以肯定的是，近代中国并没有贫穷到其国家全部产能仅能维持其民众不被饿死的地步。尽管其军队的连年战事给财富的积累构成了不利影响，但在盐业专营、传统钱庄、当铺、国内及对外贸易以及官员的"小金库"等领域，还是聚集起了大量财富。(注265)在19世纪60年代，许多门类的商贸业务都创造了高达20%或25%的净利润。对外贸易方面，虽然中国的收支状况从总体上看处于不利态势，但是，在特定地区却出现了相当可观的贸易顺差。例如，海关报告显示，仅在不到5年的时间内，据推测约有价值4000万英镑的纯银采用以物易物的形式支付给了福州附近地区的茶商。正如当时西方人士发表的评论："假如这笔钱能够用于商业领域该有多好！它足以对商业

企业及贸易活动产生巨大的推动作用。"(注266)

（3）问题的症结似乎在于使用财富的方式。提出经济增长论的美国经济学家阿布拉莫维茨指出："资本积累不存在任何特定的本能"，"在一些社会中，能量和才能被投入宗教、政治、艺术或战争等方向，而在发达资本主义的社会背景下，能量和才能则被引导着流入了商业领域。"(注267)在儒家文化的社会背景下，能量被导入政治和与之相关的文学研究领域，流动资金用于购置土地、捐资建设藏书阁，以及组建诗歌社团。社会上不存在任何可与以上项目争夺资金的其他重要目标。[1]盐商想成为文人士子，却不想成为拥有更大产业规模的企业家，在社会角色发生转换的过程中，他们取得了令人瞩目的成功。(注268)用于商业领域的投资似乎仅限于雇佣几个店员而已；用于制造业领域的投资事实上并不存在。官员们都是地主起家，到了告老还乡的时候，他们就会再度变身为地主。商人们也都在试图使自己尽快地当上地主。(注269)

人们竞相投资土地，推动土地价格上涨，但这并没有导致农业生产领域出现任何重大变化。人们对专门培育的经济作物基本不感兴趣。而且，尽管土地所有权日趋集中，但可用于耕种的地块却日益朝着零散化的趋势发展。几乎没有机会通过加大资金、减少劳力的办法去实现产量的提高；(注270)相反，由于

---

[1] 直到二战时期，商人类型阶层仍然在中国内地的社会等级秩序中找不到自己的合适定位。关于这方面的个案研究，见史国衡：《云南锡矿的社会影响》，载于《太平洋事务》，第20卷，1947年第1期，第53—61页。

零散地块的增多，加之水利设施不完善导致农业生产率持续降低，因此，仅仅为了维持现有农业产量这一个目标，就需要投入更多的农业劳动力。

因此，19世纪中国农业的资本化，仅仅停留在土地可以自由买卖、出租或雇佣劳力耕种的这种观念的认识程度上。而且，尽管从社会观点来看，地租很高，对社会稳定构成了威胁，但从经济观点来看，地租却又是很低的。他们这么做，不会引起大量资金的聚集，而这种资金聚集，可能会对以后的工业发展有所帮助。(注271)

(4) 相同的因素，既限制了财富的积累，也迫使积累起来的财富被引导着流入土地购买环节，同样，还限制了对创业人才需求量的增长。工业或商业领域真正的企业家不仅凤毛麟角，还会受人鄙视。在19世纪的中国，与地主官员相比，典型的商人更是几乎不可能成为一名企业家。[1]社会地位正在提升的买办商人也是如此，地位被买办商人取代的盐商及行商也是这样。不像其前辈，买办商人往往与官员之间保持着密切的私人关系，却通常不与政府进行官方正式的交往；他们往往家境一般，没有官方背景；他们自食其力、白手起家，但是，除非他们去海外发展，否则都不会转行涉足工业领域。(注272) 早期的买办

---

[1] 由于商人及其从事的商业经营向来不受重视，甚至没有留存有关商人的史料记载；中国方面的社会调查者在确定商人的社会地位时，费尽周折才获取到相关数据信息（见王叔涵所著《两淮盐务与钱庄》，载于《经济学集刊》，第2卷，1931年第3期，第118—207页。关于这一研究领域的重要意义，见［美］李马援、史国衡：《现代中国商业阶级的兴起》及《两篇导论文章》，纽约，太平洋学会，1949年）。

商人几乎完全不介入生产环节；后期的买办商人虽关注生产环节，却并不像企业家那样主抓生产，而是充当放贷者。买办商人拒绝将贷款用于扩大生产，而是通过向消费领域投放贷款，实现了对传统家庭手工作坊的产品销售环节的垄断经营。由此产生的利润，并非用于扩大生产规模，而是为了提供更多的消费贷款，直至最终用于购买土地。家庭手工作坊的工匠们，根本没有机会为自己积累起用于扩大生产规模的所需资本。(注273)

根据阿布拉莫维茨的理论，对于欠发达经济体的所有研究，都准确地印证了这样一个观点：尽管商人们都面临着获取利润以及可节余收入的潜在机会，但其中的头面人物却热衷于从政或从事其他非生产性活动，于是，商人们的正常愿望便转移到了非商业阶层。(注274) 相比之下，日本商人阶层较少出现向其他阶层的转移现象，其成员会在长达数个世纪的时间里把才能都贡献给他们作为商人的地位改善上。

(5) 儒教国家政府是否有权力启动一套经济发展计划，并引领整个国家贯彻落实这套计划？对于这个问题，很难作出肯定的回答。整个官僚体制的权威，乃至皇帝自身的个人影响力，都被限制在传统社会背景的框架之中。既没有至高无上的法令，也不存在无视政策调整、始终凌驾于国家之上的效忠于皇权的统治集团。日本这个国家拥有一套以封建效忠为宗旨的网络体系，确保体系内成员对于特定当权者下达的任何命令都能给予服从，包括当权者下达的实现经济现代化的命令。在日本，所谓效忠国家，指的就是效忠一个具体的、拥有统治权威的皇室，效忠这个群岛之内特定的一群人，效忠一个特定的人类种族。事实可以很清楚地证明，自从启动经济发展计划，日本得到了国内众多工厂提供的最优质的物资供应。相比之下，在中国，所谓效忠国家，指的是效忠儒家的生活方式。如果有人提议让这些工厂去服务于儒家生活方式，这显然是一句无足轻重、荒谬透顶的话。^(注275)

(6)19世纪的中国缺少整体上与经济发展相关联的劳动力。中国的的确确拥有世界上最庞大的劳动力，他们通常被描述为诚实稳重、勤劳节俭和聪明睿智，还被公认为拥有最高度发达的手工熟练程度。然而，儒家坚持倡导自给自足、节衣缩食的生活理念，这使得劳动力分工被局限在极其狭窄的领域之内。明、清两代的众多地方官致力于发展当地的纺织工业，为此付出了一些努力，结果却均告失败，其原因就在于这种全国普遍奉行的以家庭及村庄为单位的儒家自给自足生活理念。^(注276)

再者说，尽管农民的生活比较艰难，但还是过得相对安心踏实。他不会被驱赶着离开土地、背井离乡讨生计。情况恰恰相反，只要不是农闲季节，地里的庄稼总是需要农民去辛勤劳作。作为一个农民，倘若离开了土地，他所享有的社会地位就会比他离开之前低得多。他彻底接受了一种要求他珍惜这种社会地位和他所拥有的独立生活的教育，这种独立生活方式对于农民的意义，超过了他积累更多财富的向往。几代过后，农民的后代终于在工厂里找到了一份工作。但他只是想在厂里工作一段时间，只要这段时间攒够一小笔钱，他就会离开工厂。当他回到自己曾经生活的村庄后,他宁愿恢复自给自足的生活状态并坚守农民的社会地位,也不会在经济方面实现更进一步的追求。(注277)

(7) 过于强调自给自足和低消费水准的儒家生活理念,不仅阻碍了适于从事工业的劳动力的发展壮大,而且制约了工业产品市场的发展。除此之外,交通条件落后,以及在整个经济领域内的资金匮乏、贷款短缺,无法为物物贸易的开展提供有效的补充手段。

尽管确实有某些经机器制造的外国商品在中国形成了规模有限的市场,但是,这些只能吸收少许英国工业革命成果的市场,根本不可能在中国掀起一场工业革命。

(8) 对于国外的先进技术,并不是因为认识水平跟不上,而是对技术运用的诸多限制,最终阻碍了19世纪中国的经济发展。正如前文所述,中国的传统技艺虽然在某些领域有所落后,但总体上仍然保持着较高水准,而且中国可以较为便利地获取到西方技术方面的相关知识。中兴时期是中国集中翻译国外科学著作的重要阶段之一,然而,翻译过来的新知识并没有应用于中国的经济发展事业,随后,中国又出现了在运用西方技术方面长达半个世纪的停滞期。[1]

聘请外国技术专家在当时是一件轻而易举的事情。早在康熙年间,就曾有过聘请外国人充当熟练个体工匠的先例。(注278)

---

1 见第九章。

在这方面，阿礼国强烈敦促中兴时期的清朝官员仿效沙皇彼得大帝的做法。[注279] 然而，总的说来，在一个没有工业发展空间的社会，从欧洲聘请19世纪的工程师过来帮助中国实现一场工业经济的进步，这种办法是根本行不通的。

(9) 此外，在别的方面，与经济增长息息相关的其他几个必备条件，同样也是19世纪中国所不具备的。当时中国虽然有一套以一部成文法为准绳的高度发达的法规体系，[1] 但其中涉及抽象的产权关系，或适用于非个人之间订立契约的相关条款，却只有寥寥几笔。私人的商业财产极易遭受侵害，缺少在中世纪晚期西方国家城市中所能提供的这种最低限度的法律保护。

进入流通领域的货币金额似乎是受到了政府的干预和限制，在从17世纪到19世纪长达200多年的时间里，货币流通量的增长势头非常缓慢。如前文所述，清政府曾于17世纪中叶尝试将纸币投入流通领域，结果却招致彻底失败。这种植根于一个"自给自足"的农业经济体制内的极度受限而又僵化死板的币制，不仅无法随着对外贸易的发展而实现自我革新和发展，而且它实际上已经或多或少地逐渐变得更加恶化了。[注280] 对于当前这种糟糕的货币形势，现存的信贷措施几乎无能为力。在19世纪的中国，找不到曾在日本、德国及沙俄促进了这些国家加速实现工业化的那种金融机构的任何发展迹象。[注281] 无论是山西的钱庄，还是任何其他现存的金融机构，都无助于实现此

---

1 见第七章。

类目标。

然而，所有这些都不足以从实际出发解释中国在19世纪出现的经济停滞现象，因为上述这些对经济增长构成阻碍的各种不同因素，都曾经被其他欠发达国家的意志坚定的政府成功地克服过。不管人们怎么说中国人如何偏爱投资购买土地，如何谆谆教诲自给自足、勤俭节约的理想，或者中国如何缺乏信贷机构，但中国确确实实在土地、矿藏、劳动力以及财富等方面都拥有基础的资源，还拥有保持社会井然有序的统治方法和在组织商业活动方面的长期经验。

是否还存在着其他的一些至关重要的情况？是否因为当时的政府对国家经济方面的福利事业不感兴趣？显然并非如此。还是因为传统来源税收极其丰厚，两相对比致使新的税收来源显得多余？恰恰相反，尽管清政府直到1894年以后才沦为"破产者"，(注282) 但早在中兴时期，清政府就已经充分认清了用商业税来贴补土地税的重要意义。19世纪的40年代到70年代，土地税方面的收入估计降低了30%，而税款总收入却从太平天国运动爆发前的3000万～4000万两，增长到1874年的6000多万两，其中约有2900万两来自新的税收来源（尤其是厘金和海关税）提供的补充。(注283)

根据各方面的所有证据，中兴时期的清政府之所以没能使自己致力于经济发展，是因为清政府寻求实现的是道德、社会和政治秩序的复兴，其中并没有经济发展的一席之地。官员们都坚信，新的支出是临时性支出，国家对于新的税收来源的需求是暂时的。编制臃肿的军队将被遣散,西方军队也将撤出中国,只需稍加修改,中国就可以重返盐业专营收入几乎相当于商业税收入的两倍,而土地税又远超这两项收入之和的年代。

创立后发优势理论的美国经济史学家格申克龙指出,经济越"落后","要求润滑工业化的理智与情感车轮"的进步思想观念就越强烈。

> 在一个经济落后的国家里,要想突破经济停滞的障碍,点燃人们的想象力之火,把他们的精力投入服务经济发展的大潮中,那么,这个国家此时更需要的是一服药效更强的药方,而不是对于提供更公平的资源分配,或者甚至是更便宜的面包等利益方面的承诺。在这

样的形势之下，即使是商人，甚至是第一流的、富有冒险和革新精神的企业家，也会需要一个更强有力的刺激因素，而不是对于高额利润的前景展望。要想移走这些习俗与偏见的大山，需要的是信念——用圣西门的话说，这个信念就是，人类的黄金时代并非在过去，而是在未来。[注284]

中兴时期的中国，远远谈不上拥有认为黄金时代存在于人类未来的这样一个充满激情的信念，它把过去的儒家社会秩序当作人类成就的巅峰之作，而把西方目前及将来的经济秩序，仅仅当作一个可怕而又新奇的蛮荒状态，这种观念注定无法回到真正的黄金时代。

IX THE SELF-STRENGTHENING MOVEMENT

第九章 自强运动

问题的范围

在中兴时期的领导者们看来，军事上的彻底变革不同于经济方面的彻底变革，它不仅值得期待，而且绝对必要。尽管愈演愈烈的叛乱必须被镇压，这是一个无可回避的问题，对于迫在眉睫的外国入侵也需要采取一切办法加以遏制，这也是当务之急，但是，这一时期的所有政治及军事方面的领导者实际上都已经意识到，要想实现国家安全的长远目标，就必须对军队实施一次近乎完全彻底的改编。这种努力将超越临时性的补救措施所能达到的目标，旨在形成一套切实可行的长远政策，最终掀起一场人们争论已久的"自强运动"。[注1]

中兴时期的军事改革，主要有两种基本类型：一种改革致力于赋予新型军队在中国国内政治秩序中的适当地位，以便提升军队士气，争取民众对军队的支持，并且要强化那些迅速发展起来的地方军事力量，坚定他们效忠清政府的坚定意志；另一种改革致力于使中国拥有在武器装备和部队训练方面可以比肩同时期西方军队的军事力量。

对军队的改编，只在某种程度上取得了成功，当这种改革进展到即将与传统社会的基本规范发生冲突时，便被统治阶级紧急叫停，因此无法取得完全成功。国内叛乱得到了有效控制，分离主义倾向得到了暂时遏制，现代武器装备也得到了有效引进。军事上的改编计划，使一批饱受儒家学说灌输的学者型将领应运而生，他们具备制定并执行一套新型军事战略的专业才能,提高了军队士气,赢得了民众对军队更广泛的支持。采用经过改进的方法,保障了军费开支和后勤供应,大幅削减了现役部队的编制规模,改善其效能,实现了武器装备的现代化。[注2]可是,这项计划却以失败告终。改革实践证明,一支现代化军队是无法融入儒家社会秩序并与之相适应的。要想真正实现军事现代化,需要完成一系列更为重大的变革,其变革程度将超过清政府乐于接受的改革目标,需要在阶级结构、价值体系、税收制度以及帝国统治阶层的组织原则等方面,都要发生根本性的变革。当时的政治家都理解改进舰艇、枪炮性能的重要意义,借此说明中国本来有可能做到这一步。但是,自强运动的目标更为宽泛:不仅要保卫传统社会免遭蛮夷的进攻,还要防范国内出现的颠覆破坏活动。虽然实现了改革计划的首次胜利,但形势很快就变得很明朗,要想达成这个目标,创建保卫国家所需要的充足军事力量,就会将人们所珍视的同时也是政治家们所寻求维护的社会秩序置于险境。

中兴之前清朝的军事制度[注3]

昔日曾经盛极一时的强大的满族军队——八旗——已逐渐衰败,沦落为一群再也不能执行基本军事功能的社会寄生虫。据当时一位观察员的描述:"这群人就像他们的穿着打扮一样五花八门、形形色色。老的老、少的少,强的强、弱的弱,独眼的独眼、全聋的全聋,看起来,他们还都不算是八旗军服役者

当中最可怜的那个家伙。"(注4)

相似的命运突然降临到直接隶属于中央政府兵部的汉人常备军(绿营)的头顶。随着持续加剧的腐败导致战斗精神日渐低迷，自从18世纪末叶以来，绿营开始逐渐走向衰败。无论嘉庆还是道光，这两位皇帝喜怒无常的行事风格，都不适宜于领导一次重要的体制改革。当太平天国运动于1851年爆发之际，这支常备军已经在从白莲教起义至今的40年间，始终都没有经历过持续作战的考验了。[1]

绿营兵在太平天国运动期间的战场实际表现，证明其百无一用。他们较低的军饷配额标准，并没有随着生活费用的上涨而得到相应的提高。北京的兵部已经丧失了对部队发号施令的能力，集中统一指挥的战役行动变得越来越难以实现。只得把部队派遣到驿站或者别的什么地方，去执行各种各样琐碎的任务，已经几乎不可能再把他们集结起来去完成训练或其他战时任务了。根据移防制度，绿营兵需要以小型编组的形式四处游荡，而不是以作战分队的形式转移，这将有损于原本可以培养的作战效能和团队精神。训练从形式上看是正规的，却没有真正的训练内容。虚报员额、冒领军饷的现象已经司空见惯，整个军队组织都弥漫着一种涣散的官僚主义作风。中央政府发觉其自身安危竟然维系在一群疏于训练、难于指挥的军队士兵身上，他们拒绝作战、中饱私囊，在叛匪面前变节投降，遇到平

1　鸦片战争期间发生的地面战斗，其作战规模非常有限。

民百姓，却经常对其肆意劫掠，激起民愤。（注5）对此，赫德曾于1865年写给清政府的一份备忘录中发表评论：大清国的军队只有在叛军已经撤退的情况下才会向前推进，而当他们杀害了多个农民之后，竟然向朝廷报告自己取得了一场伟大胜利。如果叛军没有撤退，清军就会主动撤退。（注6）

新组建地方部队的国家化

时值19世纪50年代，随着大清国旧式军队的土崩瓦解，地方官及省里近期到任的督抚大员开始组建由士绅和富农组成的拥有较强战斗力的新型军队。同治中兴绝不是一次单纯面向首都民众的运动，它从各个领域都展现出自身所具有的区域性及地方性特征，当然也包括军事领域。尽管这些地方武装实际上都不受兵部的辖制，但朝廷所面对的问题却并不是要去镇压他们，而是要让他们听话、守规矩。[1]在充分汲取前期镇压各种各样叛乱事件的经验教训的基础上，清政府以令人称奇的高效，在短期之内便着手启动了一项最新制订的国家军事改革计划。

在国难当头的情况下招兵买马组建雄踞一方的地方武装，这在中国历史上屡见不鲜。在明朝末年以及乾隆和嘉庆年间，

---

[1] "在清代中国，民间有足够的资源去发动一场大规模叛乱，但也有足够的保守派地方势力集团来进行抵抗。问题是，谁能从这些地方势力集团中获得更多的支持——是叛军首领，还是政府领袖？谁能攫取并利用改革派士绅集团的力量，以一定的代价，把他们拉到政府这一边来。"（[意]弗朗茨·迈克尔：《太平天国叛乱期间中国军事组织及权力架构》，载于《太平洋历史评论》，第18卷，第4期，1949年，第475—476页）

都曾经出现过专门招募兵员而组建的"私人武装",成为中央政府军事力量的有力补充。然而,中兴时期的湘军和其他新型军队,均区别于早年出现的那些由文人充当军队领导的农民武装,主要体现在以下两个方面:

(1) 新型军队规模更大、实力更强、更有凝聚力以及更具有独立性。军队的统帅可以亲自选拔各级军官,例如,湘军中有83%的军官均为湖南人,每名军官可以从自己家乡的所在地招募士兵,有时还可以从自己的宗族亲属中招募士兵。从而在每营500人或由更少的人数构成的作战单位内部,建立起士兵与军官之间紧密的人身依附关系。在这支军队及其各级组织的内部,处理问题的方式方法从某种程度上讲,类似于一个信奉儒家文化的家庭,相当重视道德说教和指导。此外,新型军队独立于朝廷,可以得到地方税收的军费支持。军饷和给养都很充足——是当时正常标准的三倍。营官亲自掌管每名士兵的一大部分军饷,根据士兵表现情况,将其军饷邮寄给士兵老家。于是,军官与士兵之间的私人关系纽带得到进一步的巩固,这有助于激励战斗精神,因为没有哪一个士兵愿意惭愧地返乡当逃兵。

(2) 在处置早年间爆发的危机事件过程中,由于传统军队尚能维持其战斗力,所以一旦叛乱被镇压,那些临时组建的地方武装就会被遣散返乡。太平天国之后,清廷重振绿营雄风的一切努力均告失败,八旗军也实际上被朝廷弃之不用了,于是,在这种情况下,全国范围内几乎找不到可代替地方武装作用的

军事力量了。(注7)

这种由地方武装所构成的新型军队,预示了一种不利于国家和平安宁的苗头,对此,当时的观察家并没有视而不见。外国人注意到李鸿章、曾国藩很容易就可以确立自己的独立军阀地位,并且推测他们俩可能实际上已经这样做了。根据《北华捷报》的报道,"江苏的叛乱,使省里的地方武装应运而生,我们猜想,这些地方武装必将在中国的未来生活中发挥出最重要的作用"。(注8)

这些预言都忽视了一点,就是这个现已恢复实力的儒教国家拥有强大的向心力,可以轻而易举地约束这些表现明显的离心力。湘军及其他新型军队的各级统领都是文人,他们都执着地致力于维护和巩固现政权。[1]正如罗尔纲所述:

> 显而易见,湘军最初是靠自卫起家的,但是,由于文人士子与皇帝之间注定要相互依赖,(其军队统领)在这种关系的驱使下,必将同时集合起来,共同站在保卫清政府的立场上。(注9)

对于这种地方文人及乡绅联合起来共同捍卫清朝中兴政府的集体行为,此后一代中国人当中的政治人物在对此作出评价时,虽然曾分别使用了各不相同的形容词,但他们都

---

1 当然,这些军队彼此之间存在着诸多差异。比如,淮军将领接受儒家思想灌输的深入程度不及湘军,他们有时会表现出对直接领导的高度忠诚,却不那么忠于恪守儒家原则。

承认这种现象确实存在。在1927年之后的国民党人看来，这种现象树立了一个光辉典范，可以成为20世纪动员中国国内各种社会力量的关键因素。[1]在一位青年党领袖看来，它象征着国家意识形态利益拥有超越个人及地方一切物质利益的至高无上权威。(注10)根据一位专门从事清代社会史研究的马克思主义者的观点，曾国藩用儒家教义吸引和掌控了地方恶霸（曾国藩所谓的"正直的乡绅"），这些恶霸又反过来蛊惑农民加入支持清政府的行列。(注11)对此，一位从事该课题研究的中国杰出学术权威曾说过一句未经修饰的话，"皇帝利用他们（地方士绅及士大夫）去维护朝廷统治，而他们又依靠皇帝来维护他们自己的特权"。(注12)

新型军事领导

部队能否打胜仗，主要取决于能否得到人才。军事领域对于人才的依赖程度甚至超过其他领域，中兴时期的领导者对此深信不疑。和其他领域一样，只有专业能力而没有优秀的道德素养，这样的人不仅会被认为百无一用，而且非常危险。[2]曾国藩在他的日记里反复强调，要把道德品质和儒家

---

1 见第十二章。

2 然而，军官的专业军事技能却长期被忽视。各类军事将领人物关于人才的探讨，大部分集中体现在这一时期的私人信函及官方奏报中。对能力的分析通常都很圆滑，绝不仅限于对"圣人"的概括。例如，1869年1月，曾国藩在觐见慈禧太后时，说过的一段关于能力培养的话。见王定安编纂的《曾文正公大事记》，上海，1876年，第4卷，第6b—8b页。

制度修养当作选拔军官的唯一现实参考。如果一个军事领导者没有在实际工作中展现出公正、谦逊和远见卓识，部队就不会服从他的指挥。他必须一丝不苟地确保自己做到诚实正直，"没有一枚铜钱用于个人奢侈；没有一名士兵用于个人差遣"；他必须早早起床，严格遵守作息制度，否则部队事务就有可能出现疏漏。就像哥哥先给弟弟做榜样而后领着弟弟做事情一样，军队领导者只有先让下级知道自己无所畏惧，部队才会勇敢地跟着他冲锋陷阵。强将手下无弱兵，这句话的道理不言自明。最重要的是，一支遵循上述这些原则、经过严格训练和严明纪律约束的部队，必将赢得民众的广泛拥护。^(注13)

曾国藩在谈到道德培育应居于军队各项事务之首时，并不仅仅满足于道德说教；他还结合实际探讨了中兴时期的现实问题。湘军如同我们曾经做过的统计那样，指挥权基本掌握在深受儒家思想灌输的文人手中。由于此后打败捻军的淮军及其他军队都在很大程度上是由湘军旧部组建而成的^(注14)，所以，可以合乎逻辑地说，湘军构成了中兴时期军队领导体制的基本模式。

湘军大部分军官的出身背景，均为19世纪中叶新儒学复兴时期走进学堂的青年学子一步步成长起来的。^(注15)其中，有57%的军官是由童生或举人的身份投笔从戎开始其军旅生涯。更值得注意的是，在级别最高的将领中，有10%的人曾经通过了科举考试并考取了功名；只有在级别最低的初级军官中，出身于武举人的军官数量才会超过出身于童生、举人的军官数量。(注16) 如果情况不是这样，就不可能在国内重建的大背景下实现军队改编中的人员整合。真实情况果然如此，正因为各级军官接受了儒家道德培育和思想灌输，他们才能从社会角度思考军事问题，而且这支新型军队不会反对任何一个仍能为儒家秩序提供有效保护的政府。

中兴时期的高级将领，均为既通晓国家重建过程中的全局问题又具备军事才能的忠贞不贰的军官。尽管当时中国人素来轻视军功，但在危机降临之时，涌现出一批具有杰出才能和威望的人，由他们普遍接管了重大作战行动的指挥。尤其在中兴时期，这种情况是真实存在的。除了像胡林翼、左宗棠、李鸿章和曾国藩(注17)这一连串伟大的名字以外，还有许多其他的著名人物。比如，在训练和指挥御林军方面卓有成效的文祥，在改编天津驻军方面成果显著的崇厚。(注18) 刘长佑尽管因其作战失利而饱受指责，却还是给外国观察家们留下了一个杰出军事管理者的深刻印象。多隆阿、都兴阿、刘松山以及僧格林沁——这些风格迥异的不同类型的人——都有一个共同之处，即通过实战，证明了他们的军事才能。

胜任中层领导岗位的军官数量不足

尽管中兴时期涌现了一批杰出的军队指挥员，但事实证明，整个军官群体仍不足以应对军事现代化的挑战。这是困扰了中国军队长达一个世纪的薄弱环节,中外人士均对此达成了共识。据《北华捷报》一位派驻于李鸿章总部的记者的记述,大清国军队虽装备占优,但起义军的计谋更胜一筹,只要不是李鸿章亲自督战,大清国军队就几乎总是被起义军打败。假如李鸿章手下有一批更优秀的军官,战役也就不会拖得这么久了。[注19] 即使在与法国开战的前夕,观察家们仍然把军官能力不足这个薄弱环节,视为中国军队存在的主要问题。[注20]

1860年以后,就在中国试图推进军事机构的现代化进程时,军官群体暴露出的薄弱环节变得比以往更为严重了,它所带来的风险远远大于传统社会秩序时期,因为在现代战争条件下,军官的重要性显著提高:

> 按照中国本土的训练方法,训练内容主要是让一群士兵在远处有力地挥舞旗帜,每名士兵根据想象中接到的命令做动作,仿佛不期而至的短兵相接正在进行。按照这种方法,士兵根本不知道军官在哪里,但这并不重要。他们的士兵早就已经习惯这样了,从来都没有期待过能在危险即将降临之际看到军官,而后者也一定不会让他们失望,军官既不会出现在训练场,更不会出现在战场上。但是,如果按照外军训练方法,军官必然是要到场参加训练的,如果想把外军战术传授给这些士兵,长官却不努力

学会最简单的指挥口令,其结果只能是让士兵不知所措。(注21)

中兴时期的杰出政治家觉察到了这个问题,立即着手努力加以解决。1862年,总理衙门设法让皇帝批准了一项由外国军官系统培训满汉军队外军战术的计划。如能实施这个计划,中国军官就可以有能力组织部队训练并指挥部队作战了。政治家们都认同"训兵先训官"的道理,于是,这项计划被谨慎细致地制订了出来。朝廷一再颁布谕令,反复要求选拔军事人才,关于这个问题,政治家们也提出了许多建议。(注22) 例如,冯桂芬倡导恢复武举考试"最初的"重要意义,鼓励通过武举考试,从普通士兵中提拔军事人才。(注23)

尽管此类计划看起来也许是合理可行的,但实际上它们都是毫无希望的空想。就事实而论,中国社会分裂成两部分,一部分是只能上阵打仗的农民,另一部分是价值观妨碍其参加严格军事训练并且亲临一线指挥的上流阶层。此类计划之所以会失败,不是因为决策者对现代军官的需求视而不见,而是因为在当时的中国,根本就不存在这样一个能提供此类军官的社会阶层。军士和班长经常可以学会如何指挥他们手下的士兵正确地执行作战任务,可是,他们却很少能够获得提拔。而那些拥有较高社会地位的人,虽然有资格在中国制度下成为军官,却在军事技术方面,即使经过三年的现代战术训练也无法胜任军官的职责。(注24) 社会地位是当上军官的先决条件,而社会地位所产生的能力素质,却完全不能适应新形势下的高效指挥。

清政府无力培养足够胜任的军官队伍,这种局面不仅妨碍训练计划的实施,而且危及中兴时期自强计划的其他方方面面。中层军官的腐化堕落,致使清政府制订的改善军队供给、提高士兵军饷的计划未收到应有效果。[注25] 部队仍旧不得不去搜刮民脂民膏,导致民众的怨恨情绪持续存在。新建的兵工厂和造船厂在经历了初始阶段的蓬勃发展之后,随即便出现了生产停滞,而后走向了衰败。对于那些有能力的下级军官所犯下的违规行为,高级军官却被迫容忍,只因为这些下级军官是部队迫切需要的人才,由此导致了军纪废弛。例如,陈国瑞公然违抗上级直接给他下达的命令,结果却明显地受到了上级的容忍。[注26] 朝廷其实已经有所觉察,它所接收到的战地报告中有一大部分都纯系捏造。[注27] 无能的将领在拼命地粉饰自己的战场表现,而能力出众的将领却在掩饰自己部下的战功,唯恐部下一旦得到提拔,他们的职位反被朝廷派下来的无能之辈取代。胜仗也好,败仗也罢,通常都是可以得到查实的,却不可能获取到作战过程中的全部事实真相。[注28]

通过聘请外籍军官这种办法,是不可能弥补中层军官能力不足这个关键差距的。虽然外国人可以被聘任为技术专家,但他们却不可能代替中国军官去履行政治、社会以及思想观念上的职责,而这些职责,才是一名中国军官有效行使军事领导权力的先决条件，这也是一条西方人用了很长时间才学会并吸取的教训。

军队士气与民众拥护

如何保持军队忠于国家，并使人民拥护军队，这不仅是一个关系到军事改革总体规划的根本问题，而且也涉及整个中兴时期的政治和社会规划。显而易见，不为任何正义事业而战，同时又待遇低下的部队极易发生哗变，而每到一地就开始对当地民众大肆劫掠，而后又将这片土地拱手送给敌军的部队，更不可能指望获得民众拥护。在1860年的杭州街头，出现了一首匿名张贴的诗歌，表达了民众对部队的看法：

贼至兵何在？兵来贼已空。
可怜兵与贼，何日得相逢！(注29)

为了赢得民众拥护，这一时期的所有领导者都保持警惕随时准备与叛军展开高效作战，因为按照他们的观点，如果遇到民众的反对，即便是最好的军事计划也是毫无用处的。[1]每当听到政府军在农村地区比叛军更扰民的报告，曾国藩总是感到惶恐不安："我担心如果我们一旦真的失去了老百姓

---

[1] 与每场平叛战役相关的军事计划问题，详见第六章。

的拥护，我们就再也不能使他们回心转意了。"在曾国藩看来，叛军之所以被人们憎恨，只是因为他们蔑视被他们烧、杀、劫、掠的老百姓；而政府军之所以受到敬重，因为他们不仅拯救了民众，还安抚了民众（百姓）的心。如果部队给民众带来了伤害，他们将无异于土匪和叛军。胡林翼写道，民众是军队的根基，村民们对军队以礼相待、充满敬意，反而遭到士兵愤怒的辱骂，"士兵存在的目的，是为了保护百姓。如果他们不爱护百姓，我们要士兵还有何用？"(注30)

朝廷于1867年颁布的一条谕令，唤起了各级官员对一份报告的注意，其内容是说，华北地区的老百姓害怕见到朝廷军队，其畏惧程度甚于见到叛匪。(注31)国外的观察员指出，农民把正确的情报提供给"叛匪"，却把充满危机的误导性信息提供给朝廷军队。(注32)新近扩编的部队在开赴前线的过程中，经常与平民百姓发生冲突。(注33)例如，在平定西北的战役期间，船老大拒绝摆渡朝廷军队过江。(注34)一周又一周、一年又一年，在朝廷颁布的谕令中，一再出现军队搜刮劫掠百姓的违纪记录。军官执纪不严，只是软弱无力地做做样子，连他们自己都经常加入劫掠百姓的行列，还把抢来的赃物，运到天津及其他地方贩卖。(注35)

采取应急措施——比如烧毁拒不听从部队调遣的船老大的船——解决不了问题。因为其中涉及更基本的问题。除非全社会的思想意识重新焕发活力，否则的话，军民之间就不可能在保卫国家的问题上找到一个利益共同点。除非部队可以获得充足的饷银和给养，否则的话，搜刮民众的违纪行为就不会得到有效的约束,其中不仅涉及国家的财政体制,还涉及军官的能力素质。

湘军及按照其模式组建起来的其他新型军队,都是沿着以确保部队士气和民众拥护为主要着眼点的建军路线发展起来的。曾国藩坚持认为,必须使老百姓相信他们和军队同舟共济要比和叛军在一起好,这首先是一个士气和观念的问题。75年以后,中国军队仍被教唱着曾国藩创作的"爱民"歌:"生灵涂炭盼官军……"。曾国藩在他著名的"召集各部,严惩粤匪"的檄文中强调指出,太平天国的教义与中国人的传统生活方式之间,犹如水火不相容。(注36)

曾国藩的基本目标就是要"保卫儒教社会、拥护儒家思想"。(注37)有鉴于此,深受儒家思想灌输的湘军是一个理想工具,因为这种思想教化不仅培养了一种忠于朝廷的态度,而且树立了一套可确保赢得19世纪中叶中国最广泛民众支持的行为规范。关于湘军问题研究领域,中国最杰出的权威学者把湘军称为"一支由文人士子领导的农民军队"。这种组合极其适应当时中国的天时、地利,从而在复兴儒家思想的大旗下,汇聚起气势磅礴的战斗力。(注38)

其他部队的军事领导者也效仿曾国藩在湘军创立的建军模式,为了提高士气和赢得民众拥护,作出了一系列努力。平定西北叛乱战役期间,左宗棠对楚军的改造,就是一个很好的例证。左宗棠对自己的部队实施有效管理,执行严格的纪律,他自己与部队官兵同吃同住、同甘共苦。他强迫他的部队按市场价采购

食物，还派他们去植树，参与其他有益于农业生产的建设项目。每当收复一个地区之后，他便立即启动重建计划。(注39)

要想准确说出这一大堆反复规劝军队要"爱护百姓"的文献记载究竟能证明什么，[1]这并不容易，但是，看起来也很清楚，不能把这些文献完全当作毫无意义的废话而置之不理。以成禄被召回并监禁一案为例，成禄作为平定西北战役期间的一位高级将领，左宗棠却向朝廷作出"成禄所部欺压百姓，还把正直村民当成叛徒来对待"的报告。基于这份报告，御史吴可读把这个案子告到了北京的朝廷，据此参劾成禄。(注40)在平叛战役长期陷入僵局的情况下，左宗棠渴望通过撤换将领来扭转战局，他或许也乐于借此机会除掉一个潜在的官场竞争对手，这很好理解。重点是，以虐待欺压普通民众为由提起的控告，似乎在左宗棠看来，不仅可作为参劾一名将领的恰当理由，而且是一个比证明其指挥无能更充分有力的依据。这件事也会使人联想到，吴可读后来为了抗议光绪继位者的不孝行为，以自杀之举来表明自己对传统道德的重视。

关于忠诚、异议和社会凝聚力等这些问题的研究，不仅要听其言，更要观其行。如果广大社会民众始终如一地公开

---

[1] 信仰马克思主义的作者们有效地利用了中兴时期领导者对于清政府疏远百姓这种做法的抨击。他们没有必要去引用来自清朝统治者的批评；他们引用了中兴领导者自己说过的话，借此证明百姓遭受了军队的欺压（见朱其华所著《中国近代社会史解剖》，上海，1933年出版，第129页；钱宏：《捻军》，载于《太平天国革命运动论文集》，北京，1950年，第132—135页）。为了达到这个目的，他们通常使用与中兴时期的赞美者相雷同的语句，这是毫无意义的，这些赞美者对已经得到公认的欺压百姓现象并不感兴趣，而对消除它们的切实努力更感兴趣。

表示相信一门学说，那么，这门学说可以更加确定无误地成为一个时代的民族精神的关键，尽管这门学说也会产生一系列的过错，但瑕不掩瑜，人们宁愿相信这门学说是一个时代的民族精神的关键。(注41) 清政府最终未能赢得民众对其军队的持久拥护，此情况的确属实。但同样属实的是，中兴时期的领导者已经认识到这个问题的严重程度，为解决这个问题，付出了艰苦卓绝而又充满智慧的努力。虽然这些努力不可能一劳永逸地挽救旧秩序，但它们的的确确削弱了民众对叛军的拥护，并使得国内秩序恢复期和稳定期的出现成为可能。

复兴绿营的失败

尽管中兴时期的军事史主要就是一部关于采用湘军模式组建的新型军队的历史，但是，那些对旧式军队产生影响的改革计划也值得简要提及。八旗军发展到中兴时期以后，已经被公认为一支老迈无能、不合时宜的军队。有人提建议，将八旗军逐渐化整为零、解除武装，使之被吸纳进平民生活，而不应恢复其曾经拥有的作战部队职能。[1] 可是，对于由汉人构成的绿营部队，清政府却是参照着近代化国防军的标准，为实现其重建目标作出了一番努力。如前文所述，湘军等新型的地方化军队直接归其将领指挥，故而只是间接地，甚至

1　见第四章。

是若即若离地听命于朝廷。[1]在这种情况下,朝廷很自然地想到试图通过重新恢复那些归兵部直接指挥的朝廷军队的作战实力的办法,以便形成对那些新型地方化军队的制衡。

1864年南京被收复以后,首都和各省的一些官员纷纷上奏,催促朝廷下令逐步遣散类似于"勇"这样的地方武装,其中如果有愿意重新注册参军的,可以在经过改革的朝廷军队里登记应征。曾国藩亲自采取主动措施,立即遣散了他自己创建的湘军。如果说这一措施在某种程度上是曾国藩迫于朝廷压力而施展的一个政治手腕,那么,现有证据却表明,这也是他为了支持清政府而做出的颇具政治家风范的实际行动,同时,这也符合他自己的政治原则。[注42]

然而,尽管曾国藩及其同僚们均以官方名义为复兴绿营的举措提供了大力支持,但他们却都怀疑这种努力能否获得预期的结果。复兴绿营之路面临着诸多困难,这些困难都将成为改革的阻碍。绿营的士气依旧低落,军费供应依旧是入不敷出,贪污腐化之风盛行,冒名顶替吃空饷现象仍屡禁不止。儒家思想灌输及训练的一系列方法虽然在"勇"字号的地方武装中成效显著,可是,这些方法一旦被运用到绿营以后,除了直隶驻军,其余的绿营部队均收效甚微。[注43]时隔30年后,又有一代改革家成长了起来,他们仍然指责绿营是国家的累赘,为了给

---

[1] 后来,康有为通过列举中兴时期的大量事例来确立自己的观点,即通常身兼内阁大学士之职的总督,拥有超越中央政府行政部门的职权,兵部尚书往往只知道理论上归他调遣的常备军数量,却对部队的实际员额及其部署情况一无所知(摘自《康南海文钞》,上海,1916年出版,第4册,第32—43页)。

他们提供军费，清政府耗尽了民脂民膏，反过来却没得到任何可靠的保护。(注44)

团练

中兴时期的清政府势必也要采取一定措施，用于恢复团练系统的战斗力，因为团练不仅是传统观念所认可的，[1]而且在许多人看来，这么做还可以满足当前时局的需要。按照古代中国的理想状态(至少是按照中兴时期的眼光)看，兵与民一直都是统一的，农民可以武装自己、保卫他们的家园。因此不需要保留规模庞大的常备军。(注45)就实际情况而言，一套完善的团练制度既可以节约资金，又能加强对地方的管控。而且，采取团练制度可以通过确保在偏远地区持续保持武装部队的存在，从而解决令清政府倍感棘手的交通运输问题，比如在偏僻的甘肃，往往难以将部队和给养运送到那里。(注46)

出于上述这些原因，赫德与中兴时期中国各行各业的规划

---

1 据史学家雷海宗所述，民团中兵民身份的丧失，是中国自东汉以来历史衰落的关键。在他看来，在春秋和汉代之间，军民本是分不开的，现在却先分化后对立。中国的历史发展陷于被动，受到自然灾害、人口增长和外部攻击的压力。因此，中国历史上不可能有长远的发展，只有秩序与混乱的波动周期和对外国军队的临时使用。只有在隋唐时期的第一个伟大世纪，才出现了真正的募兵制，从而实现了真正的民族复兴。王安石是为数不多的能够理解中国的唯一希望寄托在由人民（特别是文人）发起的军队重建的人物之一（见雷海宗所著《中国的兵》，载于《社会科学杂志》，第1卷，1935年第1期，第1—47页。还可参阅雷海宗所著《无兵的文化》，载于《社会科学杂志》，第1卷，1936年第4期，第1005—1030页。这两篇文章均被转载于他所著的《中国文化与中国的兵》，长沙，1940年出版）。

不必对术语吹毛求疵，应该注意到，清朝的史官们有时会发现，19世纪团练的前身并非在古代，而是出现在公元8世纪镇压安禄山起兵叛乱之时（见编者在论述团练这一章时所作的序言，载于《皇朝续文献通考》，第9617页）。

者们一道，敦促朝廷推广团练制度。(注47)尽管社会各界都付出了广泛的努力，(注48)但其中大多数均以惨淡的失败而告终；现实与希望背道而驰，团练组织一经成立，当地的资金和民众的拥护却并没有如期而至。曾国藩在湖南兴办团练所取得的成功仅是一个例外情况，而不是普遍现象。曾本人也开始认识到团练制度缺乏可行性，而且极不明智，一旦推广就会给民众头顶压上沉重的负担，极易成为乡绅手里滥用并为其谋取私利的工具。(注49)除此之外，绿营与团练时常发生冲突，彼此之间的矛盾日趋严重和激化。(注50)

人们有时会误把湘军和其他中兴时期的新型军队与地方的团练当成同一种军队。在细致研究的基础上，罗尔纲重点批驳了曾国藩用团练去镇压太平天国起义军的观点——湘军就是湖南的团练。(注51)其实，随着湘军的发展壮大，湘乡地区的团练已经逐渐消亡了。

在提高部队士气和争取民众支持方面，中兴时期的军事领导者确实取得了成功，但是，这一成功是通过组建可以接受思想灌输的地方性军队，并使它们实际上听命于朝廷而取得的。团练制度的推广，既是一项区别于创建湘军等新型军队的辅助性的军事改革计划，也是一项失败的计划。无论是中兴时期的清政府，还是它的后续接班人，都未能通过将地方团练纳入保甲制度，从而以较低的成本确保每一座村庄免遭"匪"患。[1]

---

1 见第七章。

中央的军事管理[1]

兵部自从太平天国运动以后,便再也不能对大清国的重大军事活动实施直接指挥了。[注52] 随着以地方势力为基础组建的军队逐渐成为掌控时局的军事力量,各省都越发不愿向别的省提供人力、财力方面的支援。各省之间即使存在着相互合作的愿望,却往往找不到具体的合作办法。

在发现大清国旧式军队已再无重振雄风的可能性之后,朝廷便专注于夺取对全国军队的实际管辖权,而不再拘泥于形式上的管理。这种想法一点儿都不荒唐,其构想是,依靠"人才"和一系列调整措施的修修补补。各种情况都表明,省里地方化军队中的那些出身于儒生的将领应该会不由自主地把全国军事形势作通盘考虑,而且他们当中的一些人确实是这样做的。又一代人成长起来后,改良派思想家康有为坚持认为,只有胡林翼能够做到不受地方利益的束缚,真正代表国家利益,[2]但康有为却致力于实现更为紧密的中央集权,并为此奔走呼号。对于中兴时期的重要军事改革事业,一份相对比较客观冷静的回顾性评论文章认为,地方将领代表整体利益的个体行为,虽不能弥补中央集权的缺失,但他们却足以使许多大规模、密切协同

---

1 关于作为国家总体财经政策的一个方面的军费开支问题,见第八章。

2 在康有为看来,"总的来说,这些督抚大员们都认为保护他们自己负责的这块领土,才是自己的任务,而对于超越他们所负责领土以外的事情,他们不负任何责任。对此,他们没有多加考虑。对于国家的总体局势,他们不会积极主动地考虑采取预先防范措施"(见《康南海官制议》,出版地点及时间均不详,第6—9页)。

的军事战役成为可能。

然而,清政府试图建立一套合理的军事管理制度的努力,却遭遇了最终被事实证明无法克服的困难。[注53]最大的困难,是中兴时期的领导者竭尽全力想要保持其稳定、停滞不前和失去扩张性的中国经济。甚至是在中兴时期引进造价昂贵的新式武器之前,军费开支在中国农业经济总收入中所占的比重一直都是很高的。供养一名骑兵每年就需要拿出700亩地的土地税年收入,[注54]这大概相当于35户农民家庭的全部家产。而供养现代化的军队,将需要国家拿出更多的资金,如此高昂的资金投入,这是一个稳定的农业经济所无法提供的。

这样一来,清政府在紧急情况下所能想到的通常措施,只能是命令那些自称本省财政尚有盈余的省份,向那些在财政出现赤字的省份境内作战的军队提供资金支持。然而,经过多年内战之后,全国几乎再也找不到经济繁荣的地区了,那些靠东拼西凑本应积攒起来的各省援助物资,由于受到拙劣的交通运输系统的影响,大部分均已在运输途中损耗殆尽了。各省援助的物资中,不仅有银条银锭,还有粮食谷物,它们均需要经过路途极其遥远的运输环节才能抵达目的地。[注55]最终能够运抵前线的援助物资,通常都会出现短缺现象,而且在物资分发调配环节,也会出现混乱。[注56]据说,两江总督马新贻奉命向正在西北剿匪的左宗棠运送5万两白银,有6个省奉命给担负剿捻任务的淮军主帅李鸿章运送100万两白银,[注57]对于这种效率低下的军费保障制度,任何一方都不会感到满意。

一些敢于负责的官员对于军费供应的重要意义有着清醒认识，(注58)并且承认目前的保障制度在其执行过程中的确存在问题。冯桂芬等理论家指出，必须全面掌握军费开支情况，使之成为合理制定经费预算的前提条件。(注59)于是，朝廷于1862年（同治元年）命令全国所有部队每季度向兵部报告一次军费开支使用情况。(注60)1864年，军机处与户部联合发文，要求各省向朝廷汇报财务账目。(注61)朝廷于1867年和1868年先后两次连续下达谕令，一再要求各地全面汇报军费开支情况，并且要开展实地调查。(注62)然而，冯桂芬的方案虽然从理论上看值得称赞，却没有现实意义，朝廷提出的各项命令被各地置若罔闻。在为期8年的过程中，只有两个省——湖北和四川——做到了定期向朝廷汇报军费开支情况。(注63)

相信只要军费供应充足捻军就不会进犯直隶的曾国藩，制定了一套更适合于当前形势的军费供应计划。该计划最具有代表性的一点是，提出了"依据时局作出相应调整"，以达成"变弱为强"之目的。他写道，在当前混乱的军费供应制度下，差不多每个省都要负责为保障几乎所有其他省份的军费开支而捐献钱款。他极力主张，设立具体的"基地"，使之单独且全权负责某一特定军事地区的军费供应。他建议将长江上游地区指定为江南地区的军费供应基地，指定四川为云南的基地，湖南为贵州的基地，等等。(注64)

在对职责体系混乱不清的问题进行口诛笔伐时，曾国藩抨击了中国所有管理机构都普遍存在的一个重点薄弱环节，而从其他方面看，他制订的计划也不失为当时的一个好计划。这项计划还没等到经受一次适当的实践检验，中兴时期就已经结束了。然而，从长远来看，那些回顾起来似乎很激进的思想观念——比如，扩大经济规模的同时提高税收、国家军事预算以及中央集权领导等——虽然令大清国的统治者感到难以接受，但对整个国家来说却是必要的。

削减军队规模

财政问题与中国军队的规模问题密切相关。(注65)由于资金有限，一支现代化军队就应该把规模控制得小一些。在这个问题上，中兴时期全国上下、社会各界实际上都一致赞同这个观点。左宗棠指出，如果裁掉虚报冒领军饷、毫无战斗力的部队，则剩下来的那些部队就可以得到更加充分的训练了。(注66)与其他官员一样，左宗棠也忽视了维持地方治安职责，据推测，这项职责每年占用了相当多的朝廷军队。赫德在他于1865年递交给中国政府的那份著名的备忘录中，[1]建议维持一支员额为9万人的训练有素的军队——这样平均下来，每省的驻军人数为5000人——与当时训练水平参差不齐、编制人数高达百万之众的朝廷军队相比，规模削减之后的军队将会产生更强的战斗力和更高的经济效益。(注67)朝廷

---

1 见第十一章。

要求高级官员就这份备忘录发表自己的评论意见，官员们虽然在细节方面存在一些保留性意见，但总体上都对赫德表示了赞同。(注68)

冯桂芬认为把军队规模控制在30万—40万就足以适应国家需要，他指出，英国和法国仅凭借规模较小的常备军就达到了成为世界列强的目标。(注69)文祥也极力主张训练一支规模更小、效能更强的军队。在对自己指挥1866年平定南满战役的实战经验进行总结的基础上，文祥得出一个结论：训练有素的2000人军队能打败一支拥有3万兵力的叛军。他把以往作战失利的原因，归结为军官在有效处理组织、训练和士气问题上存在的失职现象。(注70)

御史王凯泰指出，政府当初斥资数十亿用于复兴绿营，然而未能收到任何成效，如今仅凭目前的有限资金，更不可能把数量如此巨大的士兵全部培训成合格的战士。因为他们的收入太少，无力负担他们的家庭，那些编制在所谓练军里面的士兵，他们把更多的时间用于维持生计而不是用于军事训练。王凯泰还围绕减少部队数量、增加薪饷以及重组练军等问题制订出了详细的方案。(注71)

清政府采纳了关于削减武装部队总体规模的方案，将其作为一项政策实施，但是，在政策的执行过程中，还存在三个主要问题：(1)迅速减少仍然存在战乱地区的部队数量，这是一件很危险的事情；(2)在那些仍然还在打仗的地区，急速地裁减部队是很危险的；(3)遣散返乡的部队士兵在农村地区游手好闲，这会给公共秩序带来威胁。(注72)然而，随着战乱逐步平定，李鸿章终于可以在1864年（同治三年）将其驻扎在江苏的6万军队中的一半予以遣散。驻扎在广东的部分军队，于1868年初被集体裁撤。(注73)与此同时，闽浙总督英桂奉命将其驻扎在浙江的3.5万人部队之中的1.3万人予以遣散，并提高了剩余部队的薪饷水平。(注74)直隶总督官文于1868年5月否决了一项关于裁撤6支战斗力低下的直隶驻军、将节余下来的经费用于保障战斗力水平较高的部队的提议。(注75)然而，他的否决只能起到一个缓期执行的作用，朝廷颁布的第二道谕令，明确重申了要尽快缩减全军部队规模的原则。(注76)

如何防止被遣散的部队引起地方骚乱，这是一个更加难以处理的问题。在某些情况下，似乎不值得去冒裁军这个险。例如，1865年，湘军名将鲍超所部被遣散的士兵在长江流域的部分地区制造了当地社会治安的紧张局势，当同样的问题于1867年再度发生时，朝廷决定将鲍超所部霆军[1]30营予以解散并编入其他部队，而不打算再去冒险制造出一个类似于日本浪人式的部队。(注77)无论在何种情况下，只要大规模的部队已经被遣散，就必须对社会局势保持警惕。(注78)

为了帮助退伍士兵重新回到和平生活中去，清政府仍然要采取一些重大举措。直隶总督崇厚制订的着眼于实现此目标的

---

1 咸丰六年（公元1856年）八月，湖北巡抚胡林翼认为鲍超是极难得的将才，将鲍超的别号"春亭"改为"春霆"，取如雷如霆之意，使其名实相符。他委派鲍超赴长沙募勇，是年十二月新军练成，是为"霆军"。——编者注

计划在当时非常值得注意。[注79] 在淮军取得针对捻军作战的胜利之后，山东也采取了相似的举措。[注80] 山东巡抚丁宝桢命令那些原籍在山东的退伍兵返乡重操旧业，继续从事他们作为农民、工匠、商人的老本行，通过保甲制度作出具体安排，确保当地不出现游手好闲者制造麻烦。他还请示朝廷给予拨款，为那些原籍在外省的退伍兵提供返乡路费。[注81] 其中受到最广泛赞誉的著名成功范例，当属曾国藩对曾经平定长江下游地区的大部队所实施的集中遣散。曾国藩制订并执行了一项计划，通过这项计划，那些更容易制造骚乱的士兵被编入新组建的长江水师营，其余士兵都不仅收到了最终发放的薪饷，还在免费、细致的安排之下返回原籍，并且在协助之下，恢复了正常生活。[注82]

武器的现代化

通常来讲，令19世纪60年代的中国官员拼命抵制的，仅仅是那种似乎能引发社会变革的技术革新。他们当中的所有人实际上都愿意承认，使用西式风格的坚船利炮的确可以赢得战场上的优势地位。那些提倡制造现代武器装备的奏折，反复强调军火制造业仅仅是一门中国人能够学会的手艺而已。[注83] 清政府在很早以前就成立了一个火药局（隶属于工部）[注84] 和其他的一些与之相类似的机构，专门用于从事军事装备的生产制造，采用引进效率更高的西方制造方法仅仅是一种技术改进。

中国人最早对西方武器产生兴趣的，是19世纪40年代的少数普通民众和地方官,他们努力想把这些经过改进的武器引入国内,却得不到清政府高层领导的有力支持。在道光时期的朝廷及官僚阶层看来,生产制造西式武器要花很多钱,还会危及既得利益。咸丰时期的中国政府,甚至变得更加保守和顽固。然而,中国人对于西方武器的兴趣始终都没有彻底泯灭。直至19世纪60年代初期,由于与国内外对手作战同时失利的教训,这种兴趣便开始急剧复苏。[注85]

19世纪60年代军备发展计划的一个重要的新生力量,便是这些对西式武器保持着持久兴趣的朝廷大员和地方官。全国各地蓬勃兴起的各类武器发展项目,恭亲王和文祥都满怀热情地给予了支持。[注86]对社会、政治及经济重建工作的重要意义有着深刻理解的左宗棠认为:"从立足于紧迫形势这个角度考虑问题,铸造枪炮这项工作应当放在第一位;接下来,才依次是疏浚河道、钻探矿井和制作羊毛服装。"[注87]即便是认为战争的胜负取决于人而不是武器的曾国藩,也为实现武器装备的现代化而竭尽所能。

清政府在自强运动中,把主要侧重点放在了发展造船厂和兵工厂上,有了造船厂和兵工厂,中国人就可以造出属于自己的武器了。对于外国政府提出向中国赠予或出售武器的做法,清政府一直持有怀疑态度。

一、现代海军的开端

彼时,西方轮船曾被用来载运湘军(从安庆出发穿越太平军设在江面上的防线,最终抵达上海),从那时起,现代舰船的重要性就被中央及地方政府的权威人士认清。(注88) 起初,清政府使用的许多轮船都是从国外租赁或购买来的,但是,下文将要提到的阿思本舰队事件,使中国人确立了下决心自力更生制造本国轮船的发展思路。

早在1861年,曾国藩就相信中国可在一两年之内成功引进轮船,(注89) 事实证明,曾国藩关于此事的乐观看法是缺乏依据的。但是即便如此,19世纪60年代依然是中国现代海军发展史上最有希望的10年。(注90) 当然,彼时的中国海军装备落后,直到1868年以后还主要是由武装帆船和舢板构成,但在中兴时期开始后与太平军及海盗的数次较量中,这支简陋的船队却被证明是作用巨大的。这支船队曾在荆州将军都兴阿的指挥下,成功地阻挡住了太平军李秀成部向吴淞口的进犯,还曾在都兴阿与曾国藩的指挥下,成功地遏制了太平军从南京渡江袭击长江北岸的据点。(注91)

更正规的长江水师于1865年夏季正式组建,水师由6名高级军官、798名下级军官和1.2万名登记入伍的士兵组成。每年经费预算为6000多万两白银,由长江流域的厘金局负责保障。湘军水师提督彭玉麟和湘军统帅曾国藩为长江水师制定了一系列管理条令、条例。(注92) 其中的大多数军官皆由曾国藩亲自选拔任命,但对于其他高级地方官员的任命,则需要经过军机处的提名和推荐。在长江水师的发展问题上,曾国藩面临的主要困难是缺少年富力强的海军军官,以及地方政权当局对陆军的过分倚重。(注93)

二、江南制造局

江南制造局(注94)正式成立于1865年,是中国发展现代武器制造业而采取的许多次努力中给人留下印象最深刻的一次。同治时期,它不仅是东亚地区首屈一指的兵工厂,而且是全世界规模最大的兵工厂之一,该兵工厂发展到1870年的时候,中国似乎已经有望赶上西方国家的武器制造水平。然而这样的前景和目标,中国未能实现过。1870年后,由于始终未能超越1870年江南制造局制造水平的中国,灾难性地被西方国家及日本甩在了后面。(注95)

江南制造局的历史,发端于曾国藩1863年开设安庆兵工厂时的失败尝试。时隔数月后,李鸿章轻而易举地说服了总理衙门,使其相信有必要在长江下游地区兴办一家世界一流的兵工厂。(注96)李鸿章亲自去上海物色可以教会中国人制造及使用武器的外国专家,以便实现"将外国人的特殊技能变成中国的特殊技能"。(注97)

外国人的详细报道是能够证明江南制造局高效生产的最有说服力的素材。这些外国人现场考察过江南制造局的成就,并且可以确信无疑的是,他们从一开始就没有对中国人的特长怀有任何偏见。1866年,外国人是这样描写李鸿章的,他拥有"巨大的弹药库",以及"数量巨大的"步枪和火炮,"其兵工厂若论规模程度,可以与欧洲最强大国家的兵工厂相匹敌"。在江南制造局落成仅仅两年之后的1867年,《北华捷报》如此评论道:"这里目前生产效率很高,车间里可以造出军队需要的一切工具器材和机械装置。"1868年，中国人建造的第一艘具有现代风格的军舰在这里成功下水，其余军舰的建造也在计划之中。(注98)

无论是在开放政策方面还是在技术方面，江南制造局都体现出高度的创新能力。其翻译局和语言学堂的译作成果举世闻名。据现在的一位中国著名科学家的见解，江南制造局的译作质量超过了此后半个世纪之内中国翻译的所有外文著作。每到一个机器加工车间，都可以看到年轻的满族工人正在学习操作机械设备。(注99)中国的车间主任被外国人刻画成能力出众、训练有素的形象。300名中国员工每人的薪水，是当时农民及苦力劳工的4～8倍，每月薪水都可以直接发到他们的个人手中，他们每天工作8小时。(注100)

三、福州船政局

福州船政局的发展成就，是可以证明中兴时期中国有能力尽快解决本国在建设一支现代化陆、海军时所遇到的纯技术问题的又一例证。船厂的创建者是时任闽浙总督的左宗棠，之所以要创建福州船政局，这既与左宗棠的地区重建计划有关，也是他所制订的加强沿海防御总体计划中的一部分。(注101)创建之初，共开设了两门学习课程：工程技术及法语、航海技术及英语。1873年(同治十二年)，福州船政局的主管建议扩大课程范围，授课内容包括化学、冶金学和国际法。(注102)在中国人未能掌握培训内容之前，左宗棠也是愿意聘用外国人的，但他强调要重视培训中国员工，以便尽快取代外国人。

当左宗棠离开闽浙总督岗位赴西北地区指挥平乱行动后，[1]福州船政局的领导职务便由沈葆桢接替。朝廷之所以选择沈葆桢来担任总理船政大臣，不仅是因为他的能力众所公认，还因为他作为福建乡绅阶层的一员，易于争取到地方势力的合作。福州船政局提调周开锡和左宗棠的法国门徒普罗斯珀·日意格成为沈葆桢的助手。[注103] 在沈葆桢任职期间（1867—1874年），福州船政局的进步和前景都是显著的，共计建造了15艘舰艇，还培养了一大批才能出众的年轻人。[注104] 在这批早期学生中，涌现出了具有巨大影响力的翻译家严复。法国人日意格似乎有更充分的理由对这批学生的前途作出预测：

> 他们必定将会在几年之后成为中国的工程师及部门管理者，有能力去执行各种类型轮船以及国家所需要的各种款式发动机的建造计划，他们当中的一部分人，也必将成为与其他各国海军军官一样拥有丰富海战经验的海军军官。[注105]

一位来自大英博物馆的观察员对这种以损害基础科学

---

1 见第六章。

研究为代价、片面强调应用科学的办学方针深感遗憾,但在报道中,他却这样写道:

> 在这里,大约有300名中国年轻人正在学习航海技术和力学知识,负责指导他们教学的,是六七十名教师、技工等,其中多数均来自法国。一位领半薪的英国海军军官负责主管航海学校,迄今为止,他成功地培养了众多学生,这些学生满足了为沿海地区受雇于中国政府的轮船提供优质高效的本地乘务组及轮机手的人才需求。已有几艘搭载火炮的运输船和炮艇从船坞成功地下水试航了,其余在建船艇也正以很快的进度,迅速接近建造的收尾阶段。以前从国外雇来的几艘轮船,用于向华北地区运送朝廷的贡米,尽管它们均由中国本地人负责操纵和指挥,但值得注意的是,到目前为止,这些轮船还从未发生过任何意外事故。(注106)

1874年以后,就像中兴时期涌现出的其他大多数时代产物一样,福州船政局也逐渐走向了衰败。对于福州船政局,一些反对意见表现得很活跃,后来,张之洞指责这些持反对意见的思想保守的文人士子以造谣诽谤的卑劣手段,蓄意破坏福州船政局的建设和发展。(注107)但是,福州船政局面临的主要困难,似乎还是因为它失去了一个富有积极进取精神的领导层，以及社会各界对它持有的普遍冷漠态度。^(注108)福州船政局在创建阶段，靠的是左宗棠的勇气和创造力；在运行阶段，沈葆桢凭借的是自己的坚忍和个人威望。而在沈葆桢之后，接替他担任福州船政局主管的人，既要服从省级官僚的领导，又缺少足够的社会地位。他们提出的资金拨款请求得不到重视，几乎无法争取到其他省份提供的任何合作。随着西方军舰的结构设计变得日益精巧、复杂，造船费用攀升，中兴时期之后的朝廷缺少为持续发展造船事业提供资金支持的坚定决心和能力。^(注109)

江南制造局和福州船政局，是在一个总体大趋势下出现的两个尤为显著的成功典范。左宗棠在遥远的西北地区率部制造武器，他也曾因此闻名于世。天津兵工厂在天津道台的管理之下投产运营，该厂雇用了2000名工人，其中包括一些外国人，以及从中国东南地区招募来的许多手艺人。根据当时一位中国人的描述，"机器噪声轰鸣，方圆数公里都能听见"。^(注110)其余兵工厂在杭州等地相继建立起来。^(注111)

四、接受外军操练

训练中国军队学会使用新式武器是现代化改革计划中的一个必不可少的组成部分。无论是在中国的通商口岸，还是个别内地省份，推广训练计划的实践都可以证明，中国农民能在很短的时间内被训练成为优秀的现代士兵。直隶总督崇厚在天津推行的训练计划，收到了值得称赞的效果。^(注112)

行动机敏、装备精良的神机营，除了能够迅速扑向直隶境内任意一处发生骚乱的地区，还被打造成保卫北京、南满以及帝宫陵寝的重要力量。(注113)即便是像云南、贵州这样的深远内地，驻扎在那里的中国军队也从1861年起接受一位名叫威廉·麦士尼的外国人组织的军事操练。(注114)

改进战术是中兴时期改革计划中的一部分，战术改进的方针，主要是基于清朝及蒙古军队的固有模式，而不是基于西方军队的模式。以往经验已经证明，部队的快速机动能力亟待提高，因此，骑兵部队的编制规模得到了显著扩充。东北骑兵部队组建完毕，并被运用于中国本土之内的各个区域。与此同时，中国国内的许多将领也开始发展他们自己的骑兵部队。(注115)

既有天赋异禀的伟大将领，又有保持警惕的军队、充满希望的武器工业，还有一套非常值得称道的训练计划，中国的新式军队只缺少一个基本条件：一支能够常备不懈地完成现代战争职责的军官队伍。由于只能依靠这一代人当中的杰出领导者，一旦这些领导者纷纷辞世，中国的新式军队就会土崩瓦解。

中国人对外国军事援助的态度

尽管对所有外国提供的军事援助都持有怀疑态度，但同治时期的官员还是能够分清哪一项援助是由中国政府控制的，哪一项援助是由外国政府控制的，而后者则被视为一种对中国的军事干涉。在建起自己的兵工厂并培训出自己的军官和部队之前，作为临时措施，中国官员愿意雇用以个体形式应聘的外国人，也愿意接收外国造的武器装备，但特别设置了一个前提条件，即这种临时援助应当处于中国人的严格监管之下。

一、雇佣外国军官

关于雇佣外国人这种事，中国人的态度既清晰明朗又坚持一贯。外国的军官或技术专家必须接受中国给他任命的职位，并且只对清政府负责。而且，他除了必须在这个循规蹈矩的官僚体制内获得一个适当职位以外，不能指望得到一个特殊的社会地位。[注116]

常胜军领队美国人华尔在中国的职业经历就是一个很好的范例。他曾被授予过中国的军衔，因而被清政府当作是一名已经把个人身份转变为中国臣民，且接受省级军事长官领导的外籍军官。他在战场上多次取得令人瞩目的胜利，也接受了中国风格的丰厚奖赏。尽管如此，清政府仍旧对他心怀疑惧，一再提醒省级官员盯紧他，防止他在中国捞取过多的权势和威望。[注117]

当华尔于1862年被太平军击毙时，另一位名叫亨利·安德烈·白齐文的美国军官得到中国人的赞赏，原因在于他不仅打过多场胜仗，还向上级报告他愿意成为中国臣民。[注118]

接替华尔指挥常胜军的白齐文,后来却公然藐视中国政府当局,并加入了太平军,李鸿章下令将其逮捕——罪名是谋反。从外国人的角度来看,尽管白齐文自己几乎没有得到任何外国人的支持,但李鸿章的做法却威胁到了治外法权原则。从中国人的角度来看,这是涉及国家主权和对外来军事进步工具实施控制的权力问题。(注119)

一位名叫查尔斯·乔治的英国人,曾被称为"中国的戈登",此人就是1885年战死于喀土穆的著名的戈登将军,他似乎最接近清政府雇用外籍军官的标准,这或许是因为他缺少其他外籍军官所固有的自由骑士一般的冒险家气质,而且更能让中国人相信他是一个坚定支持清政府事业的人。1863年初,自从他被李鸿章任命为常胜军的指挥官之后,戈登率部在战场上取得了一系列胜利,在1863年12月收复苏州的战役中,他为李鸿章提供了带有决定性意义的支援,这也使他的个人战功达到了顶峰。李鸿章写给朝廷的奏告,对戈登赞誉有加,戈登因此得到了皇帝的褒奖,还被赏赐了1万两白银。(注120)对此,英国驻华公使卜鲁斯清楚无误地向本国政府作了汇报:"恭亲王和他的那些供职于总理衙门的幕僚们,在提到他(戈登)的名字时,总是会毫无矫揉造作地流露出亲切的美好祝愿。"(注121)

利用一名像戈登这样的外籍军官为自己做事,中国人会遇到一些问题,问题的根源不仅来自国家主权,还源于中、英两国在行为准则方面存在着的差异。戈登通过事先向太平军首领承诺如其投降可保证其生命安全，并因此促成了苏州城内太平军投降。可是，当这些太平军首领投降以后，李鸿章却将他们从速处决，因为他们作为太平天国起义的思想领袖，很难通过再教育确保他们"改邪归正"。尽管戈登事先承诺的动机或许掺杂了个人目的，但他认为自己说出去的诺言，成了毫无原则的中国机会主义的牺牲品。对中国人来说，每条原则都要求把太平军首领斩草除根，戈登只不过是一个按照难以理解、不合逻辑的外国方式办事的顽固分子。

在这种情况下，中国人通过运用"哄诱"的手法，开始对戈登施以控制，在相对次要的问题上，给他自由处置权，但凡涉及重要问题，便对他实施严格监管。(注122)总理衙门充分展现外交技巧与英国公使展开斡旋，巧妙地避免了由于此事而产生的不利影响。(注123)清政府安排了海关总税务司赫德与戈登会面，由赫德向戈登解释了中英两国人对于军人信誉这个概念存在着认识上的差异。由于对其的"哄诱"大获成功，戈登回到了自己的工作岗位。常州被收复以后，更多荣誉聚集到戈登的头上，包括一件御赐黄马褂和提督之衔。(注124)

另有一些西方军官也接受了中国的委任，并且为中国的军事发展作出了贡献，他们是德克碑、日意格、勒伯勒东、罗德里克·迪尤、卜罗德等。(注125)倘若他们能适当保持谦逊和听话，他们的业绩就会得到清政府的充分认可。(注126)随着受委任的外籍军官人数的逐渐增多，清政府设计了一种特制的奖章，其图案为"双龙宝星"，以此作为对他们的赏赐，据

推测，这么做的目的是以勋章代替军衔，避免把过多的中国军衔授予这些外国人。(注127)

与雇用外国陆军军官时的情况一样，在兵工厂和造船厂里雇用外国的技术专家，也会遇到相同的问题。在中国人眼里，外国人提供的任何技术都不值得清政府在国家主权问题上作出稍许的让步。这些外国人是清政府的雇员，只要聪明能干的中国人被培养出来，他们就会在军事现代化的改革计划中失去其作用。左宗棠、沈葆桢的门徒日意格，李鸿章的门徒马格里，都是外国专家努力使自己适应中国需求的杰出典范。左宗棠在奏折中提到日意格时，采用的是一种惊人般不拘礼节的友好语气，而沈葆桢后来也努力使日意格的工作得到清政府的认可。(注128)马格里完全应该得到李鸿章对他的信任，而李鸿章也确实对他信任有加。(注129)

马格里和日意格在中国的身份并不仅仅是技术专家。在中国高级官员的手下供职并为其出力效劳，这令他们声名鹊起。李鸿章甚至发展到让马格里充当自己的代理人，在他离开省里的这段时间，由马格里代为处理与南京当地行政官员之间的合作事宜，以便解决因李鸿章不在省里而可能出现的任何国际问题。(注130)这些外国人，以及与他们相类似的其他外国人，都有能力扩展其声望和影响力，因为他们并不认为这是一种权力。

总的来说，对于外国人受雇于中国政府这种事，英国官方和国内舆论都赞同中国提出的保持外国人适当身份和地位的观点。阿礼国写道:"中国人不愿以门徒的身份与外国人打交道,因为彼此都受到各自国家政府的保护,他们这么做是对的。"他主张,只有在外国人的政府保持克制、不干涉中国任何事务的情况下,外国人才能帮助中国实现现代化。(注131)对此,英国国内舆论也表示赞同。在讨论到英国的海外公民时,《经济学家》报的观点是:"我们的政府绝不应通过外交干预手段,保护他们触犯其定居国的法律,或去抵制其受雇国政府的法令及司法程序。"(注132)

寓居中国的外国侨民则总体持有不同观点。《北华捷报》载文称,清政府的外籍雇员要想取得成就,他们就必须摆脱中国官员的控制,否则的话,在中国官僚体制的重压之下,他们的技能将会彻底受到束缚,根本无处发挥,"由于中国人把帝国主义者与叛乱者等同视之,一个欧洲人在中国鲜有机会施展自身的价值,因为中国人太喜欢指手画脚,并告诉雇佣者怎样有选择地传授课程"。(注133)

二、采购外国武器

在国产武器实现充足供应之前,中国人对于外国武器的需求一直非常迫切。欧洲把克里米亚战争剩余的武器卖给饱受战火蹂躏的中国(以及同样遭受战争破坏的美国),以牟取暴利。按照经过改进之后的欧洲武器装备制作标准,这些卖给中国的武器中的绝大部分,都属于过时的老旧装备。(注134)而中国人需要考虑的问题是,如何在不必冒政治风险的前提下得到这批武器。原计划于1861—1862年在蒙古与西伯利亚交界处的恰克图地区培训中国部队使用这批从俄国进口的武器,当接到清朝驻库伦的外交代表所谓俄国有可能对恰克图周边地区过度施加政治影响的报告后,培训地点便由恰克图转移到了北京。(注135)

阿思本舰队事件(注136)充分说明中国在对外军购问题上所持的立场。1862年初,随着宁波、杭州相继落入太平军之手,朝廷紧急下达了一连串的谕令,命令总理衙门和长江流域地区官员要把去年夏天与赫德之间的那场初步讨论继续跟进下去,探讨采购外国军舰用于对起义军发动水面进攻的可能性。(注137)为了预先阻止各国公使对清政府的采购计划提出反对意见,朝廷派人向居住在北京的各国公使传达了这份计划。(注138)于是,还在英国请病假休息的大清国海关前任总监李泰国接到通知,奉命使用中国的经费去采购一定数量的海军舰艇,然后在舰艇上配备英国的船员,统一接受谢拉德·阿思本上校的指挥。(注139)

阿思本舰队于1863年抵达中国,这件事戏剧性地提出了一个如何使外国人在中国军事计划中得到最佳运用的基本问题。按照中国人的想法,阿思本应当成为中国军官的副手,他是为了增强中国海军的力量而受雇于中国的,因而不应使中国接受外国人的指挥。(注140)然而,李泰国和阿思本的想法恰恰与此相反,他们认为自己是决策者,不应该仅仅去充当政策的执行者,他们完全不懂自己的职责仅在于为帮助

清政府实现其目标而提供技术服务而已。因此，李泰国最终被解职，而舰队也被解散。(注141)

关于阿思本舰队事件的整个经过，同时代的人给出了不同版本的解读。英国公使对李泰国毫不怀疑，相信他无法容忍这种不可避免而又异常缓慢的劝解过程，因为他的目标是夺取"统揽大英帝国最可靠的税收来源和最高效的行政管理部门的独一无二的领导权"。可是，清政府却马上意识到这个方案的波及范围和影响程度，并把它看作是企图从他们手中夺走管理权力的阴谋诡计。(注142)美国方面赞成这种版本的解读。(注143)

平素看不起中国人的李泰国和阿思本，挑起了一场针对英国驻华公使卜鲁斯的恶毒攻击，其理由是卜鲁斯助长了中国人日益强烈的独立倾向。(注144)同文馆聘请的德国外教方根拔完全把清政府看作一个傀儡，他持一种近乎愚蠢的看法，认为美国曾经策划了针对阿思本的抵制行动，而卜鲁斯却在极力讨好美国。(注145)同文馆总教习丁韪良得出一个毫无洞察力的结论，认为既然阿思本舰队为中国提供了开展科学研究的广阔前景，而清政府却下令将其打发走，这是一项"历史退步的决定"。(注146)《北华捷报》虽然勉强承认清政府拒绝阿思本舰队是在其主权范围之内作出的决定，但对这项决定表示了遗憾，认为中国此举看起来"像是一次针对当前外国系统干预的猛然回击"，(注147)当然事实也果真如此。

根据对这起事件的回忆，似乎很清楚的是，中国的京官和地方官"之所以集体抵制阿思本舰队，并非因为它是遭到中国人憎恨的外国工具，而是因为遭到中国人憎恨的外国人想要保持对它的控制"。(注148)

三、外国势力代表清政府实施的干预

虽然合作政策[1]的签署导致了外国政府为清政府提供军事援助，但是，清政府却并不准备长期、主动地接受这种援助，而且即使接受，其适用范围也仅仅局限在"偏远的角落"。一种观点认为，清政府为了挽救清朝的命运，愿意出卖这个国家，然而尚未找到任何能够为这种观点提供支持的历史文献。朝廷一道接着一道的谕令都在重申，虽然外国军队可以给上海提供暂时援助，但由于上海"静静地躺在海边的一个角落"，最值得信赖的只能是中国自己的军队。(注149)在中国人看来，可以允许英、法两国军队在长江下游流域帮助清军与太平军作战，但是，必须始终牢记他们在中国领土上的存在对我们国家所构成的严重威胁。(注150)

与处理其他许多问题时的表现一样，只有曾国藩能够针对接收外国军事援助时所涉及的风险问题写出最具有洞察力的分析报告。他在1860年12月写给朝廷的一份奏折中这样说道："自古外夷之助中国，成功之后，每多意外要求。"(注151)他极力反对动用外国军队参与苏州、常州和南京

---

1 见第三章。

等地的收复战役，因为他认为如此安排外国军队将会产生长期的政治风险，这种政治风险极易超出眼前的军事利益。(注152) 曾国藩的观点得到了朝廷众臣的广泛支援，皇帝命令他火速发起收复战役，旨在使英国失去派印度军队出兵援助的借口。(注153)

曾国藩的观点得到了广泛支持。(注154) 诸如袁甲三等一些人的观点比曾的观点更为激进，他们反对使用外国军队，甚至在防守上海期间，仍然反对。袁甲三的理由是，倘若清政府的军队能在内地取胜，也能在上海取胜。而外国人明知清政府正在乘胜追击，他们在这个时候提出援助的请求，纯粹就是为了获得上海租界。(注155)

在使用外国援助的问题上，有些中国人并不那么抵触。江浙一带的某些"乡绅"提出请愿，寻求得到外国人提供的保护。由江苏巡抚薛焕作为他们的代表与英国人进行了谈判。薛焕获准使用外国军队保卫上海，但即使是薛焕本人，也并不想对外国军队作出让步，不想让他们享有在中国领土上自主行动的权力。(注156)

南京的成功收复，不仅标志着太平天国给朝廷所带来的威胁的终结，而且也显然标志着西方的军事干预威胁告一段落。总理衙门提醒英国驻华代理公使威妥玛，既然他和卜鲁斯过去经常敦促中国要基本依靠本国的力量，如今，终于无须让外国提供进一步援助了。总理衙门请威妥玛将中国发生的这一可喜进展通报给目前居住在英国的卜鲁斯，以便使英

国公众能尊重中国。(注157)

就像反对英、法等海上列强国家提供的援助一样，中国人同样也反对俄国提供的援助。1866年，当驻守伊犁的部队为镇压回民事变而请求增派援军时，总理衙门的多位大臣——包括董恂在内——在其自传中这样写道，"绝对不能准许"让沙俄派军队帮助防御伊犁。(注158)在整起事件中，较之回民事变带来的威胁，总理衙门似乎更担心沙俄援军所带来的威胁。(注159)

对捻军作战期间，虽然在某些时候曾有个别外国人提出动用外国军队帮助中国恢复社会秩序的建议，但是，却从未有人提出经过审慎思考的建议。人们普遍认识到，当时各行各业的中国人都坚决反对外国军队进入中国的领土。总理衙门大臣文祥察觉到外国军队的军费开支达到中国军队的两倍之多，因而发出呼吁："战不给费，岂为我用？若无此费，我岂无人？"(注160)曾国藩虽然也承认当年唐朝曾经充分利用过回纥军队，但他指出，这些外军都仅仅是在同中国军队协同作战的情况下才被使用的。曾国藩用了一个巧妙的比喻，概括了中兴时期清政府对于外国干涉问题的态度：一个人把自己写的文章交给他人"修改润色"一下可以，但不能让他人冒名顶替，自己上考场为他考试。(注161)

需要值得特别指出的是，中兴时期的政治家把外国调停战争视为外来干预的一种形式，因此必须拒绝。英国的本国利益要求尽快消灭太平天国，于是，它向清政府提出要求，打算派一支英国海军舰队溯长江而上，到战乱地区宣布大赦，并由英国来主持停战行动。英国代理公使威妥玛邀请军机大臣文祥及其他官员赴英国使馆商讨此事。总理衙门拒绝了英方提议。他们虽然认为停战是众望所归，却坚决要求停战应该由中国政府完全独立自主地宣布。(注162)

有一个观点认为，中兴时期的清政府由于自身软弱可欺，对外不能抵御外侮，对内不能平定内乱，便索性邀请外国列强入侵中国，从而借外国人之手维持了自己的统治。对于这个观点，迄今为止，我们找不到任何与此相关的直接证据。

结论

中兴时期尽管非常短暂，中国却沿着两条军事改革主线，取得了意义非凡的进步：一条主线是，把区域性的军事权力中心转变为清帝国大厦的飞拱；另一条主线是，制造功能完善的武器装备。半个世纪后，让我们共同回顾这段历史，呈现在我们眼前的湘军，是一个"历史的奇迹"，(注163) 而中国在19世纪60年代军事现代化领域内所取得的一系列成就，也表现得同样引人注目。1872年，在沈葆桢手下担任福州船政局总监的日意格曾经这样写道："中国正在迅速地发展成为一个令人生畏的劲敌；整个官僚阶层都下定决心想要恢复中国的国际地位；江南制造局和福州船政局都创造出令人赞叹的产量，中国建造的军舰在不久的将来就会赶超欧洲最高标准；中国军事力量的现状与1860年时的情况相比，已经发生了显著的变化。"(注164)根据伦敦《泰晤士报》发表的一篇关于中兴时期成就的评论文章，中国军队自从1860年就开始经历一场变革，其变革的程度如此之大，以至于此前威妥玛、于克神父等人所作的著名报道现在看来都已经变得无关紧要了。(注165)

在1883—1885年的中法战争中，中国投入的战争物资数量超过法国；在1894—1895年的甲午战争中，中国投入的战争物资数量也超过了日本。两场战争的失利，证明中国仍然缺乏某些远非火力能及的更本质的东西。中国出现的这些按照湘军模式组建起来的新型军队，这些曾被认为能把地方部队发动起来拥护中央政权的武装力量，在经历了初期所取得的辉煌成就之后，最终蜕变为军阀主义势力。

因此，中国军队后来暴露出的弱点，并不是仅仅通过为其提供现代化装备就能治愈的弊病。现代化武器在中国自从有能力制造以来，就早已有之了；中国没有能力做的是有效地运用这些现代化武器。一支现代化军队，再加上一批年富力强的军官群体，将会给社会秩序带来破坏，而他们所扰乱的社会秩序，正是中国新造出来的武器准备去保卫的社会秩序。由于造出的武器没有用武之地（或者说没有得到充分的运用），这种制造武器的生产能力便只能衰退下去。所以说，中国后来所遭受的失败，其根源似乎在于其社会制度不能适应当时的时代发展，在这种情况下，后来在战场上出现的武器匮乏，这只是一种外在表象，而不是导致失败的原因。在需要改革什么这个问题上，清政府的认识是错误的，军事改革计划之所以会失败，就是因为清政府把改革计划建立在这个错误认识的基础上了。

20世纪初期的中国，政治架构分崩离析，出现一系列随时准备宣布独立的军阀割据地区，人们通常把这种分裂局面归咎于中兴时期雄踞一方的各省地方武装趁乱做大做强。诚然，由地方军事力量转变为新型军队，这确实对朝廷构成了潜在威胁，正如前文所述，这些新型军队不可否认地蕴含着军阀主义的种子。然而，这些新型军队最终蜕变为军阀武装，而没有像它们的创建者所构想的那样成为以地方势力为基础的国家军队，这样的结局，无论如何也不能说是在中兴时期就可以预见的历史必然。

有一种说法很容易对民众产生误导，即认为由于这种类型的军队后来是从一个土崩瓦解的中央政权中剥离出来的，这就是19世纪60年代首次创立这种新型军队的最伟大意义之所在。这种谬论没有注意到中兴时期引领地方领导者开展一系列行动的根本目标。他们的志向并非为他们自己谋求领地，而是为了实现儒家秩序的复兴，只是到了后期，当儒家秩序明显已经寿终正寝的时候，这种灾难性的、人人谋求自保的生存态度才成为普遍现象。中兴时期，当旧秩序似乎还大有希望的时候，为了实现这个希望，位高权重的地方领导者曾国藩为所有人树立了榜样，他的工作热情无人能及。

X | THE MODERNIZATION OF CHINA'S SYSTEM OF FOREIGN RELATIONS

第十章 中国对外关系的现代化

清政府在1859—1861年的危机岁月中，所面临的最现实的威胁就是外来侵略。为了化解这个威胁，负责处理外夷事务的政治家必须正视并着手解决将一系列全新观念和制度迅速植入传统国家观念和传统管理体制的问题。中兴时期的清政府能够快速地掌握西方外交制度，并使之服务于中国的目标，没有什么比这一点更鲜明地表明，这个传统的末日帝国仍然具有生机活力。

中国对于外交政策的传统看法

千百年来，中国人以和平方式处理国际关系的外交技巧未曾有过任何长进，他们依旧认为，朝贡制度在中国已知的全部世界中是一项久经考验、屡试不爽的国际组织通用制度。(注1)通过推行这项制度，中国人建立起一个依据儒家学说在各国人民中的传播范围和教化程度来相应确定各国国际地位的等级架构。如果把这个由儒家世界秩序确立的等级架构比作一个磁场，则中国居于磁场中心，儒家文化的影响力就是从这里辐射至中国已知的所谓全部世界的。在维系这个儒家体系的思想观念中，几乎不会提及中华文明在其整个历史中是如何与外族接触并受其影响的。中国经典长期墨守的信条是："吾闻用夏变夷者，未闻变于夷者也。"(注2)

"野蛮人"(夷)这个词的含义，无非就是"尚未被中国同化"。中国人认为，夷族在世界体系中的地位，居于部分中国化的民众之下。中国皇帝承认朝贡国及其民众的主权地位，因而会把中华文明博大精深的道德及物质利益赏赐给他们。作为报答，朝贡国则派出朝贡使团到访中国，以便向以君临万国自居的中国皇帝表达忠诚。

儒家正统观念认为，包括夷族人的天性在内，在全人类的所有天性中，并不存在与生俱来的恶。如果夷族通过接受教育就可以被改造，那么，宽容和善良就将成为与之缔结一种合理外交政策的基础。恭亲王反复叮嘱其同僚：你可以去憎恨一个夷族人犯下的恶行，但不要去憎恨这个夷族人本身；为了使无数国家都能和平相处，为了实现中国的繁荣富强，为了使政府称雄全世界，我们要遵照古训去"善待远人"。(注3)

尽管中兴时期的领导者很快就认识到，在叛乱年间遭到严重破坏的朝贡制度不可能被重建并成为控制西方列强的有效手段，但是，这一制度在处理中国与亚洲其他国家的关系时，仍然具有相当重要的价值。(注4) 因此，当中国建立起一套新的用于处理中西方关系的外交制度时，旧的朝贡制度也得到了修复，继续用于处理同亚洲国家之间的关系。当遇到同时涉及西方国家与亚洲国家的外交问题的情况下，比如，当遇到1866年法国舰队入侵朝鲜这类外交事件时，中国会把新、旧两种制度结合起来、交相并用。

进入中兴时期的标志之一，就是在那些因战争久已关闭、而今又重新开放的进贡路线上恢复出现的朝贡使团。(注5) 对于这些广泛分布在遥远地区的、"在神像已经不在的情况下仍要去崇拜其影子"的人们，中国人凭借着多年以来的威望，在对他们实施统治的过程中展现出高超的技巧，外国观察员们对此惊叹不已。(注6)刊登于1864年11月19日《北华捷报》上的一篇评论文章这样写道："奇怪的是，尽管大清帝国已经国力贫弱，可清政府却还在设法对这些邻邦属国维持着未受损害的宗主权，而这样的宗主权是从以往中国历史上拥有盖世武功的皇帝们手中获得的。"[1]

将朝贡制度观念继续运用于某些国际关系的不光有中兴时期的保守派，也有太平天国运动中的革命派。清政府收复宁波后，一艘英国军舰到访那里，军官们发现了一封确实可信的太平天国关于国际事务的文告。根据这份文件，太平天国的领导者们构想了一个天王领导下的大同世界。世袭的外国领事们都将得到中国的承认，还会被册封，并且将接受中国负责外交事务的主管领导的监督：

> 这位主管领导将依据我们的命令，对外国事务实施统一管理。外国各个国家的不同事务，将由各自国家的领事负责处理。各国领事将遵守外交语言主管领导的命令，由这位外交语言主管领导统一指导各国领事们的工作。(注7)

---

1 中国仅凭少数几个文官就可以对远在中亚地区的国家实施统治，这种本领在那些资深旅行家看来，即便时隔 25 年，仍然会感到惊叹不已，中国人"威仪四方"的统治技巧也给他们留下了深刻印象 [弗兰克·E. 上尉（即后来的弗朗西斯爵士）扬赫斯本：《大陆的中心》，伦敦，1896 年出版，第 306 页及全书其余部分章节]。

所以，自中兴时期伊始，中国的保守派和革命派就都坚持一个以中国为中心的大同世界共同理念。根据这一基本理念，西方列强试图发展其利益的努力，将注定会被中国当作忤逆之举，或者说，如果西方列强动用了军队，中国就会认为它们是在造反。中国传统的外交政策，往往与国内政策相类似：顺我者昌，逆我者亡。[注8]

卜鲁斯在1859年，就已经认可了这些"中国关于对外交往的准则"是解决问题的"关键"：

> 在中国人看来，那些在中国定居的外国臣民都属于夷族部落的后代，靠商业（这在中国人的所有职业中，是名声最差的一个职业）为生，他们不掌握任何文明知识，无视理性规则，所以无论如何也得把他们限制在农村的郊外。
>
> 根据清政府的外事准则，这些外国臣民没有资格享有超出清朝皇帝恩准范围以外的任何权利；虽然中国正遭受西方列强围攻的国际形势和清政府的软弱，已经导致中国对那些居住在遥远海滨港口城市中的租界里的外国人作出给予极大特权的默许，但是，清政府还总是把外国政府针对本国臣民遭到中国的错误对待，为了索取赔偿而对中国采取的强制措施定义为叛乱行为，以此显著地证明它是如何顽强地坚持自己的儒家传统。[注9]

这种用于处理国际关系的传统制度，已经停止运转20年了，在这20年间，无法使中国人或西方人中的任何一方感到满意。在外国人看来，为了保护当地外国人的利益而持续不断地诉诸武力，是一种耗资巨大而又效率低下的手段。[1]在中国人看来，由于外国人对基于中国政治思想的推理麻木不仁、毫无反应，任何外交政策执行起来都无计可施。对于欧洲的野蛮人来说，朝贡制度的原则是行不通的。左右为难之下，中国人并没有像以往经常被指责的那样，无动于衷地呆坐在那里，对着轻蔑的西方人士反复述说他那套儒家的陈词滥调。取而代之的是，他们学会了西方的国际关系制度，并按照中国的需要，对其内容进行了调整，以便适应中国的国情。

在1860年危机爆发之际，中国人决定摒弃那种通过例行公事一般地重申儒家道德权威赋予的主权，从而对实力强于己方的敌国实施控制的徒劳无益的做法，代之以借用敌国自己的道德标准反制敌国，从而对敌国施压。他们是极其敏锐的观察者，发现凡是被外国人认定为正当合法的道德争论，都是以国际法、西方公共法律、书面协定以及常识性的公平正义为基础的道德争论。于是，中国人试图通过运用儒家伦理道德中与欧洲相对应的这部分内容，以达到对外国人在华活动加以控制之目的，这也正是中兴时期清政府外交政策的核心要旨。咸丰皇帝出逃之后，[2]清政府与外国人举行了一次谈判，恭亲王从这

---

1 见第三章。
2 见第二章。

次谈判中得出结论,认为夷族会信守他们的诺言,所以至少从暂时情况来看,中国同西方列强之间是有可能实现和平共处的。(注10)

总理衙门(注11)

成立于1861年初的总理衙门作为一个现代外交机构,是中兴时期最显著的一项制度改革成果。中国官僚体制依据法令和先例建立起来的组织架构,已经固化了长达数百年,因而具有强大的惰性,难以变革。然而,这个系统还没有垂死僵化到面临危急局势仍拒绝实施行政重组的地步。虽然总理衙门从一开始只不过是一个势力较弱的、由个别名气较大的政治家组成的非正规的政府机构,但其职能范围迅速得到了拓展,其地位作用也得到了巩固和提高。到1865年,总理衙门与4年前相比变化很大。它与军机处联系密切,这不仅没有理由据此认为总理衙门的自身权力不重要,相反却反映了中兴时期采用的这种以不易察觉的影响去改变政府基本结构,从而实现儒教国家政府职能现代化的典型做法。这个机构在中兴事业的延续期内运行状态良好。后来,当这个传统国家土崩瓦解之际,像李鸿章这样的位高权重的地方领导从清政府手中接管了全部权力,作为清政府内部机构之一的总理衙门,也像这个中央政府一样,失去了其存在的有效性。

中国在1861年以前一直都没有处理对外关系的专设机构。

礼部所承担的职责范围，远远超出了处理与朝贡国之间的关系问题。理藩院（负责监督蒙古的行政机构）及其他各种部门，都把处理对俄关系当作一项次要的职责。由1860年的这场失败和圆明园的那场大火所引发的震惊，迫使清政府不得不去重新考虑外交政策。

咸丰皇帝发布了一道谕令，命恭亲王主持和谈，并指定桂良和文祥担任恭亲王的首席助手。恭亲王又亲自组织了一次选举，从部属中增选崇厚、崇纶二人充任其助手。恒祺、兰蔚雯二人与英法联军和谈代表进行了先期会晤，其余众多官员也在朝廷指派的这几位钦差大臣的直接指挥下迅速展开工作。(注12)关于外交事务的奏折如潮水一般从各省涌向北京，副本被呈送至这个新成立的外事机构，以供决策参考。在最终签署《天津条约》，以及外国公使纷纷入住位于首都的使馆后，总理衙门的职能迅速得到了提升。

为了满足处理新型夷族问题的需要，恭亲王、文祥和桂良于1861年初联名上奏，向皇帝提出请求，准备制定一项新的外交政策。(注13)1861年1月20日，恭亲王征得咸丰皇帝的批准，着手成立一个负责处理外交事务的正式常设机构，他向各国公使通报了自己的最新职位，从而收到了他们的祝贺。(注14)清朝有史以来第一次有了一个专司负责同西方列强开展一切外交关系的独立存在的政府机构。北方三大港口通商大臣以及南方五大港口通商大臣，均分别接受总理衙门的管辖。(注15)虽然通商大臣可以像朝廷各部尚书和地方督抚大员那样，相互之间就涉外问题开展协商并直接上奏朝廷，但他们之间的往来协商信函副本，如同朝廷相关文件的副本一样，均须呈送总理衙门审核备案。[注16]

虽然在总理衙门成立之初，负责辅佐恭亲王的助手仅有文祥、桂良二人，但是，关于增补其他成员的方案，从一开始就有所预想了。[注17]总理衙门没有固定的人员编制，最初编制3人，后来变成了6人，到1869年时，达到了10人。[注18]他们的官职头衔从最初的多种多样，逐渐达到标准化。早期皇帝钦定的恭亲王、军机大臣及各部尚书同时兼任总理衙门大臣。随着时间的推移，总理衙门的新成员都是经单独任命的、专门处理外交事务的大臣。[注19]

总理衙门的内部机构设置，在最初成立的三年内，一直处于波动变化之中，但经过1864年的机构重组，其组织架构被正式固定了下来。当时以立法形式规定的组织制度，一直延续到1901年。[注20]虽然某些权限重叠和不符合历史时代发展的落伍现象仍持续存在，但是，这个机构仍是一个比较符合现代意义、能够有效运转的政府部门，与1860年以前清政府系统内的任何一个部门相比，总理衙门都更接近于类似共和政体下的外交部。清朝时期陈旧过时的公共财政制度对总理衙门的损害程度，要比政府其他部门轻一些，这是因为总理衙门的许多经费开支，都可以由其他部门负责承担。举个例子，由于总理衙门内部主要成员都同时兼任其他职务，这样一来，他们的薪俸和开销并非由总理衙门支付，而是由他

们同时在其中兼任职务的各种传统机构来负责支付。总理衙门的许多其他项目的经费开支，均直接从关税收益中拨付。[注21]

　　清政府尽最大努力去提高总理衙门的威望，确立总理衙门的职权范围。从成立的第一年起，总理衙门便如其所愿地向外界明确展现了它所发挥的重要职能。当时普鲁士国的外交代表向总理衙门提出请求，想征得允许外国人进入位于汕头附近的广州及潮州城寨的许可。朝廷谕令在答复时表示出唯恐外国人会认为总理衙门缺乏处置权的担心，因而指示总理衙门要依据自身权限，采取适当措施，努力扭转外国人对总理衙门形成的这个错误印象。[注22]江苏巡抚薛焕在上海发牢骚说，目前外国官员无视他的存在，尽管他实际上是掌管六个省、十个港口的通商大臣，但外国官员却只与北京方面打交道。[注23]

　　一俟成立，总理衙门就开始在促进国际关系发展的过程中获取了既得利益。从某种程度上说，它的既得利益不仅与保守排外的地方官及当地乡绅的利益相对立，而且与更加保守的朝廷官僚机构相互排斥。外国公使差不多成了它的门徒。于是，在总理衙门与反对挑衅好战的外国商人和传教士的外交使团之间，结成了一个利益共同体，而中国民众中的反启蒙主义者则结成了另一个利益共同体。外国外交官的中国化进程[1]与总理衙门的西化进程并行不悖、共同发展。

1　见第三章。

这样一来，英国驻华公使阿礼国对于英国下级官员在中国局部地区使用武力的做法感到左右为难，因为，这将使恭亲王与官场同僚之间的关系陷入窘境。在1868年的台湾事件中，一名英国领事诉诸"炮舰外交"，对华使用武力后，闽浙总督英桂把这一行动直接禀告了朝廷。而阿礼国则确信无疑是从总理衙门那里得知了这一消息，于是向英国外交部作出汇报：

"炮舰外交"的这种处理方式，随之而来的便是福建总督直接把他的奏折呈递到皇帝那里，这将无疑按照其预想的那样，将恭亲王及其掌管的外交部置于一个非常不利的境地，由于恭亲王他们负责维持外交关系，因此，他们在某种程度上还要为中国人所遭受的耻辱承担责任，而这起耻辱事件的肇事者，是一支外国军队的2名中尉军官……(在此类情况下，总理衙门)要在朝廷及其他部门面前独自接受考验……如果一支外国军队的下级军官确实犯下了某些罪过，这违背了条约、国际法和文明国家中的通行惯例，恭亲王必然应当立即提出要求，在这种情况下，女王陛下的外交代表就将会首先开展适当的调查，而后准备尽可能地给出一份令人满意的解决方案，并且对外军给中方造成的任何损害，承担相应的赔偿。(注24)

1868年，恭亲王在他写给阿礼国的一份措辞精明的谅解备忘录中，敦促外国官员与总理衙门应基于共同拥有的利益，双方携起手来共同反对两国交往过程中出现的极端激进分子：

> 在华商则欲薄待洋商，专擅其利；在洋商则不恤华商，独享其利，皆但恩利己，不顾损人是在习其得者，从公审量，两面筹思，彼此皆不徇商人一偏之见，则条款自能早定矣。^(注25)

有人曾经负责任地指出，总理衙门的组织架构存在缺陷，排斥外交方面的专业人才，其内部成员把大量的时间浪费在陪外国公使喝茶上，却不能潜心钻研国际事务，在这方面，他们至今仍孤陋寡闻。归根结底，他们就是一群保守主义者，其观点代表着军机处及其他朝廷各部门的传统看法，因为这是他们实际供职的地方。^(注26)这些话从某种意义上说是真实的，但是，它们不足以构成对总理衙门的否定评价。总理衙门的组织体制虽有缺陷，但与以前朝廷用于处理外交事务的机构相比，还是展现出了相当大的进步；准许运用更专业化的方法和手段，对专业人才的支持力度超过了以往，而且无论是在当时的欧洲还是中国，人们都没有把专业人才看成不切实际的政治家。总理衙门里的大臣们无疑都是悠然自得的，但他们的成就，取决于发展同外国公使之间的亲密热诚的关系，而绝大多数外国公使也已经习惯了这种悠闲的社交方式。[1]他们无疑属于保守派，但他们所持有的保守主义理念，与那些公然抨击总理衙门的京官们所持有的保守主义理念并不一致，与那些在当地聚众围攻清朝第一位驻英公使郭嵩焘的愤怒的文人士子的保守主义理念也是不同的。

中兴时期在处理国际事务方面的外交专家[注27]

19世纪60年代，像恭亲王、文祥这样地位显赫的人物，通过总理衙门的工作实践，迅速增长了可以胜任外交事务的才干，而朝廷在任命新的总理衙门大臣时，也越来越把经验和能力作为考察选拔的主要依据。在这为期10年的过程中，总理衙门在人事任免方面采取的改革措施，甚至比结构、职能方面的改革更加深刻显著。总理衙门的内部成员很快就开始体现出各种类型的知识、威望，以及有助于制定和执行外交政策的能力：有的出身于清朝皇族，有的曾供职于朝廷主要部门，有的曾担任政府中层领导，有的长期钻研传统儒学，有的深刻了解西方世界，有的是行伍出身，还有的曾担任过总理衙门章京。

---

1 外国提供的关于19世纪60年代外交官日常生活的报道，充斥着外国使节与总理衙门成员之间没完没了的互访、冗长而严肃的谈话，以及热情洋溢地互施社交礼仪（例如，见1861年3月9日、6月8日、1864年1月30日、1867年10月19日出版的《北华捷报》）。总理衙门成员向同治皇帝作出解释，他们对洋人外交官的回访，是"束缚住"野蛮人的一种方法（例如，见总理衙门1863年4月23日的奏折，载于《筹办夷务始末——同治时期》，第15卷，第2b—3页），但从事实证据来看，这种方法既令人愉快又很高效。各省的地方官在与外国人接触时，从北京方面得到了启示；上海道台定期举办参赛选手可自愿报名参加的步枪射击比赛，并提供奖杯供比赛使用；宁波道台把自家房屋的底层住宅腾出来，当作英国皇家亚洲学会北中国支会的会议室（见1865年6月17日、1866年9月29日出版的《北华捷报》）。

那种认为总理衙门的资深成员实际上均为顶着荣誉头衔却很少过问外交事务的观点，是几乎没有根据的。恭亲王虽然对于政府其他领域还负有广泛的责任，但从他自己的著作中，以及那些了解他的外国人所著的书稿中，可以看出他是一个"精力充沛、果敢坚毅的人"。他密切关注外交政策的连贯一致性原则，能够富有技巧地开展与外方的谈判。他的个人头衔和官职爵位极大地提高了新成立的总理衙门在中国官僚体制中的地位，同时也显著地增加了总理衙门在外国人眼中的威望。文祥"或许是有史以来曾在总理衙门任职的大臣里面最有才干的一个人"，虽从名义上看，文祥在总理衙门里的官职排在恭亲王之后，而实际上却是总理衙门决策人，总理衙门大臣的兼差才是他的主要工作。1870年，他因身体健康状况日趋恶化而要求不再担任除总理衙门以外的所有职位。后来，他逐渐摆脱了自己在统领八旗兵和神机营中所担任的领导职务，相继辞去了工部尚书及其他几个较低职位的兼职，但是，直至去世之前，他仍然保留着自己在总理衙门中的职位。(注28)

应当承认，总理衙门在它刚成立的头一年，的确是一个满人官僚机构，沿袭了中兴之前满人主导京官队伍的人员组成模式，而不是中兴时期满汉结合的模式。[1]总理衙门中，盐运使崇

1　见第四章。

纶、精通谈判技巧的恒祺，[1]以及博学多识的大学士宝鋆，都是满人文官群体中的杰出代表，除此之外，几乎没有别的满人官员。

随着身份背景各不相同的汉族官员的增加，总理衙门的人员构成局面迅速发生了变化。被任命入职总理衙门的第一位汉人董恂，与最后被任命入职的满族高官宝鋆，同时成为总理衙门大臣。在入职总理衙门之前，董恂是一个级别较低的户部右侍郎。咸丰年间，他曾担任《清实录》的副总编，他的名字广泛出现在中国近代史各个阶段的历史文献中。[注29]作为董恂的朋友和邻居，同文馆总教习丁韪良对他的精力充沛、思维敏捷和伟大人格非常钦佩。[注30]1866年，适逢董恂的60岁生日，他被授予崇高的官方殊荣（根据与董恂同时代的一位消息灵通的年轻同僚翁同龢的回忆），作为对他在中国外交关系领域中所取得的卓越成就的奖赏。[注31]

1865年，著名地理学者徐继畬被任命为总理衙门大臣，是总理衙门朝着由满人处理外交事务向汉人处理外交事务的迅速转变的有力证据。此项任命令人惊诧不已，因为徐继畬和他撰写的关于外国地理知识的著名作品《瀛寰志略》，体现了中国人最初萌发的关于了解西方世界的兴趣，而就在20年前，西方世界在中国人眼里还是如此明显的无关紧要。尽管徐继畬于19世纪40年代出版的这部地理学著作，代表一股了解认识西方的"巨大的进步潮流"，但他先是被降职，而后又于1851年被黯然

1　关于恒祺的天赋异禀，见第二章，及巴夏礼对自己与恒祺交谈过程的完整记录，谈话内容发表在1861年3月23日、3月30日和4月13日出版的《北华捷报》上。关于恒祺被提拔为总理衙门大臣的声明，见1861年1月24日出版的《北华捷报》；关于恒祺去世的讣告，载于1867年3月9日出版的《北华捷报》。

神伤地罢免了官职。(注32)1865年他得到官方的重视,随后再次出版了自己的著作,由董恂(注33)为该书作序,这标志着一个新时代的开启。

西方人虽然没有充分认识到任命徐继畬这件事对未来政策走向的重大启示意义,却并没有忽视这一任命的重要性。[1]美国驻华公使卫三畏在他的电报急件中对此事进行了详细的评论。于是,美国国务卿西华德这样答复道:"你对徐继畬在外交部担任职务这件事的重要性的认识,看起来是很有道理的。"(注34)

既不能把董恂将朗费罗的诗译成中文这件事看得过于重要,(注35)也不能把徐继畬因为写过一篇《华盛顿颂歌》而收到美国政府作为礼物寄来的一幅华盛顿画像这件事赋予过多的重大意义。(注36)但是,此类细节事件却昭示着中国与西方之间的官方接触,在性质上发生了显著变化。

在中兴时期的此后数年间,又有三位政绩突出的汉人官员被任命为总理衙门大臣:谭廷襄曾担任过直隶总督和户部左侍郎;(注37)毛昶熙曾担任过吏部尚书、左都御史,还指挥过河南平叛战役;(注38)沈桂芬同样曾担任过一连串的地方官及京官职位,

---

1　例如,"《北京公报》刚刚宣布了一项有关中国外交部(即总理衙门)的人事任命,据说这是自额尔金勋爵条约签署以来最重要的一件事。一位名叫徐继畬的满清官员被任命为这个高级政府部门的大臣之一。此人多年以前曾在福建省担任要职,在此期间,他怀着以往中国人从未有过的、对外国事物的浓厚兴趣,在几名美国传教士的协助之下,撰写了一部关于考察外国风土人情的世界地理著作。他最仰慕的两位英雄人物是拿破仑和华盛顿。这本书采用大众喜闻乐见的创作形式,且销量巨大。他在福建任职三年之后,前往北京觐见皇帝并表达敬意,结果却遭到了降职处分。处分理由名义上是履职不当,可实际上却是因为他在自己的那本书中所展现出的新见解,以及他对外国事务的尊重和理解。如今,恰恰是这些曾在以前致使其蒙受降职处分的非凡才能,使他荣升高位,享有正三品红色顶戴的尊贵身份,并且接手外部里面的一个肥缺……徐继畬就任总理衙门大臣,可被视为我们与中国人交往的一个新时代的开端"(摘自[英]密福特:《驻华使馆武官在北京》,第181—182页)。

是中兴时期的关键人物之一。[1] 上述人员任命，不仅有助于化解总理衙门所遇到的指责，还有助于通过解决外交政策方面一些新问题，来培养这个已经建立起来的外交领导层。

随着总理衙门的编制扩大，其章京的重要性也提高了。1864年，政府各部门按要求推荐章京的候选人，从推荐名单中挑选30名满人和30名汉人担任衙门章京。[注39] 这些在章京岗位上的任职经历，很快就变成了就任正式大臣的预备实习经历。1869年，成林由一名章京成长为总理衙门的一名大臣；[注40] 1872年，夏家镐成为继成林之后升任总理衙门大臣的第二位章京。[注41] 此后，成孚、黎兆棠、周家楣及其余众位章京，也都因为他们在总理衙门里的实习锻炼，而晋升到负有领导责任的大臣岗位。[注42]

对于那些不在总理衙门任职的汉人官员来说，具备处理外交关系方面的工作经验，也会对他们的事业进步起到同等重要的助推作用。丁日昌在事业上取得的非凡成就，不仅源于李鸿章的提携，还因为他精通外交事务。[注43] 李凤苞被提拔为清朝派驻欧洲几个国家的公使，也是因为他曾供职于福州船政局。[注44]

美国驻华公使卫三畏发现中国新一代外交事务专家都是"头脑敏锐的人"，他们正在做着精明的努力，想通过实现有限的现代化，来维持住这个儒家政权。在他看来，他们最终失败的原因在于，他们"处在两边巨大压力的夹击之下，一边是致

---

1 见第五章。

力于维持这个旧政权的、为数众多的、反常而又顽固的文人士子，另一边是外部列强的各国公使……他们代表的是所向无敌的陆军和海军"。(注45)

虽然自己也是儒家制度的产物，郭嵩焘却取得了超过其同僚的成就，努力架起一座沟通中华传统与西方文化之间差异鸿沟的桥梁。他的观点是，对外交往对中国大有裨益，外国人也是怀有善意的。(注46) 在他大概于1875年前后撰写的一份关于中兴时期外交政策原则的经典回顾中，强调了中国与西方之间存在着许多共同利益，还列举了双方近年来本着互敬原则多次达成和解的实例。(注47)

如果要按照洋务专家的标准来检验这些人的素养，记住一点很重要，那就是，他们当中的每一个人——不管是徐继畲[1]抑或郭嵩焘[2]——主要关注的问题，依然是中国的内部事务。按照中国政治家的思维方式，外交事务没有国内事务重要，这种思维方式一直延续到很久以后。[3]有些历史学家曾经非常错误地对这些人采取不屑一顾的看法，认为他们是"洋务派"和"《天津条约》的一个新产物"，正是通过这些人，外国侵略者才得以将

---

[1] 即便是在徐继畲履职总理衙门大臣之后，他向朝廷奏报的内容也更多地涉及山西剿匪战役细节，而较少涉及国际关系。现在看来，西华德当初的判断严重有误，他曾经把徐继畲履职总理衙门大臣这件事当作可以证明"中国在对西方文明的同情理解方面取得进步"的一个证据。不过，他所认为的徐继畲履职标志着中国政策出现重大变化的这个看法还是正确的。见徐继畲：《松龛先生奏疏》，载于《松龛先生全集》，序言部分，1915年；1866年3月6日西华德致卫三畏的信，载于《美国国务院档案文献·中国卷·指令文件》，第1卷，第392页。

[2] 郭嵩焘的奏折内容，充分涵盖了国内事务的方方面面；他对于外交事务的论述非常重要，却很少就外交事务发表个人看法。对此，请参阅他的专著《养知书屋全集》，1892年，《奏疏》。关于他在制定外交政策时的非凡见解，请参阅他后来的专著《三星使书牍》，上海，1908年出版。

[3] 我们注意到，光绪时期以后，中国方面关于外交事务的史料档案急剧增多。详见《皇朝道咸同光奏议》，第18卷。

旧军阀转化为新军阀。^(注48)

中国对条约体系的接受程度

在1860年以前，从没有哪个清朝的政治家会认为与外国签订的条约是令人满意的。即使其中有某些条款是有利的（事实并非如此），但对于朝贡制度中模糊定义的大清帝国纳贡特权来说，仍将是一种限制。当朝贡的美梦在西方列强的进攻之下遭到彻底粉碎后，一些官员——尤其是耆英^(注49)——已经开创了一项新的战略，通过此项战略，中国可以利用条约来控制外国人，前提是中国自己能做到谨慎注意并遵守这些条约。然而，这种战略的努力贯彻往往是短期行为，无法取得持续有效的结果。

1860年《天津条约》的签署，标志着不仅仅是耆英的策略收到了回报。在此后的10年中，清政府逐渐接受并掌握了西方外交政策的基本原则与习惯做法，并成功地运用它们，使之成为维护中国主权的主要堡垒。

在19世纪60年代，几乎每一份有关外交事务的文件，都包含了一份详细的声明，其内容是说明条约对正在讨论中的事件的影响。如果条约对这件事做出了规定，就要依法自动作出决定；然而，如果条约对这件事没有明确作出规定，则须依据策略留待商榷。在许多情况下，都可以清晰无误地阐明这样一个原则：条约拥有实在法的效力。如果外方提出的要求符合条约规定，那么他们的要求就应当得到准许，而无须考虑这样做是

否会触及中国的直接利益,因为中国的长远利益取决于条约的神圣不可侵犯性。(注50)

在同治中兴时期,对于负责外交事务的官员鼓吹违反条约这种事还没有资料证明。(注51)恰恰相反,在那些从来不打算对外发表的中国政府文件中,却可以找到数不胜数的关于总理衙门坚持要求严格遵守国际法的史料记载。1866年,一艘英国测量船进入华北沿海实施勘查,总理衙门拒绝针对此事提出抗议,因为英国的航行权是得到条约保护的。(注52)当文祥负责南满地区剿匪这一纯粹的国内事务时,格外重视维持营口地区的秩序,后来他在谈及此事时说:"这是外国人开展商贸活动的地区;必须提供保护。"(注53)自从滨海地区被割让以后随之出现的围绕新划定的中俄边界产生的一系列很微妙的问题,朝廷命令黑龙江的地方官改变他们以往的边防检查制度,以避免非法侵入现已成为沙俄领土的地区。(注54)对于通商口岸出现的那些虽不重要却容易引起过激事件的出租商业店铺问题,朝廷指示当地官员不予干涉,因为依据条约,店铺的出租权是受保护的。(注55)

这个旨在承认和维护条约的新策略,不只避免了西方列强提起合法申诉——这种合法申诉可被西方列强当作对中国采取惩罚措施的借口,同时它使清政府有能力逆转条约的约束功能,成为将外国人的活动限制在条约规范之内的工具。1860年以前,条约代表了外国人预期实现的最小特权——一条掩护他们奋力向前推进贸易扩张事业,以便进一步打开中国国门的防线。然而,就在19世纪60年代,最小特权变成了最大特权——

一条躲在后面就可以使清政府找到安全的防线。在中兴初期，日本在外交方面给中国制造了麻烦，其中的确切原因是，日本并不是一个条约国，因此，对于日本入侵朝鲜的活动，中国无法采用常规的抗议手段。[注56]

利用条约来"羁縻"野蛮人，这在中国外交史上并不是全新的创举。1845年，为了阻止英国的舰艇进入朝鲜，朝廷指示耆英通过恰当得体的据理力争，使对方理解开放朝鲜不符合任何条约。[注57] 即使是在1859—1860年，就已经有一小部分人竭力主张接受《天津条约》了。[注58] 但只有等到1860年以后，积极维护条约并坚持认为外方同样也维护条约的做法，才成为中国外交政策的标准惯例。

由于西方列强已经与中国建立了完全具有现代化性质的外交关系，清政府制定的这项崭新的外交策略，是对付西方列强最有效的手段。通过诉诸条约的法律手段，走私活动及非法海上贸易得到了有效遏制，贩卖奴隶的苦力贸易也在一定程度上被加以制止。[注59] 外国试图实现食盐进口合法化的努力彻底失败，法国人在上海开办的一家食盐交易所也因此倒闭。[注60]

从那些居住在通商口岸的外国人广泛传播的愤怒情绪中可以看出，清政府制定的外交策略取得了成功。他们写道，通过条约获得的权利微不足道，应该通过谈判来进一步争取扩大权利。它们已经变成了严密的法律文件，以至于西方列强已经接受了中国的观点，外国主张的任何特权或权益，只要未经中国的明确认可，中国就可以坚决地拒绝予以承认。[注61]

对俄关系条约中的失策^(注62)

清政府最新制定的这套外交策略，在涉及沙俄的问题上，仅仅取得了部分意义上的成功。¹沙俄陆路贸易的管理问题，在很大程度上属于沙俄驻北京公使的职权管辖范围，总理衙门可以娴熟而又高效地与他开展外交谈判，就像与法、英、美等国外交代表所进行的谈判一样。中俄两国之间拥有着从朝鲜到新疆的漫长陆地边境线，两国政府也可以依据新设立的条约关系体系，解决对两国边界的正式划定问题。然而，第三个问题才是19世纪60年代存在于中俄关系领域最严重的一个问题，即两国对边境地区非汉族裔少数民族群体效忠取向的争夺，以及随之而来的沙俄势力介入并沿边境地区制造的阴谋策反活动。在这个问题上，总理衙门几乎是孤立无援的，因为沙俄派驻北京的公使既没有权力也没有责任去插手边境问题，能插手边境问题的只有西伯利亚总督。^(注63)

在通商口岸激起英、法、美等国商人们如此强烈妒忌的俄国陆路贸易，²并没有给中国制造出太大的问题。³1862年，总理衙门与沙俄驻华公使巴留捷克，在相互作出让步的基础上，签署了一份临时协定。在此后的3年内，尽管协定文本作出了某些

---

1 见第三章。本节主要基于中国方面的馆藏史料研究中国运用新的外交技巧和态度来处理外交事务的问题。就总体而言，本节并没有恰如其分地记载中俄关系，因为笔者无法从俄国方面找到与此相关的馆藏档案文献资料。

2 见第十一章。

3 根据密福特的说法（见《驻华使馆武官在北京》，第263—264页），贸易是亏本进行的，真正的利益是领土。

确有必要的小范围改动,但总的说来,两国关系没有遇到太严重的困难。在上述谈判过程中,以恒祺作为主要谈判代表的总理衙门竭尽全力,经过历时14个月驾轻就熟、富有想象力的折冲樽俎,成功地挫败了沙俄准备以修约为借口将蒙古地区置于从事大规模贸易活动的全面开放状态的企图。(注64)尽管新问题层出不穷,但实践证明,双方还是能够相对容易地彼此作出调整及让步。1869年,总理衙门与俄国驻华公使倭良嘎哩达成一份最终协定并举行了签字仪式。(注65)

边界划定是一个更大的难题。1862—1864年,中俄边境地区普遍存在领土争端,双方经常抗议对方沿着整条边境线到处实施越界侵犯行为。中国官员时常会奉命前往新疆边境地区,阻止迷路的沙俄牧民及其牲畜群进入中国领土,或是前往黑龙江边境地区,将被指控越界到中方一侧割草的俄国人劝返回国。(注66)在处置此类事件时,总理衙门都尽力做到谨小慎微:对俄方哪怕是最轻微的侵犯边界行为进行抗议的同时,也会严厉处罚(注67)那些因采矿而进入边境禁区的中国人。(注68)当过错一方明显应由俄方边境管理部门承担管辖责任时,总理衙门便试图遵循以往在处理与英国之间外交问题时得到成功运用的那套政策:总理衙门请俄国公使转告俄国政府,要求俄国政府对涉事边境官员提出训诫。总理衙门发现俄国公使虽然表面上愿意合作,却声称自己无权插手边境事务。(注69)中国的边境官员会定期接到命令,要求他们必须按照总理衙门的指示行事,(注70)而沙俄外交部却从不去理解其中的暗示。曾有一次,总理衙门交给沙俄公使一封关于满洲边境问题的抗议信，收信地址是"俄国最高枢密院"。后来，当文祥拜访沙俄公使团驻地寻求答复时，沙俄公使却告诉他，公使团尚未收到西伯利亚总督的答复。(注71)只有在罕见的情况下，朝廷才会收到总理衙门呈递的关于沙俄主动承担边境骚乱之责，并同意派军队维持俄方一侧边境地区秩序的报告。(注72)

即便如此，中国人依旧认为中俄条约是有用的、值得去维护的。同治皇帝于1863年9月7日颁布谕令，命令中国边防官员对俄方提出的要求作出让步，无论在何种情况下都不要采取任何报复性行动，因为那样做，会被俄方理解为违背条约；如果中国对沙俄实施抵抗，则中国会被打败，条约也会被彻底撕毁。所以，当前更好的策略是，自愿采取屈服姿态，至少我们手里还握有条约。(注73)

旨在勘定中俄边界的谈判还在继续。双方于1864年达成一项协议，以文本形式体现于《塔城议定书》，(注74)为解决领土争端提供了一个切实可行的依据。此后，虽然争端仍继续发生，但是，每逢争端即将达到严重程度之前，双方总能通过谈判形成解决方案，(注75)据报道，双方于1869年9月10日宣告西北边界"最终"勘定。(注76)

很遗憾，对于中国来说，无论是边贸协定还是勘界协议，都不能使清政府在努力将西北地区非汉族裔少数民族边民摇摆不定的效忠取向固定下来的过程中找到可供参考的明确要点，在那里，俄国人成功地成为少数民族的盟友，这几乎摧毁了中国权力的传统基础。值得注意的是，清政府对这块领土的控制恰恰十分薄弱。(注77)1863年，据驻守乌里雅苏台的代理鞑靼将军麟兴的报告，在位于科布多和乌里雅苏台之间的至关紧要的前沿防区，仅配置了24个防御要塞，总兵力由6名正规军官、30名蒙古台吉和890名士兵组成。每个岗哨的防守兵力最多不超过50人。在鞑靼将军府总部所在地乌里雅苏台，其自身的直属兵力仅有240名绿营兵和一个由33名士兵组成的满人要塞。这些人都不能被派去站岗执勤。因此，麟兴通过自己作出的一个详细的描述，强调了周边地区蒙古族人效忠取向的极端重要性。他还作出了一个推断，如果乌梁海(阿尔泰淖尔)能够保持对清政府的效忠，俄国人就无法施展其伎俩。(注78)

麟兴描述了在整个中俄边境地区普遍存在的一个基本形势——中国军队在每一处边防要点上部署兵力的名义上的配额都很少，而实际兵力数量比这还要更少。(注79)各处要塞难以控制、存在反叛倾向，原因是军费和给养连年拖欠。(注80)据中方所掌握的情况，沙俄对哈萨克人的势力影响始于1824年，彼时俄国人"诱拐"了一位哈萨克的汗王，而且直到1863年这位汗王仍处在俄国人的掌控之中；哈萨克人中使用俄语的人数日渐增多，这说明沙俄势力对我边境地区的影响范围正在逐步扩大。(注81)在关于19世纪60年代初期中国方面的文献资料中，经常会出现有关沙俄军队在蒙古及新疆地区活动日益频繁的报告。(注82)

驻守乌里雅苏台的鞑靼将军明谊报告说，俄国采取了"一石三鸟"的策略：(1)"诱降"蒙古人；(2)"威慑"中国官员；

(3) 武力进攻。在明谊看来，沙俄的直接目标是要争取蒙古人的效忠，从而打开一条直取喀什的进攻路线。(注83)

西北地区回民叛乱的爆发，加剧了沙俄势力对于非汉族裔少数民族地区的威胁程度，沙俄的分裂宣传活动也导致了当地存在的汉回矛盾进一步恶化。(注84)随着回民叛乱范围的扩大，曾经帮助过回民的哈萨克人逃到了沙俄境内，到那里寻求庇护。(注85)面对自己领地的丧失，即使是有着长期忠诚服务于清政府记录的索伦人，也逃到了沙俄的领土上。(注86)

为遏制沙俄对边境少数民族采取的这种渗透，清政府尝试使用了各种办法，却唯独没去尝试那种有可能带来成功机会的办法。中方当然向俄国公使提出了外交抗议，(注87)但对于这些办法，总理衙门根本没有任何信心。一位困难缠身的中国边防官员写道，要想解决边境问题，只能把主要希望寄托在总理衙门，而总理衙门却回答，诸位边防官员必须自力更生，立足于自行解决问题，因为俄国公使无权指挥俄国边防官员。(注88)

对于偶发的特殊事件，清政府通常依据事态局势酌情处置。当哈萨克人逃到沙俄境内时，清政府努力采取措施，试图将他们遣返回国，从而使他们接受忠于清政府的蒙古亲王的惩罚。(注89)索伦人的情况有所不同，他们是因丢掉了生活物资、迫于生活压力而逃走的。清政府事先给他们提供了安置区域，以及用于重新购买牲畜所需的资金，还派出了一个官方使团赴俄国洽谈索伦遣返事宜。(注90)

中国人首先采取的策略，是千方百计化解沙俄势力对游牧民族的影响，继之以封官许愿争取部落首领归顺朝廷的传统办法。清政府高度重视争取蒙古亲王们的支持。(注91)当沙俄对华宣称其对哈萨克汗国的领土拥有主权时，即便是身份最低的蒙古贵族也从清政府那里很快地得到了世袭爵位。(注92)朝廷指示全体中国边防官员，要尽自己的最大努力与当地部族首领协商，以便建立起切实可行的联盟。(注93)针对至关重要的乌梁海地区，朝廷给当地驻军颁布了一道关于防范沙俄渗透策反的特别公告，(注94)驻守塔尔巴哈台地区的边防官员向该地蒙古部族发布了一道内容相似的公告。(注95)

尽管如此，根据中国官员的报告，沙俄的策反宣传依旧比中国的反策反宣传开展得更为有效。(注96)同治皇帝在谕令中多次赞扬通过建立满蒙联盟来遏制沙俄的理论，指出如能争取到蒙古的合作，无异于"釜底抽薪"。但是，同治皇帝继续指出，俄国人的势力渗透似乎可以达到无孔不入的地步，他们正在以武力向蒙古人施压。俄国人最近又从蒙古兵营成功诱拐了13个人，这清楚地表明，满蒙防御联盟只不过是一句空话，并没有实际建立起来。(注97)

面临这种严峻形势，如果对俄采取军事报复，中国认为这并不明智，即便是在确有把握取胜的地方也不应该。[1]中俄

---

[1] 例如，骁勇善战的棍噶扎勒参喇嘛对于清政府来说用处很大，可以用他来制衡难以驾驭的哈萨克部落，但他惯于偷袭沙俄领土，这会在中俄之间引起外交争端。在清政府看来，他给清政府带来的麻烦抵消了他在当地的作用。为此，负责边境地区的中国高级官员奉命按照俄国提出的条件给予赔偿，以确保中俄边界线维持清晰界定，同时将棍噶扎勒参喇嘛部落置于自己的掌控之中（见《大清历朝实录——同治时期》，第209卷，第21—22页；第218卷，第9b—11页；第225卷，第8—9b页；第230卷，第17—18页；第231卷，第6—7页）。

边境沿线地区，沙俄总体军事实力强于中方。沙俄的政治策略已被证实更为有效。清廷的政治家们精明睿智地发觉，无论在何种情况下，蒙古人的效忠应当出于自愿，否则便是无效的。清朝的领导者们没能发觉的是，他们采用的传统利诱手法——对蒙古人来说，是一种可以从外部黑暗世界逐渐走向笼罩着中华文化暮色苍茫区域的机会，身份地位也会随着自己被汉族同化程度的加深而逐步提高——再也不能与沙俄的手段相抗衡，因为沙俄提供给蒙古人的，是更有力量、拥有更高声望的生存状态，而这能使蒙古人真正成为蒙古人。

中国的决策者们在发出慨叹的同时，却也接受这个现实。自沙俄成功争取了哈萨克人和布里亚特人之后，随着回民叛乱者占领了新疆的部分城市，中国还面临着沙俄可能对其提供援助的威胁，谈判地位进一步受到削弱，至此，中国已经没有任何"可以撬动中俄边境局势的杠杆"了。因此，当前唯一具有发展前景的策略就是：（1）只要存在可能，就要与游牧民族建立良好关系，但要警惕他们有可能背信弃义；（2）改进边境管控与巡查手段；（3）尤其紧要的是，尊崇条约的法律效力，继续与俄方谈判，拒绝作出有可能使沙俄日后获得可乘之机的让步。(注98)

国际法的引进

为了能有效地利用条约，中国官员不得不去熟悉国际法，以便在将来谈判时，使自己的观点更容易被西方人所接受。尽管没有发表正式的声明，但中国很快就适应了这种新的国际关系理论体系。完成第一部中文版国际法著作出版的同文馆总教习丁韪良在该书序言中这样写道：

> 对于它（国际法）的基本原则，中国人是随时准备赞同的。无论是依据他们的国家惯例，还是他们的儒家经典书籍，都承认存在一个掌管着人类命运的最高仲裁者，国王和亲王既为其所用，自当为其负责……中国人认为，国家之间的关系如同仁者之间的关系，相互之间负有哪些义务，可以从国际法的准则中经推论得出，他们完全能理解以上内容。[注99]

相似的情况还有，总理衙门报告，虽然国际法不同于中国的法律，但它包含了许多完全适用于中国国情的原则。[注100]

19世纪60年代初，清政府海关的外籍总税务司赫德将国际法中的部分章节翻译完毕，并向总理衙门讲解了国际法的基本原则。总理衙门的诸位大臣（尤其是文祥）对国际法产生了浓厚的兴趣，他指定四名贡生专门成立了一个委员会，配合同文馆总教习丁韪良，共同负责对惠顿国际法的全文翻译工作。[注101]译著完成后，由董恂撰写了序言，并于1865年1月27日呈递给同治皇帝。[注102]

丁韪良对国际法的翻译，标志着从中兴初始阶段就开始迅速呈现出的发展前景发生了转变。总理衙门的众位大臣从一开始,就展现出善于严密推理的辩论天赋。他们对于1862年沙俄条约的分析,说明他们已经理解领悟了每个条款的法律内涵。(注103)1863年,李鸿章对于白齐文被捕事件所作的娴熟精湛的辩护,[1]完全是讲给外国人听的,这一番辩护以国际法作为唯一的依据,还特别注意到了美国南北战争时期美国政府对于为南军效劳的外国人所采取的看法。(注104)于是,清政府通过拒绝美国南方叛乱者的船只使用其港口,有力地维护了自己镇压本国叛乱者的合法地位,对于清政府的做法,美国国务卿西华德表示非常满意,认为"这样做,恰恰体现出了对国际礼尚往来精神的珍视"。(注105)

在这种情况下,支持中兴事业的西方人很容易就能使总理衙门相信,就像当年外国人学习《大清律例》对外国人有用一样,学习惠顿国际法也会对中国人大有裨益。然而,小心谨慎的总理衙门并没有立即相信,而是首先对这个想法进行了验证。当普鲁士公使再一次对清政府提出要求时,大臣们对此做了一番研究,并制定出一系列谈判所需的论证材料。结果令总理衙门感到满意,"普鲁士公使低下了头,哑口无言"。于是,总理衙门颁布了一套官方版本的《万国公法》《国际法》,印制了300份副本,分发给涉及外事活动的官员们。(注106)

---

1 见第九章。

中国人在这个崭新的外交领域里所展现出的娴熟技巧，继续得以锻炼提高。1865年夏，围绕《美索不达米亚条约》的谈判过程，给总理衙门提供了一次集中展现中国外交最新成就的重要机会。[1]

1866年法国对朝鲜的征讨，是一个更加耐人寻味的外交案例，因为它所牵涉的问题，既有国际法，又有朝贡制度。礼部在总理衙门的指导下，负责处理与朝鲜的联系事宜，他们所依据的是传统的朝贡礼仪。而在处理与法国的联系，以及最后与其他西方列强进行外交斡旋时，总理衙门集中精力专注于采用令外国人心悦诚服的推理方式，而几乎从不在程式化礼仪上浪费时间。[2]中国的政策声明向外界表明，总理衙门对于诸如封锁的特定含义、中立国的权利与义务等问题，表现出了准确而又深刻的理解。(注107)

外国侨民对于中国人"所具备的使他们能如此成功地挫败外国企图的诡辩天赋"备感苦恼，开始为中国人发现了"那块开满鲜花的芳草地正是他们非常擅长的外交领域"而懊悔不已。外国人到最后也不得不承认："我们必须下定决心，在未来的外交斗争行动中勇于面对中国人，他们会用我

---

1 "他们在这些谈判中展现了自己通过翻译和阅读惠顿国际法获益匪浅，并且已经摆脱了旧惯例的束缚，这足以使老保守派们'惊恐万状、毛骨悚然'。"（引自［英］密福特：《驻华使馆武官在北京》，第175—176页）

2 例如，"在法国人发表的外交公告中，往往会出现一些毫无理由诽谤中国的短语。但是，这是因为这个国家不懂汉语句子的语气韵律。为着这种事而与他们争执起来，这很不值当"（引自总理衙门1866年12月20日呈递的奏折，载于《筹办夷务始末——同治时期》，第46卷，第13b页）。

们自己承认的理由来反对我们。"(注108)

西学的进步

在同治时期的初始阶段,中国官员对于西方世界几乎是一无所知,甚至对于国内的某些严重影响外交关系的地区,竟然也知之甚少。据说,他们连外国的国家名称都叫不上来,还把澳门与澳大利亚混为一谈。1862年与沙俄举行谈判时,总理衙门大臣才发现自己竟然不知道贝加尔湖在哪儿。根据他们自己汇报的情况来看,他们对于财税问题几乎是一窍不通,无法就海关管理条例的制定提出任何见解,关于长江流域地理知识以及各通商口岸普遍情况也极度匮乏。(注109) 然而,这种初始阶段的信息匮乏,是一个可以在儒家传统体制内加以克服的缺点。对统治问题的研究,已成为传统教育的核心内容,当前需要采取的全部措施,是要拓展统治问题的概念内涵,使之包括国际关系。

为了解西方所付出的努力,对中国人来说当然不是一个全新课题。一些相关著作(例如《海录》《海国图志》《瀛寰志略》等)已经广为流传多年了。(注110) 很久以前,北京就成立了一所俄语学校,(注111) 通商口岸为数众多的中国人都与外国人保持着商贸交流。然而,通过这些渠道所能获取到的信息毕竟有限。况且,除非把一门有关外国事务的知识引入官僚体制的核心部门,否则便会存在着这门知识可能被买办商人垄断的

巨大风险，而这些买办商人又是传统官吏极度鄙视的对象。思想家冯桂芬特别担心这个问题。(注112)

西学在日本的成功引入，为中国引进西学提供了另一个理由。1863年，都察院向同治皇帝呈递了一条由一名候任地方官提出的建议，其内容是，要求从事与外交事务相关工作的所有官员，均应接受关于外国地理、地形、风俗、政府以及物产等方面知识的考核。这位提建议者奏报说，当他听说日本已于10年前就派使团去俄美两国学习造船及军火工业时，他为此感到惶恐不安。为了应对日本军力的增长，他建议，中国应按照各省书院的模式，分别在香港、厦门、福州、上海等地创办规模适度的训练中心。总理衙门批准了对未来官员的培训计划，却并不想要求现任官员人人都能掌握这些新知识。(注113)

中兴时期，清政府为培养新知识所做的努力，都是在中国境内完成的，并没有把国人派到国外去主动获取新知识。直到1871年，中国近代著名教育家、社会活动家容闳，才成功地劝说曾国藩、李鸿章在他的指导下派出首批出国海外的留学生，而这个留学项目后来却中途夭折了。(注114)对外国著作的翻译进度也呈现逐年递增的趋势。(注115)曾国藩为江南制造局[1]创办了一家附属翻译局，其他的许多政府部门也都配备了相似的附属分支机构。总理衙门指出，处理外交事务尤其需要掌握最新的地图和统计数字。(注116)

---

[1] 见第九章。

在为期25年的发展过程中,中国对于外国书籍的态度曾经出现过转变。当沙俄于1845年向中国赠送书籍时,它们只是被堆进了档案库,并没有人去阅读。[1]当美国于1869年以书籍作礼物赠予中国时,总理衙门对此很感兴趣,这也使他们回想起俄国人赠送的那批书籍,于是,便把它们找出来加以研究。[注117]寓居中国的外国人注意到,中国出现了以上这些可喜局面以及其他的一些征兆,这些征兆"足以说明中国人开始愿意探寻那些以前曾被他们认为不值一提的事件的起因"。[注118]

起初只是"临时抱佛脚"、把自己对西方的兴趣仅限于现学现用科学技术及国际法问题的总理衙门,到了同治末年,却开始极力主张拓宽视野、更广泛地了解西方社会。1875年,在谈论到有关向国外派驻中国公使的问题时,总理衙门强调了以下几点:

> 办理中外交涉,绝非易易。……要之,欲避免决裂,必得先事沟通人心,惟赖中外心心相印,衅端始可尽去。[注119]

通过阅读国外报纸和公开文献,使中国与当今世界的时政

---

1 显然,清政府并没有主动向俄国索要这些俄文书籍;俄国人寄给他们是为了感谢他们早些时候应俄方要求寄给沙俄政府的大约800本中文版线装佛教书籍。在全部用俄文写成的357部作品中,一半涉及俄国历史、地理和军事科学,1/5涉及哲学,1/5涉及医学和林业,其余的涉及宗教、诗歌等。军机处就是否接收这批书籍以及翻译的优先顺序进行过一些讨论,但显然没有采取任何行动。见清代地理学家何秋涛(即《朔方备乘》一书的作者)的记载——《俄罗斯进呈书籍记》,附有书目清单,载于《皇朝经世文续编》,第74卷,第10—25页;文公直:《中俄问题之全部研究》,上海,1929年出版,第83页。

事务发展保持同步，这是一个引人注目的改革创新。虽然中国人的前辈曾有过研读国外基础知识书籍的历史，但目前在国内却找不到任何可与19世纪西方报纸杂志相媲美的信息来源。早在1862年，詹事府前任詹事就曾经上奏朝廷，指出阅读国外报纸的重要性，其目的在于查明外国人的企图。(注120)总理衙门大臣薛焕定期把外国人在华中地区采取的有关行动的报刊报道传递给北京方面，虽然他自己曾经断言，要质疑这些从报纸上剪下来的信息的可靠性。(注121)

中国官员把他们掌握的这些新知识有效运用于解决不同类型的问题中去。**1** 就在1866年法国入侵朝鲜期间，总理衙门在研究西方世界对于法国入侵行动批评意见的基础上，通过运用这些批评意见，取得了令人瞩目的成功。(注122)中国各级官员行动快捷地搜集那些有可能降低外国在华国际地位的新闻报道及其他文献。例如，1859年，同文馆总教习丁韪良在他的一封亲笔信中表达了他对盟国诚信度的质疑。多年以后，人们在董恂那里找到一份关于这封信的中文译本，据推测，其内容摘自蓝皮书。(注123)一位寓居在华中地区的传教士这样写道：

---

1 有关如何运用新知识的建议，最初是由上海提出的，但北京方面很快就批复同意了。上海租界里的外国商人向外国公使施压，而外国公使也向外国商人们施压。中国人正在向传统欧洲列强的对手们学习，其目的就是要以夷制夷：俄国可被用来调查英法等国在长江流域的走私活动；既然葡萄牙对澳门感兴趣，那么西班牙和英国对中国来说就是有用的。例如，见《筹办夷务始末——同治时期》，第3卷，第49—50页；第11卷，第10b—12页；第15卷，第36页。

> 我们这儿的总督是一个非常精明的人，还是一个彻头彻尾的排外主义者。他所知道的事情正如我所知道的一样多，不仅知道上议院开会说了什么，还知道《泰晤士报》上刊登了哪些有关传教士及教会事业的消息。他注意到我们既被人瞧不起，又得不到别人的信任，因而知道我们只能听从他的摆布。（注124）

对于总理衙门越来越喜欢观察国际事务的这种发展趋势，英国驻华公使阿礼国进行了专题评论。他认为总理衙门或许已经从英国出版的报纸刊物中发现了一条有利于中国抵制传教士扩大活动范围的论据：在英国，外来的佛教皈依者有可能会遭遇到相当大的民众敌视。（注125）

中国人最新培养的读报习惯，迫使英国官员第一次去认真考虑外国报刊给中国政策带来的影响。商人社团通过报刊过分地表达了他们对于中国政府的放肆观点，这些观点给中英两国为修订《天津条约》[1]而进行的谈判带来了负面影响。根据阿礼国的观点："外交部在这里得到的翻译版本，都是出自这样的一些文献，一旦公开就往往会把当地报刊评论文章，以及他们那些更加醒目的文章都摆在他们面前。"在这种情况下，总理衙门对他们从外国报刊上读到的内容感到强

---

1 见第十一章。

烈愤慨,倾向于在谈判中采取绝不妥协的策略。为了抑制这种负面影响,阿礼国命令全体英国领事公开发表文章,表达自己拒绝接受商人观点的立场。(注126)

中兴时期的中国官员学会了如何利用报纸,使之不仅成为反映外国人动向的情报来源,而且成为一种可以把理想的中国形象传递给外国人的工具。因此,对于外国报纸上出现的关于他们的报道,他们的反应变得很敏感。当年李鸿章斩杀了苏州城破之时的太平军降将,人们普遍认为,外国方面对于此事的批评意见已为李鸿章所充分察觉,为了改善与报界的关系,他下令释放了一艘代号为"泰赛尼"的外国被扣船只。(注127)中国官员经常会对已经见报的事关中国的新闻报道提出抗议,曾有一次,总理衙门命令当地道台向《北华捷报》编辑部提出警告,不得继续刊登有损中国官员声誉的评论文章。(注128)

同文馆与中国教育的现代化

中兴时期面临的一个基本问题是,改革中国高度发达的传统教育制度,使之适应新需要。关于教育事业的现代化问题,与外交政策的现代化一样,重点是要学习掌握新技能。儒教国家的一个根本原则是,以竞争为基础,从那些展露出最精通经世致用之学的年轻人当中选拔官员。外交关系将会给这个传统政治制度带来威胁,除非确保它们不被传统政治制度吸纳其中。如果儒教国家打算接受外交关系，那么，它们就应该由官僚阶层中拥有正统身份的精明强干的官员来具体经办，而不应依靠通商口岸的商人们。

反映清王朝历史的《清史稿》的编纂者，把中国新型学校教育制度的起始时间确定为同治中兴初年。(注129)为了将层层选拔出来的年轻的旗人子弟培养成外语人才，同文馆于1862年在北京成立。(注130)李鸿章采取与同文馆完全相同的办学模式，于1863年在上海创办了广方言馆，而瑞麟于1864年也在广州创办了与之相似的一所学校。为了学习英语、法语、航海及工程知识，左宗棠于1866年在福州创办了船政学堂。上述这些教育机构，其中的每一所都是由最开始低调适度的办学规模迅速发展起来的，其教学功能也得到了急剧的拓展。

值得注意的是，中国人主动作为、推动实施了第一阶段的教育改革，在其中起主导作用的是中国人的主动精神，而不是外国人的倡议，而且中国把教育改革的重点放在了开办学校上，而不是派学生留学海外。早在1860年，美国驻华公使卫三畏就曾提建议，可将中国赔款中剩余的20万美元用来"作为一项基金，以便在中国创办一所高等级学校，在那里，这个帝国的本国人民可以在有才能者的指导下，接受西方国家语言及科学知识方面的教育，这所学校的办学目标是，使他们成为对本国国民及政府有用的人才。"(注131)

卫三畏的这条建议没有得到任何回应——这与40年后

庚子赔款对于中国教育事业发展所起到的重要意义形成了鲜明对比。1865年，美国基督教长老会在登州创办了教育机构，后来演变为齐鲁大学，1871年，美国天主教圣公会在武昌创办了一所学校，即后来的华中大学，^(注132)但是，这些学校以及类似的教育机构起初并不起眼，只有在此后的一个时期开启后，在经过调整的时局环境因素作用之下，它们才变得重要起来。中兴时期，新教传教士团更关注于翻译宗教经文，而对广泛引进西方知识有所忽视。天主教传教士团起初曾把主要精力投入中国的学术著作，中兴时期开始后，则退出了教育领域。^(注133)

同文馆是最能反映19世纪60年代中国人努力实现本国教育现代化的突出事例。通过它的建立，中兴时期的官员们希望把新知识融入旧体系，从而最终加强该体系，以便遏制西方的扩张和给中国统治体系带来震动的这群广东买办商人。冯桂芬主张把这些新学科纳入公开承认并受到尊重的学识领域，并且成为科举考试的内容之一。^(注134)由于买办商人也是传统阶级结构的一个新成分，冯桂芬之所以反对他们的发展，这恰恰体现出阶级与官僚体制文化利益之间的一种融合。[1]

起初，总理衙门希望同文馆聘用中国人来充当教师，但

---

[1] 冯桂芬的长子冯芳植以其职业生涯佐证了其父制定的政策。冯芳植于1868年考中进士，遂被任命为总理衙门章京，并成为一名海关总署官员（见《冯景亭行状》，第17页；《清代名人传略》，第243页）。

是，没过不久就发现，即使是在上海和广州，也找不到符合条件的外语教师。(注135)1862年作出聘用外国人来给中国未来官员讲课的决定，似乎有些冒险。中国人一直怀有对于外国实施意识形态渗透的担忧，只有等到英国驻华公使威妥玛再次向总理衙门保证其可以找到不讲授基督教内容的外国人之后，中国人才克服了这种忧虑心理。(注136)

总理衙门作出决定，这所新式学校应能提供高效的培训课程，还应避免出现老式俄语学校所存在的办学薄弱环节，这些薄弱环节致使俄语学校在其漫长的办学历程中毫无建树。(注137)按照同文馆最初制订的教学计划，准备招收10~24名年龄在15岁左右的学生，可是，招生数量规模急剧扩大。同文馆通过定期组织的考试，检验学生的进步情况，校方期待这些学生经过第一年的勤奋学习，借助于翻译国内接收到的外文信函这种培训手段，获得课程以外的实践锻炼机会。(注138)

在上海和广州两地创办的学校，遵循了北京同文馆的办学模式。李鸿章的看法同早些年间的总理衙门一样，他指出，外国人在过往的20多年中一直都在学习汉语，他们当中的许多人都能阅读中国的经典史籍和官方文件，与之形成对比的是，我们只有为数极少的官员或士绅能够读懂外语，而且他们当中的大多数被迫依靠那些可能并不值得信赖的翻译人员，才能开展工作；着眼于理解外国人的意图，中国官员有必要去学习那些外国人认为重要的学科知识；因此，迫切需要创办一所办学优质的外语学校；凭借着中国人与生俱来的出色才能，一定会轻而易举地掌握这些新引进的学科知识。(注139)

只要是单纯教语言，学校的教学工作就会取得常规的进展。(注140)然而，同文馆所牵涉的内容，远非常规的教学，随着这一点逐渐清晰地呈现在极端保守派的面前，抗议的声浪便甚嚣尘上(如暂时出现办学不成功的局面)。总理衙门成功地抵制了这些抗议，保持了自己对于教育事业的一贯立场，这说明总理衙门对外交事务的处理，已经在旧制度的框架之内实现了一定程度的现代化。

总理衙门于1867年1月28日提出建议创办一所附属学校，其办学目标是，讲授工程学、天文学和数学，以便把学生培养成政府服务人才。总理衙门在争论中认为，自然科学是西方科技的基础，掌握其基础知识，是中国实现自强计划必不可少的一项内容。同文馆聘用的外籍教员，都将经过层层选拔，全部教学计划也要经过赫德的审批。(注141)《北华捷报》把总理衙门的这条声明当作一个信号，该信号表明，中国的排外主义终于真正开始走向消亡，不得不承认存在这样一种可能性，即，如果让中国人接受西方自然科学知识的培训，他们就有可能在他们公认优秀的记忆力基础上，培养出"真正的智慧"。(注142)1867年2月25日，徐继畲被任命为扩招之后的同文馆主管领导。(注143)

当这项新的计划逐渐被公开以后，极端保守主义的反对派便在倭仁的领导下，立即采取了行动。[1]山东一位名叫张盛藻的御史代表倭仁发表讲话，直陈文人士子阶层的理由：(注144)科举考试制度的基础科目是文学，不应以科技学科为基础；天文学和数学虽然应当得到钦天监及工部的适当关注，但不应被纳入官员教育内容；官员们应当接受治国理政经典原则及其实践运用方面的培训；自然科学无非一门科技上的技巧，属于下级胥吏们关注的范围，即使应有所关注，也不应被抬高到一个举世公认的、包含于真正学问范畴之内的地位。

同治皇帝支持了所谓的开明派，并且在他1867年3月5日下达的谕令中规定了一条原则，明确将天文学和数学适当纳入中国儒生教育现行大纲中，成为其组成部分之一，还规定自然科学不仅仅是"耍小聪明"，学生们要学会在不抛弃圣贤祖训的前提下运用西方的科学方法。(注145)这恰恰是同治中兴的本质：在旧秩序的范围内，实施一场激进的彻底变革。

反对派并没有轻易投降，1867年3月，文渊阁大学士倭仁亲自出马，发动了一场针对开明派的主要攻势。倭仁早在1850年就曾经起草过一份著名的奏折，把基础伦理教学与这种完全等同于"耍小聪明"的学科进行对比说明。在1850—1867年，倭仁曾在清政府多个部门担任过尚书之职，还是同

---

[1] 蒋廷黻曾把这个历史上的小插曲解读为同文馆的实际控制者——满族恭亲王，与那些从不参与同文馆的广大文人士子的利益代表者——倭仁之间爆发的一场冲突（见蒋廷黻所著《中国近代史》，上海，1938年，第66—67页）。这个观点并不准确。像曾国藩、冯桂芬这种类型的文人士子，他们认为旧秩序不会一成不变地存在下去，因而要支持同文馆；而大多数文人士子如果追随中兴时期领导者，其身份地位就必然会受到损失，他们的利益诉求只能通过倭仁去反映。

治皇帝的老师，身兼都察院左都御史、翰林院掌院学士等要职。他是代表社会主流的儒家正统思想的权威，同时也是与恭亲王及文祥这一派势不两立的反动派的公认领袖。总理衙门曾有一段时间试图通过以本部门职位相邀并授予倭仁的办法，使其不再提出反对意见。(注146)谣言迅速传播蔓延。有人在城里挂出对联，其内容是在哀叹国家政策出现了过失，以及当外国人成为老师之时，贤者的尊严遭到了世人的抛弃。在大清帝国的民众看来，倭仁始终保持着言辞尖刻、顽固倔强的性格。(注147)

于是，作为一个显然无关紧要的小问题，围绕是否应该把自然科学纳入教学内容的争论，却引发了中兴领导者与大多数文人士子之间整体存在的潜在矛盾彻底尖锐化。在中兴开始之后的几年过程中，领导者思想层面的变化几乎难以察觉，这件事充分说明这种变化是显著的。这个问题最终得到了清晰地界定，大清帝国最高级别的官员都被牵涉其中。

倭仁在3月20日递交的一份奏折中，驳斥了传授数学及天文学知识的教育原则：好政府不能来源于一群经过特殊培训的人，而应由品行端正的人组成。(注148)总理衙门则把曾国藩及其他大臣支持同文馆的观点副本转达给倭仁，以此作为回击。(注149)倭仁随后改变了自己的立场，他提出建议说，如果必须把自然科学纳入教学科目，它们至少应该由中国老师来讲授。总理衙门的答复是，具备这些必要教学能力的中国人很少。皇帝下谕命令倭仁亲自提名符合条件的中国人去任教,他回答,自己没有从事自然科学领域的熟人。

1867年4月底,总理衙门对这起事件进行了总结回顾,重申了自己对于倭仁基本原则的驳斥观点。这些观点得到了皇帝的赞许,他命令总理衙门继续招收那些可以通过自然科学课程录取资格考试的学生。(注150)倭仁本人又一次接到赴总理衙门任职的命令,他再次以自己有可能误事为借口拒绝了这项任命。他的拒绝虽然起初并未得到朝廷的同意,但或多或少还是避免了使自己出现在新的任职岗位上。(注151)最终,总理衙门的大臣们为他想出了一个可以保全其脸面的办法:以他"患病"为由,解除了他除文渊阁大学士以外的所有职务。这就自然而然地免除了他去总理衙门担任大臣的责任。(注152)

1867年的旱灾,给倭仁及其同党提供了一个卷土重来、挑起论战的机会。依据中国的传统政治理论,一场自然灾害可被解读成这是国家政策出错的结果,于是,皇帝有责任去改正错误,以便恢复宇宙万物的和谐。[1]极端保守派抓住时机对总理衙门主动发难,声称是总理衙门的所作所为扰乱了自然界的和谐秩序并引起了这场旱灾。一个名叫杨廷熙的候任

---

[1] 在清帝国的史料记载中,旱灾和洪水总是占据着显著的篇幅,但在大多数情况下,皇帝下令采取政治补救措施的做法是相当普遍的。比如,官员应该养成节俭和讲真话的习惯(见《清史稿·本纪》,第21卷,第5b页)。直至1931年,"自然与道德相辅相成"的理念依旧存在。虽然国民党政府名义上尊崇孔圣人,却无视儒家的治国原则,这才导致了那年波及多地的大灾难,因而受到人们的谴责(见第十二章)。

在许多原始社会和农耕社会中,"人们认为,除非遵守所有社会准则,否则自然界就不会给人类带来好收成"(见乔治·霍曼斯所著《人类群体》,纽约,1950年出版,第327—328页)。然而,尽管这种观念本身并非中国所独有,但它并没有发展成为一个长期存在的帝国的基本统治原则。

知州据此提议关闭同文馆，以期带来降雨。杨廷熙断言，总理衙门篡夺了权力并给皇帝施加了影响，使其罔顾忠心耿耿的顾问及监察御史们提出的建议。接下来他继续直陈要点，即西方文明不适合中国的需求。(注153)

皇帝在批复杨廷熙的上谕中，对杨的观点进行了嘲讽，但同时，皇帝也对杨廷熙身后可能存在的强势集团(同党)，表示出了足够的关注。皇帝对倭仁提出点名警告，要求他牢记为官之责。接下来，皇帝在谕令中，通过引用曾国藩、李鸿章的成功经历来证明儒家学说可与西学实现相互融合的道理，从而以积极的语言重申了清政府支持总理衙门所制定政策的坚定决心。上谕最后得出结论，认为翰林院没有必要坚持把自己的教学内容局限在文学学科。(注154)

一旦原则得以厘清，这场同文馆之争也就得到了化解。总理衙门提出辞呈，但遭到了朝廷的拒绝。杨廷熙本人也没有受到斥责，皇帝的理由是，不想因此挫伤官员们为朝廷建言献策的积极性。非但如此，杨廷熙还被邀请去拟制一份反映清政府自强运动的备忘录。当内阁侍读学士钟佩贤建议朝廷应该对倭仁及其同党指责清政府犯有错误的行为提出谴责时，皇帝在批复的上谕中否决了这一建议，并指出，虽然倭仁对朝廷提供了错误的建议，但他这样做，是真正出于对公众福利事业的充分关切。(注155)

尽管这些努力都是为了挽回反对派的尊严，但在一系列意义非凡的总理衙门的奏折和皇帝下达的上谕中，都十分清楚地阐明了官方政策。而且,这些奏折和上谕都表现出雄心勃勃的进取精神。关于这些文件的许多译本,海关都进行了印刷和出版,而且被一些报刊翻印和收入西方的文件汇编。这段历史小插曲的重要意义,得到了世界上的广泛承认。美国驻华公使蒲安臣向华盛顿方面汇报了该事件的进展情况,对于总理衙门在这一事件中所运用的战略战术,美国国务院表示感到很钦佩。[1]有人指责蒲安臣只把同治皇帝批评倭仁的谕令提供给了华盛顿,却只字不提所谓的清政府彻底改变其立场的最终法令,这种指责完全是空穴来风。(注156)清政府根本没有作出过这种南辕北辙式的最终表态。

1867—1868年,时值中兴事业的鼎盛时期,朝廷上下都表现出支持变革的态度,人们有充分理由对同文馆的未来展露出近乎一致的乐观态度。同文馆总教习丁韪良这样写道:"这是一个不小的胜利,学院能够在由文人士子中的优胜者所发动的攻击中幸免于难,这种种征兆助了他们的一臂之力,使他们能够从各种社会因素的不和谐之中被唤醒。"(注157)《伦敦与中国邮差报》发表了这样的评论:

这个文明世界整体上与它(同文馆)的胜利休戚相

---

[1] 在任命倭仁为总理衙门大臣的问题上,美国国务院高级官员威廉·亨特评论说:"这当然是一个巧妙的权宜之计,既可摆脱政治上的反对派,又可确保政治对手听命于己。"就这个问题整体而言,西华德写道:"这些文件中所描述的事件发展进程是非常有趣的,展示了清帝国在吸收同化西方国家制度和习俗方面的强烈趋势。"(见《美国国务院档案文件·中国卷·指令文件》,第1卷,第460页和第454页,日期分别为1867年7月24日和7月6日)

关……为什么不在中国国内教育中国人，把本土知识与国外知识相结合，努力培养出既精通现代科学，又有文学造诣的人来担任行政职务，成为各省巡抚，也许最终成为各部尚书呢？(注158)

《北华捷报》发现，有关这一事件的所有文件从头到尾都在宣传一种"在实现一场积极的复兴事业过程中可以察觉得到的精神"。(注159)

就中国人而言，自从挫败了倭仁集团的进攻后，同文馆的各项事务似乎都在平稳地向前推进，(注160)似乎并没有受到外籍员工之间混乱局面的较大影响，这种混乱局面的起因，是一桩指控赫德涉嫌的欺诈诉讼案（与学校有关）。[1]1868年，杰出数学家李善兰加入同文馆的教师队伍。一位同事在评价李善兰时，这样写道："他的信仰，如果他有的话，肯定是一个融合东西方的结合体。他自称是一名儒生，实则是一个折中主义者，他把来自印度和西方的思想嫁接到中国圣贤的教义上。"(注161)对数学及自然科学的考试，成为一项例行性的教学事务，不仅招生数量得到了增加，学校的社会地位也得到了提高。(注162)

但是，同文馆办到最后，终究还是失败了。关于它的失败

---

[1] 方根拔起诉赫德并要求赔偿损失，声称他在接受同文馆的工作时，曾受到赫德的欺骗，因为赫德把总理衙门描述为一个政府部门（关于方根拔对这起诉讼案庭审情况的记载，见其著作《中国的新学》，载于《蒲安臣使团》，第 772—773 页）。英国驻上海最高法院虽然驳回了对赫德的大部分指控，但仍然对他处以罚款，这使得外籍员工士气低落。后来，英国枢密院根据主权豁免的法律原则推翻了这一判决，认为赫德作为中国主权的代理人，法院对其没有司法权（见[英]魏尔特：《赫德与中国海关》，第 12 章，《同文馆与方根拔诉讼案》）。

原因，当时外国人给出的解释都是不着边际的。一些人批评同文馆回避了宗教教育，（注163）但作为一所面向中国人的学校，这种回避宗教教育的学科设置，有助于它的成功。另外一些人则认为，外籍教师在对中国学科的讲授上耗费了过多的时间："这所面向中国人传授英语文化知识的北京学院，已经变成给英国人传授中国文化的北京学院了。"（注164）在这里，外籍教师对中国的兴趣，如果对学校有任何影响的话，那也应该是有助于学校的稳定，减轻中国的敌意。

　　同文馆发挥教育作用之时，恰逢张之洞踏入其卓越官场生涯的事业起步阶段。时隔30年后他在文章中写道，这所学校在由思想狭隘、偏执保守的文人士子群体所发动的流言蜚语的攻势下，已经遭到了彻底的毁坏。随着中兴事业的领导者为能力不如他们的人所取代，同文馆便在千夫所指的敌视氛围中走向了衰败，此后直至1895年，中国教育事业再也没有出现进一步的改革创新。（注165）

　　直到最近，中国史学家基本上都把同文馆的创办视为实现中国现代化的重要步骤，却从来没有认真考虑过造成同文馆办学失败的原因。根据范文澜的观点，总理衙门这个派系的目标是要建立一个由翻译人员和买办商人组成的利益集团，以便把外交事务的控制权交接到满人手中。在范文澜（以及倭仁）看来，这所学校助长了崇洋媚外、蔑视同胞之风；它之所以会失败，是因为李鸿章及其他位高权重的持不同政见者脱离了这个由满人和西方人结成的帝国主义同盟轴心。（注166）

19世纪60年代的乐观主义者认为自己是这场中国文化事业意义深远的根本性变革的历史见证者，因而不会产生如此错误的想法。正如当时发生过的许多场变革一样，同文馆的失败也是因为随着自身的发展，逐渐开始对这个儒教国家的执政基础构成了挑战。[注167]文渊阁大学士、两广总督瑞麟指出，同文馆的办学存在着一个体制性障碍：这所新型学校的学生们普遍忽视西方知识学习，而把主要学习精力用于传统儒学，因为传统儒学仍然是他们日后当地方官的任职条件。瑞麟强烈要求找到一些可以改变这种局面的方法，但是，如果中国政府及其官员的内在品质不经历一场革命性的变革，就不可能找到任何方法。尽管高级官员会尝试着实施改革，但他们缺少那种迫使文人士子及土豪乡绅都参与其中的权力。假使他们真有这种权力，以他们作为儒教社会政治家的身份背景，也不可能会做出动用这种权力的选择。[1]

结论

中兴时期在实现外交关系现代化方面所取得的成功，值得注意。为了给这一时期的中国外交史料汇编正式作序，体仁阁

---

[1] 从人类学家所发现的在没有社会动乱的情况下学习新技能和新态度的一般情况来看，我们可以说，同文馆是不可能取得成功的。根据人类学家罗伯特·雷德菲尔德的说法，由于存在着种族肤色偏见，存在着严重的种族之间的经济竞争，还存在着一个群体试图支配另一个群体的社会现象，因此，这种类型的尝试就会失败。这个人类学理论观点及与之相关的案例素材，在A.欧文·哈洛威尔的著作中得到了概括呈现，见《文化互渗过程中的社会心理表现》，载于拉尔夫·林顿所著《世界危机中的人类学》，纽约，1945年出版，第171—200页。

大学士宝鋆这样写道:"十三年帝治辉煌,书《《筹办夷务始末》》呈金鉴。"(注168)事实上,《筹办夷务始末》这本书所记录的,当然不是中国在外交事务上因传统的虚荣做作而作出的一贯的简单重申,而是一些更为重要的内容:尽管遇到了许多挫折,他们还是努力制定出了现代外交政策。出于必要和选择,该政策的主线是国内行政事务,但是,军事力量的长期重要性也没有被忽视。

截至19世纪60年代末期,中国的国际地位不仅比1860年以来的任何时候都更为强大,而且比此后再过将近一个世纪的中国还要强大。事实上,外国已经中止对华实施直接军事介入;莽撞冒进的西方商业企业也已经停止了对华贸易扩张的脚步;中国初露端倪的民族主义苗头非但没被取代,反而增强了传统的文化民族主义倾向。

中国在中兴时期采取的外交政策,在未对外国人的合法权益构成任何损害的前提下,成功地保护了中国自身的权益。那些曾经期待着尽早把中国完全融入19世纪商业世界的国家,以及那些想要征服和吞并中国的人,都品尝到了失败的苦果。然而,如果帝国主义者的美梦破灭了,典型的外国侨民的现实生存状况就会得到显著的改善。[1]15个通商口岸,以及首都北京,都面向外国人开放,供他们居住。外国侨民会发现,几乎每个地方都可以安全地游玩,并受到彬彬有礼的接待。船坞的建造、

---

[1] "实际上,如果把二十年前外国人在中国的地位与他们现在的地位进行比较,那些声嘶力竭地大声抱怨中国人顽固且愚蠢的人们,或许会为此感到惊诧不已。"(见《北华捷报》,1868年1月16日)

轮船使用量的增加、高效海关制度的牢固建立以及各种办事流程的改进，使得从事商贸活动的实体设施和物质条件逐年大为改观。不得不去与之打交道的那些官员，变得越来越容易沟通交流；如果他有冤情并能作出合乎情理的陈述，就有可能得到一场公平的裁决。即使是对亚洲政府的执政表现向来不满意的法国，也承认当时确实出现了许多鼓舞人心的改革迹象。[注169] 英国驻广州领事巴夏礼把中外关系上展现出来的这些新面貌，非常公正地描述为"就像一对性格不合的夫妇彼此迁就、重归于好。"[注170]

中兴时期，无论中国官员还是外国官员，都相信中国的内政问题至关重要，如果内政问题能够得到解决，建立外交关系将不会面临严重困难。有鉴于此，英国驻华公使阿礼国及其同僚们的意图是，外国权益取决于和平安宁、井然有序、有效的中央统治以及繁荣的国内经济。恭亲王、曾国藩、左宗棠及其他领导者的意图是，尽管由于国内的软弱和混乱已经招致了外国势力的介入，但随着国家实力的壮大，外国人不敢轻举妄动。

发生于1870年夏季的两起事件，标志着中兴时期制定的外交政策走到了尽头：其一是英国拒绝签署《阿礼国协定》，其二是天津教案。尽管这些祸端乍一看似乎是中国的新型外交出了问题，但实际上，每一起事件都是源于中国外交政策范畴以外的事态发展的结果。英国政府勉为其难地作出拒绝签署《阿礼国协定》的决定，这是其国内政府直接面对英国商人所施加的压力的结果。天津教案是中国当地仇外情绪的一次集体爆发，始作俑者是社会地位受到西方入侵威胁的文人士子和当地官员。除了这些意外事件，总理衙门已经构想出妥善处理国际关系事务中的常规问题的许多办法。但是，当遇到外交政策的直接需要与儒家秩序的根本需要背道而驰的情况时，这些办法都是无能为力的，相关内容，请看下一章。

XI NEAR VICTORY AND DISASTER
第十一章 功败垂成

为达成一份平等条约的初次努力

如前一章所述,中兴时期的清政府自从1861年起,便承担了中国与西方国家之间签订过的所有现存条约的谈判,并通过采用西方外交的方式方法,成功地把某些条约款项转化为对自己有利的法律条文。但清政府并不满足,其野心继续膨胀:虽然《天津条约》[1]再也不会给中国带来一场类似于1858年那样的痛苦经历,(注1)但清政府下一步所要采取的措施,仍是调整那些最令中国人反感的条款,从而为以后发展中外关系奠定一个崭新而又"公平"的条约基础。然而,对条约进行的任何修改都注定困难重重,因为一旦提出扩大西方贸易的要求,就会影响到中国的整个社会,而且在许多情况下,这些要求与中兴时期的国内重建计划完全是南辕北辙。

居住在中国的外国侨民对此了解不多。他们轻松愉快地致力于推行一项要求中国立即全面开放且与西方商贸及宗教活动保持全面接触的政策。他们认为《天津条约》所能提供给他们的权益本来就很少,而在实际操作过程中,总理衙门通过施展狡诈阴谋与带有亲华偏见的英美外交官相互串通,把本就很少的权益又从中克扣了一些。[2]

形成鲜明对比的是,英国官员却经常对中英外交前景可能

---

1 由于英国的在华利益在其他所有外国的在华利益中居于主导地位,除非另有所指,《天津条约》指的就是英国同中国签订的条约。

2 见第三章。

遭遇到的风险感到心神不宁。历史感强烈、阅历丰富、饱览时政事务的阿礼国，强烈地意识到他亲眼见证的外交局面并不寻常，而是"如此旷古未有、闻所未闻的一场革命"。从地中海到太平洋，他看到了现代亚洲国家未来的模式。他不认为大不列颠会阻碍或强迫他们的发展，甚至按照自己的计划来塑造他们。

有史以来的世界发展经验已经表明，虽然一个母体帝国可以通过移植的手段在海外复制出多个殖民地国家，但这些殖民地国家自身所拥有的文化，却不可能从一群人中间大规模地转移到另一群人中间，或者以武力征服，或者通过缔结条约，都不可能做到这一点。文化只能从它扎根的那片土壤中一脉相承地获得成长的条件。文化必须使自己适应那里的气候、土壤以及周围的一切；文化与时俱进，反过来也影响周围的一切，就这样，通过彼此相互之间的影响作用，文化和环境迟早会构成一个统一而又和谐的整体。

假如中国乐意去完成这个迄今未曾尝试过的试验，把她所拥有的周围这一切环境条件都进行一次突然而又彻底的改变——即刻在同一时间铺设铁路、开通电报；利用国外的代理商和机器设备去开采全部矿产资源；以最彻底的发展水平实行自由贸易；烧掉她的全部儒教书籍；采用新的宗教教义；像兄弟一样去拥抱外国人；或者对中国采取任何其他空想和野蛮的全面同化方案——谁还会认为和平繁荣是一个立竿见影的现成结果？抑或通过如此急躁冒进的措施，就可以在一个古老国家的破碎废墟上建起一个稳定政权吗？这个世界上最古老的政体和民族不正屹立于现代的东方吗？谁能相信那些想让中国完成这个试验的人曾经读过哪怕一页关于中华民族及其文化的历史？[注2]

在这段话中提到西方既不能也不应该去胁迫中国时，阿礼国的本意绝不是说西方政治家不必承担任何责任，也不是说他们可以一直等到尘埃落定。恰恰相反，他认为中国在未来几十年的发展进程中，正处于历史上的紧要关头，事态的发展可能取决于西方凭借着几项关键性的外交决定而体现出的远见卓识和慷慨相助。经过对中国时局的研究，他开始相信1868—1870年正值清政府似乎通过一场改革积蓄力量之际，这也恰恰是为发展现代条件下的中西方外交关系定下历史基调的关键时期。然而，尽管前景展望很壮观，但他却并不期待以戏剧性的一蹴而就的方式去实现它，因为"谈判双方必须在总体上以他们所经历的事实或事物的实际情况作为外交谈判的筹码，而不是以他们在未来的某个时期的可能状况作为筹码"。[注3]

中国在19世纪60年代出现的一个重要现实情况是，清政府以及对外观点的制造者，对西方帝国主义怀有强烈的不信任。对此，阿礼国的对策是，耐心谈判，谦和让步，竭诚努力，去理解和反映中国人的实情。他认为自己看到了中国愿意在双方让步的基础上进行合作谈判的迹象,(注4)他对本国商人们拒绝对中国人愿意合作的态度作出回应的这种做法感到很痛心。

就在英国即将针对《天津条约》的修订事宜而展开与中国方面的谈判之际,阿礼国告诉商人们:"那些让一方受益而把损失或错误强加给另一方的条款,都有可能被受害方予以规避,而且这些不平等的条款,也往往会被证明是滋生麻烦和误解的沃土。"(注5)1869年,为了使中国诞生第一份"平等"条约而付出的谈判努力最终却宣告失败时,阿礼国这样回忆:

> 我们与清政府为达成平等条款正在举行谈判交涉,寓居在华的商业社团对我们的谈判工作极为漠视。他们认为经过修订后的条约能为他们进一步扩大特权提供更多机会,他们似乎从未想过中国人对条约的看法会极大地不同于以往。自从北京被联军占领以来,他们首次利用谈判的机会宣称自己不仅拥有获利的权利,还拥有取缔或限制外国人在华特权的权利。外国所享有的这些在华特权,都是早些年间外国通过对中国实施武力施压,以提供和平为代价,从中国人的手中敲诈得来的。(注6)

1869年,《阿礼国协定》没有获得批准,这是在中英双方相互作出让步的基础上,为了修订条约而进行的真心实意的努力。对此，进一步发展的局势将证明这一点。阿礼国曾告诉文祥，西方人众口一词地认为他在谈判中没有为西方国家争取足够的利益，他因此饱受指责，文祥回答："是的，毫无疑问会是这样；有时我也看到了你们的报纸是这样说的。我也受到了国内的谴责，说我是一个叛徒，只不过穿着一身中国人的服装而已。"(注7)

阿礼国在总结时说，谈判双方都未能扩大自己要求的利益，但事实证明，中国政府在谈判过程中展现出了比英国商人更高的灵活性。虽然阿礼国也赞成商人们应该对中国政府的最终目标抱有怀疑态度，这在一定程度上讲也是说得过去的，但他坚持认为，没有真诚与善意的条约，终究是毫无意义的，这个世界将会重新陷入野蛮争斗之中。(注8)

三个利益相关方

谈判中的任何一方都不满意《天津条约》。中、英两国政府，以及英国商人和传教士之间存在的利益上的冲突、看法上的矛盾，充分体现于中外关系的各个层面。(注9)这三个利益相关方虽然都把自己优先考虑的条款分配到各种问题上，然而，他们所关注的重点，却是截然不同的。英国商人首先关注的是降低对外商品关税，以及严格执行《天津条约》中规定的过境税相关条款；其次关注的是，将普遍开放中国内陆地区，允许外国人在内陆地区享有轮船航行、开矿和铺设铁路等方面的自由。而对于拜会朝廷时的礼仪问题、中国向海外国家派驻公使问题,以及中国的国内改革问题等,他们都并不是特别在意。传教士组织主要关注的是可以在中国内地居住、旅游及自由传教。英国商人经常投诉中国人违反书面协定,向英国商贸活动征收了不合理的且带有歧视性的关税,英国政府及其官员虽然支持本国商人的这一做法,但他们只限于严谨地解释条约。除非针对那些曾作出特别承诺的地区,否则他们都拒绝挑战中国的征税权力。与商人及传教士不同,英国政府及其官员们严重质疑开放中国内地这项政策的明智性。尽管觐见似乎对他们来说已经不再那么迫切需要解决了,但他们高度重视中国向海外派驻外交使团问题。在他们看来,最大的问题是要推进中国国内的改革,他们认为,中外关系中的所有具体问题的最终解决,都必须取决于此。

总的说来,觐见和外派使节问题是中国人在处理任何一次外交事务时着手解决的首要问题,因为这两个问题事关皇帝及国家的尊严,但是,从中国人讨论这两个问题时的语气来看,它们事实上属于次要问题。对中国人来说,最重要的是要解决传教士问题,这个问题几乎不会引起商人们的任何兴趣,而英国政府之所以会对这个问题感兴趣,主要是因为中国人的激烈反应。在中国人看来,重要性仅次于传教士问题的谈判项目,是将铁路、轮船航运引入内地,以及吸引外国投资问题。至于说外国侨民在内地定居及旅游的问题,或多或少都属于不太重要的细枝末节,而内地过境子口税问题,则更是一个几乎无须考虑的小事了。

在20世纪全球范围内持续升温、日趋白热化的治外法权问题，在当时参加修约谈判的三方全体代表眼中，还只是一个猝然出现的相对不太重要的小问题。

外国人眼里的问题

一、过境关税

来自各国的外国人作为一个整体主要关心的是，外贸商品进入中国后应当承担的国内税收责任。[1]对商人们来说，这"或许是所有能与条约发生联系的事项中的最重要的问题"。(注10)1842年的《南京条约》第10款语义含糊地规定，准许将所有进口商品的内陆税改为一次性缴纳，但其数额却从来没有确定过。1858年的《天津条约》第28款——额尔金子口条款——曾试图通过具体规定纠正这种含糊不清的现状：中国国内征收税率必须做到提前公布，对外贸易货物的所有应征的中国国内子口税可以根据商人的选择，折算为从价税的2.5%。

事实证明，第28款从一开始就无法运转，(注11)关于该条款的具体含义存在着尖锐的分歧。这个问题无论在英国国会还

---

1 见第八章。

是在中国的各处通商口岸，都引起了激烈的争论。[1]在什么情况下，用于出口的本土产品才会变成"对外贸易产品"并因此获得特权？在什么情况下，外国产品一旦进口以后就不再是"外贸商品"并因而被免除特权？哪些特权可以在缴纳条约规定的内陆子口税时得到保证？如果对外国产品给予免税特权，那么免除的是中国当地的所有地方税，还是仅仅免除当地的子口税？设定哪些条款，才可以防止中国地方官的非法征税行为？设定哪些条款，才可以防止外国商人的贸易欺诈行为？《北华捷报》有理由作出如下评论："对于中国的财经制度，(《天津条约》的)草拟者们显然是一无所知，否则他们就一定会察觉到，对同一种产品同时征收两种税率，这种做法是毫无可行性的。"(注12)

位于上海的英国领事认为，中国的税收体制也许并不健全，"它必须通过采取某些其他手段来经历一场变革，而不是通过借助于一份商业条约，顺带着实现自身的改变"。

> ……没有人能够想象得到，如此复杂而又广泛的国内税收体系，覆盖范围从长城一直延伸到领土尽头的海南，竟然会在不需要对全国内部管理机构行使监管权力的情况下，能够通过彻底有效的管理满足了外

---

1 英国政府的支持者们辩称，额尔金从一开始就承认地方税与过境税之间存在差别，并打算只保护外贸不受后者的影响；如果情况真是这样的话，有关外贸商品缴纳地方税的任何证据都不违背《天津条约》所规定的过境税条款。中国贸易商会否认这一解释。英国外交部发言人随后承认，制定过境税条款的初衷，是为了免除进口商品的所有内部缴税，但支持中国贸易商会的重新解释是因为英国商人欺骗性地向中国国内商人兜售过境通行证（《英国国会议事录》，第197卷，第1786—1790页、第1795—1797页、第1800页）。

国商业活动提出的所有要求。(注13)

愤怒的商人们表示反对。他们坚决要求根据《天津条约》第28款，他们的商品应免除所有的内地收费项目，包括厘金和国内子口税。[1] 在所有的通商口岸，商人们大声疾呼，抗议中国的地方官诈取了他们依据条约所享有的权益，一些口岸的商人甚至获得了领事们给予的支持。(注14)

与之形成鲜明对比的是，英国的外交官们支持中国的观点，认为条约中的子口税款项并不适用于免除类似于厘金这样的地方税，(注15)对于过境商品流通过程中暴露出来的英国商人操纵黑市交易的丑闻，英国外交官的反应甚至比中国人更加愤慨。(注16)在19世纪的英国，没人赞成厘金制度，认为它违背了所有举世公认的财经政策原则。但是，尽管英国官员失去了建议中国人实施税收制度改革的机会，(注17)可他们却并不认为这样一场改革可以凭借条约的力量得以强制推行。正如阿礼国在告诫九江的商人们时所说过的话，不管中国的国内税收制度或许是多么的不明智和不公正，我们英国都几乎没有合法的权力去干涉它，至于说管理如此复杂的中国国内问题，我们英国无论怎样都是不具备这样的能力的。他敦促商人们不要继续在权

---

1 英国上海商会不仅主张为负责运送外贸商品的中国人提供过境通行的相关保护，而且针对个别英国人向只在国内做生意的中国人兜售过境通行证的不法行为，上海商会甚至会为这些英国人提供司法辩护。其理由是，清政府制定的税收政策不仅完全违背了法律原则，而且突破了道德底线（见《英国议会档案·中国卷》，1870年第4号档案文件，第14—15页、第18—20页；《英国商会年度会议纪要》，上海，1861年7月27日；《上海总商会年会纪要》，1865年8月23日）。

利方面吹毛求疵，那些权利最多也只不过是有名无实纯粹纸面上的规定，商人们应协助他制定一份可在目前情况下行之有效的协议。^(注18)

二、"开放内地"

从外国的角度来看，《天津条约》在执行过程中遇到的第二个大问题，源于该条约第12款明确规定了外国人可在遍及中国的任何一地，以现行市场价租用房屋、教堂、医院等设施。英国官员声明，这一条款并没有赋予外国人任何可在中国内地自由定居的普遍权利；假若该条款真的有意这样规定，《天津条约》就没必要把那些可以开放的通商口岸列举出来了。^(注19)

就总体而言，英国商人持反对意见。他们坚持认为该条约第12款已经同意"开放了内地"，因而他们应得的条约权益正在遭到中国方面的否决。^(注20)他们不再迫切要求额外开放通商口岸，因为过度扩张口岸业务已经让他们付出了惨重的商业损失。[1]为了取代以往的做法，他们现在期待着通过减少在各个通商口岸开设的分公司的数量，以便压缩日常开支，同时想自由进入中国内地拓展业务，扩大商贸活动的业务量。他们确信，如果可以随心所欲地在中国旅游、定居，他们就能重拾往日的商务繁荣；如果他们能亲自监督所有的交易过程，他们的外贸商品就会少缴纳一部分税款。

---

1 "经验表明，开放新的口岸远没有人们想象的那么有利。对外贸易向上海集中的趋势日益显现。"（见1867年10月12日出版的《北华捷报》）

有人认为，类似这种由外国公司在中国内地经营的商业活动，经实践证明，并没有给商人们带来特别的利润；另一些人认为，外国商人由于能力欠缺，他们的公司无法同港口以外的中国公司开展竞争；还有人认为，随着进入中国的进口商品总量的增加，从中受益的是英国的制造商和中国的消费者，而不是活跃在中英两国的商人们。对于上述争论，商人们未作明确回答。(注21)1868年，当阿礼国请商人们详细说明一下他们到底有哪些需求时，商人们却派出了一个实地考察团进入中国内地，写出了长篇累牍的答复报告。但是，他们并没有提出具体的步骤，而是把自己局限在对中国未来前景的普遍热情中，即他们的贸易将通过中国自由流动，并将打开一条通往印度的陆上通道。1(注22)

关于《天津条约》中明确地向外国商业开放长江的条款，具体把长江开放到何种程度，这是一个尤其容易引起激烈争论的议题。根据该条约第10款之规定，在长江上开放三个通商口岸——后来命名为镇江、九江和汉口——当时，恭亲王在给皇帝写奏折时，说这是条约中最危险的款项。(注23)1861年3月，在经过几次实地勘测并绘制了长江口岸地图的基础上，英国获取了中方的合作，公布了外国船只在长江通航的《临时章程》。(注24)英国的商人们将这些措施的含义解读为，长江从上海口岸直至汉口以远，已经完全开放，还期望着从现在开始，"中国将认真

---

1 经核对英文原文和前后注释，此处为原版英文遗漏，在此补上序号。——译者注

地着手开启本国的开放事业"。英国官方对此予以否认,毫不理会商人们的愤慨,[1]仍积极支持中国政府对于开放问题的相关规则。(注25)

英国政府和英国官员都赞成中国所秉持的《天津条约》并未规定把全中国都面向外国人开放的观点,而商人们甚至就连这些经条约担保的权益,也要想方设法地拿来运用于经商实践,商人们的这种做法是否明智,英国政府及官员一直对此心存疑虑,他们认为商人们盲目热衷于扩大这些权益的想法是完全不切实际的。[2]

三、治外法权

19世纪60年代,关于治外法权的争端仅仅涉及在华外国侨民的内地居住权问题。中国政府在任何条件下都不想让外国人居住在自己的腹地,理由是外国人不遵守中国的法律。但就当时这个局势而言,法律层面的问题对于阿礼国的重要意义比总

---

1 1862年9月10日,恭亲王、赫德、卜鲁斯、蒲安臣等人经过协商,颁布了《长江贸易条例》修订案。明确宣布对外贸易仅限于长江沿线的三个通商口岸。此外,规定内河商船最远可以开到汉口,而远洋货轮则只能按照命令停泊在镇江。见王仲祺所著《长江航运规定》,巴黎,1932年,第82—89页;[英]萨金特所著《中英两国间的商贸与外交》,第146—147页;还可参阅《关于开放长江对外贸易的函件》,1861年,全文;还可参阅本书第三章。

2 1862年签署的《天津口岸恢复进口贸易协定》指出,在中国内地开展商贸活动取得成功的必要条件包括掌握口语交流、熟悉中国习俗和坦诚相见。广东省的那些买办商人是靠不住的。普通外国商人试图到中国内地开展商贸经营活动时,"后集不言自明,外国商人与中国当地人之间一旦产生误解,就需要当地官府去实施干预,那些地方官不是腐败就是愚蠢,于是就会产生纠缠不清的麻烦和纷争,往往需要数月时间才能解决。在这种情况下,当然不必指望着去开展贸易了。目前,由于在这一地区内的外国人与中国人,对彼此一无所知,所以,如何行使这种内地经营权,对于外国商人来说非常重要。"(见《英国议会档案·中国卷》,1864年第4号档案文件,第35—36页)

阿礼国同意这种大众观点。见阿礼国于1868年5月6日写给山嘉利的信,载于《英国议会档案·中国卷》,1871年第5号档案文件,第135—139页;以及阿礼国于1868年5月21日写给山嘉利的另一封信,载于《英国议会档案·中国卷》,1869年第3号档案文件,第1页。

理衙门还要大。在阿礼国看来，一种认为外国人应当有权豁免中国内地法律的观点是不能容忍的："这些既不平等又不相容的条件，或许有可能以武力胁迫的手段强加到一个被征服的国家头顶，却从来都不可能以谈判的手段来达成结果；依我之见，在不给这个现存政府及其帝国带来严重威胁的情况下，这些条件也无法付诸实现。"(注26)

随着中西方在通商口岸的交流逐渐扩大，当务之急就是要建立法律机制，以便既能按照外国人习惯的方式为他们提供保护和补偿，也能同时确保中国享有绝对主权。现实情况正如英国官员所承认的那样，居住在通商口岸的中国人与外国侨民之间不可避免地出现了许多积怨，双方"在有关法律、习俗或宗教信仰等方面的诉讼没有共同的依据，即使成立一个混合法庭，也无法找到共同的裁决依据"。(注27)

没有人敦促外国政府让居住在中国通商口岸的侨民遵守中国的现行法律。无论是就原则还是就程序而言，中国法律都不能给被告和罪犯提供可靠的司法保护，而这种司法保护，被19世纪的欧洲人视为全球通用的人权。而且，在中国的法律里面，也找不到适用于外国人经常涉及的那种商业诉讼的相关法典。[1]

首先采用的解决方案是，规定领事拥有对条约国侨民的司法审判权，关于条约国侨民享有的治外法权，《天津条约》第

---

[1] 根据怡和洋行在中国经商的发展历程，他们认为"中国人遵守道德准则，却连一部民法都没有；所有与财产或商业义务有关的纠纷都是由他们根据原始、幼稚的公平观念来裁决的，他们的官员很少能够免于受贿的嫌疑。"（见怡和洋行1867年11月28日的奏折，载于《英国议会档案·中国卷》，1870年第4号档案文件，第32页）

15—19款对此进行了全面阐述。当原告与被告均为英国人或被告为英国人时，英国官方将对这种诉讼拥有审判权。如果一名中国人对一名英国人实施了犯罪，这名中国人将交由中国官方并依据中国法律对其实施惩处。争议案件将交由领事裁决。由于英国商人们抱怨他们无法通过有效的司法渠道起诉中国政府的代理机构的粗暴罚款或没收行为，[1]因此，在海关起诉案件中，领事们被赋予了为其本国侨民提供辩护的有限权利。(注28)不久以后的事实证明，领事享有的司法审判权并不适应当时的具体情况，于是，为了建立适应当地条件的独立的新型司法机构，各处通商口岸差不多都立即启动了这个漫长而又缓慢的法制完善进程。根据1865年朝廷的一份谕令，上海最高法院成立，它拥有"非常具体的初审管辖权……在英国臣民之间或在当被告是一个英国臣民的情况下，完成对任何案件的庭审和裁决，包括民事案件或刑事案件。"(注29)尽管最高法院得到了商人社团的支持，(注30)但它却并没有成为他们的工具。首席法官何爵士规定，治外法权并非指的是免于遵守中国的法律，它仅仅意味着违反中国法律的英国人将会在一个英国法庭上被起诉，而这个英国法庭的组织领导，是由英国国王代表中国皇帝

---

[1] 1865年10月27日，威妥玛和恭亲王联名批准了这项制度，规定有争议的海关案件将交由领事、口岸通商大臣和海关外交大臣共同解决。海关可能会向总理衙门提出上诉，而领事则向英国驻北京公使提出上诉。随后，根据1868年5月31日在北京签署的《经阿礼国爵士和恭亲王共同批准的关于海关当局没收和罚款案件联合调查的规定》，该制度被修改为，在没收案件中赋予海关更大的权力，而在罚款案件中赋予领事更大的权力（见赫茨莱特所著《条约》，第1卷，第9号条款）。

完成的。[1]

中国官方显然承认这个法庭的审判是公正的。虽然他们早就知道英国人对中国刑法中的死刑持批评态度,[注31]但他们仍预先提出要求,将死刑判决适用于那些经裁决认定为对中国人实施了犯罪的外国人,他们的这一要求当然是无效的。现如今,他们的要求没有超过外国公众普遍认可的合理而又适当的刑罚尺度。[注32]

新的法律机制稳步发展。很快人们普遍认为,应当剥夺英国领事现有的法律职能,将他们的这部分职能交给一个高级别的混合法庭代为行使。[注33]人们之所以这样认为,起因是中国的原告觉得自己在一个英国领事面前或是在英国最高法庭上陈述案情,是一件很困难的事,同样,英国的原告也觉得难以在中国的地方官面前陈述自己的案情。[2]最初的尝试,是组建一个混合法庭,通过审理原告为外国人、被告为中国人的案件来完成的。[3]也有人提议,对于原告是中国人、被告是外国人的案件,混合法庭也应该被赋予审判权。[注34]至于说到司法程序,英国官员们不建议采取任何试图将复杂、昂贵的欧洲法律制度引入中国的措施,因为欧洲的法律制度完全相悖于中国那种建立在

---

1 见第三章。

2 早在1860年,卜鲁斯就已经认识到设立混合法庭的好处,但当时的中国官员并不愿意公开行使这种中外双方法官平起平坐共同执法的司法体制(见卜鲁斯于1860年4月7日写给拉塞尔的信,载于《英国国会关于在华事务的往来信函(1859—1860)》,第22号)。

3 一名中国法官将永久居住在国际租界内,"依据中国法律,裁决租界内中国居民之间的所有民事及商业诉讼,以及发生在中外居民之间的且被告为中国人的所有民事及商业诉讼案"(见《上海混合法庭审理规则》,于1869年4月20日制定,载于赫茨莱特所著《条约》,第2卷,第129号)。关于对这一司法活动的回顾,见《英国议会档案·中国卷》,1871年第5号档案文件,第163—170页。

社会习俗基础之上的专制制度。(注35)混合法庭在审理被告为英国人的案件时,面临的主要问题是,缺少一部符合通商口岸新形势的商业及民事法典。英国人相信,通过混合法庭尝试审理案件的实践经验积累,一部既符合西方标准又不违背中国刑罚法典或社会习俗的崭新法典,定能逐渐应运而生。(注36)虽然《北华捷报》曾竭力主张中国人应采纳《拿破仑法典》,(注37)以此作为一种解决方案,但是,英国官员对于法律问题的考量如同对待其他事务一样,主张采用缓慢而慎重的措施,向清政府推荐以欧洲方式全面取代中国方式。他们需要在中国人当中找到一个群众基础。例如,在调查中国法律担保人的责任问题时,阿礼国代表上海商会,给英国商会发通知说:

> 中国尚无成文的商业法法典。由于缺少一部成文法,他们在通商口岸这里和我们一样,需要依靠一种建立在源自古时候社会习俗基础之上的普遍遵循的法律,尽管这种普遍遵循的法律既从来不会被归纳为书面的东西,也不会通过任何谕令或法规的形式加以体现,却可以凭借着人们的普遍接受与遵守而拥有法律的强制执行力。[1]

---

[1] 阿礼国的信及随信附录的对于恭亲王和文祥观点的注释,见1868年6月19日出版的《北华捷报》。阿礼国的结论是正确的,即中国的担保人必须履行他们的合同,而这一事实和类似的事实将有可能发展出一种使外国人和中国人都满意且可行的商业法典。然而,他把中国的习惯观念等同于英国的普通法观念,这是完全错误的。虽然二者都没有被确立为成文法典,但它们的概念基础却是截然相反的(见第七章)。

在一部成文法典准备就绪以前，对混合案件中的英国被告（不是原告为英国人的案件）的审判，仍将有赖于英国最高法庭的裁决。但是，当英国领事敦促英国法官在可以放弃司法权之前，总是要请求中方道台的协助时，这种思想倾向就明显地表现出来了。(注38)

外国殖民地及租界的管理，引发了一系列与此相关的问题。所有人都认为需要成立一个井然有序的市政府，可问题是，这个管理机构所拥有的权威从谁那里获取。在当时那个年代里，无论中国人还是外国人，没有一个人能给清政府提出这样的建议，即努力建立起一个切实可行的机构，以便管理一大批享有治外法权的外国人的相关事务。但是，从另一个极端的观点来看，对于殖民地应该成为独立的"自由城市"的这种想法，这里也不会有任何能够负起责任的支持。(注39)

1854年颁布的《上海租地章程》显然已经不能适应当前的租界形势了，必须加以修订，因为如果每个国家的领事都只是管理他自己国家的侨民的话，则租界管理工作几乎没有任何探索及发展空间，未来将面临众多的实际困难。(注40) 然而，领事机构作为一个整体，不能作为一个超越国家的行政机构发挥作用，因为每个领事都只能直接代表其本国政府。[1]

中国政府对上海拥有的绝对主权应当以强调的方式加以重

---

1 当李鸿章提议将领事机构作为一个整体并授予其司法权，由它来管辖那些无法无天的外国人时，驻京的各国使节则坚持认为，任何领事都无权去逮捕另一个国家的国民（见1864年1月30日、2月20日出版的《北华捷报》）。

申,这是英国官员们的主要关注点。中兴伊始,英国驻华公使卜鲁斯就一直防范着出现上海随时准备宣布独立的思想苗头。[注41] 当《上海租地章程》于1866年完成修订并于1869年确认生效后,继卜鲁斯之后出任英国驻华公使的阿礼国采取了与他的前任相同的看法。[1] 他认为中国皇帝已经委托上海市政委员会行使对于上海的管辖权,该市政委员会随后从中国政府获取了这部分管辖权。[注42]

四、外国公使的地位

事实证明,诸如外国公使寓居北京、拜见皇帝时的接待方式等具有历史意义的问题,在19世纪60年代的中国并不能被称为主要问题。驻节权的确立[2] 虽然没有产生人们曾经期待的奇迹[3],但它为总理衙门的建立和中外官员的友好交往作出了贡献。[4]

---

1 西华德将阿礼国的意图描述为"以一种可能清除英、法、美三国目前在上海行使表面上的领土主权的方式来修订这些租界章程"(见西华德于1866年4月7日写给卫三畏的信,载于《美国国务院档案文献·中国卷·指令文件》,第1卷,第396—397页)。当代法国人对《上海租地章程(修订版)》的批评并不能令人信服。他们认为,应当把自己的租界置于本国领事的严密管控之下,市政府议会就像一个不受任何条约义务束缚的寡头政府,从而对中国主权构成比单一领事管理一处租界还要大的威胁(见德鲁安于1866年6月18日写给伯洛内的信,载于《法国外交事务部外交文件》,1867年第8号文件)。

2 《英国条约》中的第2—7款规定,任何一个国家都可以向另一个国家派遣常驻特使,并参照西方国家首都的标准,给予该特使通常标准的待遇。尽管额尔金于1858年10月同意英国大臣暂时不必坚持住在北京,但在被迫批准条约时,这一让步被撤回。1860年,《北京条约》第2款确认了居留权,1860年初,卜鲁斯抵达北京,从而开启了对中国首都的第一次例行性的外交使节派驻(见拉塞尔于1861年1月6日写给卜鲁斯的信,载于《1859—1860年间关于中国事务的往来信件》,第116号信件)。

3 "19世纪50年代,寓居在中国的欧洲人有一个基本信念,那就是,如果我们能让北京向外国开放交往,一切就都会好起来。这将是解决我们不得不去抱怨的所有弊病的最好办法。我们应该与皇帝和他的朝廷保持联系,我们不可能不让最顽固的官吏接受我们的西方文明。"([英]密福特:《驻华使馆武官在北京》,前言,第44页)

4 见第三章和第十章。

起初，英国人认为，公使驻京问题与他们在拜见中国皇帝时无须磕头的接待礼仪问题不可分割地紧密联系在一起。1860年的中国，在驻华公使额尔金看来，情况是这样的：

> 中国皇帝在觐见过程中装模作样地摆出高人一等的姿态，这种仪式本身并不会给其他各国君主构成多大不利影响，但是，这种装模作样的礼式却会给条约权益的正当获取带来不利影响。这些条约权益，原本都是前来拜见中国皇帝的多国君主代表他们本国的臣民，从中国皇帝那里夺取到手的，但由于这种礼仪传递给多国君主的，是带有某种形式的特许权让渡的性质，纯粹体现了一名宗主国君主对众多进贡国代表施与的恩惠，因此，享受这种装模作样的礼仪，也是在某种非常难以下定义的忠诚氛围下进行的。(注43)

自1860年以后，觐见皇帝这种礼仪问题，在英国方面看来已经越发显得无关紧要了。卜鲁斯于1861年抵达北京时，英国方面通知他不必坚持行使自己在这方面的权利。(注44)《北华捷报》注意到这个细节，并对此表示了赞赏："英国完全可以很大度地放弃这种礼仪。她不愿意因为此事而去承担发动一场战争的风险。"(注45)既然英国方面已经不再针对觐见礼仪提出要求了，中国方面变得更加愿意授予这方面的特许。虽然直到1873年，西方国家才首次以躬身之礼觐见同治皇帝，双方谈判代表很大程度上开始把觐见礼仪看成一种形式，在此基础上，双方能够比较容易地达成彼此之间的欣然妥协。

五、基督教传教(注46)

基督教传教士的在华传教活动，是一个足以从根本上影响中外关系的最严重问题，这一问题在中兴时期始终未能得到解决，1870年发生的天津教案就是一个鲜明例证。然而，令人称奇的是，在《天津条约》的修约谈判中，双方却把这个问题当作一个次要议题，因为英国官方和总理衙门达成了一个广泛的共识，就是要设法掩盖住双方潜在的容易爆发冲突的力量。英方在谈判中提出的要求，并没有超出《天津条约》第8款所规定的范围，即英方基督教传教士在华享有传教与布道的自由，但关于这方面自由的表述很模糊笼统，总理衙门则甚至连收回这么小的一次让步的打算都没有。

由于传教士并不代表具体的英国国家利益，同时又给中国的国家稳定局势带来了威胁，因而英国官员把传教士看成一个比商人更狂妄自大的群体。阿礼国于1869年这样写道：

> 对于商人，他们(中国人)可能会感到不喜欢，可是对于传教士却心存畏惧。前者在中国所到之处，可以相安无事地经商或者旅游，而后者无论走到哪里，无论是传教布道，还是想安顿下来，都有可能遭到当地人的拒绝。一个是被中国人看作二道贩子，或多或少带有入侵

性质地闯进中国内地的商人，由于他们享有治外法权，因而可以得到当地中国人较好的礼遇，另一个却被中国人看作是正在中国制造国中之国、对皇帝的统治权威构成致命威胁的人。那么，他们对于传教士形成这样的判断结论，到目前为止是错误的吗？(注47)

无论是阿礼国还是英国的其他官员，谁都不打算去支持一项扩大传教规模的计划。

就其自身政府职能地位而言，总理衙门将不得不做好准备去接纳一定规模的传教活动进入中国，但它却无法遏制反基督教事件的爆发。有着鲜明时代烙印的19世纪60年代末，不仅有"社会各界对传教活动的口诛笔伐"，(注48)还有一系列持续发生的教堂被洗劫，以及外国传教士和中国教徒被打死、打伤的反教事件。虽然天主教教会由于深入内地在这些事件中充当了主要受害者，(注49)但也有一些英国新教的传教场所同样受到了反教民众的攻击。(注50)

由于暴力事件逐步升级，外交部一再重申其"宽容与和解"的策略。(注51)英国政府当然不会相信中国人编造的关于基督教传教士残暴、非人道的宗教仪式的流言蜚语，却也承认如果传教士恣意妄为，反西方人士就能够轻而易举地将这些流言蜚语灌输给中国民众，从而极大地抹黑传教士的形象。英国国会宣称，如果传教士在这种情况下仍不负责任地继续向中国内地拓展传教范围，那么，除了他们自己，没有人会去承担由此产生

的悲剧性后果。(注52)

上述观点充斥于英国官场的上上下下，从外交大臣克拉兰敦到驻华使馆参赞威妥玛，再到驻华公使阿礼国，直至驻台湾的一个领事都这么认为，这位领事还曾对一场骚乱事件中的传教士幸存者说，在中国内地"民众对传教士的看法根深蒂固，官府下达的任何命令都改变不了，传教士要么必须像以往自己在其他地方做过的那样，改正自己的错误，使这些传言逐渐消退，要么离开这个岛，去一个他们为宗教的辛苦付出更易被理解的地方传教"。(注53)阿礼国没有做过关于传教士全体撤出中国的预想。他认为，如果传教士能够谨慎行事，适当尊重中国人的感受，不把自己定居中国内地当成一个向中国人索取来的权利，而是作为一种恳求优待赠予他们的方式，则二者之间的矛盾就能够逐渐消弭。(注54)威妥玛的看法更为激进。他认为无论在何种情况下，传教士居住于内地都是不明智之举，他劝传教士放弃福音传道，要通过讲授非宗教的学科知识，努力使上流阶层转变信仰、皈依基督。(注55)

英国传教士群情激愤地竭力表达了他们对于英国政府所持观点的反对。依据最惠国条款的相关规定，他们想要获得与法国天主教徒同等待遇的权利，即可以在中国内地拥有土地和建筑物，因为他们认为法国正是凭借着《天津条约》，使该国的天主教徒享有了这一权利。(注56)对于阿礼国的关于传教工作对中国现有秩序构成了颠覆性影响的观点，他们也作出了一个重要的回答：

你总是过多地考虑基督教所具有的政治性、革命性倾向，还争辩说，作为传教士，从他平时说教的宗教教义的核心本质来看，必定会去教育人们起来革命，因此他应当被采取限制措施，防止其进入内地，而且你还通过发回国内的电报急件，给读过电报急件的国内民众留下一个印象，即认为如果把基督教及其传教使者排除在这个国家之外，就一定会有助于实现中国的和平……基督教可能是风俗和观念的革命，但它不会煽动骚乱……但是，恰恰是因为盎格鲁－撒克逊人在东方的存在使其具有了革命性，因此我们有理由认为，如果因为基督教自身具有的产生变革的倾向，就要将其驱逐出境的话，那么，英美两国政府就应该把所有进入中国的盎格鲁－撒克逊人全部召回国内……如果我们丝毫不敢侵犯这些暴虐的东方政府，如果不采取任何可能干预它们赖以建立的思想观念的措施，那么，我们也就没有权利把基督教徒的法律或商业文明带给中国，还逼迫中国人去接受它们。像中国和日本这样的国家，都是富有革命精神的。二者都即将打破国内各种事物的既定秩序……一位英国公使用刺刀逼着中国人在北京签订的停战协议，和他提出的让中国人对待他要像西方国家对待大使一样的要求，对中国全部政府统治观念所形成的破坏性效果，远远超过了传教士的说教……所有人都承认，中国需要一场革命。[注57]

阿礼国当然知道这个回答所言属实，让中国与西方接触，将迫使中国开启一个新的未知旅程。但他相信，如果没有传教士在说教过程中所引起的激怒中国人并给当地带来恐慌的各种事件，中国即将经历的这场变革，不应该具有太大的危险性，无论是对于中国，还是对于西方国家。(注58)

外国对于"中国复兴事业"的建议：威妥玛－赫德条陈

19世纪60年代，英国的外交官们把"中国的复兴事业"视为外交领域高于一切的头等大事。正如我们曾经看到的那样，制定合作政策的目的，就是营造有利于改革的外部环境。英国驻华公使阿礼国、使馆参赞威妥玛以及海关总税务司赫德进一步将合作推向深入，试图向清政府提出关于某些国内改革措施的建议。1865年11月6日，赫德向总理衙门提交了一份"旁观者备忘录"（《局外旁观论》）；1866年3月5日，阿礼国通过威妥玛，也呈递了一份内容相近的备忘录，还附带提交了他自己发表的一份用于支持其观点的声明。(注59)

身为一名局外人，却对中国的内政改革发表见解，赫德为自己的做法向清政府表达了歉意，但他同时借用"不识庐山真面目，只缘身在此山中"这句中国古诗谈及自己的观点——一个人只有站在很远的距离上，才能看清庐山的全貌。接下来，他一语中的，亮明了自己的观点：过去，当欧洲诸国充其量寂寂无名的时候，中国就已经是一个伟大的国家了，可如今，中国羸弱不堪，任何一个欧洲国家都比中国更强大。为什么会这样？因为中国进入现代时期后，未能成功地解决自己的国内问题。既然中西方交流已成为未来大势所趋、不可变更的事实，那么，中国就只有通过弥补其国内问题上的不足，才能维持她的尊严和独立。

如前文几章所述，赫德所提到的这些不足，其中的绝大多数都已成为中兴时期中国官员们经常讨论的问题。关于这方面的问题，赫德的观点主要包括以下内容：地方官的任职调动过频过快，且没有被任命到他们的原籍所在省，在那里，由于他们熟悉方言、民情和环境，便于开展工作；衙门胥吏手中掌管的权力过大；军队战斗力弱的原因在于，征兵过程中存在冒名顶替现象，实际应征者均为老、弱及未成年者，以及军队士气低落、训练手段跟不上时代；官员们所接受的经典儒学教育，起初是值得称道的，随着时间的推移，已经变得无法做到学以致用了；土地税、盐税、俸禄等级，以及国家的总体财政体制，都迫切需要改革；中国还可以通过给予皇帝觐见待遇、向海外国家派驻使节等措施，提高其国际地位。

赫德还提了一些当时的中国政治家未能提出的建议。他尖锐地批评了清政府的各级御史，把各级御史称为给皇帝提供错误信息的耳目，这些人没有听见老百姓愤怒的呼声，却助长了官员的贪污腐败。他抨击了关于能人治世的全部理论，认为中国在一个身单力孤的人身上寄托了过多过杂的责任。而且，他还敦促清政府在扩大贸易、修筑铁路等方面加强中外合作，以此作为促进民众生活繁荣富强的最佳手段。

在对近期发生的几起中国人同外国人之间矛盾事件进行回顾检讨的基础上,赫德得出这样一个结论:当今中国在处理外交事务时遇到的困难,其根源在于以前解决国内问题时出现的失败,所以,今日之中国在解决涉外问题时出现的失败,也必将导致未来出现的国内问题。他写道,中国数量庞大的人口是勤劳、文明、天生爱好和平的,即将迎来西方国家乐于提供的帮助,"如果调整策略,中国能成为世界各国的领袖;如果不能调整策略,她将被世界各国所奴役。所以,未来国内事务能否出现问题,取决于你们对当今外交事务的处理水平"。

总理衙门虽然也发现赫德的备忘录值得进行仔细研究,却并没有在第一时间呈报给皇帝,因为这份备忘录并非官方文件,也就是说,它并不是由一个外国政权的外交代表正式提出的。(注60) 然而,阿礼国发表的外交照会,以及威妥玛递交的备忘录,却得到了中国官方的注意。

威妥玛采用了比赫德更为详尽具体的分析方法,回顾了中国近期发生的一些历史事件,指出叛乱事件的蔓延、帮会势力的壮大,以及其他衰败迹象的出现,是中国面临的主要问题。他研究了1845年以来《北京公报》上刊登过的奏折和谕令,发现清政府把民心不稳、政府软弱的过错首先归咎于官员无能,其次则归咎于自然灾害。然而,经过对这些原因的分析鉴定之后,威妥玛指责中国官员的过错是,宁愿秉持盛衰循环属于整个历史进程中的正常现象这样一个传统观念,也不去努力采取措施克服这些困难，还沾沾自喜地认为以往每逢乱世最危急时刻，总会有英雄人物出现，他有能力平息叛乱、恢复古老的生活方式。

威妥玛虽然也承认中国人用盛衰循环观点来解释中国的过去是个不错的选择，但他认为19世纪完全是另一种情形。中国的官员们难道没看到如今的国内事务与外交事务已经是不可分割地紧密交织在一起了吗？在当今这个时代，如果仍继续按照朝代循环理论所规定的程序正常发展下去，则中国面临的未来，将不仅仅是一个衰败的时期了，因为西方为保护其利益将对中国实施干预，"如果一个国家实施了干预，其他国家也将实施干预。在那种情况下，哪里还有必要派一个人去询问中国是要维持主权，还是要保持独立？抑或被瓜分之后合并加入别的国家？"

继指出中国面临的严峻威胁之后，威妥玛又提供了希望之所在：衰败并非不可避免。毕竟文人士子和广大乡绅都是忠贞不渝的，而土匪只不过是乌合之众。如果中国能够在某些领域采纳外国的建议，大灾难是可以避免的。

此前，早就有人指责外国政府之所以会对中国感兴趣，主要是为了控制中国，而不是想帮助中国实现改革，对于这种指责，威妥玛矢口否认。他坚称英国没有领土野心，指出早在1860年的时候，英国与法国本可以在中国拿走任何他们想要的东西，结果却帮助中国政府去镇压国内的敌人，而且刚在《北京条约》上签完字，便撤走了他们的军队。外国政府的上述举动，当然促进了中国与世界的商贸交流，却肯定不是为了获取对中国领土的控制。

威妥玛提出的具体建议与赫德近乎一致。中国需要充足的税收保障、和平的内部环境和足够的军事力量，以便防范外敌入侵。而要达成上述目标，中国必须通过实施改革、推进经济现代化、实现军事训练现代化、争取国外贷款，以及创办医学和其他专业学校等途径。中国的驻外使馆有能力保护中国的国际利益不受侵犯，可以越过寓居北京的外国公使中的首脑人物，直接与其母国政府据理力争。

威妥玛在其备忘录的结尾处语重心长地恳求中国，要注意汲取缅甸、中南半岛、西伯利亚等地先后被征服的前车之鉴，不要幻想着中国昔日辉煌的旧时光还会重现，而是要紧跟西方世界的脚步一同前进，利用西方提供的帮助，直到实现中国的富强，然后再谋求独立。"总之一句话，如果向前发展，你就会重现繁荣富强；如果故步自封，则必将导致无法挽回的崩溃。"

在这里，必须说一句有关这些备忘录中所包含的经济发展方面建议的话。赫德、威妥玛和阿礼国都在寻求一种临时性的过渡办法。在这方面的努力中，他们向总理衙门强调现代化的长远重要意义。向他们自己的商人及其母国政府强调，如果仓促草率地筹划现代化进程，就会产生内在的危险性。这是一种方法策略问题，表里不一只是其表面现象。

总理衙门对于这些备忘录所做出的反应，值得认真关注。在1866年4月1日的一份奏折中，总理衙门谴责威妥玛与赫德在备忘录中使用的像预言一样的措辞分明是在威胁大清帝国。同时也谨慎小心地指出，这些备忘录含有某些有价值的建议，政府全体高级官员应对此展开讨论。奏折的措辞迂回隐晦，但其所要表达的含义却是清晰明确的：尽管我们私底下和政府其他部门的同僚一样，都很抵触备忘录中的这些想法，但是，我们却又必须重视它们，以便制定出一些积极的政策。[注61] 关于此事，军机处的看法是，既然政府无法查明威妥玛与赫德的动机，中国就应当部分采纳他们的建议，以便取悦于他们，但要避免全盘接受他们的计划。[注62]

当这些观点各异的文件被提交到皇帝那里后，同治帝下达了一道谕令，对这个问题进行了总结归纳，还命令十位领班大臣[1]立即着手仔细筹划并起草奏议，"要区分轻重缓急，明确哪些事项可以即刻办理，哪些事项需要逐步推进，哪些是绝对有害且坚决不能采纳的"。[注63] 对于威妥玛与赫德在其备忘录中提到的针对某些次要问题的抱怨——比如中国政府经常存在拖延现象，致使外国人不能及时得到获准进入潮州城寨、修建教堂、开设仓库、建立海关等事项的许可，中国官员们对此频频提出反驳，总理衙门不希望看到大臣们把这些反驳意见与围绕基本问题而展开的研究讨论混为一谈。为此，在4月1日同一天呈递的一份补充奏折中，总理衙门专门针对此事向皇帝提出请求，并且接收到皇帝的答复谕令，皇帝在谕令中要求各级地

---

1 这十位大臣依次为：曾国藩、官文、左宗棠、瑞麟、李鸿章、刘坤一、马新贻、郑敦谨、郭嵩焘、崇厚。

方官迅速解决掉威妥玛、赫德在备忘录中提到的每一件次要问题，只要未遇到根本性的反对意见，就必须刻不容缓地予以解决。(注64)

各级地方官纷纷以递交奏折、答复朝廷的形式，对威妥玛-赫德的建议书发表评论，这些奏折从一般性的语气及具体的建议内容上看，都各不相同。(注65)人人都赞成实施自强计划；人人也都憎恶传教士的活动，因为传教士问题是威妥玛与赫德在涉及有限的条约义务之外没有提到的问题；人人都对发展铁路这件事不放心，因为大家都把铁路看作是外国人对中国实施渗透和控制的工具。然而，对于威妥玛、赫德所提的其他方面的建议，各方却都看法不一。湖广总督官文和浙江巡抚马新贻对外国人所提的任何建议均持怀疑态度，把威妥玛与赫德提供的这份建议书理解成外国人惧怕中国的证据。官文争辩说，威妥玛和赫德只不过是想为他们自己及其他不经商的外国人谋求有利可图的顾问职位罢了。他认为中国在这方面应该慷慨地答应他们的要求，同时做好与外国人彻底摊牌的准备。马新贻写道，中国政府的主要力量来自中国民众，只需依靠他们，就可以同外国人作拼死抵抗。

崇厚的观点则走向了另一个极端。他指出，海关、军队训练计划和兵工厂等改革事业，之所以能成功推进，是因为外国人的许多方法可以为我所用。左宗棠的观点既区别于崇厚的热情，也不同于官文、马新贻的敌视。他对发展轮船的重视程度达到痴迷的程度，却像他的同僚一样唯恐发展铁路事业。对于外国人发明的其他装置或设备，他认为这些物件虽然都能引起人们的注意，却都属于毫无用处的玩具："有没有它们，对于我们来说都不重要。"他在汇报中提到，有一次，福州船政局的一位法国技术顾问拿来一部发报机并展示给他看，他当时感到很好玩，就买了下来，随后把它存放在福州府财政库内。在左宗棠看来，正是由于外国人拥有轮船，中国才不堪一击，如果中国也有这些东西，则西方就会受制于中国。[1]两广总督瑞麟、广东巡抚蒋益澧和江西巡抚刘坤一在现代技术问题上的看法趋同，都认为铁路是应被抛弃的可恶之物，而像轮船、西洋武器这样的东西，却是相当有用的。电报和织布机之类的设备无论如何都是不重要的，因为它们"与政府的基本原则毫无关联"。

在这些向朝廷提起奏议的大臣中，大家都对派遣驻外使节问题深有同感，都认为向国外派出使节或许对中国大有裨益，而且在准予外国驻北京的公使觐见皇帝的过程中，或许可以找到某些妥协措施。[2]然而，马新贻对此表达了强烈反对，这显然是因为他误解了"全权大使"这个词在指代公使时的用法。他辩称，外国公使将成为中国的统治者，而中国的公使却只不过是一个空洞的名号。

提起奏议的诸位大臣不遗余力地解释，对于威妥玛-赫德条陈中提到的许多事关国内改革的工作，他们都已经着手考虑

---

[1] 对于威妥玛-赫德条陈是来自英国人而不是法国人的这一事实，左宗棠奏折中的深层含义有点模棱两可，因为他更喜欢法国人，尤其是那些反对宗教活动干预政治的法国人。

[2] 这些上奏的官员还建议对西方进行更细致的研究，具体说来，就是中国贿赂收买外国的情报线人，通过政府各个部门传递有关西方的情报信息，并试图利用西方国家中的竞争对手，从中渔利。

了，还有一些工作则已经进入贯彻执行阶段。当前需要做的，不是改变（变更），而是调整（变通）和整理（整顿）。按照瑞麟和蒋益澧的观点，在对国家实施统治（政治）的过程中，必须时刻分清政与治这两个方面。政，指的是"政治"，意即必须按照老百姓的根本意愿去办事（这是儒教社会必须维持的根本）；治，则指的是"治理"，意即对于纯粹的方式方法问题，应当依据时间和地点做决定。[1]

在分清"政"与"治"的基础上，诸位大臣普遍支持继续调整田税、削弱胥吏权力、削减军队员额、提高军队素质、增加官员俸禄、规范货币体制等工作，而对于任命官员到其原籍省份任职是否可取，存在意见分歧。

所有人都反对赫德对儒生治国论的批评。正如中国人自己承认的那样，说科举考试的内容过于文学化，这是一回事；但如果说建议应由专家而不是由不懂专业的"贤人"来治理国家，则又是另一回事了。瑞麟和蒋益澧说，赫德在这件事上的观点就像一个坐井观天的人。从唐、宋时期开始，历史就已经证明，科举考试培养选拔了具有杰出才能的官员，时至今日，仍培养造就了胡林翼、曾国藩、左宗棠、骆秉章、李鸿章、沈葆桢等中兴名臣。古时候的高级官员从未因为对财政或军事上的细节事务有所疏忽而受到过责难，因为自然有低级官员负责办理这些不太重要的事项，正如西方教堂搞宗教仪式在准备祭坛时，专门有仆人负责此事一样。

---

1 这就是孙中山后来对属于全体民众的"政"的广泛权力，和属于政府的"治"的日常行政权力所做的区分。

所持观点与威妥玛、赫德相似的人，站在中、西方两个世界之间的某个立场上。他们虽然钦佩于中国的绝大多数传统，却并没有脱离自己生存的这个时代。他们理解19世纪究竟意味着什么，也能够认识到工业革命的前进动力不可阻挡。他们正在试图控制这种在中、西方文明交互作用下而形成的合作的力量，并引导它朝着正确的方向发展，而这种努力却并非总能迎来乐观的结果。[1]

正如其在《天津条约》修约谈判过程中所表现的那样，英国外交官并没有忽视对中国方面施压，以便采取某些具体步骤。然而，他们的策略都必须经受以谈判背后广泛的政治思想为依据的审查，这些思想在英国外交信函中讨论过，但在威妥玛-赫德的条陈中得到了最充分的阐述。

英国为修约所做的准备

根据《天津条约》的规定，可在十年之后对条约内容进行有选择性的修订。随着时间的日益临近，阿礼国给自己明确了两项任务：一是劝说总理衙门在可对外交事务构成影响的领域，采取某些具体的有限改革措施；二是劝说英国商人对自己提出的要求作出调整，调整的标准是，从中国人的角度看是合理可

---

[1] 据说，皇太后曾于1902年对赫德说，她为当初没有采纳赫德在19世纪60年代的条陈中所列的大部分建议而感到懊悔，因为后来发生的事件已经证明赫德是对的。摘自［英］裴丽珠：《赫德爵士传奇》，纽约，1909年出版，第111页。

行的。^(注66)为完成第一项任务，他所采取的初次努力是支持威妥玛－赫德条陈。为完成第二项任务，他于1867年的暮春时节，开启了一次对通商口岸的巡视之旅，目的是详细掌握商人们的看法。^(注67)在各处口岸，商人们可以自由表达其看法，而这些看法，在此后三年的许多会议及请愿书中，都得到了详细的阐述。^(注68)

总的来说，这些关于进口问题的不同文件，其内容都是彼此相似的。只有牛庄口岸令人感到满意。[1]而在其他所有口岸，"外国人相互慰问时，议论最多的话题是清政府的缺点"。^(注69)商人们坚持认为，这些"缺点"如果没有从字面意义上违反《天津条约》，也一定是违背了《天津条约》的精神。他们需要英国政府重新派来一位富于进攻精神的大使，由他来迫使中国人按照英国商人对《天津条约》的解释那样去遵守条约所规定的各项条款。按照上海总商会的话说：

> 构想这份条约的目的，就是要通过打开中国的生产及消费区域，为外国资金和能源的注入创造条件，同时促进中欧两地民众的密切交往，将进步因素引入我们的经贸关系。此前，这种经贸关系一直受制于不计其数的人为的和不公正的阻碍。

---

[1] 《北华捷报》带有讽刺意味地发表评论道：牛庄肯定是"一个商业小天堂"，因为那里的商人曾经这样报道，"这个省一片祥和，彻底告别了战火硝烟，内河航道上安装了完善的浮标系统，港口进出口航道配有良好的照明设施，领港员是头脑冷静、技术熟练的模范员工，对于非法缴税这种事，大家都是闻所未闻，而道台则是公正执法、清正廉洁的化身"（1868年1月24日）。

最主要的需求不是获取新的特权，而是"确认那些中国政府已经答应给予的权益，并且扩展受益范围"。据商会讲述，阿礼国对外国人犯下的即使是最轻微的违反条约的过错，也会施以惩戒，[1]而对中国人大规模违反条约主要条款的行径却不置一词，"对外国当局来说，维护清政府的尊严和威望似乎比条约的精神或正义的要求更重要"。任何条约，无论其规定了怎样的条款，"如果不能谨慎而又警惕地保护条约所授予的特权，时刻防范一个在谋划上精巧狡猾、在行动上肆无忌惮的政府的不断反对"，都将招致失败。(注70) 怡和洋行集团公司对此持相同看法：《天津条约》从根本上说是完善合理的，但其赋予的特权应当逐渐得到扩充。目前的情况恰恰相反，许多已经承认的特权现已被中国拒绝；"现如今，忍耐让英格兰付出的损失超过了条约所带来的利益"。(注71)

就具体而言，商人们要求依据持续生效的治外法权，在内地享有毫无限制的居留权；[2] 以便于开展对外贸易为主要着眼点，重新组建中国的地方税收系统；中国须采纳一部以欧洲法制原则为依据的关于民法的成文法典；外国轮船在全部内陆河道均享有航行权，全面开放黄河、长江的通商航道；享有从事修筑铁路、架设电报线路以及开矿的权利；享有食盐进口贸易权；中国须统一规范货币制度；清政府须正式承认外国市政委员会

---

1 见第三章。

2 关于这个问题，英国商人在看法上存在着一些分歧。在中国香港经营贸易的英国商人对治外法权的要求最强烈、看法最极端；而其他的一些英国商人群体则愿意在中国内地只拥有有限的治外法权。

在国际租界内享有独立司法权；提高领事拥有的权限，包括领事对海关所做决定的复议审查权。

由于商人们发泄着他们的不满情绪，每一份最新呈报朝廷的奏折都比最近的一份奏折措辞更加愤怒，所提要求也更加苛刻。直到最后，即使是《北华捷报》都开始嘲笑起商人们的某些抱怨所具有的夸大事实的本质。报社指出，事实上，外国人的地位在近些年来已经得到了显著改善。可是，外国人却从不满足，从不表示谢意，他们的座右铭是"用一声怒吼去迎接中国人作出的每一次让步"。

> 这一刻……已经迈出了重要的一步，我们要不动声色地加以利用，抓住目前剩余的投诉机会，用于维持我们费力争取的权益，从而保持我们的力量永不消退，使我们那可贵的愤怒情绪得到更加纯粹的表达，以便对抗中国人及其犯下的恶行，这些恶行迫使我们不得不在开放这个中央王国的过程中，去推进既有益于他们也有益于我们自己的计划。(注72)

商人们还有某些具体的商业技术环节上的投诉，涉及保税仓库、退税、舰船吨税、港口设施改善以及海岸照明等事项，这些投诉完全可以通过谈判解决。但是，由于商人们提出的重点要求带有如此鲜明的革命性特征，这些要求不可能仅仅通过施压和坚持就能实现。正如阿礼国告诫商人们的话：

这些议案是要么在假定完全掌控这个国家的情况下，要么在该国政府自愿合作的情况下才能采取的措施。第一种情况意味着一个伟大帝国的瓦解；第二种情况意味着订立条约双方的高层领导之间的相互赞同。你认为哪种情况是提起奏议者所考虑实现的呢？^(注73)

商人们从来不去回答这个问题。尽管他们没有提出发动一次远征进而打败中国的建议，但他们也完全没有准备过要去采纳这样一种观念：修订条约款项需征得清政府同意。由于缺少武力征服这个备选方案，英国官员对中国政府只能采取富于技巧的讨价还价和劝说。事实上，通商口岸到现在也没有"承认"中国政府，当他们看到阿礼国推荐采取的路线后，这样写道：

> 修约将是一次谈判双方就具体条款相互调整过程，清政府的意愿将恰好与另一方的进步、文明及商业利益同等重要。如果这就是即将落实的修约的精髓，我们将很难看到任何令人满意的结果……如果我们将对华贸易的愿景局限在使清政府"自愿同意或乐于接受"的程度范围之内，则整个商业活动可能仍将恢复到以往那种在清政府的默许之下由两三个生活在澳门的商人管理的局面。每逢为期一两个月的采茶季节，商人们还要在有辱人格的情况下在广州忍辱负重地经商。^(注74)

英国政府的看法与商人迥乎不同，它赞成阿礼国提出的在相互作出让步的基础上开展谈判的观点，以此作为和平调整中外关系的唯一途径，还作出不再发动侵华战争的决定。就在谈判即将开展之际，外交大臣山嘉利通知阿礼国：

> 很高兴看到你已准备去考虑中国政府及其民众的权益和感情问题，还准备在一定程度上接纳他们的偏见。当前，真正值得提倡的策略是中英双方在互谅互让的基础上，弥合双方在某些共同制度方面存在着的分歧。尽管从理论上看此种做法或许并非最佳方案，但就实际效果而言，这么做既不会忽视相应给予中方的某些权益方面的明显优惠，也不会与中国人的现行习俗及固有观念相抵触，却能够激发大多数中国民众支持这一策略的美好愿望。(注75)

中国为修约所做的准备

自1861年组建以来，总理衙门就努力使自己始终保持对外国涉华观点的敏感。总理衙门的大臣们熟知外国人对办理过境签证等诸如此类事项的种种抱怨，也知道英国商人在报纸杂志上面都说了些什么。他们仔细研究了威妥玛-赫德条陈，对英国将于1868年提出对《天津条约》进行修订的打算有所察觉。

总理衙门于1867年初给李鸿章写了一封信，其中提及修订条约的问题。李鸿章的回复是，依他之见，外国人肯定会通过修约一事对中国施加压力，而中国也很难通过修约来实现自己的目标。总理衙门将中国的弱点视为中国需精心准备谈判交涉事项的一个附加理由。曾国藩也收到了总理衙门的咨询信，却并未作出回复。随后，总理衙门命令其所属职员分门别类地准备一份关于《天津条约》内容款项的分析报告，并基于对中国有利的原则，注明哪些款项需要增加，哪些款项需要删减以及哪些款项需要修改。

当阿礼国于1867年5月初离开北京，就此开启他对各通商口岸的巡视之旅的时候，总理衙门敏锐地意识到自己对于通商口岸的近期发展情况知之甚少，因此，便命令曾国藩、崇厚二人分别在南方及北方通商口岸挑选特别熟悉外贸状况的官员，并派他们于当年秋季来北京报到。(注76)

总理衙门在它于1867年6月16日呈递给皇帝的第一份事关修约谈判的正式奏折中指出，对于条约中的每一项条款，一旦同意接受，则该条款中的每一个字就都会被外国人当成不可动摇的先例；正如尽人皆知的那样，外国人的野心和狡诈是没有底线的，劝外国人同意放弃他们之前在条约中获取的任何特权，将会变得极度困难。对于引进铁路及电报、废除盐业专营，以及准许轮船在内河航行等问题，我们也很难做到不与外国人发生争吵。要想把他们步步紧逼的野心控制在可接受的范围内，我们就必须在谈判中展现出高超的技巧和坚定的决心。(注77)

在这种困境下，总理衙门建议与地方督抚大员磋商有关对外政策的原则，强化自身领导地位。总理衙门希望以这种方式，既能保护其自身免于遭到更为保守的中国官员的批评，又能给外国人制造出一种总理衙门是全体中国官僚体制代言人的印象。更主要的是，总理衙门期待着通过一次全面咨询活动，出台一项见解更深刻、适用范围更广泛的政策。在指出当前灾难的根源在于以往众多官员对外交政策的冷漠和争吵的基础上，总理衙门号召全体官员结成统一战线，共同应对修约问题。[注78]

针对修改条约面临的主要问题，总理衙门准备了一封传阅通告信。同治皇帝于1867年10月12日下达了一道谕令，命军机处迅速将这封传阅通告信的副本交给18位高级官员，征求他们的意见。[注79] 由于谈判可能会在1868年初举行，所以，这18位高官的回复函应当于12月10日之前邮到北京。[注80] 皇帝在谕令中告诫诸位官员，要高度注意政策的时效性，务必使之适应当前局势，因为文笔和语言是中国在与西方列强展开修约谈判时的唯一武器。[注81]

总理衙门在这封传阅通告信中指出，外夷问题是一个长期存在的问题；正因为中国曾经犯了一个又一个的错误，直到现在大家才明显地看到，当前局势很危急；外夷诸国曾经很弱小，距离我们也很远，这些年来通过优化武器变得很强大，又通过改善运输条件，现在变成了我们的近邻。总理衙门继续指出，在1860年大清国局势濒于绝境的情况下，迫不得已只能接受《天津条约》，以此作为国家起死回生的最后一招。条约中的许多要点，都是不能令人满意的，但唯一可行的策略是，在真诚地遵守条约的同时，找到一种控制外国人的办法。时局虽然很艰难，但是，要想解决中国当前面临的问题，绝不能依靠空谈方法和力量(道德)，或是无端的眼泪。总理衙门认为，不难在据理指陈其事之不当行，而难在筹策使其事之不行。(注82)

总理衙门为这封传阅通告信附加了一个提纲，列举出双方在即将举行的谈判中可能讨论的主要问题：(1)外国公使的皇帝觐见仪式；(2)向外国派遣中国公使；(3)引进铁路和电报；(4)在内地开设外国货栈，接待外国人到内地旅游及定居，准许外国轮船到内河航行；(5)进口外国食盐和开采煤矿；(6)扩大基督教传教团活动范围。(注83)地方官员按照这份提纲拟写回复函并上奏朝廷。(注84)

据常理推测，总理衙门与高级官员之间往来信函的全过程应当是完全保密的，然而发生了百密一疏的情况。1868年6月13日出版的《北华捷报》，准确地概括并评论了曾国藩的奏折，其奏折内容还被上报到7月份召开的美国国务院例行会议上。(注85)奏折全文译本刊登于9月11日出版的《北华捷报》上。总理衙门就此事拉响了警报，颁布了一道法令，要求各级在处理涉密文件时必须提高警惕。(注86)

这次疏漏并没有使谈判遭遇险境，因为曾国藩的奏折广受赞誉，甚至是那些不同意其观点的人也表达了对这份奏折的赞赏。此后再没有发生其他的泄密事件。正当外国人讨论这份"总理衙门修约通告信"的时候，总理衙门却正在讨论另一份发至各处通商口岸海关主管领导的通告信。这份通告信所涉内容并非外交政策中的重大问题，而是关税及海关管理过程中的细节问题。总理衙门要求曾国藩先将这些主管领导就这些小问题所做的回复函收集汇总起来，而后对这些回复函中的观点进行复审讲评。(注87)

中国人眼里的谈判问题

一、觐见

虽然对外国人来说，觐见问题已不再是一个重要问题了，可对中国人来说仍很重要，出于礼仪方面的原因，觐见问题将是中国人提出交涉讨论的第一项议题。在1858年的时候，他们在觐见礼仪问题上是绝不妥协的。(注88)到了十年之后的1868年，似乎出现了一个可以作出让步的转折点。总理衙门支持准予外国人可以觐见皇帝的观点，充分体现了中国保守主义势力在外交领域所具有的灵活性。总理衙门指出，中国古代历史上的先例在这个问题上并不具有教育意义，因为早在宋朝时期，觐见礼仪就已经出现了变化。随后，总理衙门引用了唐代文学家、思想家韩愈的观点，大意是说，中国的礼仪程序只能由那些已经接受文明改造（汉化）的外夷来执行；目前来看，没有哪一个外夷国家能够达到中国的文明水平，因此没有必要试图通过采用诸如磕头等中式礼仪来控制他们。

绝大多数官员在回复总理衙门的传阅通告信时，都同意中国应当接受外国提出的在觐见中国皇帝时免去磕头礼节的请求，都认为这是一个明智之举。曾国藩在回复函中强调指出，既然中国都已经同意与西方列强平等相待了，则西方列强提出的觐见时免去磕头之礼的请求，无非是一个合情合理的请求。

在朝廷的官僚圈子中虽然仍有反对意见，但负责制定政策的官员，却都对此表示同意。采用新型礼仪的首次觐见，直到1873年才得以实行，这主要是因为两宫皇太后的理政、听政与垂帘带来一系列特殊问题，无法正常举行觐见仪式。随着同治皇帝渐已成年，总理衙门及地方督抚大员的意见，便易如反掌地压倒了以两宫皇太后为代表的传统反对意见。[注89]文祥负责具体操办与英、法、日、俄等国公使的觐见事宜，最终，清政府于1873年6月29日首次采用现代礼节举行了觐见皇帝仪式。[注90]

二、中国公使

总理衙门支持向海外国家派驻公使的主张，其理由有以下两点：(1)这是分析研究敌国行动的需要；(2)通过驻外公使直接向外国政府进行申诉，中国可以劝说外国政府接受中国交涉事件的正当理由。清政府依据国际法，向外国领事和外交大臣提起申诉，通过他们分别对该国桀骜不驯的商人及领事施以训诫，总理衙门曾经在这方面取得了显著的成功。外派成员非常精明强干，他们觉察到外国公使经常采用的一个习惯做法，就是其母国政府往往不参与现场谈判，以便从愤怒的旋涡中得以抽身，这就要求中国派驻海外的公使应主动向外国官方积极申诉，从而由该国政府出面，对其驻华公使实施训诫。[1]

大多数地方官在回复时，都赞同总理衙门提出的原则上同意外派公使的观点。[注91]曾国藩主要关心的是，必须把一个问题理解清楚，就是派遣公使应由中国政府自行决定；其他人关心的则是，中国人胜任使节岗位能力上的匮乏。左宗棠毫无保留地表达了自己的观点。他不仅赞同总理衙门的观点，还补充了一条他自己的见解，即从江苏、浙江、福建三省精于外交事务的商人及士绅中选拔有才能的人充当驻外公使。他还提醒总理衙门不要聘用广东人，在他看来，熟悉西方的广东人都是一群轻浮虚伪、爱管闲事的人。

三、铁路与电报[2]

总理衙门在其传阅通告信中，表达了反对引进铁路和电报的观点，基于以下三点理由：(1) 中国将会失去对具有战略意义的军事区域的掌控；(2) 将会扰乱墓地秩序、违背占卜（风水）法则；(3) 将会危及百姓福祉。由于外国人始终对于第二点理由感触不深，总理衙门只好着重对外国人强调第三点理由。即使清政府能够从自身做起，亲自去忍受铁路和电报所带来的

---

1 就在蒲安臣使团出国访问期间，恭亲王奕䜣曾小心翼翼地向阿礼国透露，说他宁愿相信阿礼国在处理中国人的某些投诉时所表现出的正义感，也不愿去命令中国公使出国前往英国或其他国家那里去充当中国的驻外代表。阿礼国对此发表评论道："很明显，他们在外交教育领域已经取得了长足的进步"；他又补充说，派遣中国公使出国，"或许能给中国人提供最好的安全保障，让他们得以规避任何一个外国代表或政府的错误举动"（摘自《英国议会档案·中国卷》，1869年第3号档案文件，第33页；还可参阅第36页）。

2 关于同治中兴时期清政府从整体上对经济发展问题所持的反对意见，见第八章。

这些革新，老百姓也会将它们破坏殆尽："民众的怒火是不可能被遏制的。"[1]

全体地方官在回复中一致同意，绝不应给予外国人在中国修筑铁路、开通电报的权利，因为清政府不能公然违背广大民众的意愿。

四、开放内地

总理衙门在通告信中指出，施行通商口岸制度的全部目的，就是给外国人单独划出几块特别区域，在那里，中国可以安全无忧地让外国人得到他们为了逃避中国的法律和税收而寻求的各种豁免。只要外国人声称享有这样的豁免特权，他们就不能再得到自由进入中国内地的许可。总理衙门已经主动提出可以"开放内地"，前提是只要外国人能够接受中国的司法权并缴纳所有地方税。[2]这是外国人曾经拒绝接受的条件。

至于说到外国轮船的内河航行权问题，总理衙门争辩说，如果准许外国人这项权利，则将不仅导致不计其数的以内河航运为生的中国人在竞争中丢掉生计，而且狭窄、拥挤的内河及运河航道也会发生许许多多的交通事故。尽管目前中国法律对此是禁止的，可许多外国人却已经在内地从事着非法贸易。如果中国表示出任何有望准许这项权利的倾向，这种非法航运贸

---

1 作为证据，总理衙门可以指出，英国人在吴淞口和福州附近的宝塔岛上非法架设的电报线路遭到民众的破坏。

2 在这种情况下，中国可以轻而易举地在不违反条约的情况下取消"开放"，方法是征收罚没税和罚款，并以方便、具体的借口拒绝发放旅行护照。

易将会迅速泛滥全国。

地方官在回复函中对总理衙门关于此事的观点，表示了全体一致的同意。

五、进口食盐和开采煤矿

总理衙门指出，虽然根据1858年颁布的《通商章程善后条约》第3款之规定，食盐属于禁运品，但是，外国人走私食盐的现象却非常普遍。由于食盐专营[1]所产生的税收是国家必不可少的财政收入来源，所以清政府关于进口食盐的禁令不可能出现任何松动。对此，地方官的总体回复意见是表示赞同。但也有两名官员建议，可给予外国人参与食盐贸易的正式经营许可。这两名官员概括了一下目前的经营环境，如果外国人参与食盐贸易，则这种经营环境只会导致其倒闭。

至于采矿问题[2]，总理衙门指出，这将危及老百姓的福利事业，还会亵渎风水法则。然而，总理衙门的话毕竟给妥协留下了余地。大多数地方官虽然在回复函中也表示反对外国人开矿，但是这种反对的语气却是相当温和的，缺少当初反对外国人到内地修筑铁路、到内河驾驶轮船时所使用的那种掷地有声的谴责。包括曾国藩、沈葆桢在内的少数地方官提倡采用以清政府出人、外国出技术设备的开矿方式。李鸿章

---

1 见第八章。
2 见第八章。

不仅同意外国人到内地开矿，而且作出更进一步的表态：如果外国人能遵守中国的法律法规并缴纳中国的各项税款，就应该默许对其开矿的要求作出让步。

六、基督教传教

关于传教问题的讨论是非常克制的。考虑到政府往来函件的保密特点，这种克制有助于驳斥那种认为朝廷及地方政府的负责官员挑起或纵容反教暴动的指控，而这些反教暴动逐步升级，最终达到顶点，爆发了天津教案。

早在中兴伊始，总理衙门曾就基督教传教问题专门上奏朝廷，意即纵使他们是基督教的信徒，也是皇帝的子民，那些传教士虽然喜欢惹是生非，却也往往是出于好意，所以，应该迅速且公正地办理那些可能会给基督教徒带来影响的诉讼案件。于是，朝廷据此下达命令，在随后数年中，朝中也一再出现了数条论调相同的奏折和谕令。(注92)总理衙门当然是不欢迎传教士的，但是，几年来的实践却证明其对传教士所采取的容忍策略也是正当合理的，主要有以下两点原因：(1)中国能够承担在小的方面屈从于外国人所带来的后果，是为了在大的方面赢得外国人的支持；(2)禁令可能只会给传教士的活动带来刺激作用。"禁止他们去云南，等于是在邀请他们就地开展传教。"(注93)

甚至是法国人，也都承认总理衙门正在全力以赴地做这件事：有证据表明，总理衙门决意遵守条约；最近死去的一

位法国传教士,并非死于北京方面的恶意,而是地方上派系争斗的结果。(注94)

基督教在19世纪60年代期间所遭到的攻击,并非中国官方(正如它以往所遭受的)所为,而是普通民众和一些没有官方背景的低层士绅干的;它受到的威胁,并非禁止其传教,而是来自暴民的骚乱。(注95)中兴期间,高级官员主要关心的是防止传教士干涉中国的地方政府。**1**

而在大众层面,反基督教情绪的根源既深厚又复杂。**2**似乎人们已经普遍相信传教士把儿童绑架到孤儿院、女孩被强行关进修道院、医院给病人服用毒药等传言。在士绅阶层中,广为流传的一个说法是,尽管商人们仅仅窃取了中国的财富,而传教士却在想方设法偷走老百姓的心脏。(注96)根据目前所掌握的有限证据来看,很可能是低层士绅带头散布猜疑情绪,并挑起大规模暴乱。**3**

---

1 见第七章。在贵州代理巡抚张亮基的奏折中,可以找到足以说明天主教会传教事务与地方行政事务相互纠缠的生动例证。张亮基汇报,他为解决法国公使向总理衙门提出抗议的地方案件,付出了艰苦的努力,几乎达到黔驴技穷的地步(见张亮基于1866年4月16日呈递的奏折,载于《筹办夷务始末——同治时期》,第41卷,第22—26页)。尤其感到棘手的问题是,传教士干扰少数民族地区的行政管理,由此引发了最大的难题(见《筹办夷务始末——同治时期》,第34卷,第24页)。

2 或许值得注意的是,中国的共产主义者重新提起19世纪传教士在华传教时的传闻。当前,对传教活动提出的四项指控,曾在19世纪60年代盛行一时:(1)传教士违反了条约关于内地居住的限制条件,非法"偷偷摸摸地潜入内地";(2)传教士(尤其是同治时期的法国传教士)向中国政府索要行政管辖权,由此干涉中国的国内事务;(3)传教士从事间谍活动;(4)传教士杀害无辜的普通民众。然而,第五项指控却多少有些自相矛盾,即像丁韪良、卫三畏这样的传教士帮助清政府压迫中国民众。在1951年4月13日出版的《人民日报》上,刊登了谢兴尧简要陈述了第五项指控的相关案例;在《新华通讯社》英文版刊登的标题为《帝国主义是如何利用宗教来侵略中国的?》的文章,被纳入《当前背景》(美国驻香港总领事馆)第68号文件,1951年4月18日。

3 例如,1868年扬州事变的主要问题之一,就是乡绅是否利用了他们免于受到地方官惩罚的特殊身份,去煽动民众反对外国人。见《英国议会档案·中国卷》,1869年第10号档案文件,第2、11、17页,及其余原文。中国方面留存的关于扬州事变的史料记载,见《清季教案史料》,第1卷,第5—15页。还可参阅第三章。

总理衙门的传阅通告信，表现出一种对当前局势既镇静而又无可奈何的观点。它指出，目前不可能禁止基督教，因为依据一份条约上面的规定，中国已经准予基督徒享有传教权，而且皇帝颁布的几道谕令也以明文规定的形式确认了基督徒所享有的这项权利。此外，基督教的教义对社会也是无害的。基于以上两点认识，地方官在回复函中同意了总理衙门的观点。

总理衙门继续指出，困难在于传教士群体鱼龙混杂、良莠不齐，而且，莠者庇护教民、逃避中国官府的制裁，还持续不断地干扰地方政府的管辖。为防止这个现象愈演愈烈，总理衙门提出两点建议：（1）可指派官员专职负责监管基督教传教活动，监管方式与清政府针对佛教、道教活动的监管方式相同。对于这条建议，地方官缺乏采纳的积极性，因为他们担心这么做，有可能导致基督教活动形成制度化。（2）对于当地士绅和民众，当他们表现出乐于接受基督教时，可潜移默化地使他们重新努力强化儒家正统观念。这将是一个"从表面上看不是禁令而实则为禁令的监管措施"。

虽然地方官都会自然而然地表示出自己对于强化儒教正统地位这个观点的赞同，但是，他们似乎并没有对基督教传教活动产生格外的高度警觉，而且，也没有人提出任何关于发动一场"圣战"的建议。几乎所有人都一致赞同曾国藩的观点，认为基督教无非一门宗教教义，并没有重要到为它担忧焦虑的地步。基督教信徒的暴乱行为，是一个关于地方治理的问题，为

此，当地应制定出临时解决方案。¹

蒲安臣使团^(注97)

就在总理衙门与各省督抚大员开会讨论外派使节之有利条件的同时，清政府已经完成了这方面的首次试验。1866年，恭亲王选定山西襄陵知县斌椿等人，带着学习掌握欧洲第一手先进经验的明确目标，陪同海关总税务司赫德出访欧洲。总理衙门大臣董恂在为斌椿所著《欧洲游记》作序时，把斌椿一行称为中国第一个外交使团。^(注98)虽然斌椿既没有显赫的声望，也没有较高的官衔，但当时的外国人却把斌椿的出访之举当作一个重要的外交先例。这种看法是正确的。而且针对这件事，阿礼国与外交部之间通过往来信函，也进行了深入的交流。

1867年10月，总理衙门向地方官提出征询，请他们就外派公使问题发表意见；11月21日，在未等到地方官回复的情况下，总理衙门敲定了人选，准备任命当时的美国驻华公使蒲安臣，充任"办理各国中外交涉事务大臣"。[2]根据总理衙门

---

1 在讨论威妥玛·赫德条陈的过程中，刘坤一曾提出建议，要求传教士假借调查使用假名混入教会者的名义，将宗教信徒名单交给县衙。这样做，就可以把宗教信徒吓跑（见刘坤一于1866年5月29日呈递的奏折，载于《筹办夷务始末——同治时期》，第41卷，第43—50页）。许多中国官员肯定也设想过类似的巧妙方案，即在不给缔约方提供任何实质性申诉理由的情况下抑制宗教信徒的传教热情。

2 或者说，按照马士的说法，他的职务是"派驻世界各国政府议会的特命全权大使"（[美]马士《中华帝国对外关系史》，第2卷，第188页）。

推荐这一任命的奏折记载,此项任命的最初动议出自蒲安臣本人,但奏折也提到,在作出这项任命的决定之前,总理衙门与赫德之间进行了频繁的沟通。(注99)

总理衙门重新分析了此前作出的关于向外国首都派驻公使将会给中国带来多少好处的评估报告。可遗憾的是,在中国人当中找不到可担任公使的合适人选,而且不管怎样,任命一个中国人去担任驻外公使,必将给外交工作的开展带来一系列特殊困难。然而,总理衙门继续上奏说,它曾经调查研究过西方的外交惯例,发现担任公使者并不一定必须是他们所代表的国家之公民;加之赫德管理海关的实际表现已经证明,真诚与互信比国籍更重要。通过对蒲安臣的了解,总理衙门对他的一切情况都感到很满意:自1861年首次到访中国以来,他始终是一个热情友好、乐于助人的外交官,在他早些时候回美国时,还曾为中国的外交诉讼案做过辩护。

按照总理衙门看待该问题的角度,当前至关重要的一点,是要与蒲安臣之间达成一项明确的协议:他将在中国公使的岗位上干满一年;他要反对任何损害中国利益的外交提议,对那些看起来对中国有利的提议,他也不应马上表示同意;在没有首先征得总理衙门同意的情况下,他是不能自作主张表示同意的。按照总理衙门的说法,蒲安臣是在11月18日这一天答应接受上述协议条款的。

总理衙门在11月21日当天呈报的第二份奏折中倡言,(注100)虽然美国是主导西方世界的三个大国中最爱好和平、最热情友好的国家，[1]但如果中国要赢得他们的支持，英国和法国也必须有代表。总理衙门认识一个可派驻英国并充任中国公使的合适人选，是一位名叫柏安卓的英国人，现任英国使馆里的汉语助理，并且已经征得了他本人的同意。在对可担任驻法公使的法国人的选择上，总理衙门曾收到赫德的举荐信，赫德在信中提到海关里面有一位名叫德善的法国裔署长，此人去年曾陪同赫德到访欧洲，能力突出，诚实可靠。总理衙门还把本部门的一两个章京推荐给使团，作为补充人选。[2]11月26日，总理衙门还推荐现任花翎记名海关道的满人志刚、礼部郎中孙家谷一同加入使团。虽然从政治上看，他们都是无足轻重的小人物，而总理衙门对他们的评价，却是见多识广、出身名门、勤勉刻苦、性格随和。(注101)

蒲安臣使团在成立之际发表的公告，成为外交界的重大新闻。(注102)该使团从最初的广受赞誉，却发展到后来的赞誉迅速被憎恶取代，起因是关于该使团坚持"亲华"原则的传言盛行。

---

1 仅仅就在数周之前，总理衙门还把沙俄而不是美国，当作当时主导西方世界的"三巨头"之中除英、法以外的第三个国家（见《筹办夷务始末——同治时期》，第50卷，第25页）。

2 在总理衙门的第一份奏折中，规定使团中的外籍助手的身份是随往，在使团中居于从属地位；而本国助手的身份是同往，取配合之意。经与蒲安臣磋商后，总理衙门后来建议将使团全体成员中的所有本国官员均授予帝国公使的官衔。[英] 柏安卓与 [法] 德善则分别被授予使团一级章京、二级章京之衔。按照总理衙门的说法，必须给他们授予某种适当的官衔。如果官衔太低，他们不愿接受；如果官衔太高，则有些不妥，于是就设计出了一个新的官衔（见《筹办夷务始末——同治时期》，第52卷，第5—6页）。

据传言描述，蒲安臣曾事先征得英、美两国政府的同意。[1]即使是曾在使团刚成立时对使团寄予厚望的阿礼国，现在也把1868年签订的《华盛顿条约》——"蒲安臣条约"——称为不利于改革和进步的条约。而且，阿礼国曾一度认为，如果中国人被这份条约中如此夸张的表述语句所鼓动，则对于修约谈判起不到任何积极作用。[注103]蒲安臣的观点与阿礼国恰恰相反，他认为《华盛顿条约》鼓励了总理衙门，使之比在与英国进行修约谈判时表现得更加开明。[2]

总理衙门积极回应蒲安臣使团的各项活动，并且同意签署《华盛顿条约》，但这份条约在中国并没有产生像威妥玛 - 赫德条陈及《阿礼国协定》那样大的影响。[注104]当蒲安臣在俄国病逝的消息传到北京时，清政府为他追授一品官衔及丰厚的奖赏，[注105]然而，在后世人的回忆中，他所率领的这个使团的重要意义，似乎主要体现在为中国对外派遣公使确立了一个先

---

1 根据《北华捷报》的报道，蒲安臣条约是"庄严、浮夸和琐碎的"；一个前途无量的使团，如今却"因为长官蒲安臣先生的不明智主张而走上了通往毁灭的道路"。

在华英国商人的主要批评意见是，蒲安臣正在使人们对于中国改革意愿的危险设想变得永久化（香港商会于 1870 年 1 月 21 日写给克拉兰敦的信，载于《英国议会档案·中国卷》，1870 年第 6 号档案文件，第 3 页）。还可参阅 [英] 宓吉：《寓华英国人》，第 2 卷，第 212 页及其后续各页。

反对蒲安臣的极端看法是："尽管蒲安臣使团最初是由总理衙门的秘密顾问赫德先生策划的，其目的仅仅是为了蒙蔽欧洲人的双眼，为中国政府以武力对抗形式抵制西方正当要求赢得时间，但是，它却利用西方进步和文明精神，竭力在中国推行其停滞不前的策略，以牺牲英国利益为代价为中国争取某些商业和财政优势，这个使团从其被认识到发展前景的第一刻起，就暴露其具有外交欺诈和摘阴谋诡计的更为严重的本质，这是对西方主权尊严及其国家独立的侵犯"。（摘自 [德] 方梅拔：《蒲安臣使团》，第 175 页）

2 "（中国人的和解态度）足以驳斥那些蓄意抹黑中国政府的人，他们直到最近还宣称中国将利用西方列强对自己有利的举动去限制而不是扩大外国人的在华特权。直到中国政府能够充分理解与美国签订的条约以及英国政府所采取行动的全部意义——反对其本国臣民的侵略精神——直到克拉兰敦爵士严厉谴责了许多英国官员在中国扬州、汕头和台湾等地干出的不义之举后，才终于收到了令人满意的成效。"（见蒲安臣于 1870 年 1 月 4 日写给俾斯麦的信，载于《美国国务院档案文献·中国卷·说明注释部分》，第 1 卷）

例。能在当时中国所面临的现行局势下试图小心谨慎地开展改良运动的，仍是《阿礼国协定》，而非《华盛顿条约》。

修约谈判

就在蒲安臣使团准备启程出发之际，各级官员对于总理衙门外交政策通告信的回复函也开始陆续呈递至朝廷，恰逢此时，导致出台《阿礼国协定》的正式谈判拉开了序幕。1868年1月2日，柏安卓带着英国建议书的初稿来到总理衙门，由于最近刚被任命为蒲安臣使团的首席秘书，因此他现在是一名中国官员。在一份长篇大论、循循善诱的外交函件中，阿礼国竭力劝说中国人要以康熙为榜样，效仿沙俄通过西化实现自强的发展模式。他高度评价清政府派遣蒲安臣使团的创新之举，把它称为中国外交走向世界的第一步，随后，他还详细阐述了俄国的经验。尽管阿礼国确实没有把英国商人们的诉求提出来，作为他劝说中国实现开放的理由，但是他强调说，西方人对于此事的不满情绪加剧，已经等得不耐烦了，如果商人们的合法诉求仍然得不到迅速处理，严峻的难题将会随之而来。

以上全部内容仅仅是个开场白。进入正题之后，阿礼国提出六条相当温和、克制的建议，他认为这些既能使英国商业受益，还能在不给中国带来严重问题的情况下，使那些提出了有理有据的投诉的商人们得到满足。关于威妥玛－赫德条陈和总理衙门通告信中反映的重大问题，他并没有提及。他的六条建议主要涉及：(1) 对外国进口商品执行过境免签制度；(2) 对某些关税实施特殊减免；(3) 将海关征收的部分过境税款拨给地方各级政府，作为对地方政府在征收国内过境税方面所受损失的补偿；(4) 准许外国人使用小型轮船在内陆河道运输自家货物；(5) 在长江沿线增设几处通商口岸，用于装卸货物；(6) 在通商口岸开设海关保税货栈。

由于注意到上述六条根本没有涉及铁路和电报，总理衙门便认为所有这些都是微不足道的内容，因此在长达一年多的时间里始终未向朝廷呈递有关修约事宜的奏折；待到呈递之时，总理衙门向皇帝致以歉意，解释自己此前之所以没有呈递，是不想看到皇帝因商业规则之事而增添烦恼。(注106) 总理衙门依据自身权限参加了预备谈判。1月底，成立了一个由中英两国人员混编而成的五人委员会，包括两名资历较浅的英国谈判代表傅磊斯和雅妥玛，两名官职较低的中国谈判代表何赛阿与特赛奕，[1]以及赫德。显然，赫德在这个五人委员会里面，处于核心主导地位。

随着谈判正式开始，阿礼国便亮明了他的观点。他提出须交涉的主要问题——引进铁路和电报、内地定居、食盐进口、外国人发展采矿业等问题——已经超出了条约规定的权益范围。虽然它们对于英国商业贸易的发展并非至关重要，却给中国的国民经济带来一系列严重问题，将会需要对治外法权的整

---

1 他们的名字只出现在英国的档案文件中。在中国的文献中，他们是无名的。在后来的外交会面中，孙家谷、张德彝等被提到的人物，当时都是在场的，但同样也只是出现在英国的文件中。

体制度作出重新调整。(注107)而且，由于有关埃及总督伊斯梅尔身负巨额贷款而使本国负债累累的报道，此时显然已经传到了北京，如果现在提出这样的问题，时机并不成熟。(注108)假使看到埃及目前正在以国内经济破产的方式沿着被外国监护的道路走下去，总理衙门是不可能接受这种劝告的：关于外国提供的用于经济发展的贷款可安全地通过日后收益得以偿还。1868年1月1日，阿礼国给外交部写报告说：

> 如果认为中国政府忽略了埃及国王帕夏的经验和开发苏伊士运河的特权所带来的问题，那将是错误的。他们和帕夏本人一样，都很清醒、敏锐，因为这些外资企业和政府的保护会带来危险和不便。(注109)

阿礼国相信自己提出的谨慎建议，不仅能打消中国人的顾虑，还能同时为英国的商贸活动提供恰如其分的保护。他得出结论：

> 最后，虽说我们并不经常把重塑世界当作一项政府及国家政策准则的乌托邦理论来炫耀，也没有通过为其他国家制订重建计划来寻求实现世界文明及基督教的发展进步，但是，从当前局势的角度来看，有必要把某些事情拿来说一说。一项由更实际的商业利益所支配并与国家法律相协调的政策，在任何情况下都不

能完全被忽视……(这也是最有可能实现中国复兴的政策)。(注110)

这个由中英混合委员会主持的会谈进展情况很顺利。3月2日，阿礼国给清政府呈报了一项照会，建议如果总理衙门同意的话，五人委员会将拟制一部可适用于所有混合诉讼案例的商业法典。(注111)在3月3日委员会召开的第一场正式会谈中，中方同意开设保税货栈以及施行《天津条约》明确的过境税条款。他们不同意立即取消厘金，因为这将会导致土地税收缴款项的降低，以及无法申请政府贷款。然而，他们却同意针对外国商人因缴纳厘金而遭受的损失，制定措施予以补偿，并打算在国内完全恢复和平秩序的情况下取消厘金。(注112)

于是，阿礼国在谈判议程中加上了一些截然不同的项目，这样做的目的，一部分是同中国人讨价还价，[1]另一部分是使修约之后的条款易于被签署条约的其他国家接受。[2]他辩称，传教士相比于商人，是一个更容易扰乱社会的因素；既然传教士已经凭借着法国人签署的《天津条约》获得了内地居留权，则商人群体也应该获得相似的权利。(注113)他提议对进口商品，无论该

---

[1] 根据总理衙门的奏报，阿礼国在谈判过程中采取软硬兼施的手段，时而谦恭地提出请求，时而进行言语威胁，但进入谈判后期，他收起了威胁的面孔（见总理衙门1869年2月2日的奏折，载于《筹办夷务始末——同治时期》，第63卷，第1—7b页）。

[2] 阿礼国在1868年12月6日发给外交大臣斯坦利的一份急件中回顾了这一点。他本人希望将这些问题限定在他最初划定的议程范围内，并在其他外交官的要求下提出了这些附加问题。因此，他于9月8日和11月9日发出的两份急件必须被解读为"与其按我个人的信念行事，不如去转达同僚们所极力主张的普遍看法"。他重申了自己的信念，即内地居留权、内河轮船航行权、矿藏的国外所有权等。在这一点上，不仅会损害英国的利益，也会损害中国的利益。他还专门针对12月4日的一份机密文件，再次表达了他对法国传教政策所固有的危险性的担忧（见《英国议会档案·中国卷》，1871年第5号档案文件，第76页；还可参阅第74、75页）。

商品的所有权属于哪一方，均应免除中国规定的所有内地税。[1]他还力劝委员会商讨铁路及电报、采矿许可、进口外国食盐、废除樟脑专营、以当地银圆货币而不是"海关两"[2]作为关税的支付方式等事宜。

从当年的4月至9月，谈判委员会举行了一系列的磋商会晤，双方代表巧妙周旋、据理力争。中方代表同意考虑接受外国人在特定的内陆河道享有驾驶非蒸汽动力轮船的航行许可，却坚决反对在这一点上作出全面的让步。他们心悦诚服地答应调整关税、在长江沿岸建造浮动码头、以当地银圆支付关税、废除樟脑专营垄断、参与配合制定商业法典，以及在确保矿产资源仍归中国所有的前提下，通过运用外国机器设备和技术手段发展采矿业。关于将关税部分收益向地方政府拨款事宜，中国人的最初态度是拒绝，后来答应考虑此事，而最终却还是断然拒绝了。他们还直截了当地表示，将拒绝在食盐进口、引进铁路及电报和开放全部内地等问题上作出让步。

可以决定谈判成败的现实问题是，能否制定出某些切实可行的制度，以保护外贸商品免于征收超过《天津条约》所规定的

---

[1] 他同时还提议，英国应同意在这项权利的行使过程中，为本国商人设置一些限制条件（见《英国议会档案·中国卷》，1871年第5号档案文件，第192—193页）。

[2] 亦称"关平两"，或称关平银、"关银"。近代中国海关曾经长期使用的一种计算银两的单位。中国海关征收进出口税，原无一定的标准银两，各通商口岸依当地通用银两征收。各地银两成色、重量互不一致，折算困难，中外商人均感使用不便，为了统一标准，根据对外贸易惯使用的司马平（"平"即砝码，又称"广平"）一两而设定关平两。中国与各国的借贷关系，也常以海关两为计算标准。1930年1月，国民政府废除海关两，改用"海关金单位"作为海关征税的计算单位。——译者注

2.5%的内地子口税。[1]谈判委员会集体商讨了各种方案，最终达成了一项令双方都感到满意的协议。外国商品在通商口岸须无差别地同时缴纳进口税及子口税，之后就可以在国内免税自由流通了；国内生产的用于出口的商品，须在第一道海关缴纳双倍的子口税，盈余部分将在三个月内证明该商品确已出口后退还。在中国人看来，这些相对简便易行的调整措施，将能够防止过境通行制度从最初设计上所带来的绝大多数弄虚作假、蒙混过关现象，而在英国人看来，对外贸商品所征收的税款额度，不应高于《天津条约》给他们规定的应缴税款。(注114)

截至1868年秋，谈判过程中出现的那些悬而未决的问题，都是阿礼国从来没打算去坚持的问题，协定从原则上看似乎已经达成了。阿礼国证实，谈判的整个过程"可以让人相信，始终处于友好的气氛中"，从谈判的进展情况看，"双方既没有使用尖刻的语言，也没有出现激怒对方的任何举动"。(注115)要是真能迅速签署并批准一项协定的话，那么，它将会给中外关系的未来发展进程带来巨大的影响。日常例行性的事务可以采用显著减少摩擦的方式得到解决，重大问题可以暂缓搁置，寄希望于日后解决起来可能会相对容易一些。达成这项协定的过程，比协定本身的内容更重要。双方谁都不想放弃自己的核心利益，

---

1 在6月27日混合委员会举行会谈之后，阿礼国指出："英国公使充分认识到总理衙门的难处和国家的需要，他非常希望避免谈判陷入僵局，即便在现有条约的允许范围之外采取不切实际的措施也在所不惜。中国政府有权在港口自由征税，这是一个涉及国家主权的原则问题，但是，倘若中国在目前这个关键时刻对茶叶和丝绸加征关税，这就会严重影响英国的商业利益，同时也会被英方视为单方面违反条约，因此英方断然不会接受。"（见《英国议会档案·中国卷》，1871年第5号档案文件，第212页）

也没有尝试过迫使对方在核心利益问题上作出让步的努力。在气氛相对轻松的磋商中，谈判人员发现了在哪些问题上双方可以达成彼此都能接受的可行性协定，并且明确地表达了双方在哪些问题上还会即将达成的潜在的合作协定。这就是清政府的第一份国际协定——这项"第一"持续了数十年——这期间的任何一届中国政府都认为这份协定，既有益于中国，也非常值得签署。

然而，一堆难题差不多立即开始涌现。这一边，阿礼国不得不去劝说英国政府否决来自国内对华贸易利益集团甚嚣尘上的反对声浪，[注116]而在中国国内，来自商人们充满敌对情绪的评论观点也正在干扰着谈判的进展。如果谈判继续，阿礼国就必须公开表明政府不支持商人观点的立场，经征得外交大臣山嘉利的同意，阿礼国言辞激烈地向外界表明了这一立场。[注117]另一边的总理衙门也不得不去劝说保守的中国领导人，使他们相信签订协定的这个新进展将会带来真实的希望。

值此紧要关头，在1868年的这个秋天，中国多地发生的一系列暴力排外事件[1]几乎使阿礼国相信商人们的对华看法终究还是正确的，而且此时的阿礼国还几乎相信，中国人对国际关系的理解，除了使用暴力便一无所知。他感觉到，蒲安臣在海外发表的浮夸论调，已经被中国人解读为他们现在可以随心所欲、外国来的恶魔只配去下地狱的含义了。在备感失望之

---

1 见第三章。

际，他违背了自己的一贯秉性，在扬州事件中批准了"炮舰外交"。(注118)

这种对华观点的转变，只持续了很短的一段时间，甚至早在英国外交大臣克拉兰敦提醒他任何局部动用武力的做法都将有悖于英国的对华基本政策之前，阿礼国就已经恢复了自己的谈判者角色。阿礼国想尽办法征求到中国人对外国轮船在鄱阳湖水域航行权的同意，还寄希望于中国人在内地有限居留权以及采矿企业所有权等方面能继续作出一些让步，尽管他也并不认为上述要点都是必不可少的。到了1868年的年底，他准备撤回铁路、电报、食盐进口等谈判议题，并将协定草案提交外交部审议。(注119)之所以这样做，是因为尽管他本人曾多次提议引进铁路及电报、全面允许外国轮船内河航行以及外国人内地定居等事宜，但这些改革措施都没有解决子口税问题更重要，而且鉴于中国当前的这种现状，这些改革措施无论如何都是彻底行不通的。(注120)

协定草案的各项条款被公之于众之后，商人们的反对意见便开始多了起来。他们的谴责尤其针对阿礼国，认为他未能在谈判中为他们争取到与法国人、俄国人等量齐观的内地居留权。(注121)对此，阿礼国一针见血地指出，俄国人和法国人的权利绝不像英国商人倾向于认为的那样清楚。一些俄国人的确是实际生活在中国内地：

但这是经过中国政府许可了的，并没有被俄国人宣称为一种权利。而且,我相信他们仅仅是与外界相安无事地居住在那里,因为他们不会给周围带来麻烦,他们在说话、生活以及穿衣打扮等方面都与中国人相似,他们从不利用广东人或买办商人去和当地民众发生纠纷,因此也从不会像得到外国保护的时候那样去对抗中国政府当局,进而不服从他们的管理……中国人的反对（对内地居留权）似乎是难以克服的,它与治外法权相互关联。总理衙门规定……如果外国商人要求得到一项权利,则中国政府为了体现对本国民众的普遍公平起见,外国商人就必须放弃另一项权利。^(注122)

可是,面对着众口一词的反对,阿礼国本人有时也感到疑惑,英国还要在对这份草案的可行性浑然不知的情况下,在未来十年把这份草案当作一项正式的经修订之后的条约,这种做法是否明智? 在致克拉兰敦的信中,他这样写道,如今英国无法从中国撤出,过去酿成的错误现在也无法挽回,但使用武力将是愚蠢的。可行的备选方案似乎应该是接受目前的条款,或者推迟修约,听之任之,静观其变。^(注123)

对于阿礼国已经取得的外交成果,英国外交部和商务部都着重表示了赞赏,并批准同意将它们合并为一项协定。如能劝中国人接受这些他们迄今为止一直拒绝答应的条件,并且把它们作为临时条款得以承认的话,那就更好了。这样对华贸易的抗议声浪将会有所减弱。如果中国政府仍拒绝接受这些条款,那么,阿礼国将奉命在协定上签字,使之成为《天津条约》的一份正式修订版本,其内容将在十年之内对中英双方均具有约束力。(注124)

1869年初,正当英国外交部还在认真考虑《阿礼国协定》草案的时候,总理衙门则正在忙于通过劝谏力争得到皇帝恩准的努力中。直到1868年11月阿礼国已经准备在他的备忘录上加盖官印时,总理衙门才开始意识到正式谈判尚处于进行当中,而等到阿礼国已把协定草案呈递外交部之后,总理衙门才着手写奏折,准备向皇帝呈报此事。1869年2月2日,总理衙门将相关的外交信函及备忘录呈送皇帝审阅,连同上述文件在一起的,还有一份精心拟制的奏折,其内容是对谈判期间每个步骤工作进展情况的回顾。(注125)

总理衙门的奏折一开始便述说了外国人在这些谈判过程中的贪婪欲望一如既往。为此,只能竭尽全力地向他们指出,中国对有关引进铁路、开放内地等所有建议的反对立场是如何的坚定不移。但是,总理衙门也汇报了自己在谈判过程中并非一味地坚定不移,而是采取了灵活的谈判策略:自己派出的谈判人员有时是毫不让步,他们有时也会欣然接受对方提出的条件,对于英方提出的谈判问题,他们有时会漠然置之、不予理睬。通过运用这些策略,总理衙门成功地迫使阿礼国同意接受某些无疑将会给中国带来好处的变动;在一些不会给中国造成实际损害的条约要点上,总理衙门主动作出了让步。总的来说,总理衙门大臣认为他们已经取得了一场外交胜利,并且开始纳闷英国人是否会在最后签署一个明显不能满足英国商人要求的条约。总理衙门虽然不想利用商业规则中的细节问题来给朝中王公大臣们添麻烦，却寻求得到朝廷对通过谈判而达成的新政策的批准。^(注126)

1869年2月，在这为期一个月的时间内，朝廷各路亲王、军机处及内阁大学士们都接收到了供他们传阅的关于条约修订的文件副本，随后，他们的意见和建议便被汇总到了总理衙门。^(注127)这些经汇总上来的奏议的观点基调，与总理衙门的奏议之间仅仅存在着稍许不同。王公大臣们都同意总理衙门制定的外交政策，但他们感觉到以往对军事准备工作缺乏重视。他们认为，凭借着外交手段，清帝国通过社会习俗原则（礼）的规范作用，可以对外国人施以控制；通过实施自强计划，清帝国可以采取武力手段来制衡外国人；但"永远不要忘记，尽管我们现在可以同外国人坐下来谈判，将来还会有兵戎相见的一天"。[1]

总理衙门在答复中表示同意王公大臣们的建议，并且回顾了本部门对于部队训练、兴建兵工厂和海军造船厂等军事准备事项进行各种进谏的历史。总理衙门声称，在以前的奏议中，之所以没有商讨军事准备问题，是因为这些问题的重要性不言而喻，无需商讨；军事与外交，是一对并行不悖、互无矛盾的策略。然而，从总理衙门煞费苦心的辩驳中，人们已经可以明显

---

1. 醇亲王奕譞和倭仁还竭力呼吁要对传教士施加更为严格的管控，尤其是他们开办的孤儿院，而且要对在华居住的外国人实施治安巡查。总理衙门公开声明，上述这些措施都是不可取的（见总理衙门于1869年2月24日呈递的秘密奏折，载于《筹办夷务始末——同治时期》，第64卷，第17—21页）。

地看到，此刻它正在努力去说明通过一个新途径来处理国际事务的时代已经到来。毫无疑问，当前必须积蓄军事实力以应对不时之需，因为法国人凶猛残暴，俄国人奸诈歹毒，德国人执拗虚伪。而英国人却不那么狂妄，而且有证据表明，语言和文字可以使他们的内心受到感动，加之美国人正以实际行动证明他们是相对温文尔雅的善类。总理衙门奏折的言外之意是，不能把当前所开展的外交工作仅仅看作一种空谈，其目的在于诱骗外夷请君入瓮，直到中国强大到足以消灭外夷，这难道不是几乎不可能的吗？(注128)

考虑到自己的看法已经得到朝廷的一致认可，总理衙门便开始从1869年春季起，急于尽快签署协定，甚至指责阿礼国故意采取拖延战术。(注129)然而，阿礼国却认为他必须从某些方面入手，使这份协定更容易被英国商人接受。他再次提议考虑将这份协定中的条款取消时间限制，中国方面予以拒绝。随后，他又在仓促之间抓住最后一线希望，试图打破中国的盐业专营垄断。(注130)中国人将阿礼国此举称为一种"疲劳战术"，指责阿礼国正在违背自己的诺言，并提出要在中国香港享有开设领事馆的权利，以及对传教士的活动采取某些限制措施。(注131)时值9月份及10月初，谈判面临着全面破裂的风险，直到赫德与文祥举行了回避任何中介的私人磋商，探讨了全部问题，谈判才得以继续下去。人们公认赫德在其中发挥了关键性的作用。(注132)

继这些私人磋商和会谈之后，谈判双方都撤回了额外的要求。中国人同意将协定作为无期限条款加以接受，以此作为对英国同意暂时不再纠缠皇帝觐见礼仪或苦力贸易规则等问题的回报。[1]这份协定于1869年10月23日在北京签署，为了表达对赫德在修订这份英国条约期间为中国所做贡献的感谢，朝廷于11月20日授予赫德"布政使"之衔。(注133)

为了签订《阿礼国协定》，总理衙门提供了大力支持。关于其意义何在，人们对此理解各不相同。王德昭(注134)认为，恭亲王已经洞悉到外夷会恪守其诺言，由此，中国与外夷之间保持和平共处的局势，将有可能维持一段时间。但是，按照王德昭的说法，对照这个目标，中国的局势并没有发生真正的改观；按计划，应该是依次先后摆脱太平军、捻军、沙俄以及英国的威胁。胡绳注意到，清朝官员们对时局的整体看法在1860—1870年的这十年间发生了显著变化，1860年的时候，《北京条约》的签署曾被认为是一个奇耻大辱，而到了10年之后的1870年，曾国藩已经能够就与外夷保持10年和平友好关系的问题提起奏议，郭嵩焘也能就国际法问题著书立说，并且阐明西方殖民制度是一种新型的、可以带来和平的国际关系处理方式。胡绳根据这一点分析其中的含义是，郭嵩焘比那些斥责其为卖国贼的大多数文人士子更有远见，他早已认识到传统中国只有在服从

---

[1] 《北京条约》第五条确保了中国公民享有移民权利，而英国希望控制苦力贸易的滥用，这是一个国际丑闻，乍一看似乎不会与总理衙门的利益相冲突。然而，条例的颁布意味着苦力贸易的制度化。总理衙门宁愿让这些滥用现象继续下去，也不愿冒险讨论这样一个带有煽动性的问题。因此，英国同意中国不批准由恭亲王奕訢、阿礼国和卜鲁内起草的1866年《规范英法臣民接触中国移民公约》，这是英国方面作出的让步，尽管这条公约改善了可怜的移民地位（原文请参阅赫茨莱特：《条约》，第1卷，第10号条款）。

关于双方在最后关头的讨价还价，以及中方同意不设置时间条款的协定，见阿礼国于1869年9月30日写给克拉兰敦的信，载于《英国议会档案·中国卷》，1871年第5号档案，第150号文件。

"由帝国主义者制定的国际法世界秩序"安排的情况下才能得以幸存。(注135) **1**

第三种理解似乎最有可能发生,也就是说,这是当时的人们在展望未来时出现的一个真实的变化,即认为总理衙门当时这么做,既不是投靠西方、卖国求荣,也不是寡廉鲜耻、举手投降,而是为了给传统中国在现代国际社会中寻找到一个稳定而又体面的国际地位而做出的一次充满智慧的努力。

《阿礼国协定》的具体条款

《阿礼国协定》的签署,标志着中外关系史上出现了一个重大转折点,不仅在谈判方式上,还是在协定的形式及内容上,都迥然异乎以往。其中使用的语句——"谈判一方、英国同意……;谈判另一方、中国同意……"——这种表述方式,与《天津条约》(1858年)或《烟台条约》(1876年)中所用语句,形成了鲜明对照。这种语气上的差别,在协定的汉语译本中尤其显著。(注136)

协定第1款对最惠国待遇原则附加了一个重要的限制条件。在此之前,每一个列强都可以要求获得任何其他列强从中国攫取的一切特权。从此以后,英国臣民只有在接受最初中国答应给予那些利益时的谈判条件的情况下,才能与享受到利益的另

---

1 最后这段评论并没有出现在胡绳这部著作的1948年第一版中,而是作为增补内容,出现在1952年版本中。

一国家的国民一起分享利益。[1]

协定第2款宣告，中英两国可以彼此之间向另一方领土互派领事。英国多年以来一直享受这项权益，而中国目前提出在中国香港开设领事馆的要求。对于外交权益平等原则来说，中国提出的这个要求并不是一句空谈，而是一个现实问题，因为香港居民强烈反对在他们那里设立领事馆即便如此，中国官员仍认为在那里设立这样一个领事馆，将极大地有助于打击走私。(注137)

协定第3款针对整个英国商业最关注的问题，提供了一条最终解决方案：中国对英国进口纺织品加征国内税。它规定英国纺织品无论其品种和价格也无论销往何处，都应当一并缴纳海关进口税及2.5%的国内子口税。缴纳完以上这些税款之后，英国纺织品便可以在九个省份范围之内（包括通商口岸）自由流通，无须缴纳任何类型的附加税。而在其余九个省份，则须缴纳全部各项国内税。阿礼国认为，不管这些纺织品是否将要销往中国内地，在所有通商口岸缴纳一笔小额度的国内税，都是一种最便捷的解决办法，而且值得去承担这笔损失风险，因为如果不采取这种办法，在一些口岸单单计算厘金这一项税款，其额度就高达90%。

相对来说，中国人在其他方面的所有让步都不重

1　有人说，《阿礼国协定》第1款完全消除了贸易最惠国待遇原则中的单方面特权因素（见《中国的对外贸易》，第185页及其后续各页）。这可能有点儿言过其实，但这是朝着那个方向迈出的一大步。

要，如果能够争取到这一项利益，英国纺织品就将可以免除中国在地方上被征收的税款和一些不负责任的课税。我认为，我们目前经过深思熟虑作出的这种安排，将会给所有国外棉纺织商品带来一个美好的希望，这些商品将构成中国进口贸易的主体，这样就实现了免征其他附加税的目的。^(注138)

赫德对此表示赞同：认为"这是中国人所做的最重要的一次让步"。

协定第4款针对中国外销土货的征税问题，同样提供了一个既简便又公平公正的解决办法。从此以后，此类农产品将缴纳全部各项国内税，但可以领到缴税凭据。土货一经出口，位于通商口岸的海关将退还其占超出国内税额度部分2.5%的余款。赫德与阿礼国都认为，此规定可使谈判双方共同获益：非法出售过境通行证的现象将会被杜绝；在中国内地，对同一类农产品采用不同税率的徒劳努力，也将偃旗息鼓；从事合法出口贸易的商人也可以从一家拥有常备资金、雇有外籍员工、按照西方管理模式经营的代办机构那里索取到属于他的退还款。此外还有，总理衙门最终同意，从此以后，将在通商口岸征收到的过境税总额的7%～10%划拨给地方政府当局。[1]

1　英国商人认为条约子口税取代了省里的税和当地的地方税，这样一来，如果将这笔税款交给北京方面，当地官员肯定会试图通过非法的敲诈勒索来弥补他们的损失（例如，见上海总商会主席于1869年2月1日写给麦华陀的信，载于《英国议会档案·中国卷》，1869年第12号档案，第5—6页）。

阿礼国认为，依据协定第3款、第4款之规定：

饱受外国商人痛斥的过境税签收制度，也几乎在同一时间被彻底取缔了——同时被取缔的还包括这九个省份的大部分通商口岸，以及中国用于出口的国内农产品，全部计算在内，都被免于征收国内过境税——依据此规定，通过取消国内农产品与国外商品之间的所有差别，一方面可以把中国地方政府惯于行使的内地征税权交还给他们，同时还能使他们提高参与外贸的兴趣，另一方面，这些规定可以免除外国商人在关税以外、用于缴纳2.5%的子口税的所有超额征收部分，这种规定，在类似于中国这样的一个国家，比任何过境税签收保护制度都更为有效。(注139)

有批评的观点认为，中国人是不会去遵守那些条款的，将想方设法去逃避应由他们去承担的新责任。对此阿礼国答复，总理衙门已经是完全彻底、自主自愿地同意接受这些经过谈判最新商定的条款；地方官现在有理由对外贸经营感兴趣；即使有些地方官拒绝提供缴税凭据，商人也将能拥有远远超过以往的更好的机会去抗议政府对出口商品的过度征税；鉴于中国政府已经作出了影响广泛、清晰明朗的让步，外国商品所缴纳的2.5%的进口税，不过是相当于承担了

一笔数额很小的财产风险。(注140)

依据协定第5款之规定，中国的土货从香港装船经海上运输至中国内地的某个通商口岸，须缴纳所有内地税，而中国内地的土货，如果从一处通商口岸装船经海上运输至香港，却可宣称享有出口商品的免税特权。阿礼国认为，这种出口商品免税特权将会使香港充分受益，弥补其因清政府向香港派驻领事馆而引起的走私收益的损失。

协定第6款规定，在温州、芜湖两地开放通商，以此作为对关闭海南琼州口岸的替代（阿礼国认为琼州口岸毫无价值）。然而，总理衙门坚决反对将宜昌开放为通商口岸，理由是，该地作为"通往长江上游地区的门户"，在此开埠设港，将会给英国商人带来最大的利益。

第7款和第8款，主要是针对吨位税的收缴及英国商船出口登记查验清单的上交等环节将要采取的某些技术改进，做了具体明确。上述这两个环节，均体现了中英双方在谈判过程中相互之间作出的让步。

协定第9款、第10款及第11款，分别涉及海关罚款及没收、轮船驾驶执照以及再出口外国商品的退税还款问题，也都体现了与前款相似的互利互让原则。

凭借着第12款和第13款，总理衙门在两个重点问题上赢得了实惠：在出口环节加大了对生丝的征税，在进口环节提高了鸦片的缴税额度。正如阿礼国所言："我们给了中国人一些好处作为回报。"他并不认为这种缴税额度的提高会影响到贸易规模或利润,还觉得中国人有充分的理由这么做:"考虑到他们渴望加倍征收茶叶、生丝和鸦片等商品的税款,这种做法将给他们带来直接利益,而他们最终却只满足于如此之少的利益,我认为他们在这方面表现出了极大的克制。"(注141)

对于是否普遍给予外国轮船在中国内河航道进行自由航行的权利,总理衙门的拒绝态度仍未见任何松动迹象,但是,作为对英方在关税问题上主动让步的回应,总理衙门还是允许外国轮船在鄱阳湖进行一次试航。此外,外国人还被出人意料地授予了可以乘坐外国拥有的传统中式船只在中国所有内河航道内航行的权利。阿礼国认为,这"或许是英国从任何一个独立国家都未曾获得过的最大的一项特许权"。中国还被迫承认了外国人在中国内地享有的暂时居留权,不过该项权利须符合中国政府出台的具体条件并通过资格审查。阿礼国在一封写给外交使团团长的信中说:

> 我认为,这两项特权虽然是有限的,而且远没有达到商人们所要求的轮船航行权和永久居留权,但对促使这个国家的开放还是取得了不小的进展。如果英国人和其他国家的商人们能像俄国商人在一些茶叶产区所表现的那样,遵守诺言、安分守己地经商,既不给政府当局添麻烦,也不在当地民众中间激起恐慌或敌对情绪,他们将没有什么理由去抱

怨自己所得到的特权远未达到预期了。(注142)

他向外交部汇报:

> 外国人在中国内地的暂时居留权,以及外国船只在中国内河的航行权,均需由中国政府根据具体情况给予批准之后方能生效。在行使这两项权力的过程中,如果我们外国商人能够审慎而又顺从地配合中国政府,那么我将非常愿意去和中国政府交涉,以便满足他们的所有合理诉求。只要遵循目前的外交政策,他们所期待的任何利益愿景,都会得到满足。然而,我们的这些商人们是不会这么想的,我无法对他们抱有如此高的期望值。(注143)

在阿礼国看来,这份协定最重要的条款,莫过于中国人同意采用一部关于商业法的成文法典。他认为中国人此举不仅是为实现商业交易有序经营而作出的一项贡献,还是为实现废除治外法权本身的"三步走"计划而迈出的第一步。从历史记载上看,阿礼国显然已经察觉到治外法权存在着风险,而其他人直到半个世纪之后才认识到这一点。如果中国能够在有限的法律体系内实施某些改革,就会使中国与外国之间达成一项协议成为可能,从而将外国人及其利益置于中国人的管辖之下。(注144)为了汇报协定签署事宜,他在致外交

部的信中写道:

> 一部成文商业法典的采用……有可能引起超过任何直接结果的更重要的变革。从采用一部商业法典做起,到采用以欧洲准则为基础的民法法典和刑法法典,再到成立一个国际法庭用于审理所有涉外案件,不过是只有两步之遥。一旦上述目标得以实现,废除治外法权便指日可待。(注145)

《阿礼国协定》遭到否决

虽说总理衙门一直处在焦急的等待之中,生怕阿礼国不在这份协定上签字——因为一旦他签字了,他们就会认为此举将成为无可更改的定局,于是便推测协定的最终被批准也会自动地如期而至。但是,总理衙门对西方国家外交程序的了解显然是不够充分的,即便如此,在当时这种情况下,总理衙门的推测也还算是合情合理的。30年来,外国政府一直要求清政府在接受外交协定时指派有资质的代表前来签字。就即将签署的《阿礼国协定》这件事而言,英国公使无疑是一位有资质的代表,而且就在9个月之前,他还曾经把《阿礼国协定》草案呈报给英国政府,供其审批。

当时的情况似乎已经很明显了,总理衙门把《阿礼国协定》视为外交方面取得的一场属于中国的胜利。在汇报签字事宜的奏折中总理衙门讲道，之所以会在谈判的最后关头针对协定条款的几个要点被迫向英方作出让步，是因为阿礼国即将卸任返回英国，而下一任英国公使很可能会是一个难以对付的家伙。[注146]于是，总理衙门便开始迫切地要求朝廷尽早批准这份《阿礼国协定》，由此构成了一个引人注目的变化——在以往与外国政府举行的大多数谈判中，中国一直都是百般拖延、被迫着答应批准协定的。清政府如此渴望地想要批准一项条约，这还是头一次。

中国这边的情况是，清政府以为协定一经签署，就意味着木已成舟、无可改变，而且还具有约束力。在签署过程中，分别使用了同治皇帝、恭亲王、四部尚书以及理藩院的官印。[注147]总理衙门在1870年1月26日递交的一份奏折中重申了自己的看法，即签字之后的结果是无可变更的，因为双方都使用了官印，而且协定条款的具体实施步骤已经生效，其效果已经体现在双方随后展开的一系列外交信函的交流互换之中。[注148]协定内容被小心谨慎地拿到地方各省予以公布，宣传过程中注意到了每一处细节。[注149]总理衙门虽然对英国商人强烈抵制协定签署的做法有所察觉，却仍向皇帝奏报说，外国商人对《阿礼国协定》的看法并不能代表外国政府。[注150]

英国那边的情况是，商人反对《阿礼国协定》的舆论声浪甚嚣尘上。[注151]随着在华商人和英国商会发出意料之中的愤怒咆哮，一家名为萨森(Sassoon)的公司"代表印度的利益"向外交部提出了抗议。[注152]

阿礼国予以反驳,真正对大英帝国商业怀有切身利益的人是不会赞同在华商人的:

> 从未曾有过哪一个国家或西方的哪个政府,能够为了开展外国贸易而作出如此宽宏大度的让步。你也可以去问一下,能够对用于外国人个人及居家消费的全部商品乃至所有商船及码头货栈,可以实行免税的国家有多少?国外商船可以参与港口贸易而不必缴纳差别关税,外国船只可以有权进入所有内陆河道航行,能做到以上两点的西方国家有多少?除了可被说成是某种例外情况,且仅仅用来处理东方国家事务的治外法权以外,或许还可以去问一下,在欧洲国家中,有几个国家能做到在宗教方面实现完美的宽容,可以自由地讲授任何教义或信仰,而不惜推翻本国的现有宗教、习俗和崇拜方式?或者说,我们最后把话题扯回到物质和商业利益的问题上来,在对外贸易方面,哪个国家的海关税能够像中国的海关税那样适度?(注153)

他坚持己见,认为中国人宽宏大量的程度,要远远超过英国商人对中国人的认知:

> 全面禁止鸦片、限制传教士在内地定居和全面取缔治外法权,这三个问题的确是三个核心要点,也是我

们希望得到中国政府及其全部官僚体制作出让步的主要目标,然而事实上,他们却并没有坚持以上三个问题中的任何一个,这一定是值得庆贺的事……除了在这两种商品(茶叶和生丝)的征税额度有了少许增加以外,我们英方并未作出任何让步,如果说在中英关系问题上存在着互相承认原则的话,那么,我们对中国的让步,也只不过是给了他们国际交往的全部权利中的最平常的权利,即,答应他们享有向英国领土派驻领事的权利……我认为我们从中国那里获得的好处,要远远胜过我们答应给予中国的那一点点让步,在这个问题上,我们不应心存任何质疑。(注154)

较之于英国的在华商人,英国国内商人的反对意见更为激烈。在伦敦,商人们与其他各界人士开会得出结论,认为《天津条约》的最好结局就是不予修订。他们坚称,《阿礼国协定》致使英国被迫作出了比中国更大的让步;他们还认为目前的通商口岸制度并不能令人满意,而且中国必须将其内陆地区全部置于开放状态;保税仓库如归清政府所有,则不会发挥多大作用;至于允许外国人进入内地旅游和居住,以及免除内地子口税等条款,则是1858年《天津条约》中规定的已有特权的缩小版;如此等等。总之一句话,"这份《阿礼国协定》构成了标志着英国对华政策出现倒退的第一个鲜明例证"。(注155)与之相似的集会以及相似的决议,相继在格拉斯哥、利兹、曼彻斯特、麦克尔斯菲尔德、哈里法克斯、利物浦、贝尔法斯特、爱丁堡、邓迪等地举办和通过^(注156)——无论在哪里,只要有人对英国对华贸易不断扩大的神话感兴趣,这样的集会和决议就会轮番上演。

与英国商人的激烈反对相比,参与条约修订的其他列强国家对《阿礼国协定》的反应则要温和得多,但是,只有美国例外,他们也反对《阿礼国协定》的批准。阿礼国感到,如果他所同意作出的让步只会给英国臣民带来影响的话,那么他们就会为此耿耿于怀,继而徒劳无益地试图劝说他在北京外交使团里的那些同僚,去期待着签订一份能够带来普遍受益的欧洲协定。^(注157)法国人的回答是,无法确信地方政府当局会尊重总理衙门所做的承诺。[1]他们虽然显得很谦恭,但是却认为应推迟条约的正式修订。对他们来说,他们保留要求明年(1870年)举行重新谈判的权利,尤其要考虑天主教传教士的权利问题。^(注158)普鲁士同样要求保留自己将于1872年单独修订条约关系的权利。^(注159)尽管俄国公使也承认总理衙门的让步比他所希望的要大得多,但发现这些让步的条件仍不能满足俄国商人的要求。他反对提高茶叶税,拒绝接受阿礼国未能在协定中明确的在中国内地开设仓库的条款。至于内地子口税,他建议外国人可同意全部缴纳,前提是这些税收项目要提前一年公布。^(注160)比利时、西班牙和荷兰对英国的意见随声附和,但也只是流于

---

1 左宗棠的法国门徒日意格是一个例外。他赞同阿礼国的观点,并建议反对法国单方面修改条约的企图(见《自1858—1860年签订条约以来的法国对华政策》,巴黎,1872年出版,第14—25页)。

形式。(注161) 美国方面对阿礼国提供了更加热情的支持，(注162) 但是，随着布罗斯接替了蒲安臣的驻华公使之职后，美国的支持态度便由热转凉了。[1]

然而，阻挠《阿礼国协定》签署的因素，并非来自其他列强的反对压力。英国政府最终还是违背了自己更好的判断，屈从于英国商人的压力，拒绝签署《阿礼国协定》。支持对华贸易的代言人从谈判一开始就反对阿礼国的政策，1870年初他们又重新调整了抗议策略。(注163) 克拉兰敦对他们的观点进行了有力驳斥，他得到了商务部的支持，而且在国会里面也并非没有同情者。(注164) 阿礼国被召回国内接受质询，英国政府决意要把签署环节尽可能长地拖延下去。然而无法辩驳的是，商人的反对意见顽固坚持到了最后。1870年6月，直到克拉兰敦去世前不久，他虽然没有改变自己对于《阿礼国协定》优点的赞赏立场，却也向政府建议，面对如此强烈的反对意见，此时签署《阿礼国协定》不够明智。(注165) 阿礼国接受了《阿礼国协定》被拒签的失败结局，随后敦促政府要把《阿礼国协定》未被批准的原因归咎于法国方面出现的某些所谓的困难，而不应归咎于商人的反对；如果承认是商人们的力量迫使英国政策发生了逆转，那么，将不仅会导致"北京方面对英国政府产生大量的敌意和不信任"，而且将严重削弱英国在中国的未来国际地位。(注166)

英国政府作出的拒绝批准《阿礼国协定》的决定，因克拉

---

1 见第三章。

兰敦的死而变得像被封存起来了一般无可变更，而当关于"天津教案"的消息传到欧洲时，有望重启《阿礼国协定》批准问题的任何机会也都被拒之门外了。(注167)7月7日，外交部副部长在回答下议院提问时，声明将不予批准《阿礼国协定》。(注168)克拉兰敦的继任者格兰维尔声称阿礼国在协定谈判过程中曾经得到了克拉兰敦的指导，而克拉兰敦当时曾认为条约的修订"是现行制度下的一次伟大进步"。(注169)他给阿礼国写信说：

> 对于那份《阿礼国协定》有可能带来的利益，女王陛下的政府感到非常遗憾，因为政府的观点已经被那些活跃在这个国家和中国的商会势力所操纵……这并不符合女王陛下的政府希望从《阿礼国协定》中获益的观点。(注170)

位于上海的英国商人们弹冠相庆：

> 从阿礼国爵士在这里为我们亲自讲解补充协定中的各项条款至今，时间仅过去短短数月。但从那时起，各种奏折、决议和信函就如同潮水一般纷至沓来，它们都是由对《阿礼国协定》怀有切身利益的众多商业团体写的，其主旨是谴责目前已经提上议事日程的批准协定的工作安排，并且向女王陛下

的政府竭力鼓吹拒绝批准《阿礼国协定》的重要意义……照目前这种情况发展下去，为了照顾到商人们的反对意见，商人团体施加的影响力足以使英国政府撤回批准《阿礼国协定》的预定安排，此举不仅是对阿礼国爵士所持观点的反对，也与商人们自己怀抱的初衷背道而驰。(注171)

迄今为止，无法找到真正的证据材料可以说明《阿礼国协定》被拒一事所带来的最终影响。一个可以拿来争论的观点是，商人们在《阿礼国协定》被拒一事中仅仅取得了有限的胜利，到了1871年，局势就发生了逆转，而且克拉兰敦对华政策的基础也并未受到此事的影响，(注172)因为国会里面的当权派断言清政府的软弱局面是外国列强对其施加压力造成的，鉴于外国的不当行径，中国目前的排外主义思潮是完全可以被理解的，而外国如继续干涉中国内政，将会导致该国陷入无政府状态。(注173)还有一个可以争论的观点，认为否决《阿礼国协定》等于否认了英国对于公平政策的公开宣示，因为当年批准《烟台条约》的时候，没遇到任何困难，这份条约使中国一无所获。(注174)只有一件事是确信无疑的：如果说曾经存在一个时间点，标志着中西方之间相互不信任逐步加剧的端倪已经明显，本应在这个时间点上采取措施来阻止这种端倪进一步恶化，那么，这个时间点，就是1869年。彼时，阿礼国洞悉了这种端倪，并且劝说他的政府相信这一点。但是，在关键时刻来临之际，一个比绝大多数人都更能体察历史主流的政府，却对发出刺耳反对声音的商会作出了让步。它的责任感出现了缺失，错过了一个自己明知一旦失去便可能不会再来的机会。

至于说到否决《阿礼国协定》一事所带来的直接影响，如果认为是这件事导致了在"天津教案"中具体呈现的排外主义，这就有些夸大其词了。（注175）早在《阿礼国协定》签署之前，中国排外主义的暴乱事件就已经愈演愈烈，并且成为一个社会问题。然而，威妥玛却一而再再而三地给国内写汇报，说"1869年《阿礼国协定》的被否决，导致公使团遇到的难题层出不穷，这是无可争辩的事实"；他把文祥描述成"渴望着想要找我们报仇，因为《阿礼国协定》的被否决给他带来了屈辱和麻烦"。（注176）关于威妥玛所说的这些话，从文祥的日记或者密切关联的其他官员的文稿中，当然都找不到任何与之相关的只言片语。如果说，这种认为总理衙门正在试着引进一种全新的中国外交关系方针的假设可以成立的话，那么，《阿礼国协定》的被否决就是让总理衙门诸位大臣在全体中国人面前出丑，在这种情况下，不可能再去指望他们会对此发表任何评论。直到6个月之后的1871年1月21日，总理衙门才总算是打破了沉默。总理衙门宣称，英国商人曾认为那份《阿礼国协定》对中国极其有利，这件事可以证明，商人阶层在英国社会中占有举足轻重的重要地位；更重要的是，这件事预示着在未来的谈判中，我们必将面临来自所有外国列强施加得更为沉重的压力。（注177）

马嘉理事件[1]的发生，以及1876年《烟台条约》的签署，并非源于《阿礼国协定》本身，而是《阿礼国协定》被否决一事产生的后续影响。随着马嘉理的身亡，英国的对华政策态度变得强硬起来。在马嘉理工作日志的附言中，阿礼国这样写道：

> 东方的失败伴随着一种报应，任何亚洲大国都不敢忽视这种报应。无论我们的权利有多可疑，从国际的角度来看，我们原本有权利去坚持要求中国政府在滇缅自由通行和贸易问题上作出让步，可是到后来，我们也没有什么选择了……
>
> 然而，如果我们要避免道德力量的完全丧失，唯一的选择就是，重新振作起来并付出成功的努力，道德力量远比实力占优的武力更能使我们统治东方，并享受安全和商业特权。(注178)

1876年，就在威妥玛与李鸿章在一起共同签署《烟台条约》的过程中，(注179)英国政府仍然拒绝为英国商人们的主要诉求提供支持，其理由是：

---

[1] 马嘉理是在云南搜索一条通往缅甸的徒步路线时被杀害的。他的游记，基本上都是在赞扬中国官员的礼貌好客和乐于助人，尽管这会导致腐败以及效率低下的问题。但是，对于"中国的老百姓"，他这样写道："中国人的天性是屈从于任何可以确立其具有优越性的事物。踢他一脚、用他自己的方言说几句话，告诉他是一个无知的乡下人，就会让一个普通的中国人崇拜你……当中国人以单独或小团体的形式存在时，他们都是文明礼仪的精英，而一旦形成乌合之众，就会变得相当危险。"（见《马嘉理行纪：从上海到八莫尔后返回马尼温》，伦敦，1876年出版，第131页）

依我之见，如果得不到中国政府自主自愿的倾力支持，这些英国商人们筹划的商业版图将根本无法付诸实现。诚然，若没有外国人提供的援助和资金，中国政府不可能将如此宏大的商业版图变成现实；但是，如果趁机将这些商业版图强加给这个国家，却也并非是我们所希望看到的结果。(注180)

所以，这份条约的内容仅限于：(1) 马嘉理事件的善后处理；(2) 外交行为准则；(3) 通商口岸的司法管理；(4) 修订商业规则。

条约双方都清楚，中国永远都不可能去利用《烟台条约》来改正自己过去犯下的错误；也不会再拒绝作出新的让步——比如，长江上游地区已同意开放。条款中列出的任何有所克制的条件，都是承蒙英国的宽容。只有赫德的对华立场未曾改变；当总理衙门向他征询意见时，他精心准备了一篇关于中外双方彼此需求及投诉事件的说明，还附带了一系列有助于通过相互让步调整彼此关系的可行性建议。(注181)然而此时，英国官员们却对他的建议置之不理。

在中国与外国的外交关系发展史上，《烟台条约》标志着单边主义外交模式从此被固定了下来。这并不是一个新模式；实质上，《天津条约》就已经体现了这种外交模式，以前的许多条约都是按照这种模式签订的。凭借这些条约，西方人用自己规定的条款打开了对中国实施干涉的大门。《阿礼国协定》恰恰体现了一种试图改变这种模式的努力，通过对条约中的许多重要细节作出重新修订，从而打破单边主义。

1868—1869年，当时的中国已经有能力第一次以一个主权国家的身份在没有受到任何直接威胁的情况下，与外国就一项条约的修订问题而展开谈判。[1]在1860年的时候，恭亲王曾写道：

> 以往多年所订之约，无能确保，端在多为武力相加之结果，自不容对条款做逐一辨析推敲，终致双方均怀猜忌。（注182）

《阿礼国协定》是第一份由中外双方在相互同意的基础上通过谈判而达成的协议，即使放在当今，它仍然是为数不多的此种协议之一。阿礼国认为，确立这种和平谈判的准则，远比确立协定的特定条款更重要：

> 到目前为止，我们只是在诉诸了迫使中国屈服的武力之后，才试图与中国缔结条约的。如今，我们第一次有了在完全不同的基础上进行谈判的机会，这是在共同利益和友好关系的基础上进行谈判的机会，这种情况的变化即使不能完全为我们所掌控，

---

1 这里指的是中国在被迫"开放"之后的历史时期。《尼布楚条约》及其他在更早时期签订的条约，则与此并无关联。

也必然对事态的进展和可达成的目标构成实质性的影响。(注183)

当前的局势使我相信,国家之间长久维系的友好及商业关系,是不可能建立在其他事物的基础之上的。必须建立在利益互惠以及公平精神、寻求合作的基础之上。严格遵守这样的一种策略,我们或许得不到所希望得到的一切,也不可能像我们所希望的那样及时、充分地得到最合理的让步。但是,中国的朝廷会更愿意支持这样的做法,因此不太可能被地方当局所逃避,或通过间接手段使我们的努力和收获变得毫无意义。(注184)

天津教案(注185)

传教士问题是保守派在推进改革的过程中所要面临的最棘手的难题,因为只要不去鼓动乡绅和文人士子在社会各个领域掀起一场儒学复兴运动,则国内的改革计划便不会失败,而且,如果这场儒学复兴运动导致了极端排外主义的蔓延,则总理衙门最新制定的外交政策也将归于失败。那些当时居住在中国的外国人经常以为,是朝廷暗中怂恿了这些针对外国人的暴力事件,(注186)而从历史档案中的证据材料上看,真实情况却与那些外国人的主观臆测截然相反。

1860年以后,天主教传教士所享有的内地传教特权的扩大，导致了传教士与当地民众之间的摩擦和敌意日益加剧。[1]对于19世纪60年代所发生的一系列与"天津教案"有关的活动及事件，天主教方面的报道相当清晰地揭示了民间排外情绪为何如此之高：皈依天主教的年轻姑娘，一旦进了女修道院，便拒绝看望其父母及家人，当地官府前去调查核实情况，却被传教士阻止，此类情况不一而足。(注187)不光是地方官对传教士的活动心存猜忌，早在1869年年初的时候，适逢《阿礼国协定》被呈递朝廷审阅，醇亲王和倭仁就曾经竭力主张《阿礼国协定》中应当包括限制传教士活动的条款，尤其应禁止教会开办经营孤儿院。针对此项建议，总理衙门在一份保密奏折中进行了专门的探讨。总理衙门虽然也同意将教会问题列为当前各项事务中的头等难办之事，却向朝廷提出这样的建议：目前如果对传教士采取任何限制性措施，都会被外国人理解为干涉其宗教自由，于是将有可能引发中外之间的矛盾事件；(注188)当前我们需要的是，采取一些办法来规范基督教的合法地位，而这种可能性目前正处在探索之中。(注189)

正值1870年的初夏时节，直隶总督兼北方三口通商大臣崇厚从天津发来的第一份告急警报，打破了北京和平静谧的气氛。报称天津口岸地区有一场反教动乱正处在酝酿之中，在随后的6月23日，再次传来关于一场大灾难已经爆发的报

---

[1] 按照日意格的说法，1860年的特权虽然可以实现好的意愿，却代价昂贵，岁数大的传教士更希望恢复到1860年以前的状况（见《自1858—1860年签订条约以来的法国对华政策》，第26—47页）。

告，此事在中国人及老中国通的脑海里，至今仍保存着鲜活的记忆。（注190）

由于法军曾于1860—1863年一直驻扎在天津，这就使得该地民众从情感上继承了一笔仇恨法国人的历史遗产，因此，导致天津爆发一场骚乱的必要条件已经准备就绪。另外，法国人的一些做法，又助长了天津民众的仇恨气焰：法国人把自己的领事馆建在了中国皇帝原有的一处皇家园林之内；1869年6月，法国人又将一座中国寺庙夷为平地，而后把自己的巴黎圣母院大教堂专门建造在这块遗址上。[1] 自1870年6月初以后，当地中国人与法国侨民之间的紧张对立局势迅速升级，当时，有一些被当地县衙逮捕的中国人供述自己曾经诱拐儿童，而后交给仁爱会修女会育婴堂。修女会满怀热情地想要解救更多的孩子，虽然她们的热心程度已经超过了当地中国人，但是，修女会却采用了一种既无知又草率的做法，她们以每个孩子一小笔数额金钱的交易形式，把钱交给送孩子到育婴堂的中国人手中。从表面上看，这种酬劳方式，相当有可能激起诱拐儿童案件的频繁发生。毫无疑问，当地的中国民众对此信以为真。自从5月份以来，各种小道消息迅速传播，修女会报告说中国人的敌对情绪日益增长，有些在最近一个时期还对她们表示友好的民众团

1　此处指的是天津望海楼教堂。1862年，法国强行租用三岔河口北岸以后，拆除了原有的中国建筑，在望海楼的基础上加盖了领事馆，把崇禧观改成了教堂，建造起"圣母得胜堂"（取"圣母仁慈和庆祝第二次鸦片战争胜利"之意），也被称为维克多利亚圣母教堂，作为法国天主教天津教区总堂。1870年6月反洋教斗争中，教堂被天津百姓烧毁。1897年法国天主教会用清政府赔款重建教堂。1900年义和团运动中，教堂第二次被毁。现存的望海楼教堂，是光绪三十年（1904年）第三次重建的。1976年7月唐山大地震时望海楼教堂震损严重，1983年第三次修复，1988年被列为中国重点文物保护单位。——译者注

体，现在竟然也转为敌视。对于在正常情况下死亡率本来就很高的育婴堂来说，6月份天津地区暴发的一场流行性传染病，更为这起事件平添了灾难效果——其原因在于，修女会出于救人的渴望，让濒死的儿童接受洗礼，儿童病死后，修女会又采用了基督教的葬礼仪式。一天夜里，当中国人闯入修女会的墓地，挖出孩子尸体后，关于法国修道院诱拐杀害中国小孩的谣言便四处传开了。

带着当地中国民众要求搜查教会的强烈呼声，道台于6月19日约见法国领事丰大业。显而易见，丰大业会设法使道台相信那些针对教堂的控告都是虚假消息，可是，这位地方官更加难以摆布。在一场充满愤怒的火药味的会谈中，法国领事坚称中国地方官是这起骚乱的幕后煽动者，而这位地方官则坚称是法国领事隐瞒了证据。翌日，该地区最高级别的朝廷命官崇厚亲自出面调停此次骚乱事件。在一次气氛友好的会面中，他劝告法国领事，要想驳斥那些针对教堂的控告，最简捷的办法就是允许中国人进来搜查。丰大业显然还在设想着在未来的某个日子，中国的一些政府高官、达官显贵来修道院组织一次安静的巡视，而这位地方官却不这么想。

翌日清晨，崇厚和丰大业正准备分别向他们各自的顶头上司汇报说有一场糟糕的局势已经得到及时处置之际，关于道台、知府、知县等地方官堵在天主教堂门外要求进去搜查的消息也已传到了法国领事馆。此时的丰大业做出了一个不可思议的荒唐举动——在其秘书的陪同下，丰大业闯进崇厚的办公室，挥舞手中佩剑猛砍办公桌，还朝着崇厚连开两枪，所幸并未击中。崇厚的府邸衙役企图抓住他，丰大业在逃跑的过程中，又打碎了茶杯，踢翻了椅子，按照崇厚对当时情景的描述，丰大业"使用了令人难堪的语言"。官府衙役想要抓住他的企图彻底激怒了丰大业，尽管外面已经聚集了一大群前来抓捕他的人，他还是拒绝听从警告。外面这群人并非衣衫褴褛的乌合之众，而是一支组织严密的由当地官员、士绅和受人尊敬的房屋业主构成的治安执法队伍。急欲逃离困境的丰大业冲进人群，他的秘书用他的佩剑杀出一条血路。就在一名中国地方官向丰大业靠近（如按法国人说法，是攻击他，而按中国人的说法，则是营救他）的过程中，丰大业向这位地方官开枪射击，并击毙了其中的一名随从人员。

中国人的报复行动是令人惊悚的，当时的事态或许极易发生恶化。两名法国官员被当场开膛破肚。随后，一群人放火烧了领事馆、天主教堂、育婴堂以及其他属于法国领事馆的房产设施，杀死了10名法国修女、2名法国神父、7名外国侨民和数名中国教民，并且十分恐怖地将他们的尸体大卸八块。

回顾这起事件，正值众多恪尽职守的西方外交官都在绞尽脑汁地想办法消除中国人的仇外猜忌心理，一个法国领事却对任何事件浑然不觉，满脑子只想着保卫天主教堂；正值中国的全体高级官员都在卧薪尝胆地想要避免国际争端，一个固执己见的四品地方官却毫不考虑任何外交敏感事件，从而助长了当地民众的反教情绪。于是,仅仅过了一个下午,历时十年的外交成果毁于一旦。

由于在事发地附近,除了恰克图(位于西伯利亚边境)、锡兰,没有距离法国更近的电报线路,中国或许应该为此深感庆幸。直到7月25日,也就是法德战争开战十天之后,关于"天津教案"的消息才传到欧洲。如果这条消息传得再快些,又一场中国战争或许就已经随之发生了。实际情况是,法国部署在远东基地的战舰迅速驶往天津,巴黎及罗马方面发出强烈呼吁,要求对肇事者实施严厉惩罚。中国军队奉命进入战斗阵地,退役军官被召回部队,继续服现役。(注191)

总理衙门在此后的三个月时间内集中精力专注于督办此案。身为直隶总督的曾国藩奉命动身前往天津,实施现场调查,迫于外国的压力,调查的结果是,将参与肇事的大约16名中国人处以极刑,(注192)指派崇厚担任外交使团的领队前往法国就此案赔礼道歉。(注193)这种处理结果,被中国人斥责为清政府是在向外国人卑躬屈膝;而外方则认为是包庇了真正的罪犯——法国人认为清政府是幕后主谋。

尽管战争是避免了,但双方之间的不和谐依旧存在。翌年,总理衙门尝试着针对传教士的权利及义务问题,推出一项内容明晰的界定,以便要求条约各缔约方共同遵守。1871年2月9日,总理衙门给威妥玛寄去了一封与两年前寄给阿礼国的内容完全相同的信,其大意是说,洋教信徒往往都是一些声名狼藉的当地人,而传教士与当地士绅及官吏又向来关系不睦，由此导致敌视情绪日益浓重，政府根本无法预防暴力事件的发生。为了弥补这种缺失，总理衙门建议制定一系列规章制度以及其他用于管理传教士工作的各种规程，依据在当时经过广泛研究讨论之后确立的法规，给基督教徒统一规定某些定期活动场所，从而实现对传教活动的有效监管。[注194]

以上这些观点最终被归纳为一封传阅通告信，由总理衙门传递给各缔约国公使，供他们传阅。[注195]英国政府倾向于赞同总理衙门，而法国和美国却表示反对。[注196]根据天主教会方面提供的资料显示，法国人认为总理衙门在推理上存在的主要错误是，总理衙门建议教堂应该像处理同欧洲国家政府之间的关系那样处理同中国政府的关系，也就是说，中国政府也应当享有搜查育婴堂、核准护照等权利，而教堂则应避免干涉中国的民间管理事务。而在传教士看来，他们认为总理衙门的推理是荒唐的，因为中国政府并不是一个文明国家的政府。[注197]

作为这起事件的临时代办，威妥玛被中国通们抨击为"他以闻名于世的同情心去支持这项导致最近爆发骚乱的带有致命威胁的政策"，[注198]然而，在总理衙门看来，威妥玛似乎一改其以往对中国持有的友好态度。[注199]这并不奇怪，因为按照美国前驻华公使卫三畏的观点："总而言之，这起骚乱事件的全部历史过程——它的起因、发展、爆发、结局以及最后被镇压——如果合并起来看待，就像历史上曾经发生过的任何事件一样，构成了中国文明与欧洲文明在通往相互和谐之路上所要面对的诸多严重阻碍之一。"[注200]这起事件直到最后，也没找到任何解决办法，而随着外国逐步倾向于在中国内地发展其利益，中国人的仇外情绪仍然保持着蓄势待发的状态。

中兴的终结

围绕条约修订而发生的一系列历史事件，为研究中兴时期的主要问题提供了一个极具代表性的研究素材：在遭遇英国商人及欧洲列强联手反对的情况下，英国政府能否继续推进合作政府；中兴时期的清政府能否通过有限的国内改革，实现稳定国民经济、提高管理效率、复兴儒家思想、建设充足军力等目标。总而言之，那些仍然坚信中国传统富含长久价值的人，能否变革这些传统，使之适应新时代的需求。

截至1870年，中兴计划在各个领域均已取得了显著成功，然而没过多久，失败的迹象便从那时起渐趋明显。国家实力没得到增强，反而变得更弱了。善于溜须拍马的人填补了政府里的官位，而这些官位前不久还都掌握在才能出众的中兴名臣手中。19世纪60年代的实践证明，已经取得成功的外交政策，只能给一个签订比以往更屈辱的条约的时期让路，这些条约不仅仅意味着屈辱，还意味着丧失领土，以及在实际上丧失的国家主权。虽然历史阶段很难通过特定日期来划分其起止时间，但是，正如中兴时期的起点可以由收复安庆和设立总理衙门这两个历史事件来作为其标志，而《阿礼国协定》的被否决以及"天津教案"，则标志着中兴时期的终结。

XII THE HERITAGE OF THE RESTORATION
第十二章 中兴的遗产

同治时期的中兴事业最终失败了。它以一个罕见的鲜明例证昭示世人：一个儒教社会，即使处在最有利的国际形势下，也不可能通过给它嫁接一个高效现代化政权的方式来实现现代化。然而，这些历经实践检验且已证明失败的政治理念，非但没有被庄严地埋葬，反而被政客们奉为圭臬。因为这些理念可以给政客们呈现出他们想要的一派辉煌前景，所以尽管这些理念遭到历史现实的无情鞭挞，变得腐败不堪了，政客们却还在赋予这些理念以时代内涵，使之重获新生，他们在事实证据面前坚持认为同治中兴是成功的，而且在其遗产中蕴藏着20世纪执政中国的关键要旨。

国民党于1927—1928年上台接管中国政权，既标志着革命主基调在该党纲领中占据主导地位的时代的终结，也表明历史上通过一场革命来继承古代传统的许多次努力中最有意义和教育价值的一次努力已经开始。[1]国民党在这方面的努力之所以值得注意，主要有以下四点原因：(1) 该党的思想路线迅速发生了彻底转变；(2) 该党寻求恢复的儒家制度与该党最近取得胜利的国民社会革命之间存在着巨大分歧；(3) 蒋介石及其他领导者不仅对传统社会价值观念，而且对承载这些观念的具体社会制度，都保持着彻底而又无限的忠诚追随；(4) 国民党的这些领导者在20世纪中叶与共产党的争斗中，通过引经据典、坚持不懈、自觉主动的努力，运用了清政府在19世纪中叶对付太

---

1 承蒙《远东季刊》编辑们的许可，我得以在此引用本人著作中的部分内容，见 [美] 芮玛丽：《从革命到复兴：国民党思想路线的转变》，载于《远东季刊》，第14卷，1955年第4期。

平天国时所运用的方法，从而一度占据上风。

作为新上台的中国统治者，国民党领导人通过研究中国的过去，寻求找到解决经济衰败、社会分化、政治无能以及武装暴动等问题的具体办法，而且，他们把同治中兴当作自己的成功模板。尽管国民党在其北伐革命等岁月里，曾把自己视为太平天国运动的继承者，但当国民党掌权后，却把自己等同于当时的清政府及其表面上的成功。

蒋介石及其同党把同治中兴所取得的历史成就，归因于坚定的道德品质和对儒家社会运作方法的深入洞察，其中的代表人物均为这一时期的英雄，包括著名的恭亲王、曾国藩、左宗棠和胡林翼。他们认为中兴事业不仅包括政治上的成功，还包括中国社会生活方方面面的成功；不仅包括镇压叛乱、选拔和管理官员以及军队训练，也包括普通社会生活行为准则、家庭内外的人际关系、妇女地位、不同辈分之间的关系、工作岗位的选择、对商品的需求、娱乐方式等。在国民党领导人看来，以他们所认为的中兴形式出现的儒家思想，与20世纪中国国内稳定和国际安全问题息息相关。他们并没有看到这一点，即盛极一时的中兴事业，最终却归于失败，恰恰是因为维持儒家社会秩序的需要，与确保中国在现代世界中得以幸存的需要，已经被证明是完全的南辕北辙。

把儒家思想当作一条社会准则的问题，以及把同治中兴当作实现儒家思想复兴指南的问题，正好与国共两党为主宰中国前途命运的斗争紧密交织在一起。根据中国共产党的创始人之

一陈独秀的观点:

> 盖孔教问题不独关系宪法,且为吾人实际生活及伦理思想之根本问题也。……孔教之精华曰礼教,为吾国伦理政治之根本。其存废为吾国早当解决之问题,应在国体宪法问题解决之先。(注1)

共产党研究同治中兴经验教训的认真细致程度,与国民党别无二致。他们认为,国民党对同治中兴的刻意拔高和几乎把曾国藩奉为圣人的做法,是为了麻痹年轻人而采取的充满欺骗性的徒劳无益的努力,是法西斯理论家凭空捏造出的一个传说。(注2)

共产党把对于曾国藩的个人品质与其职业生涯在理解上存在的反差,称为"要求民主的中国民众与有产阶级"之间的斗争前线之一。他们坚持认为孙逸仙与国民党早期的所有真正革命者一样,曾经批判过曾国藩,并且把自己比作太平天国领袖洪秀全第二。(注3)

儒教社会与现代社会相对立、恢复旧制度与推动社会变革相冲突的问题,直到1916年之后的知识分子新文化运动和社会动荡时期,才被尖锐地提出来。在国民党的早期领导者之中,包括孙逸仙和章炳麟,一直把民族主义问题当作需要解决的首要问题。国民党将中华民国的首都定在南京,不是为了洗脱太平天国的叛乱罪名,而是为了捍卫明朝的民族正统地位。其实,章炳麟与他的那些拥护君主制的政治对手相比，二者之间存在的主要分歧似乎在于国家首脑的民族归属问题。而且，尽管孙逸仙本人也曾尖锐地批评那些只关注民族问题而对其他问题视而不见的人，但他却并没有把1911年的革命看成中国历史主要进程中的一次中断，而是中华民族五千多年辉煌历史的一个延续。

直到1915年，当袁世凯行使独裁大权时，国民党才开始掌握论战的主导权，反对这个儒家君主制度的伪装者，以及这个基本上依靠儒家社会根基的"安邦定国"时代的代表人物。以组建武装力量的形式毫不妥协地反对袁世凯的领导者，被誉为"革命烈士"的蔡松坡（蔡锷），亲自从曾国藩、胡林翼的著作中选取了一些格言，把它们颁布到革命队伍中，使之成为部队思想灌输的基本教材。在教材的前言中，蔡锷这样写道：对于涉及价值及道德观念的问题，讨论当前的现实问题不及传承古训更有益处；尽管有的时候，古代问题与现实直接相关的问题遥不可及，但是，曾国藩和胡林翼成为中兴名臣之时，距离我们只有半个世纪之久，因此，他们当时说过的话，对于解决今天我们所面临的问题，仍然有着迫切的重要意义。(注4)

可是，中国的国内局势自从1915年以后，便开始进入了历史发展的快车道。在1919年五四运动之后的若干年里，国共合作以广州为中心，迅速聚集起强大的革命力量。1924年召开的国民党第一次代表大会，实现了国民党的重组，并发表了一篇非同凡响的革命宣言，为推行一个与共产党实现合作的普遍纲领奠定了基础。（注5）共产国际代表米哈伊尔·鲍罗廷在中国的个人影响力达到巅峰，而年轻的蒋介石刚刚从苏联返回国内，成为革命热情高涨的黄埔军校校长，周恩来则担任黄埔军校政治部主任。正是在这种非常时期的国内局势下，蒋介石亲自为军校选定教材，他把蔡锷收录曾国藩、胡林翼的格言编辑而成的选集加以扩充，（注6）从而形成自己所著的扩编版本，以此作为军校教材。所以，蒋介石后来所取得的成功，可部分归因于他当年所采取的这一措施。（注7）

在这部军校教材的序言中，蒋介石这样写道：导致中兴事业成功、太平天国失败的原因，并不在于能力上的差异，因为从能力上看，太平军中以洪秀全、石达开、李秀成为代表的英雄人物，与中兴名臣曾国藩、胡林翼、左宗棠相比势均力敌。按照蒋介石的观点，曾国藩成为那个时代的领军人物，是因为他崇尚美德，处处体现了符合规范的个人品行。基于这个原因，蒋介石把曾国藩当成自己的人生楷模。

蒋介石说他自己研读曾国藩及胡林翼的著作已颇有时日，虽然曾一度想过要把太平天国的经验作为同志们的行动指南，对其进行整理汇编，进而用于取代曾国藩、胡林翼著作选集，但就在早些时候，他已经决定"推迟"编撰太平天国历史。为了便于开展军校教育，他决定采用蔡锷关于曾国藩、胡林翼选集的汇编本作为军校的基础读本，但同时，他还针对某些具体问题（尤其是关于思想修养方面）专门进行了补充，还把左宗棠著作中的一些节选内容纳入其中。蒋介石得出结论：

噫！曾、胡、左之言皆经世阅历之言，且皆余所言而未能言者也。其意切、其言简，不惟治兵者之至宝，实为治心、治国者之良规。愿本校同志人各一编，则将来治军、治国均有所本矣。(注8)

蒋介石在1924年的时候认为国民革命军是一支按照中兴时期的建军路线，履行实现中国社会稳定职能的武装力量，他的观点与国民党公开发表的大多数言论和立场，都存在着强烈的反差。颇有几分相似于戴季陶的观点，当时的戴季陶已经在竭力主张动用党的组织"复兴我们祖先的精神，由此，使国家走向繁荣富强"。(注9)但是，蒋介石的个人立场仍处在矛盾动摇之中。当他于1924年在黄埔军校当校长的时候，经常在课堂上探讨曾国藩和军队用于稳定社会职能的观点，但他也会发表关于革命的演讲。(注10)在他1926年8月发表的民族宣言中，完全没有提及恢复儒家秩序的问题。(注11)而在1933—1934年，他所发表的一系列讲话，内容却仅限于稳定社会及儒家行为规范。(注12)在1924年的时候，尽管蒋介石极度赞美曾国藩，但当他提到太平天国时，言语中仍然带有礼貌的成分。(注13)可是到了1932年，当他提到太平天国时，言语中却充满了唾弃。(注14)而且，在1933—1934年的庐山会议期间，蒋介石表明其立场，声称不仅要反对共产党和太平天国，还要反对自赤眉军、黄巾军以来中国历史上的所有叛乱者。(注15)他宣称，自己与胡林翼怀着同一个奋斗目标，因为："如果我们不能铲除赤匪，就无法

保持从我们祖先那里传承下来的旧有道德规范和古人先贤智慧。"(注16)

1924—1928年,国民党的思想立场发生了彻底转变。国民党在最先召开的两届代表大会上发表的宣言,是具有革命性的历史文献。在第一届代表大会上(1924年),专门指出该党的敌人是立宪派、联邦自治派、妥协派和商人占大多数的商业派。第二届代表大会(1926年)上发表的宣言,虽然与上一届相似,却带有更强烈的马克思主义观点的反帝色彩。确立该党的敌人是军阀、官僚、买办商人和在当地经商的小老板。随着1929年第三届代表大会的召开,党内局势发生变化,该党的敌人变成了"'红色帝国主义'的代理人"。(注17)当时的国民党左派人士或者转变立场,或者自动退党,而那些在早年间被清除出党的人士,如今又重新加入了国民党。(注18)

甚至在革命处于高潮的北伐时期,就已经有人把蒋介石称为当时的曾国藩,还把唐生智将军比作胡林翼。(注19)当共产党的宣传工作代表团拜访蒋介石时,该代表团的领队看到事实情况深受感触,无论是当时的外交辞令、会见程序,还是整个会场氛围,都在暗示着受访对象已成为传统意义上的中国统治者。(注20)1926年底,面对着国民党发起的改组运动,共产党必须对自己的出路作出选择。当时在南昌附近一座小镇农民协会悬挂的一幅宣传画,生动诠释了共产党在出路选择问题上的观点。画中,一边是一座孔庙,另一边是"世界庄园",庄园里面坐着三个主要人物,分别是马克思、列宁和一个空着的座位。

画面中央站着一位身着中山装的男人，他面朝孔庙，手里捧着孙逸仙的画像。这幅宣传画还配有文字，这样写道："孙先生本应坐在世界庄园里，可是，戴（季陶）校长却非要把他供奉在孔庙里。"(注21)

国民党在大庭广众之下公开承认重新尊崇儒教的时间，是在1928年。甚至在1927年，还有一伙无业游民拽着用稻草扎成的孔子像穿过长沙街头，对孔子像拳打脚踢并付之一炬，(注22)国民政府曾于1927年2月15日亲自下令废止官方祭孔仪式，把这笔资金转而投向公共教育事业，政府的理由是：儒教的原则是专制的。因为两千多年来，这些儒教原则一直用来压迫民众、奴役思想……至于对孔子的狂热崇拜，这是一种迷信行为，与现代社会格格不入……如今的中国已经是一个共和国了。这些专制主义的残余思想应该从民众记忆中彻底清除。(注23)

这种残余思想并没有清除多久，就再次进入人们的生活。1928年11月6日，蒋介石鞭策他的军官们要利用空闲时间学习"四书"。(注24)国民政府规定，从1931年起，将孔子诞辰日设立为全国假日。还命令国民军对各地所有孔庙提供特殊保护。(注25)对儒教的认同程度与日俱增，终于在1934年举行的重新尊崇孔子为圣人的典礼仪式上达到顶峰，当时，国民政府委员、著名诗人叶楚伧作为国民政府的官方代表，出席了在曲阜孔庙举行的封圣典礼，(注26)曲阜孔庙也由此恢复成为一处民族圣殿。

国民党从来没有停止过谈论革命问题。不过是用了一个截然相反的含义，来重新界定"革命"这个词。正如陈立夫在1935

年所言，革命必然会导致推陈出"新"，但这个"新"主要指的是观念上的新，周朝相对于商朝是一个新的朝代，新的含义在于缓慢调整和更新古老的东西以及从未改变的原则。(注27)国民党的官方党史宣称，太平天国的思想是与中国文化精神截然对立的，而国民党则是中国文化革命运动的真正载体。(注28)1943年，国民党元老张继在告诫该党的中央训练团成员时说，我党在革命初期广泛采取的排斥以往圣明君主和忠诚权臣的做法，是一个年轻人常犯的错误，我党早就已经改正了这个错误。(注29)在当时这种情况下，国民党历史学家陶希圣尽其之所能，去粉饰该党历史，他这样写道，国民党在历史上的初创时期，处在一个微妙而混乱的社会背景下，因为该党"既是太平天国的继承者，又是曾国藩的衣钵传人"。(注30)到了1953年，混乱局面终于消失，革命的含义也发生了彻底颠倒。根据陶希圣的观点："革命者都是一些把明末清初治国才能(经世)研究作为其立身处世的根本，同时却又汲取了西方思想的学者。"(注31)

　　国民党革命路线的转变，突出表现在党内外对曾国藩日益狂热的追捧上。在1922年的时候，由于中国人的生活状况与同治中兴时期相比已经发生了非常显著的变化，所以很难相信当时距离曾国藩去世仅有50年。(注32)可是到了1932年，他似乎再次生活在这个世上，他的著作被重新出版、大量发行，市面上新近出版的书刊里面的内容，充斥着对其生活及思想的探讨话题。曾国藩被一再刻画成领导清廷中兴事业的杰出官员以及中兴时期的国之栋梁，因为他不仅保全了清廷，而且维持了中国的延续，他又被描述成中国近代史上最伟大的人；把他誉为中兴时期最伟大的政治家，甚至还是一名比较伟大的思想家；还称赞他是一个拥有宽广视野的改造旧社会的人。

实际上，关于曾国藩和胡林翼二人的著作选集自1928年以后就已经成为国民党党章的一部分。关于蔡锷汇编原始版本的最新编纂成果及新版汇编，如井喷一般从各大出版社不断流入社会。要求学习曾胡二人格言警句的命令，成为党魁对部队军官发表讲话时的例行性组成部分。(注33)蔡锷本人越来越等同于同治中兴，由于他集曾国藩的"包容"(度)、左宗棠的能力、江忠源的勇气于一身，因此成为"青年人的榜样"。(注34)

像神一样崇拜曾国藩，同时又把蒋介石尊崇为更伟大的曾国藩，这种做法在国民党党内外并非畅通无阻，但批评者的影响力微乎其微。蒋执政时期，危急时刻一再出现，在他号召全国奋起抵抗时，把曾国藩塑造成全国人民的榜样。曾国藩的榜样力量体现在方方面面：他是抗日战争时期进行思想发动的象征，(注35)他是完美的军事统帅、严肃执行党的纪律的化身、(注36)学术界的仲裁者，(注37)可以现身说法地证明，每个人通过勤勉努力和坚定道德修养，就都有可能到达人生之巅。(注38)

选择中兴时期作为自己的一个成功模板，这对于国民党来说从逻辑上很容易解释得通，一旦国民党领导人不再把党当作革命先锋，而是将其视为恢复秩序的工具，那么，他们就一定会采取这种符合逻辑的做法。按照这种新的观点，他们宣布革命建设新阶段要求建设者所具备的品质，完全不同于以前革命破坏时期所需要的那些品质。党只有清除自己从早期历史阶段遗留下来的那些邪恶倾向,并集中精力重新建立起稳定而又安全的儒家秩序关系,当前的革命事业才会继续向前发展。(注39)而中兴时期最主要的显著特征,就是这些儒家秩序关系在面临革命势力威胁的情况下重新建立了起来,旧的儒家秩序也由此得以恢复。

国民党的新派儒家信徒,是实干家,而不是哲学家。蒋介石也许会在出席人民政治代表大会时,引用《礼记》中"大同"的全文篇章为大会致辞,[1]其他领导人也可能顺便引用任何恰当的经典格言,但他们却并不打算用理论术语来阐释国民党的新派儒家学说。只要遇到似乎有可能强化内部秩序的时机和场合,他们就会从儒家学说中抽取出可供引用的格言,这完全是一种权宜之计。与中兴时期领导人一样,他们把主要关注的重点放在社会习俗准则(礼),以及与"正义"(义)、"廉正"(廉)、"羞耻感"(耻)相关的美德上。

试图系统地分析国民党所说的礼、义、廉、耻的确切含义,这么做是没有多大意义的。虽然这些话题开始越来越多地在国

---

[1] 蒋介石在大会上致辞时所引用的这段话原文,载于《东方杂志》第36卷,1939年第6期,第56页,他把这段话称作中国至高无上的政治理论和国家复兴的目标。这段话因康有为的首先引用而变得著名,同时也受到孙中山的喜爱,其含义却成为存在着广泛争议的话题。对于许多不经意间读过这本书的人来说,它似乎代表着一个自由和民主的乌托邦。它曾经接受了国民党人的赞颂——在1946年的南京,为了庆祝国民大会的召开,其中的部分语句被制作成标语,悬挂在霓虹灯上——它也受到了中国左翼人士的攻击。日本主流学术界的观点认为,这段话的教义在中国得到了官方的高度认同。几乎可以确信,蒋介石本人也是这样认为的。关于这段话的原文,见〔英〕理雅各翻译的《礼记》,牛津大学出版社,1885年出版,第364—366页。关于对这段话的分析,见〔日〕板野长八:《康有为的大同思想》,载于《近代中国研究》,东京,1948年出版,第167—204页。

民党的文献中得到论述，却从来没有达到准确剖析、发人深省的程度。(注40) 蒋介石对党务工作者提出的指导意见是，礼的含义是遵守一成不变的自然法则、社会准则和国家原则，保持一丝不苟、谨小慎微的言行。他告诫部队军官，礼以及与之相关联的义、廉、耻等诸多美德，是军队命令、纪律、远见和勇气的唯一源泉，是防范官兵忠诚缺失的最坚固的防线，正如曾国藩所指出的那样，忠诚缺失是一切叛乱的主要原因。(注41) 他告诫公众，遵守这些美德并不在于使用正面的语言，而在于它们的缺失将会意味着什么：如果礼缺失了，人们就会对命令、纪律和规矩置若罔闻；如果义缺失了，人们就会泯灭良知、玩忽职守；如果廉缺失了，人们就会善恶不分、公私不辨；如果耻缺失了，人们就会茫然无措、优柔寡断。(注42)

尽管这种版本的礼仪教义的哲学含义比较混乱，没有什么探讨价值，但是，其政治及社会意义却是足够清晰的，值得仔细关注。真正一直在讨论的是如何确保社会稳定和群众纪律。按照国民党思想理论家的观点，儒家学说是人类从古至今为了达成此种目的而设计出来的最有效，同时也是最廉价的工具。他们看到，儒家的秩序得以维系，因为某些行为规范已经被训诫和榜样牢牢地钉在了一起，偏离这些规范几乎是不可能的。在国民党看来，重要的不是这些行为规范的内容，而是恢复这种按照固定的、不容置疑的规则行事的习惯。这些行为规范一旦被接受，则据推测看来，对国民党统治的反对就将会终结。儒家学说的纪律约束力取决于其全部内容和整体氛围，对此，他们似乎从未想到过。

蒋介石的被认为带有理想主义色彩的统治理念,源于这样一种信念——在社会控制方面,无形的教化和习惯比有形的强制更有效。20世纪30年代中期,当经济危机出现,加之日军侵略威胁加剧之际,蒋介石发表论断说,如果近些年来中国人能够更加勤勉刻苦地培育传统美德,那么中国就不会像现在这样面对内忧外患了。(注43)当他的部队在1939年面对日军进攻节节败退之际,他责备前线将领无视礼仪教义,并且敦促全国民众通过重新恢复对忠诚与孝道的重视,从而实现对自身的拯救。(注44)然后,待到1950年,当他的部队撤退到台湾时,他把共产党的胜利主要归因于国民党的士气低落。于是,他成立了一个新的组织,用新成立的中央改革委员会取代了在士气方面威风扫地的中央执行委员会,并且为这个新组织明确了职责:"我们必须继承五千年的古老文化,并使之成为人类进步的指南。"[1]

蒋介石执念于人类事务和文明兴衰的决定性因素系于人的道德目标、美好的儒家学说以及尤其完美的中兴教义。但是,在蒋介石对于这种道德目标及其形成遗产的理解上,存在着一个重要的新成分。在蒋介石看来,儒家生活方式已经失去了其传统的合理性和普适的特性,充满了一种浪漫的民族主义

---

[1] 在谈到国民党的失败原因时,蒋介石的确切原话是:"军事上的惨败致使大陆战场局势节节败退,其原因并不在于共军实力占优,而在于(国民党)党内成员组织崩溃、纪律涣散和士气低落。"(此番讲话的发表时间是1950年7月22日,摘自《蒋介石总统演讲文选(1949—1952)》的英文译本,台北,政府发言人办公室,1952年出版,第45—54页)

色彩。它拥有至高无上的价值，因为它是属于中国人的，既是我们伟大历史的源泉，也是我们壮丽未来的希望。在国民党对于革命任务的声明中，存在着不是一处而是两处反常现象，其声明的原话是"要复兴我们的中华文化，复兴民众的传统美德，弘扬中华民族精神"。[1]

在蒋介石经常谈及的五千年历史以外，能引起他持续关注的问题，只有同治中兴。1932年，当他率领着"反共"军队在湖北发动一场决定性战役时，他的思想路线开始转向胡林翼这一边，甚至最后认为胡林翼比曾国藩更伟大。[2]他经过反思，认为共军并不是什么可怕的敌人，根本不像历史上曾经的太平军那样难以对付。他对胡林翼当年平定该地区、反败为胜并最终克服艰难处境的方法进行了一番冥思苦想，认为国民党军队如能掌握胡林翼的作战原则，它们就会成为"今天我们对共军实施镇压的最高指导原则"。(注45)

国民党的新政虽然在理论层面处处以中兴时期的政策为模板，但在实际操作中，凡涉及地方管理、军事领导、战略方针以及复兴儒家思想等问题，国民党都重视汲取中兴时期的教训。至于中兴时期在其他领域施行的指导原则——尤其是经济领域——几乎完全被国民党忽视。尽管蒋介石确实曾经充满赞许

---

1 见《庐山训练志（1933—1934）》，出版地点及日期均不详，第 2 卷，第 84 页。蒋介石民族主义儒家思想的提出，标志着早在 1902 年就曾引起梁启超倍感警觉的恢复儒教进程，现已发展到登峰造极的地步（见梁启超所著《论保教之说》，汉语原文及法语译本，见 [法] 戴遂良：《现代中国》，献县，1921—1931 年，第 1 卷，第 161—171 页）。

2 按照蒋介石的说法，胡林翼是曾国藩及其他中兴领导者所遵循的计划的缔造者，却因为过早辞世而没有收获其应得的名望（见《庐山训练志》，第 2 卷，第 241—245 页）。

地引用过胡林翼对于儒家经典原则的看法:"如果国民政府遭到削弱,则百姓的生计将无所依靠。即便你每天消灭一千个土匪,也无法改善总体局势。"(注46)但是,蒋介石也会这样给党务工作者下达指示,引用儒家经典来说明吃穿不愁是养育美德的先决条件,这是一个错误的做法。恰恰相反,蒋介石阐述,民众必须首先做到品行端正;只有到了那时,他们才能具备获得衣食的道德力量。[1]

在国民党看来,从理论上说,农业是国家的根基,但是,在国民党的理论文献中,缺少中兴时期强调水利措施、公共设施、降低田赋、控制货币以及着眼农民经济利益控制商品流通与投机行为等与此相关的政策文件。显而易见,国民党领导人并不赞同中兴时期领导者的有关儒家美德只有在农业社会才能得以繁荣、工业及商业会彻底扰乱传统生活方式等观点。国民党的预期是,新派儒家复兴运动应与商业和工业发展的三年计划齐头并进。正如"恪守儒家观念的"广东省长在与胡适之间进行的一次激烈会谈中所言:"在开发生产方面,我们可以使用外国的机器、外国的科技,甚至是外国的工程师。但是,在培养塑造人才这方面,我们必须从根源入手,而这些根源问题必须从中国的古老文化中探寻。"(注47)

---

1 见《民众运动方案法规汇编》,出版地点不详,出版日期大约为1936年,第2卷,附录部分,第6页。蒋介石的这段话,把这个错误归咎于管仲,然而,恰恰是孟子的这段话被引用的次数最多,其观点是先满足人民的经济需要,然后才能传授美德([英]理雅各的译者:《孟子》,牛津大学出版社,1885年,第148—149页)。据推测,蒋介石如果指名道姓地攻击孟子,这将是一种极其不明智的做法。

对于中兴时期在经济政策方面所取得的成功先例，国民党采取相对忽视的态度，与之形成对比的是，国民党对于中兴时期在地方管理上的某些经验，却给予了密切的关注。1930年，当红军在江西创建了根据地，当时的形势似乎对于国民党来说，要想最有效地重新夺回对根据地的统治权，只有运用曾国藩的三条基本原则：严格执行法律、恢复保甲制度和组织发动乡绅。这就是"从历史上学到的关于如何铲除共军的最佳模板"。(注48)

蒋介石及其他领导者一再重申这些原则，并通过反复的努力，想把它们贯彻到实践当中。(注49)从逻辑上讲，具有充分理由的是，他们试图巩固士绅的社会地位。不仅恢复了中兴时期士绅享有的旧特权，而且增加了新的特权，借此希望士绅可以再次发挥其维持当地秩序、灌输教化农民的传统角色作用。1939年，蒋介石连线全国各地区和地方政府以及党内官员，用《论语》中的词句来提醒全国的士绅：当风吹过来的时候，草就会弯腰（风行草偃）；士绅可以对那些政府命令无法到达的地区民众实施教化；只有在士绅恢复他们"真正的民族精神"，并且牢记"我们国家几千年来一直把忠和孝视为政权的基础"的情况下，国家才会有救。(注50)

在国民党关于地方管理的计划中，与重新恢复士绅阶层地位作用同等重要的是，恢复以集体承担责任为宗旨的保甲制和与之相关联的团练制。国民党仔细研究了清政府关于保甲制的论述，将这些论述制成手册，重新下发给基层使用，以便指导部队军官和地方官员落实保甲制，在落实过程中，国民党尤其注意"坚壁清野"作战方针,该方针是在当年镇压白莲教起义时被首次制定并运用于实战的。在国民党重新下发基层使用的汇编手册中,强调指出在组织村庄防御作战时,保甲与团练必须相互配合、协同行动,一个负责防范在作战地区出现的叛徒,另一个负责抵御敌人从外部发动的进攻。采用这种作战方法,"穷人负责出力,富人捐助钱财,各家各户结成一体,形成大规模作战集团"。国民党指出,最终形成的这种作战部署,恰恰是这个制度的精髓。[注51] 国民党显然是毫无保留地全盘接受了清政府的观点。该党领导人下令全面重新建立的,恰恰是该党作为革命分子时曾经予以痛斥的保甲制,而保甲制在运用过程中,尤其注意针对共产党活动频繁的区域。[注52]

较之中兴时期的领导者,国民党政府不太重视改善与地方管理相关的地方政府建设。从国民党掌握的档案史料来看,对于当时地方政府中存在的司法程序拖沓、胥吏干预执法及其他滥用职权等现象,国民党仅仅给予了相对较少的关注,而中兴时期的领导者却认为这些现象是导致地方民众不满情绪与叛乱事件的主要原因。虽然国民党从理论上说,也认为官员的素质事关重大[注53],但对地方官素质的恢复却缺乏重视。而且,由于那些本应用来选拔、培养及管理人才的现实机构早已名存实亡,国民党关于官员素质问题的探讨往往都是缺乏实际意义的。

国民党以中兴时期为榜样,密切效仿的第二个领域,是军事领导及战略问题。自从1924年蒋介石首次使用蔡锷所著汇编作为黄埔军校教材时起，就一直敦促国民革命军的军官们要学习中兴时期领导人的生平事迹。正如蔡锷的论述及其他人反复评价的那样，中兴时期的历史经验表明，一名优秀统帅的必备素质是：(1) 集体责任感，以及由此衍生的对军队权威的维护；(2) 无惧死亡；(3) 淡泊名利。蔡锷指出，尽管西方人珍视军人中的天才，而曾国藩、胡林翼则强调军人的心地善良，从而能把一个灾难性的叛乱年代，改造成一个不朽的光辉时代。(注54)

如果国民革命军的军官们达不到这个目标，则说明国民党对他们的教导不力。

中兴时期的先例也主导着国民党对于战略问题的思考方向。(注55) 尽管清政府当年为了对付太平军而发动的战例，为国民党吸取中兴时期的经验教训提供了主要来源，但那些为了对付捻军而发动的战例，也没有被国民党忽视。在对各种战役行动的战例进行分析时，国民党坚持一贯地站在清政府的立场上吸取教训。对于学会如何使捻军避免陷入围困的问题，该党对此并不感兴趣，而是专注于去掌握清政府当年在围剿捻军时持续猛烈实施的划河圈地包围战略。1930年，蒋介石下令要把当年的所有公告及汇报——甚至是部队歌曲——只要是在清政府对捻军作战时出现的，都要进行集中收录和汇编，以便专门用于采取相似手段对付共军。(注56) 国防部的研究人员甚至到了1948年的时候，仍在满怀希望地研究这个问题。得出的结论足以使人倍感尴尬：清军取胜的秘密，并非主要在于火力上的优势，而是在于曾国藩及其他领导人注意通过选拔任命素质过硬

的地方官和指派训练有素的部队，从而使清政府得到了民众的广泛支持。[注57]

很显然，国民党为了努力在地方管理和军队事务方面效仿中兴时期，需要通过一场深入持久的运动来复兴儒家思想，于是，一场运动便随之启动了。这场运动采取了多种形式：曾国藩的著作被重新翻印，成为学校里的指定学习书目；公开举办儒家的各种典礼仪式；大量有关传统美德的书籍和文章，经印刷出版后如潮水一般流向社会；推举专家教授发表关于维护中华文明遗产的宣言；[注58]举办了一场由政府下令督办、由"国民革命的摇篮地广州"发起的、辐射至全国的"阅读儒家经典书籍"运动。[注59]自由发表评论的民主声音可能会有些严厉刺耳，[注60]但胡适被驱逐出广东省，还被威胁着要剥夺其公民权，仅仅因为他发表了一篇反对"阅读儒家经典书籍"运动的讲话。[注61]一些左翼人士撰写的小册子和博学的马克思主义者发表的论述文章为根治国家存在的顽疾提供了新的解决方案。国民党为了抵制这些小册子和论述文章，把专门用于群众普及版本的儒家传统著作大量发行并投放于受影响最大的地区，一些内容与儒家礼仪教义有冲突的书籍被政府定义为禁书。[注62]

随着这场复兴儒家经典运动的兴起，也就出现了它的必然结果——一场阻碍现代人文及社会科学教育的运动随之呈现。这场运动的发起者认为，由于国学是教育的根本，需要从西方借用的教育内容只有自然科学和技术。对此，胡适和蒋廷黻发出警告，这是一种朝着已被历史所证明为不切实际的中兴时期教育模式的倒退，(注63)但是，国民党领导人却有他们自己的想法。在他们看来，同治中兴的成就是经得起历史检验的。根据蒋介石的观点，掌握一点儿自然科学知识或许有用，但国学教育如同中华文明一样，具有一种特殊的基本特征，通过学习曾国藩、胡林翼的思想观点及其著作，这些基本特征就能得到最为妥善的维护。(注64)

对于国民党积极效仿中兴时期的观点和做法，不应采取付之一笑、不予理睬的态度。国民党的这种观点和做法尽管有其愚昧性，但它毕竟反映了国民党在唯一一次有机会在国共两党竞争中取胜的政治运动中所遵循的思想观念，而且，这场竞争的性质也因为国民党坚持封建礼教的教义而受到了严重影响。尽管国民党远非铁板一块，但是就这个问题的看法而言，无论是与之合作的小党派，还是部分取得独立的地方军阀，都是比较拥护国民党效仿中兴时期的做法的。[1]

国民党内部存在着许多宗派势力的裂痕，但其矛盾的分歧点并不在于是否效仿同治中兴这个问题。反对蒋介石的"自由中国阵线"领导人李宗仁就像蒋介石的所作所为一样，继续重

---

[1] 山西省主席兼国民党陆军一级上将阎锡山，追随自己信奉的中兴楷模徐继畲。除了具有作为一名地理学家和政治家的著名职业生涯以外（见第十章），徐继畲还以其组织山西省民众奋起抵抗太平军和捻军的事迹而享誉全国（见阎锡山 1915 年 11 月为他组织出版的徐继畲全集《松龛先生全集》一书题写的序言）。此后，阎锡山在山西建成了被喻为"模范省"的儒家行政机构（见莱昂·维热所著《现代中国》，第 4 卷，第 335—358 页；作者以富有同情心的笔触，在其书中汇编并翻译整理了相关史料）。其他地区的绝大多数军阀在宣布其政策声明时，都带有使人联想到中兴时期思想的明显特征。即便是冯玉祥，也认为曾国藩的部队具有训练严格、注重个人操守、热爱学习和恪尽职守等优秀品格，值得人们去敬仰和效仿。冯玉祥虽然在思想上倾向于共产党，但他的部队却还在唱着曾国藩在湘军中推广的爱民歌（见冯玉祥所著《我的读书生活》，出版地点不详，出版时间为 1947 年，第 1 卷，第 145 页及第 153—154 页）。

申儒家社会教义的硬核内涵:

> 回望4000多年的历史长河,除了一个共有的书面语言、一个相同的血统和一份文化遗产以外,还有一套道德准则把中国民众紧密地结合在一起。这套经孔子和我们这个民族的其他先贤阐释过的道德准则,是中国人以一个民族及一个国家的形式存在于这个世界上的唯一理由。这套道德准则,通过界定父与子、夫与妻、兄弟与姐妹、老师与学生、朋友与朋友之间的正确关系,从而把中国人与世界上的其他民族区别开来。(注65)

这很可能是恭亲王写的以社会习俗准则作为国家之根本的相关著述。[1]

国民党发动的这场新派中兴运动,完全就是一个凄惨的败局,其悲惨程度远甚于它所努力效仿的同治中兴。地方管理没有得到恢复,部队士气也没有得到提振。实际上,国民党没有采取过任何试图恢复儒家社会经济的努力措施。而且,最重要的一点是,儒家的价值观和道德观念没有得到任何复苏。

把这种歪曲历史的效仿称为中国保守主义的最后挣扎,将会辱没一个美丽动人的传说。中国保守主义完成它的最后挣扎的真实事件经过,发生于19世纪60年代,当时,英国手握大权,

---

[1] 见第四章。

西方退后一步，鼓掌欢迎一大批拥有杰出才能的官员齐聚一堂、共同组建起一个新政府；当时，第一个现代意义上的中国外交部门熟练运用外交政策，使之成为维护国家利益的有效工具；当时，规模浩大的几场动乱均已得到平定，农业生产的恢复工作正在认真细致地着手推进；当时，通货膨胀得到抑制，财政收入持续提高，而各项税赋却得到了一定程度的减免；当时，新组建的军事力量展现出高昂的士气和非凡的战斗力，能够制造并使用最先进的西方武器；当时，从北京城里的皇宫，到地处中国文化世界边缘的偏僻乡村，儒家信仰的根基都得以成功地重新确立。

  同治中兴终究还是失败了。究其原因，清政府既要建立一个现代化的国家，又要维持以儒教为根基的统治秩序，这两个要求经过中兴时期的执政实践，已被证明是一对南辕北辙的矛盾。该矛盾虽然若隐若现，在有些个案上表现明显，有些则模糊不清，但是摆在清政府面前的基本选项却渐趋明朗：要么选择继承儒教体制遗产，要么选择跻身于群魔乱舞的新世界，与众多列强一道壮大国家实力。中兴诸臣以及紧随其脚步的中国仅存为数不多的真正的保守主义者，作出了与传统儒教体制共存亡的选择。确切地说，他们选择去守护的主要目标——就是这些遗产——而不是现代意义上的国家。凭借着这样一种情感，他们笔下的中国并非一个国家，其更多的含义是一种生活方式。他们无力拯救民生凋敝的旧中国，只能漠然视之，因此受到不公正的谴责。他们本来的意图是，努力使旧中国避免重蹈印度、缅甸、越南、埃及等国的覆辙，后来发现日本获得举世瞩目的成功，于是就想掌握该国的成功秘诀，却发现维新变法的代价过于昂贵。对于同治中兴事业的缔造者来说，如果接受变革，必然会取得成效；可如果把变革的对象确定为儒家社会的本质，则不一定会导致儒家社会的灭亡，却可反噬其自身。

COMMENTARY OF THE WHOLE BOOK

全书注释

第一章

（注1）《牛津通用英语词典》，第Ⅱ卷，第375页。

（注2）此观点出自拉塞尔·柯克所著《保守主义思想：从伯克到桑塔亚那》，芝加哥，1953年出版，第7—8页及其他章节。

（注3）该特点由柯克描述，出处同前，第75页。

（注4）出自申毓青《论儒家的法律观》，这是一篇关于现代儒家学说地位的最翔实的短篇分析报告。该文载于《东方杂志》第38卷，1941年第5期，第27—32页。该文采用完善的注释，将儒家原则与现代西方思想的基本原则进行了严谨细致的对比分析。

（注5）引自费孝通《中国的绅士》，芝加哥，1953年，第74页。

（注6）[美]约瑟夫·列文森：《历史与价值：现代中国知识分子选择的张力》，摘自阿瑟·F.赖特编辑出版的《中国思想研究》，芝加哥，1953年，第146—194页；列文森：《梁启超与中国近代思想》，坎布里奇，马萨诸塞州，1953年。

（注7）[美]芮玛丽：《从革命到中兴：国民党思想观念的转变》，摘自《远东季刊》第115期，1955年4月出版，第515—532页。

（注8）[美]拉尔夫·林顿：《从文化视角看当今世界形势》，摘自林顿编著的《世界危机中的人类科学》，纽约，1945年，第203页。

（注9）在这个问题上，林顿归纳了一些社会学及人类学方面的研究成果，摘自《当代》，第201—221页；以及A.欧文·哈罗威尔《文化同化过程中的社会心理学表现》，摘自《当代》，第180—194页。

（注10）阿礼国写给山嘉利的信，1867年12月23日，载《英国国会档案·中国卷》，第5卷（1871年），第83页。

（注11）《英国国会档案·中国卷》，第5卷（1871年），第83页。

第二章

（注1）出自满族政治家文祥的自传。文祥后来成为同治中兴时期的一个关键人物，这部分自传的内容主要包括：对叛乱蔓延局势、京城的恐慌局势以及京官集体外逃现象的描写。详见文祥：《文文忠公自订年谱》（上），第19—20页，摘自《文文忠公事略》，1882年；还可详见王德超撰写的《同治兴盛考》，载于《文史杂志》第1期，1941年4月出版，第21—22页。

（注2）陈启天：《胡曾左平乱要旨》，上海，1932年版，第3—4页。

（注3）摘自《北华捷报和最高法院及领事公报》，1860年1月28日出版。

（注4）摘自《与女王陛下驻中国特命全权公使卜鲁斯先生的通信》，第41—44页，以及《与卜鲁斯先生的进一步通信……》，第2页。

（注5）关于1857—1860年与《天津条约》谈判及签署工作相关的英法联合远征军的不同行动，详见[英]科斯廷：《1833—1860年期间的大英帝国与中国》，牛津大学出版社，1937年，第五、八章；[法]科迪尔：《1857—1858年间法国派遣军在中国的行动》，巴黎，1906年；[美]劳伦斯·奥列芬特：《1857—1859年间额尔金伯爵使团赴中、日两国出访纪实》，伦敦，1860年出版；[英]斯坦利·莱恩·普尔：《巴夏礼先生在中国》，伦敦，1901年，第十二、十三章；[美]马士：《中华帝国对外关系史》，第1卷，第004—006章；以及查尔斯的表弟蒙托邦：《1860年法国派遣军在中国的行动》，《纪念蒙托邦将军》，八里桥伯爵，巴黎，未注明出版日期。

（注6）摘自文祥：《文文忠公自订年谱》（上），第286—316页，摘自《文文忠公事略》，1882年。

(注7) 摘自文祥：《文文忠公自订年谱》（上），第32—33页。第二段译文略作删节。

(注8) 摘自文祥：《文文忠公自订年谱》（上），第33b页。

(注9) 董恂：《还读我书老人自订年谱》，1892年出版，第Ⅰ卷，第30页。英法联军占领圆明园时，发现了清政府于1860年八九月间递交给咸丰皇帝的其余奏折。译本收录于英国《1859—1860年间关于中国事务的往来信件》，于1861年呈报英国国会，第259—268页。关于1860年英法联军占领北京的文件，以及由此引发的中国方面对于应对策略的讨论，收录于《史料旬刊》第17卷，第589—600页，和第18卷，第630—638b页。

(注10) 摘自1860年6月29日华若翰写给卡斯的信，美国档案馆，见《美国对华事务档案原稿》，中国方面发来的第19号急件。

(注11) 关于英法远征军所带来影响的描述，以及该事件的后续解决情况，见《张公襄理军务纪略》，由丁运枢、陈世勋编纂，1910年，第6卷，相关情况通篇可见。1860年北京被英法联军占领期间，出现了这样一幕——成群结队的外国人在前门外贩卖商品，等等——御史刘毓楠在日记中讲述了文人士子的反应，该内容由孟森编写《清咸丰十年洋兵入京之日记》，发表于《史学季刊》1936年第2期，第179—193页。伦尼博士在其日记中记载了这起事件在1861年出现的后续余波；[英] 芮尼：《北京及北京人……(1861)》，伦敦，1865年，第Ⅰ卷，第Ⅰ章。

(注12) 对此，蒋廷黻在他撰写的《中国与近代世界的大变局》中作了一个详尽的概括。该文载于《清华学报》，第九卷，1934年4月出版，第783—827页。

(注13) 《1859—1860年间关于中国事务的往来信件》，第175、179、181—182页，科斯廷编著，在上面引用过的著作中，第330页。葛罗写给图弗内尔的信，八里桥战役当地时间1860年9月22日，载于《法国外交事务部外交文件》，1860年整理，第251页。

(注14) 《1859—1860年间关于中国事务的往来信件》，第237页。关于中国人对于巴夏礼被俘一事的看法，详见《翁同龢日记》中的摘录，载于金梁所著《近世人物志》，未注明出版地点，1935年出版(?)，第48—49页。

(注15) 关于英国方面所说的《北京条约》，由恭亲王和额尔金勋爵签署，详见由戈弗雷E.P.赫斯雷特编纂的《大英帝国与中国以及中国与外国列强之间签订的条约》，第三版，伦敦，1908年出版，第Ⅰ卷，第8号。

(注16) 葛罗于1860年10月26日写给图弗内尔的信，收录于《法国外交事务部外交文件》，1860年整理，第255—256页；科迪尔所著《中国与西方列强关系史》第Ⅰ卷，第1—3、11页；查尔斯·德·穆特里西所著《中国乡村杂志1859—1861年》，巴黎，1862年出版，第Ⅱ期，第40、44—46页。

(注17) 拉塞尔于1860年11月27日写给额尔金的信，收录于《1859—1860年间关于中国事务的往来信件》，第177页。

(注18) 额尔金于1860年11月13日写给拉塞尔的信，收录于《1859—1860年间关于中国事务的往来信件》，第254—255页，以及相关附件，第257页；穆特里西：《中国乡村杂志1859—1861年》，第Ⅱ期，第121—122页。

(注19) [法] 科迪尔：《中国与西方列强关系史》第Ⅰ卷，第49页。还可详见穆特里西：《中国乡村杂志1859—1861年》，巴黎，1862年出版，第Ⅱ期，第122—123页。

(注20) 关于此事，经过仔细记载的最佳短评，当属张采田所著的《清列朝后妃传稿》，未注明出版地点及出版日期，第2卷，第71—74页。还可详见J.O.P.布兰德和E.巴克豪斯所著《皇太后统治下的中国》，伦敦，1910年出版，第二、三章；[法] 科迪尔：《中国与西方列强关系史》第Ⅰ卷，第119—130页；D.C.包罗杰所著《中国简史》，伦敦，1893年出版，第307—311页。

(注21) 谕令公开发表于1861年8月23日出版的《北京公报》；全译本刊登在1861年9月21日出版的《北华捷报》。这份文件的真实性从未得到过证实。第二道谕令于1861年9月11日公布（《清史稿·本纪》，第21卷，第16页）。

(注22)《清史稿·本纪》,第21卷,第1页。

(注23)《清史稿·本纪》,第21卷,第16页。《皇朝续文献通考》,第9233—9236页。李泰棻,《中国近百年史》,上海,1914年出版,第Ⅰ卷,第93—95页。董元醇回忆录的译稿收录于《北华捷报和最高法院及领事公报》,1861年11月16日。

(注24)《大清历朝实录——同治时期(1862—1874)》,第5卷,第26—29页;该事件摘要收录于《清史稿·本纪》,第21卷,第2—2b页。

(注25)11月8日的谕令,详见《大清历朝实录——同治时期(1862—1874)》,第6卷,第15—15b页;11月9日的谕令,详见《大清历朝实录——同治时期(1862—1874)》,第22页;事件摘要收录于《清史稿·本纪》,第21卷,第2b页。全译本刊登于1861年11月23日的《北华捷报》。

(注26)编纂于1862年1月18日的《清史稿·本纪》,第21卷,第4页。

(注27)《皇朝续文献通考》,第9873—9874页。《筹办夷务始末——同治时期》,第2卷,第9b—10页。薛福成:《记咸丰季年载垣、端华、肃顺之伏诛》,收录于《中国近百年史资料》,由左舜生负责编辑,上海,1926年。

(注28)盖伊·布莱:《中国法典手册》,上海,1924年,第28—31页。

(注29)《大清历朝实录——同治时期(1862—1874)》,第6卷,第23b、24b—26b页。

(注30)《清史稿·本纪》,第21卷,第2—2b页。

(注31)例如,总理衙门可以将本部门与最近给中国带来威胁的帝国列强之间礼貌而又令人满意的通信记录呈递给皇帝。《筹办夷务始末——同治时期》,第2卷,第47—48页。

(注32)[英]裴丽珠:《赫德爵士传奇》《一个伟大事业的传奇》,伦敦,1910年出版,第61—63页。

(注33)出自1861年9月21日《北华捷报》。

(注34)出自1862年5月10日《北华捷报》。

第三章

(注1)引自蒲安臣的信及编辑部评论文章,《北华捷报》,1864年7月9日。

(注2)对合作政策成果的评论,《北华捷报》,1866年5月12日。

(注3)对合作政策历史的评论,《北华捷报》,1867年12月24日。

(注4)额尔金致马姆斯伯里的信,1858年5月9日,《英国国会关于在华事务的往来信函》,应1860年2月16日提出的要求,提交下议院。

(注5)[法]科斯廷:《大英帝国与中国》,第332—340页。

(注6)对这样一项新政策的需求,是建立在对中国事务的真实状况进行仔细评估的基础之上,而中国事务的真实状况又是阿礼国在《中华帝国及其命运》一文中概括出来的,该文刊登于《孟买评论季刊》,1855年10月,第246页。

(注7)[英]阿礼国:《中华帝国的对外关系》,该文刊登于《孟买评论季刊》,1856年4月出版,第237页。

(注8)阿礼国写给山嘉利的信,1867年11月15日,详见《英国议会档案·中国卷》,第5号档案(1871年),第57页。

(注9)[英]C.A.博德尔森:《关于维多利亚中期帝国主义的研究》,纽约,1925年出版,第45页。

(注10)关于这一时期英国反帝国主义运动的一般解释,出处同上,第14—45页。还可详见亚历山大·麦吉撰写的《维多利亚时期居住在中国的英国人……》,伦敦,1900年出版,第Ⅱ卷,第165页。这些可以作为英国公使反对基尔南提出的所谓英国除非发生一系列意外情况,否

则都会着手征服中国的证据。（[英]E.V.C.基尔南，《英国对华外交1880—1885》，剑桥大学，1939年出版，第313—314页。）这是英国政府采取的一项确信无疑的、以避免可能引发征服中国之企图的政策。

(注11) [英] 格雷：《回顾英国政策的历史》，1869年3月9日在英国国会上议院的发言，《英国议会议事录》，第194卷，第944—946页。

(注12) 卡纳文于1857年2月26日在英国国会上议院的发言，《英国议会议事录》，第144卷，第1311—1321页。

(注13) 《马克思论1853—1860年的中国》，《纽约论坛日报》文章，伦敦，1951年，第20页。

(注14) 《泰晤士报》（伦敦），1861年2月20日，再版于《北华捷报》，1861年4月20日。

(注15) [英] 宓吉：《维多利亚时期居住在中国的英国人……》，伦敦，1900年出版，第Ⅱ卷，第197—209页。

(注16) 此处，以一名传教士的角度，用于说明英国内部在传教会与外交部之间存在的矛盾冲突，详见R.沃德洛·汤普森撰写的《格里菲斯·约翰，五十年生活在中国的故事》，伦敦，1906年出版，第十章。汤普森曾经担任伦敦传教会秘书。

(注17) 克拉兰敦于1869年3月9日在英国国会上议院的发言，《英国议会议事录》，第194卷，第937—944页。

(注18) 萨默塞特于1869年3月9日在英国国会上议院的发言，《英国议会议事录》，第194卷，第933—937页。

(注19) 格雷于1869年3月9日在英国国会上议院的发言，《英国议会议事录》，第194卷，第944—946页。

(注20) 奥特韦于1869年7月13日在英国国会下议院的发言，《英国议会议事录》，第197卷，第1798—1801页。

(注21) "回顾咸丰十年"，《北华捷报》，1861年2月16日。

(注22) 《北华捷报》，1868年11月28日。

(注23) 卜鲁斯致拉塞尔的信，1860年4月7日，收录于《1859—1860年间关于中国事务的往来信件》，第22页；出处同前，第23、25页；卜鲁斯致奥加顿的信，1860年12月31日，引自科斯廷所著《大英帝国与中国》，第341—342页；[英] 萨金特：《中英两国间的商贸与外交》，牛津大学出版社，1907年出版，第143—144页。

(注24) 拉塞尔致额尔金的信，1860年4月17日，收录于《1859—1860年间关于中国事务的往来信件》，第29—30页。

(注25) 法国公使葛罗写给法国外交大臣的信，1860年7月11日，该信曾被葛罗在他于1860年7月17日写给额尔金的信中提到过，《1859—1860年间关于中国事务的往来信件》，第89页。

(注26) 关于此类观点，方梅拔在他的书中以过分激烈的语言进行了论述，见《外国商人的条约权利及中国的过境税收制度》，上海，1875年出版，以及《蒲安臣使节真相》，上海，1872年出版。

(注27) 克拉兰敦致阿礼国的信，1869年1月13日，详见《英国国会档案·中国卷》，第1卷（1869年），第5页。

(注28) 《北华捷报》，1865年1月7日。

(注29) 《北华捷报》，1863年2月14日。

(注30) 哈蒙德笔记文稿，载于《北华捷报》，1863年4月25日。如想进一步获取关于修订后的长江贸易规则的相关资料，请看第十一章。

(注31) 《北华捷报》，1862年12月27日、1863年3月28日。关于英国方面努力迫使西方人遵守条约的进一步探讨，请看格雷斯·福克斯：《英国海军上将与中国海盗》，1832—1869年，伦敦，1940年出版，第七章。

(注32) 相关事例，详见《北华捷报》，1863年1月10日、1864年7月2日。

(注33)《北华捷报》,1865年12月2日。

(注34)《北华捷报》,1866年1月6日。

(注35)《北华捷报》,1868年1月31日。这方面的例证不胜枚举。

(注36)《北华捷报》,1868年9月25日。

(注37)山嘉利致阿礼国的信,1867年8月16日,见《英国国会档案·中国卷》第5号档案(1871年),第8页。

(注38)温彻斯特致阿礼国的信,1867年11月7日,见《英国国会档案·中国卷》第5号档案(1871年),第31页。

(注39)关于英国的当前背景,福克斯在他的书中作了概括,出处在前文引用过的福克斯的专著中,第三章,第1节,"英国海军对华政策的总体原则"。

(注40)关于一次极不寻常的敦促英国政府采取武力行动的报告,见阿礼国写给山嘉利的信,1868年11月10日,《英国国会档案·中国卷》,第5号档案(1871年),第74号档案。请注意,这封信写于中国民众举行排外示威的高潮时期。还可见于宓吉所著的出处同前文引用过的著作中,第Ⅱ卷,第221—222页。

(注41)据《北华捷报》报道,1868年1月31日。

(注42)《英国国会档案·中国卷》,第2号档案(1869年),该引用在文献中随处可见。还可见于《北华捷报》的报道,刊登日期分别是1868年8月28日、9月11日、9月19日、9月25日、10月3日、10月13日、11月24日和12月8日。

(注43)见《北华捷报》1868年9月11日、10月3日、10月13日和11月24日。

(注44)《北华捷报》,1868年11月24日。

(注45)克拉兰敦写给阿礼国的信,1869年1月14日,《英国国会档案·中国卷》第2号档案(1869年)、第18号档案。

(注46)关于此事件的详细评论,见《北华捷报》,1868年12月28日;吉布森写给阿礼国的信,1868年12月14日,《英国国会档案·中国卷》,第3号档案(1869年),第7—12页。导致中国民众产生排外情绪的背景事件,是外国试图打破中国对樟脑的垄断经营。见霍尔特致阿礼国的信,1868年10月14日,《英国国会档案·中国卷》第6号档案(1869年),第2页。

(注47)《英国国会档案·中国卷》第3号档案(1869年),第24—26页。

(注48)《英国国会档案·中国卷》第3号档案(1869年),第21—22页。

(注49)克拉兰敦致阿礼国的信,1869年4月23日,《英国国会档案·中国卷》,第9号档案(1869年),第5页。

(注50)凯帕尔写给罗伯森的信,1869年2月2日,《英国国会档案·中国卷》第7号档案(1869年),第7页;关于这次会晤的纪要,见1869年1月25日的信,《英国国会档案·中国卷》,第7号档案(1869年),第5—6页。

(注51)哈蒙德写给英国海军部秘书的信,1869年3月24日,《英国国会档案·中国卷》,第7号档案(1869年),第11—12页。文中引用的海军部回信,《英国国会档案·中国卷》,第7号档案(1869年),第21页。

(注52)阿礼国写给山嘉利的信,1869年2月5日,《英国国会档案·中国卷》,第3号档案(1869年),第36—37页。

(注53)《英国国会议事录》,195卷,第131页及以后各页。

(注54)《英国国会议事录》,195卷,第577—579页。

(注55)《英国国会议事录》,199卷,第1870—1872页。

(注56)克拉兰敦写给阿礼国的信,1869年4月19日,《英国国会档案·中国卷》第8号档案(1869年),第5页。

(注57) 《英国国会议事录》，第205卷，第562—563页。

(注58) 《英国国会议事录》，第144卷，第1515、1742页（1857年2—3月）。

(注59) 报告的听证会，女王陛下与雷诺兹和霍尔特，见《北华捷报》，1865年10月21日。

(注60) 例如，[法]日意格：《中国的政策延续了1858—1860年的传统》，巴黎，1872年，第1—14页。

(注61) 例如，弗朗西斯·加尼叶：《法国在中国和印度支那的作用》，见《法国及国外科学杂志》，第2辑，5周年汇编，第15期（1875年10月9日），第337—346页。该文章的落款是：1873年8月9日于上海。

(注62) [英]科斯廷：《大英帝国与中国》，第335页。[法]科迪尔：《中国与西方列强关系史1860—1902》，第Ⅰ卷，第43—48页。

(注63) 《政治事务；介绍政治及商业事务》，《法国外交事务部外交文件》，1867年，第8号档案，第16页。

(注64) 《政治事务展览》，1869年11月，《法国外交事务部外交文件》，1869年，第12号档案，第14—15页。

(注65) 德鲁安写给伯洛内的信，1866年6月18日，载于《法国外交事务部外交文件》，1867年，第8号档案文件；出处同上，第10号档案文件，第19页；蒲安臣写给菲什的信，巴黎，1865年9月18日，载于《美国国务院档案文献·中国卷》，注释，第1卷。

(注66) 这一时期关于俄中关系的主要研究成果包括：[俄]A.布克斯格夫登：《俄罗斯与契丹》；[俄]奥谢尔基：《外交官斯诺申尼罗西与基塔姆》，I.佩金斯基·多戈沃，1860年，亚瑟港，1902年；池再洲：《中俄现代关系基础公约》，巴黎，1918年出版；[美]艾格尼丝·F.C.陈：《中国边境外交：满洲的失落》，载于《燕京社会研究学报》，第五期，第1卷（1950年），第69—141页。

(注67) 关于俄中关系的背景，见[俄]A.K.科尔萨克：《史托里科统计局，奥博兹雷罗·托戈马维奇·斯诺申尼·罗西尼基斯塔姆》，喀山，1857年；[俄]古斯塔夫·卡亨：《早期俄中关系的若干问题》，1914年。关于这方面更早的研究成果，已被马克·曼考尔的著作所取代，"伊格拉那季耶夫少将公使团派驻北京的使命"，关于中国方面的论文资料，第十卷（1956年），第55—56页。

(注68) 依据艾格尼丝·F.C.陈的观点，俄国人通过粗暴地对待中国使节以及掩盖俄文和中文文本之间的差异来达到他们的目的。在她看来，T.F.Tsiang（蒋廷黻）所持的相反观点，即认为清政府逆来顺受地屈服于俄国人，这主要反映了蒋廷黻意图贬损清政府的主观意愿。对比蒋廷黻所著《中国近代史》（长沙，1938年，第56—61页），以及蒋廷黻《评〈清史稿·邦交志〉》，第一部分，载于《北平北海图书馆月刊》，第Ⅱ卷，第6期（1929年出版），第483—484页。

(注69) 艾格尼丝·F.C.陈，在上述引文中，第120—125页；[法]科迪尔：《中国与西方列强关系史1860—1902》，第Ⅰ卷，第94—95页。

(注70) [法]查理·德·穆特雷西：《远征中国记》，第Ⅱ卷，第123—125页。

(注71) [俄]A.波波夫：《沙皇外交部关于太平天国事件的第五号资料》，克拉斯尼·阿尔基夫，第21号档案文件（1927年），第182—199页，以1860年以前沙俄档案文件资料为基础。

(注72) 例如，西华德致蒲安臣的信，1863年9月9日，载于《美国国务院档案文献·中国卷·指令文件》，第Ⅰ卷，第289—290页；蒲安臣致西华德的信，1863年12月12日，《美国外交关系（1863年）》，第2部分，第837页；西华德于1864年9月14日写给蒲安臣的信，载于《美国国务院档案文献·中国卷·指令文件》，第1卷，第312—313页；菲什致蒲安臣的信，载于《美国国务院档案文献·中国卷》，对此处引文的注释，见第8—9页；泰勒·丹尼特：《美国人在东亚》，纽约，1922年，第20章。

(注73) 西华德于1866年11月20日写给卫三畏的信，载于《美国国务院档案文献·中国卷·指令文件》，第1卷，第418—424页。

(注74) 西华德于1862年3月6日写给蒲安臣的信，见《美国外交关系（1862年）》，第83页；西华

(注74) 德于1863年9月9日写给蒲安臣的信,载于《美国国务院档案文献·中国卷·指令文件》,第1卷,第289—290页。

(注75) 见1868年6月6日的《美国国务院档案文献·中国卷》,对此处引文的注释,见第2—7页。

(注76) 见西华德于1864年8月18日写给蒲安臣的信,载于《美国国务院档案文献·中国卷·指令文件》,第1卷,第309页,以及西华德于1863年9月2日写给蒲安臣的信,载于《美国国务院档案文献·中国卷·指令文件》,第1卷,第285—286页。

(注77) 关于北京方面对劳罗斯到任后的反应,见阿礼国致山嘉利的信,1868年11月23日,《美国国务院档案文献·中国卷》,第5号档案(1871年),第75页。关于一份可为劳罗斯提供辩护的文件,请参见保罗·H.克莱德,"劳罗斯的对华政策,美国公使在北京(1868—1869)",《太平洋历史评论》,第Ⅰ卷,第3期(1932年),第312—323页。劳罗斯于1868年12月17日,向阿礼国表明了他自己的立场[《美国国务院档案文献·中国卷》,第5号档案(1871年),第258—260页]。

(注78) [美]卫三畏,《中国总论》,纽约,1907年,第2卷,第699页。

(注79) 《北华捷报》,1863年5月2日、1866年10月27日、1867年8月21日。

(注80) 《北华捷报》,1864年3月5日。

(注81) 《中华帝国及其命运》,载于《孟买观察季刊》,第223页。

(注82) 1867年11月8日,《英国议会档案·中国卷》第5号(1871年),第63页。

(注83) [德]方根拔:《蒲安臣使团》,第236—237页。

(注84) 《英国国会关于在华事务的往来信函(1859—1860)》,第78—80页。《中日丛报》,1864年9月12日,第Ⅱ期,第75—76页。

(注85) 例如,见《北华捷报》,1868年5月9日、11月24日。[德]方根拔:《蒲安臣使节真相》,第十一章。

(注86) 《北华捷报》,1867年7月5日。

(注87) 《北华捷报》,1867年3月23日。

(注88) 《北华捷报》,1867年7月5日。

(注89) 《北华捷报》,1866年6月2日。

(注90) 《北华捷报》,1868年9月25日。

(注91) 阿礼国写给山嘉利的信,1867年12月23日,《英国议会档案·中国卷》第5号(1871年),第2页。

(注92) 见《北华捷报》,1863年10月24日。

(注93) 详见凯斯维克与温彻斯特之间的往来信函,《北华捷报》,1866年2月24日。

(注94) 这封写于1868年1月24日的来信,刊登在1868年1月31日的《北华捷报》上。

(注95) [英]密福特,《驻华使馆武官在北京》,伦敦,1900年,第49页。

(注96) 见《北华捷报》,1865年8月19日。

(注97) [德]方根拔:《蒲安臣使团》,第3页。

(注98) 见1854年威妥玛的备忘录,这份备忘录被引用于魏尔特所著《赫德与中国海关》,第111页。

(注99) 出处同宓吉前文引用过的著作中,第Ⅱ卷,第134页。还可参见美理登所作的注释:《关于威妥玛先生针对〈天津条约〉修订问题的备忘录》,香港,1871年,序言及第11页;《威妥玛先生在中国》,《中国评论》,第Ⅰ卷(1872—1873年),第1期,第38—44页及第2期,第118—124页。

(注100) 这段描写,出自1868年11月10日《北华捷报》。

(注101) 见《皇朝经世文续编》中,蒋廷黻针对赫德的备忘录所作的论文,第104卷,第1—46页。

蒋廷黻是数学家李善兰和改革派记者王韬的亲密同事。

（注102）例如，时任浙江巡抚的马新贻呈递的奏折，1866年11月27日，《筹办夷务始末——同治时期》，第45卷，第44b—45b页。

（注103）范文澜：《中国近代史》，香港，1949年，第Ⅰ卷，第207—208页。作为证据材料，范文澜对威妥玛拖延总理衙门工作计划的举动，进行了批评。

（注104）胡绳：《帝国主义与中国政治》，上海，1948年，北京，1952年，第38、41—47、49、51—55、67页。（这本将近20万字的小书，真正的初版是1948年7月在香港由生活书店出版，人民出版社推出的"1952年7月版"是中华人民共和国成立后在北京出版的第一版。原文此处有误，现作以更正说明。——编者注）

（注105）见阿礼国于1869年3月23日写给麦华陀的信，《英国议会档案·中国卷》第12号档案文件（1869年），第9页。

第四章

（注1）孙家淦：《倭文端公遗书》（1875—1876年），第Ⅰ卷，第29页及以后各页；首卷下，第21b页。

（注2）见《皇朝经世文续编》，第15卷，第1—2页。

（注3）见《皇朝道咸同光奏议》，第4卷，第8页。

（注4）薛福成，《中兴叙略》，文章发表日期是1868年，上卷，第3页，见《庸庵文编》，第2卷，引自《庸庵全集》（刊印时间为1884—1898年）。由于这段引用的话既没有出自《易经》，也没有出自《左传》，在《佩文韵府》中也找不到令人满意的出处解释，所以笔者只好简单地把"传"译为"传统"。

（注5）[法] 白乐日：《社会危机与汉朝末年政治哲学》，载于《丛报》，第39期（1949年出版），第123—124页。在思想史上，循环日历的使用，可能助长了这种循环趋势。

（注6）见理雅各翻译的《诗经》，原文有两处引用，牛津大学出版社，1893—1895年，第一处引用出自前言部分，第31—33页；第二处引用出自正文部分，第77页及第541—545页。

（注7）"中兴"这个词，偶尔也可以被应用于指代其他的某个特定时期。东晋元年（公元317年）出现的天文现象，诸如天空中出现神奇的麒麟图案和太阳周围的多道光环，这些都被人们视为中兴迹象，于是，中兴这个词被用于指代东晋元年，见《晋书钞叙》，北京，1928年，第6卷，第3b页及第9b—10b页。作为一个年代的名称，"中兴"一词也被西燕时期的人，以及南齐、北魏、南唐（公元958年）以及南诏国[公元897(8)—901(2)]人所使用，用来特指公元386—394在的这个年代。见《东洋历史大事典》，第6卷，第76页，和《联绵字典》，第Ⅰ卷，第68—68b页。熊阔：《中兴峭志》，主要阐述了宋高宗统治时期（1127—1161年）。

（注8）[德] 奥托·弗兰克：《中华帝国史》，柏林，1930—1948年，第Ⅰ卷，第149—150页；李荣冰：《中国历史纲要》，上海，1914年，第26—28页；弗雷德里希·赫斯：《中国古代史》，纽约，1908年，第157—171页；爱德华·查瓦内斯（译文如此）：《这是历史的记忆》，巴黎，1897—1905年，第Ⅰ卷，第276—278页，第285页。宣王在位时期在周朝历史上被描述为一场复兴，一曲名为《宣帝志》的颂歌；参见荷马·杜布斯（德效骞）（译文如此）：《前汉史》，巴尔的摩，1938—1944年，第2章，第265页。这个词也被应用于刘湘的自传以及关于礼教、音乐等方面的文章中。见《联绵字典》中的参考文献，第Ⅰ卷，第68—68b页。

（注9）[德] 奥托·弗兰克：《中华帝国史》，第Ⅰ卷，第150页。历史上的东周时期，并不被人们称作一个中兴时期。

（注10）对这一时期最深入彻底的研究，都专注于研究叛乱问题，而不是中兴问题。见 [美] 毕汉思：《汉代的中兴》，远东文物博物馆印，斯德哥尔摩，第26号简报，1954年。毕汉思得出结论（第165页）："在老百姓的心目中，王莽的统治从来不能完全取代汉朝，因此，他的统

治时期，代表着汉朝出现了一个权力空白期，而不是出现了一个新朝代……如果王莽篡权的王朝继续存在下去，则汉朝的记忆和荣耀就会慢慢消失。事实上，滚滚黄河水早就将王莽政权冲垮了，从而拯救了汉朝。"

(注11) [法]雷纳·格鲁塞：《中国历史》，巴黎，1942年，第81—84页和第112页；李荣冰：《中国历史纲要》，第83—84页；[德]奥托·弗兰克：《中华帝国史》，第Ⅰ卷，第388—395页；[法]白乐日：《社会危机与汉朝末年政治哲学》，载于《丛报》，第39期（1949年出版），第89—91页。

(注12) [法]白乐日：《社会危机与汉朝末年政治哲学》，出处同前文引用，第95—105页。

(注13) 见《联绵字典》中的参考文献，第Ⅰ卷，第68—68b页，关于汉光武帝的编年史及各种传记。

(注14) [英]亚瑟·韦利：《白居易的生平及其时代（公元772—846年）》，伦敦，1949年，第40页。亚瑟·韦利是英国著名汉学家和文学翻译家。

(注15) [英]亚瑟·韦利：《白居易的生平及其时代（公元772—846年）》，伦敦，1949年，第4页。

(注16) 之前的这段论述观点，是建立在法国著名汉学家马伯乐的研究成果基础之上的，《中国的土地制度》，出自让·博丁公司，第Ⅱ期（1937年），《农奴制》，第291—292页；[德]奥托·弗兰克：《中华帝国史》，第Ⅱ卷，第457—463页；李荣冰：《中国历史纲要》，第147—148页；[法]雷纳·格鲁塞：《中国历史》，第207—209页。关于这段历史时期的时代背景，最具有启发意义的论述，可以在蒲立本所著的《安禄山叛乱的背景》中找到出处，该书在伦敦出版，出版时间是1955年。

(注17) 见汪士铎代表官文给胡林翼致的悼词，收录于《汪梅村先生集》，1881年，第6卷，第4页；中兴时期的其他悼词，汇编于第12卷以及全书末尾处未编号的一卷，名为《外集》。

(注18) 见曾国藩担任两江总督时的奏折，日期未注明，《同治中兴京外奏议约编》，第7卷，第11页。

(注19) 见马新贻的奏折，1869年3月15日，《筹办夷务始末——同治时期》，第64卷，第26页。

(注20) 见李宗羲的奏折，1872年（同治十一年），《皇朝道咸同光奏议》，第2卷，第13b—14页。

(注21) 见曾国藩的悼词，《同治中兴京外奏议约编》，第6卷，第4b—5页。

(注22) 见文献目录。

(注23) 见《同治中兴京外奏议约编》，编纂者序言。

(注24) 见《皇朝续文献通考》，第10068页。

(注25) 见郭嵩焘所著《养知书屋全集》中诗歌部分的序言。

(注26) 对此，倭仁曾经有过一段经典的论述，1852年（咸丰二年），关于君主的美德如何使整个政府体系得以运作，见《皇朝道咸同光奏议》，第3卷，第10—10b页。还可见御史吴鸿甲1873年3月8日的奏折，《北京公报译文（1873年）》，上海，1874年，第25页。

(注27) 张采田：《清列朝后妃传稿》，未注明出版地点及出版时间，第2卷，第70—77页；房兆楹、杜联喆：《清代名人传略》，第295—300页。

(注28) [美]魏特夫、冯家升：《中国社会史（辽代）》，费城，1949年，第10—15页。

(注29) 李剑农：《最近三十年中国政治史》，上海，1934年，第48—49页。

(注30) [美]魏特夫：《中国辽代社会史》，第10—15页。

(注31) 吴希庸，《清代东北移民史略》，《东北集刊》，第2期（1941年），第24b—29页；[日]稻叶岩吉：《清朝全史》，东京，1914年，第二卷，第487—497页；[日]须藤佳幸：《清代满洲土地制度研究》，东京，1944年。

(注32) 萧一山：《清代东北之屯垦与移民》，《东北集刊》，第4期（1942年），第37页；[美]富兰克林·L.何：《中国民众向东北地区的迁移》，发表于《中国社会及政治科学评论》，第15期（1931—1932年），第346—350页；[日]大竹文雄：《近代支那经济史研究》，东京，1942年，第238页及此后各页；[日]矢野吉一：《满洲近代史》，东京，1941年，第1章；[日]稻叶岩吉：《满洲发达史》，东京，1942年；[英]亨利·埃文·默奇森·詹姆斯：《长白山·满

（注33）关于康熙皇帝早在17世纪就开始为了努力缓和汉满之间民族矛盾而采取的措施，见赫尔穆特·威廉著《清代早期学者对于满洲问题的态度》，论文在远东协会成立之前就已经发表，纽黑文市，康涅狄格州，1949年4月（经油印之后发表）。关于对这个问题的整体看法，见［日］阿部武夫：《清朝关于经济问题的评论》，镰仓市，第1卷，第3期（1946年），第137—159页。

（注34）刘法曾：《清史纂要》，上海，1914年，第117—118页；［日］矢野吉一：《近代支那史》，第21章；金梁：《清帝外纪》，未注明出版地点及时间，第138页。笔者非常感谢房兆楹教授对这一材料的详细论述。

（注35）关于亲儒家派战胜反满情绪的胜利，见李剑农所著《中国近百年政治史》，上海，1948年，第1卷，第86—87页。关于19世纪通俗小说对满汉同化的反映，见朱文鼎所著《满族政府镇压穆斯林叛乱的策略》，华盛顿大学博士学位论文，1955年，第9页，经作者同意后，芮玛丽女士对该论文进行了部分引用。

（注36）关于游牧民族的入侵者与中国社会的保守分子结盟并加强其力量的普遍趋势，见［日］田村佐仓：《亚洲世界的民族融合与友邦关系》，收录于《友邦民族与世界文化》，东京，1952年，第1—8页。

（注37）康有为：《南海先生最近政见书》，载于《党史史料丛刊》，第1号档案，第11—17页。

（注38）见1867年3月3日颁布的一道法令，《大清历朝实录——同治时期（1862—1874）》，第195卷，第28b—29b页。在曾国藩手下供职的众多下属中，最受曾国藩信任的，就是一位满人，名叫塔齐布。

（注39）谕令的译文出自1862年3月1日《北华捷报》；见1871年3月31日颁布的一道法令，《大清历朝实录——同治时期（1862—1874）》，第305卷，第4b页。关于汉语在日常生活使用中完胜满语的进一步例证，见［日］宫崎市定：《清朝在选择国语问题上的争论》，《东亚论述》，第1期（1947年），第1—56页。

（注40）关于旗人所享有的特殊地位的社会背景，以及他们在职业选择方面的局限性，见王庆云：《熙朝纪政》，第4卷，第46—56页。

（注41）见杜瑞联的奏折，日期未注明，《同治中兴京外奏议约编》，第3卷，第17—19b页。

（注42）刘长佑的奏折，呈递日期为1864年7月9日，见《刘武慎公遗书》，1902年，第6卷，第10—12页。在刘长佑和杜瑞联的奏折中，包含了关于解除旗人限制问题的背景材料。

（注43）沈桂芬的奏折原文，未注明日期（估计是在1865年7月23日之前），见《同治中兴京外奏议约编》，第3卷，第1—4b页。

（注44）该条敕令颁布于1865年7月23日，见《大清历朝实录——同治时期（1862—1874）》，第144卷，第2b—4页。该敕令的英文翻译版本，见1865年7月26日、8月26日的《北华捷报》，以及《皇家亚洲文会北中国支会会刊》第2期（1865年），第139—140页。关于放宽旗人管理制度方面的更深入具体的相关档案文献，见《皇朝经世文续编》，第34卷，第6—10b页，并散见于该文件多处内容，以及《皇朝道咸同光奏议》，第31卷，第10b—11b页及该文件中的各部分内容。

（注45）见《北华捷报》，1865年8月26日。该文章被认为具有充分的研究价值，因而经重印后，被收录于《中国及日本丛报》，第3卷，第541—542页。

（注46）［英］金斯米尔：《对1865年发生于中日两国事件的回顾》，《皇家亚洲文会北中国支会会刊》第2期（1865年），第139页。

（注47）为了论证满人在晚清官僚体制中占据多数职位的观点，魏特夫分别引用了胡适、谢颐丞、卜内特和哈格尔斯特罗姆，以及德·哈before斯等人的文章数据。以上所有这些材料，均无法提供足以证明这个观点的有说服力的数据。魏特夫发表的数据，仅仅局限于1893年时的情况（《中国社会史（辽代）》，费城，1949年，序言部分）。历史学家范文澜在对中兴时期历史问题发表评论时，也直截了当地断言，满人官员不仅在朝廷中人数占优，而且在地方督抚大员

的官职序列里，也往往占有多达60％—70％的比重（见《汉奸刽子手曾国藩的一生》，1944年，第1页）。

(注48) [英]班德瑞：《构成中国中央及地方政府高级官吏历史年表》，《中国评论》，第7卷，第5期（1878—1879年），第314—329页。第315页中的表格，包括了除翰林院掌院学士的军机处、内阁大学士、总理衙门以及道台衔以上的全部地方官吏的名单。关于中兴时期汉人既在京官构成上占据压倒性的多数，又主导着地方官僚体制的问题，见凌惕安：《咸同贵州军事史》，上海，1932年，第1部分，第18—18b页。

(注49) 见《汉人和旗人在清政府中各自占有份额》，收录于《中国评论》，第4卷，第2期（1877—1878年），第136—137页。这张表格中的数字很可能是依据1877年清政府的红皮书。

(注50) [美]费正清：《十九世纪四五十年代的满一汉二元社会》，《远东季刊》，第12卷，第3期（1953年），第265—278页。

(注51) [日]稻叶岩吉：《清朝全史》，第2卷，第523页。也可见[日]稻叶岩吉：《满洲发达史》，第439—441页。

(注52) 蒋介石：《中国的命运及中国经济理论》，经菲利普·贾菲编辑，纽约，1947年，第47—48页。

(注53) 范文澜：《中国近代史》，香港，1949年，第1卷，第202页。关于这个问题，范文澜分别引用了桂良、恭亲王及曾国藩的观点。

(注54) 见卜鲁斯写给拉塞尔的信，1860年8月1日，收录于《1859—1860年间关于中国事务的往来信件》，第91页。

(注55) 孙逸仙：《三论民族主义》（三民主义）；民众的三项原则，由毕范宇翻译，上海，1929年，第55—59页。

(注56) 冯桂芬：《复990职议》，《冯桂芬·校邠庐抗议》，第1卷，第10—12b页。

(注57) 关于这个观点，密迪乐在他的书中进行了详尽阐述，见《中国人及其叛乱》，第48页。

(注58) 文森特·Y.C.施：《太平天国的思想体系》，《汉学杂志》，第3卷，第1期（1954年），第14页。

(注59) 关于彭玉麟职业生涯的简要情况，见邓嗣禹参与著述的《清代名人传略》，第617—620页。关于彭玉麟是一位融合军事能力和文学素养的中兴领导者的论述，见柴萼：《梵天庐丛录》，第5卷，第20b—31b页。徐凌霄：《曾胡谈荟》，第15部分，收录于《国闻周报》，第4卷，第45期（1929年）。

(注60) 关于这个问题的总体阐释，见钱穆：《中国近三百年学术史》，上海，1937年；该书第12章专门论述了曾国藩与罗泽南。钱基博：《现代中国文学史》，上海，1933年；该书中较长篇幅论述了王闿运的观点，其中包括了对同治时期哲学思想的深入探讨。赫尔穆特·威廉：《曾国藩思想体系的形成背景》，载于《亚洲研究》，第3卷，第3期/总4期（1949年），第90—100页，这是一篇对于中兴时期思想成果的精彩介绍。

(注61) 荀赫：《新学篇》，载于《中和》月刊，第1卷，第1期（1940年），第7页；该文章中，第1—9页内容是对鸦片战争之后至中兴时期学术界的总体回顾。

(注62) 冯友兰：《朱熹哲学》，载于《清华学报》，第7卷，第2期（1932年），第18—21页，及其以后各页。

(注63) 吴文祺：《近百年来的中国文艺思潮》，发表于同一题目的学术研讨会上，载于《学林》专题论文集，第1期，1940年，第1—10页。

(注64) 梁启超：《清华学报》，第1卷，第1期（1924年），第32—34页。

(注65) 罗尔纲：《湘军新志》，第63页、第75—80页。

(注66) 吴文祺：《近百年来的中国文艺思潮》，第6—8页；徐彬：《曾胡谈荟》，第16部分，载于《国闻周报》，第6卷，第50期（1929年）；艾娜：《湘乡学志》，载于《中和》月刊，第5卷，第7—8期（1944年），第1—14页。

(注67) 关于桐城学派日渐落寞的这个问题，除了上述著作，还可参见胡适所著《五十年来中国之文学》，《申报馆成立五十周年纪念日出版作品集》（第2卷），《五十年来之中国》，上海，

1922年，第3—5页；[日]荒川百瀚：《清代名人传略》，第870—872页；[英]亨利·范·鲍温：《中国现代文学史》，北平，1946年，第7—8页。

（注68）这种类型的单独论文集，最有意义的是吴廷栋的《拙修集》，吴廷栋（号行如）（1793—1873年），著有《拙修集》，1871年（同治十年）。同治中兴期间，作为一名杰出的哲学家，吴廷栋首先担任了山东布政使，后又担任直隶按察使。他的论文集不仅包括了他与倭仁、曾国藩及其他官员的往来信件，还包括对宋学及以后时期历代思想的研讨论文。该论文集的前言及刊后语部，主要探讨的是思想，其次才是文字。他给孙辈写的书信，以及关于家庭教育方面的探讨，尤其具有发人深省的教育意义。

（注69）这方面有代表性的论述有很多。倭仁先后于1862年（同治元年）和1872年（同治十一年）上疏的两份奏折，就是极好的例证（见《皇朝道咸同光奏议》，第2卷，第4、11、13b页）。

（注70）见《北华捷报》，1868年8月14日。

（注71）[美]芮沃寿：《斗争与和谐：现代中国价值观冲突的象征》，载于《世界政治》，第6卷，第1期（1953年），第31—44页；[美]德克·卜德：《中国哲学思想的和谐与冲突》，载于芮沃寿（参与编辑）所著《中国思想研究》，芝加哥，1953年，第19—80页。

（注72）恭亲王奕訢：《乐道堂文钞》，未注明地点，1867—1868年，第1卷，第5页。

（注73）恭亲王奕訢：《乐道堂文钞》。关于曾国藩对于礼教的观点，见赫尔穆特·威廉所著《曾国藩思想体系的形成背景》，载于《亚洲研究》，第3卷，第3期/总4期（1949年），第96—97页。

（注74）见《北华捷报》，1868年8月14日。

（注75）《易经》及其评论文章，已经被认为是辩证哲学的主要范例。关于这方面的介绍，见[德]卫礼贤：《易经：变化之书》，耶拿，1924年；[德]赫尔穆特·威廉：《这个转换：关于易经的八次演讲》，北平，1944年；[俄]A.A.彼得罗夫：《范比：来自中国哲学史》，莫斯科，1936年，芮沃寿对该书进行了详尽详述，载于《哈佛亚洲研究杂志》，第10卷，第1期（1947年），第75—88页。

（注76）[英]理雅各：《易经》，牛津大学，1882年，第383页。关于在许多文本中频繁出现这句引用的典型例证，见福建巡抚王凯泰的奏折，关于取缔卖官鬻爵现象，《同治中兴京外奏议约编》，第1卷，第36—42b页；御史陈鸿翊的奏折，《同治中兴京外奏议约编》，第2卷，第31—32b页；李鸿章致总理衙门的信，1864年，《近代中国外交史资料辑要》，由蒋廷黻负责编纂，上海，1931年，以及下列各处引用，第1卷，第365页；徐继畬关于盐政改革的论述，载于《松龛先生文集》，第10页。

（注77）[美]卫三畏：《中国总论》，第2卷，第742页。这句话是该书的结论句。

（注78）举个例子，如果把二者同为道光年间编纂的《国朝文录》和《皇朝经世文编》中的文件及论文的总体论调，与《皇朝经世文续编》的作一个比较，就会发现，同治时期的文件资料对比起来，显得更加大胆直率、充满质疑，甚至更加激进。

（注79）这是将19世纪60年代期间的文献资料，与19世纪90年代期间《皇朝道咸同光奏议》《皇朝续文献通考》或涵盖同治、光绪年间经过概略分类的任意文件及论文，进行对比之后形成的结论。

（注80）见《北华捷报》，1860年4月28日。编辑部对一封署名为W.H.O.的来信发表的评论。来信的作者说，根据他的中国朋友的看法，中国历史上多个王朝的覆灭，都是因为"他们不能深刻领会易经的格言准则……（当一个系统）已经精疲力竭了，就应该对其进行调整；只有经过调整，它才能继续运转；只有这样持续运转下去，王朝才能得以延续"。

（注81）见《北华捷报》，1867年3月4日。

（注82）一封写于1869年底的来信，署名为R.沃德洛·汤普森，格里菲斯·约翰，伦敦，1906年，第253—254页。

（注83）《英国国会档案·中国卷》，第5期（1871年），第96页。

（注84）[英]赫德：《赫德先生对中国问题的评论》，北京，1869年6月30日，经重印后，作为第2号附录文件，收录于方根拔所著《蒲安臣使节真相》，第876—877页。

(注85）见威妥玛备忘录的中文译本，总理衙门于1866年3月5日收到这份备忘录，后于1866年4月1日呈报皇上，载于《筹办夷务始末——同治时期》，第40卷，第23—36页。

(注86）冯桂芬：《采西学议》，《校邠庐抗议》，第2卷，第70b—71页。在这篇文章中，冯桂芬以敏锐的洞察力，进一步分析了将某种类型的西学移植到经过自我重新检查和恢复的中国社会体制基础的方式方法问题。黄遵宪评论冯桂芬在这篇文章中鼓吹采纳西方文化，正如伊藤博文后来在日本鼓吹西化一样，这种做法实际上是大错特错的。[黄遵宪：《几十年政治维新任务·冯景亭》，载于《中山文化教育馆季刊》，第4卷，第3期（1937年），第979页。]

(注87）冯桂芬：《校邠庐抗议》，序言，第2b—3页。

(注88）例如，《北京公报》上刊登的皇帝谕令，未注明时间，其译文发表于1860年12月21日的《北华捷报》；《皇朝道咸同光奏议》，第1卷，第12b—23页；皇帝于1868年9月2日及9月3日发布的谕令，见《大清历朝实录——同治时期（1862—1874）》，第238卷，第10—11b页及第16b—17b页。

(注89）关于曾国藩对上述问题所持看法的一个很有价值的评论，见何贻焜：《曾国藩评传》（上海），1937年出版，该书依据观点题目，分门别类地安排篇章结构，进行了系统阐述。还可见蒋星德：《曾国藩之生平及其事业》，上海，1939年；萧一山：《曾国藩传》，南京，1946年，第177页；陈启天：《胡曾左平乱要旨》，上海，1932年，第4—6页。

(注90）关于冯桂芬的观点，见黄遵宪出自前文引用的同一著作，第969—991页；[日]荒川百瀨：《冯桂芬改革思想》，载于《远东评论》，第2期（1940年），第95—122页；[日]稻叶岩吉：《支那政治史纲领》，东京，1918年，第284—302页。关于曾国藩对冯桂芬的高度评价，见曾国藩写给冯桂芬的书信，这封信的副本，已作为1898年版《校邠庐抗议》的序言被加以引用。

(注91）冯桂芬：《省则例议》，载于《校邠庐抗议》，第1卷，第14b—16b页。

(注92）见《同治中兴京外奏议约编》，第3卷，第17b—19b页。

(注93）摘自1869年（同治八年）《皇朝续文献通考》，第7618页。刘汝璆的人物事迹，被编入张念祖所著《中国历代水利述要》，天津，出版日期大概是1931年，第150—151页。

(注94）见1862年4月17日的奏折，《清史稿·本纪》，第21卷，第5b—6页。

(注95）见《同治中兴京外奏议约编》，第1卷，第36—42b页。

(注96）比如，支持此观点的，有以下奏折：御史俞百川的奏折，见《同治中兴京外奏议约编》，第8卷，第14—15b页；御史马元瑞的奏折，见《同治中兴京外奏议约编》，第1卷，第17—19页；御史王道埔的奏折，见《同治中兴京外奏议约编》，第3卷，第7—8b页；僧格林沁的奏折，见《同治中兴京外奏议约编》，第8卷，第10—11页；黎庶昌和李棠阶的建议书，见《清代名人传略》，第483页。

第五章

(注1）李缔：《董仲舒的政治思想》，载于《社会科学季刊》，第4卷，第3期/总4期（1924年），第1页。

(注2）关于这方面的总体理论观点，见恭亲王奕訢的文章《政府应把人的能力摆在首位》（《为政以人才为先论》），出自《乐道堂文钞》，第2卷，第17b—19页。还可见倭仁关于文官政府本质的论文《倭文端公遗书》，卷末。还可见《清史稿》，《选举志》，第4部分，第9—9b页。上述文章探讨了如何选拔人才，并使之成为政府的基石。

(注3）秦翰才：《左文襄公在西北》，上海，1946年，第160页。

(注4）[美]威妥玛：《关于中国皇帝征询建议以及政府部门予以答复的法令（1850—1851）》，伦敦，1878年，第24—28页、第33页、第35页。

(注5) 如果打开任意一位官员的奏折，都会很快地发现，呈现在眼前的这份奏折就是官员奏议中的典范。关于众多领导者对这个问题的论述，见《皇朝经世文续编》第16卷和第18卷，以及《皇朝道咸同光奏议》第21—23卷。满族官员的奏折与汉族官员的别无二致。薛福成详细阐述了这个观点，见《中兴叙略》，1868年，收录于《庸庵全集》，第2卷。

(注6) 王信忠：《福州船厂之沿革》，载在《清华学报》，第8卷，第1期（1932年），第5页；夏鼐：《太平天国前后之长江各省之田赋问题》，载于《清华学报》，第10卷，第2期（1935年），第473页。

(注7) 除了以上这两个特别事项，中兴时期有关行政架构、组织程序的文件资料，涉及的都是一些无关紧要之事。见《皇朝续文献通考》，第8733—8913页、第8940页、第11212—11213页。

(注8) 关于曾国藩反对御史陈廷经所提建议的奏折，见《同治中兴京外奏议约编》，第7卷，第11—11b页。这种观点的事例还有很多，比如，两广总督瑞麟和广东巡抚蒋益澧在1866年7月30日的奏折中认为："过错是出在人的身上，而不是法律。"（见《筹办夷务始末——同治时期》，第42卷，第62页。)

(注9) 见金召棠于1862年为《张公襄理军务纪略》（1910年出版）一书所作的序，该书第1卷，第1页。

(注10) 柴尊在他的著作（《梵天庐丛录》，第5卷，第30—31b页）中，对这种观点进行了集中阐述。见骇语老渔（假名）：《说曾涤生论字》，载于《国闻周报》，第6卷，第36期（1929年），该书由曾国藩日记中对书法问题发表评论的相关摘编纂编而成。该书的编纂者在刊后语中，还引用了一位曾经长期观察中兴时期领导者书法一般训练过程的专业人士的观点。

(注11) 潘光旦：《近代苏州的人才》，载于《社会科学》，第1卷，第1期（1935年），第70页，全文被多处引用。

(注12) 文中引用的数字，出自汤吉禾：《清代科道官之任用》，载于《社会科学丛刊》，第1卷，第2期（1934年），第153—162页。

(注13) 见《清史稿》之《军机大臣年表》（下），第11页及其以后各页。关于载垣的阴谋，另见第二章。

(注14) 关于"反映恭亲王于1865年4月2日遭到斥责的谕令"的译本，见《中国及日本丛报》，第3卷（1865年7月1日编纂），第351页；以及1865年4月22日出版的《北华捷报》。关于朝廷进一步颁布的谕令，见1865年4月29日出版的《北华捷报》。关于恭亲王于1865年5月8日官复原职的谕令的译文，见1865年6月3日出版的《北华捷报》。关于朝廷于1865年11月1日颁布的撤销同年4月斥责恭亲王的谕令并清除历史档案痕迹的谕令，其译文见1865年12月9日出版的《北华捷报》。关于按照时间先后顺序对恭亲王先遭诟谪、后官复原职这一事件概况的记载，见吴曾祺《清史纲要》，第12卷，第11—11b页，以及印鸾章：《清鉴纲目》，上海，1936年出版，第687页。

(注15) 见1882年刊印的文祥个人著作汇编，题目为《文文忠公事略》，第4卷。

(注16) [英]密福特：《驻华使馆武官在北京》，第85页。

(注17) 这句话出自同文馆的一位英文教授（身份不确定）于1870年1月25日写给《北华捷报》的一封信，该信被方根拔引用，出现在其所著的《蒲安臣使节真相》中，见第656页。

(注18) 见1868年2月29日出版的《北华捷报》。

(注19) 见《北华捷报》天津记者站于1867年12月14日发出的通讯报道。

(注20) 见阿礼国于1868年1月1日写给山嘉利的信，载于《英国国会档案·中国卷》，第5卷（1871年），第114页。据推测，此处提到的众多大臣应该指的是军机处大臣。

(注21) [美]丁韪良：《花甲记忆》，第360—363页。

(注22) 见蒲安臣致西华德的信，1862年10月25日，《美国外交关系（1863年）》，第2部分，第831页。

(注23) [美]卫三畏：《中国总论》，第2卷，第715页。

(注24) [英]裴丽珠：《赫德爵士传奇》，纽约，1909年，第221页。关于赫德与文祥两人之间的密

（注25） [美]丁韪良：《花甲记忆》，第360—363页。

（注26） 见金梁所著《近世人物志》（未注明出版地点及时间，第50页。）中对翁同龢著作的引用；金梁：《四朝佚闻》，未注明出版地点及时间，第17b页。

（注27） 刘法曾：《清史纂要》，上海，1914年，第117页；罗元鲲：《中国近百年史》，上海，1933年，第1卷，第169页；陈怀：《中国近百年史要》，广州，1938年，第10卷。

（注28） 梁启超：《李鸿章》，未注明出版地点及时间，第5页。

（注29） [英]班德瑞：《构成中国中央及地方政府高级官吏历史年表》，《中国评论》，第7卷，第5期（1878—1879年），第324页；房兆楹、杜联喆：《清代名人传略》，第100页。

（注30） 关于沈桂芬的职业生涯，没有这方面的研究成果。很显然，他自己也没有留下任何著作文集。他的奏折散见于《皇朝道咸同光奏议》《皇朝经世文续编》和《皇朝续文献通考》等文集汇编中。虽然经常可以查阅到《大清历朝实录》里面的相关参考文献，但这些文献却非常简略，只能提供一个关于沈桂芬其人的非常有限的简要概述。除了散见于其他文集汇编的沈桂芬奏折，笔者仅仅找到一份沈桂芬的个人著作——这是一篇行程日记，记载了他于1861—1862年赴广东担任科举考官时的见闻。[见沈桂芬《沈文定粤韶日记》，载于《中和》月刊，第1卷，第4期（1940年），第95—103页；第1卷，第5期（1940年），第79—84页；第1卷，第6期（1940年），第92—98页。]

（注31） 见房兆楹、杜联喆：《清代名人传略》，第485—486页。

（注32） 见李棠阶的日记《李文清公日记》，第16卷，记录日期为1862年5月26日、6月11日这两天的日记。

（注33） 这份奏折的原文，见李棠阶的著作文集《李文清公遗书》，第1卷，第1—8页；还可见《皇朝道咸同光奏议》，第1卷，第12b—13b页。

（注34） 吴廷栋：《拙修集》，第9卷，第19b页。

（注35） 见《李文清公日记》，第15卷，记录日期为1861年8月12日—23日的日记。

（注36） 金兆梓：《近世中国史》，上海，1947年，第122—123页。陈其田也经常拿清朝时期反动的朝廷与进步的地方总督进行对比，结果却没有得出证据（例如，《左宗棠》，第84页）。

（注37） 向来不缺乏关于研究曾国藩的历史资料。他本人撰写的大量著述已被编译成多个版本，在市面上随处可见，而且他在同时代人的作品中也占据着重要地位。然而，两部有限反映曾国藩职业生涯的早期英文版著作（作者分别为威廉·詹姆斯·黑尔和陈其田），以及迄今为止中日两国的大量相关研究成果，都无法与内容完整、观点公平的传记相提并论。

（注38） [美]芮玛丽：《从革命到复兴：国民党思想路线的转变》，《远东季刊》，第14卷，第4期（1955年），第515—532页。也可见第十二章。

（注39） [英]约翰·濮兰德，[英]埃蒙德·贝尔豪斯：《太后治下的中国》，周晓丹译，哈尔滨出版社，2014年，第64—65页。

（注40） 关于不同"谥号"的含义，以及它们之间的相互区别，见徐彬：《曾胡谈荟》，第3部分，载于《国闻周报》，第6卷，第29期（1929年），第3页。中兴时期政治家们死后获得的各种"谥号"，都是对他们生前所具有的某种美德的体现，关于这方面的一个带有趣味性的解读，还可参见《中和》月刊，第1卷，第4期（1940年），第103页。

（注41） 例如，关于追悼江苏巡抚何璟的奏折，载于《同治中兴京外奏议约编》，第6卷，第1—8页，以及其他收录于相同文集的相似奏折。

（注42） [日]小岛祐马：《曾国藩》，收录于吉川幸次郎编纂的《中华六十名家言行录》，东京，1948年，第267—281页，该书内容以曾国藩日记为基础。

（注43） 笔者曾经使用"分类"版本的曾国藩日记，引用部分均按照事件主题进行谋篇布局，而不是按照日期：《曾国藩日记类钞》，上海，1923年，第39页、第40页，第135—216页，以及文中各处。

(注44) 曾国藩写给其弟曾国荃的信，载于《曾文正公学案》，第372页。

(注45) 见《曾国藩日记类钞》，第146—147页。

(注46) 朱其华称曾国藩是刽子手，甚至更糟，但是，当他引用曾国藩在北京的生活成本数据时，他警告读者，这些数据可能低得不切实际，因为曾国藩本人非常节俭，很少花钱。(见《中国近代社会史解剖》，上海，1933年，第16页。)

(注47) [英]E.埃格蒙特·黑克：《太平天国运动大事记》，伦敦，1891年，第463页。

(注48) 陈清初：《曾涤生之自我教育》，序言，重庆，1942年；[英] 威廉：《曾国藩思想体系的形成背景》，载于《亚洲研究》，第2卷，第3期/总4期(1949年)，第94页。

(注49) 蒋星德：《曾国藩之生平及其事业》，第166—168页。

(注50) 唐庆增：《曾国藩之经济思想》，载于《经济学集刊》，第5卷，1935年第4期，第52—60页。

(注51) 见有关曾国藩奏折的参考文献，曾国藩针对不同领域的工作课题，曾经呈递了大量奏折，如今这些奏折散见于当前各种涉及曾国藩研究的书籍中。

(注52) 关于这项指控，中国共产党方面的所有著作均有提出。

(注53) [法]科迪尔：《中国与西方列强关系史》，第1卷，第446—447页。

(注54) 见1865年1月7日、8月5日、12月9日、以及1868年8月28日的《北华捷报》。还可见1868年9月19日的《孖刺报》，《北华捷报》还于1868年9月11日对这条新闻进行了重新刊载。

(注55) 见《北华捷报》，1868年10月31日；关于曾国藩调任直隶总督时人们对他的总体评价，见前述史料，1868年10月27日。

(注56) [法]科迪尔：《中国与西方列强关系史》，第1卷，第446—447页。关于一位人类学家对曾国藩的个性品格所作的分析，见许烺光：《祖荫下》，纽约，1948年，第282—284页。

(注57) 《历史记录》，载于《逸经》，第15卷，第15页；还可见徐彬：《曾胡谈荟》，第11—14部分；《国闻周报》，第6卷，第40—43期(1929年)；柴萼：《梵天庐丛录》，第5卷，第8—20页；秦翰才：《左文襄公在西北》，包括其中的悼词及其余各处内容。

(注58) 李鸿章：《李文忠公全集》(由吴汝纶负责编纂，1908年出版)，《奏稿》中的第1—16卷，全部涉及中兴时期。他虽然经常倡导采取特殊措施完成赈济灾民和恢复重建工作，却并不把这些措施与曾国藩、左宗棠工作方法中的主要问题结合起来。

(注59) 见李鸿章1870年4月22日的奏折，在这份奏折中，他承认自己曾接受了冯桂芬的帮助，见《李文忠公全集》，《奏稿》部分，第16卷，第24页。

(注60) 例如，朝廷在1861年12月17日颁发的谕令中，命令全国所有七品官以上的地方官吏均要以曾国藩、胡林翼和骆秉章作为自己的学习榜样(见《清史稿·本纪》，第21卷，第3b页)。

(注61) 柴萼将胡林翼看作当时的伟人(见《梵天庐丛录》，第5卷，第1—7b页)，康有为尤其敬仰他(见《康南海官制议》，刊印时间及地点不详，第6卷，第5—6页)。还可见徐彬：《曾胡谈荟》，出处在前文引用过的著作中，重点是在第2部分。

(注62) 关于对蒋益澧工作政绩的描述，见1867年10月19日及1868年3月4日出版的《北华捷报》。关于对蒋益澧被降职原因的调查，见《大清历朝实录——同治时期(1862—1874)》，第207卷，第20b—22页；第216卷，第5—7页；第217卷，第11—11b页；第219卷，第18b—19页。

(注63) 关于上述所有官员的生平事迹概况，均可见于《清代名人传略》。

(注64) 曾国藩对这个观点进行阐述的详尽程度，超过其他任何一位官员。关于他的观点概要，见何贻煜：《曾国藩评传》，第317—369页，以及蒋星德：《曾国藩之生平及其事业》，第149—152页。

(注65) 关于这一点，见陈启天：《胡曾左平乱要旨》，第3卷；王之平：《曾胡左兵学纲要》，第65—75页，以及全书各部分内容。

(注66) 秦翰才：《左文襄公在西北》，第160—161页。

(注67) 关于曾国藩在日记中详细列举的他探访人才的相关记载，见《曾国藩日记类钞》，第126—136页；蒋星德，《曾国藩之生平及其事业》，第145—149页。关于曾国藩利用饭后时间对其部下进行授课讲学这件事，作为其心腹幕僚之一的赵烈文（字惠甫），在日记中作了记载。见陈乃乾：《曾文正公语录》，载于《古今》，1944年第41期，第27—31页。

(注68) 曾国藩写给其弟曾国荃的信，收录于《曾文正公学案》，第368—371页。

(注69) 例如，见前述史料，第293—309页，和左公：《曾国藩评议当时人物》，收录在《古今》杂志，1944年第41期，第29—32页。

(注70) 见《曾文正公学案》，《学术类》，以及该书其余各章节。

(注71) 王之平：《曾胡左兵学纲要》，第80页。

(注72) 见曾国藩、胡林翼、刘长佑及其他官员在他们各自的省里汇报本省贤能之士的奏折（见《皇朝道咸同光奏议》，第1卷，第29—32b页及该卷其他内容）。

(注73) 王之平：《曾胡左兵学纲要》，第81页。

(注74) 见1868年10月3日的奏折，收录于《丁文诚公奏稿》，第6卷，第17—18页；以及《皇朝道咸同光奏议》，第21卷，第5b—6页。

(注75) 郭嵩焘：《养知书屋全集》，《奏疏》，第10卷，第1—3页。郭嵩焘的这份奏折虽然没有注明日期，但不可能会晚于1868年，因为李善兰于1868年就任北京同文馆总教习，在此之后，郭嵩焘不可能再称李善兰为地方学者。

(注76) 见《冯景亭行状》，刊印地点及日期均不详，第2—3页。

(注77) 见左宗棠1866年7月14日的奏折，载于《筹办夷务始末——同治时期》，第42卷，第45—48页；关于左宗棠在处置西北地区危机时需要采取"非常规办法"的观点，也可见王之平，《曾胡左兵学纲要》，第85—88页。

(注78) 关于举荐及其具体实施办法的范例，见《大清历朝实录——同治时期》，第202卷，第18b—19页；第204卷，第24b—25b页；第206卷，第18b—19页；第207卷，第28b—29页；第208卷，第4—5页；第214卷，第18—19页；以及《皇朝续文献通考》，第8506页，1862年（同治元年）和1863年（同治二年）的朝廷谕令。

(注79) 1873年《北京公报》的译文，第68页。

(注80) 例如，王凯泰的奏折，见《同治中兴京外奏议约编》，第1卷，第36—42b页。

(注81) ［日］宫崎市定：《东洋的近世》，大阪，1946年。该书反映了作者对这项制度的考察取得了令人钦佩的结果。

(注82) 关于这则神话故事的一个经典描述，见王庆云：《熙朝纪政》，第1卷，第32b—52b页；还可见［美］丁韪良：《中国举办的充满竞争性的考试》（著于1868年，后来丁韪良对该文进行了重新转载，标题为《中国人，他们的教育、哲学和文学》，纽约，1893年）；［美］卫三畏：《中国总论》，第1卷，第565—566页；张仲礼：《中国绅士》，西雅图，1955年，第3部分。

(注83) 御史王道墉的奏折，见《同治中兴京外奏议约编》，第2卷，第7—8b页。

(注84) 1861年，身为礼部左侍郎的沈桂芬，赴广州行使考官之职，他在旅途日记中评论道，他所到之处近些年来举办过的科举考试为数甚少（见《沈文定粤轺日记》，载于《中和》月刊，第1部分）。

(注85) 《皇朝续文献通考》，第8453页；以及蒋星德：《曾国藩之生平及其事业》，第158页。

(注86) 《皇朝续文献通考》，第8453—8454页。官府于1867年4月2日下达的法令，见《大清历朝实录——同治时期（1862—1874）》，第197卷，第20b—21页。

(注87) 《皇朝续文献通考》，第8571页，刊印日期为1866年（同治五年）；张仲礼：《中国绅士》，第79—80页。

(注88) 《皇朝续文献通考》，第8454页，刊印日期为1869年（同治八年）；还可见左宗棠于1873年（同治十二年）上疏的奏折，关于他为了在西北地区推广科举制度而采取的一系列措施（见

《皇朝道咸同光奏议》，第42卷，第2—3页）。

(注89) 关于庆典的具体情况，1867年10月19日出版的《北华捷报》对此进行了描述。
(注90) 见1867年9月28日出版的《北华捷报》。
(注91) 见《汉口时报》上刊登的文章，该文再版于1867年11月4日的《北华捷报》。1870年，据报道，约有八九千名考生参加了湖北省的科举考试，其中考试合格的有61人（见《关于武昌科举试卷的翻译》，载于《中国评论》，第2卷，1874年第5期，第309—314页）。为进一步获取相似事例，见张仲礼：《中国绅士》，第167—170页。
(注92) 见《北华捷报》驻天津记者站于1868年5月30日发出的通讯报道。
(注93) [美]丁韪良：《中国举办的充满竞争性的考试》，载于前文引用过的同一著作，第40—53页；关于更详细的数字，见张仲礼所著《中国绅士》，第2部分。
(注94) 关于朝廷在1867—1870年批准提高科举配额之事，见《皇朝续文献通考》，第8453页。
(注95) 1865年8月5日出版的《北京公报》，其译文刊登在1865年9月16日出版的《北华捷报》上。
(注96) 《大清历朝实录——同治时期（1862—1874）》，第194卷，第14b页。
(注97) 《大清历朝实录——同治时期（1862—1874）》，第194卷，第23b—24页。
(注98) 《皇朝道咸同光奏议》，第42卷，第6b—7页，以及类似资料随处可见的引用。关于更进一步的事例，见张仲礼：《中国绅士》，第83—92页。
(注99) 1868年9月13日颁布的皇帝谕令，载于《大清历朝实录——同治时期（1862—1874）》，第239卷，第20b—21b页；还可见张仲礼：《中国绅士》，第92页。
(注100) 《皇朝续文献通考》，第8453—8454页。
(注101) 《皇朝续文献通考》，第8453页；《大清历朝实录——同治时期》，第22卷，第25—26b页。
(注102) 房兆楹、杜联喆：《清代名人传略》，第27页。
(注103) 《皇朝道咸同光奏议》，第42卷，第3b—4页。
(注104) 张仲礼：《中国绅士》，第174—182页；[日]稻叶岩吉：《中国社会之本质支持作用》，载于《东方杂志》，第19卷，1922年第17期，第45—46页。
(注105) 关于1867年的乡试情况，见1867年11月4日出版的《汉口时报》，《北华捷报》重新刊印了该部分内容。关于1870年的乡试情况，见《关于武昌科举试卷的翻译》，载于《中国评论》，第2卷，1874年第5期，第309—314页。
(注106) 见皇帝于1868年5月13日颁布的谕令，载于《大清历朝实录——同治时期》，第230卷，第1—4页。
(注107) 见1867年5月23日出版的《北华捷报》。曾国藩也曾经着重指出，有必要大幅削减候补官吏的数量，因为他们人浮于事，充斥于官僚体制内的各个层级。见陈恭禄：《中国近代史》，上海，1935年，第1卷，第236—237页。
(注108) 见《筹办夷务始末——同治时期》，第40卷，第15页。
(注109) 见《筹办夷务始末——同治时期》，第41卷，第43—50页。
(注110) 见1866年4月14日出版的《北华捷报》；此外，在张仲礼所著的《中国绅士》中，也提供了相似的例证。
(注111) 张之洞：《劝学篇》之《变法》，由邓嗣禹、[美]费正清翻译并参与编辑，出自《中国对西方的反应》，坎布里奇市，马萨诸塞州，1954年，第170页。
(注112) 关于卖官鬻爵的历史由来，见冯桂芬：《变捐例议》，载于《校邠庐抗议》，第1卷，第17b—19b页；罗玉东：《中国厘金史》，上海，1936年，第1卷，第3—9页；许大龄：《清代捐纳制度》，北京，1950年，序言部分及第1章和第5章。
(注113) 见《清史稿》，《选举志》，第7部分，第1页。
(注114) 赵丰田：《晚清五十年经济思想史》，北京，1939年，182—183页。

（注115）冯桂芬：《变捐例议》，出自前文引用过的同一著作。

（注116）冯桂芬：《变捐例议》。

（注117）见《皇朝续文献通考》，第8531页。

（注118）阎敬铭关于捐纳官职的数量增加而官职售价锐减的这段论述，得到了1867年5月23日出版的《北华捷报》的证实，该报所提供的数字证明了这一点。

（注119）见《同治中兴京外奏议约编》，第2卷，第21—24页。关于阎敬铭围绕同一问题上疏的这份奏折及其余奏折，见《皇朝续文献通考》，第8531—8533页。

（注120）见《皇朝续文献通考》，第8531页。

（注121）见《同治中兴京外奏议约编》，第1卷，第25—26b页。袁方城来自奉天，于1844年（道光二十四年）考中进士。

（注122）见《皇朝续文献通考》，第8533页，日期为1868年（同治七年）。

（注123）见《皇朝续文献通考》，第8531—8533页。

（注124）关于都察院的组织架构，见汤吉禾：《清代科道组织之沿革》，载于《新社会科学季刊》，第1卷，1934年第1期，第67—74页；关于都察院的具体职能，见汤吉禾：《清代科道之公务关系》，载于《社会科学论丛》，第1卷，1934年第2期，第207—213页。还可见［美］贺凯：《中国传统监察制度及北京新政权》，载于《美国政治科学评论》，第45卷，1951年第4期，第1041—1057页；李雄飞：《中国满清王朝（1616—1911）的审查制度》，巴黎，1936年。

（注125）关于吏部制定的对官员实施奖惩的法律制度，见［德］布莱：《中国法典手册》，上海，第28—31页和第40—46页；［美］卫三畏：《中国总论》，第1卷，第449页。

（注126）见1868年8月14日出版的《北华捷报》。

（注127）例如，见《皇朝续文献通考》，1866年（同治五年），第8514页。

（注128）见1864年12月31日出版的《北华捷报》。

（注129）举例说明，见《大清历朝实录——同治时期》，第194卷，第21b—22页、第33页；第195卷，第30—30b页；第196卷，第28—28b页、第41b—42页；第213卷，第27—28页；第214卷，第21b—22b页；第219卷，第26—26b页；第220卷，第25—25b页、第29b—30页；第223卷，第7b页；第225卷，第5b—6b页；第227卷，第26—27页；第233卷，第19页；第240卷，第24b—25页。

（注130）例如，见《大清历朝实录——同治时期》，第233卷，第18b—19页。

（注131）见《大清历朝实录——同治时期》，第210卷，第22—23页；第213卷，第11—11b页；第214卷，第11b—12页；第216卷，第23b—24页；第220卷，第21b—22页；第234卷，第9b—10b页。卫三畏列举出了六条"官员"常见的过错：不够勤勉、效率低下、浮皮潦草、缺少天赋、退休养老以及身患疾病（见《中国总论》，第1卷，第449页）。

（注132）见《大清历朝实录——同治时期》，第22卷，第9—10页；吴曾祺：《清史纲要》，第12卷，第9b页。

（注133）见《皇朝续文献通考》，第8531页。对于一名犯下严重过错的官员实施的永久罢免，与通常实施的免职处分存在着显著区别，在最初作出处分裁决时，并未明确免职的持续时间长短。

（注134）关于最后一点，见四川总督崇实的奏折，载于《同治中兴京外奏议约编》，第2卷，第29—30页。以及《大清历朝实录——同治时期》，195卷，第29b—30页。

（注135）例如，见御史文明的奏折，载于《同治中兴京外奏议约编》，第8卷，第12—13b页。

（注136）丁宝桢：《丁文诚公奏稿》，第7卷，第1、第2及第4份奏折，上奏于1869年秋。

（注137）［美］毕乃德：《清代名人传略》，第288—290页。

（注138）例如，见祁寯藻、倭仁、李鸿藻等三位资深政治家联名上疏的奏折，载于《同治中兴京外奏议约编》，第1卷，第1—2页。从实现中兴的观点角度来看，将这样的一份奏折当作中兴时期文献资料合集之中的第一份史料，此种做法是恰如其分的。

(注139）举例说明，见《大清历朝实录——同治时期》，第195卷，第31—31b页；第201卷，第27—27b页；第203卷，第19—19b页；第206卷，第4b—5页、第5—5b页、第25—26页、第28b—29页；第208卷，第1b—2页；第210卷，第9b—11页、第25b—26b页；第211卷，第8页、第10b—11页；第212卷，第5—5b页、第11—12页；第213卷，第11b—12页、第13b—14页；第214卷，第4—5页、第16—16b页、第17b—18页；第217卷，第5—5b页、第15b—16页、第18—18b页；第224卷，第1b—2页、第2—2b页；第225卷，第20—20b页、第20b—22页、第34—34b页；第227卷，第32b—33页；第229卷，第16页；第231卷，第9b—10页、第18—19页；第232卷，第16b—17页、31b—32页；第234卷，第20—21页；第237卷，第11—12页；第239卷，第10—10b页。

(注140）关于这起事件，见前述史料，第194卷，第20—21b页；第200卷，第17页；第202卷，第4—5b页；第215卷，第16b页。

(注141）[英]赫德：《旁观者的备忘录》，1865年，载于《筹办夷务始末——同治时期》，第40卷，第19—19b页。

(注142）见瑞麟、蒋益澧于1866年7月30日呈递的奏折，载于《筹办夷务始末——同治时期》，第42卷，第58b—65b页，其中第8项内容。

(注143）例如，见冯桂芬：《厚养廉议》，载于《校邠庐抗议》，第1卷，第7—9页，以及御史王凯泰的奏折，载于《同治中兴京外奏议约编》，第1卷，第36—42b页。

(注144）见《同治中兴京外奏议约编》，第2卷，第27—30页。

(注145）见刘坤一于1866年5月29日呈递的奏折，载于《筹办夷务始末——同治时期》，第41卷，第43—50页。

(注146）见瑞麟、蒋益澧于1866年7月30日呈递的奏折，载于《筹办夷务始末——同治时期》，第42卷，第60页。

(注147）冯桂芬：《免回避议》，载于《校邠庐抗议》，第1卷，第6—7页。

(注148）[英]赫德：《旁观者的备忘录》，载于《筹办夷务始末——同治时期》，第40卷，第14页。

(注149）[美]山嘉利：《清代的幕僚》（芮玛丽女士经作者同意，对书中部分内容作了引用）；全增佑：《清代幕僚制度论》，载于《思想与时代》杂志，1944年第31期，第29—35页，以及1944年第32期，第35—43页。

(注150）关于衙门胥吏的种类、与之相关的规章制度，以及衙门胥吏的职能作用，见杜联喆：《关于对清代官场中的胥吏、衙役及私人助手的一项初步研究》（芮玛丽女士经作者同意，对此处内容加以引用）。还可见[日]内藤湖南：《支那论》，第46—48页；[美]卫三畏：《中国总论》，第1卷，第442页、第478—479页。

(注151）见《皇朝经世文新编》（区别于到目前为止所引用的《皇朝经世文续编》），上海，1901年，第18卷（上），第12页。

(注152）冯桂芬：《易吏胥议》，载于《校邠庐抗议》，第1卷，第12b—14b页。

(注153）见《大清历朝实录——同治时期》，第195卷，第11b—12b页。

(注154）这是刑部依据一名御史的指控而作出的情况汇报，详见《1873年北京公报译文》，第101页。

(注155）顾炎武、冯桂芬和王闿运，可分别被看作上述三个变革时期里的代表人物。关于这三人各自发表过的具有代表性的论述，见《中和》杂志（第2卷，1940年第10期，第95页）。关于更为深刻的例证，详见《皇朝经世文续编》《皇朝政典类纂》和《皇朝续文献通考》中与衙门胥吏相关的部分章节。

(注156）冯桂芬：《易吏胥议》，载于《校邠庐抗议》，第1卷，第12b—14b页。

(注157）李棠阶：《李文清公遗书》，第2卷，第29—30页。

(注158）关于对中国历史上涌现的正直官员及其政绩的历史评论，见张顺明：《胥吏与胥吏之成绩》，载于《政治经济学报》，第3卷，1935年第2期，第225—248页。

(注159）康有为：《康南海文钞》，上海，1916年，第4卷，第28—43b页。

（注160）顾云冬：《清史通俗演义》，上海，1921年，第8卷，第56—56b页。

第六章

（注1）关于平捻战役所产生的直接消耗，见《剿平捻匪方略》中提供的金额数字，该《方略》是由朝廷钦点的委员会，在恭亲王奕䜣的具体指导下拟制的，于1872年拟制完毕，金额数字位于第320卷，第42b页。还可见第八章及第九章。

（注2）见总理衙门1864年8月20日的奏折，载于《筹办夷务始末——同治时期》，第27卷，第26b页。关于外敌入侵和国内叛乱在中国人眼中的相对重要性，还可见1860年3月3日出版的《北华捷报》。

（注3）郭廷以：《太平天国史事日志》，上海，1947年，第1卷，《范例》，第2页；罗尔纲：《捻军的运动战》，长沙，1939年，第14—18页；邓嗣禹：《捻匪及其游击战》，该书未发表，经作者同意后，芮玛丽女士对书中第3章内容进行了引用；钱宏：《捻军》，载于《太平天国革命运动论文集》，北京，1950年，第122—125页，其内容主要以李秀成的日记为基础。

（注4）例如，见《大清历朝实录——同治时期》，第194卷，第15—17页；第195卷，第32—33页；第196卷，第3—4页；《东华续录——同治朝》，第62卷，第43b—44页；罗尔纲：《捻军的运动战》，第18页。

（注5）凌惕安：《咸同贵州军事史》，上海，1932年，第5部分，第3节和第4节。

（注6）例如，据崇厚奏报，被拘捕的盐匪首领曾供述他们企图参加西北反清的回民军（见1868年3月17日的朝廷谕令，载于《大清历朝实录——同治时期》，第225卷，第24—24b页）。

（注7）王之平：《曾胡左兵学纲要》，第9页。

（注8）与太平天国起义相关的史料记载不仅在《大清历朝实录》和其他清代历史资料文集中占有显著位置，而且在同时代的绝大多数政治家们的奏折中均有所体现。其他的专门史料文集，主要有《剿平粤匪方略》，其是由一个朝廷钦定的委员会负责编写，由恭亲王提供具体指导，于1872年完成，共计422卷；以及《平定粤匪纪略》，该书由杜文澜编纂，官文于1865年为该书作序，出版时间是1871年（同治十年），共计22卷。

对于一般学者来说，受益最大的著作是罗尔纲的早期作品《太平天国史纲》（1937年出版于上海）和《太平天国史丛考》（上海出版社，编纂于1943年，再版于1947年）。关于这期间的重大历史事件，在李剑农所著《中国近百年政治史》（1947年出版于上海）中得到了详略得当的总结概括，详见该书第1卷，第87—98页。详实的战役图解，以及深入细致的战史记载，见郭廷以所著《太平天国史事日志》（1947年于上海出版，见第2卷）。

关于太平天国运动的数量众多且权威的文献目录，见邓嗣禹所著《太平天国史新论》（1950年出版于马萨诸塞州坎布里奇市），以及施友忠：《中国非共产主义作者对太平天国运动的解读》（载于《远东季刊》第10卷，1951年第3期，第248—257页）。关于这方面大量的史料收藏，第2号历史文献系列丛书由中国史学会出版发行（见《太平天国》，于1952年在上海出版，共计8卷），以及其他6卷由中共方面出版的关于这一课题的著作，见邓嗣禹及芮玛丽撰写的评论文章，发表于《远东季刊》（第12卷，1953年第3期）。在不断涌现的较为近代的中共方面著作中，那些由罗尔纲撰写的著作是值得注意的。他的《太平天国史事考》（北京，1955年出版），针对太平天国研究史上的一些著名的存在争议的问题，进行了带有批判性的评论。他的《太平天国史记载订谬集》（北京，1955年出版），和他的《太平天国史料辨伪集》（北京，1955年出版），着重解决了史料记载中争议较多的文本表述真实性问题。尤其是后一部著作，与他1950年所著的《太平天国史辨伪集》在内容上存在着显著区别。

（注9）印鸾章：《清鉴纲目》，上海，1936年，第685页。

（注10）[美]尤金·P.鲍德曼：《基督教对太平天国思想的影响（1851—1864年）》，威斯康星州麦迪逊市，1952年出版，第2章及第3章。

（注11）关于中共方面列出的站在太平天国起义者立场上所有已知的历史资料，包括国外手稿和只有外文译本形式的存档资料，见荣孟源所著《太平天国革命运动论文集》（由华北大学历史研究会编纂，北京，1950年出版，第148—165页）。关于一些历史档案的复印件副本，见郭若愚编纂的《太平天国革命文物图录》，成、续、补编于上海，1952—1955年。

（注12）清政府把对太平天国军队的评估，作为制定政策决定的依据，该评估呈现于《贼情汇纂》一书，该书由张德坚主持指导的一个委员会编纂而成，编者序言发表于1855年，全书共4卷。关于文祥对该评估的分析报告，见《文文忠公自订年谱》，载于《文文忠公事略》，第2卷，第19—20页。还可见《平定粤匪纪略》，第18卷，第23页及附录部分。

（注13）杨松、邓力群：《中国近代史参考材料》，延安，1940年，第1卷，第517—518页；赵春：《太平天国》，出版地点不详（疑为河南），出版时间为1951年。

（注14）胡哲敷：《曾国藩》，重庆，1944年，第21—22页；陈启天：《胡曾左平乱要旨》，第8—10页。

（注15）朱其华：《中国近代社会史解剖》，上海，1933年，第105页。

（注16）见《皇朝续文献通考》，第10849页；刘法曾：《清史纂要》，上海，1914年，第118页。

（注17）李鸿章关于这一阶段战局的详细报告，收录于《李文忠公全集》，《奏稿》部分，第1—6卷，按时间先后顺序表述；还可见《筹办夷务始末——同治时期》，第22卷，第3b—4页；《北京公报》，日期不详，译文载于1864年2月6日出版的《北华捷报》。

（注18）4月9日、16日出版的《北京公报》的译文，见1864年5月28日出版的《北华捷报》；4月30日出版的《北京公报》，其译文见1864年6月4日出版的《北华捷报》；5月12日出版的《北京公报》，其译文刊登在1864年6月25日出版的《北华捷报》上；5月21日出版的《北京公报》，其译文刊登在1864年6月18日出版的《北华捷报》上。

（注19）关于南京城的收复，见朝廷于8月1日、2日及其后续多日颁布的谕令，其译文分别刊登在1864年8月27日、9月3日和1865年3月1日、4日、11日、18日出版的《北华捷报》上；朝廷在上述谕令中，对这起叛乱的全过程进行了回顾。《北华捷报》所掌握的绝大部分历史资料，均在［法］科迪尔所著的《中国与西方列强关系史（1860—1902年）》中得到总结概括，见该著作的第1卷，第226—234页。还可见印鸾章所著《清鉴纲目》，上海，1936年，第684页。

（注20）见官文、曾国藩于1864年7月26日上疏的奏折，其译文刊登在1865年2月18日出版的《北华捷报》上。

（注21）见《平定粤匪纪略》的序言。

（注22）［美］尤金·P.鲍德曼：《基督教对太平天国思想的影响（1851—1864年）》，第35页、第123—126页，以及该书第3章的全部内容。

（注23）李剑农：《中国近百年政治史》，上海，1947年，第1卷，第98—103页。

（注24）［美］乔治·E.泰勒：《太平天国叛乱：其经济背景和社会理论》，载于《中国社会及政治学报》，第15卷，1933年第4期，第612—613页。

（注25）蒋祥哲所著的《捻军叛乱》于1954年在西雅图出版，得益于这部优秀研究成果的出现，直到最近还鲜为人知的捻军起义，如今或许已经成为爆发于19世纪中国的多场起义中最著名的一场。捻军起义的知名度的提高，还得益于邓嗣禹在更早的时期撰写的一部未经出版的研究成果——《捻军及其游击战》，芮玛丽女士在征得作者同意的情况下，引用了这部研究成果中的相关内容。

从清朝的基本资料来看，蒋祥哲这部研究成果的参考书目相当丰富，除了《大清历朝实录》中有一处奇怪的遗漏，其中包含的大量资料是地方史、特定军队史或主要领导人的文集中所没有的。在当代外国人的记述中，《汉口时报》的一篇长文（再版于1867年5月6日的《北华捷报》）尤其引人注目。

无论是蒋祥哲，还是中国史学会，都未能发掘出捻军这一边的历史资料；后者的历史档案文集（《捻军》，1953年出版于上海，共6卷）囊括了已收集的清代资料。

中国人撰写的最有价值的专著成果，是罗尔纲撰写的篇幅极短的《捻军的运动战》（1939年出版于长沙）。在日本方面的相关论述中，最有趣的是研究水平参差不齐的成果，见［日］佐野学：《清朝社会史》，东京，1947年，第3部分，第2卷。有关捻军方面研究的民族主义者的著述存史甚少，或者根本没有；最近共产主义学者的相关著述浩如烟海，但从总体上讲适合大众观点。

（注26）相关历史的一些信息线索，可在下列著作中进行查考：蒋祥哲所著《捻军叛乱》，第1—5页；邓嗣禹所著《捻匪》，第6—7页；罗尔纲所著《捻军的运动战》，第14—18页；以及佐野学所著《清朝社会史》，第3部分，第2卷，第33—41页。

（注27）见山东巡抚的奏折，出自《备忘与查询》，载于《中国评论》，第12卷，1883年第3期，第207页。

（注28）邓嗣禹：《捻匪》，第2章。

（注29）例如，见《清史稿》，《本纪》，第2页、第5页、第5b页。

（注30）蒋祥哲：《捻军叛乱》，第75—102页。

（注31）罗尔纲：《捻军的运动战》，第37—41页；吴曾祺：《清史纲要》，第12卷，第11b—12页。

（注32）关于捻军的组织编制，见邓嗣禹：《捻匪》，第3章；蒋祥哲：《捻军叛乱》，第1部分。

（注33）罗尔纲：《捻军的运动战》，第1—13页、第13—26页。

（注34）见1867年2月23日出版的《北华捷报》。

（注35）蒋祥哲：《捻军叛乱》，第44页。

（注36）罗尔纲：《捻军的运动战》，第18页；邓嗣禹：《捻匪》，第3章；还可见赵烈文编纂的《淮军平捻记》，出版日期及地点均不详，第10卷，第13b页。

（注37）蒋祥哲：《捻军叛乱》，第40—42页，及表1、表2。

（注38）朱其华：《中国近代社会史解剖》，第108页；朱其华：《中国农村经济的透视》，第471—473页；张文清：《捻党起义》，上海，1952年出版；钱宏：《捻军——太平天国时期北方的农民运动》，载于《太平天国革命运动论文集》，第121页和第125页。

（注39）蒋祥哲：《捻军叛乱》，第52页。

（注40）蒋祥哲：《捻军叛乱》，第86页和第100页。

（注41）吴曾祺：《清史纲要》，第12卷，第11b—12页；文祥：《文文忠公自订年谱》，载于《文文忠公事略》，第3卷，第44b页；1865年4月18日—28日的《北京公报》，其译文刊登在1865年5月27日至6月17日的《北华捷报》上。

（注42）关于曾国藩制定的这个新战略，将通过这两个段落进行讲述，基于以下研究成果：罗尔纲所著《捻军的运动战》，第50—58页；吴曾祺所著《清史纲要》，第12卷，第12b—13页；［日］佐野学所著《清朝社会史》，第3部分，第2卷，第89—91页。在赵烈文所著《淮军平捻记》的序言中，这个新战略得到了颂扬。按照蒋祥哲的观点（见《捻军叛乱》第100页），"我们可以认为这个新战略开启了一个新阶段，这并不是因为曾国藩介入战局之后仅用三年时间便平定了捻匪，而是因为他的介入使平叛战役具备了获胜的可能性"。

（注43）蒋祥哲：《捻军叛乱》，第100—103页。关于曾国藩为争取民众支持而张贴的安民告示的内容，见《曾国藩剿捻实录》，该书由鲁涤平编纂，编者于1930年为该书作序，见第7—9页。

（注44）蒋祥哲：《捻军叛乱》，第100—131页。还可见《北华捷报》驻烟台记者站于1868年1月16日发出的新闻报道。

（注45）罗尔纲：《捻军的运动战》，第18—20页；蒋祥哲：《捻军叛乱》，第103—106页；1865年7月15日和1866年2月3日出版的《北华捷报》；以及《汉口时报》刊载的文章，这些文章经再版后，刊登在1867年1月5日出版的《北华捷报》上。

（注46）邓嗣禹：《捻匪》，第5章。曾国藩提出辞职请求，是因为迫于公众舆论的压力。还可见蒋祥哲：《捻军叛乱》，第114—115页；吴曾祺：《清史纲要》，第12卷，第13页。

（注47）罗尔纲：《捻军的运动战》，第20—22页，第45—49页。
（注48）文祥：《文文忠公自订年谱》，载于《文文忠公事略》，第3卷，第47b—48页；《大清历朝实录——同治时期》，第194卷，第4b页及其余各处内容；第195卷，第1—15页。关于战役作战地图，见郭廷以：《太平天国史事日志》，附录4。
（注49）这段叙述简要概括了《大清历朝实录》从第198卷到第208卷中关于逐日文献记载的大部分内容。还可见《北华捷报》1867年7月5日、19日、22日、27日、8月16日、21日、9月14日、10月25日的特别报道；蒋祥哲：《捻军叛乱》，第123—126页。
（注50）这段概括取材于《大清历朝实录》从第209卷到第220卷中的大部分日记档案文献。还可见1867年12月24日、1868年1月5日、2月15日出版的《北华捷报》；以及邓嗣禹所著的《捻匪》第3章。
（注51）见《大清历朝实录——同治时期》，第202卷，第14b—15页；第203卷，第19b—20b页；第204卷，第7b—9页、第19—19b页、第28—29b页；第205卷，第3—4b页、第14b—15页、第24—25页；第206卷，第15—15b页、第16—16b页、第26b—28页；第207卷，第13—14页、第18b—19b页；第214卷，第8b—10页；第216卷，第32—33b页；第217卷，第6b—7b页；第218卷，第11b—12b页、第16—17b页；第220卷，第5—6页、第7—9页、第12—13页、第16b—20b页；第221卷，第2—3b页、第13—13b页、第24—28页；第222卷，第2b—4b页。
（注52）文祥：《文文忠公自订年谱》，载于《文文忠公事略》，第3卷，第58—61页。
（注53）这段关于平定捻军战役最后阶段的概括，取材于《大清历朝实录》从第224卷到第238卷中的绝大部分日记档案文献。还可见1868年3月14日、4月24日、5月9日、6月27日出版的《北华捷报》特别报道；以及《山东军兴纪略》，第9卷，第1—9页。
（注54）见《大清历朝实录——同治时期》，第237卷，第30—34页；第238卷，第1b—2页；以及1868年9月5日和11日出版的《北华捷报》。
（注55）罗尔纲：《捻军的运动战》，第50页。
（注56）关于李鸿章对经过改进的西方武器的运用，见蒋祥哲所著《捻军叛乱》，第116—122页。
（注57）关于研究西北回民反清斗争的成果著作，无论是汉语的，还是外语的，与研究太平天国方面的成果著作相比，或者如果把最近出现的研究捻军的著作也包括在内，并且作个比较的话，就会发现，研究西北回民反清斗争的中外成果显得尤为罕见。这方面研究信息相对匮乏的现状，从克劳德·L.皮肯斯的著作中可见一斑，详见其著作《中国伊斯兰教文献注释书目》（香港，1950年出版）。

有关镇压西北回民反清斗争的权威短篇文献史料，是由杨昌濬于1887年编撰的《平定关陇纪略》。这部著作主要涉及在1864—1873年所发生的历史事件。长篇官方历史文献史料《平定陕甘新疆回匪方略》（共320卷），是由朝廷钦定的委员会在恭亲王奕訢的直接指导下编纂完成的，涵盖了从1855年到1889年的历史事件。《大清历朝实录》所承载的历史资料当然是丰富详实的，因而构成了本章研究的基本史料来源。中国对于伊斯兰教的早期研究成果，从大体上看，有以下几部：金吉堂：《中国回教史研究》，北京，出版日期不详（疑为1935年？）；傅统先：《中国回教史》，长沙，1940年；白寿彝：《中国伊斯兰史纲要参考资料》，上海，1948年。

在中国共产党的领导下，关于中国穆斯林历史的研究工作得到了相当大的鼓励和促进。中国史学会编纂的《回民起义》，集中第3卷和第4卷的篇幅笔墨，用于论述贯穿清王朝统治时期的西北地区回民起义，并将研究重点放在19世纪。据长期担任中国穆斯林历史研究杰出权威专家的主编白寿彝所说，如果是处在民族主义者的领导之下，就不可能会有如此优秀的著作得以问世。实际上，《回民起义》并没有提供来自回民方面的文献资料；清政府方面的文献资料似乎被原原本本地复制了下来。最近中国出现的其他著作包括，白寿彝：《回回民族底新生》（上海，1951年出版）；马霄石：《西北回族革命简史》（上海，1951年出版）；还有一些生动形象的初步论述，比如端已所著的《西北回族的反清斗争》（上海，1954年出版）。本文的相关著作很少，正如下面的参考文献中所指出的，最重要的来源是亨利·奥龙及其他人所著的《亨利·奥龙使团（1906—1909）》；和《中国穆斯林研究》（巴黎，1911年出版）。唯一仅存的专题研究成果，是朱文典所著的《满清政府镇压陕西、甘肃及新疆等地穆斯林叛乱的策略（1862—1878）》（华盛顿大学博士学位论文，芮玛丽女士在征得作者同意后，引用了该文中的部分内容）。

（注58） 白寿彝：《回回民族底新生》，东方社，1951年，第43页和第62页。

（注59） 傅统先：《中国回教史》，商务印书馆，1940年，第112—114页。

（注60） 白寿彝：《回回民族底新生》，东方社，1951年，第43—45页。

（注61） [法] 亨利·奥龙：《亨利·奥龙使团（1906—1909）》，第245—246页、第275页、第307—311页。

（注62） 亨利·奥龙产生这种看法的依据，是基于埋葬习俗以及他所解释的一种重视反对处于"宗教内化"和"外向传播"之间的苏非派教徒典型教规（在中国，贾里已经蜕变为查赫里尼）；见《亨利·奥龙使团（1906—1909）》，第273—277页，第307—311页。

（注63） 为了遵循这种看法，马丁·哈特曼对亨利·奥龙的观察结果提出质疑，还把贾里与查赫里尼相提并论，用于大声祈祷。应该指出的是，哈特曼的文章《中国》，载于《伊斯兰百科全书》，于1913年在荷兰莱顿发表，第1卷，第839—854页）在几个已经得到公认的问题上，出现了观点并不准确的现象，他应该对此作出更正。

（注64） [荷] 高延《中国各教派受苦史》，阿姆斯特丹，1903年出版，第2卷，第311—329页，书中观点基于中国现有的相关著作原文。

（注65） [日] 太宰松三郎：《支那回教徒的研究》（1924年出版于大连），该书回避了新教的教义纷争问题。岩村忍对西方的几个宗教理论进行了评论，在亲自组织的最远到达西部城市包头的野外深入考察之后得出结论，认为在保守派的旧教与改良派的新教之间，以及与分离主义者的新派的新教（新新教）之间存在的区别仍然存在联合之前，需要进行更进一步的系统的野外探索（《中国宗教事件的考察》，东京，1950—1951年出版，第5章）。

（注66） [日] 佐口透：《中国伊斯兰教的神秘主张》，载于《东方学》，1954年第9期，第75—92页。该书把新教描述为一种以摇头祈祷、吟唱、歌颂神迹、崇拜圣地为主要特征的充满仪式感的神秘主义。

（注67） 在A.J.阿伯里和H.拉芒的书中，找不到与此相关的参考或线索。

（注68） [法] 亨利·奥龙，《亨利·奥龙使团（1906—1909）》，第267—268页。

（注69） 白寿彝：《回回民族底新生》，东方社，1951年，第45—52页；[法] 亨利·奥龙：《亨利·奥龙使团（1906—1909）》，第274页；[日] 佐口透：《中国伊斯兰教的神秘主张》；[日] 太宰松三郎：《支那回教徒的研究》，第74—80页。

（注70） 吴曾祺：《清史纲要》，第12卷，第23b—24页。

（注71） 白寿彝：《回回民族底新生》，东方社，1951年，第65—66页。

（注72） 见《清史稿·本纪》，第21卷，第2页、第4b页、第6页、第6b页。

（注73） 金吉堂：《中国回教史研究》，第191—194页；白寿彝：《回回民族底新生》，东方社，1951年，第66—67页；《清史稿·本纪》，第21卷，第7b页。

（注74） 白寿彝：《回回民族底新生》，东方社，1951年，第66—67页；马霄石：《西北回族革命简史》（上海，1951年出版），第1—15页。马霄石通过引用赖文光自传和其他资料来源，着重强调太平军对捻军提供的增援。关于其中各种事件的进一步细节，朱文典对此进行了阐述，出自前文引用过的同一部著作，见其中的第2章。

（注75） 白寿彝：《回回民族底新生》，东方社，1951年，第69—70页。如果想更详尽地了解清政府在前两年所采取的平定策略，见朱文典：《满清政府镇压陕西、甘肃及新疆等地穆斯林叛乱的策略（1862—1878）》，第3章及第4章。

（注76） 白寿彝：《回回民族底新生》，东方社，1951年，第69—70页；马霄石《西北回族革命简史》（上海，1951年出版），第15—32页。关于多隆阿作战策略的进一步细节，见朱文典：

《满清政府镇压陕西、甘肃及新疆等地穆斯林叛乱的策略（1862—1878）》，第5章。

（注77）白寿彝：《回回民族底新生》，东方书社，1951年，第67—68页；吴曾祺：《清史纲要》，第12卷，第5b页、第9b页、第10b—11页、第12页；1868年2月15日出版的《北华捷报》。在《大清历朝实录——同治时期》中的第195—240卷，用较大的笔墨详细反映从1867年2月至1868年9月期间穆斯林叛军的相关史料。在这里，去复制那些详细的参考资料并不可行。还可见朱文典：《满清政府镇压陕西、甘肃及新疆等地穆斯林叛乱的策略（1862—1878）》，第6章和第7章。

（注78）见《大清历朝实录——同治时期》，第239卷，第7—8b页。

（注79）见《大清历朝实录——同治时期》，第194卷，第15b—17页；第209卷，第15—16b页；第229卷，第22—22b页；第241卷，第10—12b页；第308卷，第11—12b页；王之平，《曾胡左兵学纲要》，第6页及其以后各页。

（注80）[法] 亨利·奥龙：《亨利·奥龙使团（1906—1909）》，第252—256页。

（注81）如果想了解左宗棠在中国推行其战略的复杂细节，见朱文典：《满清政府镇压陕西、甘肃及新疆等地穆斯林叛乱的策略（1862—1878）》，第8章、第9章，以及第10章第1—3节。

（注82）吴曾祺：《清史纲要》，第12卷，第19b—21页；亨利·奥龙，出自前文引用过的相同著作，第271—272页。

（注83）白寿彝：《回回民族底新生》，东方书社，1951年，第70—71页；马霄石：《西北回族革命简史》（上海，1951年出版）第38—44页；吴曾祺：《清史纲要》，第12卷，第21—23b；《大清历朝实录——同治时期》，第307卷，第14b—15b页；[法] 亨利·奥龙：《亨利·奥龙使团（1906—1909）》，第273页；[美] W.L.贝尔斯：《左宗棠》，上海，1937年出版，第9章。

（注84）见1871年3月22日的谕令，载于《大清历朝实录——同治时期》，第304卷，第2—3b页、第5b页。还可见标题为"回匪"的第13号战斗现场照片，描绘了当时的胜利场面（持有权归作者）。

（注85）见《大清历朝实录——同治时期》，第304卷，第5b—7b页、第9—10页、第14—15b页；第308卷，第11—12b页。

（注86）见《大清历朝实录——同治时期》，第306卷，第5b—6b页；第307卷，第2b页及其以后各页；第308卷，第11—12b页。还可见标签为"回匪"的第14号战斗现场照片，刻画了夺占通鲁堡时的场景（持有权归作者）。

（注87）《大清历朝实录》中的第302—310卷，集中展现了这方面的史料。

（注88）例如，1868年6月24日的谕令，见《大清历朝实录——同治时期》，第233卷，第10—11b页；1871年3月22日的谕令，第304卷，第5b—7页。

（注89）[法] 亨利·奥龙：《亨利·奥龙使团（1906—1909）》，第236页；白寿彝：《回回民族底新生》，东方书社，1951年，第71—72页、第90—92页。

（注90）吴曾祺：《清史纲要》，第12卷，第23b页；白寿彝：《回回民族底新生》，东方书社，1951年，第72页。

（注91）见标签为"回匪"的第15号战斗现场照片（持有权归作者）。

（注92）吴曾祺：《清史纲要》，第12卷，第26—26b页；白寿彝：《回回民族底新生》，东方书社，1951年，第72—73页。

（注93）[法] 亨利·奥龙：《亨利·奥龙使团（1906—1909）》，第268页。这段话是基于一位专门从事回民起义问题研究的学者的证言；其真实性得到柴尊的确认，见《梵天庐丛录》，第5卷，第14页，以及白寿彝：《回回民族底新生》，东方书社，1951年，第73页。

（注94）关于西南地区回民叛乱问题的研究，是发生在19世纪中国的许多场起义中投入研究力度最小的一个领域。官方的史料记载是《平定云南回匪方略》，共计50卷，由朝廷钦点的编委会，在恭亲王奕䜣的亲自指导下负责编纂，于1896年完成。与同期出现的其他有关史料记载相比，其篇幅过于短小。《大清历朝实录》中的史料虽然很丰富，却较少反映清政府是如何理

解西南地区所发生事件的。本章主要阐述发生于1868年平叛战役转折点期间的战役行动，其相关历史资料散见于《大清历朝实录》第196—228卷的全部内容。

由于供职于云南的高级官员较少，因而目前可以从官员奏折中摘录得来的个人文集中获取到的史料也很少。由中国史学会编纂的《回民起义》（上海，1952年出版），其中的第1卷和第2卷，主要涉及云南地区的起义。尽管其中仅有一些少量零散的有关杜文秀建立独立王国的历史资料，但主要内容分别摘自《平定云南回匪方略》、清政府的奏折和一些站在清政府立场上发表的非官方史料记载。

这些由当地掌握的档案文献，目前保存在云南省图书馆，显然未经出版发行。何慧青所著的《云南杜文秀建国十八年之始末》，是目前由中国方面撰写的优秀的个人专著研究成果，该书分成五个部分，刊载于《逸经》杂志（1936年第12—16期）。

西方的主要史料来源，是亨利·奥龙撰写的《亨利·奥龙使团（1906—1909）》和埃米尔·罗舍掌握的第一手资料，罗舍是中国皇家海关的一名官员，曾于1870—1873年在云南居住。见埃米尔·罗舍所著《中国云南省志》（巴黎，1879—1880年出版，共计2卷）。以及马歇尔·布鲁姆霍尔所著《清真教》（伦敦，1910年出版），其中的第8章内容，是基于罗舍的论述。还可见乔治·科迪尔所著的《云南穆斯林》（越南河内，1927年出版），书中仅有少量内容涉及云南叛乱。

（注95）见曾国藩1865年（同治四年）奏折，载于《皇朝经世文续编》，第83卷，第6—7页。

（注96）何慧青：《云南杜文秀建国十八年之始末》，第1部分，第9—12页；王佩琴：《杜文秀革命军的团结问题》，载于《太平天国革命运动论文集》，第136—137页，文中引用了当地史料；[日]太宰松三郎，《支那回教徒的研究》，第92—97页。

（注97）王佩琴：《杜文秀革命军的团结问题》，载于《太平天国革命运动论文集》，第137—138页；[法]埃米尔·罗舍：《中国云南省志》，第2卷，第29—57页；白寿彝：《回回民族底新生》，第53—56页。

（注98）[法]埃米尔·罗舍：《中国云南省志》，第2卷，第45页、第55—56页；何慧青：《云南杜文秀建国十八年之始末》，第1部分（第10页）和第5部分（第31页）。

（注99）此处是根据岑毓英的奏折，引自何慧青：《云南杜文秀建国十八年之始末》，第1部分，第12页。在其译著的序言部分，也可以看到关于"大主教"姓名的不同形式，见《合印马复初先生遗书〈大化总归〉〈四典要会〉》，该书重印于1927年。

（注100）自从他投降清廷后，人们称他为马如龙（见[日]太宰松三郎：《支那回教徒的研究》，第94页）。

（注101）[法]埃米尔·罗舍：《中国云南省志》，第2卷，第55页；白寿彝：《回回民族底新生》，第53—56页。

（注102）[法]埃米尔·罗舍：《中国云南省志》，第2卷，第46—54页；白寿彝：《回回民族底新生》，第56—58页；[英]马歇尔·布鲁姆霍尔：《清真教》，第131页；王佩琴：《杜文秀革命军的团结问题》，载于《太平天国革命运动论文集》，第138—144页；何慧青：《云南杜文秀建国十八年之始末》，第1部分，第12—16页，第2部分，第34—36页。

（注103）从不同人物题写的序言中，包括马德新本人，在1865年，正值他年届72岁，为《合印马复初先生遗书〈大化总归〉〈四典要会〉》一书以及其他篇幅更短的著作题写的序言，都说明了这一点。笔者自述，她一直都无法辨认这些据称是译者的原作，它们更有可能是马德新自己对伊斯兰教教旨的诠释，当然，他不会声称自己是原作者。

（注104）[法]亨利·奥龙：《亨利·奥龙使团（1906—1909）》，第206页。

（注105）[法]埃米尔·罗舍：《中国云南省志》，第2卷，第71—72页；白寿彝：《回回民族底新生》，第56页及其以后各页；[日]太宰松三郎：《支那回教徒的研究》，第94页。

（注106）[法]亨利·奥龙：《亨利·奥龙使团（1906—1909）》，第206页；[法]埃米尔·罗舍：《中国云南省志》，第2卷，第72—77页；白寿彝：《回回民族底新生》，第53页。

（注107）[法]埃米尔·罗舍：《中国云南省志》，第2卷，第78页；何慧青：《云南杜文秀建国十八年之始末》，第1部分，第10页。

(注108）见《大清历朝实录——同治时期》，第211卷，第14—15页；第240卷，第30b—32页。

(注109）[法] 埃米尔·罗舍：《中国云南省志》，第2卷，第82—83页；白寿彝：《回回民族底新生》，第57—58页。

(注110）见《大清历朝实录——同治时期》，第209卷，第25—27页；[法] 埃米尔·罗舍：《中国云南省志》，第2卷，第123页。

(注111）见《大清历朝实录——同治时期》，第224卷，第49—50页；第227卷，第12—13b页、第30—31页；第228卷，第5b—7b页；第231卷，第2b—3b页；第233卷，第1b—2b页；第234卷，第18b—19b页；第236卷，第1—3b页；第237卷，第19—20页；第239卷，第12—14页；第241卷，第16b—18页。以及 [法] 埃米尔·罗舍：《中国云南省志》，第2卷，第110—117页；白寿彝：《回回民族底新生》，第57—58页。

(注112）[法] 埃米尔·罗舍：《中国云南省志》，第2卷，第5—6章；白寿彝：《回回民族底新生》，第57—62页；何慧青：《云南杜文秀建国十八年之始末》，第3部分，第36—39页；王佩琴：《杜文秀革命军的团结问题》，载于《太平天国革命运动论文集》，第143页；房兆楹、杜联喆：《清代名人传略》，第742—746页。

(注113）[法] 埃米尔·罗舍：《中国云南省志》，第2卷，第178—186页。

(注114）白寿彝：《回回民族底新生》，东方书社，1951年，第62页。

(注115）王佩琴：《杜文秀革命军的团结问题》，载于《太平天国革命运动论文集》，第138—141页、第145—146页；何慧青：《云南杜文秀建国十八年之始末》，第2部分，散见于该部分全部内容，第5部分，第29—31页；白寿彝：《回回民族底新生》，东方书社，1951年，第57—58页；[法] 亨利·奥龙：《亨利·奥龙使团（1906—1909）》，第1—2页。

(注116）[日] 太宰松三郎：《支那回教徒的研究》，第92—97页；白寿彝：《回回民族底新生》，东方书社，1951年，第62—63页；[法] 埃米尔·罗舍：《中国云南省志》，第2卷，第111—113页。

(注117）官方的档案文献史料是《平定贵州苗匪纪略》，由朝廷钦定的编委会在恭亲王奕訢的具体指导下编纂完成，定稿时间是1896年，共计40卷。本章主要取材于一项综合性的研究，包括大量的文献资料，即凌惕安编撰的《咸同贵州军事史》（1932年于上海出版），全书共分为5个部分和8套内容。关于本章所涉及内容，几乎没有任何采用西方语言的史书记载；F.M.萨维纳的学术著作《苗族历史》（香港，1930年），根本没有提到19世纪发生的叛乱。

(注118）凌惕安：《咸同贵州军事史》，第1部分，第9页，关于镇压反清事件详细的年表，见第10—18页。关于汉人发动的反清运动，见第2部分（上、中、下卷）；关于苗民发动的反清运动，见第3部分（上、下卷）；关于回民发动的反清运动，见第4部分。

(注119）凌惕安：《咸同贵州军事史》，第1部分，第4—8页。

(注120）见《大清历朝实录——同治时期》，第217卷，第22b—23b页。

(注121）凌惕安：《咸同贵州军事史》，第5部分，第1页；吴曾祺：《清史纲要》，第12卷，第24b—26页。

(注122）与此相关的史料记载，散见于《大清历朝实录——同治时期》第205—226卷。

(注123）见《大清历朝实录——同治时期》，第214卷，第23—24页；第215卷，第25b—27页、第29—29b页；第216卷，第8b—11页；第217卷，第5b—6b页。

(注124）见《大清历朝实录——同治时期》，第218卷，第14b—16页。

(注125）见《大清历朝实录——同治时期》，第226卷，第18b—20页；第227卷，第6b—7b页。

(注126）与此相关的史料记载，散见于《大清历朝实录——同治时期》，第195—241卷。

(注127）文祥：《文文忠公自订年谱》，载于《文文忠公事略》，第3卷，第47b—52页；1864年12月21日、22日的《北京公报》，其译文载于1865年3月4日出版的《北华捷报》。

(注128）见《大清历朝实录——同治时期》，第229卷，第16b—17页。

(注129）见1867年3月23日、4月8日出版的《北华捷报》；见《大清历朝实录——同治时期》，第197卷，第8—9b页；第198卷，第23b—24b页；第203卷，第10b—11页；第206卷，第6b页；第220卷，第14b—15页；第226卷，第2b—4页。

(注130）除了零散的由《大清历朝实录》提供的参考资料，即《大清历朝实录——同治时期》第204—230卷的内容以外，还可见冯子材的奏折，上奏于1868年（同治七年），载于《皇朝续文献通考》，9533页。

(注131）在太平军所有被封王的最高级别首领中，除了洪大全，均为客家人。见罗香林所著《客家研究导论》，广东省兴宁市，1933年出版，第2页，以及第8卷中所包含的全部内容。

(注132）罗香林：《客家研究导论》，第3—4页；《中国邮报》，转载于1867年1月29日的《北华捷报》；瑞麟的自传，载于《清史列传》，第46卷，第36—39页。

(注133）《大清历朝实录——同治时期》，第196卷，第36—36b页；第197卷，第23—24b页；第199卷，第11b—12b页；第202卷，第10—11页；第232卷，第2b—3页。

(注134）王之平：《曾胡左兵学纲要》，第9页。

(注135）关于这一观点的最有代表性的论述，见河南学政于1863年（同治二年）上疏的奏折，载于《皇朝道咸同光奏议》，第23卷，第18—18b页。

(注136）例如，见《大清历朝实录——同治时期》，第196卷，第6—6b页；第211卷，第15b—16b页；第216卷，第34b—35b页；第221卷，第5—6页、第17b—18页；第229卷，第7页；第237卷，第8b—9页、第18b—19页；第240卷，第19b页。

(注137）例如，清政府针对安徽出现的问题，于1862年（同治元年）颁布的谕令，载于《皇朝续文献通考》，第8570页。

(注138）见《大清历朝实录——同治时期》，218卷，第27—28页。

(注139）蒋祥哲：《捻军叛乱》，第92—96页；邓嗣禹：《捻匪》，第3章；《北京公报》，其译文载于1863年10月24日出版的《北华捷报》。

(注140）见《大清历时实录——同治时期》，第236卷，第20—21页。

(注141）例如，对于甘肃一名县官及其随从人员的案件审理，见《大清历朝实录——同治时期》，第304卷，第4b—5页。

(注142）关于董福祥的结局，见《大清历朝实录——同治时期》，第232卷，第6b—7b页；关于马占鳌及河州穆斯林民众的结局，见《大清历朝实录——同治时期》，第304卷，第5b—7页。对于其他赦免处理的影响因素，清政府进行了概括，见第196卷，第35—36页和第229卷，第11b—13页、第22—22b页；关于西宁回民的结局，见第306卷，第4b—5b页。

(注143）例如，见《大清历朝实录——同治时期》，第223卷，第11b—12b页；第225卷，第25—27页；第229卷，第3b—4b页。

(注144）[英] 托马斯·W. 金斯米尔，《对1865年发生于中日两国事件的回顾》，载于《皇家亚洲文会北中国支会会刊》，1865年第2期，第143页。

(注145）见1864年4月30日出版的《北华捷报》。

(注146）见阿拉巴斯特发给皇家亚洲文会北中国支会的报告，载于1864年8月6日出版的《北华捷报》。

(注147）[美] 莫顿·H. 弗莱德：《中国社会结构：基于一个中国县城的社会生活研究》，纽约，1953年出版。弗莱德的数据，针对的是安徽宿迁的情况，以当地记载和当地学者的讲述为基础。

(注148）白寿彝：《回回民族底新生》，东方书社，1951年，第73—74页；马霄石：《西北回族革命简史》，第3页；[法] 亨利·奥龙：《亨利·奥龙使团（1906—1909）》，第250页、第256页、第280—281页，以及其余部分。

(注149）[法] 乔治·科迪尔：《云南穆斯林》，第22页。

(注150）何慧青：《云南杜文秀建国十八年之始末》，第5部分，第31—32页，引自《云南续通志考》；见白寿彝：《回回民族底新生》，东方书社，1951年，第62—63页。

（注151）何慧青：《云南杜文秀建国十八年之始末》，第5部分，第31—33页；[法]埃米尔·罗舍：《中国云南省志》，第2卷，第29—30页；[法]亨利·奥龙：《亨利·奥龙使团（1906—1909）》，第6页。

（注152）凌惕安：《咸同贵州军事史》，第5部分，第37—37b页。完整数据以表格形式给出。

（注153）薛绍铭：《黔滇川旅行记》，上海，1938年，第25—26页。

（注154）罗香林：《客家研究导论》，第3—4页。

（注154）蒋祥哲：《捻军叛乱》，第106—107页。

（注156）例如，见《大清历朝实录——同治时期》，第238卷，第8—8b页。还可见第七章。

（注157）见1868年11月24日出版的《北华捷报》。

（注158）丁宝桢：《丁文诚公奏稿》，第6卷。

（注159）见左宗棠奏折原文，载于《皇朝经世文续编》，第18卷，第5b—6b页，以及1871年3月22日颁布的4道谕令，载于《大清历朝实录——同治时期》，第304卷，第2—7b页；《皇朝道咸同光奏议》，第25卷，第9b—10b页。关于更进一步的细节，见朱文琪：《满清政府镇压穆斯林叛乱的策略（1862—1878）》，第10章，第4节。

（注160）白寿彝：《回回民族底新生》，东方书社，1951年，第70页；[法]亨利·奥龙：《亨利·奥龙使团（1906—1909）》，第256页；马霄石：《西北回族革命简史》，第74—82页；《大清朝实录——同治时期》，第196卷，第35—36页；第229卷，第11b—13页、第22—22b页；第232卷，第6b—7b页；第233卷，第10—11b页。

（注161）见《大清朝实录——同治时期》，第304卷，第2—7b页。

（注162）[法]埃米尔·罗舍：《中国云南省志》，第2卷，第176—178页。

（注163）凌惕安：《咸同贵州军事史》，第5部分，第1页，引自湘军将领曾纪凤的观点。

（注164）凌惕安：《咸同贵州军事史》，第5部分，第6b页，引述了清末官员及学者陈宝琛的观点。

（注165）凌惕安：《咸同贵州军事史》，第5部分，其中各章节均有引用。

（注166）凌惕安：《咸同贵州军事史》，第5部分，第37b页。凌惕安的这一结论，是基于对镇压公开性的造反事件后六十年贵州全省诉讼记录的考察。考察结果表明，无论是在家庭，还是在社会团体的事务中，混乱局面持续存在。

（注167）罗香林：《客家研究导论》，第3—4页。

（注168）文祥：《文文忠公自订年谱》，载于《文文忠公事略》，第3卷，第52b—54页。

第七章

（注1）关于清朝地方管理的总体问题，见[日]松本吉见在和田清所著的《支那地方自治发达史》之中的观点（参与编纂），1939年，第128—182页；[日]狩野直喜：《读书纂馀》，1949年再版，第133—176页；萧公权：《中国乡村：19世纪的帝国控制》，载于《远东季刊》，第12卷，1953年第2期，第173—182页；王庆云：《熙朝纪政》，第2卷，第17—22页。

（注2）[英]阿礼国：《中华帝国及其命运》，载于《孟买评论季刊》（1956年4月号），第249页。

（注3）见奥克森汉姆于1869年3月1日发回英国的报告，《阿拉巴斯特、奥克森汉姆、马卡姆和威尔斯博士奉女王陛下旨意、代表英国驻中日两国领事馆、对中日两国的考察报告（1869年）》，第21页。

（注4）凌惕安：《咸同贵州军事史》，第1部分，第6b页。

（注5）费孝通：《中国士绅》，第36页、第77页。

（注6）关于近代中国的绅士阶层问题，史料记载最完备的研究成果是张仲礼所著的《中国绅士》。

在诸多最重要的相关研究成果中，费孝通所著的《中国士绅》采用一个与众不同的研究视角；费孝通如今发表的经典文章《农民与ının士》，经太平洋学会再版后，转载于《美国社会学期刊》第52卷，出版地点在纽约，出版日期不详；吴晗、费孝通：《皇权与绅权》，上海，1948年出版；[日]根岸佶：《中国社会层——耆老士绅的研究》，东京，1947年出版；[法]白乐日：《中国社会的重要方面》，发表于《亚洲研究》，第6期，第77—87页。

（注7）关于士绅参与公共事务方面的详细分析，见张仲礼所著的《中国绅士》，第51—70页，以及表33—表35。

（注8）[法]白乐日：《中国社会的重要方面》，发表于《亚洲研究》，第6期，第83—86页。白乐日还指出，这种由精英阶层控制技术人员的社会，将会招致腐败、裙带关系，以及扼杀发明的极权主义。

（注9）摘自[美]罗伯特·雷德菲尔德为费孝通所著《中国士绅》一书题写的序言，见该书第11页。

（注10）关于地方官倚重当地士绅这方面的相关记载，见梁宇皋、陶孟和：《中国城镇与乡村生活》，伦敦，1915年出版，第33—40页，以及第3章，引用遍及该章节全文。

（注11）引自王凤生在《牧令书辑要》中的论述，第6章，第25—25b页。其他《手册》也表达了与此相同的观点。还可见周雍德：《六个中国士绅家族的生活史》，作为费孝通所著《中国士绅》一书的附录，见该书第221—223页。

（注12）[美]卫三畏：《中国总论》，第1卷，第520—521页。关于士绅在国家行政事务中，居于行政长官和老百姓之间、发挥调停人作用的相关论述，还可见莱克斯：《中国法律的执行》，载于《中国评论》，第2卷，1874年第4期，第235页。

（注13）蒋星德：《曾国藩之生平及其事业》，第181—185页。

（注14）这部发表于1876年的《忠烈碑考》汇编，描述了清政府在这方面所付出的艰辛努力。还可见《皇朝续文献通考》，第8469页、第8576—8577页；《同治中兴京外奏议约编》，第4卷，第36—37页和第5卷，第23—24页；以及1868年9月8日颁布的朝廷谕令，见《大清历朝实录——同治时期》，第239卷，第2—3页。

（注15）[德]布莱：《中国法典手册》，第32—48页；张仲礼：《中国绅士》，第32—50页。

（注16）见1873年9月23日发表的《1873年北京公报（英译版）》，第91页。其中包括都察院左副都御史胡家玉从浙江发来的一份内容相近的弹劾报告。

（注17）见《1873年北京公报（英译版）》，第116页、第121页。对于此类案件的引用，往往出自《北京公报》及《大清历朝实录》的全文。

（注18）见1868年5月27日的谕令，载于《大清历朝实录——同治时期》，第231卷，第10b—11页。

（注19）[法]白乐日：《中国社会的重要方面》，发表于《亚洲研究》，第6期，第81—82页。

（注20）清代通过扩大科举制度等手段，加速推进了明朝时期制定的文化同化政策，尤其以云南为例，见李燮非：《清代经营下的云南》，载于《东方杂志》，第42卷，1946年第17期，第43—46页。

（注21）盛朗西：《中国书院制度》，上海，1934年出版；梁宇皋、陶孟和：《中国城镇与乡村生活》，第75—78页。

（注22）冯桂芬：《收贫民议》，载于《校邠庐抗议》，第1卷，第44—45页，以及《显志堂稿》，第3卷，第11—14页、第30—31b页。

（注23）见《皇朝续文献通考》，第8591页；《同治中兴京外奏议约编》，第5卷，第25—26b页；房兆楹、杜联喆：《清代名人传略》，第677—679页、第722页；金梁：《近世人物志》，出版地点和时间均不详，第72页，引自王闿运的日记。

（注24）见左宗棠的奏折，载于《同治中兴京外奏议约编》，第5卷，第12—16页；秦翰才：《左文襄公在西北》，第203—216页。

（注25）见《同治中兴京外奏议约编》，第5卷，第27—30页。

（注26）见《同治中兴京外奏议约编》，第3卷，第29—30页。

(注27) 见《同治中兴京外奏议约编》，第3卷，第17—19b页。

(注28) 刘长佑：《刘武慎公遗书》，之《奏稿》，第3卷，第41—49页。

(注29) 李棠阶：《李文清公遗书》，第5卷，第7—7b页、第11页及其后续各页。李棠阶概要阐述了朱熹把《孝经》作为办学教育起点的原因，并对课程的内容作了较为详细的论述。

(注30) 谭卓垣：《清代图书馆发展史（1644—1911）》，上海，1935年出版，第41页、第47页、第66—67页；房兆楹、杜联喆：《清代名人传略》，第677—679页、第726—727页。

(注31) 房兆楹、杜联喆：《清代名人传略》，第753—754页。

(注32) 见《同治中兴京外奏议约编》，第5卷，第7—8b页。朝廷于1868年4月2日颁布谕令，对丁日昌的做法表示赞许，见《大清历朝实录——同治时期》，第226卷，第26页。

(注33) 例如，在1862年，见《清史稿·本纪》，第21卷，第6页。朝廷下达谕令，提倡刊印这种有现实指导作用的书籍，其中有代表性的谕令，见《大清历朝实录——同治时期》，第196卷，第15页；第202卷，第9—10b页。

(注34) 秦翰才：《左文襄公在西北》，第203—216页。

(注35) 当湖北、湖南两省由于印版被毁，需要组织人力对刊印书籍进行校对时，李鸿章便把校对工作分派给当地适合担当此任的读书人。李鸿章于1869年6月30日递交的奏折，载于《李文忠公全集》，之《奏稿》，第15卷，第34—35页。

(注36) 李棠阶曾撰写文章详细论述了关于以文人士子们来充当道德影响之源头的观点（见《李文清公遗书》，第2卷，第26—29页，文章的撰写时间大约是1864年）。关于这一时期的其他官员所发表的观点接近的论述，见《皇朝经世文续编》，以及王之平所著《曾胡左兵学纲要》，第161—166页。

(注37) 费孝通：《中国士绅》，第132—137页，这一观点，参考了他本人及潘昆廷（潘光旦）的研究成果。费孝通认为，随着人才被城市所吸纳，农村地区随后将开启"社会衰败"进程。

(注38) 乡村里的孔庙是当地文人士子们讲学的场所，从许多方面来讲，都在充当着村庄里的政府；见梁宇皋、陶孟和：《中国城镇与乡村生活》，伦敦，1915年出版，第34页，以及该书第3章全部内容；萧公权：《中国乡村——19世纪的帝国控制》，载于《远东季刊》，第12卷，第177页及书中其余内容。

(注39) 梁宇皋、陶孟和：《中国城镇与乡村生活》，第36—37页。

(注40) 见丁日昌的奏折，载于《同治中兴京外奏议约编》，第5卷，第7—8b页。朝廷于1868年4月2日批复同意的谕令，见《大清历朝实录——同治时期》，第226卷，第26页。此处引用的公告，其译文刊登在1868年6月27日出版的《北华捷报》上。

(注41) 见《皇朝续文献通考》，第8598页；《大清历朝实录——同治时期》，第196卷，第9—9b页；1863年7月3日、1868年7月17日、9月22日出版的《北华捷报》。

(注42) 见《大清历朝实录——同治时期》，第196卷，第14b—15页；第205卷，第19—21页；第214卷，第5b—6b页。

(注43) 见1867年9月29日颁布的朝廷谕令，载于《大清历朝实录——同治时期》，第211卷，第3b—5页。

(注44) 见王书瑞的奏折，载于《同治中兴京外奏议约编》，第1卷，第26—31页。朝廷的答复谕令，见《北京公报》，其译文刊登在1867年10月19日出版的《北华捷报》上。御史王书瑞，浙江长兴人，于道光三十年考中进士。

(注45) 见1867年10月19日出版的《北华捷报》。

(注46) 谢兴尧：《道咸时代北方的黄崖教》，载于《逸经》，1936年第3期，第6—10页；刘厚滋：《同治五年黄崖教匪案质疑》，载于《史学集刊》，1936年第2期，第195—207页；刘厚滋：《张石琴与太谷学派》，载于《辅仁学志》，第8卷，1939年第2期，第81—124页。

(注47) 关于清政府采取的救济措施以及其他劝说和非强制性管理的政策，见［日］宫川尚志（原文如此）：《清代的胥吏和幕友》，载于《史学研究季刊》，1942年第19期，第966—1064页；

王庆云:《熙朝纪政》,第1卷,第3b—8b页,第22—25b页。

(注48) 见御史吴鸿甲于1873年3月8日递交的奏折,载于《1873年〈北京公报〉译文》,第25页。

(注49) 恭亲王奕䜣:《乐道堂文钞》,第2卷,第16b页;第3卷,第4—4b页;第4卷,第15—16b页。

(注50) 见《皇朝道咸同光奏议》,第30卷,第3—4页。

(注51) 例如,丁日昌的著作,见《同治中兴京外奏议约编》,第5卷,第7—8b页。

(注52) 见朱潮于1861年(咸丰十一年)提交的奏折,载于《皇朝道咸同光奏议》,第21卷,第5—5b页。

(注53) 直到1915年,还有两位社会学家这样写道:"就村庄而言,不需要社会立法,也不需要进行有组织的社会救助。唯一的困难发生在传统制度受到现代化冲击后发生崩溃的地区。(梁宇皋、陶孟和:《中国城镇与乡村生活》,第27页)。"

(注54) 例如,1862年(同治元年),朝廷命令广东省内未受灾地区向广州附近遭受风灾的地区提供救济。1864年(同治三年),朝廷指示时任总督的左宗棠,向遭受洪涝灾害的浙江金华地区安排救济。由于浙江持续出现强降雨天气,邻省奉命于第二年向该省追加提供额外的救济。1866年(同治五年),李鸿章和郭柏荫奉命为遭受洪涝灾害的江北地区提供救济(见《皇朝续文献通考》,第8408—8409页)。还可见《皇朝道咸同光奏议》,第33卷,该卷全文引用。

(注55) 见《皇朝续文献通考》,第9098—9099页;《大清历朝实录——同治时期》,第203卷,第13—15页;《北华捷报》,1867年10月25日出版。

(注56) 见1867年7月22日、10月19日出版的《北华捷报》。

(注57) 例如,1867年6月15日的谕令,载于《大清历时实录——同治时期》,第203卷,第7b—8b页。

(注58) 见1867年6月18日的谕令,出处同上,第203卷,第15—16页。

(注59) 见1867年6月27日的谕令,载于《大清历时实录——同治时期》,第204卷,第18b—19页;1867年7月19日的谕令,载于《大清历时实录——同治时期》,第206卷,第3b—4页;1867年8月7日的谕令,载于《大清历时实录——同治时期》,第207卷,第19b—20页。

(注60) 见1867年7月26日的谕令,载于《大清历时实录——同治时期》,第206卷,第19—20页。

(注61) 见1867年10月6日的谕令,载于《大清历时实录——同治时期》,第211卷,第20b页。

(注62) 见《大清历时实录——同治时期》,第207卷,第6—6b页;第208卷,第3b—4页;第209卷,第18b页;第213卷,第5b—6页;第214卷,第35b—36页;第239卷,第8b—9b页;《同治中兴京外奏议约编》,第3卷,第29—30页。关于当时天津地区贫困局面及救济措施的生动描述,见《津门杂记》,第2卷,第1—3b页。还可见天津记者站的报道讲述,刊登于1867年10月19日的《北华捷报》。

(注63) 见1867年12月16日的谕令,载于《大清历朝实录——同治时期》,第217卷,第1—1b页,针对温承礼的提议。

(注64) 见崇厚的奏折(载于《大清历朝实录——同治时期》,第3卷,第23—26b页),以及彭祖贤的奏折(见《大清历朝实录——同治时期》,第3卷,第20—22b页)。

(注65) 见1868年3月14日出版的《北华捷报》。

(注66) 见崇厚的奏折(载于《同治中兴京外奏议约编》,第3卷,第23—26b页)、刘长佑的奏折(载于《皇朝经世文续编》,第90卷,第1—1b页)、李鸿章的奏折(载于《同治中兴京外奏议约编》,第8卷,第36—37b页)和彭祖贤的奏折(出处同上,第3卷,第20—22b页)。

(注67) 唐庆增:《曾国藩之经济思想》,载于《经济学集刊》,第5卷,1935年第4期,第53—54页;蒋星德:《曾国藩之生平及其事业》,第160—162页;还可见《皇朝经世文续编》,第37卷,该卷全文引用。

(注68) 见英国驻华代理领事吉布森从天津发来的报告,载于《英国国会档案·中国卷》,1864年第

4号档案，第39页。

(注69) 见1862年3月1日出版的《北华捷报》。

(注70) 例如，见御史林式恭的奏折和1866年（同治五年）的谕令，载于《皇朝续文献通考》，第8419页。

(注71) 见《汉口时报》，转载于1867年11月30日出版的《北华捷报》。

(注72) 见1867年3月13日的谕令，载于《大清历朝实录——同治时期》，第196卷，第20—20b页。这场瘟疫暴发时，一名御史向朝廷作了禀报。

(注73) 见上海道台发出的布告，载于1868年3月28日出版的《北华捷报》。

(注74) 见1868年3月18日、3月28日出版的《北华捷报》。

(注75) 关于保甲制，最详尽而又真实的记载，见闻钧天所著《中国保甲制度》，上海，1935年出版，第201—254页。闻钧天的研究成果及一些补充史料，在罗伯特·李的著作中得到了有益的总结，见《保甲制度》，载于《中国文丛》，1949年第3期，第193—224页。还可见［日］松本真泰：《民保制度：(1)中国》，载于《世界历史辞典》，第20期，第7—10页；［德］布莱：《中国法典手册》，第3部分，第1章；萧公权：《中国乡村：19世纪的帝国控制》，载于《远东季刊》，第12卷，1953年第2期，第173—181页。

(注76) ［法］白乐日：《中国社会的重要方面》，发表于《亚洲研究》，第6期，第86页；雷海宗：《中国的家族制度》，载于《社会科学》，第2卷，1937年第4期，第643—661页。

(注77) ［日］池田诚：《保甲法的形成与发展》，载于《东洋史研究》，第12卷，1954年第6期，第1—32页。宋、明两代在保甲制度方面的相关著作，形成了一部很有研究价值的论文选集，见《前代御寇良规》，出版日期不详（大概是1930年），第20—32页。为了恢复保甲制度，该卷内容由国民党刊印出版，旨在从前代做法中寻找可供借鉴的先例。

(注78) 见李棠阶的信，载于《李文清公遗书》，第1卷，第12b—15页。

(注79) 关于曾国藩的观点的具体内容，见闻均天：《中国保甲制度》，上海，1935年出版，第318—320页；以及志疆（疑有误）：《团练清议》，载于《中和》月刊，第2卷，1941年第12期，第82—87页。

(注80) 冯桂芬：《复宗法议》，载于《校邠庐抗议》，第1卷，第10—12b页；和《复乡职议》，载于《校邠庐抗议》，第1卷，第49—52页。

(注81) 关于这方面有代表性的论述的系统选集，见王之平：《曾胡左兵学纲要》，第327—341页，以及闻均天：《中国保甲制度》，第273—363页。

(注82) 例如，见《大清历朝实录——同治时期》，第205卷，第1b—2b页；《皇朝道咸同光奏议》，第3—4b页。

(注83) 见《同治中兴京外奏议约编》，第1卷，第26—31页。

(注84) 见《同治中兴京外奏议约编》，第1卷，第20—25页。

(注85) 陈启天：《胡曾左平乱要旨》，第95—119页。

(注86) P.C.谢的关于这些官员是由独立于政府的人民选举出来的错误论断，目前已经流传甚广（见《中国的政府（1644—1911）》，巴尔的摩，1925年出版，第309页）。

(注87) 闻均天：《中国保甲制度》，第1卷以及结论部分，第542—545页；罗伯特·李：《保甲制度》，载于《中国文丛》，第208—212页。

(注88) 关于这个观点，见申毓青：《论儒家的法律观》，载于《东方杂志》，第38卷，1941年第5期，第27—32页。

(注89) ［法］让·埃斯卡拉：《中国法律》，北京和巴黎，1936年出版；埃斯卡拉：《中国法律观》，载于《法律哲学与法律社会学档案》，第5卷，1935年第1、2期，第1—73页；埃斯卡拉和罗伯特·热尔曼，为梁启超作的序言，《晚清立法者的法律观念与理论》，北京，1926年发表，第23—24页；杨鸿烈，《中国法律发达史》，上海，1930年出版，

第2卷,第26页;[日]仁井田陞:《中国法制史》,东京,1952年出版,第1—61页;[英]M.J.梅耶尔:《中国现代刑法导论》,巴达维亚,1949年出版;[英]M.H.范德瓦尔克:《北京最高法院解析》,巴达维亚,1949年出版,第19—20页;[美]J.H.威格摩尔:《世界法律制度概览》,圣保罗,1928年出版,第1章,第153页。

(注90) 见1867年6月29日出版的《北华捷报》,该文总结了阿拉巴斯特对于中国商业法的研究成果,准备提交联合法庭。还可见M.J.梅耶尔:《中国现代刑法导论》,第4页。

(注91) 见乔治·宝道(法国驻华全权特使兼北洋政府外籍顾问),为埃斯卡拉和热尔曼翻译的梁启超著作题写的序言,出自前文引用过的相同著作,第9—10页。

(注92) [英]欧内斯特·阿拉巴斯特:《对中国刑法的注释与评论……(主要基于阿查利爵士的近期著作)》,伦敦,1899年发表,见序言部分。

(注93) [英]欧内斯特·阿拉巴斯特:《修订前对中国法律和惯例的说明》,上海,1906年,第74页。关于其中的详细阐述,见《地方官手册》(《牧令书辑要》,1869年编纂)中的法律章节,第7—8页,引用部分出现在全文各处。

(注94) [英]M.J.梅耶尔:《中国现代刑法导论》,第6页;[美]J.H.威格摩尔:《世界法律制度概览》,第1章,第153页;以及第4章全部内容,摘自《刑案汇览》。

(注95) [英]亨利·埃文·默奇森·詹姆斯:《长白山·满洲旅行记》,伦敦,1888年,第155页。

(注96) [法]图利耶:《法国民法》,1818年,这一观点,在罗斯科·庞德的书中得到引用,见《法理学概述》,坎布里奇市,马萨诸塞州,1943年出版,第67页。

(注97) [美]罗斯科·庞德:《习惯法》,载于《社会科学百科全书》,第4卷,第50—56页。

(注98) [美]G.A.沃尔兹:《公法》,载于《社会科学百科全书》,第4卷,第657—659页。

(注99) 见《律例便览》(同治时期);附《处分责例图要》,1872年(同治十一年)刊印,共计6则,由刑部尚书周祖培及其他官员为该书作序。据《皇朝续文献通考》记载,这部法典在同治年间仅仅作了细微修订,例如,尤其针对妇女的实际情况,调整了流放这种刑罚手段的适用范围,丰富了战争法中关于擅离职守的处罚实施细则,等等(见第9958—9959页)。

(注100) 例如,见御史马相如、胡庆源的奏折,载于《同治中兴京外奏议约编》,第8卷,第1—3b页,第8—9页。

(注101) 见丁日昌的2份奏折,载于《皇朝道咸同光奏议》,第58卷,第3b—4b页。其他官员的观点相近的奏折,散见于第58卷全文。

(注102) 见《皇朝续文献通考》关于同治五年的记载,第9974页;还可见1868年8月14日的谕令,载于《大清历朝实录——同治时期》,第236卷,第17—17b页。

(注103) 见顺天府尹卞宝第的奏折,载于《同治中兴京外奏议约编》,第2卷,第1—2页。

(注104) 见1867年10月19日出版的《北华捷报》。

(注105) 这段话出现在M.J.梅耶尔的译本中,见其所著的《中国现代刑法导论》,第128页。

(注106) 1867年10月19日出版的《北华捷报》生动形象地报道了一起案件的审理过程。

(注107) 见同治时期北京城内在执行宵禁、搜查等法令时的记载,《皇朝续文献通考》,第9546—9547页。

(注108) 见御史秀文于1868年10月3日呈递的奏报,载于《大清历朝实录——同治时期》,第241卷,第5—5b页;御史王道墉于1868年9月2日呈递的奏折,载于《大清历朝实录——同治时期》,第238卷,第5—5b页。

(注109) 见1865年3月18日出版的《北华捷报》。

(注110) 关于中国法典规定的鞭刑、流放、斩首等刑罚类型,见布莱所著的《中国法典手册》表格1,第1—6页。还可见1868年8月8日出版的《北华捷报》。

(注111) [英]欧内斯特·阿拉巴斯特:《修订前对中国法律和惯例的说明》,第74页。关于罪犯

的赎罪及赔偿制度,见《皇朝续文献通考》,第10004—10005页。关于对罪犯的赦免制度,见该书第10010—10011页。

(注112)例如,据御史胡庆源报告,监狱供应的主食由大米变成玉米,致使罪犯"叫苦不迭";于是,朝廷于1862年(同治元年)下达谕旨,命令监狱调整食谱,将主食恢复为大米(见《皇朝续文献通考》,第10010页)。

(注113)[英]欧内斯特·阿拉巴斯特:《对中国刑法的注释与评论……(主要基于阿查利爵士的近期著作)》,第5页。

(注114)乔治·宝道(法国驻华全权特使兼北洋政府外籍顾问),为埃斯卡拉和热尔曼翻译的梁启超著作题写的序言,《中国现代刑法导论》,第9—10页。

(注115)见左宗棠、徐宗干的奏折,载于《同治中兴京外奏议约编》,第6卷,第38页。

(注116)见倭仁的信,载于《倭文端公遗书》,第8卷,第11b—14b页。

(注117)见《同治中兴京外奏议约编》,第5卷,第7—8b页;《皇朝道咸同光奏议》,第6卷,第6b页。

(注118)见阎敬铭于1865年(同治四年)呈递的奏折,载于《皇朝续文献通考》,第8532页。

(注119)徐栋(编纂者):《牧令书辑要》,再版于1869年,全书共分为10则;见该书第1则,第3页。

(注120)见李鸿章为《牧令书辑要》一书题写的序言,作序时间是1869年夏。

(注121)倭仁:《倭文端公遗书》,第8卷,第11b—14b页。

(注122)此处观点被胡哲敷加以引用,见其著作《曾国藩治学方法》,上海,1941年出版,第95—96页。

(注123)[英]R.H.科博尔德:《图画中国人》,伦敦,1860年出版。科博尔德曾在宁波担任副主教。与那些通过科举考试而获得晋升的官员的巨大影响力相比,那些通过捐纳而取得职位的官员在民众心目中的地位很低,见莱克斯:《中国法律的执行》,载于《中国评论》,第2卷,1874年第4期,第235—236页。

(注124)见湖南巡抚恽世临的奏折(载于《同治中兴京外奏议约编》,第2卷,第16—17b页),顺天府尹卜宝第的奏折(载于《中国评论》,第2卷,第1—2页),以及通政使司通政使于凌辰的奏折(载于《皇朝续文献通考》,第8483—8484页)。

(注125)见李棠阶的信,载于《李文清公遗书》,第1卷,第12—15页。冯桂芬曾有一段论述,其观点与李棠阶相似,见《复陈诗议》,载于《校邠庐抗议》,第1卷,第12b—14b页。

(注126)见1867年6月28日的奏折,载于《大清历朝实录——同治时期》,第204卷,第26b—27页。

(注127)见《同治中兴京外奏议约编》,第8卷,第10—11页。

(注128)见1868年2月15日的谕令,载于《大清历朝实录——同治时期》,第223卷,第4—4b页。

(注129)冯桂芬:《显志堂稿》,1876年刊印,第3卷,第30—31b页。

(注130)此为倭仁的奏折,由李棠阶递呈朝廷,收录于李棠阶的著作中,见《李文清公遗书》,第1卷,第10—13页。

(注131)见《同治中兴京外奏议约编》,第3卷,第7—8b页。

(注132)见《牧令书辑要》(1869年编纂),第1卷,第2页、第12b页,及其余内容;其他手册也都阐述了相同的观点。

(注133)关于一名地方官的办公衙门的复杂结构,以及他需要掌管司法、税收、报告上级、礼仪事务、军队事务、公共工程、粮食储备等事务的机构,见[德]布莱:《中国法典手册》,第47页及其后续各页。

(注134)见《同治中兴京外奏议约编》,第8卷,第14—15页,以及1868年8月26日的谕令,载于《大清历朝实录——同治时期》,第237卷,第25—25b页。

(注135)见《同治中兴京外奏议约编》,第1卷,第17—19页。马元瑞,山东临清人,于1856年(咸丰六年)考中进士。此外,《北京公报》中列举的大部分史料内容,也提供了可与游百川、马元瑞二人奏折相提并论的建议。

（注136）见1867年6月27日的谕令，载于《大清历朝实录——同治时期》，第204卷，第19—20页；以及1868年10月3日的谕令，载于《大清历朝实录——同治时期》，第241卷，第5—5b页。

（注137）关于天主教传教士和法国对涉及叛依者的法律诉讼的干涉，请参阅 K.S. 拉图雷特所著的《中国基督教传教史》，纽约，1929年出版，第309—311页。根据拉图雷特的说法，新教徒干涉中国司法的现象并不常见（《中国基督教传教史》，第421—423页）。

（注138）[英] 欧内斯特·阿拉巴斯特：《对中国刑法的说明与评论……（主要基于阿查利爵士的近期著作）》，第5页。

（注139）当时发生的这些著名事件，都在裘毓麟的作品中得到了再现，见裘毓麟所著的《清代轶闻》，第2册，第4卷，第19—22页，及其余内容。

（注140）笔者注意到，就在江苏科举考试即将举办之际，两江总督马新贻曾对传教士发出警告，要格外谨慎，以防意外（见1870年7月7日出版的《北华捷报》）。

（注141）请参阅其中一份附有补充文件的公告文本的注释翻译（见1866年10月6日出版的《北华捷报》）。还可参阅1866年9月29日出版的《北华捷报》。

第八章

（注1）请参阅马寅初关于这条准则的经典选集和其他论述，见《东方杂志》，第24卷，1927年第4期，第11—19页；还可参阅王海波：《中国古代的经济思想》，载于《经济学季刊》，第3卷，1932年第2期，第177—206页。即便是中兴之后的下一代改革家，仍继续坚持这个看法。郑观应、陈炽、梁启超和康有为关于这个问题的思想观点，在赵丰田的著作中得到了恰如其分的概括，见赵丰田所著《晚清五十年经济思想史》，北平，1939年，第19—41页。

（注2）清代学者在研究经济问题时，通常都是从讨论节俭（俭廉）入手；见王庆云所著《熙朝纪政》（这是一部由19世纪官员创作的关于清代公共财政问题的权威著作），第1卷，其中列举了一些详细例证。

（注3）这段话经威妥玛翻译，摘自《中国皇帝的敕令：征求政府各部门的谏言和答复（1850—1851）及其他文章》，伦敦，1878年，第5页。

（注4）王庆云：《熙朝纪政》，第1卷，第8b—21b页。关于采取这项措施的幕后原因，见王渝川：《土地税的增长与清王朝的衰落》，载于《太平洋事务》，第9卷，1936年第2期，第201—220页。

（注5）罗玉东：《中国厘金史》，上海，1936年出版，第1卷，第1—3页；[美] 山嘉利：《1852—1908年间的中法关系》，载于《中国论文集》，1949年第3期，第1—23页。

（注6）赵丰田：《晚清五十年经济思想史》，第269—273页。

（注7）[法] 马伯乐：《中国的土地制度》，载于《让·博丹学会论文汇编》，第2卷《农奴制》，1937年出版，第279—280页。关于对中国历史上商人受法律限制以及依赖官方赞助的简要记载，见道森：《传统中国的法律和商人》，载于《中国论文集》，1948年第2期，第66—85页。在唐朝，参加科举考试的贡生需要证明自己的父亲既不是商人、手艺人，也不是被定罪的罪犯，方可进入考场（R. 德·罗托斯：《关于考试的讨论》，巴黎，1932年出版，第215页）。即便是进入二战以后，中国商人的安全问题仍然取决于他与官吏之间的个人关系（莫顿·H. 弗莱塞：《中国社会结构》，纽约，1953年出版，第150—151页）。

（注8）王庆云：《熙朝纪政》，第5卷，第24b—28页。

（注9）[法] 白乐日：《中国社会的重要方面》，发表于《亚洲研究》，第6期，第86页。

（注10）[英] 阿礼国：《中华帝国的对外关系》，载于《孟买评论季刊》，1856年4月出版，第229—230页。

（注11）费孝通：《中国士绅》，第64页。

（注12）［法］马伯乐：《中国的土地制度》，载于《让·博丹学会论文汇编》，第2卷《农奴制》，1937年出版，第308—310页。

（注13）据《清史稿》记载，早在咸丰驾崩之前，清帝国的经济状况就已经逐渐衰败。见《清史稿·食货志》，第1页。

（注14）关于对19世纪前半叶清帝国出现的经济衰退局面的总体概括，见夏甫：《太平天国前后长江各省之田赋问题》，载于《清华学报》，第10卷，1935年第2期，第429—474页。关于对导致经济衰退因素的归纳，以及对清政府与德川幕府各自所采取政策的对比，见［日］内藤虎次郎：《清朝史通论》，第357—388页。关于银价的上涨，汤象龙：《道光时期的银贵问题》，发表于《社会科学杂志》，第1卷，1930年第3期，第3—31页。关于19世纪军费支出扩大而资产保护、教育及公共福利等方面的支出均下降的相关记载，见陈兆鲲：《清代中国的税收制度（1644—1911）》，纽约，1914年，第33页。

（注15）引述威妥玛的评论，载于《英国议会档案·中国卷》，1872年第1号档案，第16页。这种估算仅仅是为了揭示人口数量上出现的巨大损失。

（注16）见1866年3月24日出版的《北华捷报》。

（注17）见1868年4月23日颁布的命令，其中引述了安徽代理巡抚吴坤修的奏折，载于《大清历朝实录——同治时期》，第228卷，第3b—5页。

（注18）见1866年3月24日出版的《北华捷报》。

（注19）威妥玛1860年1月6日的备忘录，载于《英国国会关于在华事务的往来信函（1859—1860）》，第14—15页。威妥玛提出这份备忘录的依据是，《北京公报》及中国方面公开发表的其他文献资料。

（注20）关于中国方面提供的数据分析，见1858年7月31日出版的《北华捷报》，该文被转载于《英国国会关于在华事务的往来信函（1859—1860）》，第17页。

（注21）关于咸丰时期清政府所面临的财政问题的简要归纳，见罗玉东：《中国厘金史》，第1卷，第9—10页；埃德温·G.比尔：《厘金的起源》。经征得作者同意，芮玛丽女士引用了该书第1—15页、第27页，以及第42条备注等相关内容。

（注22）见《英国国会关于在华事务的往来信函（1859—1860）》，第15—26页。

（注23）见《大清历朝实录——同治时期》，第218卷，第4b—5页。

（注24）请参阅何维凝在其著作中引用的一些事例：见《太平天国时代中国盐政概观》，载于《社会科学丛刊》，第1卷，1934年第2期，第112页。

（注25）汤象龙：《咸丰朝的货币》，载于《中国社会经济史集刊》，第2卷，1933年第1期，第1—26页；唐庆增：《曾国藩之经济思想》，载于《经济学集刊》，第5卷，1935年第4期，第55页；何维凝：《太平天国时代中国盐政概观》，载于《社会科学丛刊》，第1卷，第109—110页。

（注26）关于户部对这一时期的总结性回顾，见1867年（同治六年）记载的《皇朝道咸同光奏议》，第38卷，第10—10b页；房兆楹、杜联喆在《清代名人传略》中的相关论述，第667—668页；1860年3月31日出版的《北华捷报》；杨联陞：《中国货币与信贷简史》，坎布里奇市，马萨诸塞州，1952年出版，第68页；张德昌：《近代中国之货币》，载于《人文科学学报》，第1卷，1942年第1期，第84页及其后续各页；［美］马士：《中华帝国对外关系史》，第1卷，第204页；［日］加藤繁：《支那经济史概说》，东京，1952—1953年间出版，第2卷，第421—447页。

（注27）丁文江：《五十年来之中国矿业》，载于《申报馆成立五十周年纪念日出版作品集》，第2卷，《五十年来之中国》，上海，1922年。

（注28）贾士毅：《五十年来之中国财政》，载于《申报馆成立五十周年纪念日出版作品集》，第2卷，《五十年来之中国》，上海，1922年。

（注29）关于日本明治维新时期的经济计划，见［美］托马斯·C.史密斯：《日本的政治改革与工业发展：国有企业（1868—1880）》，斯坦福，加利福尼亚州，1955年。

（注30） 唐庆增：《曾国藩之经济思想》，载于《经济学集刊》，第5卷，1935年第4期，第52—60页。唐庆增评述了晚清时期在湖南省集中涌现的经济学研究成果，在其他人的研究成果中，引用了陶澍关于盐业专营方面的观点、魏源关于漕运制度方面的研究成果、孙鼎臣关于货币方面的成果，以及郭嵩焘关于公共财政方面的研究成果等。

（注31） 赵丰田的论述与此观点恰好相反（见《晚清五十年经济思想史》的序言），他的这段论述却被他自己的大部分著作否定了。

（注32） 见《同治中兴京外奏议约编》，第3卷，第5—8页；《皇朝续文献通考》，第7521页、第7525—7526页；《皇朝道咸同光奏议》，第60卷（上部），第16b—17页。

（注33） 见《江苏省减赋全案（1886年）》，第2卷，第1—3b页；《大清历朝实录——同治时期》，第69卷，第14b—16页；《筹办夷务始末——同治朝》，第41卷，第43—50页。

（注34） 见《皇朝经世文续编》，第16卷，第3b页。关于曾国藩对农业问题的一般看法，见唐庆增：《曾国藩之经济思想》，载于《经济学集刊》，第5卷，1935年第4期，第53—54页。关于马克思主义者所宣称的曾国藩借"重视农业"之名行保护封建之实的批评观点，见朱其华：《中国近代社会史解剖》，上海，1933年出版，第5页。

关于其他官员相似观点的论述，见《皇朝经世文续编》，第35—36卷，及全文其余内容；赵丰田：《晚清五十年经济思想史》，第19页及其后续各页；夏炎德，《中国近百年经济思想》，上海，1948年出版，第16—17页。

（注35） 恭亲王奕䜣：《乐道堂文钞》，第3卷，第10页及其后续各页。

（注36） 这是曾国藩写给次子曾纪泽的信，已被广泛转载，书中内容引自《曾文正公学案》，上海，1925年出版，第200—201页。关于对曾国藩在其家书中所提倡的生活虽清贫却很幸福的思想的一项研究，见［日］大谷光瑞：《新儒家生活及其思想》，载于《东亚经济论著》，第2卷，1942年第2期。

（注37） 曾国藩的这段话，被唐庆增加以引用，见《曾国藩之经济思想》，载于《经济学集刊》，第5卷，1935年第4期，第52—53页。

（注38） 倭仁：《倭文端公遗书》，第2卷，第8—10页。

（注39） 例如，见《清史稿·本纪》，第21卷，第2b页；《同治中兴京外奏议约编》，第1卷，第6—8b页；《皇朝续文献通考》，第8201—8202页；《大清历朝实录——同治时期》，第203卷，第11b—13b页；《皇朝道咸同光奏议》，第2卷，全文可见引用。

（注40） 见1868年9月16日的谕令，载于《大清历朝实录——同治时期》，第240卷，第1b—2b页；吴曾祺：《清史纲要》，第12卷，第20b页；《皇朝道咸同光奏议》，第2卷，第13b—14页。

（注41） 这段话出自《皇朝经世文续编》，第24卷，第2—5页。

（注42） 见1865年10月14日出版的《北华捷报》。

（注43） 这段话出自《中国的铁路》（未予署名），载于《中国评论》，第2卷，1874年第5期，第288页。

（注44） 李大钊：《新青年》，第7卷，1920年第2期，第47—53页。

（注45） ［美］卫三畏：《中国总论》，第1卷，第692页。

（注46） 此处提到的《皇朝道咸同光奏议》中的多份奏折，第29卷。

（注47） ［英］金斯米尔：《对1865年发生于中日两国事件的回顾》，载于《皇家亚洲文会北中国支会会刊》，1865年第2期，第134—170页。

（注48） 见《北华捷报》驻江西九江记者站于1862年9月发来的连续报道，载于1862年10月4日出版的《北华捷报》；见1864年5月28日出版的《北华捷报》之《苏州来信综述》。

（注49） 马新贻1866年11月27日的奏折，见《筹办夷务始末——同治时期》，第45卷，第44b—54b页。

（注50） 见1866年3月24日、1867年9月21日出版的《北华捷报》。

(注51) 例如，贵州就采取了这样的做法，见凌惕安：《咸同贵州军事史》，第5部分，第9b——16页。

(注52) 关于贵州省设立招耕处的具体做法，见《咸同贵州军事史》，第5部分，第16——18页；关于直隶府制订的农业招耕措施，见直隶总督刘长佑公布的告示，载于《刘武慎公遗书》，第24卷（上），第20——21页。

(注53) 御史刘庆的奏折及朝廷的谕令，见《皇朝续文献通考》，第7519页。例如，安徽巡抚英瀚、两江总督马新贻向朝廷报告，安徽发生骚乱，其原因是来自于湖北、浙江的移民看到这些招耕广告后大量涌入安徽（请参阅1867年7月27日的谕令，载于《大清历朝实录——同治时期》，第206卷，第24b——25页）。这个问题的关键并不在于移民涌入安徽时的这种混乱局面，而在于数量众多的民众对政府公布的告示作出的正常反应。

(注54) 见1868年5月30日出版的《北华捷报》。关于太平天国之后在土地所有制方面出现的总体变化（尤其是关于永佃权的出现），见［日］天野元之助：《支那农业经济论》，东京，1940年出版，第1卷，第485——488页，及全书其余部分。

(注55) 见曾国藩发布的政府公告，载于《曾国藩剿捻实录》，第1——3页，以及《同治中兴京外奏议约编》，第3卷，第38——40页。

(注56) ［法］马伯乐：《中国的土地制度》，载于《让·博丹学会论文汇编》，第2卷《农奴制》，1937年出版，第308——310页。

(注57) ［日］天野元之助：《支那农业经济论》，第1卷，第485——488页；［日］仁井田陞：《中国法制史》，东京，1952年出版，第290——297页；［美］莫顿·H.弗莱德：《中国社会结构》，纽约，1953年出版，第11——12页。

(注58) 关于这方面的一部有代表性的资料合集，见《皇朝经世文续编》，第33卷，及其他部分内容。关于冯桂芬针对此事的观点，见《皇朝政典类纂》，第3卷，第8b页。

(注59) 见1868年1月27日的谕令，载于《大清历朝实录——同治时期》，第221卷，第6——6b页；1871年（同治十年）的谕令，载于《皇朝续文献通考》，第9598页。在这两道谕令的内容中，都包括了对新疆当地政府奏报情况的概括。

(注60) 密迪乐写给卜鲁斯的信，1862年11月18日，载于《英国议会档案·中国卷》，1864年第4号档案，第6页；瑞麟的传记，载于《清史列传》，第46卷，第36——39页；1863年（同治二年）及1869年（同治八年）的谕令，载于《皇朝续文献通考》，第7520页、第7527——7528页。

(注61) 见1867年6月21日的谕令，载于《大清历朝实录——同治时期》，第203卷，第23——25页；1867年9月10日的谕令，载于《大清历朝实录——同治时期》，第209卷，第29——30页；1868年8月3日的谕令，载于《大清历朝实录——同治时期》，第6b——7页；1863年（同治二年）的谕令，载于《皇朝续文献通考》，第7520页；1866年（同治五年）的谕令，载于《皇朝续文献通考》，第7524页；1867年（同治六年）的谕令，载于《皇朝续文献通考》，第7524——7525页；1868年（同治七年）的谕令，载于《皇朝续文献通考》，第7525页。

(注62) 见《皇朝续文献通考》，第7525页。

(注63) ［日］小竹文夫：《近世支那经济史研究》，东京，1942年出版，第238——239页；陈兆鲲：《清代中国的税收制度（1644——1911）》，第49——51页。

(注64) 冯桂芬：《筹国用议》，载于《校邠庐抗议》，第1卷，第38b——40b页。

(注65) 见1868年10月14日出版的《北华捷报》。

(注66) 关于左宗棠对农业工作的知识和兴趣，见陈其田：《左宗棠：湘商的农民》，第211页及其余多处内容；房兆楹、杜联喆夫妇：《清代名人传略》，第762——767页。关于将左宗棠赞颂为"一位思想开明、远见卓识的总督"、为实现本省的利益而勇于创新的相关报道，见《福州广告报》在左宗棠即将动身前往西北地区赴任之际发表的社论，该篇社论被转载于1866年12月22日出版的《北华捷报》。

(注67) 请参阅1866年12月22日出版的《北华捷报》。

(注68) 见《皇朝续文献通考》，第7525——7526页。

（注69）见御史阮寿松于1867年12月24日呈递的奏折，载于《大清历朝实录——同治时期》，第217卷，第25b—26页。

（注70）崇厚的奏折（见《同治中兴京外奏议约编》，第3卷，第5—8页），较为详尽地探讨了关于在整个直隶地区开垦农田时所涉及的工程建设及经济问题。关于这一点，还可参阅张念祖：《中国历代水利述要》，第151—152页。

（注71）1865年（同治四年）卞宝第的奏折及朝廷批复同意的谕令，见《皇朝道咸同光奏议》，第63卷，第4—5b页。还可参阅张念祖：《中国历代水利述要》，第152页。

（注72）见《皇朝续文献通考》，第7613页。

（注73）关于陕西巡抚刘典在水利开垦方面所做的相关工作，见张念祖：《中国历代水利述要》，第160页。中兴时期，后来出任清政府驻美英两国公使的张荫桓，曾经参与丁宝桢在四川推广的河道保护施工计划，并为之作出巨大贡献（见房兆楹、杜联喆：《清代名人传略》，第60页及其后续各页）。1862年（同治元年），在御史朱潮的奏折中，还提到了来自于不同省份地区的其他事例，见《皇朝道咸同光奏议》，第28卷，第1—2页。关于曾国藩分配人力物力用于水利灌溉工程建设的重大意义，见唐庆增：《曾国藩之经济思想》，载于《经济学集刊》，第5卷，1935年第4期，第54页。

（注74）两江总督马新贻曾经做过一个估算，在江西建造一座水库大约需要白银48.9万两，见1868年1月8日的谕令，载于《大清历朝实录——同治时期》，第219卷，第7b—8页。

（注75）见御史洪昌燕的奏折，载于《同治中兴京外奏议约编》，第8卷，第33—35b页，以及1865年3月25日出版的《北华捷报》。

（注76）见福建船政大臣沈葆桢的奏折，其要点经过概括，反映在1868年7月7日颁布的谕令中，载于《大清历朝实录——同治时期》，第234卷，第7b—8页。

（注77）见《大清历朝实录——同治时期》，第195卷，第34b—35页；第196卷，第32页、第38—38b页；第197卷，第3—3b页；第208卷，第1—1b页、第6页；第219卷，第10b—11页；第229卷，第11—11b页；第240卷，第13—14b页。

（注78）张念祖：《中国历代水利述要》，第152—153页。

（注79）林修竹：《历代治黄史》，山东黄河河务局出版，序言题写日期为1926年，第5卷，第15b—29页。清政府在黄河治理水利工程建设方面，有1/4的项目是建设于同治年间，而同治年间的持续时间只占清王朝统治时期的5%。关于中兴时期黄河治理情况，在尹尚卿的著作中进行了简要探讨，请参阅尹尚卿所著《明清两代河防考略》，载于《史学集刊》，1936年第1期，第97—122页。

中兴时期有关黄河的大量史料档案文集，均被收录于《皇朝经世文续编》，第89—99卷，以及《皇朝道咸同光奏议》，第60卷（上、下）和第61卷。李鸿章于1873年8月18日针对黄河问题递交的一份长篇奏折的英译版，被发现收录于《北京公报译文（1873年）》，第73—78页。

（注80）请参阅林修竹的地图，载于《历代治黄史》，见卷首插图。

（注81）关于黄河治理对京杭大运河的通航状况所构成的关系影响，见［英］哈罗德·C.辛顿：《依托大运河的粮食运输（1845—1901）》，载于《中国论文集》，1950年第4期，第33—40页。关于黄河向北部地区改道所构成的影响，见林修竹：《历代治黄史》，第5卷，第12—15页，以及1866年10月13日出版的《北华捷报》。

（注82）关于清政府在1864—1865年间所开展的治理工程，见《皇朝续文献通考》，第7613—7614页。

（注83）见1864年（同治三年）的奏折，载于《皇朝道咸同光奏议》，第60卷（上），第16b—17页。

（注84）林修竹：《历代治黄史》，第5卷，第16—17页。关于阎敬铭在此处提出的以工代赈的主要原则，见第七章。

（注85）林修竹：《历代治黄史》，第5卷，第15b—29页。

（注86） 林修竹:《历代治黄史》, 第5卷, 第17页。

（注87） 见1867年1月29日出版的《北华捷报》。关于曾国藩治理黄河的总体计划的详细内容, 历史文献中有所记载。还可参阅1867年9月28日的相关史料, 以及蒋星德:《曾国藩之生平及其事业》, 第164—165页。

（注88） [日] 星斌夫:《明清时代的巡漕御史》, 东京, 1951年出版, 第591—606页; 还可参阅胡昌渡:《清代的黄河治理》, 载于《远东季刊》, 第14卷, 1955年第4期, 第505—514页。

（注89） 见《皇朝续文献通考》, 第8914—8915页, 1863年。

（注90） 见1867年12月24日出版的《北华捷报》; 张念祖:《中国历代水利述要》, 第153页。河道总督苏廷魁及地处黄泛区省份的各省巡抚上奏的报告, 以及朝廷给他们下达的谕令, 都具有杂乱无序的特征。例如: 见《大清历朝实录——同治时期》, 第212卷, 第3页; 第216卷, 第1—3页; 第236卷, 第15—16页; 第237卷, 第21—21b页, 第28—28b页; 第238卷, 第6—7页, 第7—8页、第22—23页; 第239卷, 第24b—25b页; 第240卷, 第21b—22页。

（注91） 请参阅李鸿章1865年6月9日的奏折, 载于《李文忠公全集》之《奏稿》, 第8卷, 第60—64页; 御史崔穆之的奏折, 其内容被概要转述于1867年7月5日的谕令中, 详见《大清历朝实录——同治时期》, 第205卷, 第4b—5b页; 冯桂芬的奏折, 收录于《皇朝政典类纂》, 第55卷, 第9b—11页; 丁宝桢于1867年2月27日上疏的奏折, 被收录于《丁文诚公奏稿》, 第1卷, 第51—54页。

（注92） 关于这些特殊问题, 请参阅 [英] 哈罗德·C. 辛顿:《依托大运河的粮食运输（1845—1901）》, 载于《中国论文集》, 1950年第4期, 第24—57页; [英] 辛顿:《清代漕运制度》, 载于《远东季刊》, 第11卷, 1952年第3期, 第339—354页; 以及王庆云:《熙朝纪政》, 第4卷, 第6—15页。

（注93） [日] 藤井宏:《创行期的"一条鞭"法》, 东京, 1951年出版, 第571—590页。藤井否认这两种税的合二为一发生于明代早期的"一条鞭"税制（一条鞭法）。

（注94） 凌惕安:《咸同贵州军事史》, 第5部分, 第18页。

（注95） 关于贵州这种混乱的临时征税措施后来在中兴时期被废止的相关记载, 见凌惕安:《咸同贵州军事史》, 第5部分, 第27b—31页。

（注96） 例如,《清史稿·本纪》, 第21卷, 第2b页、第4页、第4b页、第5b页、第6页、第6b页、第7页等; 还可参阅《大清历朝实录——同治时期》, 第194卷, 第6页, 第9—9b页; 第196卷, 第7页, 第15—15b页, 第37b—38页; 第212卷, 23—23b页; 第220卷, 第2页, 等等。

（注97） 例如, 请参阅1868年9月23日的一道谕令, 其中提到对直隶、山东、河南、安徽、江苏、湖北等省绝大部分地区的欠缴税款实施恕免, 并且邀请其他地区的官员也可向朝廷提出相似请求（见《大清历朝实录——同治时期》, 第240卷, 第14b—15页）。

（注98） 例如, 见1867年9月22日的谕令, 载于《大清历朝实录——同治时期》, 第210卷, 第24b页。

（注99） 关于对太平天国运动之后各省土地税减免的概要估算, 请参阅 [日] 小竹文夫:《近世支那经济史研究》, 东京, 1942年出版, 第212—220页; 胡钧:《中国财政史讲义》, 上海, 1920年出版, 第332—334页。

（注100） 详见都察院左副都御史潘祖荫1863年的奏折, 载于《江苏减赋全案》, 第2卷, 第2b页。

（注101） 吴曾祺:《清史纲要》, 第12卷, 第8b页。

（注102） 请参阅《皇朝续文献通考》, 第7524页。

（注103） 见《皇朝续文献通考》, 第7521—7522页。

（注104） 见1867年3月18日的谕令, 载于《大清历朝实录——同治时期》, 第196卷, 第32—33页。

（注105） 例如, 详见《皇朝续文献通考》, 第7521页, 关于1865年的记载, 以及第7525页, 关于1868年的记载; 1862年2月22日、3月1日和1865年3月4日出版的《北华捷报》。

（注106）这份加急传递的谕令，附在《大清历朝实录》的正文之后，见《大清历朝实录——同治时期》，第69卷，第16页。关于这件事的相关历史档案，被收录于《江苏减赋全案》第8则，该文件被刊印时，主政江苏的5位主要官员为之题写了序言，其中排在五人之首的是，代理总督李鸿章。关于减赋奏议的发起者，上至钦差大臣曾国藩，下至相关地区的县令，均包括其中，名单长达14页。关于减赋政策的进展情况，在经过复印的谕令、奏折、诉状和奏报文稿中均有明确体现。在档案文献中，还留存了大量的关于税率的详细统计表格。

（注107）关于税款逐年递增的相关数据，见朱庆永：《同治二年苏松二府减赋之原因》，载于《政治经济学报》，第3卷，1935年第3期，第510—518页。

（注108）夏鼐：《太平天国前后长江各省之田赋问题》，载于《清华学报》，第10卷，1935年第2期，第429页及其后续各页。

（注109）详见《江苏省减赋全案》，李鸿章在他为该书题写的序言中，对此事进行了评论。

（注110）请参阅1863年6月6日的奏折，载于《江苏省减赋全案》，第2卷，第1—3b页。

（注111）见《皇朝续文献通考》，第7519—7520页；李鸿章：《李文忠公全集》之《奏稿》，第3卷，第56—63页。这份奏折以其对该地区所遭受灾难的经典论述而闻名于世，民国时期，昆山县议会将其作为《苏松历代财赋考》的附录再版发行，该书由周梦颜编著，出版日期不详。

（注112）见《大清历朝实录——同治时期》，第69卷，第14b—16页；《江苏省减赋全案》，第1卷，第3—4页。

（注113）见冯桂芬：《江苏减赋记》，载于《显志堂稿》，第4卷。还可参阅《皇朝政典类纂》，第5卷，第3—6页。

（注114）请参阅1865年（同治四年）的谕令，载于《皇朝续文献通考》，第7523—7524页。

（注115）丁日昌：《抚吴公牍》，第22卷，第1—2b页。

（注116）关于对里甲制度的简要论述，见萧公权：《中国乡村：19世纪的帝国控制》，载于《远东季刊》，第12卷，第175—176页。关于里甲制度，见第七章。

（注117）见1865年（同治四年）的谕令，载于《皇朝续文献通考》，第7523—7524页，在此之前，左宗棠向朝廷呈递了一份经过深思熟虑的奏折，内容是关于这个问题的波及范围和他在福建、浙江发现的有效补救方法。李鸿章、曾国藩奉命为江苏省制定一项与之相似的补救制度。

御史的奏报，是朝廷掌握是否存在超额征收土地税现象的主要信息来源。例如，请看御史关于反映各地存在违法征税现象的奏报，以及朝廷于1867年颁布的谕令，详见《皇朝续文献通考》，第7525页；监察御史刘秉厚关于直隶超额征税的奏报，和朝廷于1869年（同治八年）下达的谕令，载于《皇朝续文献通考》，第7528页；御史胡家玉关于江西征税情况的奏报，此奏报另外得到了江西巡抚刘坤一的证实，以及1870年（同治九年）的朝廷谕令，见《皇朝续文献通考》，第7528页。

（注118）夏鼐：《太平天国前后长江各省之田赋问题》，载于《清华学报》，第10卷，第468—469页。

（注119）关于减税带来的间接利益，见朱庆永：《同治二年苏松二府减赋之原因》，载于《政治经济学报》，第3卷，第522—527页。根据夏鼐的观点（见《太平天国前后长江各省之田赋问题》，载于《清华学报》，第10卷，第469页），"同治时期被称为同治中兴，而这项减少土地税的运动，拯救了老百姓的血汗钱，是同治中兴的经济基础"。

（注120）夏鼐：《太平天国前后长江各省之田赋问题》，载于《清华学报》，第10卷，第469—471页。

（注121）朱庆永：《同治二年苏松二府减赋之原因》，载于《政治经济学报》，第3卷，第528页。

（注122）关于冯桂芬的观点，见《皇朝政典类纂》，第5卷，第3—6页；关于赫德的观点，见《旁观者的备忘录》，载于《筹办夷务始末——同治时期》，第40卷，第19页。

（注123）夏鼐：《太平天国前后长江各省之田赋问题》，载于《清华学报》，第10卷，第469—473页。

（注124）例如，见丁日昌：《抚吴公牍》，第22卷，第1—2b页。左宗棠的奏折及朝廷的两道谕令，见《皇朝续文献通考》，第7523—7524页。

（注125）冯桂芬：《江苏减赋记》，载于《显志堂稿》，第4卷，第12页；朱庆永：《同治二年苏松二府减赋之原因》，载于《政治经济学报》，第3卷，第528—529页；夏鼐：《太平天国前后长江各省之田赋问题》，载于《清华学报》，第10卷，第472页。

（注126）陈灿：《中国商业史》，长沙，1940年出版，第98—102页；罗玉东：《中国厘金史》，第1卷，第10—12页。

（注127）罗玉东：《中国厘金史》，第1卷，第173—176页。

（注128）关于厘金问题的权威著作，是罗玉东所著的《中国厘金史》，还可参阅［美］比尔所著的《厘金的起源》。

（注129）［美］比尔：《厘金的起源》，第110—129页、第155—164页；罗玉东：《中国厘金史》，第1卷，第27—30页。

（注130）全庆的奏折全文，见《同治中兴京外奏议约编》，第3卷，第35—36b页。与之相关的评论，见［美］比尔：《厘金的起源》，第130—131页，以及罗玉东：《中国厘金史》，第1卷，第37—41页。

（注131）请参阅御史陈廷经、丁earlene、大学士倭仁、潘祖荫等人奏折的摘要概述，载于罗玉东的著作《中国厘金史》，第1卷，第33—35页。

（注132）请参阅《皇朝续文献通考》，第8042—8046页。

（注133）例如，御史孙翼谋在奏折中反映，厘金分支局卡已经变成"地方官牟取暴利的垄断企业"，见《同治中兴京外奏议编》，第1卷，第32—35页；应御史吴鼎元的请求，朝廷于1868年9月23日颁布的谕令，见《大清历朝实录——同治时期》，第240卷，第16—17页。

（注134）见《皇朝续文献通考》，第8042—8046页；刘坤一1866年5月29日的奏折，其中讲述了曾国藩的改革，见《筹办夷务始末——同治时期》，第41卷，第43—46页。根据当时的记载，厘金带来的收益增长了50%［这是基于罗玉东在其著作《中国厘金史》（第1卷，第173页）中提供的数据］，这一事实可能表明清政府对厘金征收实施了更为严格的监管措施。

（注135）［美］比尔：《厘金的起源》，第132页。

（注136）［美］比尔：《厘金的起源》，第145—150页，摘要归纳了骆秉章、毛鸿宾、郭嵩焘的观点。关于曾国藩的观点，见唐庆增的著作《曾国藩之经济思想》，载于《经济学集刊》，第5卷，1935年第4期，第56—58页，以及夏炎德的著作《中国近百年经济思想》，第17—18页。关于刘坤一的观点，见其于1866年5月28日呈递的奏折，载于《筹办夷务始末——同治时期》，第41卷，第43—50页。

（注137）何会源：《论田赋附加》，载于《独立评论》，1934年第89期，第6—9页。

（注138）关于清代商业税的总体情况，见王庆云的著作《熙朝纪政》，第6卷，第1—37页。关于这种通过市场（洋行）上的经纪人征收商业税的复杂而又不易监管的制度，见［日］小沼孝博的著作《清代厘金制度研究》，第221—236页。

（注139）请参阅《同治中兴京外奏议约编》，第3卷，第37—37b页。

（注140）例如，见《英国议会档案·中国卷》，1864年第4号档案，第62—63页、第67页；《英国议会档案·中国卷》，1871年第5号档案，第37页；1866年8月25日、10月20日出版的《北华捷报》；1867年5月18日出版的《北华捷报》。

（注141）例如，见《北华捷报》驻安庆记者站于1861年发出的第30号通讯报道；英国驻汉口领事金杰尔、驻九江领事休斯的相关报告，载于《英国议会档案·中国卷》，1864年第4号档案，第41—51页；《北华捷报》于1865年9月9日发自杭州的报道。

（注142）见1865年1月28日出版的《北华捷报》。

（注143）像《四川盐法志》（由四川总督丁宝桢负责编纂，于1882年刊印完毕，共计40卷）这种由丰富的原始资料堆砌而成的文献，对于完成目前的研究目标几乎是毫无用处的。王庆云著作中的表格也是如此，见《熙朝纪政》，第5卷，第27—66页。以及《皇朝续文献通考》中的大量档案文献，见该书第7901—7912页，和遍布《大清历朝实录》及其他清代文献中的一般

资料合集。

（注144）对于清代的盐业专营制度，讲述得最清晰明了的研究成果，是佐伯富所著的《清代盐政制度研究（第1—2部分）》，载于《东洋史研究丛刊》，第11卷，1950年第1期，第51—65页；第11卷，1951年第2期，第38—50页。还可参阅曾仰丰的《中国盐政史》，上海，1937年出版，第174—197页。关于在淮河流域地区盛行的所谓"康盐"或"引商"制度，见王叔涵的著作《两淮盐务与钱庄》，载于《经济学季刊》，第2卷，1931年第3期，第118—119页；[日]日野勉《清代两淮制盐与钱庄交易》，载于《东洋史研究丛刊》，第11卷，1950年第1期，第7—31页。关于广东、广西两省的盐业专营，见邹琳所著《增订粤盐纪实》，上海，1927年出版，第3—6页。还可参阅前文143号尾注及左树珍所著的《盐务辑要历史概论》，该书共分为4部分，载于《盐政杂志》，1913—1915年第16—19期；自第1部分之后，该系列文章的标题变更为《中国盐政沿革史》，左树珍所著《历代盐法通论》，载于《盐政杂志》，1922—1924年第35—40期。还可参阅陶柏的著作《标本文邸》，载于《盐政杂志》，1924年第41期；邱宜轩《清代盐政规定史苑十谈》，载于《现代史学》，第1卷，1942年第5期，第102—106页；易洲（疑有误）《吐蕃盐政纪略》，载于《谈盐丛报》，1914年第13期，第10页。上述著作，均被佐伯富的研究成果取代，见[日]佐伯富所著的《清代盐政之研究》（清王朝统治之下的盐业管理），日本京都市，1956年出版。

（注145）曾仰丰：《中国盐政之动向》，载于《东方杂志》，第34卷，1937年第7期，第73—80页。关于清代早期的盐业制度及陶澍实施改革之后形成的盐业自由贸易的实际效果，在[日]加藤繁的著作中得到了论述，见[日]加藤繁所著的《支那经济史考证》，东京，1952—1953年出版，第2卷，第493—504页。

（注146）刘隽：《道光朝废引改票始末》，载于《中国社会经济史集刊》，第1卷，1933年第2期，第123—128页；惠仪（疑有误）《淮北票盐沿革》，载于《谈盐丛报》，1913年第1期，第20页。这篇文章对道光时期淮北地区的票盐制度进行了细致的传统研究，并对太平天国运动之后淮北地区为恢复票盐制度所作的努力进行了一定的关注。该文的研究目的，是为清政府的盐政制度辩护，反对张謇等人在民国初年提出的全面改革。

关于盐业生产的技术问题，见李荣的著作《关于自流井制盐工艺的记载》，房兆楹、杜联喆夫妇完成了对该文的翻译，并撰写了序言和注解，载于《综合科学情报服务》，第39卷，第4部分，1948年第118期，第228—234页。

（注147）[英]威妥玛：《中国的盐业税收》，该文以附录的形式刊印在威妥玛（作为译者）的著作之后，见[英]威妥玛：《中国皇帝的敕令：征求政府各部门的谏言和答复（1850—1851）及其他文章》，伦敦，1878年。

（注148）[英]威妥玛：《中国皇帝的敕令：征求政府各部门的谏言和答复（1850—1851）及其他文章》，第255页。

（注149）例如，两淮地区生产的食盐无法通过太平军占领区进入获得食盐销售许可的湖北及湖南。这不仅影响了食盐生产者的生计，同样也给食盐消费者带来不利影响。(何维凝：《太平天国时代中国盐政概观》，载于《社会科学丛刊》，第1卷，1934年第2期，第111页。)

（注150）何维凝：《太平天国时代中国盐政概观》，载于《社会科学丛刊》，第1卷，1934年第2期，第149—151页。

（注151）见左宗棠于1865年（同治四年）呈递的两份奏折，载于《皇朝道咸同光奏议》，第35卷（中），第20—23页。

（注152）关于中兴时期清政府对盐政问题的总体看法，见《皇朝经世文续编》，第42—46卷，尤其是第44—45卷全文；还可参阅《皇朝道咸同光奏议》，第35卷（上、中、下）。关于左宗棠的看法，在参阅前文第151号注释的基础上，还可参阅E.H.帕克对左宗棠一系列观点的概括，他评价左宗棠在评论18世纪以来的盐政发展时，"巧妙地阐述了盐政问题"，详见《中国评论》，第12卷，1883年第1期，第57—58页。关于徐继畲的观点（明显反映在同治时期之前），见徐继畲的著作《松龛先生文集》，第1卷，第10—12b页，和《松龛先生奏疏》，第2卷，第40—45页。关于郭嵩焘以政府管理各行其是、商业责任五花八门的措辞对盐政现状所作的分析，见他的个人文集《养知书屋全集·文集》，第28卷，第6—11b页。关于曾

国藩及冯桂芬的观点，见以下内容：

丁宝桢对四川盐政的改革，始自19世纪70年代末期。他坚持官运商销（食盐由政府负责运输，销售环节则由商人负责）的原则，他认为应当为商人提供安全保障，为消费者提供较低的售价，并提高食盐的产量，从而促进盐业税收的增长[见丁宝桢1880年的奏折，载于《皇朝道咸同光奏议》，第35卷（中），第1—2页；《四川盐法志》，丁宝桢的奏折内容位于卷首之前的序言及其全文]。关于对四川盐政改革的调查，见惠敏（疑有误）：《川盐变法沿革考》，载于《谈盐丛报》，1913年第2期，第10页；1913年第3期，第10页。

（注153）志刚：《初使泰西纪要》，第1卷，第4页。关于志刚陪同蒲安臣使团的事件经过，见第十一章。

（注154）曾仰丰：《中国盐政之动向》，载于《东方杂志》，第34卷，1937年第7期，第77—78页。

（注155）曾国藩的三份奏折，见《同治中兴京外奏议约编》，第4卷，第23—32b页；王叔涵：《两淮盐务与钱庄》，载于《经济学集刊》，第2卷，1931年第3期，第150—151页；唐庆增：《曾国藩之经济思想》，载于《经济学集刊》，第5卷，1935年第4期，第54—55页。

（注156）王叔涵：《两淮盐务与钱庄》，载于《经济学集刊》，第2卷，1931年第3期，第150—151页。

（注157）冯桂芬：《杜亏空议》，载于《校邠庐抗议》，第1卷，第19—19b页。

（注158）陈兆鲲：《清代中国的税收制度》，第82页。关于对整个清代（不特指同治时期）管控食盐走私成效的辩护，见惠江（疑有误）：《历代惩治私盐法规官盐特优之比较》，载于《谈盐丛报》，1913年第6期。

（注159）见《大清历朝实录——同治时期》，第197卷，第13—14b页；第204卷，第21—22页；第212卷，第12—12b页。

（注160）见《大清历朝实录——同治时期》，第204卷，第21—22页。

（注161）见1866年7月24日、8月4日出版的《北华捷报》。

（注162）对阿礼国与恭亲王之间在1869年10月初期间书信交流的相关记载，见《英国议会档案·中国卷》，1870年第1号档案，第18—19页。

（注163）左树珍：《中国盐政沿革史》，第4部分，载于《盐政杂志》，1915年第19期，第1—3页；何维凝：《太平天国时代中国盐政概观》，载于《社会科学丛刊》，第1卷，第149—151页。

（注164）许大龄：《清代捐纳制度》，北京，1950年出版，见序言部分。

（注165）汤象龙：《道光朝捐监之统计》，载于《社会科学杂志》，第2卷，1931年第4期，第434—436页；许大龄：《清代捐纳制度》，第1卷及第5卷；罗玉东：《中国厘金史》，第1卷，第3—9页；[美]比尔：《厘金的起源》，第44—47页。

（注166）见御史孙翼谋的奏折，载于《同治中兴京外奏议约编》，第1卷，第32—35页。山东巡抚阎敬铭的奏折，不仅对整个问题进行了评述，而且将其个人观点与内阁大学士祁雋藻、监察御史郭祥瑞、湖南巡抚恽世临、顺天府尹蒋琦龄等人在此前奏折中所表现出的各自看法加以联系，见《同治中兴京外奏议约编》，第2卷，第21—24页。

（注167）直到后来，中国的总体经济计划才开始强调改善交通（赵丰田：《晚清五十年经济思想史》，第147页）。

（注168）例如，见陈其田：《左宗棠：湘商的农民》，第219—225页。

（注169）见1868年2月6日出版的《北华捷报》。

（注170）淮军将领丁寿昌的奏折，1863年，载于《江苏省减赋全案》，第2卷，第6b—7页。

（注171）[英]哈罗德·C.辛顿在其著作中，概要阐述了这一问题，见《依托大运河的粮食运输（1845—1901）》，载于《中国论文集》，1950年第4期，第24—57页，以及辛顿的另一部著作《清代漕运制度》，载于《远东季刊》，第11卷，1952年第3期，第339—354页。关于中兴时期的大运河水利工程，见《皇朝续文献通考》，第7614页，及该书第13卷，《田赋》全文。胡家玉及李鸿章的奏折，见《同治中兴京外奏议约编》，第8卷，第20—32b页；李鸿章在其奏折中，回顾了这一问题的历史来龙去脉。还可参阅《皇朝道咸同光奏议》，第60—62卷，全文均可见引用部分；以及《大清历朝实录——同治时期》，第200卷，第

2b—3页；第228卷，第2—3页和1865年3月18日出版的《北华捷报》。尽管海上运输航线的利用率持续增长，但开展大运河水利工程建设仍具有重要意义，关于这一点，请参阅《皇朝续文献通考》，第8327—8328页。

(注172) 例如，见《皇朝道咸同光奏议》，第34卷全文；《皇朝经世文续编》，第40—41卷全文；《同治中兴京外奏议约编》，第3卷，第27—28页。

(注173) 例如，见《大清历朝实录——同治时期》，第231卷，第3b—4页；第228卷，第3—3b页。

(注174) 1868年1月3日的谕令，要求两江总督及江苏巡抚指导沿海地区各省道台照此办理，请参阅《大清历朝实录——同治时期》，第218卷，第22b—23页。由于海上航道可以绕开沿陆上交通线的大量需缴税的驿道，所以海上航道可以免税。

(注175) 李鸿章在其于1872年（同治十一年）上疏的奏折中概括了这一观点，见《皇朝续文献通考》，第11043页。

(注176) 见1867年9月28日、12月14日出版的《北华捷报》。

(注177) 见1866年8月18日出版的《北华捷报》。

(注178) 见1867年9月28日出版的《北华捷报》。

(注179) 《烟台日报》，转载于1867年9月28日出版的《北华捷报》。

(注180) 中国方面提起的诉状，概要体现在两江总督李宗羲1872年（同治十一年）的奏折中，见《皇朝道咸同光奏议》，第2卷，第13b—14页。在当时的这种局势下，赫德和阿礼国都赞成中方立场的合理性（见1865年4月29日《北华捷报》副刊；《英国议会档案·中国卷》，1869年第12号档案，第2—3页，第5页，第8页）。

(注181) 见1864年9月3日、1866年10月13日、1868年8月22日出版的《北华捷报》。

(注182) 根据上海蒸汽动力航运公司发布的成立公告，尽管据说股权归中外双方共同持有，但实际上拉塞尔和公司掌握着企业的主导权（见1862年3月29日出版的《北华捷报》）。关于对该公司历史的回顾，见1866年8月25日出版的《北华捷报》。还可参阅刘广庆所著《一家中国轮船公司的资金问题（1861—1862）》，载于《商业史评论》，第28卷，1954年第2期，第154页及其后续各页。

(注183) 孙慎勤：《潮商丁史稿》，出版时间及地点均不详（20世纪20年代）；朱伯康：《中国经济史纲》，第219—220页；《国营潮丁之十五周年纪念刊》，上海，1947年出版；[日] 宫崎市定：《中国近世的生业资本的借贷研究》，载于《东洋史研究》，第11卷，1951年第2期，第63—69页。

(注184) 引自保罗·H.克莱德，《J.罗斯·布朗的对华政策：美国公使在北京（1868—1869）》，载于《太平洋历史评论》，第1卷，1932年第3期，第317页。

(注185) 见1867年4月22日出版的《北华捷报》。

(注186) [英] 密福特：《驻华使馆武官在北京》，第231—236页。

(注187) 关于郭嵩焘此后的观点，见其个人专著《养知书屋全集》之《文集》，第28卷，第11b—15b页。

(注188) [美] 孙任以都：《中国铁路发展模式》，载于《远东季刊》，第14卷，1955年第2期，第179—199页以及阿布拉莫维茨发表的评论，第169—178页。

(注189) 见1865年7月15日、1867年1月5日、1867年8月21日出版的《北华捷报》。

(注190) 见《皇朝续文献通考》，第11171页。

(注191) 例如，见《大清历朝实录——同治时期》，第225卷，第27—27b页。关于那种比外国人当时想象的传递速度更快的传统驿站，见费正清、邓嗣禹：《关于清帝国的文件传送》，载于《哈佛亚洲研究杂志》，第4卷，1939年第1期，第12—46页。

(注192) 见《皇朝续文献通考》，第11171页。

(注193) 赵丰田：《晚清五十年经济思想史》，第88页。

（注194）［意］利玛窦：《十六世纪的中国》，摘自《马修·里奇的日记（1583—1610）》，纽约，1953年出版，第10页。

（注195）［英］阿礼国：《对外交往中的中华帝国》，载于《孟买评论季刊》，第238页。

（注196）关于在中国传统观念中认为对外贸易的重要性微不足道的观点，见［日］小竹文夫：《近世支那经济史研究》，载于《支那研究》，1928年第17期，第57—75页。小竹文夫认为，近代中国对西方世界的抵制，部分地反映了这种观点。

（注197）见刘坤一于1866年5月29日呈递的奏折，载于《筹办夷务始末——同治时期》，第41卷，第43—50页。

（注198）见《女王陛下的领事关于上海贸易问题的报告（1866年）》，转载于1867年11月23日、1870年7月14日出版的《北华捷报》；关于一些拥有中国血统的英国臣民所发表的声明，见1868年12月12日出版的《北华捷报》。

（注199）见1867年10月12日出版的《北华捷报》。

（注200）见1862年3月22日，1865年9月18日，1867年9月28日，1868年3月9日、10月31日、12月22日出版的《北华捷报》。海关的统计数字（见1866年7月14日《北华捷报》社论），证实了观察员对中国的印象。还可参阅海关就汉口贸易问题形成的报告摘要，载于《中日论丛》，第3卷，1865年第3期，第543—544页；［英］密福特：《驻华使馆武官在北京》，第53—54页、第98页。

（注201）见1866年7月7日出版的《北华捷报》。

（注202）见1866年9月29日出版的《北华捷报》。

（注203）见英国外交部于1870年2月17日撰写的备忘录，载于《英国议会档案·中国卷》，1870年第3号档案，第1页。

（注204）1863年1月31日《北华捷报》上刊登的文章《1862年回顾》；阿礼国于1869年10月29日写给克拉兰教的信，载于《英国议会档案·中国卷》，1870年第3号档案，第4页。

（注205）见陈灿：《中国商业史》，第108—126页；［美］卫三畏：《中国贸易指南》，香港，1863年（编著），第188—191页；皇家亚洲文会北中国支会的会议纪要，载于1865年4月29日出版的《北华捷报》增刊；李鸿章于1866年4月18日发表的公告，载于1866年4月28日出版的《北华捷报》。

（注206）［英］萨金特：《中英两国间商贸与外交》，表A。

（注207）见1867年4月22日出版的《北华捷报》。

（注208）［英］科尔·赛克斯在1869年7月13日的发言，摘自《英国国会议事录》，第197卷，第1790—1794页。

（注209）用英语写的关于海关的文章可能比写整个中国现代史的文章更多。当前论文研究的目的，只是表明对外贸易在中兴时期总体经济计划中的作用。有关海关起源的中国方面文献摘要，见《皇朝续文献通考》，第8784—8785页。中国方面的主要资料来源，是《筹办夷务始末》。如需对西方文献作大量注释的全面说明，请参阅［美］魏尔特：《赫德与中国海关》，贝尔法斯特，1950年出版。关于1858年的国际国内背景，见［美］费正清：《中国沿海的贸易与外交》，第1卷，第4部分。

（注210）胡绳：《帝国主义与中国经济》，上海，1952年出版，第41—47页。

（注211）见1868年3月18日出版的《北华捷报》。还可参阅第三章的内容。

（注212）见1867年11月9日出版的《北华捷报》，该文评论了在多家外国驻华商会呈递的修订条约奏折中所引用的事件。还可参阅1861年8月3日、8月10日及1868年1月24日出版的《北华捷报》。

（注213）见《筹办夷务始末——同治时期》，第30卷，第1页及其后续各页，第12b—13b页；第39卷，第21—22b页。

（注214）见总理衙门于1862年1月25日呈递的奏折，载于《筹办夷务始末——同治时期》，第3卷，

第45b — 47页；朝廷于1862年2月7日颁布的谕令，见《筹办夷务始末 —— 同治时期》，第4卷，第1 — 1b页。关于总理衙门进一步呈递的奏折，及朝廷后续批复的谕令，见《筹办夷务始末 —— 同治时期》，第4卷，第9 — 13b页。

（注215）见总理衙门于1862年4月4日呈递的奏折，载于《筹办夷务始末 —— 同治时期》，第5卷，第13页。

（注216）见1868年3月27日、4月29日、10月1日颁布的谕令，载于《大清历朝实录 —— 同治时期》，第226卷，第11b — 12页；第228卷，第25b — 26b页；第241卷，第3 — 4b页。

（注217）[美] 山嘉利：《胡光墉与中国的早期国外贷款》，载于《哈佛大学博士论文集》，1951年出版，第135页以及第六章。芮玛丽女士征得作者同意后，对相关内容加以引用。

（注218）关于1861 — 1866年间东南沿海省份地方官同外国人谈判获取小额短期贷款的极其有限的史料信息，在 [美] 山嘉利的书中得到了归纳呈现，见其所著的《胡光墉与中国的早期国外贷款》，载于《哈佛大学博士论文集》，1951年出版，第29 — 41页。关于赫德未能劝说清政府以借贷方身份向外国提出贷款请求，从而成为近代史上外国投资中国其他项目的基本模式的相关论述，见 [英] 魏尔特：《赫德与中国海关》，第364 — 368页。

（注219）例如，1862年6月23日，朝廷下达谕令拒绝了福建巡抚徐宗干提出的向外方谈判获取贷款的请求，见《筹办夷务始末 —— 同治时期》，第6卷，第50b — 51b页；1862年10月23日的谕令，载于《筹办夷务始末 —— 同治时期》，第10卷，第1页及其后续各页。类似问题出现在直隶，请参阅清廷下达的关于敦促直隶总督刘长佑、三口通商大臣崇厚要谨慎贷款的谕令，见《筹办夷务始末 —— 同治时期》，第16卷，第4b — 5b页。清政府在采购阿思本舰队的过程中，也同样遇到了类似的问题（见第九章）。

（注220）1867年4月29日的谕令，批准了左宗棠提出的向位于上海的外国商人（洋商）贷款120万两白银的请求，见《大清历朝实录 —— 同治时期》，第199卷，第20 — 21b页。关于开汇票动用山西运城存款经费的相关计划，见1867年5月28日颁布的谕令，《大清历朝实录 —— 同治时期》，第201卷，第23b — 24b页。左宗棠1868年1月16日的奏折及朝廷的批复谕令，见《筹办夷务始末 —— 同治时期》，第56卷，第8 — 9页。关于谕令的原文，还可参阅《大清历朝实录 —— 同治时期》，第220卷，第9 — 11页。还可参阅 [美] 山嘉利所著《胡光墉与中国的早期国外贷款》，载于《哈佛大学博士论文集》，1951年出版，第46 — 47页，以及陈其田：《左宗棠：湘商的农民》，第222页。

（注221）见1868年1月22日的谕令，载于《大清历朝实录 —— 同治时期》，第220卷，第26b — 28页；1868年9月3日的谕令，载于《大清历朝实录 —— 同治时期》，第238卷，第19 — 20b页。"中国驻英法公使曾纪泽的日记摘要"，经J.N.乔丹翻译后，其译文刊登在《中国评论》，第11卷，第3期，第135 — 136页。

（注222）见1867年12月12日清廷在答复内务府奏折时签署的谕令，载于《大清历朝实录 —— 同治时期》，第216卷，第25 — 25b页。

（注223）例如，总理衙门对赫德提出的9份报告的要点表示了赞同，这9份报告均涉及从技术层面提高清政府行政效率的相关建议，见《筹办夷务始末 —— 同治时期》，第2卷，第17 — 35页。还可参阅与该问题相关的中方史料，其译文刊登在1861年11月2日出版的《北华捷报》上。

（注224）见《清史稿·食货志》，第5卷，第15 — 19页。关于这方面更多的事例，包括引自同治时期的事例，请参阅 [日] 矢野仁一：《近世支那外交史》，载于《东洋史研究》，第11卷，1950年第1期，第32 — 50页。

（注225）赵丰田：《晚清五十年经济思想史》，第41页。

（注226）据《北华捷报》驻烟台记者报道，清政府始终怀有一个根深蒂固的隐忧，认为这种"对黄金的渴望"，"很有可能颠覆中国老百姓的农业秉性"（见1866年7月28日出版的《北华捷报》）。而且事实上，山东的采矿活动已被官府叫停取缔，原因就在于采矿民众与当地士绅之间时有冲突摩擦（见《北华捷报》，1868年8月14日出版）。

（注227）见《皇朝道咸同光奏议》，第12卷，引用出自全篇。

（注228）在1868年的7—11月，《北华捷报》经常刊登一些有关山东出现淘金热的简短消息，尤其是1868年8月14日和8月28日出版的报纸，集中反映了这方面的系列报道。中国方面对于此事的报道，扼要体现在总理衙门1868年9月20日的奏折中，见《筹办夷务始末——同治时期》，第61卷，第5—6页。

（注229）见总理衙门1868年11月8日的奏折，载于《筹办夷务始末——同治时期》，第62卷，第9—10页。上海道台英桂给外国领事发出一份急件，其内容是转达总理衙门关于指控部分中外人士参与非法采矿的声明，其译文见1868年7月31日出版的《北华捷报》。关于道台英桂给中方官员发布的公告内容，见1868年8月14日出版的《北华捷报》。

（注230）见总理衙门1868年10月30日的奏折，载于《筹办夷务始末——同治时期》，第61卷，第22—24页。

（注231）见《天津港进口贸易的恢复（1862年）》，载于《英国议会档案·中国卷》，1864年第4号档案，第38—39页；1868年5月30、10月3日出版的《北华捷报》。显然，中国方面再也不可能找到本国语言版本的档案文献了。

（注232）冯桂芬：《筹国用议》，载于《校邠庐抗议》，第1卷，第38b—40b页。

（注233）［日］矢野仁一：《近世支那外交史》，载于《东洋史研究》，第11卷，1950年第1期，第32—50页。

（注234）冯桂芬：《制洋器议》，载于《校邠庐抗议》，第2卷，第70—74b页。

（注235）见《皇朝续文献通考》，第8261页。

（注236）关于户部的编制体制，见陈兆鲲：《清代中国的税收制度（1644—1911）》，第16—19页；［日］松井义夫：《关于清朝经费的研究》（以书籍著作形式重印），大连，1935年出版，第5章。

（注237）摘自1869年（同治八年）户部的奏折，载于《皇朝续文献通考》，第7525—7526页。关于采取措施改进缴税汇报详细程度的相关记载，见《皇朝续文献通考》，第7827—7831页。

（注238）例如，见《大清历朝实录——同治时期》，第206卷，第9b—10b页;第207卷，第2—3页；第217卷，第24b—25b页。《筹办夷务始末——同治时期》，第3卷，第25b—26b页。

（注239）贾士毅：《五十年来中国财政》，载于《申报馆成立五十周年纪念日出版作品集》，第2卷，《五十年来之中国》，见文中第一页。

（注240）见《皇朝续文献通考》，第8211—8212页。

（注241）见《皇朝经世文续编》，第24—26卷；冯桂芬：《杜亏空议》，载于《校邠庐抗议》，第1卷，第19—19b页。

（注242）见唐庆增：《曾国藩之经济思想》，载于《经济学集刊》，第5卷，1935年第4期，第55—56页；冯桂芬：《用钱不废银议》，载于《校邠庐抗议》，第2卷，第78b—83b页；《杜亏空议》，载于《校邠庐抗议》，第1卷，第19—19b页。

（注243）1863年（同治二年）的谕令，载于《皇朝续文献通考》，第7520—7521页；户部于1867年（同治六年）呈递的奏折，载于《皇朝咸同光奏议》，第38卷，第10—10b页。

（注244）见《皇朝续文献通考》，第21卷，第7709页；《大清历朝实录——同治时期》，第235卷，第14b—15b页。

（注245）1869年（同治八年）的朝廷谕令及其他官员的奏折，载于《皇朝续文献通考》，第7709—7712页；1868年4月12日的谕令，载于《大清历朝实录——同治时期》，第227卷，第13b—14页。

（注246）张德昌：《近代中国的货币》，载于《人文科学学报》，第1卷，第83页。

（注247）［日］小竹文夫：《近世支那经济史研究》，载于《支那研究》，1928年第17期，第129—137页；以及1867年3月16日出版的《北华捷报》。还可参阅［日］增井经夫撰写的带有批评观点的评论文章《洋银变成》（杭州，1866年发表），该文表达了作者对伪造银币事件的尖锐批评，载于《和田博士东洋史研究论坛》，第625—640页。

（注248）见御史陈廷经1862年（同治元年）上奏的关于本土钱庄参与大宗商品业务的奏折，以及朝廷下达的关于派北京八旗宪兵前去查办的谕令（见《皇朝续文献通考》，第21卷，《钱币》卷3）。1868年8月21日的谕令，批准山东青州大营可以凭1银圆兑换14钱进行支付，而不是先前的8钱，以便青州驻军在闰月以银圆支付方式，可以买到通常数量的大米，见《大清历朝实录——同治时期》，第237卷，第15—15b页。

（注249）见庄素曦著作中的表格：《中国的对外贸易》，附录2。比价后来跌至1895年时的3∶3，这一过程是从中兴以后开始逐渐下跌的。可参阅［美］山嘉利的表格：《中国的财政问题（1852—1908）》，载于《中国论文集》，1949年第3期，第64页。

（注250）陈其田：《山西票庄考略》，上海，1937年出版；[日]加藤繁：《支那经济史考证》，第2卷，第463—477页；杨联陞：《中国货币与信贷简史》，第81—88页；[美]山嘉利：《胡光墉和中国的早期国外贷款》，载于《哈佛大学博士论文集》，1951年出版，第28—31页。1867年《北华捷报》长篇连载的《中国北方钱庄记事》，尤其是1867年10月19日出版的第15期。主要涉及办理借贷、利率、发行货币、货币流通、抵押等业务。

（注251）陈其田：《山西票庄考略》，第43—44页，以及第3卷，各处均有引用。

（注252）关于香港银行和上海银行对于中国口岸商人们的作用，见1866年8月25日出版的《北华捷报》。

（注253）军费开支的数据出自1868年3月8日的谕令，载于《大清历朝实录——同治时期》，第224卷，第47—48页，这条谕令对户部的奏折内容进行了概括。

（注254）见1868年5月8日的谕令，载于《大清历朝实录——同治时期》，第229卷，第13—14b页。

（注255）见1868年5月8日的谕令，载于《大清历朝实录——同治时期》，第199卷，第6b—8页。

（注256）见1868年5月8日的谕令，载于《大清历朝实录——同治时期》，第205卷，第10b—11页。

（注257）关于户部给直隶总督官文预拨军费的记载，见《大清历朝实录——同治时期》，第222卷，第30—31b页，以及第238卷，第24—25页。

（注258）见《大清历朝实录——同治时期》，第214卷，第3—4页、第24—25页；225卷，第21b—22页；第232卷，第23b—24b页；第240卷，第17—17b页。

（注259）例如，见《大清历朝实录——同治时期》，第220卷，第15b—16b页；第224卷，第19—19b页。

（注260）例如，见《大清历朝实录——同治时期》，第210卷，第4b—5页；第212卷，第14—14b页；第213卷，第17—18b页；第221卷，第22—23b页；第231卷，第20b—21b页；第232卷，第28b页；第237卷，第1b—3页；第241卷，第12b—13b页。

（注261）见《大清历朝实录——同治时期》，第225卷，第33—34页；还可参阅第210卷，第17—19页；第241卷，第1—3页。

（注262）见《大清历朝实录——同治时期》，第202卷，第15—16页；第204卷，第10—11b页；第211卷，第13—14页、第16b—17页；第218卷，第8—8b页；第221卷，第11—12b页；第224卷，第44—45页；第232卷，第29b—31页；第240卷，第22b—23b页。

（注263）有关对以往清政府对中国人口数量所作估计的总结和批评，见王士达：《近代中国人口的估计》，载于《社会科学杂志》，第1卷，1930年第3期，第32—130页；第1卷，1930年第4期，第34—105页；第2卷，1931年第1期，第51—105页。陈达：《现代中国人口》，芝加哥，1946年出版，第1章。[美]A.J.杰斐：《中国人口普查与人口统计评述》，载于《人口研究》杂志，第1卷，1947年第3期，第308—328页。陈达：《中国开展人口研究的需要》，载于《人口研究》杂志，第1卷，1948年第4期，第342—352页。[美]费正清：《美国与中国》，坎布里奇市，马萨诸塞州，1948年出版，第138—143页。

（注264）请参阅摩西·阿布拉莫维茨的《增长经济学》，书中附有哈罗德·F.威廉姆森和西蒙·库斯涅茨在伯纳德·海利编著的《当代经济学概论》一书中所发表的评论，《当代经济学概论》于1952年在美国伊利诺斯州霍姆伍德市出版，见书中第2章，第132—182页。

（注265）见1867年10月19日出版的《北华捷报》。关于扬州盐商和山西钱庄老板并称为清代"财阀"

的说法，见［日］佐伯富：《清代盐政制度研究（第1—2部分）》，载于《东洋史研究丛刊》，第11卷，1950年第1期。

（注266）这两篇出自《福州广告报》的文章，转载于1867年5月6日的《北华捷报》上。

（注267）［美］摩西·阿布拉莫维茨：《增长经济学》，第159—160页。

（注268）［日］佐伯富在其著作［见《清代盐政制度研究（第1—2部分）》］中，通过列举大量事例，从中得出结论，这是一种规律，没有例外情况。

（注269）朱伯康：《中国经济史纲》，第217—218页。

（注270）严中平：《中国棉业之发展》，重庆出版社，1943年，第1—3页。该书的修订版于1955年在北京出版。

（注271）张远志：《中国投资问题》，载于《经济学集刊》，第2卷，1931年第4期，第54—66页。

（注272）见［美］山嘉利：《胡光墉与中国的早期国外贷款》，这是一篇优秀的个案研究著作。尤其是第4—5页及第3章全文；还可参阅［日］矢野仁一：《近世支那外交史》（载于《东洋史研究》，第11卷），该书通过事实案例，说明了这些因素是如何阻碍商人投资矿业的。

（注273）严中平：《中国棉业之发展》，第1—3页。

（注274）［美］摩西·阿布拉莫维茨：《增长经济学》，第160页。

（注275）关于上述观点的论述，见［美］小马里奥·J.利维：《中日近代化的对比因素》，载于《经济发展与文化变迁》杂志，第2卷，1953年第3期，第161—197页。

（注276）严中平：《明清两代地方官倡导纺织业事例》，载于《东方杂志》，第42卷，1945年第8期，第20—26页，基于56名地方官在发展纺织业方面所做努力的研究。

（注277）关于战时工厂在这方面的经历，见史国衡：《中国进入机器时代》，坎布里奇市，马萨诸塞州，1944年出版。

（注278）有人曾对中国人在康熙年间和鸦片战争之后的一个时期对西方科技的学习状况作过一个对比，见［日］内藤虎次郎：《清国最近的形势》，第117—132页。

（注279）见《英国议会档案·中国卷》，1871年第5号档案，第95页。

（注280）见张德昌：《近代中国的货币》，载于《人文科学学报》，第1卷，1942年第1期，第85页；还可参阅朱其华著作中的数据表：《中国近代社会史解剖》，上海，1933年，第12—15页。

（注281）关于欧洲诸国在这些方面的发展历程，见［美］亚历山大·格申克龙：《历史视角下的经济落后》，载于伯特·F.霍塞利茨编著的《欠发达地区的进步》，芝加哥，1952年出版，第9页、第12—13页。

（注282）陈兆鲲：《清代中国的税收制度（1644—1911）》，第42页。

（注283）罗玉东：《光绪朝补救财政之方策》，载于《中国社会经济史集刊》，第1卷，1933年第2期，第189页及其后续各页。

（注284）［美］亚历山大·格申克龙：《历史视角下的经济落后》，载于《欠发达地区的进步》，芝加哥，1952年出版，第9页、第12—13页。

第九章

（注1）关于使用"自我强化"（自强）一词在多处行文中的范例，见《筹办夷务始末——同治时期》，第43卷，第13页、第15页；第46卷，第5页、第30b页；第50卷，第9b页；第51卷，第18b页；第61卷，第28b页。关于作长远考虑而非临时性补救的重要意义的典型论述，见王之平：《曾胡左兵学纲要》，第11—20页。

（注2）对于上述这些理论要点，这一时期三位最主要的学者型将领都曾经发表了自己的看法，关于

这些看法的配有详细注释的简明概括，见王之平的著作《曾胡左兵学纲要》，第21—30页及全篇。

(注3) 关于清代早期的八旗制度，见房兆楹：《关于满清早期军队数量规模的估算方法》，载于《哈佛亚洲研究学报》，第13卷，1950年第1/2期，第192—215页。关于绿营的起源及其发展，见罗尔纲：《绿营兵志》，重庆，1945年出版，第1—3卷；关于绿营的衰落，见《绿营兵志》第4卷。有关传统军队走向衰败的更进一步的史料素材，见罗尔纲：《清季兵为将有的起源》，载于《中国社会经济史集刊》，第5卷，1937年第2期，第237页及其后续各页；[日]内藤虎次郎：《清朝衰亡论》，第325—346页，经再版后，载于内藤所著的《清朝史通论》，东京，1944年出版。关于清代兵制总体背景的简要概括，见[美]拉尔夫·L.鲍威尔：《1895—1912年间兴起的中国军阀》，普林斯顿，1955年，第1—31页。

(注4) [英]密福特：《驻华使馆武官在北京》，第190—191页。

(注5) 罗尔纲：《湘军新志》，长沙，1939年出版，第1—15页。

(注6) 《筹办夷务始末——同治时期》，第40卷，第14b页。

(注7) 罗尔纲：《湘军新志》，第64页、第93—94页，以及该书第6章全文；罗尔纲：《清季兵为将有的起源》，载于《中国社会经济史集刊》，第5卷，1937年第2期249页及其后续各页；张其昀：《中国军事史略》，上海，1946年出版，第42—47页、第120—123页。承蒙房兆楹先生的帮助，所述资料得到了充实和细化。

(注8) 见1865年8月10日出版的《北华捷报》。与之观点相近的论述，请参阅1866年6月2日、10月20日、1867年2月23日和1868年3月28日的系列报道。

(注9) 罗尔纲：《湘军新志》，长沙，1939年出版，第66页。

(注10) 陈启天：《胡曾左平乱要旨》，第14页。

(注11) 朱其华：《中国近代社会史解剖》，上海，1933年出版，第123页、第129页。

(注12) 罗尔纲：《湘军新志》，第66页。

(注13) 请参阅经过分类编辑的相关论述，其观点摘录文章采用新式标点符号，区分特定专题，分门别类地加以归纳。详见：王启原编著的《曾国藩日记类钞》，上海，1923年出版，第66—82页；王之平的著作《曾胡左兵学纲要》，第1—2页、第42—47页、第125—134页及其余部分章节。

曾国藩是当时军队重建领域内的杰出理论家，在其他几个领域，亦是如此。关于曾国藩对军事交通、财政、团练、训练、纪律、军官选拔、战略、现代武器等问题的观点综述，见何贻焜所著《曾国藩评传》，第370—424页。尤其是他写给曾国荃的信及其他著作，请参阅龙梦荪编著的《曾文正公学案》，上海，1925年出版，第314—344页。

(注14) 罗尔纲：《湘军新志》，第43—44页。

(注15) 蒋维乔：《中国近三百年哲学史》，上海，1936年出版，第41—42页。关于新儒学复兴的相关论述，见第四章。

(注16) 关于湘军军官成分的数据分析表格，见罗尔纲：《湘军新志》，第64页。

(注17) 关于中兴时期军事将帅的列传，证实了这个观点。请参阅朱孔彰编著的《中兴将帅别传》，孙诒让为该书撰写了序言，于1897年刊印出版。

(注18) 见1867年6月29日《北华捷报》上刊登的《天津新闻》。

(注19) 见1867年10月25日出版的《北华捷报》。还可参阅1866年7月7日的《北华捷报》。关于总督李鸿章发挥的重要作用，见[英]埃默里·厄普顿少将撰写的《欧洲和亚洲的军队（包括日本、中国、印度、波斯、意大利、俄国、奥地利、德国、法国和英国的官方报告）》，朴茨茅斯，英国，1878年出版，第27—29页。

(注20) 此处关于"中国军队"的新闻来源未署名，载于《泰晤士报》(伦敦)，1883年9月8日，第4页。

(注21) 见1866年7月28日出版的《北华捷报》（未署名）。与之相同的观点论述，见[英]厄普顿少

将撰写的报告《欧洲和亚洲的军队(包括日本、中国、印度、波斯、意大利、俄国、奥地利、德国、法国和英国的官方报告)》,第21页,以及《马克思在1853—1860年的中国》,摘自《纽约每日论坛报》刊载文章,伦敦,1951年,第47页。

(注22) 见1862年11月17日总理衙门的奏折,载于《筹办夷务始末——同治时期》,第10卷,第13—15页;1862年(同治元年)总理衙门的奏折,载于《皇朝续文献通考》,第9742页;1862年12月3日的清廷谕令,载于《筹办夷务始末——同治时期》,第10卷,第42—43页;云贵总督劳崇光于1863年2月12日上疏的奏折,载于《筹办夷务始末——同治时期》,第12卷,第55b—58b页。1861年12月7日的奏折,载于《清史稿·本纪》,第21卷,第3页。

(注23) 冯桂芬:《减兵额议》,载于《校邠庐抗议》,第2卷,第64—65页。此处观点的含义是,武举考试不像平民参加的科举考试,考试标准过低,致使一些低素质的人得以通过考试(见[英]厄普顿少将撰写的报告《欧洲和亚洲的军队(包括日本、中国、印度、波斯、意大利、俄国、奥地利、德国、法国和英国的官方报告)》,第22—23页)。冯桂芬选择这个事例的目的是想指出清军近期出现的衰败状况。

(注24) 见1866年7月28日出版的《北华捷报》。

(注25) 见1868年2月15日的谕令,载于《大清历朝实录——同治时期》,第223卷,第1b—2页;1868年7月13日的谕令,载于《大清历朝实录——同治时期》,第234卷,第13—14页。

(注26) 见1868年4月9日的谕令,载于《大清历朝实录——同治时期》,第227卷,第5—6b页。

(注27) 见僧格林沁1862年(同治元年)的奏折,其中列举了多名军官谎报军情的罪状,载于《皇朝续文献通考》,第9533页。清廷于1868年8月21日下达一道谕令,决定对谎报军情的行为给予惩罚,关于这起事件,见《大清历朝实录——同治时期》,第237卷,第14—15页。

(注28) 与之相关的事例,在《大清历朝实录——同治时期》中,几乎随处可见,在每一卷中均有记载,例如,1862年3月24日的谕令,见第20卷,第19—19b页;1867年3月8日的奏折,见第196卷,第8b页;1867年3月12日的奏折,见第196卷,第17b—18b页;1867年4月30日的奏折,见第199卷,第27b—28页;1867年6月22日的奏折,见第204卷,第1b—2b页;1867年7月20日的奏折,见第206卷,第7b—8b页;1867年8月24日的奏折,见第208卷,第14—15页;1867年10月13日的奏折,见第212卷,第1—1b页;1867年10月23日的奏折,见第212卷,第16页;1867年11月2日的奏折,见第213卷,第12—13页。

(注29) 在1860年4月21日出版的《北华捷报》上,再现了这条标语。其汉语原文应读作:

贼至兵何在?兵来贼已空;可怜兵与贼,何日得相逢!

据房兆楹所述,同样的一首打油诗的早期版本,曾在19世纪初白莲教叛乱期间出现过。

(注30) 关于这些及其他引自曾国藩、左宗棠和胡林翼针对这个问题所发表观点的论述,见王之平:《曾胡左兵学纲要》,第133—140页。

(注31) 见1867年9月23日的谕令,载于《大清历朝实录——同治时期》,第210卷,第29页。

(注32) 见报纸刊文《山东叛军》,载于1867年11月23日出版的《北华捷报》。

(注33) 见1868年7月14日的谕令,载于《大清历朝实录——同治时期》,第234卷,第21—22页。

(注34) 见1867年5月3日的谕令,载于《大清历朝实录——同治时期》,第199卷,第31—31b页。

(注35) 例如,见《清史稿·本纪》,第21卷,第3页;《大清历朝实录——同治时期》,第209卷,第1b—2b页;第210卷,第7b—8页;第214卷,第34—35页;第216卷,第11—12页;第218卷,第2—3页;第223卷,第18—19页;第230卷,第6b—7页;第19—19b页;第237卷,第6b—7页;以及《皇朝续文献通考》,第9533—9544页。

(注36) 陈启天:《胡曾左平乱要旨》,第4章。曾国藩创作的这首"爱民"歌的歌词大意(见书中第43—45页),连同他对自己制订的各种措施的讲述,其目的都是改善军民关系。见《曾国藩剿捻实录》,第25—26页。

(注37) 关于这个基本目标的详尽探讨,见王德亮所著《曾国藩之民族思想》,上海,1946年出版,

序言部分及第1章。曾国藩的政敌普遍接受此观点。

（注38）　罗尔纲：《湘军新志》，第73—74页。关于湘军更详尽的史料介绍，见［日］稻叶岩吉：《清朝全史》，第2卷，第475—481页；［日］稻叶岩吉：《支那近世史讲话》，东京，1938年出版，第131—138页；［日］内藤虎次郎：《清朝衰亡论》，第346—350页；［日］根岸佶：《中国社会指导层——耆老绅士的研究》，东京，1947年，第185—187页。

（注39）　秦翰才：《左文襄公在西北》，第40—47页。

（注40）　见《皇朝道咸同光奏议》，第21卷，第11b—13b页。

（注41）　这个观点得到了人类学家克莱德·克拉克洪巧妙的论述，见克莱德·克拉克洪所著《行为理论中的价值与价值取向：定义与分类的探讨》，载于社会学家塔尔科特·帕森斯与爱德华·A. 希尔斯（编著）：《关于行为学的一般理论》，坎布里奇市，马萨诸塞州，1951年出版，第388—433页。

（注42）　罗尔纲：《绿营兵志》，第57页。

（注43）　丁宝桢于1869年秋呈递的关于改革绿营兵的奏折，载于《丁文诚公奏稿》，1893年刊印，第7卷全篇，尤其是其中的第3份奏折。还可参阅罗尔纲：《绿营兵志》，第57—62页；以及《皇朝道咸同光奏议》，第47卷（上、下），及其余部分。

（注44）　陈志：《勇述》，成都，1893年刊印，载于《内篇》，第2卷，第3—4b页。值得注意的是，陈志认为"勇营"在大多数情况下，与绿营一样衰败不堪（见《内篇》，第2卷，第5—6b页）。

（注45）　冯桂芬：《校邠庐抗议》，作者的序言。

（注46）　1867年（同治六年）的谕令，载于《皇朝续文献通考》，第9597页。

（注47）　［英］赫德：《旁观者的备忘录》，载于《筹办夷务始末——同治时期》，第40卷，第19b—20页（关于赫德备忘录的具体内容，见第十一章）；江西巡抚刘坤一于1866年5月29日呈递的奏折，载于《筹办夷务始末——同治时期》，第41卷，第43—50页；崇厚1866年4月27日奏折，载于《筹办夷务始末——同治时期》，第41卷，第26b—30页；官文1866年5月23日奏折，载于《筹办夷务始末——同治时期》，第41卷，第40b—43页；张亮基1862年（同治元年）的奏折，载于《皇朝续文献通考》，第9504页；王凯泰的奏折，载于《同治中兴京外奏议约编》，第1卷，第36—42b页；《大清历朝实录——同治时期》，第230卷，第19—19b页。

（注48）　关于十省组建团练的兵力编成表，见罗尔纲：《湘军新志》，第23—24页；《皇朝续文献通考》，第9629页。

（注49）　罗尔纲：《湘军新志》，第25—27页，此观点的依据是曾国藩的书信。

（注50）　例如，见1868年7月14日的谕令，载于《大清历朝实录——同治时期》，第234卷，第21—22页；《清史稿·本纪》，第21卷，第7b页，1862年6月20日的奏折。

（注51）　罗尔纲：《湘军新志》，第28—30页，逐条驳斥了王闿运在早些时候对湘军的解读。

（注52）　关于咸丰之前兵部直接指挥清军的相关记载，见罗尔纲所著《湘军新志》，第222—232页。

（注53）　关于这个问题的总体评论，请参阅《皇朝道咸同光奏议》中的相关史料，第50卷（上），及其余全部内容。

（注54）　王庆云：《熙朝纪政》，第2卷，第39b页。在整个中国，约有790万公顷耕地（并非标准丈量，每公顷的面积约合15英亩），每年产出价值为白银3200万两的农业及人头税收入，或者相当于每公顷产出4两白银的年收入。中国的亩的具体面积可大可小，通常约合一英亩面积的1/6。供养一名骑兵，每月加上额外费用，约需2两白银。进入20世纪30年代，平均每农户家庭约有耕地面积为21亩，据估计，全国可耕种土地的总面积约为王庆云估计值的2倍。

（注55）　关于清朝原始简陋的军事补给方式，见［英］埃默里·厄普顿少将撰写的《欧洲和亚洲的军队（包括日本、中国、印度、波斯、意大利、俄国、奥地利、德国、法国和英国的官方报告）》，朴茨茅斯，英国，1878年出版，第24—27页。关于漕运制度潜在风险的讲述，见

[英]哈罗德·C.辛顿:《依托大运河的粮食运输（1845—1901）》,载于《中国论文集》,1950年第4期,第24—57页; 以及G.M.H.普莱费尔:《中国的粮食运输》,载于《中国评论》,第3卷,(1874—1875)年第6期,第354—364页。

(注56) 同治帝先后于1867年10月11日和1868年2月28日给军机处下达的两道谕令,载于《大清历朝实录——同治时期》,第211卷,第29b—31页;第224卷,第18—19页。

(注57) 这种类型的谕令几乎每天都在发布,而且这种随意指定数字的命令方式难以通过表格的形式来具体呈现。

(注58) 杨昌濬:《平定关陇纪略》,1887年刊印完毕,第13卷,第1页及其后续各页;赵烈文:《淮军平捻记》,第9卷,第2部分,第14b—16页。还可参阅王之平的著作中有关曾国藩、胡林翼、左宗棠对此问题发表看法的引述,见《曾胡左兵学纲要》,第31—41页。

(注59) 冯桂芬:《减兵额议》,载于《校邠庐抗议》,第2卷,第64—65页。

(注60) 《皇朝续文献通考》,第9503页。

(注61) 吴廷燮:《清财政考略》,出版地点不详,出版时间为1914年,第8页。

(注62) 见1867年3月7日下达的朝廷谕令,载于《大清历朝实录——同治时期》,第196卷,第4b—5页;1868年2月16日下达的朝廷谕令,载于《大清历朝实录——同治时期》,第223卷,第13页。

(注63) 见兵部奏折及朝廷谕令,载于《皇朝续文献通考》,第9597—9598页。

(注64) 见《同治中兴京外奏议约编》,第7卷,第1—6页。此前,两广总督王庆云曾竭力主张推行一项方案,凭借此方案,经济较富庶地区可以为较贫困地区承担军费支出(见《熙朝纪政》,第2卷,第39b页)。

(注65) 关于道光年间中国军队的实力得到壮大,而后持续努力控制其兵力规模的相关论述,见王庆云所著《熙朝纪政》,第2卷,第27—45b页。据[英]厄普顿将军估计,依照清政府当时的内部局势,关于清军总兵力的官方统计数字在50万到100万之间变动,但其真实数字显然会低得多(见《欧洲和亚洲的军队(包括日本、中国、印度、波斯、意大利、俄国、奥地利、德国、法国和英国的官方报告)》,第19页)。

(注66) 见左宗棠于1863年(同治二年)呈递的奏折,载于《皇朝续文献通考》,第9635—9642页。以及左宗棠于1866年(同治五年)递交的奏折,载于《皇朝道咸同光奏议》,第47卷(上),第5—6页。中兴时期有关裁减军队员额的其他史料记载,见《皇朝道咸同光奏议》第47卷全文;以及王之平:《曾胡左兵学纲要》,第24—30页,及其余全部内容。

(注67) 见《筹办夷务始末——同治时期》,第40卷,第19b—20页。

(注68) 见江西巡抚刘坤一于1866年5月29日呈递的奏折,载于《筹办夷务始末——同治时期》,第41卷,第43—50页;直隶总督崇厚于1866年4月27日呈递的奏折,载于《筹办夷务始末——同治时期》,第41卷,第26b—30页;湖广总督官文于1866年5月23日呈递的奏折,载于《筹办夷务始末——同治时期》,第41卷,第40b—43页。

(注69) 冯桂芬:《减兵额议》,载于《校邠庐抗议》,第2卷,第64—65页。

(注70) 文祥:《文文忠公自订年谱》,载于《文文忠公事略》,第3卷,第52b—54页。

(注71) 见《同治中兴京外奏议约编》,第1卷,第36b—42页。

(注72) 见《皇朝续文献通考》,第9504页。据房兆楹的考证发现,那些在江苏被遣散的军队中,有一部分后来又出现在直隶总督刘长佑的麾下。

(注73) 见1868年3月3日的谕令,载于《大清历朝实录——同治时期》,第224卷,第30b—31b页。

(注74) 见1868年1月27日的谕令,载于《大清历朝实录——同治时期》,第221卷,第6b—7页。

(注75) 见1868年5月12日的谕令,其内容是对太仆寺少卿储学勤的奏折进行了点评,载于《大清历朝实录——同治时期》,第229卷,第26—28页。

(注76) 见1868年6月13日的谕令,载于《大清历朝实录——同治时期》,第232卷,第19—19b页。

（注77） 见1865年5月13日和6月17日出版的《北华捷报》；以及1867年7月19日和7月22日的谕令，载于《大清历朝实录——同治时期》，第206卷，第5b—6页、第13b—14页。

（注78） 关于朝廷下令沿安徽、湖南省界及其他地区设防并采取防范措施的情况，见1868年8月14日和9月2日的谕令，载于《大清历朝实录——同治时期》，第236卷，第18b页，以及第238卷，第12—13b页。

（注79） 见1868年7月26日的谕令，载于《大清历朝实录——同治时期》，第235卷，第17—18b页。

（注80） 见《淮军平捻记》，第9卷，第2部分，第17—18b页。

（注81） 丁宝桢：《丁文诚公奏稿》，第6卷，第13—16b页，其内容为丁宝桢于1868年10月6日呈递的奏折。

（注82） 关于1868年10月5日和8日下达的指导曾国藩开展部队遣散工作的谕令，见《大清历朝实录——同治时期》，第241卷，第9b—10b和16—16b页。关于曾国藩裁军公告的完整译文和报社对此充满赞赏的社评文章，见1868年7月3日出版的《北华捷报》。承蒙房兆楹先生的帮助，我得到了有关这一问题的补充史料。

（注83） 见《皇朝续文献通考》，第9827—9830页。

（注84） 1862年初，文祥就任工部尚书，同时兼任管理火药局大臣（文祥：《文文忠公自订年谱》，载于《文文忠公事略》，第2卷，第37页）。

（注85） 王信忠：《福州船厂之沿革》，载于《清华学报》，第7卷，1932年第1期，第4—6页；陈其田：《曾国藩》，第12—13页。所有外国观察员都已经注意到清政府在西方武器采购问题上的显著变化，例如，[英]托马斯·S.金斯米尔：《对1865年发生于中日两国事件的回顾》，载于《皇家亚洲文会北中国支会会刊》，1865年第2期，第141页；《一名英国开拓者在中国的生活及冒险：19世纪60年代初的汉口》，载于《华英会通》，1899年第3期，第140页、第159—160页。

（注86） 关于同治时期清朝军事工业的概况，见张其昀：《中国军事史略》，上海，1946年出版，第148—149页。

（注87） 陈其田：《左宗棠》，第76页。

（注88） 见1861年9月8日的奏折及谕令，载于《筹办夷务始末——同治时期》，第1卷，第22b—27页；1862年3月24日的奏折，载于《筹办夷务始末——同治时期》，第4卷，第52b—54b页；曾国藩1861年8月23日的奏折，引自陈其田所著《曾国藩》，第35—36页；蒋星德：《曾国藩之生平及其事业》，第163页。

（注89） 陈其田：《曾国藩》，第35页。

（注90） 关于同治时期发展及运用海军力量的史料记载，见《皇朝道咸同光奏议》，第49卷全文；以及《皇朝续文献通考》，第9709—9710页、第9713—9715页、第9721—9726页。

（注91） 见1867年6月7日的谕令，载于《大清历朝实录——同治时期》，第202卷，第11—12页；1868年6月14日的谕令，载于《大清历朝实录——同治时期》，第232卷，第27—28页；1867年1月12日出版的《北华捷报》；《清史稿·本纪》，第21卷，第4b、5b页。

（注92） 见1867年3月18日的谕令，载于《大清历朝实录——同治时期》，第196卷，第33—33b页；1868年6月22日的谕令，载于《大清历朝实录——同治时期》，第233卷，第5—7页；印鸾章：《清鉴纲目》，上海，1936年出版，第687页。

（注93） 鉴于这种情况，曾国藩向皇帝提出报告；关于他1869年1月觐见皇帝时的记载，见《曾文正公大事记》，第4卷，第6b—11b页。

（注94） 关于江南制造局一般性的史料记载，见[法]科迪尔：《中国与西方列强关系史1860—1902》，第Ⅰ卷，第247—257页；张伯初：《上海兵工厂之始末》，载于《人文月刊》，第5卷，1934年第5期，第14页；全汉昇：《清季的江南制造局》，载于《国立中央研究院历史语言研究所集刊》，1951年第23期，第145—149页；甘作霖：《江南制造局之简史》，载于《东方杂志》，第11卷，1914年第5期，第46—48页，以及第11卷，1914年第6期，第21—25页，主要讲述了受雇于制造局的外国人的情况。

(注95) 曾昭抡：《东方杂志》，第38卷，1941年第1期，第56—59页。

(注96) 见李鸿章于1863年10月2日上疏的奏折，载于《李文忠公全集·奏稿》，第4卷，第44—44b页；总理衙门于1864年6月2日呈递的奏折，载于《筹办夷务始末——同治时期》，第25卷，第1—11页；后来，李鸿章又于1865年9月29日呈递了一份奏折，载于《筹办夷务始末——同治时期》，第35卷，第1—6页。

(注97) 关于李鸿章为此专程前往上海的情况记载，见《淮军平捻记》，第12卷，第11b页。

(注98) 见1866年6月2日、1867年8月16日、1868年7月25日出版的《北华捷报》。

(注99) 曾昭抡：《东方杂志》，第38卷，1941年第1期，第56—59页。还可参阅陈其田：《曾国藩》，第63—64页。

(注100) 见1867年8月16日出版的《北华捷报》。

(注101) 左宗棠于1866年12月3日呈递的两份奏折及朝廷的谕令，见《筹办夷务始末——同治时期》，第45卷，第56—59b页；以及1866年11月24日出版的《北华捷报》；秦翰才：《左文襄公在西北》，第31页。

(注102) 见《清史稿·选举志》，第2卷，第2页。

(注103) 清廷于1867年8月9日颁发的任免谕令，载于《大清历朝实录——同治时期》，第207卷，第25—25b页。

(注104) 关于福州船政局所取得的历史成就的史料记载，见沈葆桢的奏报，载于《大清历朝实录——同治时期》，第210卷，第35b—36页；第214卷，第5b—6b页；第224卷，第7—7b页；《筹办夷务始末——同治时期》，第57卷，第3b—10b页；第60卷，第33—38b页；第66卷，第6b—9页；第68卷，第41b—44页；《皇朝续文献通考》，第9777页、第9780—9788页；《国朝柔远记》，第16卷全文。

关于福州船政局的历史，一部得到广泛认可的史料集注是《船政奏议汇编》。有关福州船政局的信息量最大的一部专著是，王信忠：《福州船厂之沿革》，载于《清华学报》，第7卷，1932年第1期，第55页。目前可以找到的有关福州船政局历史的最完整的英文版记载，是陈其田所著的《左宗棠》。还可参阅邓嗣禹所著的《沈葆桢》，载于《清代名人传略》，第642—644页；[法]日意格：《福州船政局及其结局（1867—1874）》，上海，1874年发表。

(注105) [法]日意格：《福州船政局及其结局（1867—1874）》，第34页。

(注106) [英]罗伯特·K.道格拉斯：《中国的科学进步》，载于《大众科学评论》，1873年出版，第382页。

(注107) 引自张之洞所著《劝学篇·变法》，该文经邓嗣禹和费正清翻译后，转载于《中国对西方的反应》，坎布里奇市，马萨诸塞州，1954年出版，第171页。一位名叫宋晋的京官，曾于1872年上奏朝廷，建议取缔福州船政局。见陈其田所著《左宗棠》，第84页。

(注108) 王信忠：《福州船厂之沿革》，载于《清华学报》，第7卷，1932年第1期，第55—57页。

(注109) 王信忠：《福州船厂之沿革》，载于《清华学报》，第7卷，1932年第1期，第49—52页。

(注110) 见《津门杂志》，第2卷，第18b—19b页。

(注111) [德]方根拔：《蒲安臣使团》，第411—412页，该文以耸人听闻的语调，记载了中国发展军事力量的基本情况。关于直隶兵工厂的情况，见1866年总理衙门及户部的奏折，载于《筹办夷务始末——同治时期》，第44卷，第16b—18页；第46卷，第18—19b页。

(注112) 见崇厚于1862年下提交朝廷的奏折，载于《筹办夷务始末——同治时期》，第3卷，第44—44b页；第4卷，第13b—14b页、第36b—38页。关于直隶驻军的训练，还可参阅刘长佑于1866—1867年间呈递的奏折，载于《皇朝道咸同光奏议》，第47卷（上、下）全文；以及《曾文正公大事记》，第4卷，第9b—11b页。

(注113) 文祥：《文文忠公自订年谱》，载于《文文忠公事略》，第3卷，第44b、45、46b页；1866年3月24日出版的《北华捷报》。

(注114) 陈其田：《左宗棠》，第65页。关于麦士尼在这一时期的回忆录，见《华英会通》，上海出版

社，散见于书中记载时间从1895—1905年的4卷内容。

(注115) 见《皇朝续文献通考》，第9505页、第9742—9744页；《大清历朝实录——同治时期》，第194卷，第11b页、第33—34b页；第196卷，第24—24b页、第25—26b页；第197卷，第6—7页、第28b—29b页；第198卷，第12—12b页；第199卷，第11—11b页；第204卷，第15—15b页；第208卷，第2b—3页；第212卷，第9—9b页；第213卷，第13—13b页；第214卷，第16b—17页。

(注116) 见1862年10月13日的谕令，载于《筹办夷务始末——同治时期》，第9卷，第14—14b页。

(注117) 见《大清历朝实录——同治时期》，第17卷，第42—42b页；第19卷，第24—24b页；《筹办夷务始末——同治时期》，第4卷，第25—28页；第5卷，第5b—10b页；第9卷，第9b—14页；《清史稿·本纪》，第21卷，第5页。朝廷对沃德的表彰通令，见《北京公报》，引自1862年10月4日出版的《北华捷报》。

(注118) 见《清史稿·本纪》，第21卷，第5b页。

(注119) 见总理衙门于1863年8月2日呈递的一份带有附件的奏折，载于《筹办夷务始末——同治时期》，第17卷，第13—22页。对白齐文事件的回顾，见1863年8月15日出版的《北华捷报》。还可参阅1862年8月8日、22日和29日出版的《北华捷报》。

(注120) 见1863年12月14日的谕令，载于《筹办夷务始末——同治时期》，第22卷，第3b—4页。

(注121) 见卜鲁斯于1863年12月15日写给拉塞尔的信，载于《英国议会档案·中国卷》，1864年第7号档案文件，第1页。

(注122) 见1863年12月23日李鸿章的奏折及朝廷的谕令，载于《大清历朝实录——同治时期》，第22卷，第7—11页。

(注123) 见1864年1月6日的谕令，载于《大清历朝实录——同治时期》，第22卷，第17b页。

(注124) 见1864年5月19日的谕令，载于《大清历朝实录——同治时期》，第24卷，第29页。关于李鸿章与戈登之间发生争吵事件的回顾，见1864年6月18日出版的《北华捷报》。

(注125) 关于明确外籍军官和顾问在大清国军队中任职、以及极少数军人员在太平军中任职的情况统计表，见郭廷以：《太平天国史事日志》，第2卷，附录7之表格。

(注126) 见《筹办夷务始末——同治时期》，第12卷，第60b—63页；第14卷，第1—2页；《清史稿·本纪》，第21卷，第4b页；1863年5月23日出版的《北华捷报》。关于1862年6月10日卜罗德去世之际清政府为其追授荣誉一事，见《清史稿·本纪》，第21卷，第7页；以及1862年6月11日《北京公报》，该文被转载于1862年7月5日出版的《北华捷报》。

(注127) 见1863年5月6日的总理衙门奏折及清廷谕令，载于《筹办夷务始末——同治时期》，第15卷，第14—15页；1863年3月7日出版的《北华捷报》。麦士尼因其在1867—1869年贵州战役中的表现而获得清政府的褒奖，他向人们描述了清政府为其颁发的宝珠的图案，以及中国人设计的奖章的形状特征，请参阅《华英会通》，1899年第3期，第12—13页。

(注128) 见1868年2月24日的谕令，载于《大清历朝实录——同治时期》，第224卷，第8b—9页。日意格一直尽职尽责地为清政府效力，直到中法战争爆发，他才离开中国。战争结束后，就在他即将得以重返岗位之际，却溘然辞世。关于日意格的生平及个人信息资料，见《中国与西方列强关系史1860—1902》，第Ⅰ卷，第215—218页。

(注129) 见《筹办夷务始末——同治时期》，第44卷，第20—20b页。

(注130) 见1868年10月27日出版的《北华捷报》。

(注131) 见［美］阿礼国于1868年1月1日写给［美］山嘉利的信，载于《英国议会档案·中国卷》，1871年第5号档案文件，第112—116页。

(注132) 见《经济学家》杂志，1863年6月20日刊登的文章，1863年9月12日出版的《北华捷报》虽然转载了这篇文章，却并不认同文中观点。

(注133) 见1866年11月3日出版的《北华捷报》。还可参阅1863年2月7日出版的《北华捷报》。

(注134) 对于中国同西方之间在军火采购方面的相互关联问题，房兆楹教授曾经开展了大量的研究探

索。

（注135）见1861年9月23日总理衙门的奏折，载于《筹办夷务始末——同治时期》，第2卷，第26—27页；以及1861年9月23日颁布的清廷谕令，载于《大清历朝实录——同治时期》，第3卷，第9b—10页。派驻在库伦的清政府外交代表于1861年10月31日发出的报告，载于《筹办夷务始末——同治时期》，第2卷，第44—45页和《大清历朝实录——同治时期》，第8卷，第52—52b页；1861年12月4日的谕令，载于《大清历朝实录——同治时期》，第9卷，第11b—13页；总理衙门于1862年1月19日呈递的奏折，载于《筹办夷务始末——同治时期》，第3卷，第23b—26页。关于从俄国进口的第二船武器运抵北京的消息，总理衙门在1862年11月26日呈递的奏折中，向清廷作了报告，载于《筹办夷务始末——同治时期》，第10卷，第29b—30页。

（注136）基于中西方史料信息来源，对这起事件的详细回顾，见约翰·L. 罗林森：《李-阿思本舰队：关于其事件发展及历史意义》，载于《中国论文集》，1950年第4期，第58—93页。还可参阅［英］魏尔特：《赫德与中国海关》，第9章。

（注137）见1862年1月25日清廷下达的谕令，载于《大清朝实录——同治时期》，第14卷，第31—32b页（还可参阅内容与之相近、下达日期相同、却并非同一份文件的谕令，载于《筹办夷务始末——同治时期》，第3卷，第46b—47页）；1862年2月19日的谕令，载于《大清历朝实录——同治时期》，第17卷，第3b页（这条谕令，以及之前的总理衙门奏折，载于《筹办夷务始末——同治时期》，第4卷，第9—13b页）；1862年2月25日的谕令，载于《大清历朝实录——同治时期》，第17卷，第42b—45b页。

（注138）见《筹办夷务始末——同治时期》，第4卷，第27b—28页。

（注139）总理衙门于1862年11月20日向清廷呈报的计划，见《筹办夷务始末——同治时期》，第10卷，第18b—21b页；清廷于1863年2月6日对此予以批准的谕令，见《筹办夷务始末——同治时期》，第12卷，第35b—38页。

（注140）见1863年7月8日的谕令，载于《筹办夷务始末——同治时期》，第16卷，第30b—33页。还可参阅［英］魏尔特：《赫德与中国海关》，第9章。

（注141）关于中国方面对此事件的记载，见《筹办夷务始末——同治时期》，第21卷，第1—22页、第41b页。

（注142）见1863年11月19日卜鲁斯致拉塞尔的信，载于《英国议会档案·中国卷》，1864年第2号档案文件，第22页。

（注143）见西华德于1864年3月21日写给蒲安臣的信，载于《美国国务院档案文献·中国卷·指令文件》，第1卷，第300页。

（注144）对中英双方相关史料的广泛引用，出自 F.W. 威廉姆斯：《维多利亚时代中期中国在华外国人的态度》，载于《种族发展杂志》，第8卷，1918年第4期，第419—422页。

（注145）［德］方根拔：《蒲安臣使团》，第193—210页。

（注146）［美］丁韪良：《花甲记忆》，第232—233页。

（注147）见1863年12月12日出版的《北华捷报》；还可参阅1864年3月12日出版的《北华捷报》。

（注148）约翰·L. 罗林森：《李-阿思本舰队：关于其事件发展及历史意义》，载于《中国论文集》，1950年第4期，第86页；［英］魏尔特对此表示赞同（见《赫德与中国海关》，第9章）。

（注149）见1862年1月26日的谕令，载于《清史稿·本纪》，第21卷，第4b页；1862年1月28日的谕令，载于《大清历朝实录——同治时期》，第14卷，第47b页；1862年3月4日的谕令，载于《大清历朝实录——同治时期》，第18卷，第13b—15b页；1862年3月14日的谕令，载于《大清历朝实录——同治时期》，第19卷，第10页；1862年3月24日的谕令，载于《大清历朝实录——同治时期》，第20卷，第20—20b页；1862年2月7日的谕令，载于《筹办夷务始末——同治时期》，第4卷，第1—1b页；1862年3月31日的谕令，载于《筹办夷务始末——同治时期》，第5卷，第1—1b页；1862年2月25日的谕令，载于《筹办夷务始末——同治时期》，第4卷，第26b—28页；1862年5月5日的谕令，载于《筹办夷务始末——同治时期》，

第5卷，第35—36b页；1862年3月24日的谕令，载于《筹办夷务始末——同治时期》，第5卷，第53b—54页；1862年5月28日的谕令，载于《筹办夷务始末——同治时期》，第6卷，第3页。

（注150）见1862年3月31日的谕令，载于《清史稿·本纪》，第21卷，第5b页。

（注151）陈其田：《曾国藩》，第69—70页。

（注152）见1862年3月4日的奏折，载于《筹办夷务始末——同治时期》，第4卷，第28—29b页。

（注153）见1862年6月13日的谕令，载于《清史稿·本纪》，第21卷，第7页。

（注154）例如，见湖南代理巡抚文格于1861年8月29日呈递的奏折，载于《筹办夷务始末——同治时期》，第1卷，第13—14页；冯桂芬：《减兵额议》，载于《校邠庐抗议》，第2卷，第64—65页。

（注155）引自《国朝柔远记》，第16卷，第3b—4页。

（注156）关于英国方面提供的配有中文史料英译版附件的事件记载，见《1859—1860年间关于中国事务的往来信件》，第65—70页、第160页、第199—203页。以及1860年7月21日出版的《北华捷报》；清廷于1862年3月29日下达的谕旨，载于《清史稿·本纪》，第21卷，第6页。薛焕于1862年1月26日和2月8日呈递的奏折，载于《筹办夷务始末——同治时期》，第3卷，第47—49页；第4卷，第1b—2页。

（注157）总理衙门于1864年8月30日呈递的奏折，见《筹办夷务始末——同治时期》，第27卷，第26b—28页。

（注158）董恂：《还读我书老人自订年谱》，1892年刊印，第1卷，第52b—53页。

（注159）总理衙门于1866年6月29日呈递的奏折及其附件，见《筹办夷务始末——同治时期》，第42卷，第25b—39页。

（注160）董恂：《还读我书老人自订年谱》，第1卷，第52b—53页。

（注161）见曾国藩于1862年5月5日呈递的奏折，载于《筹办夷务始末——同治时期》，第5卷，第31b—33页。

（注162）关于1863年1月19日总理衙门的奏折及清廷的谕令，见《筹办夷务始末——同治时期》，第12卷，第1—4页。

（注163）蒋方震：《近五十年来军事变迁史》，载于《申报馆成立五十周年纪念日出版作品集》，第2卷，《五十年来之中国》，上海，1922年，第1页。蒋百里提出了一种在团练、土匪、官僚和文人之间保持交互协作模式的很有意义的军事理论。

（注164）[法]日意格：《自1858—1860年签订条约以来的法国对华政策》，巴黎，1872年，第47—49页。

（注165）见报纸上标注为"中国军队"的新闻线索（并非署名），载于《泰晤士报》（伦敦），1883年9月8日出版，第4页。

第十章

（注1）[美]费正清、邓嗣禹：《论清代的朝贡制度》，载于《哈佛亚洲研究学报》，第6卷，1941年第2期，第135—246页；[美]费正清：《中国沿海的贸易与外交》，第1卷，第1章；M.弗雷德里克·纳尔逊：《韩国与东亚儒家世界秩序》，巴吞鲁日市，路易斯安娜州，1945年出版，第1部分，《儒家君主的国际社会》。

（注2）[英]理雅各（译者）：《孟子》，香港和伦敦，1861年出版，第129—130页。

（注3）恭亲王奕䜣：《乐道堂文钞》，第1卷，第1页、第2b页、第17b—18b页、第25页。

（注4）关于清帝国与安南之间的外交礼仪与政治关系，例如，见G.德维里亚：《16世纪至19世纪中国与安南关系史》，根据中国方面提供的档案文献，巴黎，1880年。

（注5）关于朝贡关系的史料记载，散见于当时的一般性文献资料当中，例如，《大清历朝实录——同治时期》，第4卷，第36页；第5卷，第30页；第14卷，第42b页；第19卷，第36页；第194卷，第19b—20b页；第204卷，第13b—14页；第211卷，第21页；第220卷，第28b—32b页；第221卷，第10页；第222卷，第16页，第32页；第224卷，第50b页；第229卷，第14b—15b页；第231卷，第6页，第15页；《皇朝续文献通考》，第8189页、第10711页、第10729—10730页、第10736页、第10738页；《同治中兴京外奏议约编》，第6卷，第42—42b页；1864年5月28日、6月11日出版的《北华捷报》；《清史稿·本纪》，第21卷，第3b—8页。

（注6）见1866年12月15日出版的《北华捷报》。

（注7）见1861年6月22日出版的《北华捷报》。

（注8）见《筹办夷务始末——道光时期》，第24卷，第36b页。

（注9）见卜鲁斯于1859年7月13日写给马姆斯伯里勋爵的信，载于《与卜鲁斯先生的通信》，第10封，第21—22页；还可参阅卜鲁斯于1860年4月7日写给拉塞尔的信，载于《1859—1860年间关于中国事务的往来信件》，第22卷，第37—39页。

（注10）关于恭亲王在事发当时的看法，见王德昭：《同治新政考》，第1部分，载于《文史杂志》，第1卷，1945年第4期，第24—29页。

（注11）孟思明：《总理衙门的组织与功能》，哈佛大学博士学位论文，1949年答辩。笔者认为，孟思明低估了总理衙门的重要性。

（注12）承蒙东京都立大学坂野正高教授的帮助指导，使我得以辨别这些由清廷委任的钦差人选，坂野教授是依据《筹办夷务始末——咸丰时期》的记载和文祥、翁同龢的日记得出上述结论的。

（注13）见《筹办夷务始末——咸丰时期》，第71卷，第17—19页。

（注14）房兆楹、杜联喆：《清代名人传略》，第381页；[法]科迪尔：《1860—1900年中国与西方列强关系史》，第1卷，第108、109页；《筹办夷务始末——咸丰时期》，第72卷，第27—36页。

（注15）见《筹办夷务始末——咸丰时期》，第72卷，第22页。

（注16）吴成章：《外交部沿革纪略》，（北京），1913年。总理衙门经常提到会接收到这样的文件材料。

（注17）见1861年11月30日的谕令，载于《筹办夷务始末——同治时期》，第2卷，第43b—44页。

（注18）陈文进：《清代之总理衙门及其经费》，载于《中国社会经济史集刊》，第1卷，1932年第1期，第51—53页。

（注19）吴成章：《外交部沿革纪略》，北京，1913年，第3b—4b页。

（注20）总理衙门1864年9月20日的奏折，汇报了总理衙门的成长壮大、职能变化以及增设组织章程的需求。见《筹办夷务始末——同治时期》，第28卷，第13—17b页；《皇朝续文献通考》，第8778—8780页、第8917页、第10781页；吴成章：《外交部沿革纪略》，第5—9b页。

（注21）陈文进：《清代之总理衙门及其经费》，载于《中国社会经济史集刊》，第1卷，第54—57页。

（注22）见《皇朝续文献通考》，第10781页。

（注23）薛焕于1862年6月13日呈递的奏折，见《筹办夷务始末——同治时期》，第6卷，第23b—26页。

（注24）见阿礼国于1869年2月9日写给山嘉利的信，载于《英国议会档案·中国卷》，1869年第3号档案文件，第33—36页。关于台湾事件的简要经过，见第三章。

（注25）见恭亲王奕䜣于1868年12月5日提交给阿礼国的外交备忘录，载于《英国议会档案·中国卷》，1871年第5号档案文件，第232页。

（注26）王德昭：《同治新政考》，第1部分，载于《文史杂志》，第1卷，第2部分，第36—37页。

随后列举出的关于总理衙门外交努力出现失败的例证，见该书第37—42页。

（注27）关于前一代人中伴随着中英之间首次签署条约之后成长起来的且与总理衙门相对应的中国外交官的史料记载，见［美］费正清：《中国沿海的贸易与外交》，第1卷，第1章，第176—183页。

（注28）文祥：《文文忠公自订年谱》，载于《文文忠公事略》，第3卷，第68页、第73b—74页。西方对文祥及恭亲王的回顾与评价，出自《华英通》，第1卷（1895年），第292页。

（注29）董恂：《还读我书老人自订年谱》，1892年刊印，第1卷，第36页、第44b—45页。

（注30）［美］丁韪良：《花甲忆记》，第355—358页。关于另一位外国人对董恂的评价，见［英］密福特：《驻华使馆武官在北京》，第69—70页。

（注31）董恂：《还读我书老人自订年谱》，第1卷，第50—51b页；房兆楹、杜联喆：《清代名人传略》，第790页，此处引用了翁同龢的日记。

（注32）1855年，阿礼国曾称赞徐继畲在担任福建巡抚期间取得了"重大进展"，并对他的被解职一事表示了谴责（见《中华帝国及其命运》，载于《孟买评论季刊》，1855年10月号，第232—233页）。还可参阅房兆楹、杜联喆在《清代名人传略》中，《对徐继畲的评述》，第309—310页；［美］费正清：《中国沿海的贸易与外交》，第1卷，第281—284页。

（注33）董恂：《还读我书老人自订年谱》，第1卷，第48—48b页。

（注34）见西华德于1866年3月6日写给卫三畏的信，载于《美国国务院档案文献·中国卷·指令文件》，第1卷，第392页、第394—395页。

（注35）［英］密福特：《驻华使馆武官在北京》，第69—70页。

（注36）见西华德于1866年6月4日写给卫三畏的信，载于《美国国务院档案文献·中国卷·指令文件》，第1卷，第402页；以及西华德于1867年1月21日写给蒲安臣的信，载于《美国国务院档案文献·中国卷·指令文件》，第1卷，第430—431页。

（注37）董恂：《还读我书老人自订年谱》，第1卷，第48b页。

（注38）［英］班德瑞：《构成中国中央及地方政府高级官吏历史年表》，载于《中国评论》，第7卷，（1878—1879年）第5期，第341页。

（注39）董恂：《还读我书老人自订年谱》，第1卷，第45b—46页。

（注40）董恂：《还读我书老人自订年谱》，第2卷，第8页；吴成章：《外交部沿革纪略》，第4b页。

（注41）董恂：《还读我书老人自订年谱》，第2卷，第8页。

（注42）［英］班德瑞：《构成中国中央及地方政府高级官吏历史年表》，载于《中国评论》，第7卷，第5期（1878—1879年），第314—329页。

（注43）见1865年7月15日、1866年4月28日、9月22日以及1868年6月27日出版的《北华捷报》；房兆楹、杜联喆：《清代名人传略》，第721—723页。

（注44）［英］班德瑞：《构成中国中央及地方政府高级官吏历史年表》，载于《中国评论》，第7卷，第5期（1878—1879年），第314—329页。

（注45）［美］卫三畏：《中国总论》，第2卷，第699页。

（注46）郭嵩焘：《养知书屋全集》，1892年，《奏疏》，第12卷，第1—3页；具体日期不详，大概是在马嘉理案期间。

（注47）郭嵩焘：《养知书屋全集》，1892年，《奏疏》，第12卷，第4—12页。

（注48）范文澜：《中国近代史》，香港，1949年出版，第1卷，第219—220页。

（注49）［美］费正清：《中国沿海的贸易与外交》，第1卷，第6、第7及第11章。

（注50）例如，见总理衙门于1862年12月24日呈递的奏折，内容涉及沙俄凭借以往条约进而向中国提出领土要求，载于《筹办夷务始末——同治时期》，第11卷，第1—3b页。以及1863年6月19日恭亲王致卜鲁斯的信，载于《英国议会档案·中国卷》，1864年第8号档案文件，

（注51）事实上，这个论断是基于对《筹办夷务始末——同治时期》所涵盖的全部史料档案进行检查之后得出的结论。

（注52）见总理衙门于1866年7月18日呈递的奏折，载于《筹办夷务始末——同治时期》，第42卷，第50b—51b页。

（注53）文祥：《文文忠公自订年谱》，载于《文文忠公事略》，第3卷，第51b页。

（注54）见1861年12月8日下达的谕令，载于《筹办夷务始末——同治时期》，第3卷，第2—3b页。

（注55）见总理衙门于1861年8月23日呈递的奏折，载于《筹办夷务始末——同治时期》，第1卷，第6—6b页。关于这方面的更进一步的事例，见《筹办夷务始末——同治时期》，第1卷，第14—14b页；第3卷，第26—27b页；第30卷，第31页；还可参阅薛福成关于条约制度原则的论文，载于《皇朝经世文续编》，第104卷，第10b—14页；[英]魏尔特：《赫德与中国海关》，第3章。

（注56）见总理衙门于1867年3月18日呈递的奏折，载于《筹办夷务始末——同治时期》，第47卷，第21页。

（注57）见1845年10月29日给军机处下达的谕令，载于《筹办夷务始末——道光时期》，第74卷，第25b—26b页；以及《大清历朝实录——道光时期》，第42卷，第22b—23页。

（注58）见御史陈鸿翔的奏折，其内容代表了郭嵩焘的主张，引自刘法曾所著《清史纂要》，上海，1914年出版，第115页。

（注59）见1862年1月4日的谕令，载于《筹办夷务始末——同治时期》，第3卷，第14b页；总理衙门于1862年1月16日呈递的奏折，载于《筹办夷务始末——同治时期》，第3卷，第21b—23b页；《英国议会档案·中国卷》，1864年第3号档案文件全文；《皇朝续文献通考》，第10781—10782页。

（注60）惠仪（疑有误）：《至同治朝英法盐政交涉案》，载于《谈盐丛报》，1914年第16期，第5页。惠仪通过引述此案，驳斥国民党对清政府既不爱国又背信弃义并将主权拱手相让于外国人的指控。关于盐业行政机关的运行情况，见第八章。

（注61）请参阅1864年2月13日、1865年5月13日、1866年1月6日和1868年11月24日出版的《北华捷报》。

（注62）关于中国方面对沙俄在1860—1870年这十年间提出的"要求"所作的归纳，见总理衙门于1870年3月6日呈递的奏折，载于《筹办夷务始末——同治时期》，第71卷，第18—20页。

（注63）在中方看来，中俄两国处理外交事务的协商机制非常笨拙、低效，见1862年2月19日总理衙门上报的奏折，载于《筹办夷务始末——同治时期》，第4卷，第20b—21b页。

（注64）关于1865年中俄谈判的简要介绍，见《筹办夷务始末——同治时期》，第41卷，第1—22b页。

（注65）关于中俄双方在1869年达成的经修订后的条约，以及对1862年以后外交问题的回顾，见《筹办夷务始末——同治时期》，第67卷，第23—23b页。还可参阅[法]科迪尔：《1860—1900年中国与西方列强关系史》，第1卷，第115页。

（注66）例如，见《筹办夷务始末——同治时期》，第7卷，第44—46页；第15卷，第38b—40b页；第16卷，第11—15页；第18卷，第3b—13页；《大清历朝实录——同治时期》，第4卷，第9—9b页；《清史稿·本纪》，第21卷，第6b页、第7b页、第8页。

（注67）例如，见《大清历朝实录——同治时期》，第16卷，第13b—14b页；《筹办夷务始末——同治时期》，第4卷，第4—6页。

（注68）例如，见《大清历朝实录——同治时期》，第199卷，第3b—4b页；第203卷，第5—5b页；第232卷，第4b—5b页；第236卷，第3b—4b页。

（注69）见总理衙门于1862年12月24日呈递的配有附件的奏折，载于《筹办夷务始末——同治时期》，第11卷，第1—9b页；第3卷，第8—8b页，以及《大清历朝实录——同治时期》，

第11卷，第31b—33页。

(注70) 见《筹办夷务始末——同治时期》，第19卷，第1—11页。

(注71) 见总理衙门于1863年8月8日呈递的奏折，载于《筹办夷务始末——同治时期》，第17卷，第28—30b页。

(注72) 见《筹办夷务始末——同治时期》，第18卷，第55—62页。

(注73) 见《筹办夷务始末——同治时期》，第18卷，第50—52页。

(注74) 关于《塔城议定书》的正文，见《筹办夷务始末——同治时期》，第29卷，第28b—34b页。

(注75) 例如，见1866年6月16日的奏折，载于《筹办夷务始末——同治时期》，第42卷，第2—16b页、第19b—22页；1866年7月3日的奏折，载于《筹办夷务始末——同治时期》，第42卷，第39—41b页；1866年7月12日的奏折，载于《筹办夷务始末——同治时期》，第42卷，第41b—45b页；1868年7月11日的奏折，载于《筹办夷务始末——同治时期》，第60卷，第1—5b页，还可参阅第60卷全文；1868年6月13日的奏折，载于《大清历朝实录——同治时期》，第232卷，第24b—25页；1867年11月28日的奏折，载于《大清历朝实录——同治时期》，第215卷，第12—13页。

(注76) 关于西北边界的"最终"勘定结果，总理衙门于1869年9月10日奏报同治帝（见《筹办夷务始末——同治时期》，第67卷，第34b—41b页）。

(注77) 关于清代管理边境问题的总体制度，请参阅《清代边政考略》，由边疆政教制度研究会编纂，南京，1936年出版。

(注78) 见1863年9月1日的奏折，载于《筹办夷务始末——同治时期》，第18卷，第43b—45b页。

(注79) 例如，驻扎在布伦托克霍伊的大营就曾发生过起兵叛乱事件，见《大清历朝实录——同治时期》，第233卷，第4—7页、第17b—18b页、第22—23b页；第235卷，第3b—6页、第20b—22b页；第236卷，第22—24页；第237卷，第28b—29页；第239卷，第19—20b页。

(注80) 例如，见《大清历朝实录——同治时期》，第196卷，第31b—32页；第198卷，第21b—22页；第199卷，第5b—6b页；第201卷，第16—17页；第203卷，第20b—22页；第215卷，第30b—31b页；第217卷，第1b—2b页。

(注81) 见《筹办夷务始末——同治时期》，第18卷，第41b—43b页。

(注82) 见《筹办夷务始末——同治时期》，第3卷，第3b—8页；第5卷，第46—47b页。

(注83) 见1863年2月18日的奏折，载于《筹办夷务始末——同治时期》，第13卷，第1—5页。

(注84) 见《筹办夷务始末——同治时期》，第17卷，第7—9页、第22页及其以后各页。

(注85) 见《大清历朝实录——同治时期》，第212卷，第21—22页。

(注86) 见《大清历朝实录——同治时期》，第202卷，第16—17页；第203卷，第22—22b页；第204卷，第5—6页；第208卷，第17—17b页；第214卷，第27b—29页以及1867年6—11月的奏折。

(注87) 例如，见《筹办夷务始末——同治时期》，第5卷，第46—46b页；第16卷，第21—27b页；1863年7月2日的奏折，出自《筹办夷务始末——同治时期》，第44卷，第3b—4b页；1866年9月21日的奏折，出自《筹办夷务始末——同治时期》，第45卷，第38b—41页；1866年11月26日的奏折，出自《筹办夷务始末——同治时期》，第48卷，第16—18b页。

(注88) 见《筹办夷务始末——同治时期》，第13卷，第6b—8页。

(注89) 见前文第85号注释。

(注90) 见前文第86号注释。

(注91) 见1863年1月30日的谕令，载于《筹办夷务始末——同治时期》，第12卷，第10b—11页。

(注92) 见《清史稿·本纪》，第21卷，第8页。

（注93） 例如，见伊犁将军常清1863年3月7日的奏折，其内容涉及清军与布里亚特部落、哈萨克部落举行谈判的情况，载于《筹办夷务始末——同治时期》，第13卷，第10b——11页；乌里雅苏台将军明谊于1863年4月16日呈递的两份奏折，载于《筹办夷务始末——同治时期》，第15卷，第27——30b页；《大清历朝实录——同治时期》，第225卷，第21——21b页；第226卷，第33b——36页；第230卷，第16b——17页。

（注94） 见《筹办夷务始末——同治时期》，第14卷，第30b——36b页。

（注95） 塔尔巴哈台参赞大臣明绪及其他官员于1863年5月19日呈递的奏折，见《筹办夷务始末——同治时期》，第15卷，第21b——23b页；内容相近的史料，见《筹办夷务始末——同治时期》，第15卷，第23b——29b页。还可参阅《大清历朝实录——同治时期》，第204卷，第5——6页，1867年6月22日。

（注96） 见《筹办夷务始末——同治时期》，第15卷，第41——42b页、第51b——55页。

（注97） 见1863年6月19日的谕令，载于《筹办夷务始末——同治时期》，第16卷，第17——18页；1867年2月5日的谕令，载于《大清历朝实录——同治时期》，第194卷，第3b——4b页。

（注98） 总理衙门呈递的附有俄方外交信函的奏折，和清廷1863年8月8日颁发的谕令，见《筹办夷务始末——同治时期》，第17卷，第30b——48b页；出处同上，第28卷，第2b——4页。这种观点频繁出现在《筹办夷务始末》中有关1865年的史料文献中，例如，第33卷，第35b页；还可参阅《大清历朝实录——同治时期》，第205卷，第2b页，该页显示1867年7月3日的谕令，内容是命令军机大臣、各部尚书和都察御史要与总理衙门密切配合，制定有效策略，以便遏止沙俄对突厥斯坦地区的勃勃野心。

（注99） 摘自〔美〕丁韪良给《万国公法》一书题写的英文序言，该书是他译自《惠顿国际法》的汉语译作。北京，1864年出版。

（注100） 见总理衙门1864年8月30日的奏折，载于《筹办夷务始末——同治时期》，第27卷，第25——26b页。

（注101） 〔美〕丁韪良：《万国公法》的英文版序言；以及丁韪良所著《花甲记忆》，第232——234页；〔美〕劳罗斯：《对中国事务的说明》，载于〔德〕方根拔所著《蒲安臣使团》，第871页；《中日论丛》，1865年第3期，第586页；〔英〕密福特：《驻华使馆武官在北京》，第86页。

（注102） 董恂：《还读我书老人自订年谱》，第1卷，第46——46b页。丁韪良的影响无疑是相当可观的，请注意《皇朝经世文续编》中所包含的译文中的数字，第104——106卷。

（注103） 见总理衙门1862年12月24日的奏折，载于《筹办夷务始末——同治时期》，第11卷，第3b——6页。

（注104） 见1863年8月29日、9月5日《北华捷报》的译文。

（注105） 见恭亲王奕䜣于1864年3月16日写给蒲安臣的信，他在信中没有提到驶离中国港口的南军船只阿拉巴马号。其译文载于1864年3月16日出版的《北华捷报》；还可参阅西华德于1864年7月11日写给蒲安臣的信，该信载于《美国国务院档案文献·中国卷·指令文件》，第1卷，第305页。

（注106） 见总理衙门于1864年8月30日呈递的奏折，载于《筹办夷务始末——同治时期》，第27卷，第25——26b页；以及1865年2月20日的奏折，载于《筹办夷务始末——同治时期》，第31卷，第4——5页；〔美〕丁韪良：《万国公法》的英文版序言。江顺德在其著作中，简要地提到了这起事件，见其著作《俾斯麦与国际法转入中国》，载于《中国社会及政治学报》，1931——1932年第15期，第98——101页。

（注107） 见总理衙门于1866年11月4日写给法国公使伯洛内的信，载于《筹办夷务始末——同治时期》，第45卷，第14b——15页。关于中国处理法国与朝鲜冲突事件的完整史料档案，被收录于笔者的一篇尚未发表的论文中。

（注108） 见1867年6月27日、1868年5月18日和11月10日出版的《北华捷报》。这样的事例不胜枚举。

（注109） 见总理衙门于1862年1月16日呈递的奏折，载于《筹办夷务始末——同治时期》，第3卷，第14b——16b页；于1861年11月14日呈递的奏折，载于《筹办夷务始末——同治时期》，

第2卷，第19页及其以后各页；于1862年10月22日呈递的奏折，载于《筹办夷务始末——同治时期》，第9卷，第49—50页。

（注110）关于《海录》这本书，见肯尼斯·陈:《海录——中国人游记西方国家的先驱者》，载于《华裔学志》，1942年第7期，第208—226页。在《海录》的众多版本中，最便于参考的是配有注释的《海录注》，长沙，1938年出版。用处最大的版本，是1842年出版的4册丛书，里面不仅包括《海录》这本书本身，还附录了六则鲜为人知的中国对西方世界的记载。关于《海国图志》的版本，见陈其田所著《林则徐》，北平，1934年出版，第23—30页。关于《海国图志》与《瀛寰志略》，见［美］费正清:《中国沿海的贸易与外交》，第1卷，第178—183页，第281—284页。

（注111）关于这所俄语学校的情况，见［美］毕乃德:《同文馆》，载于《中国社会及政治学报》，1934—1935年第18期，第307—312页。

（注112）冯桂芬:《设立同文馆议》，载于《校邠庐抗议》，第2卷，第99—101页。

（注113）见《筹办夷务始末——同治时期》，第15卷，第31b—34b页。

（注114）关于最终做出派学生出国留学的决定，见总理衙门于1871年9月15日呈递的奏折，载于《筹办夷务始末——同治时期》，第83卷，第1—2页；曾国藩、李鸿章于1871年9月3日和1872年3月1日呈递的奏折，载于《筹办夷务始末——同治时期》，第82卷，第47—52页和第85卷，第15—17页。关于中国人对这件事的传统记载，见《国朝柔远记》，第5卷，第17卷，第1页及其后续各页；关于这件事的一个具有现代意义的记载，见舒新城:《近代中国留学史》，上海，1927年出版。梁启超批评清政府派学生出国只学习技术学科，而不是把西方文明当作一个整体来学。对于这种指责，有人为清政府辩护，见蒋星德:《曾国藩之生平及其事业》，第157—160页。

（注115）关于中国人对西方著作的翻译情况，见［英］休中诚:《西方世界对中国的侵略》，纽约，1938年出版，第203—208页；钱存训:《通过翻译看西方对中国的影响》，载于《远东季刊》，第13卷，1954年第3期，第305—327页。

（注116）例如，见1864年1月28日的奏折，载于《筹办夷务始末——同治时期》，第22卷，第27b—30b页；1868年3月25日的奏折，载于《大清历朝实录——同治时期》，第226卷，第7b—8b页。

（注117）见总理衙门于1869年7月4日呈递的奏折，载于《筹办夷务始末——同治时期》，第66卷，第2b页。

（注118）见1866年3月31日及1864年12月3日出版的《北华捷报》。

（注119）见1875年9月29日出版的《北京公报》，其译文载于《英国议会档案·中国卷》，1876年第1号档案文件，第87—88页。

（注120）关于詹事府詹事殷兆墉1862年6月16日的奏折，见《筹办夷务始末——同治时期》，第6卷，第31—33页。

（注121）关于总理衙门大臣薛焕于1862年1月4日呈递的奏折，见《筹办夷务始末——同治时期》，第3卷，第14—14b页。

（注122）见1867年3月20日的奏折，载于《筹办夷务始末——同治时期》，第47卷，第20—23页。

（注123）［美］丁韪良:《中国人：他们的教育、哲学和文字》，纽约等地，1893年出版，第35—37页。

（注124）见华中汉口教会牧师［英］杨格非1869年底的一封信，载于［英］R.沃德洛·汤普森:《格里菲斯·约翰》，伦敦，1906年出版，第253—254页；关于来自英国国内传教团的争论，见本书第三章及第十一章。

（注125）见阿礼国于1869年5月20日写给克拉兰敦的一封信，载于《英国议会档案·中国卷》，1871年第5号档案文件，第138页。

（注126）见阿礼国于1868年4月16日写给山嘉利的信，载于《英国议会档案·中国卷》，1871年第5号档案文件，第51页。

（注127）见1864年4月2日出版的《北华捷报》。

（注128）见1867年1月5日和1868年7月13日出版的《北华捷报》。

（注129）见《清史稿·选举志》，第2卷，第1页。中国现代教育史以这个历史分期作为其起点。

（注130）关于同文馆的历史梗概，见［美］毕乃德：《同文馆》，载于《中国社会及政治学报》，1934—1935年第18期，第307—340页。

（注131）见卫三畏于1860年11月3日写给卡斯的信，载于《美国国务院档案文献·中国卷·信函文件》，第19号。

（注132）丁之平：《中国近几十年来教育之史》，第1—2页。

（注133）［美］赖德烈：《基督教在华传教史》，纽约，1929年出版，第240页、429—433页。

（注134）冯桂芬：《设立同文馆议》，载于《校邠庐抗议》，第2卷，第99—101页。

（注135）摘自总理衙门1861年10月奏折的译文摘要，载于［美］丁韪良：《花甲记忆》，第296页。

（注136）见总理衙门1862年8月20日的奏折，载于《筹办夷务始末——同治时期》，第8卷，第29b—31b页。

（注137）见内阁大学士贾桢1862年8月20日的奏折，其内容是对俄语学校的调查报告，该奏折出自《筹办夷务始末——同治时期》，第8卷，第35—36页；还可参阅［美］丁韪良：《花甲记忆》，第294—296页；［美］毕乃德：《同文馆》，载于《中国社会及政治学报》，1934—1935年第18期，第307—312页。

（注138）关于同文馆制定的六条规章制度，见《筹办夷务始末——同治时期》，第8卷，第31—35页。董恂在同文馆中经常担任主考官；见其著作《还读我书老人自订年谱》，第1卷，第45页、第45b页、第48页；第2卷，第2b页、第5页、第11b页、第13b页。

（注139）李鸿章于1863年3月11日呈递的奏折，见《李文忠公全集·奏稿》，第3卷，第11—13页。李鸿章的奏折和随之而来的1863年3月28日清廷颁发的谕令，见《筹办夷务始末——同治时期》，第14卷，第2—5页。李鸿章奏折观点与他的一位同僚冯桂芬此前写的一篇文章非常相似，见冯桂芬所著《设立同文馆议》，载于《校邠庐抗议》，第2卷，第99—101页。

关于广州办学情况，见代理两广总督严端书、广东巡抚黄赞汤于1863年6月23日联名呈递的奏折，载于《筹办夷务始末——同治时期》，第16卷，第9—10页；还可参阅广州将军瑞麟于1864年8月7日呈递的奏折，载于《筹办夷务始末——同治时期》，第27卷，第6—10页。

（注140）见总理衙门1863年5月6日呈递的奏折，载于《筹办夷务始末——同治时期》，第15卷，第12b—14页；于1865年4月29日呈递的奏折，载于《筹办夷务始末——同治时期》，第15卷，第32页，第1b—3页；于1865年12月22日呈递的奏折，载于《筹办夷务始末——同治时期》，第37卷，第30b—35页；于1866年1月21日呈递的奏折，载于《筹办夷务始末——同治时期》，第38卷，第17b—18页；于1866年10月2日呈递的奏折，载于《筹办夷务始末——同治时期》，第44卷，第14—14b页；以及于1866年12月11日呈递的奏折，载于《筹办夷务始末——同治时期》，第46卷，第3—4b页。

（注141）《筹办夷务始末——同治时期》，第46卷，第43b—48b页；其英译版本，见1867年2月9日出版的《北华捷报》。

（注142）见1867年2月9日出版的《北华捷报》。

（注143）见清廷给军机处下达的谕令，载于《大清历朝实录——同治时期》，第195卷，第11b页。

（注144）恭亲王奕䜣察觉到这位御史"戴的面具背后隐藏着倭仁的面孔"，见［美］丁韪良：《花甲记忆》，第312—313页。文人士子们的反对意见，概括呈现在王德昭的书中，见其著作《同治新政考》，第2部分，载于《文史杂志》，第1卷，1945年第4期，第33—36页。

（注145）见《筹办夷务始末——同治时期》，第47卷，第15—17页；《大清历朝实录——同治时期》，第195卷，第35—35b页；《同治中兴京外奏议约编》，第5卷，第40—41页。

（注146）房兆楹、杜联喆：《清代名人传略》，第862页。

(注147）翁同龢:《翁文恭公日记》，影印版，上海，加利福尼亚州，1925年，第7册，第12—13页，目录日期为1867年3月18日和3月20日。

(注148）见《筹办夷务始末——同治日期》，第47卷，第24—25b页；其译文见［法］科迪尔所著《1860—1900年中国与西方列强关系史》，第1卷，第327—329页。

(注149）关于总理衙门于1867年4月6日呈递的两份奏折，见《筹办夷务始末——同治时期》，第48卷，第1—5页。

(注150）倭仁于1867年4月12日呈递的奏折，见《筹办夷务始末——同治时期》，第48卷，第10b—12页；总理衙门于1867年4月23日呈递的奏折，见《筹办夷务始末——同治时期》，第48卷，第12b—15b页；清廷于1867年4月23日下达的谕令，见《大清历朝实录——同治时期》，第199卷，第9—9b页；1867年4月25日的谕令，见《大清历朝实录——同治时期》，第199卷，第9b—10页。

(注151）见1867年4月25日和28日的两道谕令，载于《大清历朝实录——同治时期》，第199卷，第10b页、第16—17页；倭仁1867年4月25日的奏折，载于《筹办夷务始末——同治时期》，第48卷，第18b—19b页。

(注152）见都察院的奏折，载于《筹办夷务始末——同治时期》，第49卷，第13—24b页；清廷1867年6月30日的谕令，载于《大清历朝实录——同治时期》，第204卷，第30b—32b页；1867年7月13日的谕令，载于《大清历朝实录——同治时期》，第205卷，第18b—19页；吴曾祺，《清史纲要》，第12卷，第16页。

(注153）都察院的奏折，见《筹办夷务始末——同治时期》，第49卷，第13—24b页。

(注154）1867年6月30日的谕令，见《大清历朝实录——同治时期》，第204卷，第30b—32b页；还可参阅《筹办夷务始末——同治时期》，第49卷，第24b—25b页。

(注155）见1867年7月27日出版的《北华捷报》，其内容包括对杨廷熙、倭仁的奏折及清廷谕令的英文版译稿。还可参阅皇帝宗室大臣兼都察院左都御史灵桂于1867年7月8日呈递的奏折，见《筹办夷务始末——同治时期》，第49卷，第31—35b页。

(注156）［德］方根拔:《蒲安臣使团》，第193页的注释及附录，其标题为:"中国的新学"，第595—870页。［英］盖德润:《中国的前世今生》，伦敦，1895年出版，第19页，方根拔也错误地断言恭亲王在与倭仁的论战中败北，并且皇太后屈从于倭仁的反对意见。事实上，清廷作出了对倭仁的重新任命，同文馆不仅开设了自然科学课程，而且正常举行了考试。

(注157）［美］丁韪良:《花甲记忆》，第313页。

(注158）见1867年11月26日出版的《伦敦与中国邮差报》；关于其摘要，见［德］方根拔:《蒲安臣使团》，第595—597页。

(注159）见1867年10月9日出版的《北华捷报》。

(注160）见总理衙门于1867年8月15日呈递的奏折，载于《筹办夷务始末——同治时期》，第50卷，第8b—9页；于1867年10月12日呈递的奏折，载于《筹办夷务始末——同治时期》，第50卷，第35b—36页；于1868年1月18日呈递的奏折，载于《筹办夷务始末——同治时期》，第56卷，第22—23b页；于1868年6月26日呈递的奏折，载于《筹办夷务始末——同治时期》，第59卷，第33—34b页；于1868年7月2日呈递的奏折，载于《筹办夷务始末——同治时期》，第59卷，第34—37页；于1868年8月1日呈递的奏折，载于《筹办夷务始末——同治时期》，第60卷，第19b—20页；瑞麟于1868年12月1日呈递的奏折，载于《筹办夷务始末——同治时期》，第62卷，第19b—21b页；总理衙门于1869年4月6日呈递的奏折，载于《筹办夷务始末——同治时期》，第65卷，第12b—15b页。

(注161）［美］丁韪良:《花甲记忆》，第370页。

(注162）［美］丁韪良:《花甲记忆》，第312页；董恂:《还读我书老人自订年谱》，第2卷，第11b页、第13b页。

(注163）见1868年5月9日出版的《北华捷报》。

(注164）见1868年11月28日出版的《北华捷报》。

（注165）引自张之洞的《劝学篇》之《变法》，其译文载于邓嗣禹、[美]费正清合著的《中国对西方的反应》，坎布里奇市，马萨诸塞州，1954年出版，第166—174页；李尹：《清代塾学教育制度》，第1部分，载于《学宜杂志》，第13卷，1934年第4期，第45—47页。

（注166）范文澜：《中国近代史》，第1卷，第202—205页。

（注167）见文渊阁大学士瑞麟于1872年2月29日呈递的奏折，载于《筹办夷务始末——同治时期》，第84卷，第12b—13b页。

（注168）见《筹办夷务始末——同治时期》第1卷之前的序言中，宝鋆及其他官员的评论见解。

（注169）见《帝国的局势》，1867年11月，《国外政治外交事务》，载于《法国外交事务部外交文件（1867年）》，第248页。

（注170）见巴夏礼于1865年5月10日在上海写的信，引自[英]密福特：《驻华使馆武官在北京》，第38—39页。

第十一章

（注1）这种观点在恭亲王奕䜣及其他大臣的奏折中，均有所体现，见《筹办夷务始末——咸丰时期》，第26卷，全文。

（注2）见阿礼国于1868年5月5日写给山嘉利的信，载于《英国议会档案·中国卷》，1871年第5号档案文件，第137—138页。

（注3）《英国议会档案·中国卷》，1871年第5号档案文件，第137页。

（注4）见阿礼国于1868年1月22日写给山嘉利的信，载于《英国议会档案·中国卷》，1871年第5号档案文件，第101页。

（注5）报纸记载了阿礼国于1867年5月在江西九江发表的讲话，并进行了转载，见《英国议会档案·中国卷》，1871年第5号档案文件，第6—7页。

（注6）见《英国议会档案·中国卷》，1870年第10号档案文件，第2页。

（注7）见阿礼国于1868年12月23日写给山嘉利的信，载于《英国议会档案·中国卷》，1871年第5号文件，第261页及其以后各页。

（注8）见《英国议会档案·中国卷》，1870年第10号档案文件，第11—12页。

（注9）关于这一时期清帝国同世界各国的外交关系概况，见[美]马士：《中华帝国对外关系史》，第2卷；[美]萨金特：《中英两国间的商贸与外交》，第6章；[英]南森·A.佩尔科维茨：《中国通与英国外交部》，第1章；[法]科迪尔：《1860—1900年中国与西方列强关系史》，第1卷，第21章。

（注10）见上海总商会主席于1869年2月1日写给[英]麦华陀的信，载于《英国议会档案·中国卷》，第1869年第12号档案文件，第5—6页。

（注11）见1862年10月4日出版的《北华捷报》。

（注12）见1867年10月12日出版的《北华捷报》。

（注13）见英国驻上海领事温彻斯特的信，载于《英国议会档案·中国卷》，1871年第5号档案文件，第30—32页、第37页。

（注14）关于九江口岸的相关记载，见《英国政府商业报告（1862—1864）》，第4号文件；1863年10月24日出版的《北华捷报》；关于厦门口岸的相关记载，见《英国议会档案·中国卷》，1864年第4号档案文件，第67页；以及《英国议会档案·中国卷》，1870年第4号档案文件，第17—21页。关于福州口岸的相关记载，见《英国议会档案·中国卷》，1870年第4号档案文件，第14—16页。关于宁波口岸的相关记载，见《英国议会档案·中国卷》，1871年第5号档案文件，第154—156页，以及第63号档案文件的附件。关于镇江口岸的相关记载，

(注14) 见《英国议会档案·中国卷》，1871年第5号档案文件，第1—2页、第4—5页；以及《英国议会档案·中国卷》，1870年第4号档案文件，第22—26页、第29—31页、第34—38页。

(注15) 见威妥玛于1868年12月提交的备忘录，载于《英国议会档案·中国卷》，1871年第5号档案文件，附录部分。

(注16) 见阿礼国于1869年10月28日写给克拉兰敦的信，载于《英国议会档案·中国卷》，1870年第1号档案文件，第3页。还可参阅［英］萨金特所著《中英两国间的商贸与外交》，第158—159页。

(注17) 例如，见《混合委员会会议纪录（1868年3月3日）》，载于《英国议会档案·中国卷》，1871年第5号档案文件，第191—192页；阿礼国于1869年4月1日写给麦华陀的信，载于《英国议会档案·中国卷》，1871年第5号档案文件，第360—367页；1866年3月31日、4月7日、4月21日、5月5日及5月12日出版的《北华捷报》；关于薛焕论及厘金与外交事务之间关系的奏折，见罗玉东：《中国厘金史》，第1卷，第160—162页。

(注18) 见《英国议会档案·中国卷》，1871年第5号档案文件，第7页。

(注19) 威妥玛为这种解释的准确性作出了担保，见《英国议会档案·中国卷》，1871年第5号档案文件，附件部分。

(注20) 然而，他们的观点存在分歧。见《上海总商会年会纪要》，1865年8月23日。

(注21) A.麦克弗森：《汉口海关申报摘要》，载于《中日论丛》，1865年11月1日。关于中国的国内贸易，卫三畏向英国商人们提出忠告："在开展与中国之间的贸易中，这部分贸易活动必然要最大限度地让利于当地人，他们更了解当地的风险，能够规避中国地方官的横征暴敛或罪名指控，这是外国人不容易做到的。"（见《中国商业指南》，1863年编纂，第174页）

(注22) 见《英国议会档案·中国卷》，1869年第12号档案文件，第1—5页；《英国议会档案·中国卷》，1870年第2号档案文件，全文；《英国议会档案·中国卷》，1870年第8号档案文件，全文；《赴中日两国出访报告》，1869年，全文；《英国议会档案·中国卷》，1871年第5号档案文件，第33—34页、第131—132页、第389—390页。

(注23) 房兆楹、杜联喆：《清代名人传略》，第380页。

(注24) 见1861年2月16日出版的《北华捷报》。

(注25) 见1863年3月21日和4月25日出版的《北华捷报》。

(注26) 见阿礼国于1868年12月6日写给山嘉利的信，载于《英国议会档案·中国卷》，1871年第5号档案文件，第187页。

(注27) 见阿礼国于1867年12月23日写给斯坦利的信，载于《英国议会档案·中国卷》，1871年第5号档案文件，第80页。

(注28) 见《上海总商会年会纪要》，1865年8月23日。

(注29) 清廷下达谕令的日期是3月9日，而最高法院的成立日期是1865年9月4日。关于其成立及最初审理的主要涉及破产诉讼案件情况的相关评论，见1865年9月14日出版的《北华捷报》，相关的编辑部评论，见1865年9月21日出版的《北华捷报》。1867年，中国海事最高法院成立，主要负责审理英国公民之间或被告一方为英国人的海事案件。关于其审理程序的具体规则，见赫茨莱特所著《条约》，第2卷，第126号。

(注30) 见《上海总商会委员会年度报告》，刊载于1865年8月26日出版的《北华捷报》。

(注31) 例如，见两广总督劳崇光于1861年9月5日呈递的奏折，载于《筹办夷务始末——同治时期》，第1卷，第21—22b页；总理衙门于1866年4月30日呈递的奏折，载于《筹办夷务始末——同治时期》，第41卷，第36b—40页。

(注32) 关于最近案件的审理情况回顾，及中方相关文件的英译版本，见1865年9月23日出版的《北华捷报》。

(注33) 见怡和洋行集团1867年11月28日的奏折，载于《英国议会档案·中国卷》，1870年第4号

档案文件,第32页。
- (注34) 见英驻华使馆副领事福里斯特1867年11月的备忘录,载于《英国议会档案·中国卷》,1871年第5号档案文件,第53—55页。
- (注35) 见温彻斯特于1867年11月7日写给阿礼国的信,载于《英国议会档案·中国卷》,1871年第5号档案文件,第34—35页。
- (注36) 见英驻华使馆副领事福里斯特的备忘录,载于《英国议会档案·中国卷》,1871年第5号档案文件,第53—55页。
- (注37) 见1868年7月31日出版的《北华捷报》。
- (注38) 见温彻斯特于1867年11月7日写给阿礼国的信,载于《英国议会档案·中国卷》,1871年第5号档案文件,第34—35页。
- (注39) 见1862年8月9日、23日出版的《北华捷报》。
- (注40) 见1864年3月19日出版的《北华捷报》。
- (注41) 见1864年1月9日出版的《北华捷报》。
- (注42) 摘自阿礼国的信中原文,见1866年8月18日出版的《北华捷报》。
- (注43) 见额尔金于1860年10月21日写给拉塞尔的信,载于《英国国会关于在华事务的往来信函(1859—1860)》,第205页;还可参阅卜鲁斯于1859年6月14日写给马姆斯伯里的信,载于《与卜鲁斯先生的通信》,第8—10页。
- (注44) 见拉塞尔于1861年1月9日写给卜鲁斯的信,载于《英国国会关于在华事务的往来信函(1859—1860)》,第116页。
- (注45) 见1861年2月16日出版的《北华捷报》。
- (注46) 关于19世纪60年代期间传教团在中国活动事务的总体讲述,见[美]赖德烈:《基督教在华传教史》,纽约,1929年出版,第17—21章全文;[英]休中诚:《西方世界对中国的侵略》,纽约,1938年出版,第2章。传教问题也在[美]马士、[法]科迪尔的书中,以及其他有关中国对外关系史的经典著作中得到了相当详尽的论述。英国方面的相关史料档案,请参阅《英国议会文件》。虽然中国方面有关传教事件的史料文献在各大档案文集中均有收录,但其最主要的来源仍是《筹办夷务始末》。一个颇有益处的专门史料文集,是《清季教案史料》,北平,故宫博物院,1937年出版;其中的第1卷第1—71页,涉及同治时期的传教事件。吴盛德、陈增辉所著的《教案史料编目》(北平,1941年出版),也是一部非常有用的荟萃各种史料来源的中国文献主题目录。
- (注47) 见《英国议会档案·中国卷》,1870年第9号档案文件,第70页。还可参阅阿礼国:《中华帝国的对外关系》,该文刊登于《孟买评论季刊》,1856年4月出版,第261—275页。关于威妥玛的观点,请参阅福州总税务司美理登在其著作中摘录的威妥玛备忘录原文,见[法]美理登:《对威妥玛先生修订〈天津条约〉备忘录的评注》,香港,1871年。
- (注48) 1868年9月29日和10月31日的《北华捷报》,对发生于1868年夏秋时节、席卷多地的反基督教宣传活动进行了评论,并翻译了"声讨传教士檄文"中的宣言样本。
- (注49) 马士在他的书中,对这些案件进行了简要回顾,见[美]马士:《中华帝国对外关系史》,第2卷,第233—234页。
- (注50) 请注意大量与此类案件相关联的蓝皮书。
- (注51) 见克拉兰敦于1869年12月13日写给查尔斯·R.维多利亚主教的信,载于《英国议会档案·中国卷》,1870年第9号档案文件,第9页。
- (注52) 关于格雷、萨默塞特、克拉兰敦、奥特韦、迪尔克等人发表的反对传教士的讲话内容,见《英国国会议事录》,第194卷(1869年),第933—946页;第195卷(1869年),第105卷(1869年),第131页及其以后各页;第197卷(1869年),第1797页;第199卷(1870年),第1870—1872页;第200卷(1870年),第71—72页;第205卷(1871年),第562—563页。

（注53）英国驻上海领事哲麦森于1868年5月21日写给阿礼国的信，载于《英国议会档案·中国卷》，1869年第3号档案文件，第2页。英国方面关于台湾事件的史料记载，请参阅前述史料；中国方面的史料，请参阅《清季教案史料》，第1卷，第16—26页。还可参阅本书第三章内容。

（注54）《英国议会档案·中国卷》，1870年第9号档案文件，第2页及第4页（1869年3—7月）。

（注55）见《威妥玛备忘录（1869年12月）》，载于《英国议会档案·中国卷》，1871年第5号档案文件，附录。

（注56）例如，见福州及汕头传教会的奏折，载于《英国议会档案·中国卷》，1870年第4号档案文件，第16—17页、第39—40页；汕头及宁波传教会的奏折，载于《英国议会档案·中国卷》，1871年第5号档案文件，第90—91页。

（注57）见《英国议会档案·中国卷》，1870年第9号档案文件，第10—11页。

（注58）关于阿礼国对前文提到的传教士通信内容所做的评论，见《英国议会档案·中国卷》，1870年第9号档案文件，第29页。

（注59）关于赫德建议书的中文译本，见《筹办夷务始末——同治时期》，第40卷，第13b—22b页；威妥玛建议书的中文译本，见《筹办夷务始末——同治时期》，第40卷，第24—36页。

（注60）总理衙门于1866年4月1日呈递的奏折，见《筹办夷务始末——同治时期》，第40卷，第10b页。

（注61）总理衙门1866年4月1日的奏折，载于《筹办夷务始末——同治时期》，第40卷，第10b—12页。

（注62）引自军机处为答复江西巡抚刘坤一而发布的通函，刘坤一收到通函的日期是1866年4月15日，载于《筹办夷务始末——同治时期》，第41卷，第43页。

（注63）见《筹办夷务始末——同治时期》，第40卷，第12—13b页。

（注64）见《筹办夷务始末——同治时期》，第40卷，第36—37页。

（注65）随后呈现的这个观点归纳，主要是基于《筹办夷务始末——同治时期》中的下列奏折：三口通商大臣崇厚于1866年4月27日呈递的奏折（见第41卷，第26b—30页）；文渊阁大学士兼湖广总督官文于1866年5月23日呈递的奏折（见第41卷，第40b—43页）；江西巡抚刘坤一于1866年5月29日呈递的奏折（见第41卷，第43—50页）；两江总督左宗棠于1866年7月14日呈递的奏折（见第42卷，第45b—48b页）；两广总督瑞麟、广东巡抚蒋益澧于1866年7月30日呈递的奏折（见第42卷，第58b—65b页）；浙江巡抚马新贻于1866年11月27日呈递的奏折（见第45卷，第44b—54页）。

（注66）魏尔特在他的书中概括了中英两国为修约所作的各项准备工作，见［英］魏尔特：《赫德与中国海关》，第373—380页。

（注67）关于阿礼国巡视各处口岸的情况记载，见［英］宓吉：《维多利亚时期居住在中国的英国人》，第2卷，第21章。

（注68）对英国商人诉求看法的归纳，主要是基于商人群体的下列陈述：

烟台、九江和镇江这三个口岸商人们的发言内容，以及阿礼国的答复内容，见《英国议会档案·中国卷》，1871年第5号档案文件，第1—8页。

福州商人的发言内容，见《英国议会档案·中国卷》，1870年第4号档案文件，第14—16页；《英国议会档案·中国卷》，1871年第5号档案文件，第65—68页；1867年10月12日出版的《北华捷报》。

厦门商人的发言内容，见《英国议会档案·中国卷》，1870年第4号档案文件，第17—21页；《英国议会档案·中国卷》，1871年第5号档案文件，第69—73页；1867年11月9日出版的《北华捷报》。

天津商人的发言内容，见《英国议会档案·中国卷》，1870年第4号档案文件，第34—38页；《英国议会档案·中国卷》，1871年第5号档案文件，第85—90页。

宁波商人的发言内容，见《英国议会档案·中国卷》，1871年第5号档案文件，第154—156页。

烟台商人的发言内容，见《英国议会档案·中国卷》，1871年第5号档案文件，第103—105页，以及1868年1月16日出版的《北华捷报》。

九江商人的发言内容，见1867年11月30日出版的《北华捷报》。

上海商人的发言内容，见《英国议会档案·中国卷》，1870年第4号档案文件，第1—10页；《英国议会档案·中国卷》，1871年第5号档案文件，第17—29页；1867年11月9日、10日出版的《北华捷报》；《英国议会档案·中国卷》，1869年第12号档案文件，第1—2页。

香港商人的发言内容，见《英国议会档案·中国卷》，1870年第4号档案文件，第22—29页；《英国议会档案·中国卷》，1871年第5号档案文件，第44—51页。

怡和洋行集团及公司，见《英国议会档案·中国卷》，1870年第4号档案文件，第29—31页，以及1867年12月14日出版的《北华捷报》。

关于对上述商人发言观点的归纳分析，见1868年1月16日出版的《北华捷报》，和阿礼国于1867年12月23日写给斯坦利勋爵的信，载于《英国议会档案·中国卷》，1871年第5号档案文件，第79页。

(注69) 见1868年1月13日出版的《北华捷报》。

(注70) 上海总商会的奏折，见《英国议会档案·中国卷》，1870年第4号档案文件，第1—4页、第9—10页。

(注71) 怡和洋行&集团公司于1867年11月28日呈递的奏折，见《英国议会档案·中国卷》，1870年第4号档案文件，第29—31页。

(注72) 见1868年6月13日出版的《北华捷报》。

(注73) 见阿礼国于1868年2月17日发出的致全体驻华英国领事的通函，载于《英国议会档案·中国卷》，1871年第5号档案文件，第125—130页。其原文及编辑部社论，载于1868年5月4日出版的《北华捷报》。

(注74) 见《孖剌报》，转载于1867年7月5日出版的《北华捷报》。

(注75) 见英国外交大臣斯坦利勋爵于1867年8月16日写给阿礼国的信，载于《英国议会档案·中国卷》，1871年第5号档案文件，第8页。斯坦利的这个观点，得到了英国德尔比内阁的大多数议员的支持。

(注76) 关于这个分析报告的文献汇编，并未收录于《筹办夷务始末》，笔者没有找到有关此文献汇编的其他史料来源。

(注77) 见总理衙门于1867年6月16日呈递的奏折，载于《筹办夷务始末——同治时期》，第49卷，第5—7b页。

(注78) 见总理衙门于1867年10月12日呈递的奏折，载于《筹办夷务始末——同治时期》，第50卷，第24—28页。

(注79) 虽然这道谕令是下达给18位官员的，却只有17位作了回复，因为在征求意见期间，曾国藩临时请病假。官文也在此期间取代刘长佑出任直隶总督。否则的话，奉同治皇帝之命发表评论的官员名单，应当与实际发表评论的官员名单完全一致。可参阅第84号注释。

总理衙门的传阅通告信和各地方官员的答复，均在[美]毕乃德的文章中得到了令人钦佩的概括，见其著作《1867—1868年间的秘密信函：清政府高级官员对中国进一步向西方开放的看法》，载于《近代史杂志》，第22卷，1950年第2期，第122—136页。然而，我想去修改毕乃德的解释。他强调的是这些人对中国问题的思考特征是"普遍无知和盲目"。如果恰当地考虑一下他们所面临的国内外问题，我并不认为他们是无知或盲目的。

(注80) 清廷1867年12月13日的谕令，重申了同治帝的谕令，并敦促尽快回复评论意见，因为到目前为止只收到左宗棠、都兴阿和瑞麟的答复。

(注81) 见《筹办夷务始末——同治时期》，第50卷，第28—28b页；《大清历朝实录——同治时期》，第211卷，第32b—34页。

(注82) 这封传阅通告信的正文，见《筹办夷务始末——同治时期》，第50卷，第29—30b页。

（注83） 这份提纲的正文，见《筹办夷务始末——同治时期》，第50卷，第30b—35页。

（注84） 对各省官员意见看法的归纳，主要是根据他们在用于答复的下列奏折中的观点：

（1）陕甘总督左宗棠于1867年11月20日答复的奏折，载于《筹办夷务始末——同治时期》，第51卷，第18—23b页。

（2）两广总督瑞麟于1867年12月10日答复的奏折，载于《筹办夷务始末——同治时期》，第52卷，第16—21页。

（3）盛京将军都兴阿于1867年12月12日答复的奏折，载于《筹办夷务始末——同治时期》，第52卷，第21—23b页。

（4）山东巡抚丁宝桢于1867年12月14日答复的奏折，载于《筹办夷务始末——同治时期》，第52卷，第25b—28b页。丁宝桢的奏折是唯一一份被选入《皇朝道咸同光奏议》的文献，被编入第16卷，第1—2页，日期为1867年12月10日（《筹办夷务始末》中的该奏折日期，当然是呈递给同治皇帝时的日期，并非撰写完成日期）。《皇朝道咸同光奏议》中的丁宝桢奏折原文，包含多处被《筹办夷务始末》中的奏折原文所遗漏掉的观点论述。

（5）江苏巡抚兼代理湖广总督李瀚章于1867年12月16日答复的奏折，载于《筹办夷务始末——同治时期》，第52卷，第30b—36b页。

（6）福建船政大臣沈葆桢于1867年12月16日答复的奏折，载于《筹办夷务始末——同治时期》，第53卷，第1—7b页。后又于1867年12月22日呈递了第二份答复奏折，出处同上，第54卷，第25—26b页。

（7）广东巡抚蒋益澧于1867年12月17日答复的奏折，载于《筹办夷务始末——同治时期》，第53卷，第30—33页。

（8）两江总督曾国藩于1867年12月18日答复的奏折，载于《筹办夷务始末——同治时期》，第54卷，第1—4b页。

（9）福州将军英桂于1867年12月20日答复的奏折，载于《筹办夷务始末——同治时期》，第54卷，第6—12b页。

（10）江西巡抚刘坤一于1867年12月20日答复的奏折，载于《筹办夷务始末——同治时期》，第54卷，第12b—15页。

（11）三口通商大臣崇厚于1867年12月21日答复的三份奏折，载于《筹办夷务始末——同治时期》，第54卷，第15—24b页。

（12）闽浙总督吴棠于1867年12月28日答复的奏折，载于《筹办夷务始末——同治时期》，第55卷，第1—5页。

（13）湖广总督李鸿章于1867年12月31日答复的奏折，出处同上，第55卷，第6b—17页。（忆吉在其著作《维多利亚时期居住在中国的英国人》中的第2卷第185—189页，编入了一份与此相似的奏折，被认为是出自李鸿章之笔，落款日期是1867年12月1日。）

（14）浙江巡抚马新贻于1867年12月31日答复的奏折，载于《筹办夷务始末——同治时期》，第55卷，第26—29b页。

（15）福建巡抚李福泰于1867年12月31日答复的两份奏折和一封信，载于《筹办夷务始末——同治时期》，第55卷，第9—16页。

（16）广西巡抚兼代理江苏巡抚郭柏荫于1867年12月31日答复的奏折，载于《筹办夷务始末——同治时期》，第55卷，第37b—41b页。

（17）代理直隶总督官文于1868年1月16日答复的奏折，载于《筹办夷务始末——同治时期》，第56卷，第9—16页。

以下是由职务很低的官员主动进谏的关于条约修订的补充意见，经沈葆桢、李鸿章之手，面呈皇帝：

（1）吏部二级助理考功司梁鸣谦提出的建议，载于《筹办夷务始末——同治时期》，第53卷，第7—12页。

（2）广东候任道叶文澜提出的建议，载于载于《筹办夷务始末——同治时期》，第53卷，第12—15页。

（3）副府尹黄维轩提出的建议，载于载于《筹办夷务始末——同治时期》，第53卷，第15b—18b页。

（4）举人王葆辰提出的建议，载于载于《筹办夷务始末——同治时期》，第53卷，第19b—22页。

（5）秀才林全初提出的建议，载于载于《筹办夷务始末——同治时期》，第53卷，第22—26页。

（6）江苏布政使丁日昌提出的建议，载于载于《筹办夷务始末——同治时期》，第55卷，第17—26页。

（注85）见卫三畏于1868年7月写给西华德的信，载于《美国外交关系（1868年）》，第1部分，第516—521页。

（注86）总理衙门于1868年10月3日发布的法令，见《大清历朝实录——同治时期》，第241卷，第5b—6页；总理衙门的奏折及清廷下达的谕令，见《筹办夷务始末——同治时期》，第61卷，第19—19b页。

（注87）见《英国议会档案·中国卷》，1871年第5号档案文件，第13—15页；还可参阅1868年6月13日出版的《北华捷报》。

（注88）例如，见吏部尚书周祖培于1858年6月23日呈递的奏折，载于《筹办夷务始末——咸丰时期》，第26卷，第14页。

（注89）见总理衙门于1873年4月14日呈递的奏折，载于《筹办夷务始末——同治时期》，第89卷，第25b—28页，其中附有驻北京外交使团的信函。

总理衙门在4月14日奏折的基础上，进一步回顾了觐见礼仪问题的历史由来，见《筹办夷务始末——同治时期》，第89卷，第28—39页。

翰林院于4月15日呈递的奏折，载于《筹办夷务始末——同治时期》，第89卷，第41—43页，反对觐见皇帝时不施叩首礼。

山东御史吴鸿恩的奏折，载于《筹办夷务始末——同治时期》，第89卷，第47—49页，也反对觐见皇帝时不施叩首礼。

李鸿章于1873年5月1日呈递的奏折，见《筹办夷务始末——同治时期》，第90卷，第1b—5页，驳斥了翰林院及吴鸿恩的观点。

总理衙门于1873年6月14日呈递的四份奏折，载于《筹办夷务始末——同治时期》，第90卷，第19b—32b页。

御史吴可读在他于1873年6月19日呈递的奏折中，谴责了那些仍在磕头问题上斤斤计较，却忽视抵抗西方这一基本问题的朝臣（见《筹办夷务始末——同治时期》，第90卷，第35—38页）。吴可读不是一个激进分子；他不久之后就以尸谏的方式抗议涉及光绪继位的立嗣失序问题。但到了那时，磕头问题已经变得无关紧要了。

关于觐见礼仪问题的其他补充性的看法，请参阅《筹办夷务始末——同治时期》，第90卷，第10b—16页；第91卷，第9—15b页、第19b—22页。

（注90）文祥：《文文忠公自订年谱》，摘自《文文忠公事略》，第3卷，第70b—71页；金梁：《清帝外纪》，第151—152页；以及［日］芳泽谦吉：《清帝朝觐礼仪近考》，载于《史学杂志》，1931年第6期，第1—31页。芳泽的研究成果详细描述了初次觐见中国皇帝的过程，却没有涉及觐见礼仪问题的历史成因及其影响意义。

（注91）关于中国人对外派公使之好处的看法，除了第84号注释提到的相关史料以外，还可参阅《国朝柔远记》中所汇集的史料摘要，见该书第18卷，第12b—14页。

（注92）见1861年12月1日的奏折，载于《筹办夷务始末——同治时期》，第3卷，第46b—47页。清廷随后于1861年12月3日下达的谕令，回顾了基督教在华传教的历史及其所享有的合法

权利，并要求依据条约，妥善处理所有相关事件（见《筹办夷务始末 —— 同治时期》，第3卷，第1 — 1b页；《大清历朝实录 —— 同治时期》，第9卷，第3 — 3b页）。江西巡抚上奏陈述了保护传教士的重要意义，因为他们从总体上讲仍被定义为和平人士（见1862年4月2日的奏折，载于《筹办夷务始末 —— 同治时期》，第5卷，第4b — 5b页）。清廷于1862年4月2日下达的一道要求从整体上宽容相待的谕令，指出外国对华援助的重要性；对那些目前正在痴迷于宗教的人，以后可以采取办法使其悔改（见《筹办夷务始末 —— 同治时期》，第5卷，第11 — 13b页）。

（注93）见《筹办夷务始末 —— 同治时期》，第5卷，第24b — 25b页；第13卷，第12b页。

（注94）见《帝国的局势（1866年1月）》，载于《法国外交事务部外交文件》，1866年档案，第228页。

（注95）［美］赖德烈：《基督教在华传教史》，纽约，1929年出版，第347页。

（注96）例如，见《皇朝经世文续编》，第112卷，第13页。

（注97）［美］毕乃德对蒲安臣使团的深入研究，使得本书没有必要对此进行详细论述。请参阅他的著作《中国政府关于派遣外交使节问题上的态度变化（1860 — 1880）》，哈佛大学博士学位论文，1934年；以及《中国对于蒲安臣使团的官方看法》，载于《美国历史评论》，1936年第41期，第682 — 702页。还可参阅泰勒·丹涅特：《美国人在东亚》，纽约，1922年出版，第20章。顾孝华：《安森·蒲安臣的一生》，哈佛大学博士学位论文，1922年发表；［英］魏尔特：《赫德与中国海关》，第366 — 372页。

科迪尔和方根拔，以嘲讽的笔触对蒲安臣使团进行了论述，见［法］科迪尔：《中国与西方列强关系史》，第1卷，第20章；以及［德］方根拔所著《蒲安臣使团》。

（注98）见总理衙门1866年2月20日的奏折，载于《筹办夷务始末 —— 同治时期》，第39卷，第1 — 2b页。斌椿对其使团出访过程的讲述绝非单调枯燥，其讲述内容分成三个标题，独立成册出版发行（出版日期不详）：(1)《乘槎笔记》，1868年出版，徐继畬于1868年为该书作序，李善兰于1869年为该书作序（见第十章）；(2)《海国胜游草》，董恂于1869年为该书撰写了前言；(3)《天外归帆草》。董恂在其传记《还读我书老人自订年谱》中提到了他为斌椿的书题写的序言，还简要探讨了他与文祥之间就外交事务进行的一段谈话。见《还读我书老人自订年谱》，第1卷，第52b页，上述内容出现在该书1866年的条目之下（原文如此）。

（注99）见总理衙门1867年11月21日的奏折，载于《筹办夷务始末 —— 同治时期》，第51卷，第26b — 28页；相应的清廷谕令，载于《筹办夷务始末 —— 同治时期》，第29卷，以及《大清历朝实录 —— 同治时期》，第214卷，第32页。

（注100）见《筹办夷务始末 —— 同治时期》，第51卷，第28b — 29页。

（注101）见总理衙门11月26日的奏折，载于《筹办夷务始末 —— 同治时期》，第52卷，第1 — 2页；清廷的谕令，载于《筹办夷务始末 —— 同治时期》，第52卷，第2 — 2b页，以及《大清历朝实录 —— 同治时期》，第215卷，第1b — 2页。志刚所著的《初使泰西纪要》，对出访时细节作了真实坦率的描述；他最终形成的主要印象是，通过现代交通方式连接起来的非华人世界是一片幅员广袤的疆域。关于补充任命另外6名中国人作为使团的职员和警卫，以及另外6名来自同文馆的满族人充当翻译的相关记载，见《筹办夷务始末 —— 同治时期》，第52卷，第6 — 6b页。

（注102）关于对当时围绕蒲安臣使团成立这个话题而出现的流言蜚语、以及编辑社论的回响，请参阅1867年12月14日出版的《北华捷报》；以及阿礼国于1867年12月31日写给外交大臣斯坦利勋爵的信，载于《英国议会档案·中国卷》，1871年第5号档案文件，第107 — 110页。

（注103）见《英国议会档案·中国卷》，1871年第5号档案文件，第40号及第98号档案文件。

（注104）总理衙门1868年3月21日的奏折，评论了蒲安臣使团发回国内的第一份报告，见《筹办夷务始末 —— 同治时期》，第57卷，第25 — 26页；1869年11月18日的奏折，文中附有蒲安臣起草的报告和华盛顿条约原文，以及指派董恂前去代表中国签字的谕令，该奏折载于《筹办夷务始末 —— 同治时期》，第69卷，第14 — 21b页；11月28日的奏折，汇报了董恂和卫三畏参加条约签字仪式的情况，载于《筹办夷务始末 —— 同治时期》，第69卷，第38b — 40b页。董恂约束自己的言行，在签字现场只说了一句陈述事实的话（见《筹办夷务始末 —— 同

治时期》，第2卷，第66页、第3—3b页）。根据《国朝柔远记》的记载，蒲安臣使团抵达美国的日期是1868年的农历六月，其内容主要涉及志刚和孙家谷，却没有提到蒲安臣（见该书第16卷，第13b—14页）。我在各种关于公共事务的论文集中都没有发现有关这个使团的探讨。

（注105）总理衙门的奏折及清廷1870年5月10日的谕令，通报了蒲安臣在俄国病逝的消息，并追授他正一品官衔和一万两白银，见《筹办夷务始末——同治时期》，第72卷，第8—10b页。

（注106）总理衙门在1869年2月2日的奏折中，回顾了一年来的工作，见《筹办夷务始末——同治时期》，第63卷，第1—2页；阿礼国的公文急件及提议草案，载于《筹办夷务始末——同治时期》，第63卷，第10—20页；关于阿礼国的记载，见《英国议会档案·中国卷》，1871年第5号档案文件，第36页和第40页。

（注107）见阿礼国于1868年1月22日写给外交大臣斯坦利的信，载于《英国议会档案·中国卷》，1871年第5号档案文件，第36页。

（注108）我始终未能查明总理衙门究竟是如何得到埃及方面的消息。然而，据说他们是从上海、香港那里的外国报刊上获取并研究了剪报，还翻译了许多议会文件。他们总是对来自那些受西方影响程度日益加深的国家的消息保持格外的警觉。在1866—1867年，世界上并没有发生过什么可以引起他们注意的特殊事件。据推测，他们当时已经觉察并开始关注的事件，主要有：（1）在埃及全国各地，拥有治外法权的西方投机者的数量迅速增加；（2）由于总督伊斯梅尔的贷款债务在1867年时已经超过了1500万英镑，因而导致外国监督的介入。由于只收到1300万英镑的贷款，而这笔贷款还带有附加条件，伊斯梅尔不得不引导埃及全国经济用于偿还贷款。

（注109）见《英国议会档案·中国卷》，1871年第5号档案文件，第113页。

（注110）见《英国议会档案·中国卷》，第40号档案文件。

（注111）见《英国议会档案·中国卷》，1871年第5号档案文件，第190页。

（注112）见1868年3月3日的谈判会议纪要，载于《英国议会档案·中国卷》，1871年第5号档案文件，第191—192页，以及总理衙门在1869年2月2日奏折中对此次会谈的回顾，载于《筹办夷务始末——同治时期》，第63卷，第1—7b页。

（注113）这是1868年4月26日阿礼国对英国驻华商会理事会成员下达的指示，见《英国议会档案·中国卷》，1871年第5号档案文件，第195页。

（注114）英国方面对1868年谈判情况的记载，作为附件内容，附在阿礼国先后于1868年11月10日和12月6日写给斯坦利勋爵的两封信函之后，见《英国议会档案·中国卷》，1871年第5号档案文件，第177—254页。关于这一点，本书专门引用了《英国议会档案·中国卷》中的4处内容，见该书第187页、第190—213页、第218—220页、第222—223页。中国方面对1868年谈判情况的记载，附在总理衙门1869年2月2日的奏折之后，见《筹办夷务始末——同治时期》，第63卷，第1—87页。中英两国的记载虽然不尽相同，但彼此之间并不存在较大分歧。

（注115）见《英国议会档案·中国卷》，1871年第5号档案文件，第222页。

（注116）例如，1868年4月23日，议员科尔·赛克斯在国会发言过程中，对谈判结果进行了言语攻击，摘自《英国国会议事录》，第191卷，第1147—1148页。

（注117）见阿礼国于1868年4月9日和16日写给外交大臣斯坦利的信，载于《英国议会档案·中国卷》，1871年第5号档案文件，第50—51页。这一免责声明遭到了新闻界的严厉批评，请参阅阿礼国于1869年2月27日写给克拉兰敦的信，载于《英国议会档案·中国卷》，1871年第5号档案文件，第98页。

（注118）见《英国议会档案·中国卷》，1871年第5号档案文件，第177—181页、第231—232页；以及第74—75号档案文件。

（注119）见阿礼国于1868年12月7日写给恭亲王的信，载于《英国议会档案·中国卷》，1871年第5号档案文件，第238页。

(注120) 见阿礼国于1869年1月12日写给外交大臣斯坦利的信，载于《英国议会档案·中国卷》，1871年第5号档案文件，第280—281页。

(注121) 见英国驻上海总商会主席于1869年2月1日写给领事麦华陀的信，载于《英国议会档案·中国卷》，1869年第12号档案文件，第5页。

(注122) 见阿礼国于1869年3月23日写给麦华陀的信，载于《英国议会档案·中国卷》，1869年第12号档案文件，第8—9页。

(注123) 见阿礼国于1869年2月27日写给克拉兰敦的信，载于《英国议会档案·中国卷》，1871年第5号档案，第98号文件。

(注124) 见《英国议会档案·中国卷》，1871年第5号档案，第84、103、117、138及141号文件。

(注125) 见《筹办夷务始末——同治时期》，第63卷，第1—87页。

(注126) 见总理衙门的两份奏折原文，载于《筹办夷务始末——同治时期》，第63卷，第1—7b页、第7b—10页。

(注127) 上述官员的观点摘要，基于以下几名官员呈递的奏折：睿亲王（德昌）于1869年2月9日呈递的奏折，代表所有皇室亲王，载于《筹办夷务始末——同治时期》，第63卷，第91b—93b页；醇亲王于1869年2月13日呈递的奏折，载于《筹办夷务始末——同治时期》，第64卷，第1—8页；睿亲王于1869年2月17日代表内阁大学士上奏，见《筹办夷务始末——同治时期》，第64卷，第8—12页；马新贻的奏折，载于《筹办夷务始末——同治时期》，第64卷，第26—29页。关于在醇亲王（奕谭）与恭亲王（奕訢）之间长期存在的根本矛盾，见《清代名人传略》，第384—386页。

(注128) 总理衙门1869年2月24日的奏折，载于《筹办夷务始末——同治时期》，第64卷，第17—20页。

(注129) 后来，总理衙门在奏折（1869年2—10月）中回顾了那次谈判的具体经过，见其1869年10月23日呈递的奏折，载于《筹办夷务始末——同治时期》，第68卷，第12页。

(注130) 见阿礼国于1869年10月23日写给克拉兰敦的信，载于《英国议会档案·中国卷》，1871年第5号档案，第153—154页；还可参阅第122号和第134号文件。

(注131) 见《英国议会档案·中国卷》，1871年第5号档案文件，第406页和第103、138、141号文件。总理衙门于1869年10月23日呈递的两份奏折，以及附后的双方往来信函，见《筹办夷务始末——同治时期》，第68卷，第12—29页。

(注132) 见阿礼国于1869年10月23日写给克拉兰敦的信，载于《英国议会档案·中国卷》，1870年第1号档案，第3页。关于赫德"致力于为阿礼国协定（1869年）提供不懈努力的支持——这是一份损害中英双方利益、因而不会得到英国批准的协定"，见［英］魏尔特：《赫德与中国海关》，第6页。议会反对派则赞同赫德在谈判过程中所发挥的重要作用（见1868年5月16日出版的《北华捷报》）。

(注133) 见《筹办夷务始末——同治时期》，第69卷，第24—24b页。

(注134) 王德昭：《同治新政考》，载于《文史杂志》，第1卷，1945年第4期，第1部分，第24—29页。

(注135) 胡绳：《帝国主义与中国政治》，北京，1952年出版，第47—49页。

(注136) 这份协定的汉语原文，见《筹办夷务始末——同治时期》，第68卷，第29—39b页；协定的英语原文，见赫茨莱特：《条约》，第1卷，第11号文件；配有赫德提供说明的协定文本，见《英国议会档案·中国卷》，1870年第1号档案，第5—12页；威妥玛的备忘录，见《英国议会档案·中国卷》，1871年第5号档案，附件部分。除非另有说明，下一章节的引用均为上述文本和评论。为了进行对比说明，请参阅帝国海关文件中的双语版本——《中外条约集》，上海海关编纂，1908年出版，第1卷，第212页及其后续各页（《天津条约》）；第286页及其后续各页（《阿礼国协定》）；第308页及其后续各页（《烟台协定》）。

(注137) 请参阅香港居民写给克拉兰敦的信，载于《英国议会档案·中国卷》，1870年第6号档案，第4号文件。阿礼国于1869年10月23日写给克拉兰敦的信，载于《英国议会档案·中国卷》，1870年第1号档案，第4—5页。

(注138）见阿礼国于1869年10月20日写给外交使团团长德·雷弗斯的信，载于《英国议会档案·中国卷》，1870年第1号档案，第14—15页。

(注139）见阿礼国于1869年10月23日写给克拉兰敦的信，载于《英国议会档案·中国卷》，1870年第1号档案，第3页。

(注140）关于"中国修约协定……致商会的信"，见《英国议会档案·中国卷》，1870年第10号档案，全文；阿礼国致德·雷弗斯的信，见《英国议会档案·中国卷》，1870年第1号档案，第14—15页。

(注141）见阿礼国于1869年10月23日写给克拉兰敦的信，载于《英国议会档案·中国卷》，1870年第1号档案，第2—4页。

(注142）见阿礼国于1869年10月20日写给德·雷弗斯的信，载于《英国议会档案·中国卷》，1870年第1号档案，第15页。

(注143）见阿礼国于1869年10月23日写给克拉兰敦的信，载于《英国议会档案·中国卷》，1870年第1号档案，第4页。

(注144）在通商口岸居住的外国人并非处在中国人的司法管辖之下，而是处于由中国设立的混合法庭的司法管辖之下。见阿礼国于1868年12月6日写给斯坦利的信，载于《英国议会档案·中国卷》，1871年第5号档案，第76号文件。

(注145）见阿礼国于1869年10月23日写给克拉兰敦的信，载于《英国议会档案·中国卷》，1870年第1号档案，第4页。

(注146）见总理衙门1869年10月23日的奏折，载于《筹办夷务始末——同治时期》，第68卷，第12—29页。

(注147）见《英国议会档案·中国卷》，1870年第1号档案，第5页。

(注148）见总理衙门于1870年1月26日呈递的奏折，载于《筹办夷务始末——同治时期》，第70卷，第39—41页；总理衙门于1869年10月23日写给阿礼国的信，载于《英国议会档案·中国卷》，1870年第1号档案，第17—18页。

(注149）例如，见两江总督马新贻、江苏巡抚丁日昌的奏折，载于《筹办夷务始末——同治时期》，第71卷，第38—39页。

(注150）见总理衙门1870年1月26日的奏折，载于《筹办夷务始末——同治时期》，第71卷，第70卷，第39—41页。

(注151）来自商会及其他商人团体的抗议书原文，详见《英国议会档案·中国卷》，1870年第4号档案；以及《英国议会档案·中国卷》，1870年第6号档案；《英国议会档案·中国卷》，1871第5号档案，全文。魏尔特在其著作中概括了英国商人们抗议的主要观点，见［英］魏尔特所著《赫德与中国海关》，第382—383页。

(注152）伦敦萨森公司于1870年3月22日写给克拉兰敦的信，载于《英国议会档案·中国卷》，1870年第6号档案，第5号文件。

(注153）见《英国议会档案·中国卷》，1870年第10号档案，第9页。

(注154）见阿礼国于1869年10月28日写给克拉兰敦的信，载于《英国议会档案·中国卷》，1870年第1号档案，第4—5页。

(注155）继1870年1月13日以后伦敦等地商人们的请愿书，见《英国议会档案·中国卷》，1870年第4号档案，第1号文件。

(注156）见《英国议会档案·中国卷》，1870年第4号档案，第3、4、5、6、7、8号文件；《英国议会档案·中国卷》，1870年第6号档案，第2、3、7号文件；1870年1月19日、7月22日出版的《北华捷报》。

(注157）见阿礼国于1869年10月20日写给德·雷弗斯的信，载于《英国议会档案·中国卷》，1870年第1号档案，第13页。

(注158）见法国天主教教会主席德·拉勒曼于1868年8月9日写给阿礼国的信，载于《英国议会档

案·中国卷》，1871年第5号档案，第241—243页；拉瓦莱特于1869年5月3日写给莱昂斯的信，载于《英国议会档案·中国卷》，1871年第5号档案，第378页。

（注159）见德·雷弗斯于1868年8月18日写给沙俄驻华公使弗兰加利的信，载于《英国议会档案·中国卷》，1871年第5号档案，第244—246页；普鲁士驻华公使伯恩斯托夫于1869年5月3日写给克拉兰敦的信，载于《英国议会档案·中国卷》，1871年第5号档案，第97号文件；俾斯麦于1869年6月9日写给洛夫特斯的信，载于《英国议会档案·中国卷》，1871年第5号档案，第370—371页。

（注160）见弗兰加利于1868年8月26日写给阿礼国的信，载于《英国议会档案·中国卷》，1871年第5号档案，第249—250页。

（注161）见《英国议会档案·中国卷》，1871年第5号档案，这三个国家的意见，分别出现在第403—404页、第393—394页和第405页。

（注162）见卫三畏于1868年5月26日写给西华德的信，载于《美国外交关系（1868年）》，第1部分，第511页及其后续各页；西华德于1868年9月8日写给新任美国驻华大使布朗的信，载于《美国外交关系（1868年）》，第1部分，第573—574页；卫三畏于1868年8月13日写给阿礼国的信，载于《英国议会档案·中国卷》，1871年第5号档案，第243—244页；美国国务卿菲什于1869年6月12日写给桑顿的信，批准同意商务部的建议书，载于《英国议会档案·中国卷》，1871年第5号文件，第376页。

（注163）见1868年2月17日记录，《英国国会议事录》，第190卷，第500页；1868年3月6日的记录，载于《英国国会议事录》，第190卷，第1149—1150页；1869年7月13日的记录，见《英国国会议事录》，第197卷，第1779—1786页；1870年2月15日的记录，见《英国国会议事录》，第199卷，第330页。

（注164）见《英国议会档案·中国卷》，1870年第6号档案，第1号文件；《英国议会档案·中国卷》，1871年第5号档案，第107号文件；《英国国会议事录》，第197卷，第1794—1796页。

（注165）根据格兰维尔所述，这是克拉兰敦经办的最后一批官方法案之一（见《英国国会议事录》，第205卷，第558页）。

（注166）致哈蒙德的私人信件，引自南森·A.佩尔科维茨：《老中国通与外交部》，纽约，1948年出版，第80页。

（注167）关于这项决定，见［英］魏尔特：《赫德与中国海关》，第383—384页；［英］萨金特：《中英两国间的商贸与外交》，第163—176页。

（注168）见《英国国会议事录》，第202卷，第1624页。

（注169）见《英国国会议事录》，第205卷，第558页。

（注170）见格兰维尔于1870年7月25日写给阿礼国的信，载于《英国议会档案·中国卷》，1871年第5号档案，第427—428页。

（注171）见1870年8月25日出版的《北华捷报》。其中的斜体字内容，是笔者加上的。

（注172）［英］南森·A.佩尔科维茨：《中国通与英国外交部》，纽约，1948年出版，第3章。

（注173）例如，格雷于1871年3月24日作的议会发言，载于《英国国会议事录》，第205卷，第560—562页。

（注174）胡绳：《帝国主义与中国政治》，北京，1952年出版，第57页。

（注175）庄素曦：《中国的对外贸易》，第187页。该作提出这一主张，却并不试图证明这一点。

（注176）［英］南森·A.佩尔科维茨：《中国通与英国外交部》，第104页；还可参阅醇亲王奕譞的奏折，他认为总理衙门历经十一年的尝试，寻求取得任何实质性进展的外交努力均宣告失败，见《筹办夷务始末——同治时期》，第79卷，第24—27页。

（注177）见《筹办夷务始末——同治时期》，第79卷，第39—42页。

（注178）引自《马嘉理行纪：从上海到八莫尔后返回马尼温》，阿礼国从马嘉理的游记和信件中得出结论，该书的最后一章由阿礼国撰写，该书于1876年在伦敦出版，见书中第359页和第372页。

(注179）关于《烟台条约》的正文，见清朝海关编纂的《中外条约集》，1908年出版，第1卷，第308页及其后续各页；以及《英国议会档案·中国卷》，1877年第3号档案，第64—67页；有关这项条约在中国全国范围内推广执行的文件史料，依照后者采用的文本。

(注180）威妥玛于1877年7月14日写给德尔比（此人系斯坦利的前任）的信，此信以长达36页篇幅分析了《烟台条约》，见《英国议会档案·中国卷》，1877年第3号档案，第147页。

(注181）见《英国议会档案·中国卷》，1877年第3号档案，第2—27页。

(注182）见恭亲王奕䜣于1860年10月3日写给额尔金的信，载于《英国国会关于在华事务的往来信函（1859—1860）》，第186页。

(注183）见阿礼国于1868年12月5日写给外交大臣斯坦利的信，载于《英国议会档案·中国卷》，1871年第5号档案，第189页。

(注184）见阿礼国于1869年10月20日写给德·雷弗斯的信，探讨关于外交使团的问题，载于《英国议会档案·中国卷》，1870年第1号档案，第13页。还可参阅同号档案，第30页，以及《英国议会档案·中国卷》，1871年第5号档案，第243—244页。

(注185）迄今为止，关于天津教案的最理智的概括，仍然是［美］马士所著的《中华帝国对外关系史》，第2卷，第12章。中国方面的主要史料文件，是官员们的奏折及其他奏报，这几乎占据了《筹办夷务始末——同治时期》中第72—76卷的全部内容。李鸿章对于天津教案的看法，见《李文忠公全集·译署函稿》，第1卷，第1—9b页；节选左宗棠的奏报，引自《皇朝道咸同光奏议》，第18卷，第1b—4b页。关于事件的详细概括，大部分取材于《筹办夷务始末》，见［日］野村正光:《天津教案研究》，载于《史论》，第20卷，1935年第1期，第67—99页。天主教会方面的相关史料，阿尔封斯·哈伯里希所著《天津致命记（1870年6月21日）》，根据当代文献，北京，1928年出版；以及《中国备忘录：违反〈北京条约〉——来自中国传教士的揭露与驳斥》，罗马，1872年出版。法国方面的史料来源，其相关注释及大量引用，均出自［法］科迪尔所著《1860—1900年中国与西方列强关系史》，第1卷，第23—29章。

(注186）［英］麦华陀:《在遥远中国的外国人》，纽约，1873年出版，以及参考文献，载于［法］科迪尔:《1860—1900年中国与西方列强关系史》，第1卷，第23—26章，全文。

(注187）阿尔封斯·哈伯里希:《天津致命记（1870年6月21日）》，全文。

(注188）醇亲王奕譞1869年2月17日的奏折，载于《筹办夷务始末——同治时期》，第64卷，第8—12b页；总理衙门1869年2月24日的奏折，载于《筹办夷务始末——同治时期》，第64卷，第17—21页。

(注189）总理衙门于1869年7月18日提交给阿礼国的备忘录，载于《英国议会档案·中国卷》，1870年第9号档案，第12页；文祥于1869年6月26日发表的见解，载于《英国议会档案·中国卷》，1872年第1号档案，第13—14页。

(注190）崇厚在他于1870年6月23日呈递的奏折中，汇报了教案事件，同治下达谕令，命直隶总督曾国藩负责查办，见《筹办夷务始末——同治时期》，第72卷，第22—26页。

(注191）例如，醇亲王奕譞于1870年6月29日呈递的关于全面做好战争准备的奏折，载于《筹办夷务始末——同治时期》，第72卷，第34—36页；总理衙门于7月13日表示赞同的奏折，载于《筹办夷务始末——同治时期》，第73卷，第13b—15b页；科尔沁蒙古王公伯彦讷谟祜于7月27日呈递的关于骑兵部队战争准备的奏折，见《筹办夷务始末——同治时期》，第73卷，第37—38b页；李鸿章于8月7日提出的建议及四道谕令，见《筹办夷务始末——同治时期》，第74卷，第6—9b页；清廷于8月8日、9日进一步下达的三道谕令，见《筹办夷务始末——同治时期》，第74卷，第12—13b页；丁日昌提建议的三份奏折及清廷批复的三道谕令，载于《筹办夷务始末——同治时期》，第74卷，第15b—21b页；曾国藩于8月18日呈递的关于举荐任命彭玉麟及其他官员的奏折，见《筹办夷务始末——同治时期》，第74卷，第29b—32b页；李瀚章、郭柏荫于8月18日呈递的奏折，见《筹办夷务始末——同治

时期》，第74卷，第32b—35b页，二人指出了在即将到来的战争中区分法国人及其他外国人的重要性；丁宝桢于8月18日提出建议的奏折，见《筹办夷务始末——同治时期》，第74卷，第36—39页；英翰于8月24日呈递的关于沿长江流域加强海上防御的奏折，见《筹办夷务始末——同治时期》，第75卷，第3b—7页；丁日昌于8月25日呈递的关于回顾法军占领北部湾及其他侵略迹象的奏折，见《筹办夷务始末——同治时期》，第75卷，第9—10页；马新贻于8月28日呈递的奏折，见《筹办夷务始末——同治时期》，第75卷，第25b—30b页；英桂于8月31日提出建议的奏折，见《筹办夷务始末——同治时期》，第75卷，第35—37b页；刘坤一于8月31日提出建议的奏折，见《筹办夷务始末——同治时期》，第75卷，第37b—41页。截至1870年9月以后，此类奏折及谕令的数量锐减，进入10月以后，则完全消失。关于国外观点的详细报道，以及节选的清政府谕令和公告，见1870年7月7日、7月14日、7月22日、8月4日、8月11日及8月18日出版的《北华捷报》。

（注192）崇厚1870年6月25日发出的关于罢免现场负有责任官员的两份奏折和两条法令，见《筹办夷务始末——同治时期》，第72卷，第26—28页；崇厚请求自愿接受处罚的奏折，见《筹办夷务始末——同治时期》，第73卷，第2—3页；曾国藩、崇厚于1870年7月23日呈递的关于教案事件起因及肇事者的奏折，以及四条要求给予处罚的法令，载于《筹办夷务始末——同治时期》，第73卷，第23—29页；1870年8月16日颁布的关于解除涉事官员职务的法令，以及随后由直隶按察使钱鼎铭提交的奏报，载于《筹办夷务始末——同治时期》，第74卷，第29—29b页（内容与之相同的史料还有更多，见《筹办夷务始末——同治时期》，第75卷，第1—2页、第3b—4b页）；曾国藩、毛昶熙关于惩办官员的奏折及法令，见《筹办夷务始末——同治时期》，第75卷，第15—17页。北京刑部大狱于1870年9月2日呈递的关于执行逮捕任务的奏折，载于《筹办夷务始末——同治时期》，第76卷，第1—1b页；曾国藩及其他官员于1870年9月24日呈递的关于将查实有罪的官员移交至北京的奏折，载于《筹办夷务始末——同治时期》，第76卷，第37—37b页；曾国藩于同日进一步呈递的关于回顾法方指控罗什舒阿尔接受惩罚并承担调查结果的奏折，见《筹办夷务始末——同治时期》，第76卷，第35b—41b页。

（注193）[美]毕乃德：《崇厚使团出访法兰西（1870—1871）》，载于《南开社会经济季刊》，1935年第4期，第633—647页。总理衙门于1870年6月28日提交的关于任命崇厚为使团团长的奏折及谕令，载于《筹办夷务始末——同治时期》，第72卷，第28—31页。

（注194）见《筹办夷务始末——同治时期》，第73卷，第8—13页；第76卷，第32b—35b页；《皇朝经世文续编》，第111—112卷全文；《英国议会档案·中国卷》，1871年第3号档案全文。

（注195）总理衙门于1871年9月1日呈递的奏折，载于《筹办夷务始末——同治时期》，第82卷，第14页；关于清政府于1871年2月9日拟制的传阅通告信，其译文载于《英国议会档案·中国卷》，1871年第3号档案，第3—5页；经威妥玛修改后的译文，见《英国议会档案·中国卷》，1872年第1号档案，第6—7页；其原文及评论，见《中国备忘录：违反〈北京条约〉——来自中国传教士的揭露与驳斥》，第20—31页；原文及罗什舒阿尔对日意格的答复，见《自1858—1860年签订条约以来的法国对华政策》，巴黎，1872年出版，第51—70页；关于事件双方广泛存在的充满敌意的评论，见[法]科迪尔：《1860—1900年中国与西方列强关系史》，第1卷，第29章全文。

（注196）格兰维尔于1871年6月27日写给莱昂斯的信，载于《英国议会档案·中国卷》，1872年第1号档案，第1页；1871年3月24日召开的议会讨论记录，见《英国国会议事录》，第205卷，第545—553页。

（注197）见《中国备忘录：违反〈北京条约〉——来自中国传教士的揭露与驳斥》，第32—74页。

（注198）见1870年7月22日出版的《北华捷报》。

（注199）见总理衙门于1872年2月29日呈递的奏折，载于《筹办夷务始末——同治时期》，第85卷，第6b页。

（注200）[美]卫三畏：《中国总论》，第2卷，第706页。

第十二章

（注1）　陈独秀：《宪法与孔教》，载于《新青年》，第2卷，1916年第3期。这一时期的《新青年》杂志几乎每期都在讨论这个问题。

（注2）　范文澜：《中国近代史》，香港，1949年出版，第1卷，第203页；范文澜：《汉奸刽子手曾国藩的一生》，地点不详，新华书店出版社，1944年出版；作者芮玛丽关于这个问题对陈伯达的采访记录，延安，1946年10月27日。

（注3）　范文澜：《汉奸刽子手曾国藩的一生》；裴伟（笔名）：《论曾国藩》，载于《学习》杂志（汉口），1948年第1期，第4—7页。

（注4）　引自作者芮玛丽的序言，见蔡锷：《曾胡治兵语录》，载于《蔡松坡先生遗集》，1938年出版；1917年第一版。

（注5）　见《中国国民党第一二三四次全国代表大会会刊》，国民党情报委员会，1934年，第48—51页。

（注6）　蒋介石在他于1932年为重新编纂的胡林翼选集而撰写的序言中，曾经简短地回顾了这一措施，请参阅《（新编）胡林翼军政录》，南京，出版日期不详；在他于1935年为《蒋委员长增补〈曾胡治兵语录〉》（南京，1946年第三版）一书作序时，再次提到了这个措施。

（注7）　王德亮：《曾国藩之民族思想》，上海，1946年出版；1943年第1版，第76页。

（注8）　摘自蒋介石1924年为军事研究院编纂的蔡锷所著《曾胡治兵语录》一书撰写的序言，该书于1946年在南京出版。

（注9）　摘自1924年4月29日戴季陶给黄埔军校作的演讲，见《黄埔训练志（1924—1925年度）》，出版日期及地点均不详，第2卷，第643—646页。

（注10）　见蒋介石的演讲稿，载于《黄埔训练志（1924—1925年度）》，全文均可找到引用。

（注11）　引自国民党中央政治委员会广州支部编纂的，《中国国民党》，广州，1927年5月出版，第18—21页。

（注12）　见《庐山训练志（1933—1934）》，出版日期及地点均不详，共2卷，引用出自全篇。关于国民党赞同儒家准则并将其奉为永久不变的"民众之根本"和"国家之基石"的记载，见《江苏革命博物馆刊》，转载于《党史史料丛刊》，1944年第2期，第1页。

（注13）　见蒋介石于1924年为蔡锷所著《曾胡治兵语录》题写的序言。

（注14）　我们注意到蒋介石在他1932年为《胡林翼军政录》作序时使用了将太平军暗指为猪狗的贬义字眼。蒋介石在这方面比党内绝大多数人都更为激进。国民党的一些领导者虽然赞同实现尊崇中国传统的创新，却拒绝谴责太平军（见张继：《中国国民党史》，台北，1952年出版，第5—6页；该文最初曾作为1943年国民党中央训练团的课堂讲义）。其他领导者则通过把太平天国运动降格表述为"洪杨之变"，实现既要与蒋介石保持一致又要不贬损太平天国这一两难选择的难度最小化（例如，见赖维周1930年为《曾国藩治盗要略》一书题写的序言，该书由江西省国民党总部编纂，于1930年在南昌出版）。

（注15）　见《庐山训练志》，第1卷，第200页及其全文。

（注16）　见《庐山训练志》，第1卷，第212—213页；还可参阅第310页。

（注17）　见《中国国民党第一二三四次全国代表大会会刊》，第48—51页、第77—78页、第93—95页。

（注18）　那些由于最初犯有过错或受到惩罚而被迫退党、最近又被重新接纳入党的人员名单，见《国闻周报》，第9卷，1932年第1期。

（注19）　见谭延闿（字组庵）写给唐生智（字孟潇）的信，引自徐凌霄所著《曾胡谈荟》，第1部分，转载于《国闻周报》，第6卷，1929年第26期。

（注20）　见朱其华（字新繁）所著《一九二七年底回忆》，上海，1933年出版，第63页。

(注21) 朱其华:《一九二七年底回忆》,上海,1933年出版,第45页。
(注22) [法]戴遂良:《现代中国》,献县,1921—1931年,第7卷,第79页。
(注23) [法]戴遂良:《现代中国》,第7卷,第67页。
(注24) [法]戴遂良:《现代中国》,第8卷,第143页。
(注25) 见蒋介石于1933年5月给驻湖北、湖南及贵州部队下达的命令,载于程湾编纂的《历代尊孔记》,上海,1934年出版,第50b页。
(注26) 见《东方杂志》,第31卷,1934年第19期,封圣仪式典礼照片。还可参阅《历代尊孔记》中的共和国章节部分,第36—51页。以及邵远忠(国民党情报署主任)所著《孔子与当代中国》,北京,1934年出版。
(注27) 摘自陈立夫的文章,载于《东方杂志》,第32卷,1935年第1期,第25—29页。
(注28) 国民党党史史料编纂委员会:《中国国民党史概要》,引自王德亮:《曾国藩之民族思想》,第13页。
(注29) 张继:《中国国民党史》,第5—6页。
(注30) 引自陶希圣为王德亮的前述作品题写的刊后语,日期大约为1943年前后。
(注31) 陶希圣:《中国社会组织简述》,载于《中国文化论集》,该文是为了纪念吴稚晖的九十岁寿辰而创作,台北,1953年出版,第106页。
(注32) 胡适:《五十年来中国之文学》,载于《申报馆成立五十周年纪念日出版作品集》,第2卷,《五十年来之中国》,上海,1922年。
(注33) 徐彬:《曾胡谈荟》,第1部分,文中列举了这方面的许多例证。注意到蒋介石在他1933—1934年间的开会讲话中,多次强调学习曾胡语录的问题,见《庐山训练志》,第1卷,第356—357页以及全篇。在他1938年到南粤军事委员会发表演讲时,再次强调了这个问题,见王德亮:《曾国藩之民族思想》,第76页。
(注34) 李旭:《蔡松坡:青年人的楷模》,奉总司令之命完成编纂,南京,1946年出版,第23页、第27—29页。
(注35) 胡哲敷:《曾国藩》,重庆,1944年出版,序言部分。
(注36) 蒋介石依据曾国藩的处世原则确立国民党的行为准则。见王德亮:《曾国藩之民族思想》,序言部分,及第76—77页。
(注37) 蒋介石:《中国之命运》,由王崇辉授权翻译,纽约,1947年出版,第20页。
(注38) 陈清初:《曾涤生之自我教育》,重庆,1942年出版,序言部分。
(注39) 见陈立夫在《东方杂志》,第32卷,1935年第1期上发表的文章,第25—29页。
(注40) 引自蒋介石在《民众运动方案法规汇编》一书中的观点,该书出版地点不详,出版日期大约是1936年(经国民党批准,该书已成为国民党理论工作者用来指导民众运动的思想武器),见该书第2卷,附录部分,第6页。
(注41) 见《庐山训练志》,第1卷,第356—357页,以及全卷内容。
(注42) 摘自蒋介石对全国民众发布的广播讲话内容,广播稿原文载于《东方杂志》,第38卷,1941年第6期,第41—44页。
(注43) 蒋介石:《农村衰败的原因及治理》,1935年6月,蒋介石与四川士绅代表及省内元老举行会谈,之后向全省民众发出呼吁,这篇文章就是蒋介石呼吁内容的摘要,载于汪精卫与蒋介石合著的《中国的领导者及其政策》,上海,1935年出版,第31—36页。
(注44) 见《东方杂志》,第36卷,1939年第6期,第55—56页。
(注45) 见蒋介石1932年为《胡林翼军政录》一书撰写的序言。蒋介石声称自己从1924年那时起,就已经洞悉了上述事实。
(注46) 见蒋介石1932年为《胡林翼军政录》一书撰写的序言。

(注47) 见胡适对他与陈济棠之间举行的这次会谈的详细记载，载于《独立评论》，1935年第142期，第17—24页。

(注48) 见赖维周所著《曾国藩治盗要略》一书的序言及导论部分。关于国民党如何采取措施加强上流阶层的统治力并重新巩固地方政权，见 [英] 戴德华：《革命之后的重建：江西省和中华民国》，载于《太平洋事务》，第8卷，1935年第3期，第302—311页。

(注49) 蒋介石：《农村衰败的原因及治理》，见汪精卫、蒋介石合著的《中国的领导者及其政策》，上海，1935年出版，第31—36页。

(注50) 见蒋介石1939年1月19日的电报稿原文，载于《东方杂志》，第36卷，1939年第4期，第61—62页。

(注51) 引自国民党大概于1930年前后出版的《前代御寇良规》，前两段。

(注52) 闻钧天：《中国保甲制度》，上海，1935年出版，第547—575页。

(注53) 见国民政府最近发表的评论文章，秦卿所著的《论用人》，载于《国闻周报》，第8卷，1932年第17期，第7—12页。

(注54) 见蔡锷为《曾胡治兵语录》一书题写的序言。

(注55) 见蒋介石于1929年1月为戚继光的两部著作《纪效新书》与《练兵实纪》的合订本题写的序言。蒋介石写道，这些明代兵学著作，是自《孙子兵法》以来最有用的战略战术思想指南。由于曾国藩、胡林翼都曾研究过戚继光的这两部著作，于是蒋介石教导"全军的高级和初级军官都应该像他们那样去研究相同的军事著作"。

(注56) 见鲁涤平于1930年12月10日为《曾国藩剿捻实录》一书作的编者序，该书出版时间及地点均不详。

(注57) 陈树华：《清代平捻作战之检讨》，载于《史政季刊》，由国防部出版发行，1948年第1期，第23—25页。

(注58) 见"十位教授之宣言"和"十八位教授之宣言"，以及由胡适领导的开明人士所发表的观点尖锐的批驳文章，载于《独立评论》，1935年第145期；《宜学杂志》，第14卷，1935年第1期，第1—7页和第14卷，1935年第2期，第39—44页；《东方杂志》，第32卷，1935年第4期，第81—83页。

(注59) 这项运动是由西南政治委员会表决通过和发起的，见《独立评论》，1935年第141期，第15页。关于在这场"阅读儒家经典书籍"运动中广泛征集的民众看法，见《东方杂志》第25卷特刊，1935年第5期。

(注60) 例如，见《独立评论》，1935年第138期，第18—21页。

(注61) 关于胡适本人对这起事件经过的讲述，见《独立评论》，1935年第142期，第17—24页。

(注62) 见《教育杂志》，第23卷，1931年第4期，第129—130页；霍瑟：《今日中国之真正精神》，长沙，1936年，第2—3页。

(注63) 见蒋廷黻针对陈果夫向国民党中央执行委员会递交的教育工作提案所作的答复，载于《独立评论》，1932年第4期，第6—8页；胡适：《独立评论》，1935年第145期，第4—7页，转载于《大公报》。

(注64) 程沧：《与蒋介石论教育书》，载于《孔教外论》，该书由程沧编纂，上海，1934年出版，第39—40页。

(注65) 摘自美联社公布的李宗仁讲话译本，纽约，1950年3月11日发表讲话，刊登在1950年3月12日出版的《旧金山纪事报》，第1页。